U0901109

年鉴 2013

《北京物资学院年鉴》编委会 编

中国财富出版社

图书在版编目（CIP）数据

北京物资学院年鉴．2013／《北京物资学院年鉴》编委会编．—北京：中国财富出版社，2015.9

ISBN 978－7－5047－5784－5

Ⅰ．①北…　Ⅱ．①北…　Ⅲ．①北京物资学院—2013—年鉴　Ⅳ．①G649.281－54

中国版本图书馆CIP数据核字（2015）第157661号

策划编辑　张　茜　　**责任编辑**　曹保利　禹　冰
责任印制　何崇杭　　**责任校对**　杨小静　　**责任发行**　司　琴

出版发行　中国财富出版社
社　　址　北京市丰台区南四环西路188号5区20楼　　**邮政编码**　100070
电　　话　010－52227568（发行部）　　010－52227588转307（总编室）
010－68589540（读者服务部）　　010－52227588转305（质检部）
网　　址　http：//www.cfpress.com.cn
经　　销　新华书店
印　　刷　北京京都六环印刷厂
书　　号　ISBN 978－7－5047－5784－5/G·0626
开　　本　787mm×1092mm　1/16　　**版　　次**　2015年9月第1版
印　　张　33　　**彩色**　1.75　　**印　　次**　2015年9月第1次印刷
字　　数　741千字　　**定　　价**　128.00元

《北京物资学院年鉴（2013）》编委会

《北京物资学院年鉴（2013）》编辑部

▲2013 年 2 月 26 日，市委组织部副部长闫成、教育工委常务副书记刘健出席副校长任命大会

On Feb.26, Yan Cheng, the vice secretary of Organization Department of Municipal Committee, and Liu Jian, the vice secretary of Education Committee attended the conference appointing the vice President of the University

▲团结奋进的学校领导班子

United and progressive leading group

▲2013 年 12 月 31 日，召开陈建中教授从教四十周年学术研讨会

The seminar is held to celebrate Professor Chen Jianzhong as a teacher by profession for forty years on December 31

▲2013 年 7 月 27 日，学校与北京师范大学珠海分校签订二期合作协议

The university renewed the contract with Zhuhai branch campus of Beijing Normal University on July 27

▶ 2013 年 12 月 20 日，学校召开学科建设研究生培养工作会

The conference on discipline construction work and postgraduates training was held on Dec.20

◀ 2013 年 1 月 8 日，商务部徐敏副司长与校党委书记李石柱为农业与食品物流研究所揭牌

On January 8, Xu Min, the deputy director of the Ministry of Commerce, and Li Shizhu, the secretary of Party Committee of Beijing Wuzi University unveiled the Agricultural and Food Logistics Institute

▶ 2013 年 5 月 16 日，学校现代物流创新园揭牌

Modern Logistics Innovation Park was unveiled on May 16

2013 年 9 月 25 日，北京市证监局陆倩副局长与党委书记李石柱为期货研究所揭牌

On Sept. 25, Lu Qian, the deputy director of the Securities Regulatory Bureau, and Li Shizhu, the secretary of Party Committee of Beijing Wuzi University unveiled the Futures Research Institute

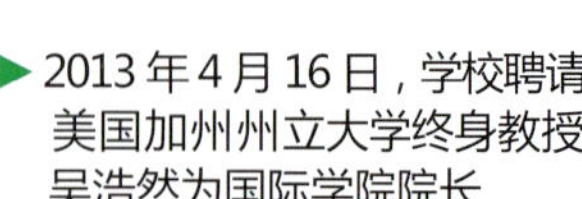

2013 年 4 月 16 日，学校聘请美国加州州立大学终身教授吴浩然为国际学院院长

On April 16, Wu Haoran, Lifetime Professor of California State University, was appointed the Dean of the International School

2013 年 3 月 30 日，学校聘任丁俊发、蔡进等专家学者任学校专家委员会成员

Ding Junfa, Cai Jin and other experts were appointed to a position of Expert Committee on March 30

▶ 2013年4月3日，国务院发展研究中心张立群研究员为师生作报告

On April 3, Zhang Liqun, the director of the Financial Research Institute at China's State Council made a lecture to the staff and the students

◀ 2013年10月2日，中国物流与采购联合会副会长蔡进为师生作专题讲座

Vice president of the Federation of Logistics and Purchasing Cai Jin made a lecture of special subject to the staff and the students on October 2

▶ 2013年10月9日，学校与民生银行签署校企合作协议

On Oct.9, the university and Minsheng Bank signed a cooperation agreement

▲ 2013 年 12 月 9 日，学校与山东省科技厅签署合作协议

On Dec.9, the university signed a cooperation agreement with Science and Technology Department of Shandong Province

▲ 2013 年 11 月 23 日，学校举办第七届中国北京流通现代化论坛 1

On Nov.23, the university hosted the 7th Beijing Forum of Circulation Modernization

▲ 2013 年 11 月 23 日，学校举办第七届中国北京流通现代化论坛 2

On Nov.23, the university hosted the 7th Beijing Forum of Circulation Modernization

▶ 2013 年 7 月 5 日，学校举办中美物流教育与研究合作论坛 1

On July 5, Sino-American Logistics Education and Research Cooperation Forum was held at the university

◀ 2013 年 7 月 5 日，学校举办中美物流教育与研究合作论坛 2

On July 5, Sino-American Logistics Education and Research Cooperation Forum was held at the university

▶ 2013 年 10 月 26 日，学校举办第七届期货论坛暨期货专业二十周年回顾与展望研讨会

On Oct.26, the university hosted the 7th Futures Forum and 20th anniversary of the futures major

▲ 2013 年 10 月 19 日，学校与中国商业法研究会共同举办第八届中国经济—法律论坛

On Oct.19, the university with China Commercial Law Research Institute, hosted the 8th China Economy and Law Forum

▲ 2013 年 11 月 30 日，学校举办第三届中国商贸流通企业发展论坛

On Nov.30, the 3rd Development Forum of China Trade and Circulation Enterprises was held by the university

▶ 校领导与新一届学生校长助理合影

The leading group takes pictures with the newly-elected assistants to the president

◀ 本科招生录取现场

Undergraduate enrollment

▲ 2013 届毕业典礼

The graduation ceremony in 2013

◀ 2013 级新生报到现场

Enrollment of the 2013 freshmen

▶ 2013 级硕士研究生开学典礼

Opening ceremony of 2013 postgraduates

▲ 2013 级新生开学典礼

Opening ceremony of 2013 freshmen

▶ 李石柱书记作为班主任参加班会活动

Class activities with Li Shizhu, the secretary of Party Committee, as one of class directors

◀ 学校召开就业工作会

The conference on graduates' employment work was held.

▲ 第八届法律文化节启动仪式

The opening ceremony of the 8th Festival of Law Culture

▲ 2013 年 8 月 19 日，学校召开党的群众路线教育实践活动动员部署大会 1

The Mobilization Meeting of Mass Line Education was held on August 19

► 2013 年 8 月 19 日，学校召开党的群众路线教育实践活动动员部署大会 2

The Mobilization Meeting of Mass Line Education was held on August 19

◄ 2013 年 4 月 25 日，学校召开安全稳定工作部署会

The conference on the security and stability was held on April 25

▲ 2013 年 5 月 7 日，学校召开青年教师座谈会，学习习近平总书记五四讲话精神

The young staff was called on to study the May 4th Speech of Xi Jinping

◀ 2013 年 9 月 5 日，学校举办处级干部培训班

A training class for department-level cadres was held on Sept. 5

▶ 2013 年 6 月 9 日，学校接受财政专项绩效考评

On June 9, the university received the performance evaluation on special fiscal funds

▲2013年9月10日，学校召开教师节表彰大会

On Sept. 10, the commendation meeting was held to celebrate the Teacher's Day

▲2013年6月6日，学校召开专项廉政工作培训会

On June 6, a training class on clean government in special funds was held

▲2013年6月14日，学校纪委举办党风廉政知识竞赛

On June 14, a knowledge contest on the party conduct and honest government was held

◀2013年9月11日，处级以上干部参观反腐展览

On Sept. 11, department-level cadres came to an exhibition on "Combating Corruption and Building a Clean Government"

▶2013年12月25日，学校召开党风廉政建设工作汇报会

The report conference on honest and clean government work was held on Dec.25

▲ 2013 年 4 月 24 日，学校召开第四届“双代会”三次会议

On April 24, the third session of the 4th Congress of Representatives of the Staff and the Teachers' Union was held

▲ 2013 年 6 月 7 日，学校召开“北京市先进职工之家”验收座谈会

The meeting of acceptance check on advanced "Home of Staff" was held on June 7

▲ 学校被北京市教育工会评为先进教职工之家

The university was awarded the advanced "Home of Staff" by Beijing Municipal Educational Workers' Union

▲ 学校邀请专家到高安屯垃圾厂调研

The university invited many experts to inspect and study the Gao An Tun Waste Plant

▲ 党委扩大会表决通过清理整治南院东区违章建筑方案

The enlarged meeting of Party Committee approved the proposition of cleaning up unauthorized constructions in the eastern part on the campus of the School of Continuing Education

▲ 通州区相关部门配合学校做好清理整治工作

The relevant departments of Tongzhou District supported the university to do the cleaning up work

▲ 清理整治南院东区违章建筑 1

Cleaning up of the unauthorized buildings in the eastern part on the campus of the School of Continuing Education

▲ 清理整治南院东区违章建筑 2

Cleaning up of the unauthorized buildings in the eastern part on the campus of the School of Continuing Education

2013 年 5 月 10 日，李石柱书记会见加拿大蒙特利尔大学国际劳动关系研究所主任 Gregor Murry 教授

On May 10, Li Shizhu met Professor Gregory Murry, the director of the Research Center of International Labor Relations, the University of Montreal, Canada

2013 年 8 月下旬，李石柱书记出访丹麦 VIA 大学学院

In late August, Li Shuzhu visited VIA University College, Denmark

2013 年 10 月 10 日，学校与丹麦 VIA 大学学院远程视频会

On Oct.10, a long-distance video meeting was held between Beijing Wuzi University and VIA University College in Denmark

▲ 2013 年 6 月 19 日，王旭东校长与韩国大真大学签署合作协议

On June 19, Wang Xudong, the president of Beijing Wuzi University, signed a cooperative agreement with Da Zhen University, Korea

▲ 2013 年 4 月 22 日，翁心刚副校长会见美国阿卡迪亚大学副校长斯蒂夫 · 迈克尔

On April 22, Weng Xingang, vice president of Beijing Wuzi University met the vice president of Acardia University, America

▲ 2013 年 11 月上旬王旭东校长访问韩国平泽大学

In early November, Wang Xudong, the president of Beijing Wuzi University, visited Pingze University, Korea

▲ 韩国第一任驻华大使做客学校百家讲坛，与学校签署＂未来林＂合作协议书

The first Korean Ambassador to China was invited to the university's "Lecture Room" and signed a cooperative agreement "Wei Lai Lin" with Beijing Wuzi University

▲ 北京工业大学校领导来访

The leading group of Beijing Technology University visited Beijing Wuzi University

◀ 2013 年 12 月 22 日，学校召开地区校友会负责人工作会议

On December 22, the meeting of regional directors of Alumni Association was held

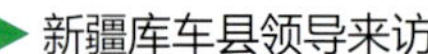

▶ 新疆库车县领导来访

The leading group of Kuche County, Xin Jiang Province visited Beijing Wuzi University

▲ 北京物流协会领导参观物流博物馆

The leaders of Beijing Logistics Association visited Logistics Museum in Beijing Wuzi University

▶ 2013年10月13日，学校召开物管系成立50周年座谈会

On October 13, a symposium was held to celebrate the 50th anniversary of Logistics Management Department

◀ 2013年7月11日，暑期走访校友社会实践团出征

On July 11, a group of students set off to visit schoolfellows as their summer-vocation practicing project

▲ 2013年1月11日，校工会举办新春团拜会

On January 11, the university Workers Union hosted a new-year greeting party

◀ 2013 年 5 月 15 日，校工会举办广播操比赛

On May 15, the university Workers Union organized a contest of gymnastics

▶ 2013 年 10 月 18 日，校工会举办秋季徒步大会

On October 18, the university Workers Union organized the autumn walking safari

▲ 2013 年 4 月 8 日，青年文化节开幕

On April 8, the Festival of Youth Culture opened

▶ 2013 年 5 月 22 日，学校举办共青团颁奖晚会

On May 22, the Awards Ceremony of Communist Youth League was held

◀ 2013 年 7 月，学校艺术团参加第五十九届国际哈巴涅拉及复调合唱比赛

In July, the university art ensemble attended the 59th Habaners Y Polifonia

▲ 2013 年 12 月 26 日，学校艺术团参加北京大学生新年音乐会演出

On Dec.26, the university art ensemble attended the New Year Concert of Beijing college students

▲ 2013 年 1 月 10 日，图书馆主体结构封顶

On January 10, the roof of the library's main structure was sealed

▲ 2013 年 12 月，崇德楼竣工交付使用

In December, the construction of Chongde Building was complete and put into service

编写说明

《北京物资学院年鉴（2013）》（以下简称《2013 年鉴》），是北京物资学院建校以来的第八部年鉴，是正式出版的第三部年鉴。

《2013 年鉴》汇集 2013 年学校事业发展及重大活动的基本情况，重点反映北京物资学院在教学科研、学科建设、人才培养、队伍建设、管理服务、对外合作交流、校园文化、党的建设等方面的重要活动和经验成果，是学校发展概况的历史记载。

《2013 年鉴》为全校各单位和师生员工提供学校的基本文献、基本数据、科研成果和最新工作经验，为各级领导提供决策参考，为兄弟院校和社会各界分享北京物资学院信息资源提供指南。

《2013 年鉴》设置北京物资学院概况、特载与专文、党政会议与文件、机构与队伍、教育教学、科学研究、对外合作交流、管理与服务、党建与思想政治工作、学院与教学部、人物、表彰与奖励、毕业生名单、媒体报道选辑、大事记、学校事业发展统计数据共十六篇。以文章和条目为基本体裁，以条目为主。

《2013 年鉴》选题的时间范围为 2013 年 1 月 1 日至 12 月 31 日，根据实际情况，部分内容在时限上略有延伸。收录的统计数据由学校各单位提供。

由于北京物资学院于 2006 年成立了二级学院，因此在正文中称北京物资学院为学校，二级学院称学院。凡北京物资学院校级行政领导正文中一律称校长，二级学院行政领导称院长，引证的上级批复和下发文件除外。

为表述方便，学校二级单位使用规范简称：国际合作与交流处简称国交处，劳动科学与法律学院简称劳法学院，外国语言与文化学院简称外语学院，思想政治理论课教学与研究部简称思政部，继续教育学院简称继教学院，现代物流产业研究院简称产业研究院，现代物流创新园简称创新园。

《2013 年鉴》在学校年鉴编委会主持下编辑。编辑部由学校办公室、党委宣传部、档案馆和外语学院人员组成，负责年鉴的编辑、翻译、校对和联系出版等工作。特约编辑负责本单位的撰稿和组稿。

《2013 年鉴》撰稿人由各单位确定，审稿人为各单位负责人。文章或条目最后按撰稿人和审稿人顺序署名；多个条目由同一撰稿人撰写的，只在最后条目署名。会议报告和领导讲话等只注明供稿单位。

《2013 年鉴》的编辑出版工作得到了学校领导的支持和全校各单位的大力协助，在此谨表深深的谢意。年鉴涉及面广、内容多，加上编辑人员水平有限、经验不足，因此年鉴中存在的问题和疏漏敬请读者给予指正。今后我们将不断探索和改进，把年鉴的编辑出版工作做得更好。

《北京物资学院年鉴（2013）》编辑部

2015 年 1 月

目录

contents

Contents

第一篇　北京物资学院概况

北京物资学院简介

北京物资学院是一所以物流和流通为特色，以经济学科为基础，以管理学科为主干，经、管、理、工、文、法等多学科协调发展的公办普通高等院校。1980年建校，先后隶属于国家物资总局、物资部、国内贸易部，1998年10月划归北京市管理。

北京物资学院位于北京市朝阳北路东段，通州国际新城核心区域，地处古老的京杭大运河源头，文化底蕴深厚，环境优美宜人，是北京市授予的“美丽校园”“文明校园”和“花园式单位”。校园占地近40公顷，建筑面积20万余平方米，教学、科研和生活设施齐全。学校建有国家级特色专业——经济学专业、物流管理专业，国家级人才培养模式创新试验区——具有国际化视野的实战型物流人才培养试验区，国家级实验教学示范中心——物流系统与技术实验教学中心，北京市重点实验室——物流系统与技术实验室、智能物流系统实验室，北京市哲学社会科学研究基地——北京现代物流研究基地，北京高校工程研究中心——北京市高校物流工程中心。

1993年，学校开办国内高校第一个期货专业；1994年，开办国内高校第一个物流管理专业；2010年，开办国内高校第一个采购管理专业。目前，学校设有经济学院、物流学院、信息学院、商学院、劳动科学与法律学院、外国语言与文化学院、国际学院7个学院，另设有思想政治理论课教学与研究部、体育教学部、继续教育学院等教学机构。学校现有26个本科专业及方向：经济学、国际经济与贸易、金融学（另设有期货与证券方向）、物流管理、物流工程、机械设计制造及其自动化（物流设备工程）、采购管理、质量管理工程（商品质量检验与管理）、计算机科学与技术、信息工程、物联网工程、信息与计算科学、应用统计学、信息管理与信息系统、电子商务、会计学（注册会计师方向、注册资产评估师方向）、财务管理、工商管理、市场营销、人力资源管理、劳动与社会保障、劳动关系、法学（流通法方向）、英语（国际商务、国际传播方向）。

学校1986年开始招收硕士研究生，目前拥有4个一级学科硕士学位授权

（应用经济学、管理科学与工程、工商管理、计算机科学与技术），下设 20 个二级学科/专业；2 个专业学位硕士培养类别（工程硕士、工商管理硕士）。学校拥有 2 个北京市重点建设学科。

学校目前有本科生、硕士研究生、留学生等各类在校生近 8000 人，其中本科生 6004 人，硕士研究生 604 人。学校面向全国 28 个省、自治区、直辖市招生。几十年来，学校为国家培养了大批流通领域的高级专业人才，尤其在物流、证券期货等行业中，毕业生享有较高社会声誉。

学校现有教职工近 700 人，其中专任教师 398 人，教授 52 人，副教授 155 人；具有博士学位教师占专任教师比例为 39.2%，具有硕士以上学位教师占专任教师比例为 78.6%；享受政府特殊津贴专家 2 人，全国五一劳动奖章获得者 1 人，北京市高等学校教学名师 8 人，北京市优秀青年骨干教师 52 人，北京市师德先进个人 3 人，北京市师德标兵 1 人，北京市优秀教师 15 人，北京市优秀教育工作者 2 人，北京市优秀辅导员 10 人。

学校始终坚持以教学工作为中心，不断深化教育教学改革，教育教学质量不断提高。近年来，建有国家级特色专业建设点 2 个，国家级人才培养模式创新试验区 1 个，国家级实验教学示范中心 1 个，国家级校外人才培养基地 1 个，市级特色专业建设点 3 个；市级实验教学示范中心 1 个；市级校外人才培养基地 3 个；市级精品课程 4 门；市级精品教材 6 部，市级精品立项教材 6 部，“十一五”国家级规划教材 6 部；市级本科优秀教学团队 6 个；本科生科学研究与创业行动项目 400 余项。2008 年 5 月，学校本科教学工作被教育部评为“优秀”。2013 年学校获得市级教学成果奖一等奖 2 项，二等奖 4 项。

学校重视学生综合素质特别是实践创新能力的培养。多年来，学校逐渐形成了培养科学精神与人文精神、发展共性与突出个性相结合，面向未来、与时俱进、丰富多彩、健康向上，既充满活力又有深厚底蕴的校园文化。近三年，在国际大学生数学建模竞赛、全国大学生数学建模竞赛、大学生创业计划竞赛、大学生物流设计大赛、大学生英语竞赛、大学生管理决策模拟大赛、“挑战杯”系列大赛、“外研社杯”全国英语辩论赛、西班牙哈巴涅拉国际合唱比赛、全国及北京市大学生艺术展演等活动中均取得骄人的成绩。在 2012 年国际大学生数学建模竞赛中，学校 6 支参赛队中有 4 支队伍分别获得一等奖和二等奖，获奖率在全国高校中名列前茅。

学校坚持以科研促进教学，围绕建设高水平特色型大学的目标和国家物流业调整和振兴规划，不断加大科研力度，在流通现代化研究等领域取得了显著成果。学校现已建成 6 个科技创新平台、8 个科研基地，组建 36 个科研创新团队。学校建有流通经济研究所、农业与食品物流研究所、区域经济与城市发展研究中心、物流统计研究所、电子商务研究所、期货研究所等研究机构。近三年来，学校承担国家科技支撑计划项目、国家自然科学基金、国家社会科学基金等国家级项目 18 项，省部级课题 90 余项；出版专著、译著、教材 286 部，发表学术论文 2785 篇，其中三大检索论文 210 篇；获国家授权专利 218 项。

学校积极推进产学研用深度合作，社会服务能力显著提升。以产业研究院为平台，整合校内科研力量，形成对外合作窗口。建立市级大学科技园和中关村智慧物流产业技术研究院，为科技成果转化创造良好条件。积极推进与中关村国家自主创新示范区、中国物流与采购联合会为代表的行业协会、全国商务系统、期货行业系统及地方政府在内的“五大合作”。与南通市、洛阳市、山东省科技厅等地方政府建立战略合作关系，成立南方物流研究院、现代物流产业（华东）研究院，逐步形成服务地方的合作模式。

发展与国内外院校，尤其是与国内外著名大学及研究机构的交流合作关系是学校工作的一个重要组成部分。目前，北京物资学院已经与美国、加拿大、法国、英国、澳大利亚、新西兰、日本、韩国等 17 个国家和地区的 32 所大学或研究机构建立了良好的交流合作关系，在科研课题、合作办学、互派留学生、教师互访、师资培训等方面建立了一系列合作项目，促进了学校的学科建设及教学和科研的发展，扩大了学校在国际上的影响。

（撰稿人：续杨　刘世波）

北京物资学院校徽

校徽图案的环形外圈为北京物资学院的中文名称和英文名称。中文名称由国家计划委员会原副主任、著名书法家段云先生于 1983 年题写。

校徽中海天一色的蓝，是改革开放的象征。它表示物的永恒流动、人与自然的和谐共存及资源的永续利用。

校徽中间的“物”字为小篆字体。寓意为：

物声，旗之勿勿；物形，牛之奋进。

物，浩瀚宇宙之元；物，灿烂文明之根；物，芸芸众生之依；物，世界流通之本。

厚德载物，人才辈出；物华天宝，物院勃兴。

北京物资学院校徽由著名书法家、美术家，北京芥子园画院名誉院长华敬俊先生于2005年设计。

北京物资学院校训

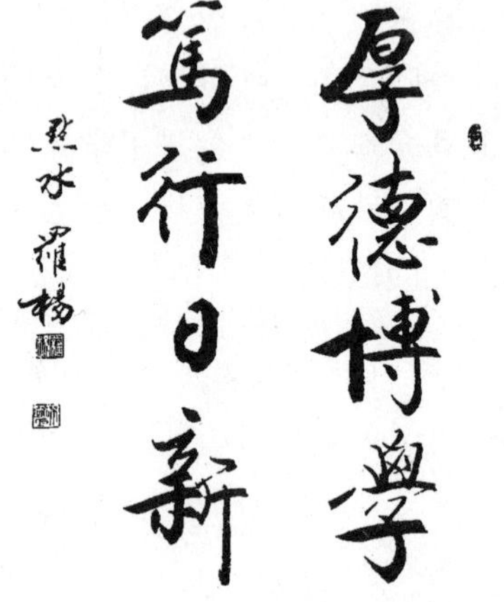

“厚德”，出自《周易》：“地势坤，君子以厚德载物”。指大地的气势厚实和顺，君子应增厚美德，容载万物。寓意我校校风醇厚，立德树人。师生以崇高道德修养为立学为人之本。

“博学”，出自《论语·子张》：“博学而笃志，切问而近思”。指广博地获取知识。寓意我校育人学有专长，百科兼纳，师生以博学为立学成才之基。

“笃行”，出自《礼记·学记》：“博学而不穷，笃行而不倦”。指学有所得就要践履所学，做到知行统一。寓意我校教育注重实践，追求知行统一的学风。

“日新”，出自《礼记·大学》：“苟日新，日日新，又日新。”指不断创新。寓意我校自强不息，推陈出新，追求真理，勇攀高峰的科学精神和与时俱进的奋进精神。

“厚德博学，笃行日新”是不可分割、相辅相成的整体，体现了“德”与“才”的全面要求，“学”与“行”的完整统一，实践与创新的永恒追求。

2005年10月，学校党委在广泛征求师生员工和校友意见的基础上，确定了学校的校训。2010年10月，在建校30周年庆典之际，邀请中国书法家协会理事、著名书法家罗杨先生书写。

（撰稿人：艾洁　胡瑞旺）

Beijing Wuzi University

Beijing Wuzi University (BWU) is a municipal university in Beijing, specializing in logistics and transportation. Courses in Beijing Wuzi Univeristy covers economics, management science, humanity and law. BWU was founded in 1980, and has been in the charge of Administration of Supplies, the Ministry of Materials and Supplies, the Ministry of Domestic Trade successively. It has been under the leadership of the Beijing Municipal Government since 1998.

Located in the northern end of Chaoyang North Road, Beijing Wuzi University was the fountainhead of Jinghang Canal, and is now in the center of the Tongzhou International Metropolis. With its rich culture and favorable environment, the university has been awarded the titles "Beautiful Campus" and "Garden Campus" by the municipal government. The campus covers approximately 40 hectares and is complete with teaching, research and living facilities.

The university regards Economics and Logistics Management as the two national-level specialties, the national - level innovative experimental area of logistics undergraduates cultivating, the Exemplary Teaching Center of Logistic System and Technology, the laboratory of Logistic System and Technology and the intelligent laboratory of logistic system as the two municipal key laboratories, the Modern Logistics Research Base, and Beijing municipal center of college logistics Engineering.

BWU set up the first major of Futures in China in 1993, the first Logistics Management major in 1994, and the first Purchasing Management major in 2010. The university consists of 7 schools which include: the School of Economics, the School of Logistics, the School of Information, the School of Business, the School of Labor Science and Law, the School of Foreign Languages and Cultures, and the International School. Now the university has 26 specialties and programs for undergraduates: economics, international economy and trade, finance, logistics management, logistics engineering, mechanical designing, manufacturing and automation, procurement management, quality management engineering, computational science and technology, information engineering, internet engineering, science of information and computing, applied statistics, information management and system, e-commerce, accounting, financial management, business administration, marketing, human resource management, Labor and Social Security, labor relations, law, and English.

BWU began to enrollmaster degree candidates in 1986. There are four master disciplines: supplies economics, management science and engineering, business administration, computational science and technology. The four disciplines provide 20 programs to students. The university has two Beijing Municipal key disciplines.

BWU now has 8000 enrolled students, including 6000 undergraduates, and 600 postgraduates. The students come from 28 provinces or regions, with the majority fromBeijing. The graduates enjoy excellent reputation in the society, especially in the field of logistics, securities and futures.

At present, the university has about 600 staff members, including 398 full-time teachers. There are 52 professors and 155 associate professors. Of all the full-time teachers, 39.2% of them have doctor degree, and 78.6% of them have master degree. There are 2 of them receiving special allowance from the State Council, one winning the May First Medal, 8 Beijing-famous teachers, 52 Excellent Young Teachers in Beijing, 3 Teachers of Advanced Morality in Beijing, 15 Beijing municipal Excellent Teachers, 2 Beijing municipal Excellent educational workers, and 10 Beijing municipal Excellent class counselors.

BeijingWuzi University attaches so much importance to teaching over the years that considerable progress has been made in terms of teaching reforms and teaching quality. In recent years, BWU has built 2 national-level specialty bases, 1 national-level innovative experimental area of undergraduates training, 1 national-level experimental teaching demonstration center, 1 national-level out-of-campus training base, 3 municipal specialties, 1 municipal innovative experimental area of undergraduates training, 3 municipal out-of-campus training bases, 4 municipal outstanding courses, and 6 municipal quality textbooks, 6 municipal excellent teaching teams, and more than 400 undergraduates' scientific research and innovation projects. In May 2008, BWU was awarded the rank of Excellence in the teaching quality evaluation conducted by the Ministry of Education.

BWU focuses on developing the students' overall capability and especially students' creativity through innovative teaching and education. Over the years, the university has gradually formed a colorful, lively and profound campus culture. Not only does the campus culture cultivate scientific and humanistic spirit, it also helps students develop the right mindset and personality to face the future and advance with the times. BWU students have proven their academic and creative abilities through various competitions and contests. During the past three years, BWU attained remarkable achievements in the International and National College Mathematical Modeling Contest, National Undergraduate Business-planning Competition, National Undergraduate Logistics Design Competition, National College English Contest, College Students Management and Decision-making Simulation Competition, the "Challenge Cup" series competition, "FLTRP Cup" National English Debating Competition, Spain' s Habaners Y Polifonia and national and municipal art competitions.

In 2012, among the six teams attending the contest, four of them are awarded the first and the second prize in the International College Mathematical Modeling Contest.

BWU places much importance in scientific research to promote teaching and has been concentrating its efforts in the research of modern circulation, achieving distinct features and advantages. The university has built 6 science and technology innovation platforms, 8 scientific research bases and 36 scientific research innovation teams. Research institutes like Distribution and Economy Institute, Agriculture and Food Logistics Institute, Research Center of Regional Economy and Urban Development, Logistic Statistics Institute, E-commerce Institute and Futures Research Institute have been established. In recent years, the university has undertaken 18 projects of National Scientific and Technological Research, National Nature Science Funds and National Social Science Funds. The university has also published 286 academic textbooks, translation works and monographs, more than 90 provincial projects, 2785 academic papers, among which 210 are included by SCI, EI, ISTP, and also 218 national patents.

The university has improved its ability to serve the society through actively promoting the cooperation of productivity, learning, research and application. Based on the Industry Research Institute, the university integrates the research strength within the university and enlarges the cooperation out of the campus. It provides a platform for transferring technology into practical use through establishing the Municipal University Science and Technology Park and Zhongguancun Intelligent Logistics Industrial Technology Research Institute. The university promotes its cooperation with Zhongguancun National Innovation Demonstration Zone, Industry Associations with China Federation of Logistics and Purchasing as the representative, the national business system, the futures industry system and local governments. The university established a Strategic cooperative relationship with local governments of Nantong city, Luoyang city and the Science and Technology Department of Shandong province, and founded the Southern Logistics Research Institute and Modern Logistics Industry Research Institute (East China), so the cooperative pattern of serving local society is gradually being formed.

The university emphasizes the opening-up policy through cultural exchange and communicative collaboration with universities both domestic and abroad. It has established a good relationship with 32 universities and research institutes in 17 countries or regions, including: USA, Canada, Great Britain, France, Australia, New Zealand, Japan and Korea, etc. A series of cooperation have been developed in the areas of scientific research projects, cooperative managing, student and teacher exchanges to promote discipline construction and the development of teaching and scientific research, and then to win the university's international fame.

第二篇　特载与专文

在建设高水平特色型大学道路上阔步前进

——王旭东校长在2013年春季学期工作部署会上的报告

（2013年2月27日）

同志们：

2012年是非同寻常的一年。

首先，在国家层面上，党的十八大胜利召开，选举产生了以习近平同志为总书记的新一届中央领导集体，实现了党的中央领导集体的又一次新老交替，大会对新的时代条件下推进中国特色社会主义事业作出了全面部署，对凝聚党心军心民心、推动党和国家事业发展具有十分重大的意义。北京市召开了第十一次党代会，明确了推动首都科学发展，建设中国特色世界城市的任务。学校党委全力维护校园安全稳定，迎接党的十八大和北京市第十次党代会的召开，深入学习贯彻党的十八大精神和北京市第十次党代会精神，很好地完成了这两项政治任务。

对于学校而言，2012年是学校各项事业发展取得重要成就的一年。年初，市委对学校领导班子做了调整，李书记到任后带领班子认真研究，进一步明确了建设高水平特色型大学的目标，结合学校实际提出了“对外开放合作，对内凝聚人心”的工作方针，学校上下加快工作节奏，加大工作力度，落实具体措施，促进了事业发展。

第一方面，“对外开放合作，对内凝聚人心”各项工作取得实效。

在对外开放合作方面，与中关村、通州区、全国商务系统、期货系统及中物联等行业协会的“五大合作”迈出了坚实步伐；整合学校科学研究和社会服务资源，成立了“北京物资学院现代物流产业研究院”，研究院成为组织实施对外合作项目的重要平台，开展了富有成效的工作。学校与普天集团的合作项目纳入中关村科学城建设签约项目，物流系统与技术实验室挂牌成为中关村开放实验室，推动成立了中关村电子商务与现代物流产业联盟，学校成为联盟秘书处单位。推进“一来二去”的校企合作工作，接待百余名企业家来校，聘任多名企业家担任校外研究生导师或兼职教授，联系落实20多名教师到企业挂职，组织学生到中关村参观实习。落实教育部“2011”计划精神，在校企合作的基础上成立了以科技金融、流通秩序管理、智能交通与现代物流、物联网技术为主题的4个校级协同创新中心。与北京师范大学珠海分校合作成立了“南方物流研究院”，积极开拓面向珠三角和港澳地区的合作项目。加强国际交流与合作，积极拓展国际合作院校及合作项目，成立了国际学院，明确来华留学生教育、引进国外教授和课程资源、开发联合培养与留学教育项目、国际培训项目及国际合作研究的职责。积极筹备“现代物流创新园”；谋划开拓更大规模的继续教育和社会培训市场。学校积极与政府职能部门沟通，在研究项目、财政专项等方面得到较大力度的支持。

在对内凝聚人心方面，学校进一步规划发展蓝图，明确发展目标，用事业凝聚人心；通过班子务虚会、专题会、各类座谈会，健全决策机制，推进决策民主化、科学化；发挥工会教代会作用，强化教职工主人翁意识；加强“五型机关”建设，强化服务基层、服务师生意识；努力解决师生工作学习生活中的实际问题，促进教师专业发展，提升教职工幸福感。

第二方面，在“提高质量，强化特色”上狠下功夫，全面推进高水平特色型大学建设。

一是深化教育教学改革，提高人才培养质量。组织召开学校本科教学工作会议，全面分析本科教学工作状况，启动本科教学工程；整合学校实验教学资源，成立“经管综合实验中心”，加强实践教学工作；成立“教师发展促进中心”，组织开展教学技能培训、教学观摩指导、教学沙龙研讨、青年教师基本功大赛等系列活动，促进教师专业发展；成立“学生发展促进中心”，统合教学和学生工作力量，帮助学生学业进步、全面发展。着手修订人才培养方案，优化学生知识能力素质结构，创新人才培养模式。狠抓课程教学改革，着力提高教学有效性，上学期有55门课程实施教学综合改革。学校本科招生生源质量进一步提高，在16个省市录取分数超过当地重点线，北京录取分数文理科超过二本线23分、15分。认真总结教学工作经验，积极申报北京市优秀教学成果奖，根据已公示的情况，我校获得了2个一等奖、4个二等奖。在继续教育方面，巩固完善多层次、多专业、多形式的继续教育培训模式，拓展培训市场，扩大办学规模，办学效益得到显著提高。

二是加强学科建设和研究生培养工作。围绕学校办学定位和办学特色，根据学科的整体水平和学科建设进度，加快学科布局调整，完善了4个一级学科硕士点下二级学科体系的构建，完成了二级学科自主设置论证和网上公示工作。开展校级重点建设学科验收工作，全面总结和检验我校重点建设学科建设成果。高质量完成本年度253名研究生招生计划；加强研究生培养制度建设，转变培养理念，完善培养方案，提高研究生培养质量。

三是努力提高科研水平。学校重组、启动科研基地、科研创新团队三期建设；推进物流基地、物流重点实验室、物流工程中心建设；开展“学术月”系列活动，流通现代化论坛、期货论坛、商贸流通企业论坛、劳动科学论坛等学术影响力不断扩大。组织科研力量申报各级各类课题，开展科学研究，共获得校外科研项目立项 97 项，其中纵向项目 45 项，横向项目 52 项。2012 年科研项目获批课题经费总额 1204.30 万元，比上一年增长 71.82%。

四是加强学生教育管理工作。加强学风建设，开展优良学风班建设评比活动，组织学生朋辈教育和学业帮扶；构建素质拓展平台，丰富各类讲座，精心设计各类学科竞赛与校园文化体育活动；强化实践育人，引导学生积极参与各类专业实践与社会实践，开展“走进中关村，学做创新创业人”活动，引导学生树立开拓进取、积极向上的职业价值观；重视校园艺术教育，大学生艺术团在各类重要赛事中取得优异成绩；大胆创新，公开选聘学生校长助理，在学生和校领导之间架起有效沟通的桥梁；加强大学生就业指导工作，2012 届毕业生就业率达到 96.6%。

五是加强管理，提高行政管理工作水平。积极探索现代大学制度建设，推进依法治校、校务公开和民主管理工作，健全行政工作例会制度、专题工作会议制度，加强与部门、二级单位的沟通；加强监察、审计工作，对基建项目实施全程跟踪审计，加强对物资采购、招投标、招生、职务聘任等工作的监督；加强财务资产管理，进一步完善制度、严格执行，启动财政专项项目库建设，强化专项执行进度管理和专项绩效考评管理；加强人事工作，做好教师三年聘期聘任相关工作和教师职务晋升聘任工作，探索进行其他专技岗位聘任，召开人才队伍建设工作会议，谋划出台和实施加强人才队伍建设的若干意见和措施。

六是加强后勤保障工作。校园基建项目进展顺利，新学科综合楼已于 2012 年 6 月结构封顶，内部装饰装修工程陆续展开；图书馆项目 6 月初开工建设，寒假前已结构封顶。拟建文体活动综合楼项目市发改委已批准立项。积极启动和推进平安校园、智慧校园、绿色校园“三个校园”建设，召开了平安校园建设动员大会，实施新的科技创安工程，有效加强校园车辆管理；加强校园绿化美化，实施多项节能措施，效果明显；加强校园信息化顶层设计，实施信息化专项建设，推进办公自动化进程。调整后勤机构设置和人员配备，着力提高服务质量，进行了食堂改造，开办了校园超市，方便了师生校园生活。

七是强化特色，进一步凝练和聚焦优势领域。

加强三个市级重要学术平台建设，进一步规范哲社研究基地职能，打造现代物流理论研究品牌；物流系统与技术重点实验室挂牌中关村开放实验室，扩大对外合作；高校工程研究中心进行整体重组，充实了研究开发力量。组织开展校内优势学科、优势专业、优势研究方向研讨论证工作，先后组织物流规划、采购与供应链、物流信息化、农产品物流、物流统计等方向研究人员，召开了多次优势领域研讨会。明确提出“振兴期货专业”目标并积极落实工作方案，组建了“物流统计研究所”和“农业与食品物流研究所”。

2012 年学校的党建和思想政治工作也取得骄人的成绩，学校党委坚持“围绕中心抓党建、抓好党建促发展”的指导思想，加强党的思想建设、组织建设、作风建设、制度建设和反腐倡廉建设，积极探索新形势下加强和改进党建工作的新途径、新方法，狠抓基层党组织建设和党员思想教育，不断加强领导班子和干部队伍建设，顺利通过党建《基本标准》达标检查，为推进高水平特色型大学建设提供了有力的思想、政治和组织保证。

2013 年是学校“十二五”事业发展至为关键的一年，我们有必要在学校发展目标、发展路径方面进一步明晰一些概念的内涵，进一步统一思想认识。必须在“建设高水平特色型大学”上进一步明晰内涵、统一思想认识。就像“中国特色社会主义”的内涵也是在实践中不断丰富和发展的一样，随着我们的实践，“什么是高水平特色型大学、如何建设高水平特色型大学”的内涵也在不断地清晰。

“建设高水平特色型大学”，核心是“高水平”“特色型”两个主题词。没有“高水平”就没有生存发展空间，就难立于高校之林；而没有“特色型”就很难达到“高水平”，我们的“高水平”是在“特色型”发展路径上的“高水平”。高水平是目标，特色型是发展路径。所以，“高水平”和“特色型”是相互依存、相互支撑、相互促进、缺一不可的关系。

具体讲，“高水平”必须体现在两个层面上：一是按照高校办学的基本要求，整体提高我们的办学水平、办学质量。“十二五”目标：“办学综合实力居于北京市属本科院校前列”。二是在我们的特色优势领域，努力进入同类院校、全国院校的前列。“十二五”目标：“特色与优势学科进入国内同类学科前列，成为国内知名的行业特色鲜明、学科优势突出的教学科研型大学”。这两个层面也是相互联系，缺一不可的。普遍性的提高是基础，没有普遍性的提高，就难以得到社会认可，特色优势也难以得到有力支撑，难以可持续发展；而如果没有特色优势领域的“拔尖”，你就没有竞争的优势。普遍性的提高支撑特色优势的拔尖，特色优势的发展带动整体水平的提高，要形成这样一种良性互动关系。

“特色型”具体涉及四个方面：一是紧紧依托物流和流通行业，做大做强物流和流通特色品牌；二是打造特色鲜明的学科专业体系：学科方向；特色专业、专业方向，优势研究领域；三是形成独具特色的高素质应用型人才培养体系；四是积极拓展具有鲜明行业特色的社会服务领域。

（学校办公室提供）

聚焦重点，深化改革，加快推进高水平特色型大学建设

——王旭东校长在第四届“双代会”三次会议上的工作报告

（2013 年 4 月 24 日）

各位代表、老师们、同志们：

今天，我们在这里隆重召开学校第四届教职工代表大会暨第四届工会会员代表大会第三次会议，共商学校发展大计。现在，我代表学校党政领导班子向大会报告学校工作，请代表们审议，并请各位特邀代表和列席会议的同志提出意见和建议。

第一部分　2012 年学校主要工作回顾

2012 年是北京物资学院深入贯彻落实科学发展观，全面实施学校事业发展“十二五”规划，努力推进高水平特色型大学建设，各方面工作取得可喜成绩的一年。2012 年学校完成的重点工作有以下几个方面：

一、提出“对外开放合作，对内凝聚人心”工作方针，相关工作扎实推进，取得实效

2012 年，学校进一步明确了“走特色发展之路，建设高水平特色型大学”的定位，提出了“对外开放合作，对内凝聚人心”的工作方针。

在对外开放合作方面，学校与中关村、通州区、全国商务系统、期货系统及中物联等行业协会的“五大合作”迈出了坚实步伐；整合学校科学研究和社会服务资源，成立了“北京物资学院现代物流产业研究院”，研究院成为组织实施对外合作项目的重要平台；学校与普天集团的合作项目纳入中关村科学城建设签约项目，物流系统与技术实验室挂牌成为中关村开放实验室，推动成立了中关村电子商务与现代物流产业联盟，学校成为联盟秘书处单位；推进“一来二去”的校企合作工作，接待百余名企业家来校，聘任多名企业家担任校外研究生导师或兼职教授，联系落实 30 多名教师到企业挂职，组织学生到中关村参观实习；落实教育部“2011”计划精神，在校企合作的基础上成立了 4 个校级协同创新中心；与北京师范大学珠海分校合作成立了“南方物流研究院”，积极开拓面向珠三角和港澳地区的合作项目；加强国际交流与合作，成立了国际学院，积极拓展国际合作院校及合作项目；积极筹备“现代物流创新园”，成立北京北物通科技发展有限公司，为现代物流产业研究院和后勤服务社会化建设搭建市场运作平台。

在对内凝聚人心方面，学校进一步规划发展蓝图，明确发展目标，用事业

凝聚人心；通过班子务虚会、专题会、各类座谈会，健全决策机制，推进决策民主化、科学化；加强“五型机关”建设，强化服务基层、服务师生意识；发挥工会教代会作用，强化教职工主人翁意识，引导教职工参与民主管理、民主监督；加强离退休工作，充分发挥老同志作用，坚持校领导联系老干部、定期向老同志通报工作和看望慰问老同志等制度；努力解决师生工作学习生活中的实际问题，促进教师专业发展，提升教职工幸福感。

2012 年全年为师生办实事 30 余件。为全校教职工进行有线电视高清升级改造；开设校园超市，建成清真餐厅，满足了师生的多方面需求；增加大方居班车路线和地铁 6 号线摆渡车；为全校 97% 以上在职教职工办理三大职工互助保障险，发放价值百余万元的生活福利品，办理统筹补助，发放生日蛋糕卡、京卡互助卡，举办单身青年联谊会；先后成立 9 个文体协会，举行徒步大会等活动，促进全校教职工身心健康。

二、在“提高质量，强化特色”上下功夫，着力提升整体办学水平

1. 深化教育教学改革，提高人才培养质量

组织召开学校本科教学工作会议，全面分析本科教学工作状况，启动本科教学工程；整合学校实验教学资源，成立“经管综合实验中心”，加强实践教学工作；成立“教师发展促进中心”，组织开展教学技能培训、教学观摩指导、教学沙龙研讨、青年教师基本功大赛等系列活动，促进教师专业发展；成立“学生发展促进中心”，统合教学和学生工作力量，帮助学生学业进步、全面发展。着手修订人才培养方案，优化学生知识能力素质结构，创新人才培养模式。狠抓课程教学改革，着力提高教学有效性。加大招生宣传力度，努力提高生源质量，2012 年在 16 个省市录取分数超过当地重点线，北京录取分数文理科超过二本线 23 分、15 分。认真总结教学工作经验，积极申报北京市优秀教学成果奖，2012 年学校获市级教学成果奖一等奖 2 项，二等奖 4 项。

2. 加强学科建设和研究生培养

围绕学校办学定位和办学特色，加快学科布局调整，完善了 4 个一级学科硕士点下二级学科体系的构建，完成了二级学科自主设置论证和网上公示工作。开展校级重点建设学科验收工作，全面总结和检验我校重点建设学科建设成果。高质量完成研究生年度招生工作；加强研究生培养制度建设，转变培养理念，完善培养方案，提高研究生培养质量。制定完善相关制度，完成学术型导师与专业型导师分类认定工作。开展校内外导师联合培养模式的探索，选聘 31 名优秀企业家为研究生校外导师。鼓励研究生积极投身于科研与创新，2012 年研究生公开发表学术论文 243 篇。

3. 努力提高科研水平

学校重组、启动科研基地、科研创新团队三期建设；推进物流基地、物流重点实验室、物流工程中心建设；开展

"学术月"系列活动，流通现代化论坛、期货论坛、商贸流通企业论坛、劳动科学论坛等学术影响力不断扩大。组织科研力量申报各级各类课题，开展科学研究，共获得校外科研项目立项97项，其中纵向项目45项，横向项目52项。2012年科研项目获批课题经费总额1204.30万元，比上一年增长71.82%。获专利授权29项，出版专著61部，发表论文710篇，获得省部级以上科研奖励3项。

4. 加强学生教育管理

以学生党建为龙头，以各类主题教育和实践活动为载体，以写实性《德育·素质档案》为手段，以丰富多彩的文体活动为补充，着力培育积极向上、勤奋务实、开拓进取的职业价值观，打造学生就业竞争软实力；以学生学业发展为核心，以学生发展促进中心为平台，以优良学风班建设为抓手，助力学生顺利完成学业，打造学生就业竞争硬实力；全员、全方位、全过程育人格局有了新的拓展，特别是在全员育人方面，校领导、中层干部、企业家、校友担任班主任和人生导师，育人成效显著；大胆创新，公开选聘学生校长助理，在学生和校领导之间架起有效沟通的桥梁；重视校园艺术教育，大学生艺术团在各类重要赛事中取得优异成绩；加强大学生就业指导工作，8月底2012届毕业生就业率达到96.6%。

5. 加强管理，提高行政管理水平

积极探索现代大学制度建设，推进依法治校、校务公开和民主管理工作，健全行政工作例会制度、专题工作会议制度，加强与部门、二级单位的沟通；加强监察、审计工作，对基建项目实施全程跟踪审计，加强对物资采购、招投标、招生、职务聘任等工作的监督；加强财务资产管理，进一步完善制度、严格执行，启动财政专项项目库建设，强化专项执行进度管理和专项绩效考评管理；加强人事工作，做好教师三年聘期聘任相关工作和教师职务晋升聘任工作，探索进行其他专技岗位聘任工作，召开人才队伍建设工作会议，谋划出台和实施加强人才队伍建设的若干意见和措施。

6. 加强后勤保障工作

校园基建项目进展顺利，新学科综合楼于2012年6月结构封顶，预计2013年9月正式投入使用。图书馆项目6月初开工建设，2013年1月结构封顶，预计2014年9月正式投入使用。拟建文体活动综合楼项目市发改委已批准立项。积极启动和推进"三个校园"建设，召开了平安校园建设动员大会，实施新的科技创安工程，有效加强校园车辆管理；加强校园绿化美化，实施浴室废热回收，节能效果明显；加强校园信息化顶层设计，实施信息化专项建设，推进办公自动化进程。调整后勤机构设置和人员配备，着力提高服务质量。

7. 强化特色，凝练和聚焦优势领域

加强三个市级重要学术平台建设，进一步规范哲社研究基地职能，打造现代物流理论研究品牌；物流系统与技术重点实验室挂牌中关村开放实验室，扩大对外合作；高校工程研究中心进行整体重组，充实了研究开发力量。组织开展校内优势学科专业和优势研究方向研讨论证工作，先后组织物流规划、采购与供应链管理、物流信息化、农产品物流、物流统计等优势领域研讨会。明确提出“振兴期货专业”目标并积极落实工作方案，组建“物流统计研究所”和“农业与食品物流研究所”。

三、加强党建和思想政治工作，推进学校事业科学发展

2012 年学校以迎接党建《基本标准》集中检查为契机，不断提升党建科学化水平，为创建高水平特色型大学提供有力的思想政治和组织保证。

1. 坚持理论武装，完善决策机制，大力加强领导班子建设

认真学习贯彻党的十八大精神，坚持以党的科学理论最新成果武装头脑。加强党委理论中心组学习，完善党委会、校长办公会决策机制，健全总支书记例会、行政例会执行机制。扎实推进二级学院党政联席会议制度，规范二级学院领导班子议事程序，保证学校决策的民主化、规范化。

2. 加强干部队伍建设，加大培训培养力度

优化干部选拔任用工作程序和中层干部队伍结构，配合学校内部体制改革，调整干部任职岗位 26 人次，为学校事业发展提供人才保障。创新干部培训形式，提升干部教育培训针对性。首次开展境外培训，派出 23 名处级干部参加赴港培训班。

3. 抓好党建集中检查，大力推进基层组织建设

学校以推进基层党建规范化建设为目标，以迎接党建《基本标准》集中检查、开展基层组织建设年活动为抓手，大力推进基层组织建设。全年共制定基层组织建设相关制度 15 项、工作方案 13 项；顺利完成总支换届工作；加强党员发展培训工作，2012 年共发展党员 451 名。

4. 切实抓好惩防腐败体系建设，党风廉政建设取得新成效

加强党风廉政教育，开展党风廉政建设宣传教育月活动；加强惩防体系建设，推进党风廉政建设责任制落实，深化廉政风险防控管理，完善权力运行监督机制；重点加强基建项目、物资采购、财务管理的监督工作，继续做好“小金库”、公车、公款出国（境）等专项治理工作。

各位代表、同志们，过去一年学校各项工作任务顺利完成，很多方面取得了突破性进展。这些成绩是学校全体教职员工辛勤耕耘、不懈努力的结果，在此，我谨代表学校领导班子向大家表示衷心的感谢和崇高的敬意！

当然，在肯定成绩、坚定信心的同时也必须清醒地认识到，学校事业发展还存在诸多与建设高水平特色型大学目标不相适应的方面，主要表现在：对外开放合作尚需推进，社会服务能力有待提升，学校特色优势领域实力水平亟待提高，高层次杰出人才和青年拔尖人才有待引进和培养，高质量、高级别的学术成果相对较少，高水平科研创新团队

有待建设，制约学校快速发展的体制机制急需改革与完善，管理科学化、规范化有待进一步推进。

上述问题有些是当前国内高校普遍存在的共性问题，有些则是我们自身改革创新滞后、内涵发展不足的表现。对此，我们要有清醒准确的判断和认识，有计划、分步骤、分阶段地去解决，努力实现“十二五”规划制定的各项任务目标。

第二部分 2013年学校的重点工作

2013年是学校深化改革、扩大开放、提高质量、加快高水平特色型大学建设步伐的关键之年。学校要继续深入学习贯彻落实党的十八大精神，大力加强党建和思想政治工作，聚焦重点领域，强化特色优势，深化内部体制机制改革，实现重点工作上水平，开放合作上台阶，深化改革放活力，加快推进高水平特色型大学建设。

学校2013年要重点围绕以下目标开展工作。

一、重点工作上水平

1. 巩固人才培养中心地位，提高人才培养质量

加强本科教学工作。继续实施“本科教学工程”。切实转变思想，认真做好2013版本科人才培养方案制订工作。继续组织实施课堂教学综合改革项目，力争在提高课堂教学有效性上取得实效。以经济管理综合实验中心为抓手，统筹实验实践教学资源，加强校内创新实践基地和校外人才培养基地建设，切实提高实践教学实效性。

坚持以学生为本，促进学生全面发展。有效整合教学与学生工作力量，全面推进素质教育。以各类主题教育和实践活动为载体，着力培育积极向上、勤奋务实、开拓进取的职业价值观；以写实性《德育·素质档案》为抓手，激励学生自我教育、自我成长；以“学生发展促进中心”为平台，助力学生顺利完成学业；提升全员育人广度、深度和力度；完善就业工作考核办法，促进高质量就业。

加强研究生教育工作。结合学校特色优势，明确发展重点，优化专业方向设置，通过完善培养方案、加强导师队伍建设、强化科研实践环节、营造良好学术氛围等切实提高研究生培养质量。强化二级学院在研究生培养中的作用。筹备召开学校研究生教育工作会议。

深化成人教育模式改革，稳步扩大继续教育招生规模。加强市场调研，按社会需求来设置和调整专业，切实提高成人学历教育质量。

2. 聚焦重点领域，强化特色优势

建设高水平特色型大学，首先必须在学校特色优势领域实现新突破，达到新高度，迈上新台阶。本学期，学校制定下发了《中共北京物资学院委员会关于强特色上水平的决定》《北京物资学院关于开展第一批重点领域建设的实施意见》两个文件，进一步明确了重点领域建设对学校发展的重大意义，在充分研讨论证的基础上确定了第一批重点建设领域。学校将紧密围绕这些重点学科、特色专业和优势研究方向，认真筹划、科学部署，扎实推进。具体采取以下五大措施。

一是要对每个重点领域制订三年建设方案，制订建设指标体系、责任分工和考核办法。

二是大力推进重点领域政产学研用结合。继续推进“一来二去”模式，聘请业内专家来校任兼职导师，派出教师、学生到企业挂职和实践，不断提升重点领域教学科研水平；继续深化与校外单位共建校级协同创新中心工作，不断提升重点领域社会服务能力；努力推进重点领域产业联盟建设，不断加强重点领域与行业结合；成立重点领域建设专家指导委员会，推进重点领域科学发展；积极开展重点领域学术研讨，拓展学术交流渠道，提升学术影响力。

三是大力支持重点领域人才队伍建设。学校将紧密围绕重点学科、特色专业和优势研究方向，做好急需人才、高层次人才，尤其是重点学科带头人的引进工作。

四是大力加强重点领域国际合作。努力争取高水平国际合作项目，利用国际合作为重点领域建设增添新的活力。

五是深化学校内部体制改革，建立更加公平、灵活、高效的管理体制和运行机制，为重点领域建设提供有力的制度保障。

同时，学校还要充分发挥哲社基地、重点实验室、工程中心在加强重点领域建设、强化特色优势、提升科研水平上的作用。

通过重点领域建设，最终实现整合科研资源，强化特色品牌，锻造学术团队，提升科研水平，孕育科研成果，进而推动学校整体办学水平快速提升。

3. 改善办学条件，优化育人环境

做好重大基建工程建设工作，高质量完成新学科综合楼工程竣工验收交付工作，推进图书馆项目建设工作，完成文体活动综合楼项目前期工作及工程招投标工作。加快推进校园信息化建设，进一步完善信息化顶层设计方案，推进“智慧校园”基础建设，重点完成和积极整合数字校园二期应用系统，完善校园OA系统。做好新图书馆规划与建设，完善图书馆内部功能布局和设计方案，研究提出盘点、剔旧、搬迁等准备工作方案，积极推进图书馆全面协调发展。全面推进后勤保障工作，以“绿色校园”建设为主线，以规范餐饮和学生公寓服务管理为重点，完善节能一期工程功能，启动后勤“一站式”服务功能运行，统筹规范后勤服务管理，提高后勤保障服务水平。扎实推进“平安校园”建设，依照“平安校园”创建工作方案，深入推进各项任务落实，完成校园视频监控系统建设，有效提高校园综合防控能力。

4. 关心教师发展，提高教职工幸福指数

坚持加强人才队伍建设与提高教职工幸福感相结合，继续开展“提升教职工幸福感”工程。依托教师发展促进中心，帮助教师提升教学科研能力，促进教师专业成长。实施“学术新人”工程，引导优秀青年教师加入学术团队，为青年教师发展提供平台。继续推动教师到企业挂职，为提升教师教学、科研服务水平积极创造条件。积极探索职称聘任制度改革，逐步推进分类聘任与考核，建立健全考核激励机制，为教职工事业发展拓宽渠道。加大资金投入，想方设法增加职工福利。充分发挥工会、教代会作用，积极努力解决教师生活困难问题，从多方位切入，凝心聚力办实事，实实在在促发展。

二、开放合作上台阶

大力推进产学研用深度合作。现代物流产业研究院，作为对外合作与服务引领者、校内外资源整合者、平台建设与开发者、相关项目的组织者，要在学校对外开放合作中充分发挥其资源整合、构筑平台的积极作用。依托“南方物流研究院”，积极开拓面向珠三角和港澳地区的合作项目。在已有工作的基础上，积极推进与普天物流、长久集团、神华集团、广东物资集团等大型企业及南通滨海园区、舟山群岛新区的合作。

继续深化与中关村国家自主创新示范区、通州区政府、中国物流与采购联合会、全国商务系统和证券期货系统“五大合作”；启动第三批教师到中关村企业挂职，带动更多学生走入企业进行实习实践；充分抓住通州国际新城、商务园规划建设机遇，积极探索金融街二期园区建设具体实施规划；逐步推进落实与中物联的七大合作意向；与商务系统的合作也将在全国更多地区展开；以“振兴期货专业”为目标，面向全国期货系统，在期货行业合作研究、高端衍生品实验室建设、人才培养基地建设、期货专业建设、人才培养模式创新等方面取得突破。有效运作4个校级协同创新中心，使之成为推进政产学研用深度合作、提升学校社会服务能力的重要平台。

大力推动国际交流与合作。充分发挥国际学院作用，扩大留学生教育规模，积极申报教育部国际合作办学项目；加强与国外知名大学合作，在合作研究、教师互访、学生互换等方面取得实质性突破；加大海外高端人才引进力度，加强境外培训工作，提高学校国际化水平。

大力开展社会培训。坚持市场导向，推进继续教育体制机制改革，创新培训模式，适应市场需求，拓展培训业务，提高培训质量，努力把学校继续教育打造成中国物流与流通领域教育培训第一品牌。

三、深化改革放活力

加强现代大学制度建设。着手制订学校章程，逐步完善学校治理结构。健全完善党务公开、校务公开和信息公开工作机制。进一步完善科学决策、有效执行的学校运行机制，提高机关管理效能；进一步发挥二级学院作用，稳步推进校院两级管理。

深化人事管理体制改革。加强人事制度建设，修订完善《专业技术职务评审办法》《合同工管理办法》等制度，制定教师分类聘任、分类考核办法，加强聘期考核与岗位管理。以形成有效的激励约束机制、充分调动积极性、促进教师专业发展为目标，实施全面绩效考核及与之配套的奖惩制度。

深化科研管理体制改革。完善科研评价制度，优化科研人才成长环境。按照“分类管理、特色发展”原则，促进科研优势和潜力进一步发挥。加大对高水平成果的奖励力度，不断增强考核机制在提升学校科研绩效上的激励作用。以争取重大科研计划与项目，解决行业、区域发展问题为目标，鼓励科研人员团结协作，组建高水平的科研创新团队，组建交叉性的技术创新组织。

加强人才队伍建设。全面落实人才工作会议精神，扎实推进“运河学者”计划、“学术新人”工程。加强高层次人才引进和管理工作，培育学科带头人，引导优秀青年教师加入学术团队。加强教师赴国内外知名大学、研究机构进修培训工作。全面加强辅导员队伍建设，贯彻落实北京高校辅导员队伍建设规划，探索建立有序流动、良性循环的辅导员队伍建设机制。围绕学校“一来二去”的产学研合作模式，继续推进青年教师到企事业单位挂职锻炼或兼职。

着力加强财政专项经费管理。按照集中财力，突出重点，合理配置的原则，开展财政专项管理改革，制定管理办法，完成项目执行进度跟踪、过程管理、项目库建设等重点工作。严格执行进度，强化执行规范，加强过程监督，确保专项绩效。

探索后勤管理体制改革。建立健全后勤管理奖惩办法与规定，努力盘活后勤人力资源，积极探索后勤员工新老交替和合同制员工进出机制。

四、以党代会为契机，全面推进党的建设，促进学校事业全面进步

筹备好、召开好学校第二次党代会，不断提高党建工作水平，使党的建设始终与学校发展实际紧密结合，推动学校中心工作发展；加强理论学习，认真学习宣传贯彻落实党的十八大精神，坚持理论联系实际，以十八大精神指导我校工作实际；加强领导班子建设，努力提高领导班子办学治校能力；加强干部队伍建设，建立健全干部选拔、培养、考核、监督体制机制，加大干部教育培训力度，继续组织干部境外培训；加强基层党组织建设，充分发挥好党支部战斗堡垒作用，提高党员发展质量，发挥党员模范带头作用；大力加强作风建设，制定严格执行学校落实改进工作作风、密切联系群众有关规定的实施细则，加强学校会议管理，提高会议效率，厉行勤俭节约，反对铺张浪费；推进党风廉政建设，全面推进惩治和预防腐败体系建设，落实党风廉政建设责任制。加强教职工特别是青年教工思想政治工作，坚持以社会主义核心价值体系引领校园文化建设。

同时，学校还将认真做好离退休、统战、群团和校友工作。认真做好离退休工作，提升老同志幸福指数；做好统战工作，支持党外人士参政议政，为学

校科学发展做贡献；加强工会、教代会建设，扎实做好二级“教职工之家”建设，积极创建市级“先进教职工之家”；提高共青团建设科学化水平，充分发挥艺术文化教育作用，提升校园文化层次和影响力；开发利用校友资源，充分发挥校友在学校建设发展中的作用。

各位代表、同志们，面对光荣而艰巨的历史重任，希望全校教职员工凝心聚力、奋发有为，继续发扬团结进取、求真务实的精神，聚焦重点，强化特色，深化改革，提高质量，为实现“十二五”规划的宏伟目标，为建设高水平特色型大学而努力奋斗。

谢谢大家！

（学校办公室提供）

王旭东校长在“北京市先进职工之家”验收会上的讲话

（2013 年 6 月 8 日）

尊敬的各位领导、各位来宾、同志们：

大家上午好！今天，我们非常高兴地迎来了市教育工会专家组对我校工会参评“北京市先进职工之家”进行验收。首先，我代表学校党政班子和全体教职员工对各位领导和专家的到来表示热烈的欢迎！向长期以来关心和支持我校发展及工会工作的领导和专家表示衷心的感谢！

近年来，学校把握高等教育改革与发展形势，结合学校实际，确立了建设高水平特色型大学的发展目标，聚焦重点领域，强化特色优势，深化内部体制改革，努力实现重点工作上水平，开放合作上台阶，深化改革放活力，推动了学校整体办学水平显著提升。学校成绩的取得与各级工会组织的努力是分不开的。

学校党政高度重视工会工作，一直将工会视为党政的好帮手、工作的助推剂、党群的缓冲带、职工的大学校。充分认识到工会、教代会在推进学校民主管理、依法治校、维护教职工合法权益、促进师德师风建设、构建和谐校园文化等方面的重要意义与作用。

基于这样一种认识，学校大力支持工会依法独立自主开展工作。学校加强制度建设，先后制定了《关于加强和改进工会工作的意见》《北京物资学院教职工代表大会实施细则》（简称《实施细则》）、《北京物资学院二级教职工（代表）大会暂行条例》等制度文件，健全工作机制，为工会、教代会开展工作奠定坚实基础；学校多次召开党委会、校长办公会研究工会发展思路与重点，每年召开工会工作专题会，书记、校长听取工会工作专题汇报；按时开好“双代会”，有关学校改革发展和涉及教职工权益的重大事项均交由教代会审议；重视教代会提案工作，学校每年举行提案承办单位签约仪式，具体落实承办单位，各主管校领导亲自审阅签字督办；学校配齐配强工会工作团队，除校领导兼任工会主席外，另设工会常务副主席1名，兼职副主席1名，专职工会工作人员3名；学校在财力紧张的情况下逐年大幅增加对工会、教代会的经费投入，对工会、教代会重大活动给予专项经费支持。2013年，全校行政经费普遍压缩，但工会经费不减反增；学校为“教职工之家”建设提供场所与经费支持，加大设备购置力度；加强二级单位工会工作，加大二级“教职工之家”建设力度，把工会和教代会工作纳入对二级单位领导班子考核内容。

学校把更多资源、更多工作手段赋予工会，将更多涉及教职工的工作交由工会来做。工会、教代会在学校发展建设中，尤其是在民主管理、凝聚人心、服务大局、促进和谐方面发挥着越来越重要的作用，成为了学校党政的好帮手，有效地发挥了桥梁纽带作用，为加快高水平特色型大学跨越发展做出了积极贡献，具体体现在以下几个方面。

1. 发挥教代会作用，推进学校民主管理

依据党委制定的《实施细则》，教代会定时召开会议，按期举行换届，规范会议程序，重点审议学校改革发展和涉及教职工权益的重大事项，促进教代会代表民主参与，为学校发展建言献策，保证了教职工的表达权与参与权；以校务公开为基本载体，推进学校民主办学、依法治校，保证了教职工对学校重大事项决策的知情权与监督权。

2. 维护教职工合法权益，畅通诉求表达渠道

引导教职工利用校领导接待日、校长信箱等渠道，合理表达利益诉求，畅通沟通渠道；设立劳动人事争议调解委员会，及时解决教职工中出现的相关劳动争议；针对教职工关注的热点问题，组织教代会代表进行巡视工作；重视提案工作，实行校领导签字督办制度，加强监督落实。

3. 办实事，送温暖，不断提高教职工幸福感

近两年，学校把提高教职工幸福感作为学校“五大发展任务”之一，积极开展“提升教职工幸福感”工程。校工会以此为契机，建立健全困难教职工日常帮扶机制；为全校97%以上的在职教职工办理三大职工互助保障险，每年发放价值百余万元的生活福利品，办理统筹补助，发放生日蛋糕卡、京卡互助卡；在工会的建议和推动下，学校进一步完善了教职工体检制度，增强教职工体检项目，组织教职工参加体适能测试；为教职工进行有线电视高清升级改造；开设校园超市，扩建清真餐厅，增加班车路线，不断提升教职工幸福指数。

4. 搭建业务实践平台，加强师德建设，助力教师成长

校工会紧密围绕师德建设，积极开展先进人物评选系列主题活动，宣传先进，弘扬主旋律。积极引导青年教师参与社会实践，走进中关村挂职锻炼，组织青年教师博士团赴舟山国家新区学习调研，组织教学、科研先进代表赴珠三角实地考察，助力教师成长。截止到今年，校工会协同教务处，已成功举办十三届青年教师教学基本功大赛，这已成为我校青年教师提高业务素质的重要载体和有效措施。多名青年教师也因此在市级青教赛中获得奖励和表彰，有力地促进了我校课堂教学水平的提高。

5. 丰富文体活动形式，营造和谐校园文化

校工会以“健康快乐年”为主题，组织开展广播操比赛、球类比赛、徒步大会等丰富多彩的文体活动，引领健康生活，提升文化品位。校工会先后成立12个文体协会，规范教职工文体协会管理。利用三八节、教师节、新春团拜会等机会，认真策划，精心组织，开展丰富多彩的主题活动，让每位教职工在感受中悦纳，在快乐中传递，在掌声中赞赏，共同营造了和谐、健康、积极向上的校园文化。

学校高度重视“教职工之家”建设工作，将建家工作作为促进工会工作上水平的重要抓手，既注重硬件条件的改善，又重视制度、规范、活动等软件建设。通过建家工作，学校民主管理进一步推进，教职工积极性、幸福感日益提高，凝聚力显著增强，校园文化日益和谐，极大地推动了学校的改革与发展，有效地促进了学校整体办学水平的提高。

今天，我们将接受专家组对我校工会申报“北京市先进职工之家”进行检查验收，这不仅是对我们几年来工作的检验，更是对我校今后提高工会组织建设水平的具体指导和全面促进。在座的各位专家经验丰富，我们将虚心听取大家的意见，认真总结经验，进一步明确努力方向，积极构建“民主、和谐、温暖”的教职工之家。

最后，祝各位领导、各位专家身体健康、工作顺利、生活愉快！

谢谢大家！

（学校办公室提供）

实施“一来二去”，引导青年教师在实践中成长成才

——李石柱书记在北京高校青年教师思想政治工作座谈会上的经验交流

（2013年6月27日）

2012年6月，市教工委出台《关于加强和改进高校青年教师思想政治工作的意见》和《关于组织北京高校青年教师开展社会实践的实施意见》，号召高校青年教师积极参加社会实践，在实践中成长成才。北京物资学院党委高度重视认真贯彻，从学校发展战略高度把青年教师挂职参加社会实践与推进产学研合作相结合、与人才培养相结合、与思想政治工作相结合，探索形成了“一

来二去”的工作模式。“一来”就是邀请企业家、专家、政府官员来校担任研究生兼职导师、兼职教授带学生开讲座；“二去”就是组织青年教师到企业到政府挂职锻炼，组织学生走进企业调研实习。一年来，共有82名教师报名赴企事业单位挂职，占44岁以下青年教师总数的31%，其中11人已完成挂职，51人正在挂职，20人正在与企业对接近期将落实单位开始挂职。

有关情况汇报如下：

一、实施背景

北京物资学院是国内唯一、国际为数不多的以物流和流通为特色的普通高等学校。虽然建校源于计划经济时代，但近年来，随着电子商务的发展，现代物流越来越受到社会各界关注，对物流和流通人才提出了日益强烈的需求。为此学校大力调整学科结构和院系专业设置，初步形成了以物流和流通为特色的多学科群，以物流规划设计为代表的社会综合服务能力。2012年，校党委进一步明确了建设高水平特色型大学的目标，提出了“对外开放合作，对内凝聚人心”的工作方针和“立地”“顶天”两步走发展战略。其中，“立地”就是用一到两年时间建立起“产学研用”合作机制。“顶天”就是围绕重点学科、特色专业和优势研究方向三位一体强特色、上水平。

“立地”的关键是如何让老师们走出校门与企业紧密合作。北京物资学院44岁以下青年教师266人，占全部教师总数的68%。大多是近几年毕业的青年博士，年纪轻、专业研究能力强、实践经验缺乏是他们的共同特点。对社会了解不足，实践经验缺乏不仅影响到青年教师思想水平和专业能力的提高，也关系到学校人才培养质量和科研水平的提升。

学校计划在5年时间内，分期分批组织全体青年教师走出校门，使每名青年教师都能参加社会实践活动，在实践中成长为立场坚定、业务精湛、品德高尚的青年人才，为学校人才培养和首都经济社会发展提供坚强保障。

二、主要做法

（一）攻克“思想关”

去年启动之初，学校在广泛宣传发动的基础上，多次召开青年教师座谈会，广泛征求青年教师对挂职的意见建议，努力摸清教师的思想状况。许多老师对挂职存在“怕”和“忧”。“怕”主要表现为害怕走出校门，畏惧与企业接触。“忧”主要表现为担心自己不能胜任企业的实际任务，担心挂职工作影响自己的教学科研。

为此我们在通过召开挂职教师经验交流汇报会进行典型示范的同时，一方面大力开拓挂职单位为老师们提供更多的选择机会努力搭好“实践台”，另一方面在校内制定相应政策，理顺管理体制，努力铺好内部路。

（二）搭建“实践台”

2012年以来，学校确定了与中关村科技园区、通州区政府、中国物流与采购联合会、全国商务系统和证券期货系统的“五大合作”，邀请了100位中关村企业家来校洽谈合作，邀请了物流协会组织10多位企业家来校交流；聘请了51名企业负责人为学校兼职教授或研究生兼职导师；联合中关村40多家企业发起组建了中关村电子商务与现代物流产业联盟并作为秘书处单位负责日常运作。

目前，学校已与127家企业建立联系，开展多方面的合作。其中54家企业提供了116个职位。

（三）铺好“内部路”

在协调机制上，由一位党委副书记牵头负责、人事处负责内部管理组织，制定相应制度措施；现代物流产业研究院负责开拓合作单位，建立青年教师实践基地，组织青年教师进行对接。

在挂职时间上，学校要求参加挂职的老师每周至少一天到企业工作，坚持半年到一年。

在挂职任务上，鼓励挂职教师要由易到难实现四个台阶，一是到企业能呆下来与企业员工有效沟通；二是能把学生带进企业；三是与企业联合申请项目；四是从企业拿到科研项目。这四个台阶由浅到深、由低到高，由挂职教师结合自身能力逐步开展。

在政策措施上，专门制定了《教师赴企业挂职锻炼暂行办法》，为教师挂职提供了政策保障。一是把挂职作为教师职称晋升的必要条件。二是挂职期间生活方面给予适当补助。三是根据企业需要适当调整上课时间。四是根据离家远近和专业对口调整安排挂职单位。五是加大宣传表彰力度。

三、取得的效果

（一）促进了青年教师自身素质的提升

外语学院老师张丽丽在元培世纪（北京）教育科技有限公司担任外翻期间，感觉到现代同传和外语服务的高水平，切身感受到跟不上时代步伐，思想震动极大，挂职期间就自己出钱报名学习同传翻译，并在自己的课堂上加进了许多实践实例。劳法学院挂职老师王少波把挂职了解到的人力资源管理情况运用到课堂，使课堂讲授内容更鲜活、更受欢迎。

（二）通过示范引导，带动学生走进企业

2012年学校在学生中开展“走进中关村，学做创新创业人”活动，鼓励老师带领学生走进企业。在实践周和假期，学校举办高新技术企业案例采写大赛，组织学生到企业进行调研采写教学案例，并进行教学案例比赛。挂职老师积极联系企业，并指导学生们调研采写，发挥了重要作用。唐长虹、陈晓梅老师指导的团队分获一、二等奖。信息学院童年成老师挂职单位已明确表示要成为学生实习基地。霍灵瑜老师带的学生今年毕业到他所挂职的企业就业。

（三）从个人与企业合作研究到推动学校与企业深度合作

商学院老师陈晓梅挂职于航天信息

公司，已与企业合作完成一本专著《财经沙盘模拟与 ERP》，与企业联合申请了科研项目，推动了商学院与挂职单位签订战略合作协议。在今年暑期的学生社会实践周中，由该公司资深员工和陈老师共同为 60 名学生讲授“财务税务实训”等课程。劳法学院王少波、顾国爱、李艳荣组成联合服务小组为三人分别挂职的三家企业共同咨询服务，并与挂职的清华控股公司洽谈人力资源合作项目。随着第一批挂职的结束，老师们都在积极推动学校与所挂职的单位建立长期合作关系。

挂职老师走进企业的感受让我想起古希腊的一个寓言。古希腊有一个巨人叫安泰，力大无比，所有的人与他摔跤都难以把他摔倒，有一个人琢磨了很久发现了一个秘密，他只要站在大地上就有无穷的力量。于是向他挑战时，把他高高地举起，使其脱离了地面，最终把他杀死。青年教师就是安泰，只要站立在大地上，只要与社会结合，就能迸发出无限的创造力。

（人事处提供）

改进作风　凝心聚力　推进高水平特色型大学建设

——李石柱书记在党的群众路线教育实践活动动员会上的讲话

（2013 年 8 月 19 日）

同志们：

今天会议的主要任务就是贯彻落实中央和市委开展党的群众路线教育实践活动的指示精神，对我校党的群众路线教育实践活动进行具体部署。今天会议的召开标志着我校教育实践活动全面启动。市委教育实践活动督导组第 33 组组长曲德森同志还将作重要讲话。下面，我就上级精神和我校部署讲三点内容。

一、中央及北京市委关于开展党的教育实践活动的有关部署

党的十八大明确提出，围绕保持党的先进性和纯洁性，在全党深入开展以为民务实清廉为主要内容的党的群众路线教育实践活动。2013 年 5 月 9 日，中央下发《关于在全党深入开展党的群众路线教育实践活动的意见》；6 月 18—19 日，中央召开党的群众路线教育实践活动工作会议，习近平总书记发表重要讲话，对活动开展进行了深入动员和全面部署。7 月 11—12 日，习近平总书记在河北调研指导党的群众路线教育实践活动，对活动的开展提出了进一步的要求。中央的部署要求和习近平总书记的系列讲话精神，是我们搞好这次活动的基本依据，我们需要着重从以下三个方

面准确把握。

第一方面，关于指导思想。高举中国特色社会主义伟大旗帜，坚持以马克思列宁主义、毛泽东思想、邓小平理论、“三个代表”重要思想、科学发展观为指导，紧紧围绕保持党的先进性和纯洁性，以为民务实清廉为主要内容，以县处级以上领导机关、领导班子和领导干部为重点，切实加强全体党员马克思主义群众观点和党的群众路线教育，把贯彻落实中央八项规定精神作为切入点，进一步突出作风建设，坚决反对形式主义、官僚主义、享乐主义和奢靡之风，着力解决人民群众反映强烈的突出问题，提高做好新形势下群众工作的能力，保持党同人民群众的血肉联系，发挥党密切联系群众的优势，为推动经济持续健康发展、全面建成小康社会、实现中华民族伟大复兴的中国梦提供坚强保证。

党的群众路线教育实践活动全过程，要贯穿“照镜子、正衣冠、洗洗澡、治治病”的总要求。“照镜子”，主要是学习和对照党章，对照廉政准则，对照改进作风要求，对照群众期盼，对照先进典型，查找宗旨意识、工作作风、廉洁自律方面的差距。“正衣冠”，主要是按照为民务实清廉的要求，严明党的纪律特别是政治纪律，敢于触及思想，正视矛盾和问题，从自己做起，从现在改起，端正行为，维护良好形象。“洗洗澡”，主要是以整风精神开展批评和自我批评，深入分析出现形式主义、官僚主义、享乐主义和奢靡之风的原因，坚持自我净化、自我完善、自我革新、自我提高，既要解决实际问题，更要解决思想问题。“治治病”，主要是坚持惩前毖后、治病救人方针，区别情况、对症下药，对作风方面存在问题的党员、干部进行教育提醒，对问题严重的进行查处，对与民争利、损害群众利益的不正之风和突出问题进行专项治理。

第二方面，关于目标要求。党的群众路线教育实践活动在全体党员中开展，重点抓好县处级以上领导机关、领导班子和领导干部；主要任务是教育引导党员、干部树立群众观点。弘扬优良作风，解决突出问题，保持清廉本色，使党员、干部思想进一步提高，作风进一步转变，党群干群关系进一步密切，为民务实清廉形象进一步树立。要坚持围绕中心、服务大局，全面贯彻落实党的十八大提出的各项任务要求，把作风建设放在突出位置，以作风建设的新成效凝聚起推动经济社会发展的强大力量。

要落实为民务实清廉要求。为民，就是要坚持人民创造历史、人民是真正英雄，坚持以人为本、人民至上，坚持立党为公、执政为民，坚持一切为了群众、一切依靠群众，从群众中来、到群众中去。务实，就是要求真务实、真抓实干，发扬理论联系实际之风；坚持问政于民、问需于民、问计于民，发扬密切联系群众之风；谦虚谨慎、戒骄戒躁，厉行勤俭节约、反对铺张浪费，发扬艰苦奋斗之风。清廉，就是要自觉遵守党章，严格执行廉政准则，主动接受监督，自觉净化朋友圈、社交圈，带头约束自己的行为，增强反腐倡廉和拒腐防变自觉性，严格规范权力行使，把权力关进制度的笼子，坚决反对一切消极腐败现象，做到干部清正、政府清廉、政治清明。

要着力解决突出问题。主要是坚决反对形式主义，教育引导党员、干部端正学风，改进文风会风，在大是大非面前敢于担当、敢于坚持原则，真正把心思用在干事业上，把功夫下到察实情、出实招、办实事、求实效上；坚决反对官僚主义，教育引导党员、干部深入实际、深入基层、深入群众，接地气、通下情，坚持民主集中制，改进调查研究，虚心向群众学习，真心对群众负责，热心为群众服务，诚心接受群众监督；坚决反对享乐主义，教育引导党员、干部牢记“两个务必”，克己奉公，勤政廉政，保持昂扬向上、奋发有为的精神状态；坚决反对奢靡之风，教育引导党员、干部坚守节约光荣、浪费可耻的思想观念，狠刹挥霍享乐和骄奢淫逸的不良风气，做到艰苦朴素、精打细算，勤俭办一切事情。

要牢牢把握基本原则。坚持正面教育为主，加强马克思主义群众观点和党的群众路线教育，加强党性党风党纪教育和道德品行教育，引导党员、干部坚定理想信念，增强公仆意识，讲党性、重品行、作表率，模范践行社会主义核心价值观，坚守共产党人精神追求。坚持批评和自我批评，开展积极健康的思想斗争，敢于揭短亮丑，崇尚真理、改正缺点、修正错误，真正让党员、干部思想受到教育、作风得到改进、行为更加规范。坚持讲求实效，开门搞活动，请群众参与，让群众评判，受群众监督，努力在解决作风不实、不正和行为不廉上取得实效，在提高群众工作能力、密切党群干群关系、全心全意为人民服务上取得实效。坚持分类指导，针对机关、企事业单位和基层的不同情况，找准各自需要解决的突出问题，提出适合各自特点的目标要求和办法措施。坚持领导带头，上级带下级、主要领导带班子成员、领导干部带一般干部，一级抓一级、层层抓落实。

第三方面，关于方法步骤。中央对开展这次教育实践活动的要求非常明确。从 2013 年下半年开始，自上而下分两批开展，每批大体安排半年时间，2014 年 7 月基本完成。市属高等学校作为第一批活动单位。具体到每个单位，集中教育时间一般不少于 3 个月。每个批次、每个单位的教育实践活动，着力抓好 3 个环节。

一是学习教育、听取意见。重点是搞好学习宣传和思想教育，深入开展调查研究，广泛听取干部群众意见。二是查摆问题、开展批评。重点是围绕为民务实清廉要求，通过群众提、自己找、上级点、互相帮，认真查摆形式主义、官僚主义、享乐主义和奢靡之风方面的问题，进行党性分析和自我剖析，开展批评和自我批评。三是整改落实、建章立制。重点是针对作风方面存在的问题，提出解决对策，制定和落实整改方案；对一些突出问题，进行集中治理。每个单位都要抓住重点问题，制定整改任务书、时间表，实行一把手负责制，并在一定范围内公示。注重从体制机制上解决问题，使贯彻党的群众路线成为党员、干部长期自觉的行动。

具体到北京，7 月 2 日，北京市委召开党的群众路线教育实践活动工作会议，印发了开展活动的实施意见和活动方案。市委详细提出了搞好活动需要进行的“学习教育、听取意见，查摆问题、开展批评，整改落实、建章立制”3 个环节、20 个具体步骤和着重把握的 6 条基本原则，即坚持“坚持正面教育为主”“坚持批评和自我批评”“坚持分类指导”“坚持讲求实效”“突出实践特色”“坚持领导带头”。市委结合北京实际，进一步强调要立足首都发展的阶段性特征，把搞活动与全面贯彻落实党的十八大提出的各项任务要求结合起来，与建设基层组织结合起来，深入实施领导干部“领航工程”、基层组织“聚力工程”和共产党员“先锋工程”；要切实转变作风，落实为民务实清廉要求；要着力建强组织，确保群众路线贯彻执行；要充分凝聚力量，促进经济社会科学发展。

具体到市委教育工委，7 月 10 日，市委教育工委召开北京市属高校党的群众路线教育实践活动部署会，对市属高校开展教育实践活动进行动员部署，明确指出在把握好中央和市委精神的前提下，进一步把握好“五个结合”，即把全面推进和突出重点结合起来、把完成规定动作和创新自选动作结合起来、把调动党员干部积极性与坚持开门搞活动结合起来、把解决当前问题和解决长远问题结合起来、把开展活动和推动发展结合起来。

二、物资学院如何贯彻落实上级精神，扎实开展教育实践活动

为落实中央和市委精神，学校党委高度重视，先后召开多次专题会议学习传达上级精神，研究学校前期准备工作；暑假前及时成立了活动领导小组和工作机构，进行工作通报和前期部署；暑假期间，领导小组及办公室组织组、宣传文案组、督导联络专项小组多次召开专题研讨会，研究制定《中共北京物资学院委员会深入开展党的群众路线教育实践活动实施方案》及相关工作安排，其主要内容如下。

第一，指导思想。认真学习，深刻领会，坚决贯彻落实中央和市委系列指示精神；把开展教育实践活动与贯彻落实党的十八大精神和学校第二次党代会部署相结合、与推进学校中心工作相结合、与加强领导班子和干部队伍建设相结合、与推进基层党组织工作创新相结合；以作风建设的新成效凝聚起推动事业发展的强大力量，为推动高水平特色型大学建设提供坚强保证。

坚持这个指导思想，首先要坚决克服对这次教育实践活动的一些模糊认识。通过前期的调研我们发现，少数党员干部存在着不以为然的思想，重视度不高，认为教育实践活动就是以形式主义反对形式主义，走走过场而已，没有实质意义；少数党员干部还持有等待观望的态度，事业心和责任感不强；一些党员干部消极被动的情绪多，主动参与

的积极性小，个别党员干部甚至还存在着事不关己，高高挂起的想法等。

坚持这个指导思想，还要清醒地看到我校党员干部在转变工作作风，密切党群干群关系方面存在的问题。总体上看，当前全校各级党组织和广大党员、干部贯彻执行党的群众路线是好的，学校也出台了一些制度，采取了一些措施，取得了一定成效。但部分党员、干部也存在着一些与学校事业科学发展不相适应的问题，存在着不符合为民务实清廉要求的师生反映比较强烈的突出问题。如部分党员干部在工作作风、工作状态方面存在着“跟、拖、粗”现象。“跟”，就是习惯跟着别人走，在自己特色领域缺乏引领意识，行业使命感不强。“拖”，就是得过且过，拖拖拉拉，不重效率，贻误时机。“粗”就是做事粗枝大叶、马马虎虎，不求卓越，缺乏成本意识；少数党员、干部宗旨观念淡薄、先锋模范意识不强；少数领导干部对工作研究不够，投入不足，不担当、不作为；一些领导干部群众观念、服务意识不够强，主动关心师生思想、工作和生活等做得不够，在为师生谋利益，解决实际困难与师生的要求还存在一定的差距等。

这次教育实践活动就是要让广大党员、干部普遍接受一次马克思主义群众观点再教育，认真查摆问题、解决问题，集中整治师生反映强烈的不正之风，切实转变工作作风，密切党群干群关系，进一步夯实推动学校事业发展的群众基础。

第二，基本原则。一是贯彻落实上级精神不走样。严格按照中央和北京市部署开展党的群众路线教育实践活动。认真学习、传达上级精神，深刻认识党的群众路线教育实践活动的重大意义，深刻领会开展党的群众路线教育实践活动的总体要求和根本任务。坚决贯彻落实上级要求，以整风的精神开展活动，突出一个“严”字，从严要求、严格把关，不走过场、不走形式，不走神、不跑偏。

二是立足学校实际出实招。党的群众路线教育实践活动的谋划与设计，一定要立足于学校实际、立足于各单位实际，围绕学校事业发展，围绕基层组织建设，围绕校院（部、处）两级领导班子和领导干部作风建设，突出一个“实”字，察实情、出实招、求实效，富有创造性地开展活动，充分调动领导干部和广大群众两个群体的积极性，认真查找、解决实际问题，建立长效机制。

三是精心组织部署求实效。党的群众路线教育实践活动的组织部署与实施，要讲求科学方法，坚持正面教育为主，坚持批评和自我批评，坚持分类指导，坚持求真务实，突出实践特色，坚持领导带头。活动的组织突出一个“精”字，精心组织、精细部署，切实把握好“五个结合”，把全面推进和突出重点结合起来，把做足规定动作和创新自选动作结合起来，把调动党员干部积极性和坚持开门搞活动结合起来，把解决当前问题和解决长远问题结合起来，把开展活动和推动发展结合起来，确保活动“不偏、不空、不虚”。

第三，目标要求。党的群众路线教育实践活动，要与全面贯彻落实党的十八大提出的各项任务要求结合起来，与强化领导班子和干部队伍建设结合起来，与建设基层服务型党组织结合起来，与高水平特色型大学的建设目标结合起来，使党员、干部思想进一步提高，作风进一步转变，党群干群关系进一步密切，为民务实清廉形象进一步确立，努力实现转作风、强组织、促发展。

（1）转变作风

这次教育实践活动的主要任务就是集中精力转变作风，集中解决形式主义、官僚主义、享乐主义和奢靡之风这“四风”问题。反对形式主义，就是要着重解决工作不实，以会议落实会议、以文件落实文件，工作走过场的问题，教育引导党员、干部改进学风文风会风，改进工作作风，多做打基础、利长远的工作，在难点问题上敢于担当、敢于坚持原则，真正把心思用在干事业上，把功夫下到察实情、出实招、办实事、求实效上。反对官僚主义，就是要着重解决群众观念淡薄，在师生利益上不维护、不作为、消极应付、推诿扯皮，甚至与群众争利益、侵害师生利益的问题，教育引导党员、干部克服官本位思想，深入实际、深入基层、深入师生，虚心向师生学习，真心对师生负责，热心为师生服务，诚心接受师生监督。反对享乐主义，就是要着重克服精神懈怠、不思进取现象，教育引导党员、干部牢记“两个务必”，克己奉公，勤政廉政，追求卓越，立足本职践行宗旨意识，保持昂扬向上、奋发有为的精神状态。反对奢靡之风，就是要着重整治公款吃喝、互相宴请和铺张浪费的不良风气，规范会议、调研、接待等活动，教育引导党员、干部坚守节约光荣、浪费可耻的思想观念，强化成本意识，本着艰苦朴素、精打细算的原则，勤俭办一切事情，努力提高经费使用效益，降低施政成本。

（2）建强组织

深入实施领导干部“领航工程”，从解决思想建设、能力建设、机制建设等方面突出问题入手，加强理论武装，提升能力素质，落实民主集中制，建设推动事业发展的坚强领导集体。深入实施基层党组织“聚力工程”，从解决联系师生、服务师生、引领发展等方面存在的突出问题入手，加强基层服务型党组织建设，推动各类资源向基层倾斜，促使基层党组织在服务发展、服务师生、服务社会中发挥作用。深入实施共产党员“先锋工程”，加强党员教育管理，引导广大党员自觉遵守党章，认真履行义务，在搞好教书育人、遵守师德和学术道德、刻苦学习等方面发挥表率示范作用。

（3）促进发展

通过教育实践活动进一步激发党员、干部的蓬勃朝气，把思想和行动统一到中央精神和市委要求上来，把智慧和力量汇聚到推动学校事业科学发展上来，加强管理创新，提高管理水平，完善现代大学制度，努力解决制约学校发展的突出问题，推动学校事业又好又快发展。要以服务国家和首都经济社会发展为重要目标，适应发展方式深度转变的新任务、新要求，找准学校办学定位，明确学校发展思路，使学校办出特色、办出水平。要大力推进人才培养模式改革，建立健全以提高教育质量为导向的管理制度、工作机制和保障体系，提高人才培养质量。要大力推进学校科研管理制度和模式创新，加强以优势学科为基础的科研基地建设，提高科技创新能力。要发挥学校优势，鼓励师生投身文化创新创造，提高服务国家首都文化繁荣发展的能力。

第四，方法步骤。我校教育实践活动从2013年7月开始，2013年11月基本结束，坚持时间服从质量。活动参加的范围是在全体党员中开展，重点是校、院（部、处）两级领导班子和处级以上党员领导干部。非中共党员领导班子成员，参加领导班子集体学习，可列席领导班子专题民主生活会，但不参加民主评议，不要求撰写对照检查材料，活动中要注意听取他们的意见建议。

整个教育实践活动过程也分为3个环节，20个步骤。

7月8日—8月15日是活动准备阶段，包括3个步骤，一是成立领导机构和工作机构；二是制订工作方案；三是与督导组沟通，做好准备工作。目前，这些工作任务已基本完成，同时学校积极利用假期组织了校级党员领导干部和工作机构有关人员学习，并做好了调研工作，为各个环节工作的开展打下了良好基础。

第一环节，学习教育、听取意见。时间是8月15日—9月20日。包括5个步骤，一是启动教育实践活动；二是督导组个别谈话听取意见；三是开展学习教育；四是建立教育实践活动联系点；五是广泛征求意见。这一环节的主要任务是认真学习上级文件精神及学校汇编印发的学习材料；各党总支成立相应机构积极开展工作；由中央党校对我校处级以上干部进行为期三天的集中培训；通过组织观看学校动员部署会光盘等方式，做好学生党员动员工作；组织校院（部、处）两级中心组交流研讨、主题干部沙龙、党组织负责人讲党课、参观考察等。通过调研走访、座谈、个别访谈、发放征求意见表等形式广泛征求有关部门、用人单位、党员、干部和师生的意见，重点是在“四风”方面的意见建议，认真梳理，为开展批评和解决问题奠定基础。

第二环节，查摆问题、开展批评。时间是9月20日—10月20日。包括7个步骤，一是督导组通报情况；二是相互谈心谈话；三是撰写对照检查材料；四是制订民主生活会专项方案；五是组织召开专题民主生活会；六是通报民主生活会情况；七是召开专题组织生活会。这一环节的主要任务是通过督导组通报的情况，谈心谈话、撰写对照检查材料和专题生活会等形式，领导班子、班子成员和党员、干部深刻查摆问题，特别是在形式主义、官僚主义、享乐主义和奢靡之风这“四风”方面存在的问题，认真进行党性分析和自我剖析，开展批评和自我批评。

第三环节，整改落实、建章立制。时间是10月20日—11月20日。包括4个步骤，一是制订整改方案；二是开展正风肃纪集中整治；三是加强制度建设；四是推进基层服务型党组织建设。这一环节的主要任务是制订整改方案，集中整治“四风”；进一步完善校院两级科学民主的决策机制，完善党员干部直接联系师生制度和畅通师生诉求反映渠道制度；健全干部作风状况考核评价机制，建立健全厉行节约、制止浪费制度；修订完善科研经费管理制度，完善公务接待制度，完善公务用车配备使用管理办法，完善因公出国（境）管理规定，完善会议、培训、活动经费管理办法等一系列有关作风建设的制度，通过制度建设推动改进工作作风、密切联系群众常态化长效化。

11 月 20—30 日是活动总结阶段。包括 1 个步骤，即做好总结工作。这个阶段主要任务是召开总结大会对学校教育实践活动进行总结，通报开展教育实践活动的做法和成效，查摆的突出问题、整改措施和今后工作的努力方向。

以上学习教育、听取意见是基础，查摆问题、开展批评是关键，整改落实、建章立制是根本。各党总支、各单位领导班子和党员干部，要重视每个环节的相互联系，在完成 20 个规定动作的同时做好自选动作，突出我校特色，与学校党员干部思想和工作实际结合起来，确保内容、时间、责任三落实。

三、加强组织领导，推动教育实践活动落到实处

开展党的群众路线教育实践活动，是全校政治生活中的一件大事。学校各党总支（直属党支部）、领导班子和广大党员、干部要把开展教育实践活动作为下半年党建工作的首要任务抓紧、抓实、抓好。在此，我代表党委提三点要求：

（一）精心组织，履行职责

学校教育实践活动领导小组及办公室要吃透上级政策精神，理清工作思路，把握进度节奏，扎实开展调研，积极与市委督导组联系沟通，做好安排部署；校领导班子要积极带头，先学一步，先行一步，以身作则，做好表率，要主动深入基层，加强调研、督促检查、推动落实；各党总支（直属党支部）也要成立领导机构和工作机构，紧密结合本部门实际，强化落实，注重实效；广大党员干部要增强思想自觉和行动自觉，积极投身教育实践活动，特别是紧密围绕“四风”，自觉用“两个务必”对照检查和总结反思自己，努力做到谦虚谨慎、艰苦奋斗。

（二）统筹兼顾，围绕中心

此次教育实践活动的根本目的，是为全面贯彻落实党的十八大精神、推动高水平特色型大学建设提供坚强保证。各部门、各单位要把开展教育实践活动同做好当前学校改革发展稳定各项工作紧密结合起来，同完成本部门、本单位各项任务紧密结合起来，摆布好时间和精力，使活动每个环节、每项措施都为学校中心工作服务，把党员、干部在活动中激发出来的工作热情和进取精神转化为做好工作的动力，用学校事业发展

成效检验活动成效。

（三）加强宣传，营造氛围

充分运用各种媒体，大力宣传中央和市委的重要精神和校党委的部署要求，宣传活动进展和实际成效。加强正面宣传，重视典型宣传，发挥示范作用，用身边事教育身边人，形成良好的舆论氛围。创新宣传形式与载体，提升宣传质量与实效，用师生喜闻乐见的形式，凝聚成有利于活动开展的正能量。

同志们，这次教育实践活动是我校转作风、强组织、促发展的重要契机，意义深远、责任重大，对学校今后一段时期的发展至关重要。我们要以高度的政治责任感、良好的精神状态和扎实的工作作风，把教育实践活动组织好、开展好，弘扬优良作风，凝心聚力，加快建设高水平特色型大学，为中国高等教育事业和中华民族的伟大复兴做出新的、更大的贡献。

谢谢大家！

（组织部提供）

王旭东校长在2013年教师节庆祝大会上的讲话

（2013年9月10日）

尊敬的各位老师，同志们、同学们：

春华秋实，岁月如歌，在这金风送爽、丹桂飘香的九月，我们再一次迎来了属于我们自己的节日——第29个教师节。首先，我谨代表学校党政领导班子，向辛勤耕耘、默默奉献在教育教学岗位上的全体教职工和为学校发展继续发光发热的离退休职工致以最崇高的敬意和最诚挚的问候！

教师是人类文明的承袭者，传道授业解惑，是太阳底下最光辉的职业。一支粉笔、两袖清风、三尺讲台、四季耕耘，你们用自己对教育事业的满腔热情、对学生无限的关爱，用心灵唤醒心灵，用希望引导希望。当今世界，经济全球化深入发展，科技进步日新月异，知识越来越成为提高综合国力和国际竞争力的决定性因素，人才越来越成为推动社会发展的战略性资源。中国未来的发展、中华民族的伟大复兴、“中国梦”的最终实现，归根到底要靠教育，同样，物资学院的发展和希望也离不开广大教职工的辛勤付出。

上半年，学校坚持走特色发展之路，实施“立地”“顶天”两步走发展战略，坚持“对外开放合作、对内凝聚人心”的工作方针，聚焦重点领域，强特色，上水平，在所有教职工的努力下，学校在人才培养、师资队伍建设、科学研究、对外开放、国际化发展和“三个校园”建设等方面均取得了突出成绩；在体制机制改革方面也进行了积极而有效的探索，使学校的发展愈加充满活力；同时，学校以迎接“北京市先进职工之家”检查验收为契机，实施“提升教职工幸福感”工程，极大地提高了教职工幸福感。

这些成绩的取得和成果的实现，展示了我们物院的实力和风貌，也昭示着我们灿烂美好的未来。可以说成绩的取得离不开全校师生的不懈努力，离不开全体教职工的辛勤付出。在此，我代表学校，向辛勤工作在不同岗位上的全体教职工真诚地道一声：大家辛苦了！

下半年，学校将继续坚定不移地走特色发展之路，努力实现重点工作上水平，开放合作上台阶，深化改革放活力。学校将坚持以学生为本，继续深化本科课程教学改革，推进素质教育，强化学生创新实践能力培养，提升人才培养质量；坚持以教师为本，促进教职工幸福感提高；扎实推进重点领域建设；着力加快中关村“科学城”（大学科技园）建设，积极推进南方物流研究院、现代物流产业（华东）研究院等合作项目建设，加快学校国际化发展，提高学校国际化水平；继续深化人事、科研和专项管理制度改革，形成有效的激励约束机制，为学校快速发展注入新的活力。同时，学校还将以开展群众路线教育实践活动为契机，加强党风廉政建设，切实转变工作作风，有效促进学校事业发展；以筹备召开二次党代会为契机，切实加强和改进党的建设，加强思想政治工作，为学校事业发展提供政治保障。

各位老师，学校的发展依靠教师，学校的发展成果也要由全体教师共享。学校还将继续实施“提升教职工幸福感”工程，坚持人才队伍建设与提高教职工幸福感相结合，从体制机制改革、桥梁平台建设、福利收入提高、生活困难帮扶等方面，促进教师专业发展，提升教师幸福指数。学校将进一步深化教师职务聘任、职称考评和分配体制改革，加大科研政策调整力度，建立有效的激励机制，提高广大教师投身教学科研的积极性；学校依托教师发展促进中心，加大教师培训和教师发展服务工作力度，促进教师教学能力提高；扎实推进“运河学者”计划、“学术新人”工程、青年教师挂职工作，深化产学研用合作、加快国际化发展步伐，为教师发展构筑桥梁、搭建平台；积极拓展经营性可支配收入渠道，依据学校财力，努力提高教职工福利；充分发挥工会、教代会作用，积极努力解决教师生活困难问题，从多方位切入，凝心聚力办实事，实实在在促发展。

老师们、同志们，建设高水平特色型大学，我们任重而道远，希望全体教职工以学校发展和教育改革为己任，永葆淡泊名利、志存高远的师者本色，甘为人梯、乐于奉献，保持奋发昂扬、积极向上的精神和斗志，把我们的事业推向一个新的高度，把我们的学校建设得更加美好！

再次祝大家节日快乐！

谢谢大家！

（学校办公室提供）

李石柱书记在物管系成立50周年座谈会上的致辞

（2013年10月13日）

尊敬的物管系校友们：

大家上午好！今天，我们大家齐聚一堂，隆重举行物管系成立50周年座谈会，共同追忆物管系的辉煌历史，畅叙校友的深情厚意。我代表物资学院党委和全校师生员工，对各位校友的到来表示热烈的欢迎！

50年前，物资管理系成立。以李京文、张声书、王之泰、张绪昌为代表的第一代老师开创了我国物资管理人才培养的先河。老三届新八届学生，作为我国自已培养的最早的物管人才在国家建设中发挥了重要作用，许多人成为国家的栋梁。1980年在物管系基础上组建北京物资学院，物管系的师生们在物资学院把物管系的精神文化和血脉传承下来并发扬光大。可以说，没有物管系就没有物资学院，物资学院就是你们的母校，你们就是物资学院的校友，物资学院因你们而骄傲。

风雨50年，老物管系一路走来，成为今天国内唯一国际为数不多的以物流和流通为特色的普通高等学校。从1个系发展到8个学院、2个教学部；从2个专业发展到26个专业；从年招生规模100人发展到年招本科生1500人，研究生200人。累计培养各类毕业生6万余人。

风雨50年，老物管系一路走来，从科研基础薄弱，研究资金紧缺，到今天在物流和流通领域拥有四个市级科研平台和两坛一刊的学术交流平台的具有较强研究实力的高等学校。四个市级科研平台包括智能物流系统与技术实验室、智慧物流实验室、北京现代物流研究基地、北京市高校物流工程中心。两坛一刊包括中国·北京流通现代化论坛、中美物流教育与研究合作论坛、《中国流通经济》杂志。

风雨50年，老物管系一路走来，从拥有几间办公室，教学条件简陋，到今天校园占地近600亩，建筑面积19万平方米，已发展成为教学、科研和生活设施齐全，文化底蕴深厚，环境优美宜人的高等院校。

物资学院走到今天，凝结了老物管人的辛勤与汗水，凝结了老物管人的光荣与梦想。我们作为后来者决不会忘记前辈们的奋斗，前辈们的汗水与梦想。当前，学校发展正值关键时期，我们进一步明确了走特色发展之路，建高水平特色型大学的发展目标。确立了“对外开放合作，对内凝聚人心”的工作方针，实施着“立地”“顶天”两步走发展战略：这个战略就是加强政产学研合作，使学校教学科研扎扎实实地“立地”；这个战略就是强特色、上水平，使学校教学、科研达到一个新高度，实现我们在特色优势领域的“顶天”。

在政产学研合作方面，学校推进了与中关村国家自主创新示范区、地方政府、中国物流与采购联合会为代表的行业协会、全国商务系统及期货行业系统的“五大合作”；实施了“聘请企业家来校任兼职导师，选派教师去企业挂职、学生去企业实习”的“一来二去”的措施；推动成立了中关村电子商务与现代物流产业联盟，学校成为联盟秘书处单位；成立了北京物资学院现代物流产业研究院；成立了北京物资学院智慧物流创新园。大力推进校企协同创新，先后成立了科技金融、流通秩序管理、智能交通与现代物流和物联网技术四个校级协同创新中心；大力推进国际化发展，成功举办中美物流教育论坛、成立国际学院，聘请外籍专家担任院长与教授，中美、中英联合培养国际课程班首届学生已入学开课。

在强特色、上水平方面，学校遴选了一批重点学科特色专业优势研究方向作为重点领域，通过人才引进国际合作深化改革集中精力提升水平，并取得初步成效。物流系统与技术实验教学中心被教育部认定为国内唯一一家物流领域“国家级实验教学示范中心；王旭东、许晓革、赵娴三名教授入选教育部新一届高校教学指导委员会，其中2人担任副主任委员；2012年获批科研经费比上一年增长71%，2013年有可能比上年翻了一番。

我们坚持促进学校事业发展与促进教职工生活幸福同时进行，相互促进。在全校开展“教职工幸福感提升”工程，尊老爱幼蔚然成风。去年荣获市政府颁发的“千家爱老示范单位”称号，是唯一获此殊荣的高等学校。退休教师杨红璋坚持11年扶贫助困，带动大批老师和学生向社会奉献爱心，并多次被中央电视台报道，受到教育部和北京市政府的高度肯定。

同志们，建设高水平特色型大学是物院人的共同梦想，更是老物管人光荣与梦想的传承和延续，需要大家共同努力。衷心希望物管系老校友、老前辈多指导，多帮助，多支持。

最后，衷心祝愿各位校友工作顺利，身体健康，阖家欢乐！

谢谢！

（学校办公室提供）

行业院校：让“特色”成为“不可替代”

——李石柱书记在中国高等教育学会高等财经教育分会年会上的报告

（2013年11月1日）

行业性大学是新中国成立后工业化发展的产物，经过半个多世纪的发展，这类高校已成为我国各类产业发展和壮大的重要支撑力量。就综合实力而言，这类高校虽然与一流综合性大学相比有一定的差距，但在相关行业和学科领域却具有明显优势，是推动行业发展的中坚力量，能够切实担负起相关行业发展的人才培养、知识创新和社会服务的重任，在国内外得到广泛认可，在中国高等教育布局中占有重要位置。

北京物资学院1980年建校，是国内唯一、国际上为数不多的以物流和流通为特色的普通高等院校。它起源于计划经济时代，在市场经济环境下由于电子商务和现代物流的发展而承担着更加重要的人才培养任务。作为行业性高校在流通领域的代表，全国物流管理学科的开拓者、奠基者，北京物资学院物流和流通特色主要体现在：初步形成了以物流和流通为特色的专业体系和学科群，教学体系相对完善。大量毕业生成为学校与行业紧密联系的基础。三十多年来学校培养了6万多名毕业生，大部分在物流与流通领域及相关领域（如商贸、期货、金融等）工作，一部分已经成长为行业内的精英骨干，为学校赢得了较高的社会赞誉。在物流与流通及相关领域取得了一批科研成果，为行业发展起到了重要支撑作用。初步形成了一支以物流和流通相关学科为特色的教学科研人才队伍。

随着我国工业化、城镇化的推进，行业快速发展，需要多层次的专门人才。比如电子商务的发展，正在引起物流和流通领域的一场革命，为以物流与流通为特色的北京物资学院提供了难得的发展机遇。如何抓住机遇，成为真正的“高水平特色型大学”？

学院在思考探索的基础上确立了“立地”“顶天”两步走的发展战略步骤。第一步“立地”，即用一到两年的时间，建立起产学研用的合作机制，通过开放合作强化与相关行业的结合；第二步“顶天”，即通过国际合作、校际合作、人才引进等途径，重点围绕特色学科、特色专业、特色优势研究方向大幅提升办学水平，使教学、科研、社会服务达到一个新高度。再用五到十年的时间，使学校在国际上有一定影响。

立地：让行业“根系”扎得更深

与综合性大学相比，行业性大学的优势在于在行业的“根系”很深，要让这种“根系”更深、更牢固。北京物资学院在这方面开展了一系列探索实践。

与中关村科技园区、北京市通州区政府（学院所在地）、中国物流与采购联合会、全国商务系统和证券期货系统五个方面都展开深度合作。成立并有效运作现代物流产业研究院。研究院下设若干研究所，将项目申请职能并入现代物流产业研究院。先后成立了南方物流研究院、工程技术研究中心等机构，整合集中优势资源，突显学科专业特色，开拓对外合作空间。为推进产学研结合，聘请优秀企业家来校任兼职导师，派出教师、学生到中关村企业挂职、采写教学案例，形成“一来二去”的交往模式。学校先后邀请100名中关村企业家来校交流座谈，聘请优秀企业家担任研究生导师，组织30余名青年教师到中关村企业挂职锻炼或兼职，使教师在实际岗位历练中提高教学的针对性、科研的前瞻性和成果转化的可行性，派出一批学生“走进中关村，学做创新创业人”，目的是锻造具有物院特色的学生职业价值观；先后成立以科技金融、流通秩序管理、智能交通与现代物流、物联网技术为主题的4个协同创新中心；围绕新成立的物流统计研究所、农业与食品物流研究所，重组的物流技术工程中心，邀请一批企业、高校、科研院所及政府部门专家成立专家指导委员会；联合中关村30余家企业组成中关村电子商务与现代物流产业联盟；举办中国·北京流通现代化论坛、劳动科学论坛、期货论坛、商贸论坛、流通法论坛等学术研讨会。这五种形式有力推进了政产学研用交流合作。

顶天：让“特色”成为“不可替代”

“特色”如何上水平，成为领域中不可替代的力量？

实际上，高水平特色型大学的高水平和特色是统一的，即高水平要体现在特色上。高水平特色型大学建设应该是在特色上实现高水平。北京物资学院作为国内唯一的以物流和流通为特色的高等学校，这种高水平就应该是国内一流甚至是国内领先。当然，特色发展必须处理好特色与一般的关系，努力做到一般对特色有效支撑和协调发展。

每一个特色学科专业和方向都要制订建设方案，并且每一个特色学科专业和方向都要与业界结合，做到“落地”。在此基础上，加强人才引进，特别是学科带头人，推进国际合作，深化内部体制机制改革，释放专业的活力。

2012年经过一年的实践，学院走出了较为封闭的办学状态，初步增强了师生员工的自信心，激发了教师提高科研能力和水平的热情，为学校实现健康快速发展注入了新的活力。此后的探索是让每一项工作都更进一步，让学校在服务地方经济社会发展过程中的优势不断凸显出来。

（学校办公室提供）

党的群众路线教育实践活动综述

中共北京物资学院委员会党的群众路线教育实践活动于2013年8月19日正式启动，党委领导班子对于教育实践活动十分重视，一把手示范作用凸显，活动的开展始终遵照“照镜子，正衣冠，洗洗澡，治治病”的总要求，严格按照上级安排，立足学校实际，开展教育实践活动，认真有序落实相关工作，努力做到教育实践活动不虚、不空、不偏。

一、认真部署，扎实推进，务求实效

7月北京市群众路线教育实践活动正式启动，党委及时组织党委会全体成员集中学习中央和市委党的群众路线教育实践活动相关文件，召开专门的务虚会，分析校院（部、处）两级领导班子和领导干部作风方面存在的突出问题，群众意见相对集中的问题，“四风”问题在学校的具体表现形式，明确提出群众路线教育实践活动的开展一定要坚持“贯彻落实上级精神不走样，立足学校实际出实招，精心组织部署求实效”的原则，注重加强统筹，全局部署，统一谋划，以领导班子和干部队伍建设为重点，以加强基层党组织建设为保障，以推进学校事业发展为目标。

7月10日，学校成立了党的群众路线教育实践活动领导小组及办公室，设组织组、宣传组、督导联络组。7月中旬教育实践活动方案初步拟定，立足“起好步、开好局”，活动领导小组和各工作组的前期调研筹备工作全面启动。

学校教育实践活动的开展强调以处级以上党员干部为重点，覆盖全体党员，强调开门办活动，联系广大师生群众，联系学校实际。在活动开展期间，党员领导干部能够以整风的精神对待教育实践活动，认真开展基层调研，广泛征求群众意见；聚精会神抓学习，努力提高思想认识水平；触及灵魂地开展对照检查，认真查摆自身存在的“四风”问题；深入开展交流谈心活动，推心置腹地相互批评、相互帮助；高质量召开民主生活会，严肃认真开展批评与自我批评；针对突出问题，制订整改方案，扎实落实整改。各环节工作部署有序，落实到位，始终坚持“立足实际、边查边改”的工作原则，取得了教育实践活动预期的“转作风”“强组织”“促发展”的效果。

二、扎实开展学习教育，不断加强思想建设

学校党委坚持把思想理论武装放在首位，学习教育贯穿教育实践活动始终。

为了保证学习内容的全覆盖，教育实践活动领导小组办公室及早动手，利用暑假时间，按照上级要求整理汇编学习材料，制作了电子版《北京物资学院教育实践活动学习材料汇编》，在启动会前便下发至每位处级以上党员领导干部。随着学习的持续深入，领导小组办公室不断丰富、充实党员干部的电子版学习材料库，及时补充上级印发的相关学习材料，并整理翻刻专题教育片等视频学习材料13类供基层党组织借阅。对于一些重要的文件或讲话精神，特别由书记圈定，通过校内OA办公系统发至相关党员领导干部传阅。

为了保证学习教育的深度和效果，学校党委强调在三个方面下功夫。一是强调组织高水平的、全校范围内的集中学习。暑期末学校与中央党校合作“请

学入校”，邀请中央党校优质教学团队“送学上门”，围绕群众路线教育的主题，为全体处以上领导干部进行了为期三天半的集中培训；9月中旬，组织全校处级以上领导干部参观北京市反腐倡廉法制教育基地，接受警示教育；在学校礼堂放映电影《周恩来的四个昼夜》，组织全校党员观看，学习坚持群众路线、坚持求真务实的楷模，学习深入基层开展调研的方法。二是强调领导班子带头学、“两级书记讲党课”，将“一把手”带头学习落到实处。学校领导班子学在前头，7月初就围绕开展好群众路线教育实践活动的主题，组织召开领导班子务虚会深入研讨；暑假期间，又赴学校对口支援的全国贫困县河北万全学习调研，深入群众送温暖。学校党委书记先后以《改进工作作风，建设高水平特色型大学》和《吸收党的理论思想精华，提升党员领导干部》为题为党员干部上党课两次，各党总支、直属党支部书记也分别为党员讲党课。三是强调开好专题研讨会。要求专题研讨会一定要立足学校实际、围绕“四风”具体表现和危害、围绕为民务实清廉的具体要求开展，专题研讨会之前，每位党员领导干部都撰写了发言材料。学校领导班子的专题研讨会邀请市委督导组和市委教育工委联系领导参会。处级领导干部先后按岗位性质分组，以小组为单位和以党总支（党支部）为单位召开了两次专题研讨会，前次研讨会分管校领导参加，后次研讨会学校督导组参加。

在此基础上，学校党委坚持把学习教育贯穿教育实践活动始终，坚持领导带头，通过各种形式组织党员干部进一步学习了党章，学习领会上级相关会议、文件精神，学习习近平总书记和各级领导的一系列讲话精神，学习十八届三中全会精神等，做到了学习教育无间断。

综合统计，“学习教育、征求意见”环节，学校领导班子全体成员集中学习总天数均超过6天，集体研讨交流2次，参加专题辅导6次，参加党课2次，外出参观、调研3次，观看专题教育片5种。

通过学习教育，党员领导干部大大提高了对马克思主义群众观点的理解和对党的群众路线的认识，群众观点入脑入心；大大加深了对在新形势下贯彻落实群众路线、保持优良传统作风的自觉性和坚定性，将群众路线落实到行动中；进一步增强了宗旨意识，自觉地把思想和行动统一到中央部署和市委要求上来，为各项工作的开展和学校事业的发展做好了思想准备。

三、广泛征求各方意见，逐步聚焦存在问题

为了保证教育实践活动的开展聚焦明确、有的放矢，除了配合市委督导组组织开展民主评议、干部群众谈话等活动征求意见之外，学校领导班子重视深入群众，采取多种方式广泛征求意见，查摆作风方面存在的问题。具体方式包括：学校领导深入基层、深入联系点走访调研，听取广大教师职工意见；党委书记担任研究生、本科生班主任，召开班会建言献策；校领导参加“校长冷餐

会”零距离听取学生意见；领导班子成员利用国内外出差调研机会走访合作单位、用人单位，听取校友意见；教育实践活动办公室深入各党总支、直属党支部走访，召开不同群体座谈会，发放征求意见表征询意见等。按照学校教育实践活动领导小组的统一部署，各党总支、直属党支部也纷纷通过民主评议、问卷调查、交流谈心、发放征求意见表等形式广泛征求师生意见。

活动中，共建立校领导联系点 20 个，学校领导班子成员走访联系点 80 次，总计走访调研 136 次，召开座谈会 3 次，发放征求意见表约 220 份，共听取意见人数 530 多人次。

经过多渠道、多方式的群众提、领导点，自己查、相互帮，学校领导班子共征求到各方面意见 63 条，其中关于“四风”方面的意见 19 条，关于改进本单位工作方面的意见 32 条，关于群众路线教育实践活动的意见 7 条，其他方面的意见 5 条。经过认真梳理、剖析，学校领导班子存在的“四风”问题逐步聚焦，具体表现为 14 条，包括形式主义方面 3 条，官僚主义方面 5 条，享乐主义方面 3 条，奢靡之风方面 3 条。查找、聚焦出领导班子成员的“四风”问题共 87 条。25 个处级领导班子共查摆“四风”问题 206 条；77 名党员处级领导干部共查摆“四风”问题 927 条。

四、深刻进行对照检查，自我剖析触及灵魂

学校领导班子和每位班子成员带头示范，坚持把自己摆进去，按照衡量尺子严、查摆问题准、原因分析深、整改措施实的要求，撰写对照检查材料。除了查摆出的“四风”方面 14 个问题，还聚焦北京市党员群众反映强烈的 10 项突出问题，逐一对照检查，发现其中有 5 个方面的问题在学校不同程度地存在。

学校领导班子针对查摆出的问题，从世界观、人生观、价值观、政绩观及群众观等方面入手深入查找根源，从理想信念、宗旨意识、党性修养、纪律观念上深刻剖析原因。认为理想信念不够坚定，政治理论素养有待进一步提高；群众观、宗旨意识有待进一步深化；党性意识薄弱，党性修养有待进一步升华；政治纪律有待进一步强化；正确的世界观、政绩观、权力观有待进一步树立；对学校事业科学发展的把握有待进一步加强；责任意识有待进一步增强和艰苦奋斗的精神有待进一步加强等八个方面是学校“四风”问题产生的原因所在；并立足边查边改、立行立改，在深刻剖析的基础上，结合学校现阶段的实际情况，提出了今后努力的方向和具体的改进措施。领导班子每位成员也都能够紧扣作风建设的主题，直面存在的“四风”问题，对照检查突出重点，不评功摆好、不虚与委蛇，真正做到反思深刻、触及灵魂。

学校领导班子对照检查材料撰写过程中，先后召开两次党委会，集体研究讨论班子材料，交流各自心得体会。领导班子对照检查材料前后修改了 3 次。校级领导班子成员对照检查材料平均修

改4次。

在学校领导班子的示范带动下，学校各二级单位领导班子和班子成员，都能够按照标准从严、要求就高的原则进行对照检查。在联系校领导和学校督导组的精心指导下，11月底之前，学校25个处级单位和77位党员处级领导干部全部完成了对照检查，多数对照检查材料修改2～3次。通过对照检查材料的撰写与反复修改，广大党员领导干部认识上有了更大的提高，思想上受到深刻的触动。

五、积极开展谈心活动，充分沟通增进理解

为了能在民主生活会上更好地开展相互批评，保障民主生活会的质量，学校党委集中安排，11月1日至9日，领导班子主要负责与班子每名成员之间，班子成员相互之间，班子成员与分管部门负责人认真开展了谈心活动，共谈心84人次。11月中旬，各二级单位领导班子成员之间也进行了深入的交心谈话，为民主生活会的召开做好了准备。

在谈心交心过程中，领导干部们敞开心扉、坦诚相见，既做到了“红红脸、出出汗”，提高了认识、正视了问题，又对拟在民主生活会上开展批评的问题进行了沟通和交流，真正做到了把功夫下在会前，不搞突然袭击、不搞无原则纷争。

通过谈心活动，党员领导干部都征求到了对方对自己存在问题的意见和改进建议，班子成员之间充分沟通了思想、交换了意见、增进了理解，达到了促进团结、加深共识、共同提高的目的。

六、高质量召开民主生活会，认真开展批评与自我批评

11月25日，学校领导班子按照中央和市委要求，召开了专题民主生活会，以整风精神开展了批评和自我批评。党委书记代表学校领导班子做了对照检查，梳理了学校领导班子存在的“四风”问题，分析了原因，提出了整改意见。并带头对照检查自己，深入查摆问题，深刻剖析问题产生根源，诚恳进行自我批评，以真诚的态度虚心接受班子成员的批评。党委书记和校长带头开展相互批评，带头对班子成员提出批评意见，既指出问题又帮助分析原因，直言不讳。领导班子成员都充分运用批评和自我批评，以严肃认真的态度深刻检查自己，主动亮丑揭短，真正触及问题，正视问题，不躲不闪，不避重就轻，能深挖思想根源。相互之间进行诚恳地相互批评，坚持实事求是、出于公心，以坦荡的胸襟对待，对问题开门见山，直截了当，通过工作问题检查认识作风问题，通过作风问题检查认识思想问题。领导班子成员共提出自我批评意见87条，相互间提出批评意见共63条。

11月下旬至12月上旬，学校各二级单位领导班子以党总支或党支部为单位，共召开20场民主生活会，联系校领导和督导组负责参会指导。12月中旬

至12月底，全校82个党支部围绕“加强作风建设，发挥共产党员模范作用”的主题召开组织生活会，校、处两级领导干部按照“过双重组织生活”的要求参加了所在党支部的组织生活会。通过批评与自我批评的武器，大家更加全面地认识了自我，更加坦诚地进行了交心，真正达到了“团结—批评—团结”的目的。

七、针对问题立行立改，整改效果显著

学校坚持“边学边改，立行立改”的原则，对教育实践活动开展期间查找出的问题，尤其是群众反映的热点、难点问题积极整改。

针对征求意见中反应较为突出的会议多、会议效率不高等形式主义方面的问题，学校切实采取措施减少会议数量，提高会议效率，尽量整合会议。

针对群众反映的学校经费使用效率不高存在浪费的问题，学校加大管理力度，严格控制各项经费支出，厉行勤俭节约，制止铺张浪费。严格会议活动管理，严格公务接待和公务活动管理，严格办公经费管理，加强对财政专项的管理，加强对固定资产的管理，努力降低施政成本。

针对群众反映的官僚主义方面的相关问题，党委会审议通过了《关于改进校级领导深入群众方式的几点建议》，实现校领导“听得到、看得到、找得到”，真正变“领导在学校”为“领导在身边”。

针对活动中群众普遍反映的热点、难点问题，学校党委发现相当一部分问题产生的主要原因在于责任不明确、责任落实不到位、责任监督不到位，经研究决定在全校范围内实施“责任工程”，旨在从解决群众关注的热点、难点问题入手，明确责任关系、督促责任落实、加强责任监督。按照以点带面的管理原则，通过这些热点、难点问题的解决，带动全校各项工作制度化、规范化、精细化，进一步完善工作机制，提升制度、决策的执行力，提高服务师生的能力和工作水平。“责任工程”的第一批项目清单包括“财政专项管理”“增加经营性收入”“4.8亩土地的管理”“合同工管理”“固定资产的使用管理”“加强教室管理”“校内住宅管理”在内的7个专项已立项整改，由主责校领导牵头，各责任部门按责任分工和步骤要求着手解决现存问题并建立长效机制。

八、认真抓好整改落实，着眼长效建章立制

学校党委按照校、院（部、处）两级分层推进的思路，部署组织了整改落实阶段的工作。截至2013年12月31日，校、院（部、处）两级领导班子和领导干部的整改方案已全部完成。

学校领导班子全体成员对照“学习教育、听取意见”和“查摆问题、开展批评”环节的部署要求，逐项进行“回头看”自查，召开专题交流会，交流教育实践活动开展以来的心得体会、经验

收获，进一步查漏补缺，加强薄弱环节。在此基础上，学校党委坚持解决工作问题与作风建设相结合，解决当前问题与长效机制建设相结合，以解决“四风”方面的突出问题为重点，以推动学校事业科学发展为落脚点的工作原则，研究制订了学校领导班子整改方案。整改方案针对前一阶段查摆出的14个突出问题和产生问题的8个原因，共提出了加强领导班子思想建设、深化学校体制机制改革、实施“责任工程”、完善校领导密切联系群众的长效机制、推进“幸福工程”、加强干部队伍建设、加强成本管理等方面的七项具体整改项目。同时，对照《北京市开展“四风”突出问题专项整治方案》提出的专项整治内容，结合学校实际，深入查摆问题，确定了会议管理，教职工考勤管理，“五型机关”建设，公款送礼、公款吃喝、奢侈浪费治理，“三公”经费管理，侵害师生利益行为六个方面的专项整治任务。围绕反对“四风”问题和领导班子自身建设，学校党委梳理出已有制度79项，并提出限时补充制定相关制度9项，修订相关制度9项。

党的群众路线教育实践活动中，学校党委坚持“两手抓，两不误，两促进”，将党建与中心工作有机整合。一方面严格贯彻落实中央和市委指示精神，不折不扣地推进教育实践活动，务求实效；另一方面围绕学校事业发展的中心任务不放松，加快内部体制机制改革，推动对外开放合作。群众路线教育实践活动的有效开展切实起到了转作风、强组织、促发展的作用，成为了学校事业发展的“加油站”“助力器”，使得广大干部群众以更加饱满的精神状态投入学校建设事业，攻坚克难，开拓创新，为以良好的精神风貌迎接第二次党代会打下了坚实基础。

（撰稿人：张婷　宋晓欣）

全面建设北京市先进教职工之家综述

北京物资学院工会在北京市教育工会和学校党政的领导支持下，在主管书记的带领下，自2012年全面筹备申报“北京市先进教职工之家”。两年来，校工会以创建市级“先进教职工之家”为契机，出实招、办实事、显实效。凝心聚力，不断传递正能量，促发工会教代会新作为、激发工会新活力，全面提高我校工会工作水平，团结引导广大教职员工以更加高昂的热情投入到学校的发展建设之中。我们先后走访调研了南开大学、天津商业大学、中国传媒大学等多家兄弟院校工会，同时加强学习、苦练内功，严格对照检查标准，逐条落实整理归纳5年来各类材料30余盒。2013年6月8日，在北京市教育工会主席史利国、副主席安丽的率领下，对我校申报“北京市先进教职工之家”的建设情况进行了全面检查验收。在深入细致的听、看、走、访、议、评后，专家组一致同意：北京物资学院通过“北京市先进教职工之家”验收。

验收期间，专家组首先听取了学校行政对工会工作的评价，以及校纪委书记、工会教代会主席赵凤琴以《履行职能，营造和谐，党政工共建一个家》为题所作的工会工作汇报。专家组一行实地考察了我校“教职工之家”，走访了物流学院、外语学院两个职工小家和学校体试能中心，查阅了建家资料和工会工作文档，并分别与中层干部代表、教职工代表进行了座谈。

在验收意见反馈会上，北京市教育工会副主席安丽代表验收组向学校反馈了验收意见。专家组认为：北京物资学院工会在学校党政的领导支持下，结合实际情况，在民主管理、民主参与、民主监督、维护教职工合法权益方面做了大量扎实有效的工作，起到了和谐校园、凝聚人心的作用。具体表现为四个方面：一是学校党政高度重视，大力支持职工之家建设工作，切实加强对工会工作领导，做到政治上把关，组织上落实，工作上依靠，物资上支持，为工会发挥良好作用创造了条件。学校配齐配强了工会干部队伍，并在研究教职工切身利益和决策中认真听取工会建议。二是民主渠道畅通，教职工合法权益得到维护，学校大力加强教代会建设，先后建立了两级教代会组织和各项规章制度，并以此为基础，落实教代会提案工作，促进校务公开有序开展，推动学校各项民主程序完善，民主管理成效显著。三是关注教职工队伍素质提高，围绕教师队伍建设这一中心任务，为青年教师成长搭建平台。学校工会强化师德建设，坚持与教学部门一起开展教学基本功比赛，组织青年教师参与社会实践，为教工相互学习交流，提高业务水平提供帮助。四是以人为本，从细节入手，为教职工提供细致周到的服务，建立人事劳动争议调解委员会，有效畅通沟通渠道。开展关爱教职工为主题的系列活动。学校工会不断把提高教职工幸福感作为工作出发点，使“教职工之家”真正成为生活压力舒缓地，工作压力调节地，优化智力策源地。总之，北京物资学院工会通过一系列建家举措，根据教职工特点和需求，营造和谐向上的工作氛围，有力推进学校各项工作向前发展。专家组一致同意北京物资学院工会通过“北京市先进教职工之家”验收。

在听取专家组的反馈意见后，校党委书记李石柱代表学校对专家组来校验收指导工作，以及对我校工会、教代会工作的充分肯定表示感谢。李书记表示，按照专家组的意见和建议，认真进行梳理研究，逐条修正落实，以评促建、以评促改，以优异的工作业绩助力“高水平特色型大学”的建设，验收和检查为我们未来的工作注入了正能量，我们将以此为契机落实市教育工会的要求，继续实施好幸福工程，为教职工创造更好的工作生活环境，把物资学院建成更加美好的家园。

校工会在争创市级“先进教职工之家”建设中，长期坚持开展全面深入的学习整改和比学赶超活动，真正做到“以评促建、以评促改”。通过争创市级“先进教职工之家”活动，全面规范了学校各级工会组织建设、制度建设和运行机制。更加突出工会特色工作，促发工会、教代会工作焕发蓬勃生机和活力。高度凝聚人心，促进校园和谐幸福。同时提升和扩大了工会影响力，赋予“先进教职工之家”新内容，促使我校工会工作又向前迈出坚实一步。

（撰稿人：韩莹莹　朱润辉）

北京物资学院2013版专业人才培养方案综述

专业人才培养方案是高等学校人才培养的纲领性文件，是学校人才培养理念的具体体现，是学校组织和管理教学过程的重要依据。为了进一步深化教育教学改革，巩固、提高教学质量，学校开展了2013版本科专业人才培养方案的全面修订工作。

一、修订工作总体安排

1. 组织机构

教务处在主管校长直接领导下总体负责专业培养方案修订的组织、安排和协调工作。各学院成立专业培养方案修订工作小组，由院长任组长，主管教学的副院长任副组长，吸收相关学科、专业的专家教授参加，确保培养方案修订工作的顺利开展。思政教学部和体育教学部配合做好公共基础课的实施方案。

2. 修订工作启动

2012年8月，王旭东校长主持召开了暑期教育教学改革专题工作会议，各教学院部院长（主任）、教学副院长（副主任）和教务处处长、副处长参加了会议。教务处在2013版本科专业人才培养方案修订思路的调研工作基础上，梳理目前制约我校本科教学和人才培养工作质量的主要问题，研究解决对策，制定了《关于修订2013版本科专业人才培养方案的原则意见（征求意见稿）》，作为会议材料进行了研讨。之后又经过多次讨论和修改，《关于修订2013版本科专业人才培养方案的原则意见》（以下简称《原则意见》）于2013年3月中旬正式印发。

3. 方案修订及论证

在《原则意见》的指导下，各个学院全面开展了2013版培养方案的修订工作。通过到兄弟院校走访调研、邀请行业专家研讨、校内各学院及教学部之间的交流沟通等多个环节，于3月底完成了28个专业方向（含ACCA、国际学院）的培养方案初稿。为了确保新版培养方案能够更加符合社会和经济发展的需要、更加有利于培养高质量的应用型人才，2013 年 4 月，7 个校级特色专业开展了培养方案的论证工作。相关学院分别邀请了兄弟院校的专家及熟悉专业社会需求的业界高端人士组成论证专家组，分别从专业培养目标及培养规格、专业特色、培养模式创新、专业课程设置，以及理论和实践如何对接等多个方面对特色专业培养方案进行了论证，提出了许多建设性建议。学院根据专家组提出的意见和建议，进一步修改和完善培养方案。

4. 培养方案的实施

2013 版培养方案由学校教学指导委员会审议通过后，从 2013 级学生开始实施。经过教务处及各学院（教学部）的共同努力，培养方案的相关数据全部录入“学生学业事务管理系统”并开始执行。为了方便师生查阅，教务处共印刷 1500 册培养方案，按照一定比例发放到院系和各个班级。

二、修订工作指导思想和基本原则

（1）以科学发展观为指导，全面贯彻党的教育方针和全国教育工作会议精神，遵循高等教育发展的客观规律。坚持知识、能力、素质协调发展和综合提高的原则，在重视知识传授的基础上，加强对学生实践能力和创新能力的培养。继续深化教育教学改革，树立“以学生为主体”和“促进学生终身发展”的人才观、教育观和质量观，培养学生自我发展的意识和自主学习的能力。

（2）坚持突出学校办学特色和人才培养特色。各专业根据社会和首都经济发展需求进一步明确人才培养目标，课程体系的优化设置和课程教学内容的改革要体现学校的学科优势和办学特色；大力推进人才培养模式改革与创新，注重提高学生的综合素质，突出我校“培养德智体美全面发展、实践能力强、富有创新精神的高素质应用型人才”的培养目标。

（3）充分体现整体优化的原则。首先，整合课程设置，根据培养目标构建融会贯通、紧密配合、有机联系的课程体系；对于同类学科和专业间的共同基础课程，加强内容和体系上的统筹和协调，理顺课程之间的关系，做好课程预修体系，避免脱节和不必要的重复。其次，处理好理论教学与实践教学的关系，加强理论联系实际，明确实践目标，加强教学、科研和社会实践的有机结合，丰富实践教学内容、方式和途径。最后，合理安排教学全过程的学时分布、课内与课外学时比例和必修课程与选修课程学时比例等。

（4）坚持原则性与个性化相结合的原则。在保证学校人才培养基本规格的同时，努力培养创新型人才。鼓励人才培养模式创新，采取扩大选修课种类与数量、适度放开专业及专业方向选择权等措施促进学生的个性发展。积极为学生提供跨学科选修、主辅修、课外学术活动等多种教育和机会，为学生发现、发展各自的志趣、潜力和特长创造条件，把因材施教落到实处。为了适应社会的多样化人才需求，各专业可根据生源质量、师资水平、办学条件及毕业生的服务面向等实际情况，尝试开设实验班。

三、修订工作重点

（一）完善公共基础课课程体系

（1）完善公共基础课课程体系，将原实践环节的《军训》（1 学分）和《职业发展与就业指导》课程列入公共课模块，《形势与政策》和《大学生心理健康与发展》减为 1 学分。

（2）推进公共课教学模式和教学内容的改革，压缩课内学时学分，科学合理分配理论学时与实践学时，充分开发和利用网络教学资源，培养学生自主学习的能力，缓解教学时数与教学信息量不断增加的矛盾。继续推进思政课教学改革，合理分配各学期课程和学时安排，提高思政课实效。

（3）按照因材施教原则，积极推进大学英语、数学和计算机等课程的分级教学方案，继续探讨和实施分级分类教学，注重思维训练，重点培养学生英语运用能力和运用数学思维及计算机基础知识解决实际问题的能力。探讨大学英语、计算机基础的学分替代机制，提高大学英语的四、六级通过率，为学有余力的学生提供考研和出国预备课程。探讨语文及写作类课程的教学改革，课程开设时兼顾学科及专业特点，教学内容上要有区分和侧重，提高学生的综合文化素养和运用语文知识解决实际问题的能力。

（4）完善素质拓展课模块课程体系，探讨校际课程互选学分互认，尝试外聘校外专家来校开设素质课专题，充实“数字化学习中心”优质课程资源，用网络课程补充课堂教学，缓解课程容量不足与学生的选课需求增加之间的矛盾。优化系统功能，加强过程性管理及考核，为学生综合素质的提高和培养自主学习能力提供条件。淡化模块限制，除理工类专业要求必选人文社会科学模块 2 学分，文科类专业必选自然科学模块 2 学分外，其余 8 学分允许学生在素质拓展课范围内自由选修。允许用本专业或其他专业的专业选修课程和本专业认可的职业资格证书或社会考试合格证书替代素质拓展课学分。增加“特色课程”和“国际化课程”模块，充实“创新与创业”课程模块，鼓励学生从事学科竞赛、创业行动计划项目和其他形式的科技创新活动，为培养学生的创新能力和创业意识创造条件。

（二）优化学科基础课程体系

（1）遵循按学科门类进行人才培养的要求，同学科内各专业打通学科基础课（60% 以上相同课）。对于同一学科，分布在不同院系的专业需加强沟通，统筹安排。涉及大类招生的学院应充分考虑学生的专业选择需求设计课程模块。

（2）跨院部跨学科开设的课程应针对不同学科专业的要求，设置不同层次的菜单式课程，相关院系根据人才培养目标要求，规定学生修读的层次和学分要求。

（三）拓展专业课程平台

（1）进一步拓宽学生的学习口径，注重培养学生自我管理的能力。在打通公共基础课和学科基础课的基础上，加大专业选修课的修读学分，满足学生的个性发展需求。

（2）增加专业选修课实际开课门数，专业选修课开设门数至少符合 1.5∶1 比例要求，拓宽学生的选课范围，满足学生的专业需求。

（四）加强实践教学内涵建设

1. 增加实践教学学时学分

原则上经管文法类专业实践教学的学时（学分）比例不低于总学时（学分）的 20%，理工类专业实践教学的学时（学分）比例不低于 30%。

2. 优化实践教学体系

除实验课程、实践教学环节外，各专业学生均应完成夏季小学期实践学分（10 学分）。各专业应根据专业特色合理设计、组织和考核夏季小学期的实践活动。

3. 加强实验课程建设

实验课程建设包括课程中的实验和独立的实验课程，鼓励各类课程根据课程特点适当增加实践学时。对于独立的实验课，可根据课程需要灵活设计学时学分，原则上每门实验课学时不应少于 16 学时（可计 1 学分）。开展实验课程认证工作，加强能反映专业特色的设计性和综合性实验项目建设。继续推进校内外实习实训基地建设，充分利用实验室资源，鼓励跨院合作、校企合作，共同开发高水平实践类课程。

（五）推进多元化、个性化人才培养模式创新

1. 积极推进相同学科不同专业间的辅修制度

各专业制订培养方案的同时，应考虑其他专业学生辅修本专业的需求并确定辅修课程计划，学分控制在 30 学分左右，允许随班就读完成辅修学分。

2. 继续完善转专业的准入准出制度

相同学科尽量统一前两年课程，为部分学生转专业及出国留学做好课程准备。

3. 积极推进实验班教育

专业实验班可单独设计培养方案，修业年限可实行弹性学制，除学校规定必修课程学时学分外，其他学分及课程设置不受限制，但需实施充分论证后方可执行。

4. 积极推进开放式人才培养模式创新

采取多种形式与国（境）内外知名大学联合培养，拓展学生的视野，为学生创造更多学习机会。

5. 完善个性化课程模块

个性化课程模块是为学生自主性、个性化学习而设，个性化课程学分为总学分的 5%。学生可根据自己的兴趣和发展需求在主修专业（方向）课程之外选修其他专业（方向）课程，也可以用获得的创新学分（按照《创新学分认定办法》执行），替代培养方案中应修的选修课学分。

6. 推进课程替代和学分互认

类似课程可进行学分互认，高学分

课程可替代低学分课程。

（六）实行“三学期制”

1. 学期设置

每学年设置春、秋和夏季小学期共三个学期。秋季学期和春季学期均为18周，其中授课16周、考试2周；夏季小学期4周。

2. 实行夏季小学期

夏季小学期有利于为学生提供更加丰富、优质的国内外课程资源；有利于强化、集中实践教学，提高学生实践和创新能力；有利于建立与国内外一流大学相衔接的人才培养体系，促进师生参加国际交流。

3. 小学期内容安排

原则上不安排必修课（军训及军事理论课除外）。可开设素质拓展课、跨学院开放性课程、跨专业综合实训课程、专业辅修课程等；可聘请国外专家来校讲学，开办专题讲座；可按照“一来二去”合作模式组织学生到企业开展专业调查、专业实习等实践活动。

四、培养方案的基本框架

（一）课程体系及学分安排

调整后的本科专业培养方案中包括公共课（公共基础课和素质拓展课）、学科基础课、专业课（专业必修课和专业选修课）和实践教学环节四个类别。总学分控制在160学分到170学分之间，课内总学时原则上不超过2300学时。

1. 公共课

学校各专业此类课程设置基本相同。公共基础课为必修课，包括：思想政治理论类课程（14学分）、军训和军事理论课程（2学分）、大学英语课程（16学分）、计算机类课程（理工类5学分、经管类2学分）、语文或写作类课程（2学分）、体育课（4学分）、心理健康教育课程（1学分）、形势与政策（1学分）、职业发展与就业指导（2学分）。理工类公共课总学分为47学分，经管类为44学分，外语类为28学分。素质拓展课为全校统一开设的系列课程，包括人文社会科学、自然科学、艺术与体育、创新与创业、特色课程、国际化课程6个模块，共10学分。

2. 学科基础课

根据学科门类，要求相同学科各专业此类课程设置基本相同，课程性质为必修。其中数学类课程包括高等数学（8学分）、微积分（6学分）、线性代数（3学分）、概率论和数理统计（3学分），由信息学院设计组合课程菜单，各专业根据专业特点选择修读方案。

3. 专业课

专业课分为专业必修课和专业选修课。专业必修课是相同专业各方向统一要求完成的课程，专业选修课是根据不同方向设计的一类课程。

各院系可根据专业需要调整学科基础课和专业课的学分比例，但应符合课内总学分必修与选修的比例要求（不大于6∶4）。

4. 实践教学环节

实践教学环节是培养方案中的必修

环节，含夏季小学期实践活动、毕业实习和毕业论文，共20学分。

（二）具体内容

（1）专业中英文名称和专业代码。

（2）学科门类和授予学位类别。

（3）专业培养目标及培养规格。

（4）专业特色。

（5）专业核心课程 。

（6）学制。我校各本科专业的学制规定为四年。

（7）毕业合格标准及学分要求。包括各专业毕业最低总学分和获得学士学位的条件。

（8）专业课程设置及教学进程表。春季学期和秋季学期均为18周，夏季小学期为4周。

（9）学生选课指导。培养方案中对学生的选课方案尤其是选修课给出说明，在选课期间为学生提供指导。

（10）课程结构关系图、结构分析表与应修学分参考表。

（11）辅修专业教学计划。接收辅修专业学生的单位详细列出应修课程及学分要求，具体内容及管理办法以学校相关制度为准。

（12）专业负责人。培养方案的修订工作是一个系统工程，涉及面广，工作量大。学校高度重视此次修订工作，全面加强对修订工作的领导和工作指导，健全了工作机制，为修订工作的顺利开展提供了有力的支撑。各二级学院、教学部及相关职能部门不断强化大局意识和责任意识，明确分工，积极配合，保证了修订工作的顺利进行。

（撰稿人：陈义彬　郭键）

学科建设与研究生教育工作会议综述

2013年12月20日，北京物资学院在国际交流中心二楼报告厅召开学科建设与研究生教育工作会议。北京市教委副主任叶茂林，全体校领导，以及所有处级干部、教授、研究生导师、教研室主任等出席了会议，会议由刘丙午副校长主持。

李石柱书记首先致辞，强调学科建设的龙头作用，指出学校的学科建设要在汇聚高水平学科队伍、构筑一流学科平台的基础上，加强科学管理，走交叉融合、协同创新、特色发展之路，同时还要在重点领域瞄准国际前沿，走国际化之路，激励全校师生开拓进取，奋发努力，全面开创我校学科建设与研究生教育工作的新局面。

之后，北京市教委副主任叶茂林对北京市高校研究生教育发展的政策与措施进行了详细解读，鼓励我校积极与国外优质教育资源、中央部属院校协同发展，在“汇聚资源，打破壁垒，协同推动，融合发展”的指导思想下办出学校特色。

许晓革副校长做了“加强学科建设，创新人才培养模式”的主题报告。报告回顾了学校近年来学科建设与研究生教育工作的整体情况，分析了当前学校学科建设与研究生教育工作中存在的问题，并提出了最近一个时期进一步加强学校学科建设与研究生教育工作的思路与措施，强调学校将有重点、分层次开展学科建设与研究生培养的改革。

研究生部主任刘永胜针对会议材料做了“学科建设与研究生教育工作制度修订、起草说明”的发言，分别就文件修订、起草的背景、依据、意义及内容做了介绍，对学科建设与研究生培养改革步骤做了详细说明，强调会进一步征求意见，对各项制度做进一步完善，尽快推行改革计划。

最后，王旭东校长作总结发言，强调学科建设与研究生教育是落实高校首要职能的重要方面，学校一定要以学科建设为龙头，加强学科带动作用，提升学校整体办学实力。王校长指出，学校要在加强顶层设计、完善配套制度建设的基础上，坚持强特色、上水平的指导思想，多部门相互配合，形成合力，全面提升学科建设与研究生教育水平，不断推进学校建设高水平特色型大学的进程。

学科建设与研究生教育是一项系统工程，需要长远规划，层层落实，分步推进。学校全体师生将不断开拓创新，积极进取，协调合作，共同努力，全面推动学校学科建设与研究生教育工作再上新台阶！

（撰稿人：张华玲　李彩丽）

第七届中国·北京流通现代化论坛综述

第七届中国·北京流通现代化论坛由中国市场学会、中国物流与采购联合会、北京物流协会、北京物资学院共同主办，中国流通经济杂志社、北京物资学院科研处承办，于 2013 年 11 月 23 日在北京物资学院国际交流中心召开。本届论坛的主题是：推动流通模式创新、加快流通产业发展。

中国物流与采购联合会副会长蔡进，中国市场学会常务副会长兼秘书长、中国社会科学院财经战略研究院副院长荆林波，商务部流通业发展司副巡视员王选庆，北京物流协会副会长兼秘书长林有来，北京电子商务协会副会长兼秘书长林亚，日本流通经济大学原校长野尻 俊明教授、研究生院物流信息研究科科长矢野裕儿教授，丹麦 VIA 大学学院价值链管理专业负责人阿格涅斯卡教授，韩国中央大学大学院（研究生院）特聘教授、韩国东北亚物流流通研究所研究员、北京瑞博物流有限公司董事长申仁光，北京物资学院党委书记李石柱，校长王旭东，副书记沈小静，副校长翁心刚、许晓革、刘丙午，校长助理邬跃等中外流通、物流流域相关部门负责人及理论界、实业界的专家、学者、企业家出席。在论坛上，来自中国、日本、韩国、丹麦的中外流通、物流产业相关部门负责人及理论界、实业界的专家学者共同探讨流通业的改革创新与发展，并提出了建设性意见和建议。

与会者认为，未来 5 ~ 10 年，我国大宗商品市场发展的基本格局是：需求进入平稳期，产业进入调整期，流通进入提升期，企业进入转型期。在这个过程中，大宗商品市场将经历一个由大到强的发展过程。2010 年以来，我国大宗商品市场需求出现前所未有的下降趋势。从内需角度讲，我国经济增长仍然是消费需求和投资需求双轮驱动，应在稳定投资需求的基础上扩大消费需求，投资需求还会有稳定增长的空间，它所带来的大宗商品市场的潜在需求还比较大。从行业或产业角度看，我国大宗商品市场将进入调整期。在大宗商品需求增长基本稳定的情况下，市场供需之间能否平衡的主要矛盾表现在供给一侧，控制供给、控制大宗商品的过剩产能，最重要的是使产能释放与市场本身发展的要求相适应。从流通角度看，大宗商品市场目前面临的主要是如何解决价值与使用价值统一的问题，在流通过程中要实现商流与物流的统一，通过商流和物流的统一实现商品价值与使用价值的统一，通过这两个统一来降低整个流通成本，利用目前新出现的平台经济推动大宗商品市场流通和创新。从企业角度看，企业必须适应市场流通环境，必须从贸易商转型为流通商，要替下游企业降低成本，提高商品使用价值和使用效率，否则就会被淘汰。

与会者认为，城市物流既是发展最快、技术含量最高的物流，也是物流运营和管理最为复杂、问题最多的物流，同时又代表着物流发展的方向。应加快培育专业化、规模化的物流龙头企业。通过兼并重组、组建物流联盟、发展商贸功能区等措施，增强第三方物流企业的市场控制力和影响力；支持第三方物流企业创新经营模式，拓展服务功能。要大力提高物流信息化水平。一是支持物流信息平台发展，通过平台整合调配物流资源，解决物流供求不对称矛盾，提高物流运作效率。二是搭建政府信息共享平台，整合、开放政府部门信息，实现公共信息全国共享。三是做好物流信息分析和应用工作，最大限度地运用物流信息和数据分析宏观经济形势和产业发展态势，建立物流业诚信体系。要努力提升城市物流管理能力。首先，要创新物流组织方式，提高城市配送服务能力，解决城市物流“最后一公里”问题。其次，要努力解决交通管理等制约物流发展的问题，把生活必需品配送和药品配送作为城市公共服务的重要部分优先发展，对运送生鲜食品、药品等的车辆视同公共交通，保障其通行便利。

要大力推动物流标准化建设。一是推动信息系统和平台的标准化，鼓励各类信息平台接口的互联互通。二是加快技术装备的标准化改造，选择部分地区和领域开展托盘循环共用系统试点，并在行业内推广。三是推动物流编码标准化，避免生产、物流环节编码不一导致的效率低下和资源浪费。四是制定城市配送技术服务标准，提升企业的物流作业效率和城市配送服务水平。

与会者认为，要加快城市配送体系建设，推动城市配送模式创新，应构建以城市分拨中心、共同配送中心、末端共同配送点等物流节点为支撑的城市物流配送网络体系，使城市配送网络布局更加规范有序，节点与干线运输的衔接更加顺畅。鼓励企业构建共同配送合作联盟，结合电子商务、连锁经营等现代流通方式，以进社区、进校园为重点，设立共同配送站点，依托信息化平台，实现“最后一公里”配送的标准化和集中化，降低物流成本，提高居民生活便利度，改善城市环境和交通秩序。鼓励连锁超市与电商合作，将连锁零售店拓展为城市配送服务网络，实现“网订店取”，打通电子商务、末端连锁商业网点和城市共同配送平台的信息链，有效破解重复投递、生鲜货品保鲜等难题。要简化农产品供应流程，直采直供，实现配送企业与超市、餐饮企业、社区便民店直接对接，有效满足客户对多样化农副产品的供应需求，让“农民多赚钱，市民少花钱”。大力推广应用现代物流技术，如使用无线手持终端设备（PDA）、电子地图信息分拣技术、全程数据监控系统、对运营车辆实时监控的全球卫星定位系统、实时返款的销售点情报管理系统（POS）等高科技配套设备，提高分拣配送技术水平和配送的安全性、时效性，加快商品库存周转速度，提升效率，降低人力成本，实现信息化管理和资金快速回流。在各专业物流领域实行共同配送。在图书物流、服装物流、冷冻食品物流、医药物流等各专业物流领域，推动以品牌带动为特征的城市共同配送模式应用。

与会者认为，应从国家战略高度重视电子商务发展。应突破制约行业发展的制度性瓶颈，健全政府监管机制，协调好政府监管、行业自律、第三方监督，以及社会诚信体系建设之间的关系，营造诚信为本、守信激励和失信惩戒的信用环境；加强电子政务建设，推动政务信息开放共享。要研究制定电子商务服务企业认定管理办法，建立电子商务服务产业统计指标体系、统计方法及工作机制，制定并实施电子商务服务产业的资源使用，财政、税收优惠，人才、技术、投资引进等政策。要加强信息化基础设施、物流配送基础设施建设和电子商务人才培养；探索电子认证服务机制和认证模式，突破电子认证应用推广难点；充分利用现有网络银行、第三方支付平台等在线支付资源，创新模式、优化流程、规范接口，发展方便、快捷、安全的在线支付服务；优化物流配送布局，发展与电子认证、网络交易、在线支付协同运作的物流配送服务。扩展电子商务应用领域，发展跨境电子商务、农产品电子商务、大宗商品电子商务、生活消费品电子商务等。加强电子商务行业管理，有效防范行业垄断风险和安全风险。要面向未来大规模协同化、网络化、个性化电子商务应用需求，结合新一代信息网络技术发展趋势，研究开发新一代电子商务服务支撑技术与平台，掌握核心关键技术，提高自主发展能力。

与会者认为，要完善电商物流配送网络，推动电商物流更好发展。电商企业自建物流与仓储企业及快递服务企业，通过连锁便利店自提点、社区服务网点配送自提点（自提柜）、提供仓配一体化的第三方仓储企业、城市末端共同配送网店，共同构建覆盖范围广、服务快捷的电子商务物流配送网络，为电子商务快速发展提供有力支撑，满足消费者的网络消费需求。物流企业和电商企业要把物流与供应链、大数据、云计算的融合作为战略重点，通过电子化、集成化现代物流管理把供应链上各环节紧密联系起来，对顾客的个性化需求作出快速反应，保证电商物流通畅。

与会者认为，应编制商贸流通企业发展指数，建立企业发展预警机制。大数据时代，决策将日益基于数据和分析，而非基于经验和直觉。针对我国商贸流通企业的行业特征，制定科学合理的发展状况预警体系尤为重要。未来商贸流通企业发展的核心点是小微企业、创新企业、能够挖掘到客户的企业、擅长整合资源的企业快速发展，所以在指标考核上需要注意几个问题：一是从传统的生产规模、经营规模考核转变为对吸引客户能力的考核；二是从考核企业拥有的生产设备、资源转变为考核企业对资源整合的能力；三是从考核企业的资产负债转变为考核企业的客户；四是对企业指标的考核应该找到核心指标，而不是对所有指标进行考核。开发商贸流通企业发展指数，要充分考虑其独特性、系统性、可靠性、数据可得性、可比性、可验证性、影响力等问题。编制指数首先要确定目标体系；其次是构造统计评价指标体系，将各个方面转化为详细、可测量的具体指标；再次是数据处理，如指标数据如何取得、处理数据的方法如何选择、指标权重如何确定、数据处理结果如何评估等。要让商贸流通企业指数真正变成生产力，成为学术研究的重要来源，成为企业决策的重要依据。

（撰稿人：孙志伟　郝玉柱）

中美物流教育与研究合作论坛（2013）综述

为促进物流人才培养国际化，加强中美两国在物流领域的合作，7 月 5—6 日，由北京物资学院、中国国际人才交流基金会、美国运输与物流协会共同主办，由北京物资学院国际学院中美物流教育与研究中心承办的“中美物流教育与研究合作论坛”在首都大酒店隆重举行。

全球经济一体化已经进入新的发展阶段，互利共赢、协同发展成为各国政府和企业的共识。中美两国作为世界上两个最大的经济体，推动两国在各个领域的交流与合作，对于全球经济持续增长尤为重要。物流业是中美巨大贸易量背后的承载体和助推器，是保障中美两国经贸往来的重要纽带和桥梁。经济全球化为中美两国在物流与供应链领域的合作提供了广阔的空间，国际化创新型物流人才将会是物流业未来发展的希望所在。

本次论坛主办单位之一的美国运输与物流协会自 2007 年以来，就开始与中国不同的机构合作，定期在中美两国召开中美物流会议，该会议已成为中美物流界的一个定期高层对话平台。本次中美物流教育与研究合作论坛是中美物流会议的拓展和延续，论坛的宗旨就是探讨如何进一步促进中美两国在物流人才培养和物流供应链研究领域等方面的合作，从而优化物流课程设计，改善物流教育模式，培养更多国际化创新型物流人才。

本次论坛分为开幕式、主题演讲、圆桌会议和现场参观四个环节。

北京物资学院党委书记李石柱、中国人才交流基金会副主任高鹏飞先生、美国运输与物流协会会长劳尔·邓汉姆女士、中国商务部流通业发展司副司长王选庆、中国物流与采购联会副会长任豪祥在开幕式上致辞。香港物资采购与供销学会会长吴慧群、太古可口可乐物流事务总监 Jason Richardson、美国加州州立大学教授 Jake Zhu 与 Harold Dyck、美国威斯康辛大学教授 Mei Cao 等十多位物流业界精英，十几家中国物流企业代表，近 50 所中国物流院校代表，来自《光明日报》《科技日报》《现代物流报》和中国教育电视台等多家媒体记者出席本次论坛。

在主题演讲环节，北京物资学院物流学院副院长王成林、美国加州州立大学终身教授兼北京物资学院国际学院院长吴浩然、太古可口可乐物流事务总监 Jason Richardson、中国国际人才交流基金会项目开发部部长王立社、美国 Nutraclick 公司资深副总裁 Craig Smith、北京交通大学教授赵启兰、美国运输与物流协会大中华区首席代表 Chung Tam、SCM Pro Solution 公司合伙人 Daniel Hui、络捷斯特物流技能研究院院长马纵江、美国加州州立大学终身教授 Jake Zhu 与 Harold Dyck 等中外教育和物流行业专家，分别就“中国物流产业发展与物流人才培养”“中国物流教育国际化和中美合作模式创新”“跨国企业对物流人才的需求”“物流国际化对人才培养的挑战”“美国电子商务对物流的要求”“多元融合的国家级物流精品课程建设”“美国大学物流行业认证与高等教育的有机结合”“如何培养物流业的明日领袖”“物流人才培养终生学习体系研究”“美国大学物流课程纵览”等主题进行演讲。在主题演讲最后的现场问答环节，中美双方专家学者和企业代表，就未来中国高级物流经理人及相关人才定位问题进行了交流沟通。

在圆桌会议环节，首都经济贸易大学赵艳教授、浙江财经大学赵广华教授、美国加州州立大学终身教授兼北京物资学院国际学院院长吴浩然、西安外事学院徐德宏教授、美国威斯康辛大学Mei Cao教授分别主持会议，围绕“中美物流课程设计”“中美物流实验室建设”“物流行业认证”“跨国企业对物流人才的需求” “物流产业与人才培养”五个议题展开讨论。

会议最后，与会代表参观了北京物资学院国家级物流系统与技术实验教学示范中心。

此次论坛活动安排紧凑，主题演讲涉及范围广泛，内容丰富。中美物流领域专家学者、企业代表等围绕中美物流人才培养、中美物流产业发展、中美物流课程教育与物流行业人才需求相结合等热点话题进行了深入交流与沟通，取得了丰硕的成果。

（撰稿人：吕一楠　韩星）

第七届期货论坛暨期货专业20周年回顾与展望研讨会综述

为深入研究和探讨转型期我国期货市场的前沿发展问题，追踪行业热点，探讨市场创新，北京物资学院经济学院、期货研究所和商品与金融期货研究科技创新平台联合一德期货有限公司、银河期货有限公司，以及中物联大宗商品交易市场流通分会于2013年10月28日在北京物资学院国际交流中心共同举行了第七届期货论坛暨期货专业20周年回顾与展望研讨会。论坛宗旨在于搭建期货理论研究和市场业务创新的学术交流平台，打造期货论坛学术品牌。

本届论坛探讨交流了期货与证券领域五个方面的热点问题：期货创新业务发展与存在问题；金融期货与资本市场发展；期货市场的建设和规范发展；期货品种创新与期货市场功能；期货市场人才培养与人才需求。与会专家认为，2013年是期货市场创新之年，国债期货、原油期货、铁矿石期货、股指期权，以及商品期货期权等新品种和新业务已经并将陆续推出，期货市场创新业务的推出及新机构投资者的加入将会加剧期货行业的竞争和分化，“品种创新”“业务创新”“并购重组”“人才培养”等将会成为今后几年中国期货市场发展的关键词。

关于期货市场未来发展，与会专家认为，未来期货市场发展前景非常广阔。随着期货新品种的增加，如国债期货、铁矿石期货及股指期货和其他一些金融衍生品的上市，期货市场交易量明显增加，期货公司的收益和利润增长速度加快，新品种的上市为期货市场未来发展增加了新的利润增长点，期货行业未来五到十年发展将会呈现快速发展的势头。对于股票市场在未来一段时间的运行格局，专家认为，短期市场总体上将会维持震荡的过程，指数不会有大的上涨行情，制约市场上涨最主要的原因在于整个市场供求关系和资金面偏紧。目前的货币政策紧缩处于历史高点，存款准备金率长时间保持在18%~20%，如果货币政策没有松动的迹象，市场资金面将会维持紧张的格局。虽然目前整个市场的供给还在增加，但真正的有效需求不足，所以整个市场将是一个震荡的过程，但不排除震荡市场当中还有机会。如果房价不涨，房地产资金进入市场可能会推动行情，对股市产生利好，所以总体来讲未来2~3年股市也将面临很大发展。

关于期货市场的建设，与会专家认为，要注重产品和服务与需求匹配的问题，解决这一问题的关键是要面向市场坚持需求拉动创新，瞄准新趋势，抓住新需求，提供新产品。瞄准新趋势，随着互联网的兴起和大数据的应用，以智能电网和储能技术的结合兴起了第三次工业革命，以智能识别和泛在网络结合推动了信息技术的第三次浪潮，以搜索和移动支付相结合推动了互联网金融革命，新的金融平台，新的产品和新的机构，必将带来新的发展趋势。抓住新需求，面对创新型国家建设，打造中国经济的升级版，我们的毕业生怎么才能适应这样的需求，怎样才能成为创新型人才提供新产品，首先要坚持需求拉动创新、科学研究、人才培养和社会服务四位一体，一体化推进，相互促进，相得益彰；其次是要坚持协同创新，期货的发展与市场、企业和行业的需求有很大关系，要加强与政府部门、行业组织和企业沟通，协同创新；最后是要发挥优势，整合资源，搭建开放性平台，致力于期货市场产品创新和业务创新。

在过去十年中，期货公司无论是客户资产总量还是交易量和收入都有了比较大的增长，但从去年开始出现一种现象，虽然品种、交易量增加，但期货公司的收入却开始下降，由此引发对期货公司内涵发展的思考。与会专家认为，当前我们正在经历从狭义的期货到广义的衍生品转变的过程。狭义的期货，意味着期货是标准化市场，在交易所按照标准化方式交易标准化的合约；广义的衍生品，考察海外期货市场发现，同样是利用期货市场规避风险，海外期货市场与国内期货市场有着很大不同，国内大部分实体企业都是设立自己的期货部，拿资金直接参与期货交易去对冲所面临的风险，国外大部分企业则是通过观察期货市场的价格来思考并判断所使用的大宗商品和利率汇率方面的价格走势，通过第三方资产管理公司直接购买风险对冲产品。较之企业自己交易来对冲风险，第三方交易的好处是企业只需要判断能否实现产品的功能，不需要面对期货市场的复杂走势，从而让这些实体企业能够更好地使用衍生品市场。利用衍生品市场来更好地服务实体经济，要考验未来期货公司的全新业务能力。由于市场新的发展需求，就需要有新的人才储备。过去研究期货的路径主要是管控运营，未来要面对的则是参与管理市场，创造新产品，让企业通过购买产品来实现市场风险的对冲。

关于大宗商品市场与期货市场的关系，与会专家认为，二者的关系是相互补充，相互促进，共同发展的关系，但在建立多层次的监管体系、电子类交易市场规范发展和电子商务推动的大背景下，大宗商品交易市场未来会有什么商机，如何与期货市场结合，是值得深思的问题。

关于期货理论创新，与会专家认为，随着期货市场的快速发展，传统期货理论已越来越不能适应现代期货市场，甚至成为期货市场发展与服务实体经济的瓶颈，为更好地促进期货市场服务实体经济，有必要对传统期货理论进行创新。较之基于贸易视角的传统期货理论，基于现代金融理论的视角，期货可以给予新的定义，即期货（期货合约）是一种有价证券，是由交易所统一制定的、能够为持有者带来一定的现金流量并可以自由转让和买卖的信用凭证。这一新定义揭示了期货的金融工具、衍生品、流通手段属性。同时提出了期货市场具有定价、风险管理、融资、资源配置、信息反映、财富创造和投资共七大功能。和传统期货理论的价格发现和规避风险功能相比，定价和风险管理功能更具优势，可以使现货企业在利用期货市场时，由消极被动变为积极主动。期货是一种金融工具，具有融资功能，应该分析其内在价值；期货本身就是一种衍生品，期货还具有高级的流通属性，大量的数据对比发现期货没有价格发现功能，期货的经济功能更多地体现为定价功能，此外，期货市场还具有风险管理功能、资源配置功能、信息反馈功能、财富创造功能和投资功能。按当前的成交量估计，我国期货市场每年可以为交易者提供200万亿元左右的融资规模，并节约数百亿元的融资成本。财富创造与投资功能可以改变人们对期货市场过度投机的认识。充分认识和理解期货市场的上述七大功能，有利于提高期货市场在国民经济中的地位，促进期货市场进一步服务实体经济。

与会专家指出，期货市场的发展，人才培养是关键，期货公司要建设五大团队，培养六种复合型人才。五大团队包括管理团队、经营团队、交易团队、研发团队及信息技术团队；六类复合型人才包括：既精通商品期货又熟悉金融期货的人才；既精通期货又熟悉现货的人才；既精通内盘又熟悉外盘的人才；既精通期货又熟悉期权的人才；既精通期货又熟悉OTC衍生品的人才；既精通风险管理又熟悉财富管理的人才。为了培养高素质的专业人才，期货专业的建设显得尤为重要。与会专家对北京物资学院期货专业二十年的建设成果予以充分肯定，并总结了期货专业得以发展和传承的专业精神：不卑不亢的务实精神，不离不弃的坚守精神，不屈不挠的拼搏精神，自强不息的学习精神。期货专业20年的积累，已经形成了一种不可复制的专业精神和文化，成为期货专业品牌的核心竞争力。

（撰稿人：战雪丽　赵娴）

第三届中国商贸流通企业发展论坛暨商贸流通企业融合重组高峰会综述

2013年11月30日，学校组织召开了第三届中国商贸流通企业发展论坛暨商贸流通企业融合重组高峰会。

论坛由北京物资学院商贸流通企业研究所、校友会、商学院主办，兰格钢铁网、北京中储华通商贸有限公司承办，由《中国流通经济》杂志、中国网、中国发展门户网共同支持。诸多著名学者及企业家代表受邀参加论坛。北京物资学院党委书记李石柱，研究生部主任刘永胜，商学院院长魏国辰，党总支副书记于冠华，副院长贾炜莹、吕波出席论坛。商贸流通企业代表、商学院教师及部分同学共计80多人参加本次论坛。论坛由魏国辰院长、贾炜莹副院长、会计系主任陈娟和财管系主任闫甜共同主持。

中国商业经济学会副会长黄国雄教授、著名物流专家王之泰教授、中国物流学会副会长王佐博士、中国人民大学商学院博导姜付秀教授、兰格钢铁网董事长刘长庆等先后做了主题发言。与会专家与企业家探讨了中共十八届三中全会提出的“适应经济全球化新形势，必须推动对内对外开放相互促进、引进来和走出去更好结合，促进国际国内要素有序自由流动、资源高效配置、市场深度融合，加快培育参与和引领国际经济合作竞争新优势”等内容，对中国商贸流通企业所面对的新问题进行了分析与探讨，进一步理清了商贸流通企业的未来发展模式。论坛认为流通作为国民经济的重要支撑，农产品市场是商品流通的基础，中国商贸流通企业重组后必须加强核心竞争力，加强流通企业融合重组后企业文化整合等。

论坛以中小商贸流通企业融合重组作为核心议题，探求了商贸流通产业未来发展之道，将对促进商贸流通企业持续健康发展产生积极的影响。中国商贸流通企业发展论坛自2011年创办以来，已成功举办两届，其影响逐年提高，已成为北京物资学院高水平品牌论坛之一，吸引了国内商贸流通研究领域的学者专家、企业家代表的热情参与。

（撰稿人：吕波　魏国辰）

北京物资学院成立期货研究所

2013 年 9 月 25 日，北京物资学院期货研究所揭牌仪式暨研究所发展规划研讨会在国际交流中心一层会议室召开。会议邀请到北京证监局副局长陆倩、北京大学经济学院党委书记章政教授到会并受聘为特聘顾问。期货研究所是依托经济学院设立的校级研究机构，旨在利用学院期货专业长期积累形成的品牌优势和资源，搭建开放性的平台，联合行业协会、期货公司及相关高校和研究机构，共同开展国内外期货及衍生品市场的专业理论研究、行业发展研究与预测、专业咨询与培训、衍生品相关数据收集与加工、实验实践教学研究、高层次专业人才培养等相关领域的工作。

期货研究所设立了专家指导委员会，聘请了包括中国期货业协会、中国证监会研究中心、中国金融交易所、上海期货交易所、大连商品交易所、经易期货有限公司、银河期货有限公司、一德期货有限公司、宏源期货公司、北京大学经济学院、对外经济贸易大学、首都经济贸易大学、北京工商大学、华中科技大学、中国农业大学等业内高管及高校专家学者担任专家委员会委员。

研究所计划用 3 ~ 5 年的时间，建设成为国内期货及衍生品领域研究咨询、培训及实验创新的高端专业研究机构，成为具有综合研究能力、数据分析能力及高端人才孵化能力的开放性平台；成为专业领域国家级重点科研机构，在全球期货及衍生品市场理论研究领域取得领先优势。

（撰稿人：古今　赵娴）

物资管理系成立 50 周年座谈会综述

2013 年 10 月 13 日，北京物资学院在校内国际交流中心举行物资管理系成立 50 周年座谈会。

中国物流与采购联合会会长何黎明，中国证监会主席助理、84 级校友吴利军，北京物资学院党委书记李石柱，校长王旭东，中国工程院院士、物资管理系首批教师李京文，北京物资学院原党委书记、物资管理系副主任阙光淮，北京物资学院原院长、物资管理系主任张声书，北京物资学院原副院长、物资管理系副主任王之泰，北京物资学院原院长、77 级校友陈宏，原物资管理系总支书记赵占发，原物资管理系副主任张锡成和原物资管理系总支书记邵俊亭出席了会议。出席大会的还有来自海内外的物资管理系校友及在校师生代表等 400 余人。大会由校党委副书记沈小静主持。会上，校党委书记李石柱首先致欢迎辞，他介绍了物资管理系的办学历史、现阶段的发展战略与目标；中国物流与采购联合会会长何黎明发表演讲，他介绍了我国物流业的总体情况和物流教育工作的发展成果，指出了目前物流教育工作中存在的不足；北京物资学院原院长、物资管理系主任张声书与各位老校友共叙友情、师生情；中国工程院院士、物资管理系首批教师李京文先生表达了自己老骥伏枥，志在千里的志向，并号召老学友要“夕阳好，不要近黄昏”；63～84 级各年级校友代表分别发了言，他们表达了对恩师的感激之情，对母校美好未来的期望；最后，校长王旭东代表北京物资学院领导班子与教师衷心感谢各位老校友的莅临，希望老校友常回家看看，对学校的发展建言献策，共同促进我校的发展。座谈会后，老校友们在国际交流中心楼前合影留念。

此次会议收到原北京经济学院副院长臧吉昌亲笔贺信一封、原物管系党总支副书记一幅作品《牡丹图》、校友捐赠航模一个，校友字画 7 幅，其中知名画鸡人王林诗校友赠母校一幅现场作品《兰花小鸡图》并题诗：“兰浮倩影，憐春韵雏竹，清晖醉细香”，收到校友个人获奖证书 4 本，班级合影老照片 57 张。

会议前后举行了系列活动，历时共 6 天。从 10 月 9 日第 1 位校友报到开始，校友志愿团即上岗；11 日下午 2：00，物管系 65 级校友刘承富在劳法学院召开了交流座谈会，在校大学生 50 人参加；13 日下午 2：00，举办了 11 个年级校友交流座谈会、校友书画爱好者笔会及参观校史馆、红庙老校区等活动。13 日晚 6：00—8：30，校友在校史馆作画赠给母校。截至 14 日上午 9：00，送走最后 5 位留宿学校的物管系校友，物资管理系成立 50 周年座谈会到此圆满结束。此次会议接待物管系师生共计 420 人（其中参会人员校友 357 人，教师 40 人，家属及陪同人员 23 名），住宿接待 73 人，组织参观老校区 157 人，会议服务校友志愿者 99 人。

通过此次座谈会，收集了 995 名物管系校友信息；加强了物管系教师与校友、校友与校友之间的交流；凝聚了物资管理系广大校友的物院情怀，为我校引进了丰富的校友教育资源、合作资源。会议得到了领导嘉宾、教师校友的一致好评。会议结束后，校友办接到领导嘉宾来电给予肯定及网上校友留言致谢。

（撰稿人：余茜）

校园清理整治工作情况综述

一、基本情况

南院位于通州区果园环岛东北角，总占地 48 亩，由于多种原因，整个院落被人为划分为东、西两院：西院现为创新园工作区；东院被少数人非法长期占有。东小院内原建有公房 54 间，这些房屋以前是校办工厂的宿舍和厂房，校办工厂撤销后，这些房屋被原校办工厂退休职工及子女、学校合同制工人等 11 人非法占有，后他们又在未办任何手续的情况下私搭乱建房屋 40 间。这些房屋被非法出租给了 200 余名外来人员。

主校区南大门外道路，是学校师生员工和通州区永顺镇花城小区业主出行的主要通道，正对着朝阳北路十字路口，人员密集、车流量大，极易因交通混乱而发生冲突。近几年随着门前“黑车”数量的不断增加，非法经营、乱停挡道现象日趋严重，严重影响了师生员工和业主的正常出行。同时机动车道两旁的人行道也建起了临时房屋，摆摊设点占道经营问题突出，各类物流摊点也日趋增多。地铁 6 号线站口又建在十字路口，随着地铁线 2014 年年底开通，该道路的规划和管理迫在眉睫。

二、清理的步骤和方法

1. 调查了解情况

掌握了解南院东小院的人员情况，房屋情况，当事人的诉求，历史遗留问题，摸清摸细需解决和能解决的有关问题。由保卫处等部门按照掌握的情况和工作要求制订清理整治工作方案。

2. 提起诉讼

根据情况报告和清理整治工作方案，由学校委托的律师写出起诉意见书，向辖区法院提起诉讼，按照法律规定推动清理整顿工作。

3. 及时发布有关通告

按照法律和政策规定，及时向当事人发布通告，让他们纠正错误，自行拆除违章建筑，腾退非法占有的房屋，消除影响。

4. 研究工作策略和方法

根据掌握的情况，针对每个当事人的具体情况研究制定工作策略和方法，做到各个击破、有的放矢，有效推动清理整治工作有序进行。

5. 积极化解矛盾和对立情绪，加强沟通交流

针对当事人的不同诉求，积极加强沟通交流，对符合法律规定和政策要求的，能解决的尽量解决，使其积极配合清理整治工作。

6. 坚决取缔重点顽症

对于蛮横不讲理、不听劝导、不遵守法律规定的，将依靠通州政府有关部门，强行拆除违章建筑，收回被非法占有的公房。

7. 具体的步骤安排

调查了解，制订方案；法院起诉，落实判决；发布公告，提前告知；停电停水，做好疏导；加强防范，各个击破；依靠法院，彻底清除。

三、清理的目标和任务

1. 清理非法租赁房屋的人员

南院东小院的所有房屋都被出租，租房人员身份不清，没有经过合法的登记手续，处于无序状态。各种经营活动学校都无法掌握，住宿和生活环境都存在重大安全隐患。应依靠公安机关等政府部门将非法租赁房屋的外来人员全部清理出校园。

2. 拆除所有私搭乱建的违章建筑

由于历史和管理等种种原因，近几年南院东小院私搭乱建现象严重，这些违章建筑没有规划和任何手续，严重妨碍学校的正常管理秩序，应按有关法律规定全部予以拆除。

3. 收回所有被非法占有的公房

南院东小院共有公房 54 间，被 11 人非法占用，这些房屋将依法全部收回，由学校统一规划使用。

4. 停止南院东小院非法建筑和非法占有公房的水电暖的供应

多年来，南院东小院所有房屋的水电暖都是由学校供应的。这些非法出租的房屋租房费却被非法出租户收取了，水电费学校却一直没有收取，仅此项费用学校每年就要支出 52 万元，其中大部分用于东小院，学校的无形资产严重流失。因此，清理整治工作展开后，将停止这些房屋水电暖的供应。

5. 严格门卫和交通管理，确保南院良好的治安秩序

当前，到南院的车辆和人员随意进出，各类小商小贩活动频繁，学校对外来的车辆和人员管理处于无序的状态。需制定规定，规范管理，改变失控状态。

6. 提高南院的综合防控能力

南院处于通州的繁华地段，周边环境复杂。物防、技防比较薄弱，特别是技防设施一直没有布建，需加强投入提高综合防控能力。

四、取得的主要战果

学校党委和领导高度重视，责成保卫部门牵头，提出整改解决方案，同时充分发挥政府职能部门和校内管理部门这两方面力量的作用，在通州区政法委等部门的有效配合下，主管副校长王志鸣带领保卫处、后勤管理处、基建办和继续教育学院等部门，多次召开综合整治碰头会和协调会，对南院的综合整治工作做了进一步的分工和协调，分析了整治推进过程中可能出现的情况和问题，提出了解决的方法和步骤，最后形成了“清人、拆房、依法”的指导原则。同时，协调通州区政府等有关部门负责人召开了协调会，进行了明确分工，进一步细化了工作方案，为清理整治工作顺利进行奠定了坚实的组织基础，实现了彻底清理“烂摊子”的目标。

2013年11月至2014年1月，在通州区综治办及玉桥派出所配合下，对南院东小院的整体情况进行摸排和调查，共查出私搭乱建房屋38间，非法居住外来人员157人。经过两个多月时间，6次沟通协调会、4次大小行动，先后动用钩机4台、铲车1台、渣土车辆5台，组织人力共计300余人，清走了外来人员，拆除了南校区东小院全部违建房屋。学校制订工作方案拆除53间被少数职工侵占的公房。与此同时，针对主校区正门外环境整治，在通州区相关部门组成联合执法队的帮助和支持下，对学校周边环境进行了执法检查、实地勘察测量，绘制施工方案图。对学校南大门的道路、商铺、黑车等进行了清理整治，先后拆除主校区南大门外违建商铺6家，施划道路交通标识线3条，安装道路交通标志牌和交通隔离栏5组、交通隔离桩2排。

通过综合整治，彻底消除了我校主校区南门外和南校区东小院存在的各种乱象，使校园及周边环境焕然一新，潜在的安全隐患得到了全面根治，达到了预期的目标，赢得了全校师生员工的普遍好评和充分肯定。

（撰稿人：陈永超　丁树岐）

第三篇 党政会议与文件

2013年党委会主要议题

时　间	会议名称	议　题
1月4日	2013—1次党委会	传达中共北京市委办公厅通知精神；传达中共北京市委办公厅、北京市人民政府办公厅贯彻落实中央关于改进工作作风、密切联系群众有关规定的实施意见；干部工作；关于离退休党总支换届工作的报告
1月14日	2013—2次党委会	干部工作；离退休总支换届工作汇报
1月16日	2013—3次党委会	干部工作
1月18日	2013—4次党委会	干部工作
2月25日	2013—5次党委会	干部工作；传达习近平同志关于厉行节约反对铺张浪费重要批示精神；传达北京市纪委会议精神；通报教工委宣教工作会议精神；研究2013年学校工作要点
3月4日	2013—6次党委会	干部工作；关于调整校领导分工事宜；研究2013年学校工作要点
3月11日	2013—7次党委会	干部考核和聘任工作；中共北京物资学院委员会关于贯彻落实改进工作作风、密切联系群众规定的实施办法；学校安稳形势报告；关于建设第一批重点领域的决定；外事工作
3月18日	2013—8次党委会	干部工作
3月25日	2013—9次党委会	干部工作；工会工作；关于改进工作作风建设实施办法；关于建设第一批重点领域的决定
4月1日	2013—10次党委会	干部工作；关于改进工作作风建设实施办法

续　表

时　间	会议名称	议　题
4月8日	2013—11次党委会	关于党代会工作方案的汇报
4月15日	2013—12次党委会	干部工作；关于办理赴香港培训人员出境手续的请示
4月22日	2013—13次党委会	干部工作；关于校级副职后备干部情况的汇报；2013年北京物资学院党风廉政建设和反腐败工作主要任务分工；关于开展学生主题教育系列活动的汇报（汇报人：王红 庞波）
5月6日	2013—14次党委会	干部工作；关于机关党总支换届工作的汇报
5月13日	2013—15次党委会	干部工作；关于机关党总支换届工作的汇报
5月20日	2013—16次党委会	传达2013北京教育系统廉政文化建设工作会精神；干部工作；关于继续教育改革发展的若干意见
5月28日	2013—17次党委会	干部工作
6月3日	2013—18次党委会	干部工作
6月17日	2013—19次党委会	干部工作
6月24日	2013—20次党委会	干部工作
7月1日	2013—21次党委会	干部工作
7月8日	2013—22次党委会	干部工作；党的群众路线教育实践活动相关工作汇报
9月9日	2013—24次党委会	第二次党代会筹备相关工作汇报
9月16日	2013—25次党委会	关于改进校级领导深入群众方式的几点建议；上级和学校关于大额资金使用的相关规定
9月23日	2013—26次党委会	关于青年教师社会实践办法的请示

续　表

时　间	会议名称	议　题
9月30日	2013—27次党委会	关于2014年财政专项的工作汇报
10月8日	2013—28次党委会	关于实施“责任工程”、解决群众关注重点难点问题的工作汇报
10月15日	2013—29次党委会	传达市纪委文件精神；关于陈建中老师退休离职的请示；关于筹备党代会的工作汇报；关于财政专项的工作汇报
10月21日	2013—30次党委会	关于第二次党代会党代表推荐提名情况汇报；关于第二届两委委员候选人初步人选名单的汇报；关于审议两委报告初稿的请示
10月28日	2013—31次党委会	关于提请确定第二次党代会代表候选人预备人选的报告；关于提请确定两委委员候选人预备人选意向性名单的报告；关于提请审议《专题民主生活会方案（草案）》的请示；关于审议两委报告的请示
10月30日	2013—32次党委会	传达安稳工作会议精神、部署学校安稳工作
11月5日	2013—33次党委会	关于提请审议第二次党代会代表名单的请示；关于确定我校2014年北京市生活困难党员受资助人员的请示
11月11日	2013—34次党委会	关于提请审议《关于代表资格审查报告（草案）》的请示；关于提请确定两委委员候选人预备人选初步人选启动考察工作的报告；关于提请审议“四风”在我校具体表现的报告；关于成立中国共产党北京物资学院第二次代表大会提案工作委员会的请示
11月18日	2013—35次党委会	关于案件线索清理工作的通报；关于实施北京物资学院非在编劳动合同制职工入会暂行办法的请示
11月27日	2013—36次党委会	干部工作；关于提请审议“四风”在我校具体表现的报告；关于审议《北京物资学院教职工爱心互助金管理办法（暂行）》的请示
12月11日	2013—37次党委会	干部工作；党代会筹备工作汇报；通报老同志送温暖相关工作
12月16日	2013—38次党委会	干部工作；关于《北京市开展“四风”突出问题专项整治方案》和《北京市改进作风制度建设计划》的通报；汇报迎接党风廉政责任制检查工作；讨论纪委报告
12月23日	2013—39次党委会	通报市纪委文件；关于提请审议《北京物资学院学习宣传贯彻党的十八届三中全会精神的通知》的请示；讨论推进三个体系建设实施意见

2013 年校长办公会主要议题

时 间	会议名称	议 题
1 月 4 日	2013—1 次校长办公会	关于给予黄春燕办理因公赴加拿大访学手续的请示
1 月 14 日	2013—2 次校长办公会	其他专技聘任相关工作；体制改革调研汇报；外事工作汇报
3 月 4 日	2013—3 次校长办公会	关于做好 2013 年毕业生就业工作的通知
3 月 11 日	2013—4 次校长办公会	北京物资学院关于修订 2013 年版本科专业人才培养方案的原则意见；关于后勤部分事业在编人员岗位变动后工资请示；北京物资学院重点工程项目投资情况汇报；预算工作；关于成立 MBA 教育中心的方案
3 月 18 日	2013—5 次校长办公会	外事工作；人事处关于 2011—2013 年聘期后勤服务中心各岗位人员聘用办法的请示；人事处关于 2011—2013 年聘期其他专技分级聘任结果的汇报；人事处关于 2012 年度教职工考核结果的请示；教育基金会筹备汇报；关于新学科楼指挥中心装修费说明；校学术委员会委员调整
3 月 25 日	2013—6 次校长办公会	科研指标分配情况；国际学院国际班工作方案；关于调整校图书馆情报工作委员会人员组成的请示；2012 年绩效工资发放的请示；人事处关于规范高级专家提高退休费计发比例工作的请示；后勤岗位聘任实施办法
4 月 1 日	2013—7 次校长办公会	调整学校学位委员会名单；成立研究生招生工作领导小组、招生工作督查小组
4 月 8 日	2013—8 次校长办公会	关于开展 2013 年春季教育收费自查自纠工作的通知；2013 年本科生招生计划；关于成立 MBA 教育中心的方案
4 月 15 日	2013—9 次校长办公会	国际学院院长（海外）聘任情况汇报；关于科研政策完善与微调的情况汇报；审定 2013 年学校预算
4 月 22 日	2013—10 次校长办公会	关于《北京物资学院章程》制定工作机构设置及进程安排的请示；2013—2014 学年校历；2013 年科研津贴发放情况汇报
5 月 6 日	2013—11 次校长办公会	人事处关于校内机构调整的请示；关于加快推进研究院加入中关村“科学城”项目申请工作的若干意见

续　表

时　间	会议名称	议　题
5月13日	2013—12次校长办公会	关于陈建中、高新平同志提高退休费计发比例的请示；审定第九届北京地区高校教学名师推荐人选
5月20日	2013—13次校长办公会	学校智慧校园方案汇报
5月28日	2013—14次校长办公会	人事处关于加强我校人才队伍建设、启动运河学者计划的汇报
6月3日	2013—15次校长办公会	人事处关于我校2013年人才强教三期项目拟推荐人选的汇报；通报财务工作、审议财务文件；关于学校信息化建设领导小组人员调整的建议；关于成立北京物资学院学科建设指导委员会的请示；关于调整北京物资学院学科建设工作领导小组成员的申请；关于收取教职工在本校在职攻读硕士学位学费的请示
6月17日	2013—16次校长办公会	关于申请新建图书馆超概资金的请示；基建制度建设情况汇报；关于学校信息化建设领导小组人员调整的建议；人事处关于计拨在编在岗教职工福利费的意见；人事处关于我校2013年“青年英才计划”推荐人选的汇报；中美物流教育与研究论坛筹备情况汇报
7月2日	2013—17次校长办公会	关于举行庆祝物资管理系50周年纪念活动的请示；中美物流教育论坛工作汇报；综合楼分配及搬家工作汇报；学校重点工程项目进展情况汇报；关于我校2013年“北京市优秀教师”“北京市优秀教育工作者”推荐人选的汇报
7月8日	2013—18次校长办公会	关于2013年度教育部“创新团队发展计划”“新世纪优秀人才支持计划”和2012年度校级“科研先进个人”的推荐评选情况汇报；优秀辅导员、班主任评选结果汇报；经营收入情况汇报；北京物资学院学籍管理规定修订稿；关于2013年教师节表彰方案的请示；关于2012年度优秀教育工作者评选结果的请示；后勤服务综合楼选址情况汇报
9月2日	2013—19次校长办公会	本科教学先进个人评选情况汇报；2012—2013年度优秀辅导员、班主任评选情况汇报
9月16日	2013—20次校长办公会	关于对张惠颖老师进行重大疾病医疗费用补助的请示；关于将科研处并入现代产业研究院的请示；财政专项工作
9月23日	2013—21次校长办公会	关于校内机构岗位设置的请示；关于成立其他专业技术职务专业（学科）评议组的请示；关于我校青年教师社会实践办法的请示；关于物管系成立50周年座谈会工作的请示
9月30日	2013—22次校长办公会	关于启动2013年教师专业技术职务晋升聘任工作的请示；关于启动2013年“运河学者”计划评审工作的请示；流通论坛筹备情况汇报

续　表

时　间	会议名称	议　题
10月15日	2013—23次校长办公会	关于开展2013年秋季教育收费自查自纠工作的请示；人事处关于调整教师职务聘任委员会的请示；人事处关于发放2012年非教师岗一次性绩效工资的请示；关于北京物资学院信息化建设管理办法的工作汇报
10月28日	2013—24次校长办公会	关于北京物资学院食堂价格平抑资金管理使用办法的情况汇报；关于成立北京物资学院食堂平抑资金管理领导小组的请示；关于学校与洛阳市人民政府战略合作的相关说明
11月18日	2013—25次校长办公会	关于北京物资学院成立外事领导小组的请示；关于岗位津贴调整办法及相关问题的请示；关于本科毕业生相关就业工作的请示与汇报；关于流通论坛筹备情况的汇报
11月27日	2013—26次校长办公会	关于发放2011年度、2012年度本科教学奖励的请示；关于学科建设与研究生培养的10项制度修订/草拟情况与二级学院对10项制度的综合反馈意见的汇报；关于学科建设与研究生培养工作会议安排情况的汇报；关于成立研究生奖助学金评审领导小组的请示；关于郭奕崇等四位同志提高退休费计发比例的请示；关于2013年度运河学者计划评选结果的汇报；关于2013年度教师职务聘任结果的汇报
12月9日	2013—27次校长办公会	关于开展2013年度教职工考核工作的请示；关于发放企业编制人员工资的请示；关于调整内退人员工资的请示；关于对外合作相关情况的汇报；关于成立成人招生工作领导小组和督查小组的请示；关于校园环境治理相关情况的汇报；关于北京物资学院文体综合楼跟踪审计校内招标结果的情况汇报
12月16日	2013—28次校长办公会	关于办公用房调整方案的汇报；关于支付新学科综合楼和图书馆工程款的请示；关于在校园设置电瓶车充电桩的请示
12月23日	2013—29次校长办公会	通报审计工作会议精神；关于2013年度教育管理研究系列专业技术职务聘任结果的汇报；汇报教委决算工作会议精神；汇报4.7亩地收回工作进展情况；审议呆账处理事宜；关于北京物资学院MBA专业学位研究生收费标准及使用管理办法的情况汇报；关于我校增列硕士专业学位授权点的情况汇报；关于全日制物流工程专业硕士研究生的学制修改情况汇报

（撰稿人：吴梦楠　刘世波）

2013年党发文件

序　号	发文字号	文件标题
1	物院党发〔2013〕1号	关于调整校领导分工的通知
2	物院党发〔2013〕2号	关于表彰宋晓欣、季靖两名同志的通报
3	物院党发〔2013〕3号	关于印发《中共北京物资学院委员会关于贯彻落实改进工作作风、密切联系群众规定的实施办法》的通知
4	物院党发〔2013〕4号	关于对2012年度考核优秀表彰的决定
5	物院党发〔2013〕5号	中共北京物资学院委员会关于强特色上水平的决定
6	物院党发〔2013〕6号	关于印发《2013年北京物资学院党风廉政建设和反腐败工作主要任务分工》的通知
7	物院党发〔2013〕7号	关于转发中共北京市委教育工作委员会《关于进一步加强和改进高校学生党的建设的若干意见》等三个文件的通知
8	物院党发〔2013〕8号	关于成立北京物资学院群众路线教育实践活动领导小组及办公室的通知
9	物院党发〔2013〕9号	关于印发《中共北京物资学院委员会深入开展党的群众路线教育实践活动实施方案》的通知
10	物院党发〔2013〕10号	中国共产党北京物资学院第一届委员会关于召开中国共产党北京物资学院第二次代表大会的决议
11	物院党发〔2013〕11号	关于召开中国共产党北京物资学院第二次代表大会的请示
12	物院党发〔2013〕12号	关于印发《北京物资学院青年教师社会实践办法》的通知
13	物院党发〔2013〕13号	关于实施“责任工程”，解决群众关注热点、难点问题的决议
14	物院党发〔2013〕14号	中共北京物资学院委员会关于筹备召开中国共产党北京物资学院第二次代表大会的通知
15	物院党发〔2013〕15号	关于印发《北京物资学院学生党员先锋工程实施方案》的通知
16	物院党发〔2013〕16号	关于中国共产党北京物资学院第二次代表大会代表选举工作的通知
17	物院党发〔2013〕17号	关于做好中国共产党北京物资学院第二届委员会和纪律检查委员会委员候选人提名推荐工作的通知

续　表

序　号	发文字号	文件标题
18	物院党发〔2013〕18 号	关于印发《中国共产党北京物资学院代表大会代表任期制实施办法（试行）》的通知
19	物院党发〔2013〕19 号	关于印发《中国共产党北京物资学院代表大会代表提案制实施办法（试行）》的通知
20	物院党发〔2013〕20 号	关于中国共产党北京物资学院第二届委员会和纪律检查委员会组成人员候选人预备人选的请示
21	物院党发〔2013〕21 号	关于印发《北京物资学院非在编劳动合同制职工入会暂行办法》的通知
22	物院党发〔2013〕22 号	2013 年党风廉政建设责任制落实情况自查报告
23	物院党发〔2013〕23 号	关于报送北京物资学院党委工作报告的请示
24	物院党发〔2013〕24 号	关于报送北京物资学院纪委工作报告的请示
25	物院党发〔2013〕25 号	关于印发《中共北京物资学院委员会关于推进廉政风险防控管理“三个体系”建设的实施方案》的通知
26	物院党发〔2013〕26 号	北京物资学院超标配置使用办公用房和办公用品专项整治情况汇报
27	物院党发〔2013〕27 号	北京物资学院关于深入学习宣传贯彻党的十八届三中全会精神的通知
28	物院党发〔2013〕28 号	关于中国共产党北京物资学院第二次代表大会筹备工作情况的报告

2013 年校发文件

序　号	发文字号	文件标题
1	物院发〔2013〕1 号	关于采购进口产品的请示
2	物院发〔2013〕2 号	关于给予学生鞠冬梦记过处分的决定
3	物院发〔2013〕3 号	关于给予学生周鸾记过处分的决定
4	物院发〔2013〕4 号	关于给予学生马玥馨警告处分的决定
5	物院发〔2013〕5 号	关于给予学生李丹严重警告处分的决定
6	物院发〔2013〕6 号	关于田雪副教授等六人赴台湾新竹清华大学交流访问的请示

续 表

序 号	发文字号	文件标题
7	物院发〔2013〕7 号	关于北京物资学院文体活动综合楼项目招标方案核准的请示
8	物院发〔2013〕8 号	关于北京物资学院第八届教学督导组成立的通知
9	物院发〔2013〕9 号	关于为 2012 届毕业生郐光武办理改派进京手续的决定
10	物院发〔2013〕10 号	关于为 2012 届毕业生王玮钰办理改派进京手续的决定
11	物院发〔2013〕11 号	关于给予学生张恬璃记过处分的决定
12	物院发〔2013〕12 号	关于印发《北京物资学院 2013 年工作要点》的通知
13	物院发〔2013〕13 号	关于做好 2013 年毕业生就业工作的通知
14	物院发〔2013〕14 号	关于印发《北京物资学院就业工作考评评价表（2013 年修订版)》的通知
15	物院发〔2013〕15 号	关于印发《北京物资学院关于修订 2013 版本科专业人才培养方案的原则意见》的通知
16	物院发〔2013〕16 号	北京物资学院关于 2012 年度外国留学生奖学金项目执行情况的报告
17	物院发〔2013〕17 号	北京物资学院 2013 年度北京市外国留学生奖学金申请报告
18	物院发〔2013〕18 号	北京物资学院关于教育基金会注册资金入资的请示
19	物院发〔2013〕19 号	关于采购进口产品的请示
20	物院发〔2013〕20 号	关于给予学生贾鲁宏记过处分的决定
21	物院发〔2013〕21 号	北京物资学院关于建设大学科技园的决定
22	物院发〔2013〕22 号	关于 2011—2013 年度聘期教师以外其他专技分级聘任结果的通知
23	物院发〔2013〕23 号	关于开展 2013 年春季教育收费自查自纠工作的通知
24	物院发〔2013〕24 号	北京物资学院关于 2012 年度学生公派境外学习奖学金项目实施情况的报告
25	物院发〔2013〕25 号	关于开展第一批重点领域建设的实施意见
26	物院发〔2013〕26 号	—
27	物院发〔2013〕27 号	关于成立北京物资学院 MBA 教育中心的通知
28	物院发〔2013〕28 号	关于成立北京物资学院研究生招生工作领导小组和督查小组的通知
29	物院发〔2013〕29 号	关于调整北京物资学院学位评定委员会成员的通知
30	物院发〔2013〕30 号	关于印发《北京物资学院网格化安全管理实施方案》的通知
31	物院发〔2013〕31 号	关于做好 2013 届“绿鸽”校友联络员选聘工作的通知
32	物院发〔2013〕32 号	北京物资学院关于文体活动综合楼项目初步设计的请示

续　表

序　号	发文字号	文件标题
33	物院发〔2013〕33 号	关于开展 2013 届本科优秀毕业生评选工作的通知
34	物院发〔2013〕34 号	关于提高高新平同志退休费计发比例的请示
35	物院发〔2013〕35 号	关于提高陈建中同志退休费计发比例的请示
36	物院发〔2013〕36 号	关于给予学生刘洋、陈明、潘钊、杨明浩、孙山可记过处分的决定
37	物院发〔2013〕37 号	关于给予学生阿依努尔·麦提图尔荪记过处分的决定
38	物院发〔2013〕38 号	关于给予胡霖、徐聿丰、佟宝欣、李壹、艾科拜尔·麦麦提江、王擎宇、胡全、孟丹、王乐章、杨帅、陈强严重警告处分的决定
39	物院发〔2013〕39 号	关于调整校学科建设领导小组成员的通知
40	物院发〔2013〕40 号	北京物资学院关于报废处置机动车的请示
41	物院发〔2013〕41 号	关于启动 2013 年“本科教学质量与教学改革工程——课程综合改革”项目申报工作的通知
42	物院发〔2013〕42 号	关于做好 2013 年本科招生录取工作的通知
43	物院发〔2013〕43 号	关于印发《北京物资学院专用材料采购及保管领用管理办法》的通知
44	物院发〔2013〕44 号	关于印发《北京物资学院公务卡使用管理办法（暂行）》的通知
45	物院发〔2013〕45 号	关于印发《北京物资学院关于加强经费支出管理的若干补充规定》的通知
46	物院发〔2013〕46 号	关于规范使用学校视觉形象识别系统的通知
47	物院发〔2013〕47 号	关于编制 2014—2016 年本科教学实验室建设规划的通知
48	物院发〔2013〕48 号	北京物资学院关于翁心刚教授等五人赴台湾高雄海洋科技大学课题研究交流考察的请示
49	物院发〔2013〕49 号	关于给予学生王林森严重警告处分的决定
50	物院发〔2013〕50 号	关于给予学生梁艺凡留校察看处分的决定
51	物院发〔2013〕51 号	关于给予学生周一凡记过处分的决定
52	物院发〔2013〕52 号	关于给予学生张琪记过处分的决定
53	物院发〔2013〕53 号	关于给予学生吴敏记过处分的决定
54	物院发〔2013〕54 号	关于北京物资学院第二教学楼工程报竣请示
55	物院发〔2013〕55 号	北京物资学院关于落实北京市教委审计意见书的报告

续 表

序 号	发文字号	文件标题
56	物院发〔2013〕56 号	关于 2013 年教师节表彰的决定
57	物院发〔2013〕57 号	关于印发《北京物资学院收取教职工在本校在职攻读硕士学位学费管理办法》的通知
58	物院发〔2013〕58 号	关于给予学生张盖、雷伯华、任勇政记过处分的决定
59	物院发〔2013〕59 号	关于印发《北京物资学院青年教师挂职锻炼管理细则》的通知
60	物院发〔2013〕60 号	关于开展 2013 年秋季教育收费自查自纠工作的通知
61	物院发〔2013〕61 号	关于成立研究生国家奖学金评审工作领导小组的通知
62	物院发〔2013〕62 号	北京物资学院关于 2013 年度教师专业技术职务晋升聘任工作的通知
63	物院发〔2013〕63 号	关于调整教师职务聘任委员会的通知
64	物院发〔2013〕64 号	关于印发《北京物资学院运河学者计划（2013—2015 年）实施办法》的通知
65	物院发〔2013〕65 号	关于印发《北京物资学院关于加强人才队伍建设的若干意见》的通知
66	物院发〔2013〕66 号	关于开展 2013 年度“运河学者计划”申报工作的通知
67	物院发〔2013〕67 号	关于印发《北京物资学院校园室外施工建设管理暂行规定（试行）》的通知
68	物院发〔2013〕68 号	关于印发《北京物资学院基本建设项目档案管理办法》的通知
69	物院发〔2013〕69 号	关于印发《北京物资学院基本建设项目施工现场管理办法》的通知
70	物院发〔2013〕70 号	关于印发《北京物资学院基本建设项目竣工验收、移交和保修管理办法》的通知
71	物院发〔2013〕71 号	关于印发《北京物资学院基本建设项目经费支付管理办法（试行）》的通知
72	物院发〔2013〕72 号	关于印发《北京物资学院基本建设管理办法（试行）》的通知
73	物院发〔2013〕73 号	关于印发《北京物资学院基本建设项目工程设计变更、工程洽商、现场签证、综合单价确认管理办法（试行）》的通知
74	物院发〔2013〕74 号	北京物资学院调房方案

续　表

序　号	发文字号	文件标题
75	物院发〔2013〕75 号	关于给予学生张爽记过处分的决定
76	物院发〔2013〕76 号	关于成立研究生奖助学金评审领导小组的通知
77	物院发〔2013〕77 号	关于提高郭奕崇、刘家珉、张耀荔、刘宏四位同志退休费计发比例的请示
78	物院发〔2013〕78 号	关于北京物资学院食堂及电化教室工程报竣请示
79	物院发〔2013〕79 号	关于采购进口产品的请示
80	物院发〔2013〕80 号	关于对 2013 年度就业工作先进集体、先进个人进行表彰的决定
81	物院发〔2013〕81 号	关于给予杜苒等 26 位同学严重警告处分的决定
82	物院发〔2013〕82 号	关于成立北京物资学院成人招生工作领导小组和督查小组的通知
83	物院发〔2013〕83 号	关于公布 2013 年度教师专业技术职务晋升聘任结果的通知
84	物院发〔2013〕84 号	北京物资学院关于解进强副教授等三人赴台湾辅仁大学学术交流的请示
85	物院发〔2013〕85 号	关于印发《北京物资学院成立二级学院校友分会若干意见》的通知
86	物院发〔2013〕86 号	北京物资学院关于申请 2012 年中央专项未付合同款的请示
87	物院发〔2013〕87 号	北京物资学院 2014 年度外国留学生奖学金申请报告
88	物院发〔2013〕88 号	关于表彰 2012—2013 学年先进集体和优秀学生的决定
89	物院发〔2013〕89 号	关于给予学生王巍然留校察看处分的决定
90	物院发〔2013〕90 号	关于印发《北京物资学院食堂价格平抑资金管理使用办法（试行）》的通知
91	物院发〔2013〕91 号	关于开展 2013 年度教职工考核工作的通知
92	物院发〔2013〕92 号	北京物资学院关于 2013 年北京市高等学校公派境外学习奖学金项目执行情况总结及 2014 年项目计划的报告
93	物院发〔2013〕93 号	北京物资学院 2013 年教育审计工作总结

（撰稿人：王萍　刘世波）

第四篇　机构与队伍

党政领导

北京物资学院2013年校级领导干部及院长助理

党委书记　李石柱
院　　长　王旭东
党委副书记　沈小静
副 院 长　翁心刚
副 院 长　王志鸣
副 院 长　许晓革（2013年1月15日任）
纪委书记　赵凤琴
副 院 长　刘丙午（2013年1月15日任）
院长助理　邬　跃（2013年1月26日任）

中共北京物资学院委员会

党委书记　李石柱
党委副书记　沈小静
党委委员　王旭东　翁心刚　王志鸣　赵凤琴
杨　蓉（2013年3月4日辞去党委委员）　刘永胜

（撰稿人：荀萍　宋晓欣）

中共北京物资学院纪律检查委员会

书　记　赵凤琴
副书记　傅　强
委　员　李士元　朱　杰　张耀荔　许春燕　陈建中

（撰稿人：张莹　傅强）

校级各委员会及领导小组

（2013年成立或调整）

研究生招生工作领导小组

（物院发〔2013〕28号）

组　长　王旭东
副组长　许晓革　赵凤琴
成　员　刘永胜　傅　强　李彩丽　徐广姝

研究生招生工作督查小组

（物院发〔2013〕28号）

组　长　赵凤琴
成　员　傅　强　朱　杰　张耀荔

学位评定委员会

（物院发〔2013〕29号）

主　席　校　长
副主席　主管教学和研究生教育的副校长、党委副书记
委　员　各二级学院院长、继续教育学院院长、国际学院院长、教务处处长、研究生部主任、学生处处长
秘　书　研究生部副主任、教务处副处长

学科建设领导小组

（物院发〔2013〕39号）

组　长　校　长
副组长　主管学科建设、研究生教育、科研工作的校领导
成　员　二级学院院长、发展规划办公室主任、教务处处长、研究生部主任、科研处处长、人事处处长、财务处处长

秘　书　研究生部副主任

研究生国家奖学金评审工作领导小组

（物院发〔2013〕61号）

组　长　许晓革　沈小静

副组长　刘永胜　李彩丽

成　员　赵　娴　邬　跃　朱　杰　魏国辰　尚　珂　傅　强　徐广姝

教师职务聘任委员会

（物院发〔2013〕63号）

主　　任　李石柱　王旭东

副 主 任　刘丙午

委　　员　沈小静　翁心刚　许晓革　赵凤琴　邬　跃　赵　娴　朱　杰　魏国辰　尚　珂　吴尚义　李邢西　张　鸣　许春燕　刘永胜　王可山　刘耀京　李珍萍

办公室主任　刘耀京（兼）

研究生奖助学金评审领导小组

（物院发〔2013〕76号）

组　长　主管研究生教育和管理的副校长、主管思想政治教育工作的副书记

副组长　研究生部主任、党总支书记

成　员　拥有硕士点的二级学院院长、纪监审办公室主任、财务处处长、科研处处长、研究生部副主任、导师代表

办公室　设在研究生部

成人教育招生工作领导小组

（物院发〔2013〕82号）

组　长　继续教育主管校领导

副组长　继续教育学院院长

成　员　纪监审办公室主任、继续教育学院教学副院长、继续教育学院招生工作人员

办公室　设在继续教育学院

成人教育招生工作督查小组

（物院发〔2013〕82 号）

组　　长　纪委书记
成　　员　纪委副书记、纪检员
办公室主任　教务处长、学生处长和研究生部主任兼任

群众路线教育实践活动领导小组

（物院党发〔2013〕8 号）

组　长　李石柱
副组长　王旭东　沈小静　赵凤琴
成　员　翁心刚　王志鸣　许晓革　刘丙午　邬　跃　刘永胜　宋晓欣
傅　强　孙　杰　季　靖　胡　伟　张耀荔　刘　军　于冠华
赵志瑞　刘艳荣　李邢西　张　鸣　罗新东　李彩丽　王秀华
王明发　张克非

（撰稿人：王萍　刘世波）

北京物资学院组织机构及负责人名单

单 位	职 务	姓 名
学校办公室	主 任	胡 伟（2013年5月20日免）
	副主任	刘世波
	副主任	付 莉
机关党总支	书 记	杨 蓉（2013年1月28日免）
	书 记	傅 强（2013年5月13日任）
	副书记	季 靖（2013年5月13日续任）
	副书记	荀 萍（2013年5月13日任）
党委组织部（统战部）	部 长	宋晓欣
	副部长	荀 萍
党委宣传部（新闻中心）	副部长（主持工作）	孙 杰
	部 长	孙 杰（2013年3月25日任）
	副部长	吴忠华
纪监审办公室	主 任	傅 强
	副主任	唐玉平
发展规划办公室	主 任	胡占君
	副主任	孙 杰（兼）
	副主任	刘 浏
教务处	处 长	许春燕
	副处长	顾 煜
	副处长兼招办主任	孙 静
	副处长	梁 晨（2013年6月3日任）
研究生部	主 任	刘丙午（2013年3月25日免）
	主 任	刘永胜（2013年3月25日任）
	党总支书记	李彩丽
	副主任	徐广姝
学生工作部（学生处、武装部）	部 长（处长）	季 靖
	副部长（副处长）兼就业指导中心主任	王 红
	副部长（副处长）	续 杨（2013年4月15日任）
科研处	副处长（主持工作）	王可山

续　表

单　位	职　务	姓　名
产业研究院	院　长	邬　跃（兼，2013 年 1 月 26 日任）
	副院长	赵　娴（兼）
	副院长	朱　杰（兼）
	副院长	魏国辰（兼）
	副院长	尚　珂（兼）
	副院长	吴尚义（兼）
	副院长	秦江萍
	副院长	刘　军（兼）
	副院长	刘新军（2013 年 5 月 13 日任）
	院长助理	丁　健
	院长助理	刘　艳
现代物流创新园筹建办公室	主　任	刘新军（2013 年 5 月 13 日免）
国际合作与交流处	处　长	韩　星
人事处	处　长	刘耀京
	副处长	赵隽咏
财务处	处　长	王春华
	副处长	杨建科
	副处长	徐建国
资产管理处	处　长	樊潞维
基础保障部党总支	书　记	王明发
后勤管理处	处　长	卫　波
	副处长	崔明男
	副处长	赵秀兵
基建办公室	副主任（主持工作）	韩振节
	主　任	韩振节（2013 年 3 月 25 日任）
保卫部（保卫处）	部　长（处长）	丁树歧
离退休工作处	处　长	王秀华
	副处长	申云贵
	党总支书记	王秀华（兼任，2013 年 1 月 14 日）
	党总支副书记	申云贵（兼任，2013 年 1 月 14 日）

续 表

单 位	职 务	姓 名
校工会（教代会）	主 席	赵凤琴（兼）
	常务副主席	朱润辉
	副主席	贡祥林
校团委	书 记	庞 波
校友工作办公室	主 任	余 茜
经济学院	院 长	赵 娴
	党总支书记	胡 伟（2013 年 5 月 20 日任）
	党总支书记	赵 娴（兼，2013 年 5 月 20 日免）
	副院长	尹德洪
	副院长	杨 菁
	党总支副书记	张建宝
物流学院	院 长	邬 跃
	党总支书记	张耀荔
	副院长	王成林
	副院长	王晓平（2013 年 4 月 15 日任）
	党总支副书记	王晓平（2013 年 6 月 17 日免）
	党总支副书记	毛文富（2013 年 6 月 17 日任）
信息学院	院 长	朱 杰
	党总支书记	刘 军
	副院长	申贵成
	副院长	郭 键
	党总支副书记	徐必忠
商学院	院 长	魏国辰
	党总支书记	刘永胜（2013 年 5 月 20 日免）
	副院长	贾炜莹
	副院长	吕 波
	党总支副书记	于冠华
劳法学院	院 长	尚 珂
	党总支书记	赵志瑞
	副院长	唐华茂
	副院长	解进强
	党总支副书记	马立梅

续　表

单　位	职　务	姓　名
外语学院	院　长	吴尚义
	党总支书记	刘艳荣
	副院长	王淑花
	副院长	桂天寅
	党总支副书记	李　华（2013 年 4 月 15 日任）
思政部	主　任	李邢西
	直属党支部书记	李邢西（兼）
体育教学部	主　任	张　鸣
	直属党支部书记	张　鸣（兼）
	副主任	王彦英（2013 年 4 月 22 日任）
继续教育学院	院　长	罗新东
	党总支书记	罗新东（兼）
	副院长	吴海建
	副院长	陈炜煜
国际学院	副院长（主持工作）	张旭凤
	执行院长	张旭凤（2013 年 2 月 25 日任）
	副院长	吕一楠
图书馆	馆　长	刘家珉
	党总支书记	张克非
	副馆长	单世侠
信息中心	主　任	王玉泉
	副主任	王　新
《中国流通经济》杂志社	社　长	翁心刚（兼）
	总　编	陈建中（2013 年 11 月 5 日免）
	总　编	郝玉柱（2013 年 12 月 9 日任）
	副总编	郝玉柱
档案馆	馆 长	胡瑞旺

（撰稿人：艾洁　胡瑞旺）

第五篇　教育教学

本科生教育教学

【概况】

2013年是学校实施“十二五”规划的攻坚之年，也是学校深化改革、加快发展的关键一年。在学校党委的正确领导下，学校主动适应经济社会发展需求，坚持高素质应用型人才的培养定位，广大师生员工统一思想、明确目标、振奋精神、开拓进取，全面深化教育教学改革，创新人才培养模式，着力提升人才培养质量，在建设高水平特色型大学的道路上迈出了坚实步伐。

为了进一步深化教育教学改革，巩固、提高教学质量，学校顺利完成了2013年版人才培养方案的制定工作，适度压缩学时学分，扩大选修课程比例，强化实践环节，增设实践教学学期，积极推进二级教学管理，成立教学院部教学指导委员会，形成全覆盖、全过程教学管理制度体系。聘请兼职教授、兼职导师，建立业内专家广泛参与的专业指导委员会。2013年，学校新增物联网工程和劳动关系两个本科专业，物流管理专业获批教育部第一批本科专业综合改革试点。2部教材获北京高等教育精品教材。实践教学建设取得新成绩，获批国家级实践教学示范中心，国家级大学生校外实践教育基地、全国服务外包专业技术人才实训示范基地。

（撰稿人：梁晨　郭键）

【招生工作】

2013年在全国28个省、自治区、直辖市（西藏、海南、青海、港澳台除外）计划招收本科生1522人。其中北京普通类生源计划805人（文科160人，理科645人）；北京市艺术特长生计划25人；外地普通类生源计划644人；2012级少数民族预科生转入计划25人；内地西藏班、内地新疆高中班计划23人。招生专业包括26个本科专业（方向），与2012年相比，2013年新增物联网工程和劳动关系两个本科专业，其中物联网工程专业只招收理科考生，劳动关系专业文理兼收。学校在内蒙古自治区、河北省、河南省全部为第一批次录取，在黑龙江省部分专业为第一批次录取，在全国其他省、自治区、直辖市为第二批次录取。

2013年本科招生录取工作从7月12日开始至8月5日结束，共招收本科生

1542人。其中包括25名2012级少数民族预科生（2012年招收，已在东北师范大学学习一年，2013年9月入校）。2013年在四川、贵州、云南、新疆、重庆、湖北、内蒙古七省市、自治区招收少数民族预科生26人（实际报到24人），预科生第一年仍将在东北师范大学学习。

2013年在全国录取分数达到或超过当地一批本科控制线的省、自治区、直辖市有10个：内蒙古（一批招生）、河北（一批招生）、河南（一批招生）、黑龙江（部分专业一批招生，理科二批专业最低录取分也超过当地一本线）、宁夏（文/理）、四川（理）、安徽（文/理）、福建（文/理）、山西（文/理）、山东（文/理）。

新生中北京生源828人，占新生总人数的54%；外地生源714人，占新生总人数的46%。男生534人，占新生总人数的35%；女生1008人，占新生总人数的65%。文科生424人，理科生1118人。中共党员3人，中共预备党员3人，共青团员1469人，群众67人。新生中年龄最小的16岁，最大的24岁。汉族学生1376人，占新生总人数的89%；其他少数民族学生166人，占新生总人数的11%。城镇户籍学生1004人，占新生总人数的65%；农村户籍学生538人，占新生总人数的35%。有各类特长的学生655人，占新生总人数的42%。受过各级各类奖励的学生481人，占新生总人数的31%。

（撰稿人：孙静　郭键）

【质量工程】

根据《北京物资学院“十二五”时期“本科教学质量与教学改革工程”实施意见》，2013年继续实施“本科教学工程”项目建设和评审工作。2013年秋季本科教学工程——课程综合改革项目立项64项。其中核心及公共课课组建设类项目8项，订单式课程建设类项目4项，实践课程建设类项目10项，课程综合性改革类项目39项，课程基本建设和自选类项目3项。所有项目完成课程数字化教学中心的教学资源上网工作，形成网络教学平台，充分发挥教和研相互促进结合的作用。

根据《关于开展2012年度“本科教学工程”项目结项总结工作的通知》要求，2013年组织2012年本科教学工程结项项目153项，其中本科专业培养方案专项25项，大类培养项目2项，教学管理队伍建设8项，课程基本建设3项，课程综合改革项目55项（其中课改——案例教学14项；课改——合作式/小组学习7项；课改——基于问题的教学或任务驱动式学习5项；课改——考试改革2项；课改——校企联合授课、企业订单式课程开发3项；课改——研究性学习或探究式学习3项；课改——专题化教学4项；课改——自主学习与教师指导相结合8项；课改——综合9项），实践周方案设计与项目开发8项，实验班项目4项，校级大学生学科竞赛项目21项，校外实践实训教学基地建设15项，优秀教学团队建设3项，专业综合改革项目4项，卓越人才培养项目5项。

（撰稿人：李小庆　郭键）

【课程与教材建设】

学校坚持开展课程建设工作，鼓励

教师积极参与精品开放课程建设，推荐1门课程参加了2013年精品视频公开课的申报。本年度共开设课程710门，与2012年相比，2013年学校新增162门课程，其中必修课46门，选修课116门；取消或暂停140门课程；调整了40门课程，其中12门调整了课程属性，28门调整了学分设置。

学校鼓励教师编写高质量教材，推荐4本教材参加2013年北京高等教育精品教材及经典教材的评审，其中2本教材获批2013年北京高等教育精品教材。

（撰稿人：陈义彬　郭键）

【专业设置与建设】

学校不断优化专业布局，共设置26个本科专业方向，涵盖经济学、管理学、理学、工学、文学、法学等多个学科。“物联网工程”“劳动关系”两个新专业开始招生。根据上级相关文件精神及学校的专业建设规划，学校适时对专业设置进行调整，申报增设《商品质量管理》专业，于2014年开始招生。学校重视专业建设工作，共有2个国家级特色专业，3个北京市特色专业，7个校级特色专业。

（撰稿人：陈义彬　郭键）

【北京市教学引导经费预算】

学校2013年度教学投入经费包括教师队伍建设、教育教学、专业建设、实验室建设等大类，共涉及33个项目。总经费预算2649.83万元，实际批复2447.60万元，实际使用1891.11万元，结余上交556.49万元。其中，2013年财政专项25项，经费预算1786.37万元，实际批复1584.14万元，实际使用1168.73万元，结余上交415.41万元；2013年实验室追加专项5项，经费预算715.53万元，实际批复715.53万元，实际使用576.09万元，结余上交139.44万元；2013年学校自主投入专项经费3项，经费预算147.93万元，实际批复147.93万元，实际使用146.29万元，结余上交1.64万元。

（撰稿人：梁晨　郭键）

【双语教学】

为持续提高学生的英语运用能力及体验不同的教学模式，学校重视双语教学工作，鼓励各专业开设双语教学课程，2013年共开设双语课程15门。

（撰稿人：陈义彬　郭键）

【教学计划运行】

全校各专业教学计划执行正常，教务处顺利完成排课、预选课、补退选课等工作。

2013年春季学期全校计划开课483门，共拆分1198个教学班，学生选课后停开课37门，实际开课446门，共拆分1161个教学班。

2013年秋季学期全校计划开课508门，共拆分1215个教学班，学生选课后停开63门课程，实际开课445门，共拆分1152个教学班。

（撰稿人：王鹭飞　郭键）

【考务与成绩管理】

全年组织完成学期初补缓考、毕业前清考和期末考试及考试的一系列相关工作。其中，2012—2013 学年第二学期期末考试涉及考试科目约 416 门，考生约 75062 人次，安排笔试考场约 383 场次，监考教师约 760 人次。2013—2014 学年第一学期期末考试涉及考试科目 422 门，考生约 67705 人次，安排笔试考场约 388 场次，监考人员约 718 人次。

考试期间设立学校巡视组，负责全校考场的巡视工作。各院部设立院部巡视组，负责本院部相关考场的巡视工作。

（撰稿人：郝文英　郭键）

【全国大学生英语四、六级考试】

2013 年，学校根据专门制定的《2013 年大学英语四、六级考试工作方案》举办全国大学英语四、六级考试，全校 6895 名学生参加，其中英语四级 3372 人，英语六级 3518 人，小语种 5 人，共设考场 223 个，监考人员 444 人次。

（撰稿人：赵丽娟　郭键）

【学籍管理】

学校学籍管理工作平稳有序进行。2013 年，学校在校本科生 6004 名；1495 名本科生修满教学计划规定学分、完成毕业论文并通过论文答辩，准予毕业。学校学位评定委员会通过评定和投票表决，授予 1419 名应届毕业生和 68 名往届生学士学位。

全年学籍异动 105 名，其中休学 32 名、复学 13 名、转专业 31 名、改姓名 3 名、留降级 2 名、自动退学 18 名。学校认真履行学籍异动手续，及时在教育部学信网、教务管理系统、在校生数据库中进行学籍信息变更，将学籍异动发文及时送达各相关部门。

学校在教育部学信网完成普通高校本科生 2013 学年电子注册工作，为 5934 名学生进行学年注册。做好新生学籍注册工作，共为 1449 名 2013 级新生注册学籍，为 2013 级 24 名预科生注册学籍，为 23 名内地西藏新疆班学生注册学籍，为 25 名 2012 级转正的预科生注册学籍。

加强学生学习管理，促进形成良好学风。学校修订《北京物资学院本科生学业警示制度管理办法（试行）》，对学生实施学业预警。上半年对 76 名学生予以学业警示，下半年对 58 名学生予以学业警示。学业警示的实施起到了督促学生完成学业、加强学习过程管理的作用。

切实做好毕业生学籍管理工作。2013 年，学校为审核合格的 64 名往届生换发毕业证书和学位证书，及时在教育部学信网变更毕业结论；为用人单位提供毕业生学历学位信息核实，为毕业生查阅档案、开具学历和学位证明，办理毕业证明书，为教育部学位与研究生教育发展中心认证处、大使馆核验出国学生毕业证、学位证和成绩单等。

（撰稿人：常静　郭键）

【实践教学管理】

2013 年，学校组织开展应届毕业实习和毕业论文各环节工作及全校优秀毕业论文答辩工作。学校对应届本科毕业论文全部进行抄袭检测，共检测 1446 份毕业论文，抽检合格率 86.45%，复检合格率 81.12%。另外，有 10 名学生免修毕业论文，1 名学生申请延期；12 名学生未提交材料进行检测，按延期或放弃处理。

2013 年，学校组织 2012 年大学生科学研究与创业行动计划项目优秀成果评选，经过学院推荐、校内专家评审、校外专家评审、PPT 答辩等多个环节评选，共评选出一等奖 2 项，二等奖 6 项，三等奖 13 项。优秀成果做成展板在校园内公开展示，优秀成果论文汇编成《大学生综合创新训练——探索与研究（2013）》并出版。5 月 25—26 日，学校参加第二届北京市大学生科学研究与创业行动计划成果展示和经验交流会，选送 3 件实物作品参展，受到广泛关注；推荐 3 篇学术论文，其中《果蔬中有机磷农残速测卡研制》入选学术论坛参加现场交流论文，受到点评专家和现场观众的肯定。9 月，启动 2013—2014 学年项目申报工作，全校共立项 180 项。

7 月，开展为期 2 周的实践周活动。教务处组织跨专业综合实训；国际学院组织国际科技前沿系列讲座；学生处组织校长助理团调研活动和企业案例采写大会等综合实践活动；各学院也自主安排了丰富多彩的实践活动。实践周教学安排，充分考虑了不同年级的特点，着力于学生实践能力的培养与锻炼，做到了精心组织、安排有序，考核科学，效果明显。

（撰稿人：白学波　郭键）

【大学生科技竞赛】

按照北京市教委有关学科竞赛的通知要求，在全校范围内组织开展大学生数学建模与计算机应用竞赛、“挑战杯”首都大学生课外学术科技作品竞赛、大学生人文知识竞赛、大学生英语演讲比赛、大学生模拟法庭竞赛、大学生物流设计大赛、大学生创业设计竞赛、大学生计算机应用大赛、华北五省（市、自治区）大学生机器人大赛等多项由北京市教委主办的各项学科竞赛校园选拔赛，并推荐成绩优秀的学生和队伍参加市级竞赛，取得优异成绩。

在全校范围开展各类专业学科竞赛活动，按专业学科性质分别由各学院承办，并指定由专业指导教师进行辅导，进一步提高学生专业素养。在全国大学生物流设计大赛、全国高等院校企业竞争模拟大赛、中国机器人大赛、全国机器人锦标赛、全国软件专业人才设计与创业大赛等多项专业学科竞赛活动中，都取得优异成绩，其中，全国大学生物流设计大赛获得全国一等奖、全国三等奖各 1 队，全国高等院校企业竞争模拟大赛获得全国一等奖 1 队。

2013 年，在各项学科竞赛活动中，共获得市级及以上各类奖项 63 项。

（撰稿人：白学波　郭键）

【教学基地建设】

5 月，学校结合“十二五”期间实

验教学示范中心的相关政策，以及实验教学示范中心未来建设及规划，邀请相关专家举行研讨会。各二级单位相关负责人汇报本单位的实验室建设规划，与会专家对学校实验教学示范中心建设、校内实训中心建设和运作模式等提出了中肯的建议。

北京物资学院——德期货有限公司经济学实践教育基地被教育部批准为地方所属高校国家级大学生校外实践教育基地，基地旨在探索和建立校企联合人才培养的模式和机制，将企业需求、行业发展和国际市场前沿融入人才培养方案中，采用校企联合授课、合作研讨等丰富多样的教学模式，实施“定制化、国际化、实战型期货人才培养”方案，实现建立高端后备人才库的目标和设想。

8 月，物流系统与技术实验教学中心被教育部批准为国家级实验教学示范中心，经过多年建设，示范教学中心实验室面积达 2000m^2，总投资规模超过 2100 万元，已经成为国内物流领域最具系统性和先进性的实践教学示范基地。12 月，按照市教委统一部署，开展实验教学示范中心验收工作，该中心经过中心自评、学校验收、专家审核、市教委审定，顺利通过验收。

（撰稿人：白学波　郭键）

【教学质量监控】

教学评价与教学指导。学校组织校督导组听课近 600 人次，其中，督导组对评教分数靠后的部分教师、新教师和开新课教师共计 64 人进行了常规听课，共计听课 126 人次；上半年组织督导开展学风听课，共对 55 个班级听课 110 人次；对院系推荐的 32 位教学先进个人参评教师开展听课近 100 人次；分 8 个小组，对 64 门课程开展课程综合改革项目进行跟踪评议，共听课 260 余人次。校督导组在开展教学评价的过程中进行教学指导，对课堂教学提出改进建议。

教学检查。学校坚持开展期初、期中和期末的常规教学检查和专项教学检查工作。常规检查重点检查了各院部的教学管理制度创新及执行、教学管理工作改进、教学工作运行状况、教学工作计划进展、常规教学文件归档情况等。专项检查分别是：①实验室管理规范及建设规划自查情况；②“大学生科学研究与创业行动计划”项目执行情况；③期末考试试卷阅卷及出题情况；④毕业论文组织工作开展情况；⑤课程综合改革进展情况等。通过检查、问题反馈和整改，各项教学工作的质量大大提升。

信息反馈与调控。学校坚持教学例会制度，隔周组织各院部教学副院长和副主任召开例会，对教学质量管理中发现的问题及时沟通，以简报的形式向全校发布，共编辑《督导简报》5 期。

（撰稿人：孙琳　郭键）

【教学督导组】

第八届教学督导组成员共 19 人，具体名单如下（按姓氏笔画排序）：

王莲花、车卉淳、刘俐、刘茵、向东、孙丽华、吴爱菊、张丕宁、李亚雄、李华、李锡仁、汪锦才、陈文玉、

陈喜波、郑可人、唐长虹、唐昭、郭风、郭奕崇

（撰稿人：孙琳　郭键）

【教学质量评价】

本学年学生评教工作按照学校调整更新的网上评教指标体系进行，即按照理论、实验和体育三类课程属性对任课教师及所授课程进行评价，其中，客观题计分方式由五分制改为百分制。

本学年第一学期共有本科生 54722 人次对 339 名任课教师和 379 门次的课程进行匿名评价，参评率 96.37%；第二学期共有本科生 55003 人次对 339 名任课教师和 390 门次的课程进行匿名评价，参评率 97.8%。

根据 2013 学年两学期学生评教结果汇总统计，本学年学生对任课教师评价总平均分 97.18 分，在平均分以上的教师达 59%，约 87.76% 参评教师平均分值超过 95 分；学生对课程评价总平均分 96.99 分，在平均分以上课程达 58.54%，84.86% 参评课程平均分超过 95 分。编印《2013 学年本科课堂教学质量评价报告》2 册。

（撰稿人：刘长虹　郭键）

【教师教学能力发展】

新教师教学促进工作。2013 年，学校组织新教师参加教育部网培中心《大学卓越教学系列——大学教学法》培训和新教师教学沙龙活动；组织开展督导听课、为新教师说课和微格教学等指导活动，帮助新教师进行教学反思，促进新教师的教学能力提升。

组织青年教师参加讲座、培训与调研活动。组织《以学习者为中心设计和实施课程》讲座，组织 20 多名教师参加高等教育学会主办的各类培训与调研活动。

组织教师参加教学比赛。组织教师参加全国首届微课比赛，学校有 2 位教师获优秀奖。组织教学先进个人（本科）的评选工作。通过院部推荐、学生评教、专家听课及录课评审、网上投票等形式，选拔出 2012—2013 学年的 8 名本科教学先进个人。

（撰稿人：孙琳　郭键）

【教育科研立项及管理】

2013 年继续完善教育科研项目库建设。通过重点支持、分级分类培育和孵化优质项目，形成项目梯队和长效建设机制，提高项目获批率，依据《北京物资学院 2013 年教育教学改革项目立项申报指南》，学校组织校内外专家通过匿名评审的方式，对申报的 65 个教改项目开展匿名评审工作，共批准 2013 年度校级教育教学改革 52 个项目立项，其中重点项目 12 项，一般项目 40 项。

（撰稿人：李小庆　郭键）

【教育教学成果奖励】

2013 年，学校新增北京市高等教育精品教材 2 套，第十三届全国多媒体课件大赛奖项 3 项，北京市高等学校教育教学改革项目立项 4 项，国家级实验教学示范中心 1 个，国家级大学生校外实

践教育基地1个，北京市优秀教学团队1个，北京市教学名师1名，北京市高等教育教学成果奖6项。

（撰稿人：李小庆　郭键）

【市级优秀教学团队与教学名师】

学校重视师资队伍建设，通过建立团队合作机制和发挥教学名师的示范作用，提高教师队伍的整体教学水平。2013年，“物流管理专业教学团队”被评为北京高等学校继续教育优秀教学团队，吴尚义教授被评为第九届北京市教学名师。截至2013年，学校共有6个教学团队被评为北京市优秀教学团队，8名教授被评为北京市教学名师。

（撰稿人：陈义彬　郭键）

【现代教育技术概况】

2013年，使用2012年专项资金更换40套中控机，66台计算机，以及300套无线话筒。电教中心负责维护和管理96间多媒体教室和会议室，学校投入日常维护资金约30万元，主要用于投影机灯泡更换，多媒体设备维修维护，空调保养，购买话筒、电池、硬盘等易耗品。

【多媒体教学】

学校96间网络多媒体教室都能够提供多媒体教学，除了一般的音视频播放，文本演示，专业软件环境也可以提供。由于教学楼内网络的问题，还不能提供远程文件服务，或者云桌面等，每个教室的计算机都能独立运行，并且配备有硬件保护卡。

为保障课堂教学质量，学校对教师进行多媒体课件培训，组织课件大赛。学校设有专业的课程录制教室和移动课堂录制等设备，为教师教学资源积累提供方便。

学校电教中心可以远程管理每个教室的设备，为教师提供远程技术支持。教师使用校园卡就可在自己的上课时间打开教室的控制柜，教室多媒体设备都可以通过一键（上课）开始工作。为每个教师提供红外线扩声设备，使教师可以离开讲台的鹅颈话筒，自如发挥的讲课。

【教育在线】

学校的教学资源建设起源于2007年，2013年开始推广清华计算机研究所的网络教学辅助平台。学期开始，补退选课工作结束后，该平台能够提供课件下载、作业布置、测验、课堂讨论等功能。

学校在线课程资源主要购买于2009年，2013年进行了部分课程的更新。中经视频高校版课程本年度也进行了系统升级，课程体系共包含了10000多个视频课程，每年以1200小时的数量增加，目前运行稳定。按照高校知识管理的规律，以满足学生和教师教学过程中的实践教学需求、能力提升需求和学生就业指导需求为主线，以经济和管理内容为主导，本着传经济管理之道、授走向成功之业、解社会变革之惑的宗旨，以学科分类和主题引导两种知识地图分类方法，构建适合高校学生和教师学习和参考的视频课程类辅助知识学习体系。

（撰稿人：窦万成　郭键）

【附录】

北京物资学院2013年本科专业目录

序　号	所属学院	专　业	招生科类
1	经济学院	经济学	文/理
2		国际经济与贸易	文/理
3		金融学	理
4		金融学（期货与证券）	理
5	物流学院	物流管理	理
6		物流工程	理
7		机械设计制造及其自动化（物流设备工程）	理
8		采购管理	文/理
9		采购管理（商品质量检验与管理）	理
10	信息学院	计算机科学与技术	理
11		信息工程	理
12		物联网工程	理
13		信息与计算科学	理
14		应用统计学	理
15		信息管理与信息系统	理
16		电子商务	理
17	商学院	会计学（注册会计师）	文/理
18		会计学（注册资产评估师）	文/理
19		财务管理	文/理
20		工商管理	理
21		市场营销	文/理
22	劳动科学与法律学院	人力资源管理	文/理
23		劳动与社会保障	文/理
24		劳动关系	文/理
25		法学（流通法）	文/理
26	外国语言与文化学院	英语（国际商务、国际传播）	文/理

（撰稿人：孙静　郭键）

北京物资学院2013年本科课程目录

开课院系	序号	课程名	学分	课程属性	相比2012年度变化情况
经济学院	1	保险学	3	必修	
经济学院	2	财政学	3	必修	
经济学院	3	产业经济学	3	必修	
经济学院	4	发展经济学	3	必修	
经济学院	5	国际结算	3	必修	
经济学院	6	国际金融	3	必修	
经济学院	7	国际贸易	3	必修	
经济学院	8	国际贸易实务	3	必修	
经济学院	9	宏观经济学	4	必修	
经济学院	10	宏观经济学概论	3	必修	课程属性修改
经济学院	11	货币银行学	3	必修	
经济学院	12	计量经济学	3	必修	
经济学院	13	金融工程	2	必修	
经济学院	14	金融市场学	3	必修	
经济学院	15	金融衍生工具（双语）	3	必修	
经济学院	16	经济学导论	2	必修	新增
经济学院	17	期货市场学	2	必修	
经济学院	18	商业银行经营学	3	必修	
经济学院	19	世界经济概论	2	必修	新增
经济学院	20	数理经济学	3	必修	新增
经济学院	21	投资学	3	必修	
经济学院	22	微观经济学	3	必修	
经济学院	23	微观经济学	4	必修	新增
经济学院	24	微观经济学概论	2	必修	新增
经济学院	25	CNN财经新闻听力（素质拓展）	2	选修	新增
经济学院	26	保险实务模拟（素质拓展）	2	选修	
经济学院	27	保险学概论	2	选修	
经济学院	28	产业经济学概论	2	选修	
经济学院	29	电子商务	2	选修	
经济学院	30	电子商务（素质拓展）	2	选修	

续 表

开课院系	序号	课程名	学分	课程属性	相比 2012 年度变化情况
经济学院	31	公司理财概述	2	选修	
经济学院	32	公司理财基础	2	选修	
经济学院	33	国际货物运输与保险	3	选修	
经济学院	34	国际货物运输与保险基础	2	选修	新增
经济学院	35	国际结算基础	2	选修	
经济学院	36	国际经济合作	2	选修	
经济学院	37	国际贸易理论与实务	3	选修	
经济学院	38	国际贸易实务模拟	2	选修	课程属性修改
经济学院	39	国际贸易实务模拟（素质拓展）	2	选修	新增
经济学院	40	国际商务	3	选修	
经济学院	41	国际税收	2	选修	
经济学院	42	国际银行业务	2	选修	新增
经济学院	43	海关实务	2	选修	
经济学院	44	环境经济学	3	选修	新增
经济学院	45	计量经济学	3	选修	新增
经济学院	46	金融风险管理	3	选修	
经济学院	47	金融风险管理基础	2	选修	新增
经济学院	48	金融风险管理基础（素质拓展）	2	选修	
经济学院	49	金融机构与金融市场（双语）	2	选修	新增
经济学院	50	金融经济学	3	选修	
经济学院	51	金融理论与实务（素质拓展）	2	选修	
经济学院	52	金融时间序列模型	2	选修	新增
经济学院	53	金融市场学	2	选修	
经济学院	54	金融数学	2	选修	
经济学院	55	金融学	3	选修	
经济学院	56	金融衍生工具概论（双语）	2	选修	
经济学院	57	金融营销学	2	选修	
经济学院	58	经济地理	2	选修	新增
经济学院	59	经济学原理（双语）	3	选修	
经济学院	60	经济预测与决策学	3	选修	学分修改

续 表

开课院系	序号	课程名	学分	课程属性	相比 2012 年度变化情况
经济学院	61	农村金融学	2	选修	新增
经济学院	62	期货品种研究与分析	3	选修	新增
经济学院	63	期货市场学	2	选修	
经济学院	64	区域经济学	3	选修	
经济学院	65	人口资源与环境经济学（素质拓展）	2	选修	新增
经济学院	66	商务谈判	2	选修	
经济学院	67	商务谈判（素质拓展）	2	选修	新增
经济学院	68	商业经济学（素质拓展）	2	选修	
经济学院	69	商业银行经营实务模拟	2	选修	
经济学院	70	商业银行经营学	3	选修	
经济学院	71	世界经济概论	2	选修	新增
经济学院	72	税收学	2	选修	
经济学院	73	投资基金理论与实务	2	选修	新增
经济学院	74	投资银行理论与实务	2	选修	学分修改
经济学院	75	外贸单证实务	2	选修	
经济学院	76	网络金融	2	选修	
经济学院	77	物流经济学	2	选修	新增
经济学院	78	西方经济学发展史	3	选修	新增
经济学院	79	消费经济学	2	选修	
经济学院	80	消费经济学（素质拓展）	2	选修	新增
经济学院	81	信托与租赁	2	选修	
经济学院	82	证券交易	2	选修	
经济学院	83	证券投资分析	3	选修	
经济学院	84	证券投资分析概述	2	选修	新增
经济学院	85	证券投资学	3	选修	
经济学院	86	中国对外贸易概论	2	选修	
经济学院	87	中外经济史	2	选修	
经济学院	88	中央银行学	2	选修	
经济学院	89	专业英文文献选读	2	选修	
经济学院	90	专业英文文献选读（上）	2	选修	新增

续 表

开课院系	序号	课程名	学分	课程属性	相比2012年度变化情况
经济学院	91	专业英文文献选读（下）	2	选修	新增
物流学院	1	ISO与标准化管理	2	必修	
物流学院	2	PLC编程技术	1	必修	新增
物流学院	3	材料力学实验	1	必修	
物流学院	4	采购供应管理导论	2	必修	
物流学院	5	采购合同管理	2	必修	
物流学院	6	采购绩效管理	2	必修	
物流学院	7	采购谈判	1	必修	
物流学院	8	大学物理	3	必修	
物流学院	9	大学物理（二）	2	必修	
物流学院	10	大学物理（一）	2	必修	
物流学院	11	大学物理实验（二）	0.5	必修	
物流学院	12	大学物理实验（一）	0.5	必修	
物流学院	13	电工技术	3	必修	
物流学院	14	电工实验	1	必修	
物流学院	15	电子技术	2	必修	
物流学院	16	电子实验	1	必修	
物流学院	17	电子制图	2	必修	
物流学院	18	分析化学	2	必修	
物流学院	19	分析化学实验	1	必修	
物流学院	20	高分子化学与物理	2	必修	
物流学院	21	工程力学（二）	4	必修	
物流学院	22	工程力学（一）	3	必修	
物流学院	23	工程制图基础	2	必修	
物流学院	24	供应链管理	2	必修	
物流学院	25	供应链管理（双语）	2	必修	
物流学院	26	供应商管理	2	必修	
物流学院	27	供应战略	2	必修	
物流学院	28	管理工程决策方法	2	必修	新增
物流学院	29	机械工程学概论	1	必修	

续　表

开课院系	序号	课程名	学分	课程属性	相比 2012 年度变化情况
物流学院	30	机械工程综合设计	2	必修	
物流学院	31	机械基础	3	必修	
物流学院	32	机械设计	3	必修	
物流学院	33	机械原理	3	必修	
物流学院	34	机械制图	4	必修	
物流学院	35	机械制造工程	3	必修	
物流学院	36	几何规范学	1	必修	
物流学院	37	建设工程基础	3	必修	
物流学院	38	交通运输工程学	2	必修	属性修改
物流学院	39	金工实习	1	必修	新增
物流学院	40	控制工程基础	2	必修	新增
物流学院	41	库存管理	2	必修	
物流学院	42	理论力学	2	必修	学分修改
物流学院	43	流体传动	2	必修	
物流学院	44	配送中心规划设计	2	必修	
物流学院	45	商品学概论	2	必修	
物流学院	46	商品质量管理	2	必修	
物流学院	47	生物化学	2	必修	
物流学院	48	无机化学	2	必修	
物流学院	49	无机化学实验	1	必修	
物流学院	50	物流编程技术	3	必修	
物流学院	51	物流工程（1）	3	必修	
物流学院	52	物流管理	3	必修	
物流学院	53	物流管理信息系统	2	必修	
物流学院	54	物流企业经营与运作	2	必修	新增
物流学院	55	物流软件开发工具（一）	2	必修	
物流学院	56	物流系统分析与设计	2	必修	新增
物流学院	57	物流学	2	必修	
物流学院	58	物流运筹学	3	必修	
物流学院	59	物流装备选型与集成概论	2	必修	新增

续 表

开课院系	序号	课程名	学分	课程属性	相比2012年度变化情况
物流学院	60	系统工程	3	必修	新增
物流学院	61	现代分析检测技术	2	必修	
物流学院	62	现代流通学	2	必修	
物流学院	63	有机化学	2	必修	
物流学院	64	有机化学实验	1	必修	
物流学院	65	招投标管理	1	必修	
物流学院	66	自动化仓库设计与管理	2	必修	
物流学院	67	自然科学实验与创新	2	必修	新增
物流学院	68	CAD/CAM 技术	2	选修	新增
物流学院	69	采购供应管理	2	选修	
物流学院	70	测控技术	3	选修	属性修改
物流学院	71	城市物流	2	选修	
物流学院	72	单片机控制	2	选修	
物流学院	73	电工电子技术导论	2	选修	属性修改
物流学院	74	电子商务与物流	2	选修	
物流学院	75	非金属材料商品学	3	选修	
物流学院	76	高分子材料商品检验	3	选修	
物流学院	77	工程材料及热加工技术	2	选修	
物流学院	78	工程项目管理	2	选修	
物流学院	79	工程英语	2	选修	新增
物流学院	80	工业工程	2	选修	
物流学院	81	国际货运与货代（双语）	2	选修	
物流学院	82	国际物流	2	选修	新增
物流学院	83	机电一体化系统设计	2	选修	属性修改
物流学院	84	机器人技术	2	选修	学分修改
物流学院	85	机械工程专业发展史（双语）	2	选修	
物流学院	86	交通运输规划	2	选修	
物流学院	87	金属材料商品检验	3	选修	新增
物流学院	88	金属材料商品学	3	选修	
物流学院	89	金属材料商品学导论	2	选修	新增

续　表

开课院系	序号	课程名	学分	课程属性	相比 2012 年度变化情况
物流学院	90	进出口商品检验	2	选修	
物流学院	91	空间信息技术与应用	2	选修	新增
物流学院	92	冷链技术	2	选修	新增
物流学院	93	模具设计制造技术	2	选修	新增
物流学院	94	配送中心规划设计	2	选修	
物流学院	95	企业物流管理	3	选修	
物流学院	96	认识今日物流（素质拓展）	2	选修	新增
物流学院	97	日本经济与物流	2	选修	
物流学院	98	日本物流企业经营与运作（素质拓展）	2	选修	新增
物流学院	99	商品包装与养护	2	选修	新增
物流学院	100	商品检验法律法规	2	选修	
物流学院	101	商品检验与质量认证	2	选修	
物流学院	102	商品学概论	2	选修	
物流学院	103	设备工程项目管理	2	选修	
物流学院	104	设备故障诊断	2	选修	
物流学院	105	生命科学导论（素质拓展）	2	选修	
物流学院	106	食品商品学	2	选修	新增
物流学院	107	物流工程导论	2	选修	
物流学院	108	物流工程软件与应用技术	2	选修	
物流学院	109	物流管理	3	选修	学分修改
物流学院	110	物流客户关系管理	2	选修	
物流学院	111	物流企业经营与管理	2	选修	
物流学院	112	物流企业经营与运作	3	选修	
物流学院	113	物流软件开发工具（二）	2	选修	
物流学院	114	物流数据挖掘技术	2	选修	新增
物流学院	115	物流系统分析	3	选修	
物流学院	116	物流系统建模与仿真	2	选修	
物流学院	117	物流系统模拟与仿真	2	选修	
物流学院	118	物流学概论	2	选修	
物流学院	119	物流业务数据处理	2	选修	新增

续 表

开课院系	序号	课程名	学分	课程属性	相比2012年度变化情况
物流学院	120	物流专业英文文献选读	1	选修	新增
物流学院	121	物流装备设计基础	2	选修	
物流学院	122	物流综合枢纽工程	2	选修	新增
物流学院	123	系统动力学	2	选修	
物流学院	124	系统工程	3	选修	学分修改
物流学院	125	现代科技原理实验仿真（素质拓展）	2	选修	新增
物流学院	126	现代流通学	2	选修	新增
物流学院	127	现代设计技术	2	选修	新增
物流学院	128	现代物流装备	2	选修	
物流学院	129	现代物流装备	3	选修	新增
物流学院	130	信息识别技术	2	选修	
物流学院	131	行业物流	2	选修	新增
物流学院	132	质量管理学（双语）	2	选修	新增
物流学院	133	自然科学实验与创新（素质拓展）	2	选修	
信息学院	1	C++程序设计	3	必修	
信息学院	2	操作系统	3	必修	
信息学院	3	程序设计基础	4	必修	
信息学院	4	抽样技术与应用	3	必修	新增
信息学院	5	传感器技术与传感器网络	4	必修	
信息学院	6	大学计算机基础	3	必修	学分修改
信息学院	7	电路分析	2	必修	
信息学院	8	电子技术及应用	4	必修	新增
信息学院	9	电子商务概论	3	必修	
信息学院	10	电子商务系统分析与设计	3	必修	
信息学院	11	概率论	3	必修	
信息学院	12	概率论与数理统计	3	必修	学分修改
信息学院	13	高等数学（上）	4	必修	学分修改
信息学院	14	高等数学（下）	4	必修	学分修改
信息学院	15	管理信息系统	3	必修	
信息学院	16	国民经济统计学	3	必修	

续　表

开课院系	序号	课程名	学分	课程属性	相比 2012 年度变化情况
信息学院	17	计算机技术基础	3	必修	
信息学院	18	计算机算法	3	必修	属性修改
信息学院	19	计算机网络技术	3	必修	
信息学院	20	离散数学	3	必修	
信息学院	21	企业资源规划	3	必修	
信息学院	22	软件工程	3	必修	
信息学院	23	数据结构	4	必修	
信息学院	24	数据库系统管理	2	必修	新增
信息学院	25	数据库原理	3	必修	
信息学院	26	数理统计学	3	必修	属性修改
信息学院	27	统计学	3	必修	
信息学院	28	统计学导论	3	必修	
信息学院	29	微积分（上）	3	必修	学分修改
信息学院	30	微积分（下）	4	必修	
信息学院	31	系统分析与设计	3	必修	
信息学院	32	线性代数	3	必修	
信息学院	33	应用多元统计分析	3	必修	
信息学院	34	运筹学	4	必修	
信息学院	35	C#程序设计	3	选修	
信息学院	36	C 语言实训	2	选修	
信息学院	37	Java 程序设计	3	选修	
信息学院	38	JSP 程序设计与网站开发	2	选修	
信息学院	39	Oracle 数据库管理	3	选修	
信息学院	40	RFID 与 EPC 技术	2	选修	
信息学院	41	SPSS 软件应用	1	选修	新增
信息学院	42	SQL Server 数据库管理	3	选修	
信息学院	43	Web 应用开发（. net 方向）	3	选修	新增
信息学院	44	Web 应用开发（J2EE 方向）	3	选修	新增
信息学院	45	单片机技术	4	选修	
信息学院	46	电子商务安全	3	选修	

续 表

开课院系	序号	课程名	学分	课程属性	相比 2012 年度变化情况
信息学院	47	电子商务概论	3	选修	
信息学院	48	电子商务系统分析与设计实训	2	选修	新增
信息学院	49	电子政务	2	选修	
信息学院	50	电子支付	2	选修	
信息学院	51	非参数统计	2	选修	
信息学院	52	高级统计软件实训（SAS）	2	选修	新增
信息学院	53	货币与金融统计	2	选修	
信息学院	54	计算方法	2	选修	新增
信息学院	55	计算机网络实训	2	选修	
信息学院	56	计算机组织与结构	2	选修	
信息学院	57	经济社会统计分析	2	选修	新增
信息学院	58	科技文献检索	1	选修	
信息学院	59	媒体制作	2	选修	新增
信息学院	60	面向对象程序设计实训	2	选修	
信息学院	61	企业经营统计	3	选修	
信息学院	62	企业资源规划实训	4	选修	新增
信息学院	63	软件工程实训	2	选修	学分修改
信息学院	64	商务智能	3	选修	
信息学院	65	市场调查方法与技术	2	选修	新增
信息学院	66	数据挖掘实训	1	选修	
信息学院	67	数学分析	4	选修	新增
信息学院	68	数学建模综合实训（1）	2	选修	新增
信息学院	69	数学建模综合实训（2）	2	选修	新增
信息学院	70	数学模型	3	选修	
信息学院	71	通信技术	3	选修	
信息学院	72	统计分析软件应用	2	选修	学分修改
信息学院	73	统计计算与模拟	2	选修	学分修改
信息学院	74	统计建模与数据分析实训	2	选修	
信息学院	75	统计软件基础应用（Excel）	1	选修	
信息学院	76	统计预测和决策	3	选修	

续 表

开课院系	序号	课程名	学分	课程属性	相比 2012 年度变化情况
信息学院	77	网络营销	3	选修	新增
信息学院	78	网页制作实训	2	选修	新增
信息学院	79	网站建设	2	选修	
信息学院	80	微机原理与汇编语言	3	选修	新增
信息学院	81	物联网技术导论	2	选修	
信息学院	82	物联网技术实训	2	选修	新增
信息学院	83	物联网应用层设计	2	选修	新增
信息学院	84	物流统计（素质拓展）	2	选修	
信息学院	85	系统分析与设计实训	2	选修	新增
信息学院	86	系统模拟与仿真	2	选修	
信息学院	87	信息系统安全	3	选修	新增
信息学院	88	信息资源管理	3	选修	
信息学院	89	虚拟仪器技术	2	选修	
信息学院	90	移动应用开发	2	选修	新增
信息学院	91	应用回归分析	3	选修	新增
信息学院	92	应用回归分析实训（SPSS）	1	选修	
信息学院	93	应用时间序列实训（Eviews）	1	选修	
信息学院	94	云计算	2	选修	新增
信息学院	95	运筹学基础	3	选修	
信息学院	96	智能物流系统	2	选修	新增
信息学院	97	专业软件应用实训（1）	2	选修	
信息学院	98	专业软件应用实训（2）	2	选修	
商学院	1	财务管理	3	必修	学分修改
商学院	2	财务管理	6	必修	新增
商学院	3	财务会计	6	必修	
商学院	4	成本管理会计	3	必修	学分修改
商学院	5	成本会计学	3	必修	
商学院	6	创业管理	2	必修	属性修改
商学院	7	服务营销学	2	必修	
商学院	8	公司法与商法	6	必修	新增

续 表

开课院系	序号	课程名	学分	课程属性	相比 2012 年度变化情况
商学院	9	公司理财（双语）	3	必修	
商学院	10	管理会计	3	必修	
商学院	11	管理会计	6	必修	新增
商学院	12	管理学	3	必修	
商学院	13	广告学	2	必修	
商学院	14	国际市场营销	2	必修	
商学院	15	会计师与企业	6	必修	
商学院	16	会计学	3	必修	
商学院	17	基础会计	3	必修	
商学院	18	基础会计	4	必修	
商学院	19	技术经济学	2	必修	属性修改
商学院	20	审计学	3	必修	学分修改
商学院	21	市场营销学	3	必修	
商学院	22	税　务	6	必修	学分修改
商学院	23	推销与谈判	2	必修	
商学院	24	消费者行为学	2	必修	
商学院	25	营销管理实务	2	必修	
商学院	26	运作管理	2	必修	
商学院	27	质量管理学	2	必修	
商学院	28	中级财务会计（上）	3	必修	
商学院	29	中级财务会计（下）	3	必修	
商学院	30	ERP 沙盘模拟（素质拓展）	2	选修	
商学院	31	SAP - GBI（双语）	2	选修	学分修改
商学院	32	财经论文写作	2	选修	新增
商学院	33	财务报表分析	2	选修	
商学院	34	财务报告分析（双语）	2	选修	
商学院	35	财务管理	3	选修	
商学院	36	财务管理基础	2	选修	学分修改
商学院	37	高级财务管理	2	选修	新增
商学院	38	高级财务会计	3	选修	

续　表

开课院系	序号	课程名	学分	课程属性	相比 2012 年度变化情况
商学院	39	个人理财规划	2	选修	
商学院	40	公共关系学	2	选修	
商学院	41	管理沟通	2	选修	
商学院	42	管理学	3	选修	学分修改
商学院	43	管理咨询	2	选修	
商学院	44	国际财务管理（双语）	2	选修	
商学院	45	国际会计	2	选修	
商学院	46	国际市场营销	2	选修	学分修改
商学院	47	会计制度设计	2	选修	
商学院	48	金融企业会计	2	选修	新增
商学院	49	客户关系管理	2	选修	
商学院	50	跨国公司管理（双语）	2	选修	
商学院	51	零售学	2	选修	
商学院	52	品牌管理	2	选修	
商学院	53	苹果 Iwork 应用	1	选修	新增
商学院	54	企业管理概论	2	选修	新增
商学院	55	企业价值评估	2	选修	
商学院	56	企业经营决策模拟	2	选修	新增
商学院	57	企业理论与公司治理	2	选修	
商学院	58	企业沙盘经营模拟（素质拓展）	2	选修	
商学院	59	汽车营销	2	选修	
商学院	60	渠道管理	2	选修	新增
商学院	61	商学	2	选修	新增
商学院	62	市场调查与预测	2	选修	属性修改
商学院	63	市场营销概论	2	选修	
商学院	64	税法	2	选修	属性修改
商学院	65	税务筹划	2	选修	
商学院	66	投资学概论	2	选修	新增
商学院	67	系统论（素质拓展）	2	选修	
商学院	68	项目管理	2	选修	

续 表

开课院系	序号	课程名	学分	课程属性	相比2012年度变化情况
商学院	69	营销战略	2	选修	
商学院	70	营销专题	2	选修	
商学院	71	预算会计	2	选修	
商学院	72	运作管理	2	选修	
商学院	73	战略管理	3	选修	
商学院	74	政府采购理论与实务	3	选修	学分修改
商学院	75	中小企业管理	2	选修	
商学院	76	资本运营	2	选修	
商学院	77	资产评估学	3	选修	
劳法学院	1	法理（一）	1	必修	学分修改
劳法学院	2	工作分析与岗位管理	3	必修	新增
劳法学院	3	国际法	2	必修	
劳法学院	4	国际经济法	2	必修	
劳法学院	5	国际私法	2	必修	
劳法学院	6	合同法	2	必修	
劳法学院	7	绩效管理	2	必修	新增
劳法学院	8	经济法	3	必修	
劳法学院	9	经济法总论	2	必修	新增
劳法学院	10	竞争法	2	必修	
劳法学院	11	就业管理	2	必修	学分修改
劳法学院	12	劳动法规与政策	2	必修	新增
劳法学院	13	劳动关系学	2	必修	
劳法学院	14	劳动关系与劳动法	3	必修	
劳法学院	15	劳动经济学	3	必修	
劳法学院	16	流通法概论	2	必修	
劳法学院	17	民法总论	2	必修	
劳法学院	18	民事诉讼法	3	必修	
劳法学院	19	人力资源管理	3	必修	
劳法学院	20	人力资源管理概论	2	必修	
劳法学院	21	人力资源统计学	2	必修	新增

续　表

开课院系	序号	课程名	学分	课程属性	相比 2012 年度变化情况
劳法学院	22	人员素质测评	3	必修	
劳法学院	23	商法总论	2	必修	
劳法学院	24	社会保障学	3	必修	
劳法学院	25	社会学	2	必修	学分修改
劳法学院	26	物流法规	2	必修	新增
劳法学院	27	物权法	3	必修	
劳法学院	28	宪法	2	必修	
劳法学院	29	薪酬管理	3	必修	
劳法学院	30	刑法分论	3	必修	
劳法学院	31	刑事诉讼法	3	必修	
劳法学院	32	行政法与行政诉讼法	4	必修	
劳法学院	33	员工冲突管理	2	必修	新增
劳法学院	34	债权法	2	必修	
劳法学院	35	证据学	2	必修	新增
劳法学院	36	知识产权法	2	必修	
劳法学院	37	职业发展与就业指导（二）	1	必修	
劳法学院	38	职业发展与就业指导（一）	1	必修	
劳法学院	39	中国法制史	2	必修	
劳法学院	40	组织行为学概论	2	必修	学分修改
劳法学院	41	保障经济学	2	选修	
劳法学院	42	财税法	2	选修	
劳法学院	43	法律文书写作	2	选修	
劳法学院	44	法律应用	2	选修	新增
劳法学院	45	法律诊所	3	选修	
劳法学院	46	风险与保险	2	选修	
劳法学院	47	工效学	2	选修	
劳法学院	48	工作分析与岗位管理	3	选修	
劳法学院	49	公共部门人力资源管理	2	选修	新增
劳法学院	50	公共财政	2	选修	
劳法学院	51	公共管理学	2	选修	

续 表

开课院系	序号	课程名	学分	课程属性	相比2012年度变化情况
劳法学院	52	公共政策学	2	选修	
劳法学院	53	公司法	2	选修	
劳法学院	54	管理研究方法	2	选修	
劳法学院	55	国际人力资源管理（双语）	2	选修	
劳法学院	56	国际商法	2	选修	
劳法学院	57	国际投资法	2	选修	新增
劳法学院	58	海商法	2	选修	
劳法学院	59	婚姻与家庭法	2	选修	
劳法学院	60	集体协商与集体谈判制度	2	选修	
劳法学院	61	经济法	2	选修	
劳法学院	62	经济法总论	2	选修	新增
劳法学院	63	劳动法（素质拓展）	2	选修	
劳法学院	64	劳动与社会保障外文原著选读（二）	2	选修	
劳法学院	65	劳动争议处理实务	2	选修	
劳法学院	66	旅游文化与管理（素质拓展）	2	选修	
劳法学院	67	民商法案例分析	2	选修	
劳法学院	68	模拟法庭	2	选修	新增
劳法学院	69	企业兼并理论与实务	2	选修	
劳法学院	70	企业文化	2	选修	
劳法学院	71	人口学	2	选修	
劳法学院	72	人力资源管理	3	选修	
劳法学院	73	人力资源管理概论	2	选修	
劳法学院	74	人力资源管理实务	2	选修	
劳法学院	75	人力资源会计	2	选修	新增
劳法学院	76	人力资源经济学	2	选修	新增
劳法学院	77	人力资源外文原著选读（二）	2	选修	
劳法学院	78	人力资源外文原著选读（一）	2	选修	
劳法学院	79	社会保障管理实务	2	选修	
劳法学院	80	社会保障基金管理	2	选修	
劳法学院	81	社会保障基金管理（素质拓展）	2	选修	新增

续　表

开课院系	序号	课程名	学分	课程属性	相比 2012 年度变化情况
劳法学院	82	社会调查方法	2	选修	
劳法学院	83	社会工作	2	选修	新增
劳法学院	84	社会学概论	2	选修	新增
劳法学院	85	摄影知识与运用技术（素质拓展）	2	选修	
劳法学院	86	世贸法学	2	选修	新增
劳法学院	87	速录技术	2	选修	
劳法学院	88	外国民商法学	2	选修	新增
劳法学院	89	文献检索与学术论文写作	2	选修	新增
劳法学院	90	物流法规	2	选修	
劳法学院	91	现代社会应急自救与安全知识（素质拓展）	2	选修	新增
劳法学院	92	宪法行政法案例分析	2	选修	新增
劳法学院	93	行政法制	2	选修	新增
劳法学院	94	英美法概论（双语）（二）	2	选修	
劳法学院	95	英美法概论（双语）（一）	2	选修	
劳法学院	96	证券法	2	选修	
劳法学院	97	职场基本技能训练（素质拓展）	1	选修	
劳法学院	98	职业安全与健康	2	选修	
劳法学院	99	职业技能开发	2	选修	新增
劳法学院	100	中国传统人事管理思想	2	选修	新增
外语学院	1	大学英语—读写（二）	2	必修	
外语学院	2	大学英语—读写（四）	2	必修	
外语学院	3	大学英语—实训（二）	1	必修	
外语学院	4	大学英语—实训（四）	1	必修	
外语学院	5	大学英语—听说（二）	1	必修	
外语学院	6	大学英语—听说（四）	1	必修	
外语学院	7	大学语文	2	必修	
外语学院	8	高级英语写作	2	必修	
外语学院	9	商务英语	2	必修	
外语学院	10	商务英语翻译理论与实践（一）	2	必修	
外语学院	11	商务英语口译（一）	2	必修	

续 表

开课院系	序号	课程名	学分	课程属性	相比 2012 年度变化情况
外语学院	12	应用写作	2	必修	
外语学院	13	英语精读（二）	6	必修	
外语学院	14	英语精读（四）	6	必修	
外语学院	15	英语口语（四）	2	必修	
外语学院	16	英语听力（二）	2	必修	
外语学院	17	英语听力（四）	2	必修	
外语学院	18	英语阅读（二）	2	必修	
外语学院	19	英语阅读（四）	2	必修	
外语学院	20	俄罗斯社会与文化（素质拓展）	2	选修	
外语学院	21	俄语Ⅰ（素质拓展）	2	选修	新增
外语学院	22	俄语Ⅱ（素质拓展）	2	选修	新增
外语学院	23	法国电影与文化赏析（素质拓展）	2	选修	
外语学院	24	非洲文化概论（素质拓展）	2	选修	
外语学院	25	高级日语	2	选修	新增
外语学院	26	高级英语（二）	4	选修	
外语学院	27	国际贸易实务模拟（英）	2	选修	
外语学院	28	国际商务沟通（双语）	2	选修	
外语学院	29	国际商务沟通（素质拓展）	2	选修	新增
外语学院	30	国际商务沟通（英）	2	选修	
外语学院	31	国际商业谈判（英）	2	选修	
外语学院	32	国际商业文化（英）	2	选修	新增
外语学院	33	绘画课（素质拓展）	2	选修	
外语学院	34	基础法语	4	选修	
外语学院	35	基础日语	4	选修	
外语学院	36	经典影视配乐（素质拓展）	2	选修	
外语学院	37	经济管理英语（二）	2	选修	新增
外语学院	38	科技英语（二）	2	选修	
外语学院	39	跨文化交流	2	选修	新增
外语学院	40	商务英语视听说	2	选修	新增
外语学院	41	商务英语阅读	2	选修	新增

续　表

开课院系	序号	课程名	学分	课程属性	相比2012年度变化情况
外语学院	42	实用英汉翻译（一）	2	选修	新增
外语学院	43	同声传译（一）	2	选修	
外语学院	44	外国美术作品赏析（素质拓展）	2	选修	
外语学院	45	外国音乐欣赏（素质拓展）	2	选修	
外语学院	46	外企思想文化（素质拓展）	2	选修	
外语学院	47	网络传播技术与应用	2	选修	新增
外语学院	48	新闻法规与道德	2	选修	新增
外语学院	49	新闻评论	2	选修	新增
外语学院	50	英国社会与文化简介（素质拓展）	2	选修	
外语学院	51	英美概况	2	选修	
外语学院	52	英美文学选读（二）	2	选修	
外语学院	53	英文影视作品赏析（素质拓展）	2	选修	
外语学院	54	英语毕业论文写作指导	2	选修	
外语学院	55	英语国家文化（素质拓展）	2	选修	
外语学院	56	英语新闻报刊阅读	2	选修	新增
外语学院	57	英语语言学	2	选修	新增
外语学院	58	英语综合能力强化（考研）	2	选修	
外语学院	59	英语综合能力强化（托福雅思）	2	选修	新增
外语学院	60	影视文化传播（素质拓展）	2	选修	
外语学院	61	中外经典电影欣赏（素质拓展）	2	选修	
外语学院	62	大学英语—读写（三）	2	必修	
外语学院	63	大学英语—读写（一）	2	必修	
外语学院	64	大学英语—实训（三）	1	必修	
外语学院	65	大学英语—实训（一）	1	必修	
外语学院	66	大学英语—听说（三）	1	必修	
外语学院	67	大学英语—听说（一）	1	必修	
外语学院	68	高级商务英语	2	必修	
外语学院	69	商务英语翻译理论与实践（二）	2	必修	
外语学院	70	商务英语口译（二）	2	必修	
外语学院	71	商务英语写作	2	必修	

续 表

开课院系	序号	课程名	学分	课程属性	相比2012年度变化情况
外语学院	72	英语精读（三）	6	必修	
外语学院	73	英语精读（一）	5	必修	
外语学院	74	英语口语（二）	2	必修	
外语学院	75	英语口语（三）	2	必修	
外语学院	76	英语口语（一）	2	必修	
外语学院	77	英语听力（三）	2	必修	
外语学院	78	英语听力（一）	2	必修	
外语学院	79	英语写作	2	必修	
外语学院	80	英语阅读（三）	2	必修	
外语学院	81	英语阅读（一）	2	必修	
外语学院	82	专业导论	1	必修	新增
外语学院	83	采购专业英语	2	选修	
外语学院	84	非洲社会与文化（素质拓展）	2	选修	
外语学院	85	高级英语（一）	4	选修	
外语学院	86	高级英语语法	2	选修	
外语学院	87	工商导论（英）	2	选修	
外语学院	88	广播电视节目制作	2	选修	
外语学院	89	国际贸易实务（英）	2	选修	
外语学院	90	经济管理英语（一）	2	选修	
外语学院	91	科技英语（一）	2	选修	
外语学院	92	欧美流行音乐赏析（素质拓展）	2	选修	新增
外语学院	93	同声传译（二）	2	选修	
外语学院	94	新闻采访与写作	2	选修	
外语学院	95	新闻传播学（双语）	2	选修	
外语学院	96	英美文学选读（一）	2	选修	
外语学院	97	英语词汇学	2	选修	
外语学院	98	英语语音	2	选修	
外语学院	99	英语语音（素质拓展）	2	选修	
外语学院	100	英语综合能力强化	4	选修	新增
外语学院	101	语言传播艺术	2	选修	

续　表

开课院系	序号	课程名	学分	课程属性	相比2012年度变化情况
外语学院	102	中国传统文化	2	选修	新增
外语学院	103	中级法语	4	选修	
外语学院	104	中级日语	4	选修	
体育部	1	体育（二）保健	1	必修	
体育部	2	体育（二）健美	1	必修	新增
体育部	3	体育（二）交谊舞	1	必修	新增
体育部	4	体育（二）垒球	1	必修	
体育部	5	体育（二）轮滑	1	必修	新增
体育部	6	体育（二）男子健身课	1	必修	
体育部	7	体育（二）男子篮球	1	必修	
体育部	8	体育（二）女子健身课	1	必修	
体育部	9	体育（二）女子篮球	1	必修	
体育部	10	体育（二）女子排球	1	必修	新增
体育部	11	体育（二）女子足球	1	必修	
体育部	12	体育（二）网球	1	必修	
体育部	13	体育（二）有氧健身操	1	必修	
体育部	14	体育（三）保健	1	必修	
体育部	15	体育（三）健美	1	必修	
体育部	16	体育（三）健美操	1	必修	
体育部	17	体育（三）垒球	1	必修	
体育部	18	体育（三）轮滑	1	必修	
体育部	19	体育（三）男子篮球	1	必修	
体育部	20	体育（三）男子足球	1	必修	
体育部	21	体育（三）女子篮球	1	必修	
体育部	22	体育（三）女子排球	1	必修	
体育部	23	体育（三）跆拳道	1	必修	新增
体育部	24	体育（三）网球	1	必修	
体育部	25	体育（三）有氧健身操	1	必修	新增
体育部	26	体育（四）保健	1	必修	
体育部	27	体育（四）健美	1	必修	

续 表

开课院系	序号	课程名	学分	课程属性	相比2012年度变化情况
体育部	28	体育（四）健美操	1	必修	
体育部	29	体育（四）交谊舞	1	必修	
体育部	30	体育（四）垒球	1	必修	
体育部	31	体育（四）轮滑	1	必修	
体育部	32	体育（四）男子篮球	1	必修	
体育部	33	体育（四）男子足球	1	必修	
体育部	34	体育（四）女子篮球	1	必修	
体育部	35	体育（四）女子排球	1	必修	
体育部	36	体育（四）网球	1	必修	
体育部	37	体育（四）羽毛球	1	必修	
体育部	38	体育（一）保健	1	必修	
体育部	39	体育（一）垒球	1	必修	
体育部	40	体育（一）轮滑	1	必修	
体育部	41	体育（一）男子健身课	1	必修	
体育部	42	体育（一）男子篮球	1	必修	
体育部	43	体育（一）女子健身课	1	必修	
体育部	44	体育（一）女子篮球	1	必修	
体育部	45	体育（一）女子排球	1	必修	
体育部	46	体育（一）女子足球	1	必修	
体育部	47	体育（一）网球	1	必修	
体育部	48	体育（一）有氧健身操	1	必修	
体育部	49	体育（一）羽毛球	1	必修	新增
体育部	50	高尔夫（素质拓展）	1	选修	
体育部	51	健美操（素质拓展）	1	选修	
体育部	52	交谊舞（素质拓展）	1	选修	
体育部	53	垒球（素质拓展）	1	选修	
体育部	54	男子篮球（素质拓展）	1	选修	
体育部	55	女子篮球（素质拓展）	1	选修	
体育部	56	品位奥林匹克运动（素质拓展）	2	选修	
体育部	57	网球（素质拓展）	1	选修	

续　表

开课院系	序号	课程名	学分	课程属性	相比2012年度变化情况
体育部	58	羽毛球（素质拓展）	1	选修	
体育部	59	足球裁判理论与实践（素质拓展）	1	选修	
思政部	1	毛泽东思想和中国特色社会主义理论体系概论	6	必修	
思政部	2	思想道德修养与法律基础	3	必修	
思政部	3	中国近现代史纲要	2	必修	
思政部	4	大学生人文素质修养（素质拓展）	2	选修	新增
思政部	5	当代世界经济与政治（素质拓展）	2	选修	
学生工作部	1	大学生心理健康与发展	1	必修	学分修改
学生工作部	2	大学生心理健康与发展	2	必修	
学生工作部	3	军事理论	1	必修	
学生工作部	4	形势与政策（二）	0.5	必修	
学生工作部	5	形势与政策（三）	0.5	必修	新增
学生工作部	6	形势与政策（四）	0.5	必修	新增
学生工作部	7	形势与政策（一）	0.5	必修	
学生工作部	8	职业发展与就业指导（三）	1	必修	
学生工作部	9	大学生KAB创业基础（素质拓展）	2	选修	
学生工作部	10	大学生艺术实践A1（素质拓展）	2	选修	
学生工作部	11	大学生艺术实践A2	2	选修	
学生工作部	12	大学生艺术实践A3（素质拓展）	2	选修	
学生工作部	13	大学生艺术实践A4	2	选修	
学生工作部	14	大学生艺术实践A5（素质拓展）	2	选修	
学生工作部	15	大学生艺术实践A6	2	选修	
学生工作部	16	大学生艺术实践A7（素质拓展）	2	选修	
学生工作部	17	生活与健康（素质拓展）	1	选修	
学生工作部	18	心理行为拓展（素质拓展）	1	选修	
国交处	1	大学英语（四）——英文国际	4	必修	
国交处	2	合同法——英语国际	3	必修	
国交处	3	金融市场与机构——双语国际	3	必修	
国交处	4	商务统计学——双语国际	3	必修	

续 表

开课院系	序号	课程名	学分	课程属性	相比2012年度变化情况
国交处	5	商业法——英语国际	3	必修	
国交处	6	商业银行经营学——双语国际	3	必修	新增
国交处	7	社会科学统计包（SPSS）的应用——双语国际	2	必修	
国交处	8	投资分析与管理——双语国际	3	必修	
国交处	9	组织行为学——英语国际	3	必修	
国际学院	1	大学计算机基础——双语国际	3	必修	新增
国际学院	2	大学英语（一）——英文国际	4	必修	
国际学院	3	大学语文——中文国际	2	必修	
国际学院	4	国际金融——双语国际	3	必修	
国际学院	5	计算机在财务会计中的应用——双语国际	2	必修	
国际学院	6	强化英语（一）——读写国际	2	必修	
国际学院	7	强化英语（一）——听说国际	2	必修	
国际学院	8	人力资源管理——中文国际	2	必修	新增
国际学院	9	商务交流——英语国际	2	必修	
国际学院	10	世界文明（双语）	3	必修	新增
国际学院	11	世界文学（双语）	3	必修	新增
国际学院	12	微观经济学——双语国际	3	必修	新增
国际学院	13	微积分——双语国际	6	必修	新增
国际学院	14	英语口语（外教英语加强）	4	必修	新增
国际学院	15	英语应用文写作——英语国际	2	必修	
国际学院	16	跨文化交流及国际科技前沿系列讲座（素质拓展）	2	选修	新增

（撰稿人：陈义彬　郭键）

实验教学示范中心一览表

级　别	示范中心名称	负责人	获批时间（年）
北京市	物流系统与技术实验教学中心	邬　跃	2007
国家级	物流系统与技术实验教学中心	邬　跃	2013

国家级市级校外人才培养基地一览表

级　别	基地名称	建立单位	合作单位	获批时间（年）
北京市	北京通州物流基地	北京物资学院	通州物流基地	2009
北京市	中铁快运股份有限公司	北京交通大学 北京物资学院	中铁快运股份有限公司	2010
北京市	北京物资学院——德期货期货人才联合培养基地	北京物资学院	一德期货有限公司	2012
国家级	北京物资学院——德期货有限公司经济学实践教育基地	北京物资学院	一德期货有限公司	2013

（撰稿人：白学波　郭键）

国家级市级特色专业建设点一览表

级　别	名　称	负责人	所属单位	建设时间（年）
北京市	经济学	赵　娴	经济学院	2008
北京市	物流管理	邬　跃	物流学院	2008
北京市	信息管理与信息系统	刘丙午	信息学院	2009
国家级	经济学	赵　娴	经济学院	2008
国家级	物流管理	邬　跃	物流学院	2010

（撰稿人：陈义彬　郭键）

市级校级优秀教学团队一览表

级　别	序　号	名　称	负责人	所属单位	建设时间（年）
校级	1	经济学教学团队	赵　娴	经济学院	2008
	2	证券期货系列课程教学团队	刘　宏	经济学院	2008
	3	物流工程专业核心课程教学团队	张志勇	物流学院	2008
	4	数学公共系列基础课程教学团队	田立平	信息学院	2008
	5	大学英语教学团队	王淑花	外语学院	2008
	6	思想政治理论课教学团队	刘耀京	思政部	2008

续 表

级 别	序 号	名 称	负责人	所属单位	建设时间（年）
北京市	1	数学建模系列课程教学团队	李珍萍	信息学院	2007
	2	数学公共系列基础课程教学团队	田立平	信息学院	2008
	3	物流管理专业核心课程教学团队	邬 跃	物流学院	2008
	4	经济学系列课程教学团队	赵 娴	经济学院	2008
	5	物流工程专业核心课程教学团队	张志勇	物流学院	2009
	6	物流管理专业教学团队	王成林	物流学院 继续教育学院	2013

（撰稿人：陈义彬 郭键）

市级精品课程一览表

序 号	课程名称	课程负责人	所在单位	审批时间（年）
1	物流学概论	邬 跃	物流学院	2003
2	配送中心规划与运营	邬 跃	物流学院	2008
3	运筹学	李珍萍	信息学院	2009
4	供应链管理	刘永胜	商学院	2010

（撰稿人：陈义彬 郭键）

精品教材建设一览表

分 类	教材名称	主 编	所在单位	审批时间（年）
北京市精品教材项目	《物流信息系统规划与建设》	王微怡	物流学院	2008
	《物流机械设备运用与管理》	魏国辰	商学院	2008
	《物流运输管理》	张旭凤	物流学院	2011
	《物流系统运作管理》	张志勇	物流学院	2011
	《供应链管理》	刘永胜	物流学院	2013
	《微积分》	田立平	信息学院	2013

续　表

分　类	教材名称	主　编	所在单位	审批时间（年）
北京市精品教材立项项目	《现代物流信息技术及应用》（重点）	刘丙午	信息学院	2009
	《流通法学》	李惠阳	法政系	2009
	《物流系统运作管理》	张志勇	物流学院	2009
	《物流运输管理》	张旭凤	物流学院	2009
	《劳动关系与劳动法》	王少波	劳动人事系	2009
	《物流系统仿真与案例分析》	郑进科	物流学院	2009
“十二五”普通高等教育本科国家级规划教材	《物流机械设备运用与管理（第二版）》	魏国辰	商学院	2012

（撰稿人：陈义彬　郭键）

市级教改立项一览表

项目名称	负责人	类　别
以课程综合改革为核心的高校素质教育体系构建与实施	王旭东	一般
应用型会计学本科专业校企合作办学机制创新与实践	贾炜莹	一般
多方联动的物流实验教学体系构建研究	王成林	一般
协同构建大学数学教学资源共享机制的研究与实践	许晓革	联合

（撰稿人：李小庆　郭键）

校级教改立项一览表

序　号	项目名称	项目负责人	单　位	项目类别
A01	信息类专业本科实践教学体系研究	郭　键	信息学院	重点
A02	立足专业需要，深化数学类公共基础课改革	鞠红梅	信息学院	重点
A03	“三方联动”产业联盟下的校企合作模式创新与实践研究	周　鸿	信息学院	重点
A04	商学院校企合作模式创新与实践研究	魏国辰	商学院	重点
A05	商学院小学期实践教学项目设计	贾炜莹	商学院	重点
A06	大学生创新思维与创业能力培养的研究与实践	吕　波	商学院	重点

续 表

序 号	项目名称	项目负责人	单 位	项目类别
A07	当前我校思想政治理论课教学构建马克思主义主流意识形态的认同研究	张震环	思政部	重点
A08	英语专业（国际商务和传播方向）学生实践教学体系的完善构建研究	吴尚义	外语学院	重点
A09	教师专业发展与培养体系研究	赵隽咏 唐华茂	人事处	重点
A10	人力资源管理专业实践教学体系建设研究	解进强	劳法学院	重点
A11	我校素质拓展课程体系的构建研究	陈义彬	教务处	重点
A12	普通高校内部本科专业评估研究	郭 风	督导组	重点
B01	计算机技术基础（Access）课程“问题式”教学模式研究与实践	刘 涛	信息学院	一般
B02	新的培养方案下 C#程序设计教改研究	张海军	信息学院	一般
B03	操作系统课程教学研究与实践	唐恒亮	信息学院	一般
B04	Matlab 在线性代数课程实践教学中的应用	谭加博	信息学院	一般
B05	计算机网络实践课程开发与建设	张 博	信息学院	一般
B06	大学计算机基础实验课参与式教学模式设计	郭 风	信息学院	一般
B07	以英语为外语语境下的双语教学研究——《金融机构与金融市场（双语)》课程教学改革初探	牛瑞芳	经济学院	一般
B08	国际商务课程案例教学法的课堂应用	陈延晶	经济学院	一般
B09	供应链金融特色专业建设研究	冉 京	经济学院	一般
B10	“外贸单证实务”课程研讨式课堂教学改革的研究与实践	李 彤	经济学院	一般
B11	《金融市场学》课程实践教学研究与实践	刘 旗	经济学院	一般
B12	《当代西方经济学流派》课堂教学法的研究	尹德洪	经济学院	一般
B13	基于能力导向的《国际市场营销学》考试改革探索	刘 华	商学院	一般
B14	《品牌管理》课程探究式教学策略实证研究	赵 洁	商学院	一般
B15	《基础会计学》课堂教学法的研究与实践	王 丹	商学院	一般
B16	财务管理专业实验课程标准化质量评价研究	吴 非	商学院	一般
B17	《高级财务会计》课程导向式教学法的教学实践	王丹惠	商学院	一般

续　表

序　号	项目名称	项目负责人	单　位	项目类别
B18	以分类培养为导向的法学专业培养方案优化研究	白　硕	劳法学院	一般
B19	宪法教育与大学生公民意识教育	苗　静	劳法学院	一般
B20	参与式教学法在保障经济学课程中的应用	林　原	劳法学院	一般
B21	法理学课堂教学改革——基于 2013 年版本科培养方案	阎章荣	劳法学院	一般
B22	面向学生的教务信息化管理平台建设方案	罗丽丽	劳法学院	一般
B23	系统动力学实验教学改革探讨	周三元	物流学院	一般
B24	《物流运筹学》实践教学体系开发与建设	白晓娟	物流学院	一般
B25	构建校企共赢的人才培养模式	王晓平	物流学院	一般
B26	《大学物理》教学实行的周计划	梁雅琼	物流学院	一般
B27	内化于心，彰显于行——《思修与法基》课程校内实践教学的研究与实践	李淑文	思政部	一般
B28	基于活动理论的参与式教学研究与设计——以《毛泽东思想和中国特色社会主义理论体系概论》为例	冯凡彦	思政部	一般
B29	完形法则在女排教学中的应用研究	方配素	体育部	一般
B30	健美操课程体系建设与实践研究	徐淑斐	体育部	一般
B31	韦德训练法在健美教学中的应用	时　锋	体育部	一般
B32	《国际商业谈判》课程教学法研究与改革	王　茹	外语学院	一般
B33	元认知策略培训对英语写作成绩影响的实证研究	路文军	外语学院	一般
B34	参与式教学在英语写作课程中的实践探索	左　雁	外语学院	一般
B35	商务英语专业学生职业生涯规划——提高就业竞争力	顾　越	外语学院	一般
B36	基于交际语言测试理论的大学英语口语多模式教学研究	蒋春生	外语学院	一般
B37	物流专业英语教学法改革研究	徐　芳	外语学院	一般
B38	本科教学质量与教学改革工程体系的研究与实践	陈　珊	外语学院	一般
B39	基于计算机网络的大学英语实训课程听力教学与评价体系研究	何敞滨	外语学院	一般
B40	网络环境下大学英语听力教学研究	杨润芬	外语学院	一般

课程综合改革立项一览表

序　号	所属单位	项目名称	负责人	项目类别
1	经济学院	运用网上考试系统，提高《国际贸易》课堂教学的有效性	郝玉柱	核心及公共课课组建设类项目
2	经济学院	《微观经济学》任务驱动式教学模式改革	尹德洪	
3	物流学院	物流管理课程优化建设	邬　跃	
4	商学院	《市场营销学》教学效果提升综合改革实践	齐　严	
5	外语学院	《商务英语翻译理论与实践》核心课程教学改革	刘建华	
6	外语学院	以学习者为中心的主题探究式大学英语读写课教学模式改革	潘爱琳	
7	劳法学院	《大学生职业发展与就业指导》：面向素质的课程考核与评价	隆　意 解进强	
8	思政部	《思想道德修养与法律基础》课程改革深化方案	李邢西	
9	物流学院	“中都物流”经理班订单式汽车物流业务实操课程开发	李彦萍	订单式课程建设项目
10	物流学院	校企联动型订单式课程建设——中都《物流规划》课程建设	温卫娟	
11	商学院	财务管理课程机考平台建设方案设计	吴　非	
12	商学院	关于《税务筹划》课程采用任务驱动教学模式的探讨	邱　红	
13	经济学院	《电子商务》课程综合改革	毛　艳	实践课程建设类项目
14	物流学院	基于问题式教学法的有机化学实验教学改革研究	芮嘉明	
15	信息学院	基于小组合作式学习的《统计计算与模拟》课程改革探讨	刘洪伟	
16	信息学院	《单片机技术》课程任务驱动型教学模式研究与实践	刘　涛	
17	信息学院	任务驱动型计算机网络实践课开发与建设	张　博	
18	商学院	《企业经营决策模拟》实验课程基本建设	陈晓梅	
19	商学院	基于工作实境的汽车营销学教学改革设计与研究	吕　波	
20	外语学院	大学英语听说课程测评模式改革	李海英	
21	外语学院	信息技术环境下大学英语实训课程体系整合研究	何啟滨	
22	体育部	比赛模式在我校篮球必修课程中的运用	杨金鹏	

续　表

序　号	所属单位	项目名称	负责人	项目类别
23	经济学院	专业英文文献选读（证券期货专业）	刘　荔	课程综合性改革类项目
24	经济学院	《期货市场学》课程案例教学实践改革探索	马　刚	
25	经济学院	《国际贸易实务》课程案例教学改革与实践	张　琦	
26	经济学院	《公司理财》课程案例式教学研究与实践	朱才斌	
27	经济学院	“国际贸易实务模拟”课程任务驱动式教学改革的研究	原玲玲	
28	经济学院	《金融数学》课程小组学习改革项目	战雪丽	
29	物流学院	基于教学关系评价理论的课堂教学过程研究《采购绩效管理》	唐长虹	课程综合性改革类项目
30	物流学院	基于问题驱动的《设备故障诊断》教学改革	陈志新	
31	物流学院	《物流企业经营与运作》课程改革探索——专题教学与案例教学相结合模式	米　娜	
32	物流学院	以任务驱动，面向素质、知识和能力协调发展的《物流系统建模与仿真》课程改革研究与实践	马向国	
33	物流学院	结合“专题教学”与“任务驱动”的“测控技术”课程教学模式改革	姚志英	
34	物流学院	《金属材料商品学》课堂讲授结合小组学习的探索与实践	王　超	
35	物流学院	《物流运筹学》课程教学模式改革与建设	白晓娟	
36	物流学院	理论力学教学改革探讨	孙卫华	
37	物流学院	物流系统分析与设计专题教学与案例教学研究	周三元	
38	信息学院	《SQL Server 数据库管理》实例教学与任务驱动相结合的教学模式研究	袁瑞萍	课程综合性改革类项目
39	信息学院	基于提问的多目标案例教学法的《RFID 与 EPC 技术》课程改革	刘同娟	
40	信息学院	《线性代数》课程渗透数学文化的实践与研究	王凤英	
41	信息学院	基于项目的任务驱动式教学在操作系统教学中的应用研究	郭　风	
42	信息学院	双层项目驱动教学模式在《统计学》课程中的应用与实践	韩　嵩	
43	信息学院	《电子商务安全》探究式学习模式研究	刘俊娥	
44	信息学院	《高等数学》教学改革的研究与探索	齐凤华	
45	信息学院	《大学计算机基础》专题式教学模式探索	唐恒亮	

续 表

序　号	所属单位	项目名称	负责人	项目类别
46	商学院	《公司理财（双语）》课程深化建设项目	闫　甜	课程综合性改革类项目
47	劳法学院	中国法制史教学与大学生民族精神培养	苗　静	课程综合性改革类项目
48	劳法学院	创造性问题解决教学法（CPS）在人力资源管理教学中的应用	弓秀云	
49	劳法学院	学生主体性教学策略在公共管理课程中的应用	林　原	
50	劳法学院	《劳动关系学》随学随考和阶段式考核改革	左春玲	
51	劳法学院	《社会保障管理》任务驱动式教学模式设计与实践	李燕荣	
52	劳法学院	《法理学》：专题化教学改革	阎章荣	
53	劳法学院	行政法研讨式案例教学模式	王惠玲	
54	外语学院	高级英语（一）综合教学改革	李　华	课程综合性改革类项目
55	外语学院	基于异域文化实境的教学改革与探索《非洲社会与文化》	孙丽华	
56	外语学院	在大学英语读写课程中发挥学生“中鱼”的作用	韩　红	
57	外语学院	《商务英语》案例辅助教学法改革	张　玲	
58	外语学院	“任务驱动式教学法”应用于《英语阅读》（一）教学的研究与实践	路文军	
59	外语学院	多模态环境下的英语语法动态教学研究（高级英语语法课程）	左　雁	
60	体育部	有氧健身操专项课课堂教学模式改革研究	张秋艳	课程综合性改革类项目
61	国际学院	《世界文学》双语课中“四轮驱动”教学模式的探索与研究	蒋春生	课程综合性改革类项目
62	商学院	从传统教学模式到高效课堂——以《会计学》课程为例	曹　键	课程基本建设和自选类项目
63	商学院	新开课程《企业管理概论》的基本建设	张　勤	
64	外语学院	英语专业《专业导论》新开课课程建设	任丽丽	

（撰稿人：李小庆　郭键）

录取分数一览表

序号	省 市	科 类	当地一本线	当地二本线	录取最高分	录取最低分	录取平均分
1	内蒙古	文科	474	409	519	490	503
		理科	482	399	562	499	528
2	河北	文科	561	511	597	590	593.5
		理科	538	478	590	561	572
3	北京	文科	549	494	564	517	535
		理科	550	505	591	521	537
4	上海	文科	448	403	433	419	425
		理科	405	331	398	352	375
5	山东	文科	570	各地不同	600	573	578
		理科	554	各地不同	597	565	573
6	天津	文科	533	474	535	523	531
		理科	521	436	553	515	523
7	宁夏	文科	484	450	510	486	497
		理科	455	417	469	461	466
8	湖南	文科	557	502	568	543	557
		理科	495	423	509	491	496
9	黑龙江	文科	504	424	562	546	550
					536	503	514
		理科	527	437	568	559	564
					570	528	539
10	广东	文科	594	546	593	570	581
		理科	574	516	571	555	561
11	广西	文科	541	467	536	494	522.5
		理科	510	413	529	434	491
12	新疆	文科	460	394	497	449	479
		理科	443	378	502	437	460
13	辽宁	文科	554	499	571	548	555
		理科	538	470	557	533	544
14	陕西	文科	540	486	547	536	539
		理科	485	435	523	483	496.5

续 表

序号	省 市	科 类	当地一本线	当地二本线	录取最高分	录取最低分	录取平均分
15	江西	文科	532	484	530	518	523.5
		理科	517	456	523	507	514
16	贵州	文科	522	446	547	462	514
		理科	449	360	478	441	457
17	云南	文科	520	455	521	498	510
		理科	495	425	508	482	493
18	四川	文科	567	505	579	554	562
		理科	562	492	589	562	568.5
19	吉林	文科	510	401	541	427	489
		理科	535	421	536	511	525
20	山西	文科	507	459	512	510	510.5
		理科	493	440	510	494	499
21	江苏	文科	328	299	328	322	325
		理科	338	312	341	322	332
22	重庆	文科	556	499	565	500	544
		理科	520	462	532	490	518
23	湖北	文科	531	480	529	487	513.5
		理科	527	462	532	517	522
24	安徽	文科	540	498	552	540	546
		理科	490	429	509	492	500
25	甘肃	文科	503	451	510	484	495
		理科	489	430	515	468	484
26	福建	文科	513	431	535	516	523
		理科	501	401	530	505	513
27	河南	文科	519	465	542	533	536
		理科	505	443	535	522	525
28	浙江	文科	619	468	573	567	570
		理科	617	438	572	560	564

（撰稿人：孙静　郭键）

学位与研究生教育

【概况】

2013 年，学校的学位与研究生教育工作全面贯彻落实“对外开放合作，对内凝聚人心”“立地顶天”的指导方针，紧紧围绕学校“建设高水平特色型大学”的目标和任务，深化改革，加强内部管理，强化服务意识，以高度的事业心、责任感，团结协作，各项工作稳中求进。学校现有应用经济学、计算机科学与技术、管理科学与工程、工商管理 4 个一级学科学位授权点和物流工程硕士、工商管理硕士 2 个专业性学位授权点。

截至 12 月 31 日，在校研究生 616 人；研究生导师 116 名。研究生部共有工作人员 10 名。

【研究生招生】

2013 年，招生工作小组本着“按需招生、德智体全面衡量、择优录取、宁缺毋滥”的原则，恪守公平公正的原则，制定严格的复试流程。研究生部群策群力，采取多种措施，2013 年共录取硕士研究生 255 人，包括学术型 163 人，工商管理硕士 MBA 21 人，物流工程硕士 73 人。在各方的积极努力下，MBA 招生取得历史性突破，较好地完成了硕士研究生招生录取工作，使学校 MBA 教育工作走上正轨。2013 年录取非全日制在职研究生 9 人。

【就业工作】

2013 年，共有硕士毕业生 217 人。其中，学术型硕士毕业生 160 人，专业学位硕士毕业生 57 人。受国家经济社会因素和北京市就业政策的影响，2013 年研究生就业工作面临的形势严峻。研究生部克服工作人员少等各种困难，努力做好就业指导服务：依托专业就业网，搭建就业信息平台；积极依靠校友和导师资源，拓展就业信息和渠道；开辟实习实践基地，形成产学研合作、联合培养研究生的长效机制等。在此情况下，就业质量仍有很大程度的提高，呈现就业单位质量高、就业单位起薪高等特点。截至 12 月 31 日，整体就业率为 99.54%，签约率为 62.21%。

【研究生培养】

创新人才培养模式。构建以研究生成长成才为中心的培养机制，突出对学术型研究生创新能力的培养，重视对学术型研究生进行系统科研训练；突出对专业型研究生职业能力的培养，加强行业企业导师队伍和实践基地建设，强化专业型研究生实践能力和创业能力培养。积极探索和扩大学校与企业、行业组织合作关系，实现双赢的办学新模式和新思路，积极开拓南通通州湾研究生校外人才培养与实践基地的建设。

完善研究生培养方案。进一步规范学科培养方案，探索研究生培养的新模式，研究生部多次组织召开研究生培养方案讨论会，在深入调研基础上，实时修订、完善涉及研究生师资队伍建设、教学运行、学位论文、学位授予等环节的研究生培养规章制度，草拟了《北京物资学院关于制定研究生培养方案的指导意见》等，以符合新时期下学校研究生学制和培养要求。从论文开题检查，到论文环节查重、盲审、答辩等环节，提倡充分发挥导师在研究生培养过程中的主导作用，逐步完善研究生教育管理体系和研究生培养质量保障体系。

【学科建设】

落实管理体制，修订管理办法。充分发挥学科建设在学校教学、科研、社会服务等各项工作中统揽全局的龙头作用，不断探索学科建设与研究生培养创新机制，统一学科建设是学校内涵建设核心的指导思想。进一步落实“学校—学院—学科负责人”的三级学科管理体制，明确了各级学科建设主体的责任，实行目标管理，具体学科建设实行学科负责人制。进一步修订了《北京物资学院学科建设管理办法》，草拟了《北京物资学院学科建设三级管理落实方案》。

推行研究生培养校、院两级管理体制。2013 年 12 月召开了“北京物资学院学科建设与研究生教育工作会议”。并以此为契机，进一步理清和明确学校相关职能部门与各研究生培养单位之间在研究生教育各个工作环节上的责权关系，明晰职责，形成合力，调动相关职能部门、学院和导师的多重积极性，充分发挥研究生培养单位的主体作用。草拟《北京物资学院研究生培养校院两级管理（暂行办法）》《北京物资学院研究生党建和学生管理工作两级管理方案》等 10 个工作文件。

完成北京市重点（建设）学科验收。根据北京市教委文件精神，学校管理科学与工程、产业经济学两个北京市重点（建设）学科在全面总结学科建设成果并编制验收材料、校内验收评审专家组评审的基础上，系统汇总、整理完成了包括验收总结报告、北京市重点学科建设项目验收申请表、重点学科建设和管理的规章制度的验收材料，并将其按时提交至北京市教委。北京市教委组织专家组于 2013 年 12 月对 2008—2011 年遴选的 406 个北京市重点学科建设项目进行了验收，学校两个学科的验收结果均为良好。根据北京市重点学科的具体情况，学校进一步强化北京市重点学科建设的意识、突出学科建设的特色、加强高水平学科带头人的培养、提高科学研究的水平、增强学校学科的影响力。

开展专业硕士学位授权点申报工作。12 月，学校组织校内外专家，以公开答辩的方式对各专业硕士学位申报点的可行性、服务需求性、自身优势与特色等予以评审。在此基础上，结合学校学科发展规划，根据申报要求，校学位评定委员会进行了表决，同意将金融、项目管理、计算机技术、会计、法律、社会工作 6 个硕士专业学位授权点申报材料公示，所有申报材料交送北京市学位办审核。

【学位工作】

2013 年，学校共授予硕士学位 226 人，其中，产业经济学专业 43 人，劳动经济学专业 4 人，企业管理专业 53

人，管理科学与工程专业 60 人，全日制物流工程专业 56 人，工商管理专业 1 人，非全日制物流工程专业 8 人。

【导师队伍建设】

实施研究生指导教师管理办法，完善了研究生与导师双向选择机制，落实研究生教育校内外导师联合培养制度。根据研究生教育发展和研究生招生、培养工作实际等要求选聘导师；导师作为研究生培养的第一责任人，负有对研究生进行学科前沿引导、科研方法指导和学术规范教导的责任，不断提升导师的指导能力；发挥导师对研究生思想品德、科学伦理的示范和教育作用；完善“双导师”制度，重视发挥导师团队作用。研究生部组织草拟、制定了《北京物资学院研究生指导教师管理办法》《北京物资学院研究生与导师双向选择管理办法》《北京物资学院研究生校内外联合培养导师管理办法》《北京物资学院研究生导师开展思政工作条例》。

【研究生思想政治工作】

研究生部党总支共有党员 336 名，其中，教工党员 8 名，在校学生党员 281 名，毕业未转党组织关系 47 名。在校生党员中，正式党员 239 名，预备党员 42 名；一年级党员 98 名，二年级党员 93 名，三年级党员 90 名。在校研究生党员总数占全体在校研究生总数的 46.7%。发展党员 46 名，入党积极分子 284 名，共推选优秀团员作为党的发展对象 75 名。

完成学校第二次党代会筹备工作。完成了党代表选举和“两委委员”候选人推荐工作。进一步加强党支部建设，加强党员教育，提高党员政治素质。

强化党团阵地建设。坚持加强“学习型党支部”建设工作，发挥其对研究生党组织生活的指导作用，组织和带动广大研究生党员骨干认真学习宣传贯彻党的十八届三中全会精神，武装头脑、指导实践、推动工作，坚持育人为本、德育为先，把社会主义核心价值体系融入研究生思想政治教育的全过程。认真办好党支部委员培训班，加强支委培训，通过系统培训，研究生党支部委员加强理论学习，影响并带动其他党员进一步发挥先锋模范作用，从而提高研究生党支部的战斗力和凝聚力。开展研究生“优秀党支部”和“十佳党员”评选活动，推动研究生基层党组织建设，发挥党支部在基层中的政治核心作用、战斗堡垒作用和模范带头作用。

【研究生事务管理】

学校组织各种校园文化活动，丰富学生学校生活，增加学生学习兴趣。5 月 25—29 日，香港著名教授吴惠群、邓惠忠来校进行为期 5 天的“采购与供应链”专题讲学活动。6 月 4 日，举办首届研究生国家奖学金经验交流会，2011 级获得国家奖学金的研究生和 2012 级 50 多名研究生参加了交流会。6 月 6 日，举行研究生部“青春与梦想——我的中国梦”主题宣讲活动。6 月 8 日，举行“2012—2013 优秀研究生党员”的评选展示活动，活动由各党支部推选出的 13 名研究生党员候选人参加，其中 4 名学生被推荐参加校级优秀研究生党员的评选。11 月 13 日，研究生部邀请北京市著名心理专家、首师大心理咨询室主任蔺桂瑞教授举办“关爱心灵，健康发展”心理讲座，宣讲心理健康知识，帮助同学们认识自己的潜能。

以十八届三中全会精神学习为主题，展开思想政治教育活动，引导和鼓励广大研究生把握人生、成就事业、奉献国家。结合实际，制订主题教育计划，组织形式多样的教育活动和志愿活动，帮助研究生树立正确的世界观、人生观和价值观。继续开展“百家讲坛”，如邀请清华大学吴潜涛教授作“社会主义核心价值观的科学内涵”专题学术报告，有效推进社会主义核心价值观的大众化，引导研究生积极思考，端正自身的处世态度，帮助研究生提升个人道德修养和责任意识。同时，积极组织丰富多彩的集体活动，展示研究生面貌，增进集体凝聚力。

【研究生科技活动】

以学科建设和学术交流为中心搭建校园文化活动平台，开展形式多样的科技文化活动，培养研究生的科学精神和求是态度，鼓励研究生参加高水平的学术会议。2013 年主要组织研究生参加了全国研究生数学建模竞赛、北京市研究生英语演讲比赛、中国物流学会年会、期货年会及流通经济论坛、劳动科学论坛等。研究生部开展学术讲座 11 次，组织 300 多人次参加各种学术活动。16 名研究生在第 12 届中国物流学会年会论文评选中获奖，1 名研究生获“中国物流发展专项基金宝供物流奖”，在全国研究生数学建模竞赛中获 1 个二等奖、2 个三等奖。研究生发表学术论文 118 篇，其中核心期刊 46 篇，国外期刊 5 篇。

开展科学道德与学风建设教育活动，举办科学精神与实践讲座。邀请学校领导、学术大师，与广大研究生面对面地畅谈科学精神，分享科研经历，通过讲座报告、学术沙龙等活动，培养研究生的科学精神和求是态度，引导研究生求真务实、实事求是，自觉抵制学术不端行为。同时，不断完善健全相关制度，规范学生学术行为与道德规范，特别在学位论文答辩、学术论文发表、学术著作出版、科研项目立项与评估、研究生科研表彰奖励等方面建立健全公开、公平、公正的科学评价制度与机制，继续实施科学精神教育。

【研究生会】

研究生会有成员 25 人，分别由产业经济学、管理科学与工程、物流工程、企业管理四个专业同学组成，下设主席团、外联部、宣传部、体育部、生活部、学习部、网络部、文艺部等部门。主席团由主席、2 名副主席和办公室主任组成，各部门设 1 名部长，2 名副部长。

2013 年研究会举办的活动有：

3 月 5 日，研究生部青年志愿者协会开展“光盘行动”，共建美丽校园，活动为期两天，60 余名学生志愿者代表参加了活动。4 月 2 日是第六个世界自闭症日，青年志愿者在北海公园开展关注自闭症儿童的爱心公益活动，呼吁人们共同关注自闭症儿童。7 月 13—19 日，研究生部沂蒙山暑期实践考察团队一行 5 人走进沂蒙山革命根据地，开展暑期社会实践活动，深入了解党在革命战争时期的发展历程，进一步考察沂蒙山革命根据地的经济发展状况。通过这些活动让研究生走上社会，服务弱势群体、服务公共事业，引导研究生用专业知识为社会服务，在服务中进一步深化责任意识。

9 名研究生参加第十届全国研究生数学建模竞赛，冀朝旭、刘晨、朴长龙组合获得二等奖；王明正、孟静静、王海英组合，贾昕为、马莹、吴子敏组合获得三等奖。

（撰稿人：张华玲　李彩丽）

【附录】

北京物资学院 2013 年研究生科研成果一览表（核心期刊）

序号	姓　名	论文名称	发表刊物或论文集
1	贾远香	The Principal-agent Game Analysis Among Accounting Firm, Enterprise Customer and Government	2013 10th International Conference on Service Systems and Service Management（ICSSSM）
2	江政强	Three-Phase Heuristics Algorithm for Solving JIT Materials Delivery Problem in Discrete Production System	Engineering Decisions for Manufacturing Systems
3	江政强	The Research on Vehicle Routing Problem Based on Improved Ant Colony Algorithm	Advanced Design and Manufacturing Technology Ⅲ
4	李碧云	A Group Company Materials Management Countermeasure	Advance in Services Science and Services Information Technology
5	刘　蕊	The Application of RFID in the Field of Medical Circulation	Advanced Materials & Sports Equipment Design
6	肖梦云	The Performance Evaluation of Third-party logistics Customer Service Based on Fuzzy Comprehensive Evaluation	Science and Social Research
7	肖梦云	Using the Fuzzy Comprehensive Evaluation Model to Evaluate the Degree of Low-Carbon of Highway Transportation	3rd International Conference on Logistics, Informatics and Service Science
8	邓　先	针织服装企业的业务模式探讨	中国物流与采购
9	冯晓莉	基于 Flexsim 的国际物流流程模型仿真	物流技术
10	耿芳芳	浅谈制造企业的供应商合作关系	中国物流与采购
11	耿兆欣	信息共享环境下应急供应链响应时间研究综述	中国物流与采购
12	郭亚萍	我国本科采购管理专业教学体系浅析	中国物流与采购

续 表

序号	姓　名	论文名称	发表刊物或论文集
13	洪清玲	创新人才概念及培养的文献综述	特区经济
14	侯　伟	政府采购风险管理机制研究	中国物流与采购
15	姜　天	电子商务仓储物流模式分析与选择研究	物流技术
16	井夫卉	山东半岛蓝色经济区空间集聚研究	特区经济
17	康慧蕾	风险投资对上市公司短期业绩影响的探究——基于北京创新企业的实证分析	中国商贸
18	李　琼	北京都市农业园区现状与发展研究	中国物流与采购
19	李晓帅	国债期货市场风险的 VaR 度量研究	中国商贸
20	李玉林	博弈论视角下的快消品行业竞争——以“凉茶战”为例	中国商贸
21	李振国	关于我国金融改革的探究	中国商贸
22	吕天晓	中小企业信用担保的风险管理	中国商贸
23	米　功	基于钻石模型分析煤炭行业的国际竞争力	中国商贸
24	祁晓杰	资产负债表债务法下所得税会计核算的探讨	商业会计
25	郄海拓	基于可追溯体系的我国出口水产品供应链质量安全信息传递研究	安徽农业科学
26	孙迪迪	对农产品物流模式及其优化的研究	物流技术
27	孙迪迪	农产品可追溯系统主体行为模式研究	物流技术
28	王海鹏	原材料采购在农产品加工企业中战略地位研究	安徽农业科学
29	王家琦	B2C 网络购物模式下物流服务质量与顾客满意的关系研究	中国商贸
30	王然玉	基于 SCP 范式的小额贷款公司研究	中国商贸
31	王子元	混合模式的公路物流公共信息平台构建	物流技术
32	夏立敏	政企合作模式下应急物资储备成本控制	财会月刊·会计
33	夏立敏	政企联合储备模式下应急物资库存成本控制	中国物流与采购
34	谢广营	国外第三方物流选择综述及网购下研究趋向	中国商贸
35	邢瑞雪	上市公司财务危机预警模型比较研究	商业会计

续　表

序号	姓　名	论文名称	发表刊物或论文集
36	徐亚飞	中小企业贷款反担保设计研究	中国商贸
37	姚夏涵	影响财政支出的主要因素及进一步改进的措施	中国商贸
38	岳　涛	B2C 电子商务物流配送模式及其优化策略	中国物流与采购
39	张金明	北京市老年人口高龄化研究	特区经济
40	张金明	基于马尔萨斯模型的北京市人口预测	特区经济
41	张　静	供应链环境下汽车物流精益化管理研究	物流技术
42	张丽萍	基于灰色模型的临沂市物流需求预测	物流技术
43	张馨予	基于 K-means 算法的北京市食品冷链	中国物流与采购
44	张馨予	钢铁集团企业钢铁物流经营模式研究	中国物流与采购
45	张艳玲	新亚欧大陆桥运行不畅的原因及对策探讨	中国商贸
46	周　扬	作业成本法在回收物流成本研究中的应用	物流技术

北京物资学院 2013 年授予硕士学位的学科专业目录

学科门类代码及名称	一级学科代码及名称	二级学科代码及名称
02 经济学	0202 应用经济学	020204 金融学
		020205 产业经济学
		020206 国际贸易学
		020207 劳动经济学
		020208 统计学
08 工学	0812 计算机科学与技术	081202 计算机软件与理论
		081203 计算机应用技术
12 管理学	1201 管理科学与工程	1201 管理科学与工程（可授予管理学学位、工学学位）
	1202 工商管理	120201 会计学
		120202 企业管理
		120203 旅游管理
		120204 技术经济及管理
授予专业学位名称	物流工程	
	工商管理（MBA）	

北京物资学院2013年校级优秀硕士论文一览表

序　号	姓　名	论文名称
1	陈　翔	保障性住房融资模式分析与创新——基于北京地区融资模式研究
2	石　桥	基于世界城市的北京流通产业评价指标体系构建研究
3	原庆宇	期货合约动态投资策略研究——以沪铜和沪铝期货合约为例
4	曾友志	基于修正三叉树模型的我国上市可转债定价实证研究
5	梁　娜	老年人长期护理需求研究——以北京新北苑社区调查为例
6	崔苗苗	我国国企高管薪酬激励机制研究
7	赵少颖	从马克思工资理论的视角分析我国最低工资制度
8	王莎莎	制造商主导下精益供应链风险管理研究——基于约束理论
9	詹小俊	基于“农超对接”的零售企业采购风险管理
10	曹雪丽	配送中心订单分批处理随机服务系统模型与优化研究
11	陈思远	注塑发泡无害化生产过程数据处理与分析研究
12	郭红丽	基于多层穿梭车的立体仓库调度优化研究
13	李　季	某烟草工业企业DZ楼层库存储规划问题研究
14	魏光伟	基于物联网技术的智能仓储系统研究
15	薛　华	数据挖掘在物流客户关系管理中的应用研究
16	陈　翔	保障性住房融资模式分析与创新——基于北京地区融资模式研究
17	石　桥	基于世界城市的北京流通产业评价指标体系构建研究

北京物资学院2013年研究生课程一览表

序　号	课程名称	任课教师	序　号	课程名称	任课教师
1	科学社会主义理论	陈建中	12	国际货物运输与保险	刘崇献
2	自然辩证法	陈建中	13	金融风险量化与控制	孟繁军
3	马克思主义与社会科学	宋洪云	14	投资学	刘　宏
4	高级英语视听说	李亚雄	15	中国对外贸易政策研究	盛　浩
5	英语听说强化课	孙静波	16	金融工程	王宝森
6	英语写作	左　雁	17	财政金融专题	顾声乐
7	商贸英语	张丽丽	18	高级产业经济学	赵　娴
8	国际贸易理论与政策	郝玉柱	19	管理经济学	周学勤
9	证券期货投资分析	单　磊	20	高级微观经济学	童年成
10	经济研究方法论	王可山	21	高级计量经济学	孟尚雄
11	高级宏观经济学	高鸿鹰	22	金融工程	王宝森

续　表

序　号	课程名称	任课教师	序　号	课程名称	任课教师
23	高级产业经济学	赵　娴	52	最优化理论与方法	李珍萍
24	商业银行经营与供应链金融	杨　菁	53	测量与信息处理	刘　涛
25	流通理论与法制研究	潘建伟 尚　珂	54	嵌入式系统设计	刘同娟
26	国际金融实务	陶　冶	55	系统工程	霍灵瑜 田志勇
27	国际贸易实务专题研究	张　琦	56	中、高级运筹学	李珍萍
28	金融时间序列模型	战雪丽	57	应用时间序列分析	张方风
29	期货期权策略研究	刘　荔	58	现代软件工程	唐恒亮
30	空间经济学	高鸿鹰	59	现代数据库技术	朱　杰
31	经济法专题	尚　珂	60	计算机高级体系结构	阎　芳
32	管理研究方法论	任　吉	61	系统仿真与系统集成	刘同娟
33	人力资源管理专题研究	刘家珉	62	物流信息处理技术	李俊韬
34	劳动经济研究	李广义	63	电子商务	刘俊娥
35	薪酬与绩效管理研究	李广义 刘家珉	64	高级统计分析软件	周　丽
			65	高级数理统计学	刘洪伟
			66	宏观经济统计分析	吴海建
36	劳动关系与劳动法	王少波	67	统计预测与决策	庄　菁
37	社会保障学	李燕荣	68	物流工程	张志勇
38	国际商法	李爱华	69	物流管理	翁心刚
39	成本管理专题研究	顾　煜	70	战略管理	沈小静
40	采购管理专题研究	刘永胜	71	运作管理	唐长虹
41	高级财务会计	贾炜莹	72	现代物流技术	王成林
42	审计专题研究	陈炜煜	73	仓储规划与库存分析	张旭凤
43	企业管理前沿专题研究	魏国辰	74	配送中心设计与管理	邬　跃
44	企业理论与公司治理	陈喜波	75	物流系统规划设计	周三元
45	质量管理学	魏国辰	76	物流工程与管理	徐广姝
46	会计理论专题研究	张　军	77	商品学	陈红丽
47	财务管理专题	吴　非	78	物流与供应链管理专题研究	杜志平
48	管理信息系统	刘丙午	79	项目分析与管理	唐秀丽
49	现代统计理论与方法	秦惠林	80	国际物流	白晓娟
50	数据仓库与数据挖掘	申贵成	81	就业指导	李彩丽
51	物联网工程	刘　军	82	心理健康教育	高新平

（撰稿人：张华玲　李彩丽）

第六篇 科学研究

科研管理

【概况】

2013年，学校科研工作继续坚持科研兴校、特色强校的发展思路，大力推进学校科研工作，在科研制度完善、科研水平提升、科研资源整合、科研团队建设，以及产学研结合方面又上新的台阶，取得了较好成绩。

2013年，学校科研产出成果丰硕，发表论文907篇，其中，三大检索收录论文45篇，出版学术著作及教材126部，获国家专利授权80项。学校竞争性科研项目获批115项，合同经费2585.41万元。其中，纵向项目获批36项，合同经费1283.60万元；横向项目签约79项，合同经费1301.81万元。

【科研项目与科研经费】

2013年，学校申报项目的数量和质量稳中有升，新增科研立项115项。在国家级项目立项上取得新的突破，获得国家自然科学基金项目2项、国家社科基金项目3项。此外，还获得北京市哲社特别委托项目1项、北京市科技创新能力提升计划项目2项，北京市哲社规划项目4项、北京市社科计划重点项目1项。获批经费20万元以上项目26项。为进一步提高申请资助率，保证申请项目质量，2013年11月，科研处提早入手，部署了2014年项目申报的工作。

学校进一步加大了科研投入，推动优势特色课题研究，组织评审了“2013年度校级重大科研项目”7项，以促进学校重点领域建设，增强在重点领域的话语权和影响力。积极支持鼓励青年博士、副教授申报各类项目，加大扶持青年教师开展创新研究的力度，2013年新增20项青年科研基金项目。

【科研基地与管理】

为了进一步凝练学校的科研方向，促进优势学科和重点领域建设，学校成立了农业与食品物流研究所、区域经济与城市发展研究中心、电子商务研究所、期货研究所等研究机构，通过全方位的资源整合、广泛的交流合作，提升学科建设。支持、推进科研实验室建设，“智能物流系统北京市重点实验室”获北京市科委认定。

【科研成果】

2013年，发表论文907篇，其中，核心期刊论文455篇，三大检索收录论文45篇。出版物总数126部，其中，专著28部。获得市局级以上奖励的成果共计36项。科学研究主要集中在管理科学与工程、应用经济学、物流理论与应用、供应链管理等领域。

【科研管理与服务】

2013年，经校学术委员会讨论、审议，报校长办公会审批，对科研政策进行了完善。各项制度的制定实施，本着激励性、规范性、效率化的原则，坚持“高起点、高水准、有特色”，不断营造良好科研氛围，以调动科研人员的积极性和创造性，增强广大教师的科研能力。

2013年加强了对全校科研工作的调查研究，把握各院部科研动态、存在的实际问题和科研发展的实际需求。在充分调研的基础上，将科研经费指标分解到各院部，在各项政策的引导激励下，进一步调动了各院部教师的积极性，最终超额完成本年度科研经费目标。

【附录】

北京物资学院2013年学术专著一览表

序号	著作题目	出版单位	第一作者
1	经济学视角下的物流公共政策研究	经济科学出版社	顾声乐
2	多金融资产的定价与风险测度——基于Copula理论的研究	中国财富出版社	战雪丽
3	中国钢铁行业产业集中度研究	中国财富出版社	王可山
4	配送中心柔性化构建方法与技术研究	中国财富出版社	王成林
5	物流园区规划	中国财富出版社	梁晨
6	制造企业物流外包机理及价值网运作模式研究	经济管理出版社	白晓娟
7	物流管控一体化技术与系统	清华大学出版社	刘　军
8	我国物流业发展现状与景气分析统计研究	经济管理出版社	郭　茜
9	基于DW技术的管理信息系统分析设计实践	对外经济贸易大学出版社	王　新
10	网络背景下的物流商业模式创新理论与实证研究	中国财富出版社	齐　严
11	企业成长路径：理论与案例	中国财富出版社	吕　波
12	历史时期京津地区城市体系演变研究	台湾花木兰文化出版社	陈喜波
13	集群社会资本及其对企业成长的影响研究	北京大学出版社 中国农业大学出版社	肖为群
14	北京市构建农产品封闭供应链物流体系研究	中国质检出版社	魏国辰
15	人才流失的机制、预警及对策——以北京市国有企业为例的实证分析	天津大学出版社	刘家珉
16	物流法规体系建设研究	中国政法大学出版社	李爱华

续 表

序号	著作题目	出版单位	第一作者
17	邻接权归宿论	知识产权出版社	刘　洁
18	辅助原则研究	中国经济出版社	苗　静
19	物流法律制度研究	中国书籍出版社	高　泉
20	国际商业谈判	知识产权出版社	王　茹
21	培养职场良好习惯	知识产权出版社	王　茹
22	中国产业循环经济	中国质检出版社	周　杰
23	马克思主义基本原理教学中的中国传统哲学继承	中国书籍出版社	李兰芳
24	马克思主义基本原理概论教学设计	中国书籍出版社	李兰芳
25	社会主义市场经济理论研究	中国经济出版社	陈建中
26	中国特色社会主义理论研究	知识产权出版社	陈建中
27	编辑工作与出版业发展	中国经济出版社	陈建中
28	中国图书流通体制改革研究	中国经济出版社	陈建中

北京物资学院2013年发表高级别期刊论文一览表

序　号	论文题目	发表刊物/论文集	第一作者
1	$La_{0.5}Ca_{0.5}FeO_3$ 中电荷歧化效应诱导交换偏置现象	中国科学	梁雅琼
2	结合活动区光球磁场参量和黑子参量的太阳耀斑预报模型	科学通报	李　蓉
3	村落体育的社会生态学分析——以河北沧州郭村为例	体育科学	孙风林
4	中国国家中心城市经济辐射力分析与评价	经济与管理研究	赵　娴
5	大宗商品全程电子商务物流内涵与模型研究	商业研究	翁心刚
6	基于扩展线性支出系统的休闲需求统计分析	统计与决策	郭　茜
7	物流企业持续成长模型研究	商业研究	魏国辰
8	破解 KPI 之困	企业管理	解进强
9	《哥达纲领批判》关于社会主义的创新	当代世界与社会主义	张春颖
10	实现“真我”：孔子成德思想的哲学阐释	哲学动态	高书文
11	强竞技对抗是职业篮球比赛的观赏性核心要素	体育学刊	孙风林
12	学术期刊编校工作中常犯差错分析	出版发行研究	孙志伟
13	评价距离为随机条件下的集覆盖选址模型研究	Journal of the Operational Research Society	孟尚雄

续 表

序 号	论文题目	发表刊物/论文集	第一作者
14	Discovering Link Communities in Complex Networks by an Integer Programming Model and a Genetic Algorithm	PLOS ONE	李珍萍
15	动力代谢系统中的复杂性分析和参数估计	Computational and Mathematical Methods in Medicine	田立平
16	基于序列黑子数据的太阳耀斑预报	Research in Astronomy and Astrophysics	李 蓉
17	3D face recognition using local binary patterns	Signal Processing	唐恒亮
18	New Travelling-Wave Solutions for Dodd-Bullough Equation	Journal of Applied Mathematics	申贵成
19	带有延时变量和噪声影响的基因调控网络的稳定条件的 M 矩阵	IET Systems Biology	田立平
20	生物信息中的矩阵分解方法	Current Bioinformatics	田立平

北京物资学院 2013 年主要获奖成果一览表

序号	奖励名称	成果名称	获奖等级	获奖作者
1	中国物流与采购联合会科学技术奖	新型复合冷库保温系统的生产工艺及产品应用	一等奖	卜庆浩（外校） 姜 旭
2	中国物流与采购联合会科学技术奖	智能物流系统关键技术研究及应用	一等奖	朱 杰 翁心刚 李俊韬 郭奕崇 阎 芳 刘同娟 唐恒亮 刘 涛
3	中国物流与采购联合会科学技术奖	柔性配送中心构建模式研究与应用	二等奖	王成林 张旭凤 张耀荔 孙卫华 姚志英
4	中国物流与采购联合会科学技术奖	城市交通运输瓶颈的技术创新与对策研究	二等奖	倪东生 王成林 张 博 金海水 陈喜波
5	中国物流与采购联合会科学技术奖	基于供应链管理的企业物流风险预警研究	三等奖	刘永胜 沈小静 王 燕
6	第十二次中国物流学术年会优秀论文奖	物流景气指标分类与景气指数编制实证研究	一等奖	郭 茜
7	第十二次中国物流学术年会优秀论文奖	冷链物流随机需求配送路径问题模型分析	二等奖	马向国

续　表

序号	奖励名称	成果名称	获奖等级	获奖作者
8	第十二次中国物流学术年会优秀论文奖	京津冀低碳物流能力评价指标体系的构建	三等奖	李丽（外校）　潘建伟
9	第十二次中国物流学术年会优秀论文奖	我国内陆港运营及通关模式	三等奖	郝玉柱　刘振峰（外校）
10	第十二次中国物流学术年会优秀论文奖	北京市鲜活农产品物流系统优化方案——给予信息系统的断裂点理论及凯因模型的分析	三等奖	田　雪　杨江龙（学生） 刘　康（学生）
11	第十二次中国物流学术年会优秀论文奖	冷链物流服务过程质量评价的研究	其他奖	陈红丽　陆　华　杜志平 栗巾瑛（学生）
12	第十二次中国物流学术年会优秀论文奖	Game Analysis of Cooperation between Government and Enterprises on Storing Emergency Supplies	其他奖	马向国　杨平哲
13	第十二次中国物流学术年会优秀论文奖	日本第三方物流企业的实证研究	其他奖	米　娜　邬　跃
14	第十二次中国物流学术年会优秀论文奖	基于 RSCF 方法的订单特征分析研究	其他奖	王成林　刘　崇（学生）
15	第十二次中国物流学术年会优秀论文奖	河北省港口物流与区域经济协同发展研究	其他奖	姜　旭　郭佟佟（学生）
16	第十二次中国物流学术年会优秀论文奖	河北省蔬菜物流与蔬菜生产价格、市场需求动态关系分析	其他奖	郭佟佟（学生）　姜　旭
17	第十二次中国物流学术年会优秀论文奖	物流企业在北京市产业结构升级过程中的发展路径研究	其他奖	白晓娟　刘　俐　李彦萍
18	第十二次中国物流学术年会优秀论文奖	基于 Lab View 的物流包装材料无害化生产过程数据采集系统设计	其他奖	阎　芳　郭奕崇 李俊韬　霍灵瑜
19	2013 年宝供物流奖	农产品流通跟踪追溯系统研究与应用	三等奖	王晓平
20	第六届高等学校科学研究优秀成果奖（人文社会科学）	IRM-KM 范式与情报学发展研究	二等奖	张　勤

北京物资学院2013年获得主要项目一览表

序　号	项目名称	负责人	项目经费（万元）	项目来源
1	胶州市商业网点规划	赵　娴	40	胶州市商务局
2	中关村开放实验室建设项目	邬　跃	50	北京市科委
3	科技新星计划—北京市科委（纵向）	陈　静	35	北京市科委
4	食品冷链标准、食品冷链物流公司规划	张　涵	25	天猫食品
5	南通市通州区家纺城现代物流创新示范园规划	邬　跃	25	南通市
6	某大学校园物联网智慧校园系统设计及实施支持	李俊韬	32.5	北京市世纪昊天科贸有限公司
7	电商物流仓储拣选一体化系统关键技术研究与应用	李俊韬	300	北京市教委
8	智能物流柔性拣选系统关键技术研究	朱　杰	50	北京市科委
9	北京市电子商务物流发展对策研究	刘丙午	20	北京市哲社办
10	物流配送中的人工拣选作业随机过程模型分析与研究	朱　杰	58	国家自然科学基金
11	用于电子商务物流的搬运机器人与多机器人现场控制系统研制及应用验证	李俊韬	88.56	北京市科委
12	物联网技术与智能物流系统应用研究	李俊韬	90	北京金山顶科技公司
13	大型立体板材库仓储技术	王乐乐	60	北京科正
14	基于行为视角的食品供应链风险形成微观机理与防控机制研究	刘永胜	18	国家社科基金
15	面向知识创新的企业知识利用行为分析	张　勤	18	国家社科基金
16	国际商贸中心城市下通州区商贸业发展研究	魏国辰	90	北京市科技能力创新项目
17	历史时期京津地区运河水道变迁研究	陈喜波	60	国家自然科学基金
18	政府事业单位审计培训与咨询服务	刘德英	100	丹顿（北京）会计师事务所有限公司
19	北京对口援藏二十年实践与探索	顾国爱	90	北京援藏指挥部 拉萨市发改委
20	社会转型背景下村落体育生态变迁研究	孙风林	18	国家社科基金项目

北京物资学院2013年获主要专利一览表

序号	专利名称	专利类型	专利发明人
1	碘量法检测奶及奶制品中的beta-内酰胺酶	发明专利	沈丽 吴蕾（外校） 张耀荔 陈红丽 芮嘉明 刘艳
2	一种基于匹配追踪的弱信号分析仪器	实用新型专利	陈志新 刘红
3	一种气囊保鲜物流车	实用新型专利	刘红
4	一种行进障碍检测演示装置	实用新型专利	王成林
5	一种流动收发室	实用新型专利	邬跃 张涵 刘红
6	一种可逆感温变色标签	实用新型专利	张涵 刘红 邬跃
7	一种多功能防盗防火安全报警及无线监控装置	实用新型专利	赵立强 杜志平 柯明
8	一种充电装置及控制方法	发明专利	郭键 刘丙午 周丽 刘军 申贵成
9	一种箱门状态检测装置	实用新型专利	陈星浩（学生） 刘丙午 李俊韬
10	一种带流量流速检测装置的RFID标签、RFID系统*	实用新型专利	郭奕崇 霍灵瑜 刘丙午 王玉泉
11	一种螺旋式定向接受的无线射频标签*	实用新型专利	霍灵瑜 刘丙午
12	一种智能盘点车	实用新型专利	李俊韬 陈星浩（学生） 刘丙午
13	一种测接近程度的RFID系统（1）	实用新型专利	刘丙午 霍灵瑜 王玉泉
14	一种物联网实训系统	实用新型专利	刘军
15	一种分布式物流设备的联调系统	实用新型专利	刘涛 刘军 阎芳 杨玺 唐恒亮 郭键 刘同娟
16	一种基于物联网的乳制品供应链信息追溯系统	实用新型专利	刘同娟 刘军 刘丙午 阎芳 冯晓莉
17	一种堆场监控系统	实用新型专利	唐恒亮 刘军 阎芳 杨玺 刘涛
18	一种带接近式敏感装置的RFID标签、RFID系统	实用新型专利	王玉泉 霍灵瑜 刘丙午
19	一种货运汽车车载监控操作终端	实用新型专利	阎芳 刘军 刘同娟 杨玺 郭键 李俊韬
20	一种用于随机抽样的骰子及随机抽样装置	实用新型专利	周丽 郭键 朱杰 鞠红梅

（撰稿人：王美英　王可山）

中国流通经济杂志

【概况】

2013年是贯彻执行《北京物资学院“十二五”时期事业发展规划》，建设高水平特色型大学的关键时期，是实现内涵发展、特色发展、创新发展，全面提升学校办学质量和水平的攻坚时期。《中国流通经济》杂志及中国·北京流通现代化论坛作为学校“两坛一刊”学术交流平台的重要组成部分，坚持科学发展观，坚定贯彻执行学校“立地顶天”发展战略，坚持特色发展，积极探索学术期刊更好地为学校学科建设和教学科研服务的新路径，实施质量工程，加快名刊建设，顺利完成了2013年各项工作任务。

【期刊管理】

2013年年初，杂志社进一步加强选题策划工作，坚持以流通与物流为特色，制订全年的选题计划，每位编辑制订各自的约稿计划，要求编辑约稿积极主动与国内外有关专家学者联络并约稿，为提高刊物质量奠定了良好的基础。在刊物设置的12个栏目中，为进一步体现特色，将“现代物流”“流通现代化”“绿色流通”作为重点栏目，同时加强“电子商务”“供应链管理”“市场分析”“采购管理”“市场营销”“流通法学”等栏目的建设。通过参加会议、召开流通论坛等方式，积极与作者沟通，组织更多高质量的稿件。在审稿过程中，严把质量关，优先采用理论前沿性、现实指导性、学科引领性强的稿件，坚持为我校人才培养与学科建设服务、为经济社会发展服务的办刊宗旨，确保了刊物的学术质量和编辑质量，圆满地完成了全年12期杂志的编辑出版任务。

2013年，组织刊发了一批在国际国内有重要影响的文章，主要作者有全国人大常委会副委员长陈昌智、原副委员长成思危，全国政协副主席、科学技术部部长万钢，工业和信息化部原部长李毅中，商务部副部长蒋耀平，国有重点大型企业监事会主席寻寰中，奥地利经济研究院院长卡尔·艾金格，著名经济学家吴敬琏、丁俊发、张五常、王宗喜、刘树成、何黎明、王之泰、吴晓灵、余永定、高培勇、蔡进、宋则、荆林波、王选庆等，其中刘树成、成思危、吴敬琏、樊增强的文章分别被《新华文摘》第1期、第4期、第9期、第24期全文转载，在国内外产生了广泛影响。

2013年3月，引进中国知网社科期刊学术不端文献检测系统，提高了审稿的质量和效率。

杂志社要求栏目编辑以建设名栏为契机，建立分管栏目的作者库，按照学科把教育部各学科教学指导委员会委员、各大学有关学科的博士生导师都纳入栏目专家库专家名录，并定期更新。每位编辑把选题计划及约稿计划发送给各位专家，建立长期的联系，同时根据国家社科基金公布的重点课题研究项目，追踪重点作者及其重点成果，不断扩大稿源并提高稿源质量。

12月9日，郝玉柱教授被任命为杂志总编，负责杂志社的全面工作。

【参加首届中国期刊博览会】

9月14—16日，首届中国期刊博览会在武汉举行。40多个国家和地区150多个国际知名出版机构、2000多海外嘉宾参加展会。展会设置国内期刊馆、海外馆、新媒体馆等8个展馆，1.3万种海内外期刊、50万种图书文化产品参展。中国流通经济杂志作为北京市社科代表性期刊参加了“刊博会”，详细介绍了中国流通经济杂志的办刊宗旨及所取得的各项成就，让全世界同行更加全面细致地了解了我校主办的刊物，提高了刊物的知名度。

【社会影响】

一是转载率稳中有升。2013年，据不完全统计，截至2013年12月18日，杂志刊发文章被《新华文摘》、人大资料等转载50篇。特别值得一提的是，新华文摘2013年经济学栏目全文转载我刊4篇文章，这在全国同类期刊中是不多见的。

二是国际影响逐步扩大。中国知网发行与传播统计报告显示，《中国流通经济》杂志发行至北美洲、澳洲、欧洲、亚洲、非洲，刊物个人用户分布在32个国家和地区，机构用户分布在27个国家和地区，其中不乏世界知名的高等学府及教育与科研机构，如美国斯坦福大学、普林斯顿大学，澳大利亚国家图书馆、澳大利亚国立大学、悉尼大学，英国剑桥大学、牛津大学，德国柏林理工大学，韩国国家图书馆、高丽大学，日本东京大学，新加坡国立大学、新加坡国家图书馆等。

2013年12月30日，中国学术期刊（光盘版）电子杂志社、清华大学图书馆、中国学术文献国际评价研究中心联合发布的2013年中国最具有国际影响力学术期刊、中国国际影响力优秀学术期刊，《中国流通经济》在人文社会科学类学术期刊中国际影响力名列第103位，在所有经济类学术期刊中名列第38位。

（撰稿人：孙志伟　郝玉柱）

北京现代物流研究基地

【概况】

北京现代物流研究基地是2004年9月24日挂牌成立的首批北京市哲学社会科学研究基地。九年来，在北京市教育委员会、北京市哲学社会科学规划办公室及北京物资学院的正确领导与大力支持下，本着以创新精神和精品意识建设一流智库的工作指导思想，努力使基地成为北京广大物流科技工作者可以依托、依靠的开放性研究平台，让基地起到物流创新孵化器、物流技术试验田、物流成果主产地作用。

遵照北京市教委和北京市哲学社会科学规划办公室关于在“十二五”期间整体推进研究基地建设的相关通知精神，2011 年，学校将物流研究基地提升到学校层面统筹管理、独立运行。物流基地实行主任统筹协调领导，常务副主任兼首席专家具体负责的管理体制与运作模式，下设学术委员会和专家委员会。

自 2011 年启动三期建设以来，基地通过承接重大课题，服务政府、企业，培养创新人才，对北京市现代物流业的发展起到了一定的推动作用。物流研究基地基于前两个建设周期的成果，凝练出“十二五”发展目标：以服务首都经济建设为核心，围绕北京建设中国特色世界城市及国际商贸中心的目标，立足北京、面向全国，在凝练方向、提升水平、扩大开放、创新机制、强化服务等方面不懈追求，将北京现代物流研究基地建设成为北京乃至全国的物流理论研究中心、物流决策咨询中心、物流创新促进中心，成为北京市政府有关部门的物流智库（简称“三个中心，一个智库”）。

【组织机构】

现代物流研究基地由王旭东校长兼任主任，张志勇教授任常务副主任兼首席专家。基地实行主任统筹协调领导，常务副主任兼首席专家具体负责的管理体制与运作模式。基地是学校直属学术机构，业务上接受学校科研处归口指导。下设基地行政工作办公室负责基地情报、资产、网站、周报等日常运行业务工作。另设若干研究中心、研究团队、项目组，负责完成基地科研工作。学术委员会是基地最高决策机构。专家委员会是基地常设咨询机构。如下图所示。

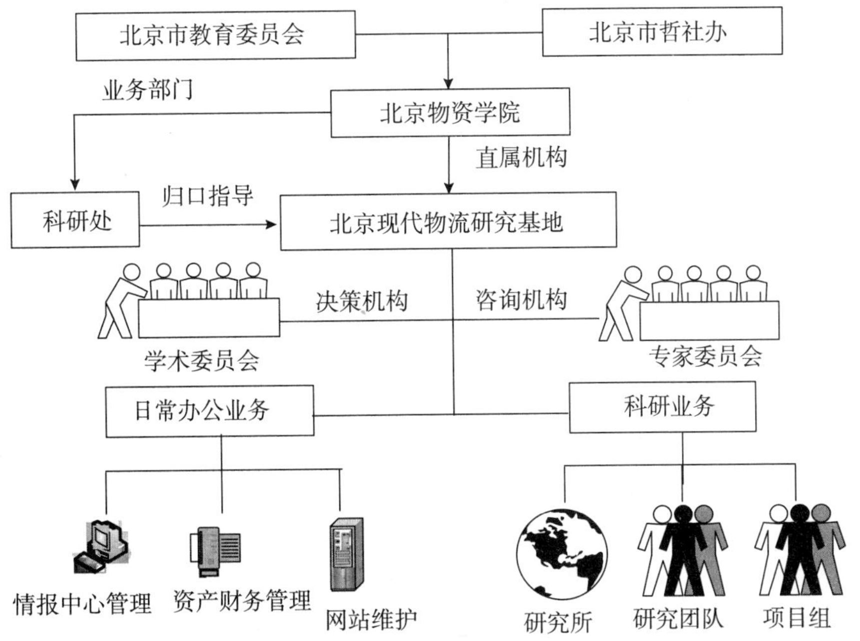

北京现代物流研究基地管理体制示意图

1. 学术委员会

学术委员会由学校和业界具有较高影响力的11名专家构成。外聘专家有冯守华、贺登才、鞠颂东、林友来、王佐、王微、汪鸣，校内专家有王旭东、翁心刚、邬跃、张志勇。翁心刚教授任主任，汪鸣教授、张志勇教授为副主任。学术委员会对基地建设发挥重要引领决策作用，主要负责基地研究方向、研究领域等重大问题的决策。

2. 专家委员会

现代物流研究基地专家委员会是基地的研究和决策咨询机构。专家委员会委员由外聘专家和学校已退休专家担任。2013年，崔介何、崔忠付、戴定一、何辉、李斌、李遵义、刘娟、龙军生、牟惟仲、乔忠、宋华、王国丰、王选庆、魏际刚、恽绵、张恩怀等为专家委员会委员，崔介何教授任委员会主任。

3. 研究力量及校外资源整合利用

现代物流研究基地拥有39名研究人员，学术梯队、年龄结构合理。其中，教授21人，副教授14人，讲师4人；45岁以上21人，45岁以下18人；具有博士学位的24人。学术带头人及首席专家均在国内外物流领域具有一定影响力与知名度，部分在国内主要一级协会任职。

由于物流管理（工程）是交叉型研究领域，因此，校内外研究队伍在知识结构上呈现多科性特征，以工商管理及管理科学与工程为核心，涉及理工、经济、法学等多学科。校外学术委员及相关领域专家根据研究任务的需要，以项目组的方式参与科研工作。同时，基地积极整合兄弟高校、科研院所、政府部门、行业协（学）会、企业等单位的研究力量，开展有针对性的合作研究。基地与海外研究机构保持密切联系，组织或参与国际学术交流活动。

【科研成果】

进入第三建设周期以来，学校在体制机制及经费投入等方面加大支持力度，基地建设取得显著成绩。基地承担北京市商委、北京市哲社规划办、北京市部分区县物流发展规划等科研项目。2013年获得北京市哲社规划办重大委托课题1项；面向全国立项开放课题4项。2011—2013年基地牵头编撰《中国现代流通体系规划与建设政策汇编》20辑，编撰完成《北京现代物流研究基地年度报告2011》《北京现代物流研究基地年度报告2012》《北京现代物流研究基地年度报告2013》，参与编写《北京市物流发展蓝皮书》。

【主要专家简介】

北京现代物流研究基地主任简介

王旭东，北京物资学院校长。1967年10月生于江苏南通，中共党员，教育学博士，教授。1989年7月本科毕业

于南京师范大学，1992 年 7 月硕士毕业于北京师范大学，2007 年 6 月获北京大学博士学位。曾任北京语言大学党委办公室秘书、高教研究室副主任、学生处处长、学工部部长。2003 年 10 月任北京市教育委员会专职委员。2005 年 8 月任北京物资学院党委副书记，2006 年 12 月任副院长，2010 年 5 月任北京物资学院院长。研究领域：教育学原理、教育社会学、高等教育管理。

北京现代物流研究基地首席专家简介

张志勇，管理学博士，北京物资学院教授，北京现代物流研究基地常务副主任，中国系统工程学会决策科学专业委员会委员，中国物流招标网专家委员会专家。1998 年 10 月至 1999 年 5 月被派赴美国匹兹堡大学在 T. L. Saaty 教授（AHP/ANP 层次分析法的创始人，美国工程院院士）指导下进修决策科学理论；2005 年 1 月至 2 月赴日本横滨 AOTS－YKC 研修中心研修学习“物流与采购管理”。2007 年入选北京市中青年骨干教师和北京市教育创新标兵。2009 年牵头成功申报“北京市物流工程优秀教学团队”。长期从事管理科学与系统工程理论、方法及应用研究。在评价决策、优化规划、系统建模、信息系统等分析技术方面有一定研究专长，在集团型企业复杂物流系统分析研究方面形成了一定的学术特色。独立出版学术专著 1 部，先后在国内外学术期刊公开发表高水平学术论文 30 余篇。其中，国内核心期刊 5 篇、国际英文期刊 2 篇、国际学术会议 3 篇。提出并建立的非凸目标规划理论得到国际学术界的肯定。

北京现代物流研究基地学术委员会主任简介

翁心刚，博士，教授，研究生导师，主要研究领域：物流、供应链管理。现任北京物资学院副校长，北京物资学院管理科学与工程北京市重点建设学科负责人，北京物资学院日本物流研究中心主任。主要社会职务：中国物流学会副会长，中国物流技术协会副理事长，中国物资储运协会常务理事。

从 20 世纪 80 年代中期开始，致力于现代物流的研究，在企业物流规划、物流中心规划设计，物流产业政策及物流业经营等领域有比较深入的研究，对国外现代物流特别是日本现代物流有比较全面的了解。先后参与承担“十五”和“十一五”国家科技攻关计划课题、国家质检总局、物流标准化委员会、中国物流与采购联合会、北京市教委、北京市物流系统与技术重点实验室的20余项课题研究。在国内外学术期刊发表学术论文30余篇，著有《物流管理基础》《第三方物流实务》《物流理论与实践》等著作，其中《物流管理基础》为普通高等教育“十一五”国家级规划教材。

北京现代物流研究基地专家委员会主任简介

崔介何，1948年1月生，徐水人，“老三届”“77级”。北京物资学院二级教授。1983年开始对物流学科产生兴趣，1988年出版了个人专著《物流概论》。此后相继出版《物流学概论》《电子商务与物流》《物流学》《北京物流蓝皮书》《企业物流（第二版）》等专著、教材10部，论文56篇，参编其他著作13部，共计600多万字。

主持和参加了原内贸部“流通加工研究”；中、日联合科研项目“中国现代物流研究”；国家863计划“商品流通智能化综合管理及决策支持系统”；北京市哲学社会科学规划“电子商务下的物流支持系统”；北京市教育科学“十五”规划重点项目“北京市高级物流管理人才需求与物流高等教育研究”；北京市哲学社会科学“十五”规划重点课题《北京物流蓝皮书》；北京市哲学社会科学规划“北京东京物流对比研究”等课题。

【附录】

北京现代物流研究基地学术委员会委员一览表

姓　名	工作单位	学术专长	职称/职务（注明院士、博导）	学术委员会职务
翁心刚	北京物资学院	物流与供应链管理	教授/副校长	学术委员会主任
汪　鸣	国家发展和改革委员会综合运输研究所	综合运输	研究员/副所长	学术委员会副主任
张志勇	北京物资学院	物流工程	教授	学术委员会副主任
王旭东	北京物资学院	物流教育	教授/校长	学术委员会委员
王　微	国务院发展研究中心	物流政策	研究员/副所长（博导）	学术委员会委员
王　佐	北方工业公司	企业物流管理	副会长	学术委员会委员
贺登才	中国物流与采购联合会	物流政策	副会长（博导）	学术委员会委员

续　表

姓　名	工作单位	学术专长	职称/职务（注明院士、博导）	学术委员会职务
冯守华	北京市朝阳区科委	物流政策	主任	学术委员会委员
鞠颂东	北京交通大学	物流网络	教授（博导）	学术委员会委员
林友来	北京物流学会	物流政策	秘书长	学术委员会委员
邬　跃	北京物资学院	物流规划	教授/校长助理	学术委员会委员

北京现代物流研究基地2013年社会公开招标开放课题一览表

项目编号	课题负责人	投标课题名称	投标单位	备　注
JD2013001	梁　峙	危险品物流管理体系与技术应用状况研究	徐州工程学院	8万元
JD2013002	吴海建	物流统计与物流企业绩效考核指标体系研究	北京物资学院物流统计研究所	10万元
JD2013003	侯云先	应急物流管理体系研究	中国农业大学经管学院	10万元
JD2013004	李凤廷	城市冷链食品共同配送关键问题研究	河南工业大学管理学院	8万元

（撰稿人：安久意　张志勇）

第七篇　对外合作交流

外事工作

【概况】

2013 年，根据学校“十二五”工作要求与方向，认真贯彻“立地顶天”战略，在巩固以往的国际交流工作所取得的成果基础上，积极调整革新，抓住发展机遇，着力推进国际交流工作向广度、深度发展。

【国际校际交流活动】

2013 年，共接待国外大学或办学机构来访 20 次，举办全校规模讲座 6 次。学校首次与丹麦 VIA 大学学院进行定期视频会议，开创了学校利用现代网络多媒体实时交互技术进行国际交流和会谈的新模式，为学校的国际化交流合作提供了更实际有效的形式和手段，也为两校的深入合作奠定了良好的基础。

【境外培训】

2013 年 6 月，学校组织 17 名中层干部赴中国香港参加教育管理能力培训班，成员以学校教学管理、科研管理干部为主，同时也选拔了学校办公室、规划办、宣传部、财务处、后勤管理处、离退休工作处及保卫处等教学辅助部门的干部。培训内容涉及高校管理、现代教学法、学生管理及就业指导、高校国际化、科研创新等方面的专题。培训形式以专题报告为主，配合开展校级考察与专题调研。

【因公出国（境）】

学校 2013 年因公出国（境）交流访问学习人数共 47 人。其中进行为期半年以上国外访学教师 2 人，并首次派遣两个团组共 11 名教师赴中国台湾交流访问。对外交流内容涵盖管理培训、教师访学、签署合作协议及参加国际会议等，客观上为促进学校的国际化办学、教师教学水平、教学视野的提高创造了必要条件。

【在校生出国留学】

学校 2013 年赴海外交流项目主要包括学位学习、交换生及短期交流体验等。在校学生赴海外学习 60 人，其中，学位生 13 人；交换生 29 人；短期交流生 18 人。学生赴海外学习院校除英国、德国、丹麦、新西兰和韩国等长期合作院校外，2013 年还首次派遣 10 名同学赴马来西亚马来亚大学交换学习。

（撰稿人：王蕾　韩星）

【招收留学生】

2013 年国际学院招收留学生 68 人，其中，学历生 6 人（本科专业 3 人、研究生 3 人），汉语专业短期进修生 62 人。

（撰稿人：王凌　韩星）

【来华专家、教师】

2013 年国际合作与交流处代表学校共聘请外国专家 2 名。

（撰稿人：周雪梅　韩星）

【签署协议】

2013 年度，学校新签约或续约国（境）外大学或教育机构共 12 所，其中与丹麦 VIA 大学学院、英国普利茅斯大学、韩国平泽大学续签了新的合作协议；与美国卡森纽曼大学、韩国大真大学、瑞士易云公司、荷兰鹿特丹大学、马来西亚林登大学、法国行政管理学院、摩洛哥信息科学与技术高等商学院 eHECT、中国台湾国立高雄海洋科技大学、新加坡专业教育培训中心签订合作协议或合作备忘录。协议或备忘录的主要内容包括学分互认、学生互换、教师交流及科研合作等。

（撰稿人：王蕾　韩星）

【附录】

北京物资学院 2013 年国际和境外校际交流活动一览表

序　号	来访时间	来访人	来访目的
1	2 月 25 日	美国卡森纽曼大学国际处 Lily Li	工作访问并商谈合作
2	3 月 11 日	丹麦 VIA 大学学院经济技术学院国际事务负责人劳瑞德斯・格林（Laurids Greeen）及 VIA 中国办公室主任孙立华	工作访问
3	4 月 22 日	美国阿卡迪亚大学副校长斯蒂夫・迈克尔（Steve Michael）教授	工作访问并面试学生
4	5 月 6 日	英国爱丁堡龙比亚大学会计、金融与法律学院金融系系主任 Malcolm Pettigrew、讲师 James Brown	模拟课堂
5	5 月 9 日	丹麦 VIA 大学学院经济技术学院 Rickard Lindquist	合作会谈、教师培训
6	5 月 10 日	加拿大蒙特利尔大学劳动关系研究所主任 Gregor 教授	交流访问并讲座
7	5 月 25—31 日	英国采购与供应学会资深院士及中国香港物资采购与供销学会会长中国香港吴惠群博士及 Alex Tang 教授	讲学
8	6 月 19 日	韩国大真大学校长李根永、教务处处长韩万昭、国际交流院院长金振燮、国际交流院教授孙云浩	合作协议签署
9	6 月 26 日	美国阿卡迪亚高中教师团一行 13 人	考察交流
10	7 月 1 日	美国佐治亚州理工学院周琛老师	合作会谈

续 表

序 号	来访时间	来访人	来访目的
11	7月2日	新西兰维特利亚国立理工学院国际处副处长迟美健	合作会谈
12	7月22日	美国卡森纽曼大学国际处 Lily Li	合作会谈
13	9月26日	新西兰维特利亚国立理工学院国际部主任 Paul Maguiness 先生及副主任迟美健	工作访问
14	11月11日	英国普利茅斯大学国际处 Nicola Seth	工作访问
15	11月15日	澳大利亚南澳大学国际部副主任 Rachel Perkin	合作会谈
16	11月28日	美国朴次茅斯大学中国办公室主任 Wendy Wang	续签协议会谈
17	12月10日	丹麦 VIA 大学中国办公室主任孙立华	参加视频会议
18	12月11日	美国加州州立大学圣贝纳迪诺校区中国项目负责人张西文	工作访问
19	12月13日	美国瓦尔帕莱索大学	合作洽谈
20	12月26日	中国台湾景文科技大学研发处处长许景翔教授、国际交流组组长吕学尚副教授、商管学院国际贸易系主任张莱华博士等一行4人来访	合作洽谈

北京物资学院2013年因公出国（境）一览表

序 号	姓 名	所属单位	出访时间	出访地	出访内容
1	陈红丽	物流学院	1月14—18日	韩国	赴韩国中央大学东北亚物流流通研究所交流访问
2	吕亚鹏	物流学院			
3	王 超	物流学院			
4	许春燕	教务处	3月12—21日	法国	赴法国巴黎中央理工大学执行“法国高等工程教育及人才培养培训”任务
5	师鸣若	信息学院	3月22日—9月17日	美国	赴美国圣路易斯大学约翰库克商学院访学进修
6	田 雪	物流学院	3月25—30日	中国台湾	赴台湾新竹清华大学交流访问
7	史晓霞	物流学院			
8	陈志新	物流学院			
9	杨 丽	物流学院			
10	赵隽咏	人事处			
11	何佳赢	物流学院			

续　表

序　号	姓　名	所属单位	出访时间	出访地	出访内容
12	赵凤琴	校领导	5月21—28日	澳大利亚 新西兰	赴澳大利亚南澳大学、新西兰维特利亚国立理工大学交流访问
13	韩　星	国交处			
14	顾　煜	教务处			
15	韩　星	国交处	6月16—29日	中国香港	赴香港理工大学中国商业中心参加教育管理能力提升培训
16	王可山	科研处			
17	刘　浏	规划办公室			
18	赵　娴	经济学院			
19	陈炜煜	继续教育学院			
20	单世侠	图书馆			
21	吕一楠	国际学院			
22	杨　菁	经济学院			
23	吴中华	宣传部			
24	丁树歧	保卫处			
25	胡　伟	学校办公室			
26	吕　波	商学院			
27	桂天寅	外语学院			
28	申贵成	信息学院			
29	唐华茂	劳法学院			
30	申云贵	离退休工作处			
31	徐建国	财务处			
32	赵秀兵	后勤管理处			
33	尚　珂	劳法学院	7月5—9日	日本	赴日本北海道大学参加学术论坛并洽谈相关合作事宜
34	任　吉	劳法学院			
35	沈小静	校领导	7月20—27日	德国	赴德国高校访问并率大学生合唱团参加第59届西班牙哈巴涅拉式复调国际合唱比赛
36	季　靖	学生处			
37	余　茜	校友办			
38	庞　波	校团委			
39	刘耀京	人事处	7月30日—8月19日	新加坡	北京市属高校创新团队建设与教师职业发展培训
40	刘丙午	校领导	8月5—12日	法国 摩洛哥	赴法国巴黎行政管理学院、摩洛哥信息科学与技术高等商学院开展校际教研交流合作
41	刘永胜	研究生部			
42	朱　杰	信息学院			
43	刘　艳	产业研究院			

续 表

序 号	姓 名	所属单位	出访时间	出访地	出访内容
44	李石柱	校领导	8月27日—9月3日	丹麦	赴丹麦VIA大学学院开展校际教研交流合作
45	魏国辰	商学院			
46	秦江萍	产业研究院			
47	孙 杰	宣传部			
48	张丽丽	外语学院			
49	翁心刚	校领导	10月10—17日	瑞士 荷兰	赴瑞士洛桑联邦理工学院、荷兰鹿特丹大学签署校际合作协议
50	张耀荔	物流学院			
51	王春华	商学院			
52	胡瑞旺	档案馆			
53	张方风	信息学院	2013年10月—2014年10月	美国	赴美国纽约城市大学访学
54	许晓革	校领导	10月26日—11月2日	马来西亚 新加坡	访问马来西亚林登大学、新加坡专业教育培训中心
55	罗新东	继续教育学院			
56	徐广姝	研究生部			
57	孙 琳	教务处			
58	王成林	物流学院	10月28日—11月3日	美国	赴美国运输与物流协会参加第六届中美物流会议和第四届中国长江—美国密西西比战略合作论坛
59	王旭东	校领导	10月31日—11月7日	韩国 日本	赴韩国平泽大学、日本流通经济大学友好访问
60	胡占君	规划办公室			
61	孙 静	教务处			
62	刘世波	学校办公室			
63	李惠阳	劳法学院			
64	徐小娟	学生处	11月4—8日	韩国	赴韩国韩中文化青少年协会友好访问

国际学院

【概况】

2013 年国际学院贯彻校党委提出的“加强对外交流与合作，提高办学国际化水平，推动学校全面发展”的工作要求，在留学生工作、海外智力引进及学生中外联合培养方面大力开拓，为国际学院今后的工作奠定了良好基础。

【海外兼职教授】

结合国际学院的职能和定位，在现有合作资源的基础上，2013 年国际学院共聘请海外兼职教授 12 名，分别来自美国、德国、日本、韩国、中国香港等国家和地区，形成了初步的海外教授资源库。

（撰稿人：吕一楠　韩星）

【联合培养项目】

中美联合培养物流拔尖人才国际课程班继 2013 年 9 月开班以来，共有 36 名学生在该班级学习。国际课程班在教学管理上引用美国最前沿的本科物流专业教学理念，采用美国现行教育方案，学生经考核取得了优异的成绩，得到了学校师生、家长的高度认可。

【物流交换生项目】

2013 年共有 17 名同学赴国外进行为期一年的交换学习，其中德国巴登符腾堡州立合作大学 10 人，德国维尔兹堡应用科技大学 5 人，韩国中央大学 2 人。2013 年秋季学期，共有 15 名国际物流交换生来北京物资学院进行学习，其中德国巴登符腾堡州立合作大学 4 名，德国维尔兹堡应用技术大学 7 名，丹麦 VIA 大学 4 名。

【学术报告与讲座】

2013 年国际学院共举办学术报告 15 场，包括德国巴登符腾堡州立合作大学、美国加州州立大学、英国普利茅斯大学等，其中文化交流与科技前沿系列讲座 12 场，学术报告与讲座 3 场。

（撰稿人：邓邱超　韩星）

现代物流产业研究院

【概况】

2013 年现代物流产业研究院积极落实学校“对外开放合作、对内凝聚人心”的工作方针，围绕“立地顶天”发展战略，聚焦重点领域，强化特色优势，通过“一来二去”加强与地方政府、行业协会和企事业单位的交流与合作，在学校领导高度重视、学校有关部门积极协作和研究院全体职工共同努力下取得重要进展。

5月中旬，完成了北京物资学院现代物流创新园的设立。9月30日，《北京市科学技术委员会、北京市教育委员会及中关村科技园区管理委员会关于认定北京电影学院大学科技园等3家大学科技园为北京市大学科技园的通知》（京科发〔2013〕402号），认定北京物资学院大学科技园为北京市大学科技园。10月29日，学校与洛阳市政府签署市校合作协议，在共建框架下签约洛阳市现代物流业发展规划项目。12月9日，学校与山东科技厅签署战略合作协议。12月13日，现代物流产业研究院华东研究院在江苏南通市正式挂牌成立。12月20日，中关村科技创新和产业促进中心《关于印发中关村科学城第五批建设项目名单的通知》（创新平台发〔2013〕7号），批准“中关村智慧物流产业技术研究院”为中关村科学城第五批建设项目，北京物资学院正式跻身中关村科学城建设单位。

2013年，研究院牵头签约的项目有洛阳市现代物流业发展规划项目、中关村的智能仓储配送系统在电商物流中的应用示范项目、南通家纺城智慧物流园区规划项目、神华集团黄骅港物流园区规划项目等横、纵向项目10余项，项目经费800多万元。

现代物流产业研究院还通过培训、举办研讨会等多种形式全面开展对外合作工作。3月为通州工商分局70名学员针对国内外食品安全态势、食品安全政策法规、市场消费信用与保护、食品安全标准等方面进行培训。5月31日，研究院协办“中关村电子商务与现代物流产业联盟”大会，联盟秘书处继续深化企业之间的横向联系、企业与学校之间的横向联系，以及产学研的纵向联系，做好学校与企业产学研合作的桥梁。6月，北京物流协会企业家来校访问，学校和企业探索更多的合作方式和具体项目。与中关村科技企业协会联系，推进教师挂职工作，研究院联系43家企业，提供105个挂职岗位，为挂职教师对接岗位30余人。

（撰稿人：周敏　王乐乐　邬跃 刘军）

现代物流创新园

【概况】

2013年，学校决定将南校区（南院）的继续教育学院迁回学校本部，南校区作为现代物流创新园的发展基地，计划以北京北物通科技发展有限公司作为市场化运作平台，搭建中关村智慧物流产业技术研究院和北京物资学院大学科技园，探索高校“政产学研用”一体化人才培养新模式，形成大学生创新创业、高校科研成果转化、智慧物流产业聚集的孵化器和集聚地。1月5日，北京北物通科技发展有限公司成立。5月6日，校长办公会决定，现代物流创新园筹建办公室更名为北京物资学院现代物流创新园，并作为下设机构并入现代物流产业研究院。5月16日，现代物流创新园在南校区举行揭牌仪式。通过努力工作，2013年完成了市教委校办产业管理中心对校办企业内部控制审计评价工作，协助现代物流产业研究院申报中关村智慧物流产业技术研究院项目和北京物资学院大学科技园项目，并成功获批。

（撰稿人：王军其　刘新军）

第八篇　管理与服务

校务管理

【概况】

学校办公室（党委办公室、校长办公室）是学校党委和行政的综合办事机构。其主要职能是围绕学校中心工作，积极发挥学校领导的参谋助手、学校的信息枢纽、部门的综合协调、决策的督促检查等作用，做好重大会议活动组织、综合协调、对外联络、公文流转、信息整理、法律咨询、信访接待、机要保密、校务公开、信息公开，以及校领导交办的其他工作。学校办公室对内合署办公，设综合事务室、机要文书室、信息秘书室。学校法律顾问室、信访办公室挂靠学校办公室。

（撰稿人：续杨　刘世波）

【综合管理】

2013 年是学校全面落实“十二五”发展规划，实施“立地顶天”战略的关键一年。学校办公室在这一年不断夯实基础建设，综合管理服务质量显著提高。

确保常规事务工作有序运转，做好各项服务协调工作。2013 年，学校办公室进一步完善印信的使用登记，年底联合财务处、产业研究院对项目申报进行专门造册登记。完成了组织机构代码证的 2013 年检手续。年度提供使用印章万余枚，组织机构代码证复印件百余份，介绍信及校领导身份证复印件若干份。完成校办固定资产清点工作。妥善编排校领导、处级领导干部及校办人员的各类型值班。顺利完成了年底搬入新办公楼工作。

贯彻群众路线，严控支出，做好会务服务。在学校“对外开放合作、对内凝聚人心”的工作方针下，学校办公室完成了教育部高教司、洛阳市政府、南通市政府、山东省科技厅、拉萨市委党校、市科委、兄弟高校等单位来我校考察交流的接待工作。协助组织了 2013 年春季工作会议、2013 中美物流教育与研究合作论坛、北京高校关工委捐赠军训服装工作启动仪式、物资管理系创建 50 周年校友返校活动、第七届中国 · 北京流通现代化论坛、北京高校党风廉政建设责任制专项检查等大型会议和活动。协调承办了山西左权县干部培训。此外，学校办公室还承担了第二次党代会的全部会务筹备工作。按照群众路线的工作要求，2013 年，校办严把财务关，厉行节约，反对浪费，节约年度经费 36%。

学校办公室组织编报了教育部 2012/2013 学年教育事业统计报表、北京市 2012 年综合统计年报表及 2013 年定期报表。在北京市教育委员会组织的 2012 年度教育事业统计工作质量评估中，我校孙琳老师获先进个人二等奖。

做好第二次党代会各项筹备工作及提案工作。提案工作办公室挂靠学校办公室，在征集提案期间，共收到提案 37 份，经党委会研究决定单独立案 11 项，合并立案 6 项，其他转为建议。

【信访工作】

切实做好信访工作。2013 年，校领导接待日接待在职、原校企职工 3 次，接收群众来信 15 封。信访工作办公室年底召开了信访工作联席会。

（撰稿人：付莉　刘世波）

【信息工作】

做好调查研究和信息采集、分类、整理工作，不断增强信息工作的前瞻性、指导性和创造性；及时完成校内信息的采、编、报、发，指导各教学院部和职能部门做好信息收集报送，为学校领导决策提供参考与帮助；编辑工作简报，将学校特色工作和亮点工作及时上报上级主管部门；及时发布每周信息、校领导工作日程等，确保学校信息畅通；做好教代会征集意见建议的信息上报与结果反馈工作；不断提高办公室工作人员信息自动化技术水平，组织办公室系统人员参加信息化系统使用操作培训；根据北京市委教育工委和市机要局要求，进一步推广整合电子政务内网建设使用；根据《北京物资学院信息公开实施意见》，不断健全完善信息公开工作机制，制作信息公开专题网页，进一步提高信息公开科学化、规范化水平。

（撰稿人：续杨　刘世波）

【依法治校】

学校高度重视依法治校工作。2013 年，学校深入宣传贯彻依法治校理念，严格依据上级单位与学校既定规章制度，及时开展各项自查工作，规范办学行为，维护师生合法权益，在构建法治、民主、和谐育人环境等方面采取了一系列积极有效的措施，进一步提升了学校依法治校工作的整体水平。依托学校法律顾问机构，妥善解决有关矛盾纠纷。

学校加强法制教育宣传工作，努力提高法律文化修养。积极参加北京市“六五”普法系列活动，举办“法系青春，蓄力未来”第八届法律文化节开幕暨“法制微视角”微电影征集，选派法学专业教师吴长军老师担任朝阳区国美家园小学法制副校长，组织学生参加各种学法展览、庭审观摩、模拟法庭，成立普法宣传志愿者团队，与多所小学与社区建立长期合作，定期开展“送法进社区”“送法进课堂”等实践活动；充分发挥广播、网络、校报、电视、宣传栏（橱窗）阵地作用，利用声像宣传作品、普法读物、知识竞赛、形势与政策课、专题讲座、普法专场报告会等形式，营造出依法治校的良性运行环境和氛围，不断提高师生民主法治素养。

（撰稿人：续杨　刘世波）

【校务公开】

学校牢固树立“以人为本、依法办学、民主管理”理念，坚持“依法公开、及时全面、公正真实、有力监督、服务师生”的原则，遵循“内容公开、过程公开、结果公开”的基本要求，以积极推进行政权力公开透明为核心，以公正公平、及时便民为基本要求，不断健全信息公开工作体制和制度，不断丰富信息公开工作形式和方法，充分发挥工会教代会在校务公开中的主渠道作用，把推行校务公开工作纳入学校工作的重要议程，推进了校务公开的规范化和制度化。

在具体工作中，学校努力做到突出重点，注重实效，坚持公开载体，采取召开各类情况通报会、校领导接待日、设立校长信箱、设立监督举报信箱、设立信息公开栏，以及通过校园广播、闭路电视、校园网等多种形式，加强对于涉及“人、财、物”等重点工作和热点问题的公开力度。同时，将信息公开工作向基层延伸，要求学院相应建立信息公开工作的组织机构以负责本单位信息公开工作的具体事项，由各单位行政主要负责人担任本单位信息公开工作的第一责任人，形成规范的工作制度，努力提高基层单位管理工作的民主化、规范化水平。

在校务公开工作中，学校将其与干部工作相结合、与党风廉政建设相结合、与学校内部管理相结合，进一步加强了对于干部管理、监督的力度，加快了学校民主管理、依法治校的进程，确保了教职工对于学校重要事项的知情权和参与权，促进了学校内部管理的进一步规范与体制改革的进一步深化。

（撰稿人：续杨　刘世波）

发展规划

【概况】

2013 年，发展规划办公室继续推进章程建设、体制改革、政策研究和信息咨询等工作。主要完成《北京物资学院章程（草案）》起草、学校第二次党代会秘书组工作、校内体制改革调研及学校重要文件起草等工作。

【大学章程建设】

11 月，起草完成《北京物资学院章程（草案）》。

【第二次党代会秘书组工作】

10 月至 12 月，承担学校第二次党代会秘书组工作，完成第二次党代会工作报告及其他相关文件起草工作。

【校内体制改革】

9 月至 12 月，针对人事制度改革、科研管理体制机制改革及专业技术职务评聘改革等主题，面向北京市属各高校开展调研，制订《北京物资学院校内体制改革方案（草案）》。

【文件起草工作】

起草《关于强特色上水平的决定》《关于加强学校第一批重点领域建设的实施意见》《深化继续教育体制改革的实施意见》等文件。

（撰稿人：刘浏　胡占君）

人事管理

【概况】

2013 年，学校完成教职工引进、录用、调配、培训、职务晋升、考核、工资、社保、奖惩等各项工作。起草人事管理规章制度；拟定机构设置、人员编制和岗位职数；编制学校用人计划及劳动工资计划；负责教职工聘任制度改革和人事档案管理、工资、奖金、津贴、福利待遇标准的审核测算等工作。学校人事处设处长 1 名，副处长 1 名，工作人员 4 名；下设师资科、劳资科、档案室 3 个职能科室。

（撰稿人：樊娅楠　赵隽咏）

【教职工队伍现状】

2013 年年末，学校教职工队伍总规模为 660 人，其中干部 206 人，专任教师 361 人，思政教师 36 人，工勤 57 人。从职称结构来看，正高级专业技术职务 54 名，副高级专业技术职务 181 名，中级专业技术职务 283 名，初级专业技术职务 46 名；从学历结构来看，教职工队伍中具有博士研究生学历者 162 人，具有硕士研究生学历者 224 人，具有大学本科学历者 201 人，具有大专学历者 30 人，大专以下学历者 43 人；从年龄结构来看，35 岁及以下的 172 人，36～45 岁的 227 人，46～55 岁的 214 人，55 岁以上的 47 人。

（撰稿人：游思晴　赵隽咏）

【市属高校人才强教深化计划】

2013 年，入选北京市属高校创新团队提升计划的“物联网技术与智能物流系统创新团队”，继续获得每年 300 万元的项目资助；李珍萍作为北京市属高校“长城学者”培养计划入选人，继续获得每年 30 万元的项目资助；王淑花、张勤、任吉、徐广姝、褚晓林、孙风林、田雪 7 名教师入选北京市属高校青年拔尖人才培育计划，获得每年每人 5 万元项目资助；张春颖、赵琨、刘艳、阎芳、韩嵩、张玲、战雪丽、武淑平、郭继武、徐建国、张建宝、王惠玲 12 名教师入选青年英才项目，获得每年每人 5 万元项目资助。组织进行了北京市属高校人才强教深化计划 2013 年度资金申报，共申请项目资金 492 万元。

（撰稿人：樊娅楠　赵隽咏）

【人事管理制度】

2013年，学校对现有人事规章制度进行梳理与修订，发布《北京物资学院治丧工作暂行办法》。

（撰稿人：杨昀　赵隽咏）

【人才引进与晋升】

2013年度共引进教职工23人。其中，应届毕业生13人，包括博士毕业生4人、硕士毕业生9人；接收博士后2人，军队转业干部1人，调入7人。2013年度共有6名教师晋升教授职务；14名教师晋升副教授职务，1名教师晋升思政副教授；5名教师晋升讲师职务，3名教师晋升思政讲师职务，1名教师晋升实验师。完成13名教师的高校教师资格认定工作。

（撰稿人：游思晴　赵隽咏）

【工资与福利】

完成新入职员工、试用期转正人员、调动人员的工资变动审批手续；完成2012年度考核合格以上人员职龄津贴、薪级晋级等工资正常滚动工资调整工作，完成在职人员一次性绩效工资发放和调整工作；完成离休人员护理费和退休人员工资调整工作；完成教师教学基金和管理人员行政绩效核发工作；完成2013年防暑降温费、节日补贴、校级先进个人奖励等工资发放工作及个别人员因岗位调整所产生的工资调整工作。完成北京市教委工资联合检查任务。发放饭卡补助、困难补助、抚恤金及丧葬费。

（撰稿人：杨昀　赵隽咏）

【社会保险】

2013年，学校各项社会保险工作平稳有序进行。人事处按照国家法律法规及社保局相关规定，积极开展工作，为新进的29名教师办理社会保险上险手续；为11名退休职工办理社会保险在职转退休手续；为4名调出人员及1名死亡人员办理社保减员手续；为18名在职职工办理生育津贴共计399310元及报销生育医疗费若干；为4人办理医疗保险异地安置；为超过50人更改定点医院；为1人办理工伤认定手续并申请一次性伤残补助金58863元。

（撰稿人：杨昀　赵隽咏）

【人事档案管理】

继续清理学校原有的档案遗留问题，积极联系档案本人或其亲属，避免因劳动关系引发人事纠纷。推进档案管理工作数字化的进程，与相关单位就档案的电子扫描、电子存档、电子借阅的方式进行探讨，核算经费，筹备档案升级管理。按照上级要求开展档案改版工作，使学校人事档案与国际档案尺寸接轨，做好信息采集的前期准备工作。

（撰稿人：刘新海　赵隽咏）

【年度考核】

组织完成处级以下教职工年度考核工作。2013年全校教职工实际参加考核人数为630人，其中处级以下教职工共543名，处级以上教职工87名。其中考核结果优秀90人，合格508人，不定档次人员20人，因病假、出国、借调等各种原因未参加考核 11 人，不合格 1 人。

（撰稿人：杨昀　赵隽咏）

【培训工作】

派出骨干国内访问学者 2 人；派出 3 人参加国外访问学者深化计划，派出 2 人赴加拿大参加高校英语专业骨干教师教学技能培训班，派出 2 人参加北京市双语教师国内深化培训。3 名教师到北京市教师发展基地进行为期半年的脱产培训。为新进员工开展了入职培训和适应性锻炼，并为 13 人报名参加了北京市高师培训中心组织的北京市高等学校教师岗前培训班。

（撰稿人：游思晴　赵隽咏）

【附录】

北京物资学院 2013 年教职工队伍学历状况　单位：人

人　员	博　研	硕　研	本　科	大　专	其　他	总　计
全部教职工	162	224	201	30	43	660
其中：教师	154	156	87			397
干部	8	68	104	21	5	206
工人			10	9	38	57

北京物资学院 2013 年教职工队伍专业技术职务状况　单位：人

人　员	正高职	副高职	中　级	初　级	无	总　计
全部教职工	54	181	283	46	96	660
其中：教师	52	150	177	8	10	397
干部	2	31	106	37	30	206
工人				1	56	57

北京物资学院 2013 年教职工队伍年龄状况　单位：人

人　员	35 岁及以下	36～45 岁	46～55 岁	55 岁以上	总　计
全体教职工	172	227	214	47	660
其中：教师	121	163	102	11	397
干部	51	57	81	17	206
工人		7	31	19	57

北京物资学院 2013 年新入职人员一览表

序　号	姓　名	性别	出生日期	所在部门	类　别	职　称	来校时间
1	许晓革	女	1966 年 6 月	校办	教师	教授	2013 年 5 月
2	王　琰	女	1988 年 8 月	信息学院	教师		2013 年 6 月
3	王　凌	女	1979 年 1 月	国际学院	干部		2013 年 6 月
4	刘会文	女	1987 年 6 月	资产管理处	干部		2013 年 6 月
5	魏志勇	男	1984 年 2 月	杂志社	干部		2013 年 6 月
6	王乐乐	女	1982 年 1 月	信息学院	干部	工程师	2013 年 6 月
7	闫　俊	男	1975 年 3 月	劳法学院	教师	助理研究员	2013 年 6 月
8	徐　燕	女	1983 年 2 月	物流工程中心	教师		2013 年 7 月
9	李小庆	女	1985 年 7 月	教务处	干部		2013 年 7 月
10	王士锋	男	1988 年 11 月	劳法学院	教师		2013 年 7 月
11	夏　蓓	女	1986 年 7 月	经济学院	教师		2013 年 7 月
12	张煜如	女	1987 年 11 月	研究生部	教师		2013 年 7 月
13	贾美慧	女	1978 年 12 月	物流学院	教师		2013 年 7 月
14	赵东杰	男	1980 年 8 月	物流工程中心	教师		2013 年 7 月
15	吴梦楠	女	1989 年 4 月	学校办公室	干部		2013 年 7 月
16	于　蕾	女	1985 年 10 月	网络中心	干部		2013 年 7 月
17	邹　燕	女	1984 年 4 月	商学院	干部		2013 年 9 月
18	邓邱超	男	1988 年 3 月	国际学院	干部		2013 年 9 月
19	刘　洁	女	1977 年 7 月	劳法学院	教师		2013 年 9 月
20	仵　坤	女	1986 年 7 月	产业研究院	干部		2013 年 10 月
21	许　可	女	1971 年 9 月	经济学院	教师		2013 年 7 月
22	潘　虹	女	1984 年 10 月	商学院	教师		2013 年 11 月
23	武建兴	男	1974 年 11 月	保卫处	干部		2013 年 11 月

北京物资学院 2013 年退休、调离人员名单

序　号	姓　名	性别	出生日期	所在部门	类　别	职　称	办理退休、调离时间
1	杨　蓉	女	1958 年 1 月	学校办公室	教师	教授	2013 年 1 月退休
2	高金娥	女	1963 年 1 月	图书馆	工人		2013 年 1 月退休
3	孙鸿斌	女	1958 年 2 月	财务处	干部	助会	2013 年 2 月退休

续　表

序　号	姓　名	性别	出生日期	所在部门	类　别	职　称	办理退休、调离时间
4	董莉娜	女	1958 年 11 月	离退休工作处	干部	助理政工师	2013 年 2 月病逝
5	刘雅兰	女	1963 年 3 月	人事代管	工人		2013 年 3 月退休
6	孙前进	男	1953 年 3 月	物流学院	教师	教授	2013 年 3 月退休
7	刘福明	女	1958 年 3 月	图书馆	干部	政工师	2013 年 3 月退休
8	夏　雨	男	1985 年 5 月	学校办公室	干部		2013 年 3 月调离
9	秦桂娟	女	1963 年 4 月	后勤管理处	工人		2013 年 4 月退休
10	杨　洋	女	1981 年 8 月	信息学院	教师	讲师	2013 年 6 月辞职
11	郑桂岳	男	1953 年 6 月	后勤管理处	工人		2013 年 6 月退休
12	庄　燕	女	1963 年 6 月	图书馆	工人		2013 年 6 月退休
13	崔玉平	女	1963 年 9 月	后勤管理处	工人		2013 年 9 月退休
14	田惠林	女	1973 年 7 月	图书馆	干部	教管助研	2013 年 10 月调离
15	武凌云	女	1979 年 12 月	经济学院	教师	思政助教	2013 年 10 月调离
16	陈建中	男	1953 年 11 月	杂志社	教师	教授	2013 年 11 月退休
17	王　琰	女	1988 年 8 月	信息学院	教师		2013 年 12 月离职
18	王　燕	女	1978 年 10 月	物流学院	教师	副教授	2013 年 12 月调离

（撰稿人：樊娅楠　赵隽咏）

财务管理

【概况】

2013 年，学校财务共有工作人员 14 人，其中在职人员 12 人，返聘人员 2 人；研究生及以上学历 7 人，占比 58.3%；高级职称 3 人，中级职称 5 人，初级职称 4 人。工作涵盖资金管理、日常报销、工资发放、公积金、公费医疗等内容。全年财务工作从细化制度出发，全面改革预决算及专项管理，将开源节流、科学运筹资金作为第一要务，积极筹措基建自筹资金，加强财务信息化建设，大力培训财务人员，为全校教学质量提升、科研水平提高提供财务保障。

【财务收支情况】

2013 年，总收入 43674.68 万元，比上年增加 5999.93 万元，增长

15.93%。其中财政拨款占总收入85.02%，事业收入占总收入8.61%，经营收入占总收入5.08%，其他收入占总收入1.29%。

总支出35563.07万元，比上年减少1093.28万元，降低2.98%。其中基本支出占总支出58.40%，项目支出占总支出38.01%，经营支出占总支出2.85%，专款支出占总支出0.74%。

【财政专项】

2013年，财政专项共186项，财政拨款19740.64万元。其中2012年结转68项，结转金额2208.20万元；2013年批复118项，批复金额17532.43万元。财政专项涵盖教学类、科研类、教师队伍建设、图书馆建设、信息化建设等11个类别。

在财政专项管理工作中，学校财务对专项管理进行改革，强化二级部门管理职权，从项目库建设、项目执行进度、项目经费分配、项目绩效管理等方面进行归口管理，每周编制专项执行进度表下发至各归口管理部门，并对执行较慢部门进行重点调研，查找原因并及时解决问题，不断提升财政经费执行水平。为提高专项经费使用效率，学校财务结合市教委对各高校专项进行绩效考评的方式，对校内2012年全部专项进行绩效考评，要求专项单位按市财政局要求进行自评并撰写自评报告，集中上报财务处组织复评，并将评价结果作为以后年度申报专项指标参考依据。

【制度建设】

2013年，为规范学校各类经费支出，提高资金使用效益，根据上级部门有关规定特制定《北京物资学院公务卡使用管理办法》《北京物资学院专用材料采购及保管领用管理办法》《北京物资学院关于加强经费支出管理的若干补充规定》，同时通过下发文件、制作卡片、网站发布等方式加大财务制度宣传力度，使报销人员及时了解财务规定，提高工作效率。

【预算管理】

2013年3月，学校财务根据市教委下发的《关于批复2013年预算的通知》（京教财〔2013〕6号）文件批复，结合上级压缩因公出国经费、公务接待费、会议费、培训费、印刷费五项经费的要求，严格控制校内预算批复并加强管理，在执行过程中加大监控力度，确保各项经费支出落到实处。10月，根据市教委下发的《关于编制2014年市级部门预算文件的通知》（京都财〔2013〕24号）文件规定，学校财务通过参加培训会、工作布置会等方式，认真听取并学习政策法规和文件精神，组织全校预算工作布置会将相关要点下达至学校各部门，从下至上科学合理地完成2014年预算编制工作。

【附录】

北京物资学院 2012—2013 年收入变动分析表　单位：万元

项　目	金　额	增减额	增长率（%）
财政拨款	37130.96	4687.99	14.45
①基本经费	18846.53	1453.61	8.36
②项目经费	18284.43	7374.38	72.33
事业收入	3761.18	-71.65	-1.87
经营收入	2217.33	1073.21	93.80
其他收入	565.21	310.38	121.80
合　计	43674.68	5999.93	15.93

北京物资学院 2012—2013 年支出变动分析表　单位：万元

项　目	金　额	增减额	增长率（%）
基本支出	20768.84	1983.53	10.56
项目支出	13518.83	-2963.50	-17.98
经营支出	1014.30	-228.16	-18.36
专款支出	261.11	114.85	78.52
合　计	35563.07	-1093.28	-2.98

北京物资学院财政专项收支情况表　单位：万元

项目类别	预算批复金额	支出金额	结转金额
教学类项目	2333.38	959.38	1374.00
科研类项目	2197.09	1163.96	1033.13
教师队伍建设项目	916.30	470.18	446.12
图书馆建设类项目	350.10	277.58	72.52
信息化建设类项目	1765.35	442.83	1322.52
基础设施改造类项目	3466.33	2530.07	936.26
设备购置类项目	1946.03	1001.31	944.72
市教委委托类项目	32.80	9.06	23.74
国际合作交流项目	150.90	131.45	19.45
基建三年规划项目	6414.00	4348.97	2065.03
其他不在上述类别之列的项目	168.36	13.66	154.70
合　计	19740.64	11348.45	8392.19

（撰稿人：王秋影　杨建科）

资产管理

【概况】

2013 年资产管理处以落实制度，规范管理为重点，以服务教学科研为中心，以改革创新的精神做好各项工作，进一步提升服务质量和水平。学校固定资产日常管理更加完善，采购管理工作更加规范，制度执行力度逐步增强，固定资产规模进一步扩大，资产结构进一步优化，资产质量稳步提升。截至 2013 年年底，全校共拥有固定资产 45917 台件套，价值 4.3004 亿元，其中，2013 年新增固定资产 2998 台件套，价值 2759.2 万元。

【固定资产管理】

完善学校资产动态管理系统建设，明确二级管理的权限，规范了资产登记、转移、报废处置等相关工作要求。及时、准确、完整完成固定资产登记入账工作。全年审核登记固定资产 2952 台件套、单据 673 批次、金额 2734 万元；登记低值耐用品 551 台件套、金额 46.5 万元。加大固定资产的调剂和报废力度，减少资产闲置、优化资产结构和使用状态。全年校内二级单位间调剂固定资产 82 批次、812 台件、金额 364.3 万元；二级单位内部调剂固定资产（含变更领用人）54 批次、508 台件、金额 189.3 万元；报废资产 45 批次、2124 台件套、金额 771.6 万元。加强设备维护保养工作，保证设备正常运转，提升固定资产的使用效益。全年设备维修项目共支出 29.96 万元（含车辆维修费 10.38 万元）。

【采购管理】

严格执行政府采购程序开展政府采购工作。全年共完成公开招标采购 28 项，金额 3450 万元，采购金额较 2012 年增长近 20%；协议采购 84 项，采购金额 174 万元，其中，更新购置汽车 3 辆，学校机动车总体车况进一步改善；审核政府定点会议采购合同 121 项、金额 219 万元；办理进口产品采购申请报批手续 3 批、11 项、金额 732 万元。采取三方询价、邀请招标等方式执行校内采购项目 4 项，金额 55 万元。

【办公用房分配及搬迁】

2013 年年底，在新学科综合楼建成、新图书馆即将竣工之际，资产管理处以《党政机关办公用房建设标准》（原国家计委计投资〔1999〕2250 号）为指导，本着向教学科研部门倾斜、院系从宽、职能部门从紧的分配原则，以各部门人员规模、职务职称结构为基础，结合各部门工作实际和业务特点，拟定办公用房调整分配方案。分配方案最终于 11 月经校长办公会审议通过。办公用房分配方案的制订为全校教职工办公环境的改善，尤其是教学和科研单位办公环境的改善提供了强有力的支撑。

【制度建设】

2013 年，资产处继续加强《北京物资学院国有资产管理办法》《北京物资学院固定资产管理办法》《北京物资学院物资采购管理办法》《北京物资学院物资采购合同管理办法》《北京物资学院固定资产处置管理办法》《北京物资学院固定资产报废处置实施细则》《北京物资学院仪器设备维修管理办法》等现有制度的执行力度，及时听取学校各方面对资产处工作的反馈意见，不断完善管理细节。研究制定《北京物资学院专用材料采购及保管领用管理办法》，加强对专用材料采购、保管和领用等环节的管理，提高专用材料使用效益。

（撰稿人：徐锋利　王春华）

基本建设

【概况】

2013 年基建办在校党委和行政的领导下，围绕学校“十二五”时期事业发展规划和 2013 年工作要点，认真贯彻执行上级主管部门和学校的各项规定，切实履行基建办管理职能，积极推进学校的基本建设规划，为学校的发展创造良好的基础保障。

新学科综合楼项目由北京六建集团有限责任公司承建，国贸工程设计院设计，达华工程管理（集团）有限公司监理。工程于 2013 年完成室内装修及安装工程收尾工作，完成室外广场、道路、绿化等工程。经北京市优质工程评审委员会评审，新学科综合楼工程被评为“2013 年度结构长城杯银质奖工程”。新建图书馆项目由南通四建集团有限公司承建，中房集团建筑设计有限公司设计，北京同发建设工程监理有限责任公司监理。工程主体建设于 2013 年基本完成。文体活动综合楼项目前期手续取得发改委立项批复、概算批准文件和《规划许可证》，项目设计招标工作已完成，施工、监理招标工作正在进行。后勤服务综合楼项目已启动项目方案论证设计工作，目前初步方案已经成型。

【基建项目】

完成基础设施建设及改造项目 13 项，主要有：新学科综合楼项目、新图书馆项目、6 号学生公寓抗震加固、20 号学生公寓抗震加固、6 号学生公寓卫生间改造、国际交流中心修缮、京杭源餐厅装修改造、新学科综合楼和图书馆标志指示系统安装、新学科综合楼报告厅灯光音响系统安装、新学科综合楼报告厅及会议室桌椅购置、新学科综合楼和图书馆监控及楼宇集中控制系统购置、人文楼东侧道路改造、外语学院实验室改造。

【附录】

北京物资学院2013年完成专项资金项目一览表 单位：万元

序　号	安排建设项目名称	开工时间	总投资
1	6号学生公寓抗震加固工程	2013年8月	382.44
2	20号学生公寓抗震加固工程	2013年8月	391.47
3	6号学生公寓卫生间改造工程	2013年8月	99.98
4	国际交流中心和部分学生宿舍修缮工程	2013年8月	81.04
5	京杭源餐厅装修改造工程	2013年8月	90.5789
6	新学科综合楼、图书馆标志指示系统工程	2013年8月	91.23
7	图书馆监控及楼宇集中控制系统	2013年8月	191.2
8	新学科综合楼会议室系统、灯光设备购置	2013年8月	193
9	新学科综合楼监控及楼宇集中控制系统	2013年8月	199.5
10	新学科综合楼报告厅、会议室桌椅购置	2013年8月	196.394
	合　计		1916.8329

（撰稿人：陆宁　韩振节）

后勤管理

【概况】

2013年，学校后勤紧紧围绕学校中心工作，坚持为教学、科研和师生员工服务的宗旨，坚持稳中求进总基调，加强后勤基础设施建设，不断改善硬件条件；改进服务方式，不断提高服务水平；积极推进急难任务，不断提升保障能力；进一步理顺内部机制建设，不断提高管理水平。一年来，后勤服务保障时效性和满意度得到进一步提升，各项服务保障工作取得新进展。

（撰稿人：赵秀兵　卫波）

【党建与工会工作】

基础保障部党总支下设五个党支部，含后勤三个支部和基建支部、保卫支部，现有38名正式党员。后勤党建工作主要围绕党的群众路线教育实践活动展开。从下半年集中开展以来，结合工作实际，按照中央“照镜子、正衣冠、洗洗澡、治治病”总要求，以为民务实清廉为主题，以“反对‘四风’，服务群众”为重点，认真查摆在形式主义、官僚主义、享乐主义和奢靡之风方面存在的问题。通过广泛听、主动找、对照查，查找存在的问题，提出明确整改措施。通过教育实践活动，宗旨意识、服务意识、工作作风等方面都有明显改观。

后勤分工会在学校工会指导下，积极探索和推进后勤非在编劳动合同制职工入会工作。按照《北京物资学院非在编劳动合同制职工入会暂行办法》，对符合办法规定的后勤非在编劳动合同制职工实行分批入会，首批入会会员7人。

（撰稿人：赵秀兵　王明发）

【专项改造项目】

推进“绿色校园”建设。基本完成“绿色校园”中节能一期工程建设。节能一期工程主要对校园供暖和用电系统进行节能改造，实现对供暖主管线节能控制，实现对两个教学楼教室和校园各楼宇及路灯节能控制，建成节能监控平台。完成“绿色校园”中校园绿化一期工程建设。校园绿化一期工程主要完成对后湖周边、主教北侧、二教中心区、招待所北侧、三食堂周边等处绿化。

推进专项建设。全年完成5个财政专项，除完成节能一期和绿化一期工程外，还完成食堂厨房设备购置、学生公寓家具购置和部分楼宇防水工程。协助基建办完成京杭源餐厅装修改造和6号、20号学生公寓抗震加固工程。

（撰稿人：赵秀兵　卫波）

【校园绿化保洁及生活服务】

完成日常室内外保洁和绿化等工作，改善学校教学办公环境和卫生条件。利用暑期对一教、二教教室玻璃等进行全面清洗，在冬季来临之前对后湖沉底淤泥进行全面清理，完成大型会议等环境保洁及花卉摆放，协助完成校园绿化一期工程建设。

（撰稿人：张家富　卫波）

【校园动力维修服务】

动力维修中心完成日常维修和接报修等工作，保证全校水、电、暖正常供给。利用停暖季，完成6台锅炉维修保养工作，更换配件3200余件套。检修更换供暖管线1600余米，更换公寓区主供、回暖阀门2台，保证冬季正常供暖。利用暑期对开水房4台开水罐进行打碱和维修。根据北京金和顺消防安全技术有限公司对学校电气防火安全检测存在问题及隐患告知书内容进行专项整改。因售电系统瘫痪无法恢复使用，应急更换1～6号家属楼电表。

（撰稿人：寻德友　卫波）

【学生公寓服务】

学生公寓服务中心进一步完善巡查、晚归登记等规章制度，继续完善安全、卫生检查制度，每周不定期检查宿舍安全、卫生，督促学生抓好内务建设，对10号、11号、12号学生公寓楼内库房，以及10栋学生公寓楼内配电室进行安全清理。暑假期间，对3号、4号、5号、6号、20号学生公寓楼毕业生房间进行清理，拆除家具616套，淋浴器155个，电视165台，窗帘300余块，完成4号、5号学生公寓72间房间家具招标维修，6号、20号公寓314间房间窗帘招标及新生床上用品招标工作。3月组织开展第七届宿舍文化节，营造和谐温馨宿舍文化。

在保证完成学校各种会议住宿接待任务的同时，迎宾楼圆满完成其他各类接待任务，全年客房营业总额达47万余元。

（撰稿人：邓颖松　卫波）

【饮食服务】

餐饮服务中心在寒假开学后调整中心主任和副主任具体分工，使餐饮中心从主要管理自管食堂的工作中脱离出来，更多地加强对3个食堂的全面管理，强化对2个外包食堂的监督管理。对自管学生食堂，以班组和食堂为单位进行成本核算，调整合同工工资体系，使绩效工资与班组成本核算相挂钩，以利于调动积极性、堵塞漏洞、优化组成数量、降低运行成本、提高饭菜质量。对外包食堂，制定外包食堂管理办法，逐步加大检查力度。制定和出台学校学生食堂平抑资金管理使用办法，对各食堂基本伙补助平抑资金，缓解因物价持续上涨带来的食堂运行压力，确保饭菜价格相对稳定，减轻学生负担。利用寒假将潞河居食堂二层局部改造成清真餐厅，更好地满足清真学生的就餐需要。

（撰稿人：徐文福　卫波）

【公务用车服务】

车辆管理中心在“安全、守时、热情、周到”八字服务标准指导下，强化行车安全意识和服务意识，全年总行驶70余万公里，安全完成学校教职工班车和公务用车等各种运输任务。新购置3台车辆，淘汰报废旧有车辆。

（撰稿人：师占罗　卫波）

【校医院工作】

校医院全年共接待就诊24716人次。完成教职工体检1009人次，新生体检1493人次，运动会体检280人，研究生体检476人。

传染病防控和预防保健工作。对2013级新生开展结核病普查，免费监测结核菌（PPD）1948人次。全年发生水痘5人，风疹7人。指导餐饮、公寓、校园、动力等中心紧急防控H7N9禽流感。针对出现的传染病患者，及时上报通州区疾控中心，并通知学校相关部门，对传染病患者进行隔离，加强环境消杀工作，阻断传播途径，保障校园安全。

指导红会、献血和医疗保障工作。全年共组织红会活动10余次，共组织完成2次义务献血工作。医疗保健出诊20余次。处理医用垃圾10次，25箱（1020公斤），杜绝医源性疾病传播。

开展无烟校园工作。校医院控烟办公室完成全年控烟工作，组织开展控烟知识宣传和控烟培训。协同各职能部门联合进行全校控烟督导巡查。11月27日，市控烟部门来校检查，对我校控烟工作给予充分肯定。

（撰稿人：田玉明　卫波）

【统一采购】

加快后勤物资统一采购推进步伐，在2012年推进餐饮中心大宗原材料统采基础上，2013年推进动力中心原材料统采工作。积极探索统采运行机制，逐步形成动力中心原材料采购模式。通过招标确定三个协议供货商，在采购批量物品时，采取三方询价比价采购模式。初步形成统采中心、需求使用中心和质监科相互监督制约机制。初步形成公开透明采购程序。

（撰稿人：李明　卫波）

【节能工作】

完成节能一期校园供暖和用电系统节能改造，主要涉及更换、新装电表85块，安装暖控制设备83处，教室安装节电设备92套，走廊安装节电设备530套，安装路灯节电设备99套，设节能监控平台1座。完成学校水、电、油、天然气等各种能源消耗统计与上报工作。按市发改委要求，完成学校能源审计工作。协助通州区有关部门完成厨余垃圾回收处理工程及2号、3号、4号家属楼节能改造工程。

（撰稿人：杨连喜　卫波）

【防汛】

北京市重新修订《防汛应急响应办法》，提出四级预警和四级响应应急机制，提出新应急处置要求。针对新规定，学校确定由后勤管理处牵头承担防汛应急工作。抓紧制订学校防汛应急预案，与市教委防汛应急指挥部保持顺畅联络，做好夏季防汛值班工作。

完成防水专项工作，对1号、6号、10号、11号、12号学生公寓楼及后勤服务楼和校医院楼顶屋面进行防水施工，面积达7500m^2。维修漏水点近60处，涉及学生公寓、家属楼、教学楼、物流博物馆等建筑。

（撰稿人：王振霞　卫波）

【后勤服务区】

5月中下旬建立后勤综合服务区。将直接面向师生服务项目集中到服务区办理，改进服务方式，变分散服务为集中服务。后勤综合服务区是在整合办事资源、规范办事行为、优化办事程序、改造办事流程基础上推出的一站式服务新模式。首批进入服务区项目涉及售电、收取水费和电话费、接报修、房管、合同用工等业务。

（撰稿人：赵秀兵　卫波）

【房改及售房】

补报漏报和级差补贴职工住房补贴。完成新进教职工住房公积金和住房补贴创建与备案工作。推进2006年和2007年引进博士购房房屋产权证过户工作。

（撰稿人：赵秀兵　卫波）

【财务管理】

后勤财务在学校财务处指导下，完成后勤经费年初预算和年终决算工作，完成餐饮中心日常财务报账工作。全年共审核原始单据2000余张，复核记账凭证359张1216条分录，装订成册30册，发放支票100余张。委托农行批量代发餐饮中心合同工工资500笔。

（撰稿人：岑燕英　卫波）

审计工作

【概况】

2013年，学校审计工作始终贯彻“三个服务”的指导思想，以“强管理、防风险、促发展”为目标，在深化学校改革、促进廉政建设、加强财务管理、提高经济效益等方面，起到了监督保障和参谋助手的作用。2013年，学校依法开展各类审计事项28项，送审资金总额达3.76亿元，其中：预算执行与财务决算审计5项，建设工程全过程跟踪审计2项，基建修缮工程审计17项，领导干部经济责任审计3项，科研项目审签1项，共提交审计报告及工程管理函等27份，实现直接经济效益35.1万元。

【预算执行与财务决算审计】

2013年，学校主要开展以下预算执行审计。

配合北京市审计局完成了对学校2009—2012年度人才强教深化项目的预算执行审计。针对审计发现问题，督促项目负责人及相关单位制订了整改措施并积极进行了整改，并向北京市教委提交了学校审计整改情况报告。

配合北京市发改委委托的工程造价咨询公司完成了对学校第二教学楼建设工程财务决算的审查与复核，并向校领导提交了《关于第二教学楼决算审核情况汇报》。

对学校2012年的预算执行和决算进行审计。重点检查决算报表的全面性、完整性、正确性，与财务处口头交换意见。

对部分预算支出内容进行了跟踪检查，下发中期审计报告2份，对学校临时工工资的预算控制与审批程序发表审计意见，对项目预算执行中“出版费”的审批控制程序及绩效发表审计意见。

进一步规范基建工程、修缮工程的预算执行，下发加强基建管理函1份。结合学校第二教学楼竣工决算审计和学校新学科综合楼、图书馆建设项目全过程审计发现的问题，提出改进意见。

【基建、修缮工程项目审计】

积极落实教育部《关于加强和规范建设工程项目全过程审计的意见》。开展对学校新学科综合楼、图书馆建设两个项目的全过程跟踪审计。截至12月25日，审计人员共参与隐蔽工程验收90余项，累计审计工程进度款9946万元，招投标文件及合同审查25项，洽商变更审核46项，现场签证审核7项，对暂估价材料和设备认价 108 项。两个项目组均对所负责审计的建设项目出具全过程审计阶段报告，对项目的建设情况、工程造价控制情况、工程支付款审计情况、设计及洽商变更情况、分包工程和暂估价材料招投标情况做了详细汇报，通过审计降低了工程管理风险，维护了单位合法利益。

加大对基建修缮项目的审计。纪监审办公室共审计基建、修缮项目 17 项，送审金额 1685.8 万元，审减金额 35.1 万元，平均审减率为 2.08% ，其中：内审 1 项。

【经济责任审计】

2013 年，学校完成处级领导干部经济责任审计 3 项，涉及资金 2601.65 万元，出具审计报告 3 份，审计整改建议书 3 份，发现问题 7 条，提出整改建议 9 条，大部分审计建议得到采纳，并积极进行整改。

【制度建设与宣传】

建立健全领导体制、工作机制。按照《教育系统内部审计工作规定》（教育部第 17 号令）规定：2013 年 3 月起，学校领导班子进行重新分工，由学校行政一把手亲自主抓学校内审工作，内部审计机构在学校主要负责人领导下开展工作，强化审计领导的作用和地位，提高审计工作权威性，为内审工作有效开展起到了保障作用。

完善内部审计工作规章制度。制度建设是建立良好的内部运行机制的基础，也是控制审计风险、提高审计质量的有力保证。2013 年学校重新修订和完善内审制度，并形成内审工作制度汇编，其中，囊括校内审计制度 13 篇，上级机关相关文件 16 篇。同时，内审部门还积极制定《北京物资学院审计部门岗位职责》《北京物资学院审计档案管理办法》，完善内审工作的业务流程及工作内容，明确各审计岗位的具体任务，使内审机构自身建设方面得到加强，做到“用制度管人、用制度管事”，在审计质量控制方面较好地贯彻落实了《中国内部审计准则》《北京内部审计基础工作规范》。

【培训与交流】

积极参加后续教育，不断提高自身素质。学校先后 4 次参加了业务培训会及工作会，参加审计人员后续培训 2 人次。另外，还经常利用业余时间，学习有关业务知识，不断提高自身业务素质。

积极开展科研理论研究工作。2013 年，内审人员分别在《中国审计》《会计之友》《中国流通经济》等核心期刊上发表业务论文 3 篇。通过科研，进一步提高内审人员的自身素质。

（撰稿人：唐玉平）

离退休管理

【概况】

截至2013年年底，学校新增退休人员12人，自然减员5人（离休干部王根虎、赵士春，退休干部侯士元、李同德、陈瀛逝世）。学校共有离退休教职工379人，其中离休10人，退休369人。离退休工作处工作人员5人。

【党建工作】

调整离休干部和局级干部的混编支部，成立离休支部，退休局级党员编入退休支部，离退休党总支下设12个党支部，共有党员194人。离休党支部1个，党员9人；退休教职工党支部10个，党员180人；在职行政党支部1个，党员5人。

党总支组织离退休党员学习习近平总书记系列重要讲话精神。为支部书记下发《离退休干部党支部学习参考》《北京支部生活——北京老干部》等学习资料，各支部组织党员观看《首都高校学习党的十八大精神专题报告会》光盘，为每名党员下发十八届三中全会学习资料。支部书记陶一敏参加第22期离退休干部党支部书记培训班。分两批组织180名退休党员到北京市怀柔区第一党支部诞生地——九渡河镇庙上村、中影集团怀柔影视基地和北京最美乡村——玻璃台村参观学习，接受党的群众路线教育。在党委组织部组织的“共产党员献爱心，为生活困难党员和贫困大学生捐款”活动中，离退休党员捐款13690元。10月30日和31日，党总支分别在北院和红庙活动室召开离退休党总支党员大会，选举10名出席中共北京物资学院第二次代表大会代表。

开展党的群众路线教育活动。党总支成立党的群众路线教育实践活动领导小组及办公室，召开教育实践活动动员会，学习《中共北京物资学院委员会深入开展党的群众路线教育实践活动实施方案》文件精神。召开党的群众路线教育实践活动座谈会，采取发放“反对四风”征求意见表等形式征求离退休教职工意见。

【队伍建设】

加强对离退休工作人员的教育和培训，提高工作人员政治素质、政策水平和服务能力，坚持学习制度、会议制度，组织专题培训，增强工作人员全心全意为离退休干部服务的思想和工作本领。3月，学校公开招聘一名重点岗工作人员，充实离退休工作队伍。加强对离退休教职工的党支部书记、行政小组长、老教育工作者协会和关工委工作人员的培训，发挥他们在离退休工作中的自我管理、自我教育、自我服务的骨干力量。共有8人次参加北京市老干部局、市关工委组织和学校组织的培训班，4人参加在线学习。出版《老年挚友》刊物4期，宣传栏2期，向上级单位报送信息8篇。

【管理服务】

落实《离退休干部工作领导责任制》，建立离退休干部服务管理“一级管理、二级帮扶”的工作机制，围绕中心、服务大局，做好服务管理工作。召开2013年离退休工作总结表彰暨学校领导通报会，党委书记李石柱、副校长翁心刚出席会议并讲话，关工委副主任张希平宣读2013年获奖人员名单，160余名离退休老同志参加。

落实政治待遇。坚持校领导联系老干部制度，每位校领导联系3～4名老干部；坚持每周慰问和重大节日走访慰问离休老干部制度，全年共慰问100余人次，其中党委书记李石柱和纪委书记赵凤琴慰问35人次；学校邀请离退休老干部代表参加学校有关重要会议，征求离退休老干部意见；按规定给老干部订阅2～3份报纸和刊物，保证老干部阅读有关文件。

落实生活待遇。落实中央和北京市出台的有关老干部生活待遇各项政策，重阳节为全体离退休教职工70岁以下发放100元、70岁以上发放150元的节日补贴；组织离退休局级领导去小汤山、医照人员到合同医院、其他人员在校医院健康体检；为年满70岁、80岁、90岁的离退休教职工举行集体祝寿会并发放祝寿金；对生活困难离退休教职工发放困难补助共计52500元。

探索以待遇养老为基础，以文化养老为延伸的养老服务工作新模式。出版《物院情怀》，共计23余万字；与宣传部一起采编《口述历史：物院印象》；编制《健康生活》手册；举办“家庭文化作品展”，展品包括个人著作、绘画、书法、摄影、手工制作、篆刻等100余件作品，拓展离退休工作空间，提升老同志幸福指数。在北京市委教育工委开展的“学习之星”“健康之星”和“乐为之星”评选活动中，离休干部汪中一获得“健康之星”；退休教师刘子平获得“学习标兵”；退休教师杨洪璋获得“乐为之星”。

【老教育工作者协会】

开展“学习贯彻十八大，共建小康乐晚年”主题实践活动。4月，举办2013年“共建小康乐晚年”春季趣味运动会，162名离退休老同志参加；5月，金帆艺术团舞蹈队参加北京高校老同志健身项目展示活动，健身操《最炫民族风》获得“激扬风采奖”；9月，爱乐小乐队参加“共筑中国梦 欢歌乐晚年”北京老教育工作者东北片高校文艺演出，演奏《维吾尔族小乐曲》和《赶牲灵变奏曲》；11月，组织老同志参观北京市教育工委、市教委举办的“共筑中国梦　笔墨绘小康”北京高校老同志书画作品展，学校推选出6幅作品参加展览，黄振时绘画作品《和平盛世》获一等奖，贾怀璞书法作品毛泽东诗词《清平乐·六盘山》获三等奖。

【关心下一代工作委员会】

学校关工委现有学生党建组、教学督导组和帮困助学组，为青少年的健康成长和构建和谐校园、和谐社会发挥余热，学校关工委活动经费2013年提高到4万元。

6月8日，北京教育系统关工委在学校召开北京高校关工委捐赠军训服装工作启动仪式暨工作会，学校关工委副主任张希平向全市高校关工委发出捐赠军训服装倡议。8月23日，学校领导带队，一行16人赴河北省张家口市万全县看望并慰问自己结队资助的学生及高庙堡小学的教师和学生。学校师生资助河北万全县212名学生，共计88880元；社会人士和“透明爱”通过学校资助万全县299名学生，共计146500元，由北京华育助学基金会对捐资助学活动进行监管，保证捐资助学资金使用公开透明。2013年，学校关工委接收25所高校捐赠的12519套军训服，捐赠给河北省张家口市和承德市贫困地区的学生。11月21日，学校关工委主任李石柱、关工委秘书长王秀华出席了北京市教育系统关工委在河北承德举行的捐赠仪式并介绍捐赠军服情况。

（撰稿人：申云贵　王秀华）

信息网络

【概况】

2013年信息中心进一步完善了学校“智慧校园”建设工作架构和学校信息化建设顶层设计工作，制定完成了学校信息化建设管理办法。

【校园网建设】

信息化建设顶层设计工作。由信息中心牵头，组织学校各部门进行信息化设计，并召开座谈会进行论证。整合各个部门建设需求，制订了学校信息化建设顶层设计方案。

“智慧校园”建设。信息中心就“智慧校园”建设方案在4月召开专家论证座谈会，征求校内外专家意见，并报校长办公会审批，确定了“智慧校园”建设方案。方案包括建设目标、技术方案和实施方案等，并确定了分年度具体建设项目。

“数字校园”建设。完成了学生综合管理信息系统、校友管理信息系统、研究生管理信息系统和人事管理信息系统的建设任务。

“一卡通”系统维护。卡务中心人员定期对POS机、水控器、圈存机、通道机、读卡机等“一卡通”配套设备逐一测试调整，确保“一卡通”系统的正常运行。

信息化专项建设。全年完成6项信息化专项建设，金额为1067万元。包括办公区域网络改造、新学科综合楼（崇德楼）有线网络、新学科综合楼（崇德楼）无线网络、新学科综合楼（崇德楼）“一卡通”系统、新学科综合楼（崇德楼）数据机房一期、云计算系统（2013年追加项目444万元）。

邮件系统更新。用户容量由原来的100M加大到2G，其中邮件1G，网络硬盘1G；安全性能进一步提高，并提供反查邮件功能；用户界面更加友好，并同时提供手机客户端的收发邮件功能。

网络光纤紧急维修。5 月，新学科综合楼（崇德楼）施工中，将学生宿舍的网络光纤挖断，造成了学生公寓网络中断。信息中心一方面积极做好解释工作，一方面积极联系网络公司进行维修。24 小时内完成了线路修复工作。

【校园网管理和服务】

起草完成《北京物资学院信息化建设管理办法》，提交校长办公会通过。为相关部门提供网络支持。主要包括：招生网络保障、数字迎新系统维护、高考录取查询系统开发、校内照片资源库系统开发、新生“一卡通”照片采集、OA 系统培训、校医院系统“一卡通”支持医保卡网络接入、绿色校园建设网络支持等。对学校无线网络接入状况及环境进行全面调研，提出了无线网络管理初步方案。信息中心提供全年早 8 点至晚 9 点人工服务，为师生提供技术支持，包括开户、交费、报修、答疑、笔记本电脑维护、制作双绞线接头、安装系统和杀毒软件等。卡务中心在工作日提供早 9 点至晚 5 点的人工服务，包括制卡、挂失、解挂、充值等。自助圈存机提供 24 小时服务。

（撰稿人：梁培　张焕鹏）

图书馆

【概况】

2013 年，图书馆落实学校“建设高水平特色型大学”目标定位，以继续推动新馆建设为契机，以保证日常图书馆运行向新馆顺利过渡为目标，组织完成京内外高校图书馆、公共图书馆的“新馆建设专项调研”；完成新图书馆馆舍布局与功能设计方案；完成新图书馆 1566 万元的 8 个专项项目申报；正式启动新馆搬迁前的文献整理工作；召开学校图书情报工作委员会工作会议；召开图书馆资源与信息化建设研讨会；完成金盘图书管理系统更换工作；由图书馆分工会牵头成立北京物资学院读书协会；组织全体馆员参加了第九届北京地区高校图书馆运动会，获得优秀组织奖；开展图书馆文献资源利用读者调查问卷活动；举办国家图书馆进校园免费办证与现场咨询活动；通过举办书展和组织教师现场采购加强文献资源建设；读者信息素质教育活动继续丰富；积极选派工作人员参加各种行业内交流与培训活动，提高现有人员业务素质。

【党建与工会工作】

图书馆党建、工会与行政工作三者关系始终贯彻“分工有合作，和谐促发展”的理念，党组织与工会坚持围绕图书馆中心业务开展活动。2013 年，图书馆党总支首次申报了校内“新馆建设”特色活动基金，以此展开各项工作，包括：与参考咨询部合作完成新生入馆教育，与工会合作组队参加北京地区高校图书馆第九届运动会，与采编部合作举办“第三届金秋书展”，与行政合作组织党员群众共同参与心理素质拓展培训，与业务部门合作开展新馆专题调研，集中购买党建内容书籍构建学习型党总支等。工会工作在党总支的领导下、在行政的支持下开展得有声有色：参与图书馆重大事项调研、讨论和决策，建立和完善工会工作档案，向学校教代会提交3份提案，为雅安地震灾区募捐1700元，建设80%以上职工参加的图书馆信息发布平台，坚持组织全体职工做工间操，协助校工会或独立开展职工文体活动，成立北京物资学院读书协会等。

【馆藏资源建设】

将馆藏资源建设重点放在调整馆藏结构、提高馆藏品质上，特别是为图书馆上马无线射频技术（RFID）项目首次进行了馆藏图书盘点整理工作，不断充实完善具有北京物资学院特色的馆藏资源体系。图书采访规划与细则经几次修订，在6月召开的图书馆资源与信息化建设研讨会上最终定稿。为更好地满足教学科研需要，图书馆积极拓宽采购渠道，采取图书书目预订、邮件、QQ读者荐购等多种途径与方式采访订购图书。组织教师赴王府井书店、北京人天书店现采基地进行中文图书现场采购。共采选各类图书1500余种，金额近16万元。11月，携手北京王府井书店举办北京物资学院“第三届金秋书展”。向读者发放问卷，就纸本资源和电子资源进行调研。减少中文图书复本量，增加品种数，减少大部头图书采购数量。中文期刊复本量统一由2册减至1册。期刊合订本装订限制在学科专业期刊范围内。报纸资源停止装订。截至2013年年底，图书馆完成各类资源建设费用总计4192759元，比2012年略有增加。其中，纸本资源经费2292759元，电子资源经费1900000元；基本经费1480000元，专项经费2712759元。订购中文图书37850册，加工中文图书8977种，订购外文原版图书816册，加工外文图书816册。馆藏中外文图书M ark数据增加9793条。纸本图书馆藏达到1012569册。中文过刊增加1727册，外文过刊增加173册，研究生论文增加40册。馆藏纸本资源总量达到1048288册。完成27种中外文数据库的续订与安装，其中中文数据库20种，外文数据库7种。完成2014年订购期刊目录征订工作。

【读者服务】

在传统服务的基础上不断拓展读者服务内容，形成两大亮点工作：召开学校图书情报工作委员会工作会议及图书馆资源与信息化建设研讨会、读者信息素质系列教育活动。学校图书情报工作委员会工作会议就新馆建设各项工作方案与进展进行了汇报与讨论，图书馆资源与信息化建设研讨会邀请院系代表畅所欲言发表意见；读者信息素质教育活动包括：多管齐下丰富完善新生入馆教育内容，如发放光盘、主页宣传、专门教师讲解及进馆参观；继续开展图书漂流活动；与实践周结合开展数字资源使用培训。此外，继续强化传统服务内容，尽量延长开放时间，阅览室每周开放时间达96小时，节假日不闭馆，全年进馆读者402357人次。图书馆网站访问数量

149655 次，各类数据库点击量 335321 次，较 2012 年均有提高。电子阅览室接待读者上机 4.5 万余人次，5.1 万余机时，较 2012 年大幅减少。全年借出图书 26887 册，续借 3477 册，还回 26451 册，与 2012 年基本持平。期刊阅览 18958 人次，报纸阅览 27010 人次，光盘借阅 190 张，光盘拷贝 836 张，并提供了相当数量的复印服务。参考咨询部举办“国家图书馆进校园开展免费办证与现场咨询”活动，并在日常回答读者电话、邮件提问近 300 人次，组织试用数据库 11 种。文印部复印各类文件 80 万余张，速印 20 万余张，为各院部装订书籍、手册、讲义及论文 9000 册。

【信息化与数字化建设】

继续加强网络化与数字化建设，顺利完成 2013 年额度为 190 万元、品种为 17 种的数据库专项经费的招标采购，全部为续订。合并整理后图书馆数据库品种数为 26 种，其中中文数据库 19 种，外文数据库 7 种。完成北大法宝数据库、人大报刊复印资料数据库及新东方多媒体数据库子库的追加项目申报。将图书馆现有图书管理系统清大新洋 GLIS 系统更换为金盘图书管理系统，增加了 RFID 接口、图书文献盘点、精细化统计等项功能，为新馆业务提升打下良好基础。暑假期间，电子阅览室和中心机房实施检修与改造，更换网线与配件，清理电脑病毒。图书馆数字资源校外访问系统运行平稳，注册用户数稳步增加。新馆信息化项目申报成果显著：2013 年专项项目获批的有 4 项，审定金额总计 549 万元，包括新图书馆机房建设项目 109 万元，自助电子阅览室建设项目 146 万元，RFID 系统建设项目 155 万元，图书馆管理系统及扩展应用项目 139 万元；2013 年追加项目 1 项，RFID 二期工程 142 万元，用于购买新图书馆自助服务相关设施设备；2014 年专项项目 3 项，申报金额总计 874 万元：家具 579 万元、新图书馆辅助设备 182 万元、播报系统 113 万元。所有申报项目将于 2014 年随着新馆馆舍的竣工逐一落实。

【附录】

北京物资学院 2013 年图书馆纸本馆藏统计表　　单位：册

类　别	上年累计	2013 年新增	2013 年累计
纸本图书	973903	38666	1012569
合订期刊	27647	1900	29547
合订报纸	4338	0	4338
剪　报	323	0	323
硕士学位论文	132	40	172
接受赠书	1339	0	1339
总　计	1007682	40606	1048288

（撰稿人：单世侠　许春燕）

档案管理

【概况】

2013 年，学校档案馆接收整理档案 100 卷 5120 件，馆藏档案累计达 4832 卷。档案提供利用 240 次，校史馆接待参观 47 次共 1415 人。档案馆办公用房使用面积 $24m^2$，档案库房使用面积 $60m^2$。有计算机 3 台，打印机 1 台，复印机 1 台，投影仪 1 台，传真机 1 台。五节档案柜 38 组，组合文件柜 5 个。

【制度建设】

编辑印刷《北京物资学院档案工作手册》，发给全校中层干部和档案员。该手册编入《中华人民共和国档案法》《普通高等学校档案管理办法》《北京物资学院档案管理暂行办法》等法律法规制度 16 件，初步形成学校档案工作制度体系。

【档案收集】

全年接收整理档案 100 卷 5120 件，其中党政管理档案 41 卷 737 件，教学档案 59 卷 4363 件，实物档案 20 件；新增电子档案 1. 8GB。截至 2013 年年底，馆藏档案达到 4832 卷，电子档案 33. 7GB。

【档案提供利用】

全年档案提供利用 240 次，其中为校办、人事处、学生处、教务处、资产处、基建办、经济学院等部门查阅档案 26 次，为校友查阅复制学籍档案、开具档案证明及为用人单位核实求职者学历学位等 214 次。

与党委宣传部合作，编辑出版《墨香·物院》。上册辑录党和国家领导人、学校主管部门领导题词 25 幅，著名书画家书法绘画作品 60 幅；下册辑录学校师生员工和校友书法绘画作品 50 余幅，篆刻作品 23 方。

【校史馆】

全年新增展品 20 件。调整充实了部分展览内容。接待参观 47 次共 1415 人，其中接待上级领导和企业家、友好单位参观 8 次共 68 人，接待校友集体返校参观 5 次共 148 人，配合新生入学教育活动 34 次共 1199 人。配合校工会、校友工作办公室组织了 2 次书画笔会。

（撰稿人：艾洁　胡瑞旺）

校友联络

【概况】

2013 年校友会按市民政局《社会团体登记管理条例》要求，按时按质完成年度上报工作及年检。在继广东、福建、上海、江苏、河南、四川 6 个地区校友分会成立后不断推进地区校友会组织建设，目前一共建立有 10 个省市校友分会组织。2013 年又推进了天津、浙江、湖北、山西、辽宁 5 个地区校友会筹备工作。2013 年陪同领导参加广东、河南、上海、广西 4 个地区校友年会，利用年会宣传母校，搭建地区校友交流平台。

【秘书处工作】

制度建设。出台《关于北京物资学院成立二级学院校友分会的若干意见》，进一步推进建立二级学院校友工作机制。在各学院配合下，2013 年又聘任 51 名毕业生为校友绿鸽。为全体毕业生赠发信息联络卡及各地校友会联系方式，为校友数据库信息的动态更新打下坚实基础。

网络建设。4 月，物院校友会新版校友官网上线。5 月，物院校友信息数据库专项建设结项。校友会联合学校信息中心，对各学院校友工作联络员，就校友信息数据库的使用、维护和更新等进行了培训。

主要活动如下。

6 月 26 日，学校校友总会召开秘书处第一次扩大会议，党委副书记沈小静、副校长王志鸣出席会议。会议围绕如何建立北京地区校友工作机制、如何建立联系校友与促进毕业生就业工作双向互动机制等议题进行了讨论。

9 月 29 日，校党委副书记、校友会常务副会长沈小静，原物资管理系主任、北京物资学院院长张声书等拜访原院党委书记、北京经济学院院长卫佐民，副院长臧吉昌，教务长高明凯，原物资管理系教师李京文院士，党总支副书记王秀彤等，就筹备召开物资管理系成立 50 周年座谈会征求意见和建议。

11 月 1 日，党委副书记沈小静主持召开校友总会秘书处会议，听取近期校友会工作汇报。与会人员围绕“共同谋划组织，促进校友活动蓬勃开展”等内容进行了讨论。

11 月 13 日，校友会秘书处在国交中心组织召开志愿者暑期走访校友活动展示评比会。

【重要会议】

10 月 13 日，举行物资管理系成立 50 周年座谈会。出席会议的领导有：中国物流与采购联合会会长何黎明，中国证监会主席助理、84 级校友吴利军，党委书记李石柱，校长王旭东，中国工程院院士、物管系首批教师李京文，学校原党委书记、物管系副主任阙光淮，原校长、物管系主任张声书，原副校长、物管系副主任王之泰，原校长、77级校友陈宏，原物管系总支书记赵占发，原物管系副主任张锡成和原物管系总支书记邵俊亭。来自海内外的物管系校友及在校师生代表等300余人参加大会。大会由校党委副书记沈小静主持。

12月22日，学校召开地区校友会负责人工作会议。校领导王旭东、沈小静、王志鸣、赵凤琴出席会议。来自广东、江苏、上海、福建、河南、四川、广西、重庆、河北、浙江、辽宁、安徽和北京的校友会负责人共40多人参加会议。下午，召开各地校友交流座谈会。校领导李石柱、沈小静、王志鸣出席。座谈会针对地区校友会工作进行研讨。各地区校友会负责人及校友代表40余人参加座谈会。

【地区校友会】

1月15日，北京校友会举办首次校友交流联谊活动。活动由北京校友会常务副会长张登祥主持。一德期货公司总经理吕拥华校友提供赞助。校长王旭东、党委副书记沈小静出席活动。校友会秘书长傅强、教育基金会秘书长刘新军、北京校友会常务理事张鸣，校友工作办公室主任余茜、北京校友会会长虞彤、常务副会长张登祥、秘书长张铭卫，以及来自北京校友会常务理事近40人参加交流活动。

8月17—18日，河南校友会第三届年会在黄河风景名胜区召开。学校代表胡占君、刘新军、余茜出席会议。河北、四川、江苏、福建、安徽校友会代表到会祝贺，上海、广东校友会发来贺信表示祝贺。河南校友会会长彭鑫及80余位物院校友参加会议。

9月14—15日，广东校友会第十四届年会在北京师范大学珠海校区召开。副校长刘丙午出席会议并讲话。学校代表刘新军、余茜、珠海物流学院相关领导和教师出席会议。四川、北京、江苏、云南校友会代表，以及广东地区共140名校友出席年会。大会由广东校友会副秘书长乔永成主持。

11月30日，上海校友会第六届年会暨换届大会在上海浦东举行。学校校友会常务副会长、党委副书记沈小静，校友会顾问、原校长张声书教授，李亚雄教授出席会议。校友总会余茜和广东、福建、北京、江苏、广西、辽宁、安徽、上海校友会代表70余人参加会议。

12月7日，广西校友会第二届年会在柳州市举行。学校校友总会常务理事、原工商管理系主任张锡成教授出席会议。校友工作办公室主任余茜、上海校友会会长顾哲及广西地区的校友代表40余人参加会议。

12月21日，北京校友会2014新春座谈会在深圳大厦召开。党委副书记沈小静和原校领导张声书、陈宏、刘仲仁、龚树生出席会议。校友办主任余茜及来自广东、江苏、上海、福建、河南、四川、广西、重庆、河北、浙江、辽宁、安徽和北京校友会负责人40余人参加座谈。

【服务学校】

学校法律顾问、89届会计系校友侯小晶，设立“仁和奖学金”。奖学金总额人民币12万元，分4年投入，每年3

万元，用于奖励商学院和校友志愿团表现突出、成绩良好、宿舍卫生整洁的学生。

校友办认真做好校友奖助学金的评选管理和支付工作。协助学生处、商学院、劳法学院、经济学院举办校友讲座。协助宣传部、组织部借校友平台开展问卷调查和征文活动。联系组织了3次校领导与钢贸行业、通州区等行业校友的联谊活动。

【服务校友】

开展走访校友活动。7月，校友会开展主题为“关注校友足迹，传承物院精神”的暑期走访校友活动。招募61名志愿者编成9个小组，分别前往广东、上海、江苏、福建、河南、四川、河北、广西、北京等地区走访61位优秀校友，撰写57篇采访文章。12月，组织走访成果宣讲展示，各小组分别到各学院对大一新生巡讲，宣传优秀校友事迹，培育在校生的校友意识。

接待校友返校聚会。接待7个班级的375名校友返校聚会，为校友参观校园、校史馆、物流博物馆提供讲解和服务，并联络邀请相关老师共同举办了3次校友座谈会。2013年，校友为学校捐赠14.3万元。其中，原企业管理系1989级校友集体捐赠2万元，在崇德楼前种下一片象征校友爱心的“89企管红树林”。

（撰稿人：余茜）

机关党建和工会工作

【概况】

机关党总支所属党政职能部门19个，有教职工116人，党支部7个，中共党员83人。在学校党委的领导下，机关党总支承担学校党政机关基层党组织建设任务，领导机关分工会工作。2013年，机关党总支以换届选举为契机，结合机关各部门工作特点，继续狠抓支部建设和党员队伍建设，组织党支部和党员参加党的群众路线教育实践活动，圆满完成学校第二次党代会党委委员、纪委委员推荐和党代表选举工作，机关党总支的凝聚力和战斗力不断增强。

【党建工作】

机关党总支所属党支部7个，中共党员83人，转正2人。2013年，机关党总支继续抓好理论学习，特别是机关党总支理论中心组的学习，全年共召开党总支委员会和党总支扩大会10余次，完成了各项学习任务。

机关党总支完成换届选举工作。机关党总支按照学校党委的统一部署于2013年5月2日召开了机关党总支的换届选举大会。机关党总支共有党员84人，有选举权党员84人，选举当天到会79人。经全体党员投票，大会选举新一届的机关党总支委员会委员 7 人，分别是：傅强、季靖、荀萍、牛莉萍、孙静、卢长永、韩莹莹。经党委研究决定任命傅强为机关党总支书记，季靖、荀萍为副书记。

机关党总支与机关分工会合作举办“纪念建党 92 周年——歌唱祖国歌唱党”主题党日活动。主题党日活动通过歌曲、舞蹈等艺术形式歌颂了中国共产党的丰功伟绩，唱出了机关干部对伟大祖国的美好祝愿。党日活动增强了机关党总支的凝聚力，展现了机关党员的精神风貌。

开展党的群众路线教育实践活动。机关党总支按照学校党委的统一安排，积极部署落实党的群众路线教育实践活动的各项工作，领会上级精神，明确工作任务，重点解决“四风”方面的问题，以作风建设为契机，推动机关整体工作上一个新的台阶。

完成北京物资学院第二次党代会机关党总支党代表的选举工作。按照学校党委的安排，北京物资学院第二次党代会定于 2014 年 1 月召开。机关党总支在校党委的领导下，按照《普通高等学校基层组织工作条例》的要求，经“三下三上”的选举过程，共产生代表机关党总支出席学校第二次党代会代表 27 人，圆满完成党代表的选举工作。

（撰稿人：卢长永　傅强）

【工会工作】

机关分工会概况：机关分工会由 20 个处级单位组成，会员总数 127 人，其中，新入会会员 15 人（在编人员 9 人，非在编人员 6 人）。

机关分工会组织机构：分工会主席张素珍，副主席卢长永，组宣委员周文峰，体育委员呼杰，文艺委员牛莉萍，生活委员李丽，女工委员徐珊梅。

积极组织文体活动：2013 年 5 月，在学校举行的第九套广播操展示活动中，机关分工会荣获一等奖。与机关党总支合作举办“纪念建党 92 周年——歌唱祖国歌唱党”主题党日活动。

做好非在编人员的入会工作：2013 年有 6 名非在编职工加入工会。

（撰稿人：张素珍）

第九篇　党建与思想政治工作

组织工作

【概况】

2013年组织工作，坚持以邓小平理论、“三个代表”重要思想、科学发展观为指导，深入学习和全面贯彻党的十八大、市十一次党代会、北京市和高校组织部长会议精神，认真落实《中国共产党普通高等学校基层组织工作条例》和《北京市实施〈中国共产党普通高等学校基层组织工作条例〉的办法》，加强领导班子和干部队伍建设，加强学习型、服务型、创新型党组织建设，为推进学校事业科学发展提供坚强的思想、政治和组织保证。

配合学校事业发展需要，完成部分空缺岗位干部聘任；为筹备召开中国共产党北京物资学院第二次代表大会做好充分的准备；深入开展党的群众路线教育实践活动，领导班子和干部队伍作风建设取得明显效果。

党委组织部设部长1名、副部长1名、专职组织员1名，组织统战管理员1名。

（撰稿人：荀萍　宋晓欣）

【党组织基本情况】

学校共有党总支12个，直属党支部2个；党支部87个，其中：教工党支部37个，学生党支部39个，离退休党支部11个。2013年年底共有党员1573名，其中：在职教职工党员412名，占教职工总数的62.42%；学生党员874名，占学生总数的13.34%（本科生党员653名，占本科生的10.16%，研究生党员277名，占研究生的44.97%）；离退休党员196名。

【党员发展工作】

学校党委坚持以《中国共产党章程》和《中国共产党发展党员工作细则（试行）》为指导，贯彻执行“坚持标准，保证质量，改善结构，慎重发展”的工作方针，有领导、有计划地做好党员发展工作。2013年根据上级指导性计划要求，全年共发展党员396名，其中，教职工党员5名，学生党员391名（本科生党员358名，研究生党员33名）。

（撰稿人：张素珍　宋晓欣）

【基层组织工作】

为迎接中国共产党成立92周年，进一步加强学生党建工作和大学生思想政治教育工作，在青年学生中树立身边的榜样，巩固“我的中国梦”主题教育成果，2013 年学校在全体学生党员中评选出 10 名优秀学生共产党员。分别是经济学院：李文君，物流学院：康文策，商学院：侯宇星、朱迎雪，劳动科学与法律学院：韩雪燕、张琳，外国语言与文化学院：张潇然，研究生部：郄海拓、张馨予、张静。

2013 年“七一”期间，按照市委组织部、市委宣传部、市慈善协会在全市范围内组织开展“共产党员献爱心”捐献活动的工作安排，学校扎实开展捐款活动，共捐款 32995 元。

【基层组织活动】

2013 年 3 月党委组织部、宣传部联合发文通知，组织动员广大党员干部群众积极参与学习党的十八大报告和党章知识竞赛活动。

2013 年共有 22 个基层党组织申请特色活动基金项目 22 个，通过评审委员会评审最终立项 13 项，并于 12 月底前开展相关活动并顺利结项。

学校在“七一”前后，组织开展庆祝建党 92 周年系列活动，唱响共产党好、社会主义好、改革开放好、伟大祖国好、各族人民好的时代主旋律，激励全校各级党组织和师生员工精神饱满地投身于教学、科研、管理和服务工作，为加快学校各项事业科学发展贡献力量。纪念活动包括开展党建工作研讨，开展纪念建党 92 周年教育培训活动，贯彻落实大学生党建工作会精神，开展“共产党员献爱心”捐献活动，开展走访慰问活动，参加市委组织部和市委教育工委组织的纪念活动，以总支为单位开展多种形式的纪念庆祝活动等。

为纪念中国共产党成立 92 周年，鼓励青年教工党员充分发挥才干、凝聚共识，共筑物院梦，学校召开“中国梦、物院梦、我的梦”青年教工党员主题座谈会。来自教学和管理一线的 30 余名青年教工党员参加会议。党委书记李石柱、副书记沈小静出席，宣传部部长孙杰、人事处处长刘耀京、组织部副部长荀萍参加座谈，会议由组织部部长宋晓欣主持。

【干部选拔任用】

1 月 14 日，根据离退休党总支换届选举结果，经学校 2013—1 次党委会研究决定：任命王秀华为离退休党总支书记（兼），申云贵为副书记（兼）。

1 月 14 日，经学校 2013—2 次党委会研究决定：杨蓉自 1 月 28 日起不再担任机关党总支书记、正处级调研员职务，按规定办理退休手续。

1 月 26 日，经学校 2013—4 次党委会研究决定，报市委教育工委同意，任命邬跃为北京物资学院院长助理兼现代物流产业研究院院长。

2 月 25 日，经学校 2013—5 次党委会研究决定，任命张旭凤为国际学院执行院长（正处）。

3 月 4 日，经学校 2013—6 次党委会研究决定：批准杨蓉辞去党委委员职务。

3 月 25 日，经学校 2013—9 次党委会研究决定：任命刘永胜为研究生部主任，刘丙午不再兼任研究生部主任职务；任命韩振节为基建办公室主任，任命孙杰为党委宣传部部长。

4 月 15 日，经学校 2013—12 次党委会研究决定：任命王晓平为物流学院科研副院长，任命李华为外国语言与文化学院党总支副书记，任命续杨为学生工作部副部长兼学生处副处长。

4 月 22 日，经学校 2013—13 次党委会研究决定，任命王彦英为体育教学部副主任。

5 月 13 日，经学校 2013—15 次党委会研究决定：任命刘新军为现代物流产业研究院副院长，免去其现代物流创新园筹建办公室主任职务。

5 月 13 日，根据机关党总支换届选举结果，经学校 2013—15 次党委会研究决定：任命傅强为机关党总支书记（兼），季靖、荀萍为副书记（兼）。

5 月 20 日，经学校 2013—16 次党委会研究决定：任命胡伟为经济学院党总支书记，免去其学校办公室主任职务；赵娴不再兼任经济学院党总支书记。免去刘永胜商学院党总支书记职务。

6 月 3 日，经学校 2013—18 次党委会研究决定：任命梁晨为教务处副处长。

6 月 17 日，经学校 2013—19 次党委会研究决定：任命毛文富为物流学院党总支副书记，免去王晓平物流学院党总支副书记职务。

6 月 24 日，根据试用期满考核结果，经学校 2013—20 次党委会研究决定：解进强结束试用期，任劳动科学与法律学院副院长。

7 月 1 日，经学校 2013—21 次党委会研究决定：任命顾国爱为副处级调研员。

11 月 5 日，经学校 2013—28 次党委会研究决定：陈建中自退休之日起不再担任杂志社总编职务。

12 月 9 日，经学校 2013—37 次党委会研究决定：任命郝玉柱为杂志社总编。

截至 2013 年 12 月 31 日，学校共有处级干部 88 名。其中，正处级干部 41 名，副处级干部 47 名。

【干部挂职锻炼】

4 月，学校党委推荐财务处副处长徐建国到北京市教委挂职担任财务处副处长；选派外语学院黄爽、劳动科学与法律学院苗静、学生处魏巍，参加北京市 2013 年博士生（后）、青年教师、辅导员挂职，7 月，推荐副处级调研员顾国爱赴西藏拉萨市委党校挂职。

【干部管理】

2013 年，学校党委继续加强干部管理的规范化、制度化，重申处级干部管理相关规定、干部离任交接制度、干部离京请假报备制度，执行干部年度考核、试用期满考核、干部谈话、领导干部个人有关事项报告等制度要求。

【干部考核】

2013 年度干部考核工作于 2014 年年初进行。2014 年 2 月发布《2013 年度北京物资学院处级领导班子和领导干部考核工作方案》，学校党委常委会 2014—8 次会议研究决定，优秀处级单位 10 个、优秀处级干部 16 人，并对尚珂、张耀荔给予通报表扬 1 次。

【人才工作】

2013 年，继续组织北京市人才资助项目申报工作，刘玉奇、张军、闫俊、阎芳、唐秀丽 5 位教师获得资助，资助金额共计 22 万元。

2013 年底，学校根据市委组织部统一部署继续开展“人才京郊行”工作，选派物流学院胡贵彦赴平谷马坊物流基地挂职。

（撰稿人：徐锋利　宋晓欣）

【党校工作】

以开展创建学习型、创新型领导班子建设活动为载体，开展干部教育培训。6 月 17—30 日，组织第二批处级领导干部 17 人赴香港理工大学参加轮训；9 月 3—6 日，结合党的群众路线教育实践活动主题，与中央党校联合举办处级以上干部培训班。

针对入党积极分子和党员培训实行分类办班。校级党校举办 2 期入党积极分子高级班，培训发展对象 680 人；为 310 名毕业生党员举办专题培训班 1 期。各学院二级党校举办 7 期入党积极分子初级班，培训学员 1345 人。全年编印《党校简讯》12 期，内容涵盖理论、实践、感想等方面。

（撰稿人：张素珍　宋晓欣）

【党代会筹备】

9 月 11 日，学校党委下发《中国共产党北京物资学院第一届委员会关于召开中国共产党北京物资学院第二次代表大会的决议》。9 月 22 日，学校党委向中共北京市委提交《关于召开中国共产党北京物资学院第二次代表大会的请示》。10 月 8 日，中共北京市委组织部作出《关于同意中共北京物资学院委员会进行第二次党员代表大会筹备工作的批复》（京组字〔2013〕145 号），原则上同意学校 2014 年 1 月召开第二次党员代表大会，学校第二次党代会筹备工作正式启动。

10 月 10 日，学校党委印发《中共北京物资学院委员会关于筹备召开中国共产党北京物资学院第二次代表大会的通知》，成立了筹备工作领导小组和工作机构。

按照《关于中国共产党北京物资学院第二次代表大会代表选举工作的通知》的要求，各选举单位严格按照民主程序，组织所属党组织采取自下而上、上下结合、充分酝酿协商的办法，提出代表候选人推荐名单，经过学校党委代表资格审查小组审查，119 名代表符合代表条件，准备提交第二次党员代表大会预备会议审查通过。

在学校党委的直接领导和党委书记、纪委书记主持下，组成党委工作报告和纪委工作报告 2 个写作班子，进行党代会报告的起草。在深入调查研究、广泛听取各方面意见的基础上进行了报告起草工作，先后召开了 7 次共有 100 多名基层单位党政负责和党员代表参加的征求意见座谈会，并征求了学校党委委员、纪委委员和相关单位负责人的意见，分别经学校 2013 年第 38 次党委会、第 36 次党委会讨论通过，形成送审稿，准备提交第二次党员代表大会审查通过。

按照《关于做好中国共产党北京物资学院第二届委员会和纪律检查委员会委员候选人提名推荐工作的通知》的要求，经过上下结合、反复酝酿的推荐，学校党委根据多数党组织和党员的推荐意见，提出了第二届党委委员候选人初步人选，第二届纪委委员候选人初步人选；在考察的基础上，学校党委召开党委会确定了党委委员、常委、书记、副书记候选人预备人选名单和纪委委员、书记、副书记候选人预备人选名单，报经中共北京市委审批同意。

截至2013年年底，第二届党代会各项筹备工作进展顺利，为按期召开奠定了组织基础。

【附录】

北京物资学院2013年处级干部结构表

项目	合计	分类				学位			专业技术职务（称）		最高学历				全日制学历			
		女	少数民族	中共党员	民主党派	博士	硕士	学士	高级	中级	研究生	大学本科	大学专科	中专及以下	研究生	大学本科	大学专科	中专及以下
总计	91	36	4	79	1	27	40	14	61	30	65	25	1		50	25	8	8
正处级	40	14		38	1	7	18	9	29	11	23	17			13	16	4	7
调研员	1			1					1				1				1	
副处级	47	21	3	38		19	21	5	29	18	40	7			35	8	3	1
副调研员	3	1	1	2		1	1		2	1	2	1			2	1		

（撰稿人：徐锋利　宋晓欣）

统战工作

【概况】

2013年党委统战工作，深入贯彻十八大和十八届三中全会精神，加强党外代表人士队伍建设，搭建多层面联系交友平台，指导民主党派开展工作，发挥人大代表、政协委员的参政议政作用，抵御和防范宗教渗透。坚持围绕中心，服务大局；围绕发展，凝心聚力；围绕稳定，促进和谐；围绕改革，创新工作。抓好统战基础工作，为建设高水平特色型大学提供和谐环境和政治保障。

党委统战部与组织部合署办公。设部长1名、副部长1名、组织统战管理员1名。

【党外代表人士工作】

学校共有党外人士127名，其中党外代表人士27名。民盟市委后备干部1名、民建市委后备干部2名、致公党市委后备干部1名，10名被纳入通州区党外代表人士库重点培养。

【民主党派建设】

学校共有民主党派组织6个，其中有民盟物院支部、民建物院支部和致公党物院支部3个党派支部，并有民革物院小组、民进物院小组和九三学社物院小组3个党派小组。共有民主党派人士78名：其中中国国民党革命委员会6名、中国民主同盟22名、中国民主建国会29名、中国民主促进会9名、中共致公党8名、九三学社4名。无党派高级知识分子65名。2013年民主党派发展新成员1名。

党委为民主党派开展活动提供场地、设施、新闻宣传等全方位服务，在崇德楼专门开辟党派活动室，并利用应邀出席会议的机会引导各民主党派围绕学校发展、支部建设和师生关注热点等开展各种活动。12月18日，民建物院支部举行了年度总结暨学习和践行十八届三中全会精神活动。

【学习培训】

党委统战部积极搭建与其他高校党外代表人士之间交流对话的平台，推荐祝映莲参加市委教育工委统群处组织的党外代表人士培训班赴天津交流学习。暑期民主党派负责人参加了通州区委统战部组织的党派培训班。

8月12—17日，党委统战部开展统一战线赴延安教育培训活动，组织党总支书记、统战委员，党外代表人士到革命圣地接受教育，为党外代表人士提供了社会实践的机会，巩固了广泛的统一战线，达到了中国共产党与党外代表人士“思想上同心同德、目标上同心同向、行动上同心同行”的教育目的。

【建言献策】

党委支持党外代表人士参政议政。党外代表人士担任北京市政协委员1名；担任通州区人大代表1名，通州区政协委员5名（另有中国共产党党员担任通州区政协委员1名）。在1月召开的政协北京市通州区第五届一次会议上，邹晓美委员提出的《关于加强通州国际新城节约用水、循环用水的提案》《关于通州职业教育发展要与国际新城同步建设的提案》，杨狄等委员提出的《关于解决我区城市化进程中农民工子女教育问题的提案》被评为2012年度优秀委员提案，受到表彰。6月19日，邹晓美被北京市公安局监所管理总队聘为首都公安监管场所特邀监督员。10月，尚珂被通州区司法局聘为特邀监督员。12月，尚珂被北京市政府聘为特约人员，任北京市人民检察院第三分院人民监督员。

党委通过多种形式向党外人士通报工作、征求意见和建议，发挥参政议政和监督作用。1月10日，校级领导班子和领导干部考核述职测评会特邀党外人士参加。4 月 24 日，第四届教职工代表大会暨第四届工会会员代表大会三次会议特邀党外人士参加。8 月 19 日，党的群众路线教育实践活动启动仪式特邀党外人士参加。

【党外干部培养选拔】

党委重视从党外人士中选拔干部，2013 年处级干部中党外代表人士占 14.6%，其中民主党派成员 6 名、无党派人士 7 名。

【民族宗教工作】

截至 2013 年 11 月，共有少数民族教职工 51 名、学生 629 名；少数民族预科班学生 24 名。

【女教授协会工作】

首都女教授协会理事、首都女教授协会北京物资学院分会会长由党委副书记沈小静兼任。截至 12 月底，女教授协会共有成员 126 名，其中教授和副教授 109 名，占总人数的 86.5%；处级以上领导干部 40 名，市区两级人大代表、政协委员 6 名。

3 月 8 日，党委统战部、女教授协会联合致公党物院支部共同举办“礼仪于外 德诚于中——教师礼仪、形象设计、服饰搭配”培训，邀请致公党北京市妇委会副主任、礼仪培训专业人士刘贵萍为各民主党派成员讲解礼仪规范、进行形象设计。

5 月，党委统战部参与北京市妇联和首都女教授协会联合举办的“我的梦·中国梦——女性社会组织摄影作品展”。12 月，杨狄创作的摄影作品被首都女教授协会评为纪念奖。

12 月，党委统战部、学生工作部就业指导中心参加“北京市女大学生实习实践基地与高校毕业生工作对接”活动，为女大学生就业实习拓宽渠道。

（撰稿人：荀萍　宋晓欣）

宣传工作

【概况】

2013 年，学校宣传思想工作在校党委的正确领导下，以邓小平理论、“三个代表”重要思想和科学发展观为指导，全面贯彻落实十八大和十八届三中全会精神，在学校“对外开放合作，对内凝聚人心”工作方针指引下，扎实推进理论武装、文化建设、思想教育、舆论宣传工作，凝聚全校师生力量，塑造学校良好形象，为推动学校科学发展提供强大的思想保证、精神动力和舆论支持。

【理论学习与教育】

两级理论中心组学习。2013 年学校党委理论中心组共安排 3 个学习专题，主要内容包括党的十八大精神、十八届三中全会精神、习近平总书记系列讲话精神等专题，学习研究学校发展相关文件，研讨内部管理体制改革等。宣传部编制了十八大精神、教育规划纲要摘要、群众路线实践活动等 4 期手机报学习资料，作为两级理论中心组和中层干部的学习资料。有针对性地组织报告会和专题理论讲座 2 次，注重学习与实践相结合；邀请中央党校、教育部等部门专家围绕十八届三中全会精神、形势与政策宣传教育等主题内容作专题报告。通过理论学习，不断提高领导干部政治素质和理论水平，推动学校各项工作。

师生员工思政理论学习。学校紧紧围绕学习宣传贯彻党的十八大和十八届二中、三中全会精神，围绕深入宣传阐释习近平总书记系列讲话精神，以两级理论中心组为龙头，积极推动全校师生员工的政治学习和理论武装工作。发放《理性看 齐心办——理论热点面对面 2013》《中共中央关于全面深化改革若干重大问题的决定》《习近平重要讲话》等，做好学习服务工作，并通过组织举办宣讲会、讨论会、座谈会等多种形式，深入开展中国特色社会主义和中国梦宣传教育，巩固马克思主义在学校意识形态领域的指导地位，激励全校师生为实现中华民族伟大复兴的中国梦学习奋斗。

党的群众路线教育实践活动学习。根据校党委深入开展群众路线教育实践活动领导小组的统一安排和部署，通过校园网、校报、校广播台、宣传栏等载体对学习实践活动进行广泛宣传和动员，设置专题网页，编印活动简报 5 期，及时反映教育实践活动进展情况、实际效果和师生反响。在群众路线教育实践活动中，宣传部注意加强自身学习、广泛收集意见、积极查摆问题、认真整改并建立长效机制，以群众路线教育实践活动为动力，推进宣传工作上水平、上台阶。

【新闻宣传】

丰富宣传平台，建设多层次、立体化宣传格局。在新闻网、报纸、电视台、广播台、宣传栏、电子屏等传统媒体平台的基础上，宣传部一方面相继建设了手机报、微信平台、校报手机版、人民日报电子阅报栏等新媒体平台，使宣传平台满足师生的个性化阅读需求；另一方面不断更新完善传统媒体的传播功能，例如校园电视台开设月报新闻、时事专题，校园网不断更新完善板块，广播台与时俱进增减师生喜闻乐见的栏目，校报增加了对普通师生的关注报道更接地气，力求从各方面满足师生的不同需求，增加宣传的针对性和实效性。

配合学校重大主题活动，增强专题宣传报道影响力。综合运用校内外各类新闻媒体和舆论阵地与相关部门联合开展了党风廉政建设宣传教育月、第二次党代会、暑期社会实践、“我爱我家”建设教职工之家系列报道等主题宣传活动，并制作了 8 个专题网页。加大了对学术论坛、教学和人才建设等重大活动的宣传报道力度，在第七届中国 · 北京流通现代化论坛、第三届中国商贸企业流通发展论坛、第七届期货论坛、2013 年中美物流教育与研究合作论坛、物资管理系成立 50 周年等论坛会议召开期间，宣传部分别以发表社论、制作专题网页、校报出版专栏、制作视频宣传片、新闻网即时新闻、照片组图等方式进行大力宣传，同时积极与媒体沟通进行对外宣传，充分展现学校学术科研活动水平和学校品牌，塑造学校良好形象。2013 年对外新闻宣传共计 129 篇，进一步提高了学校的知名度和美誉度。

宣传师生先进典型，传播好正能量。坚持典型引路，通过校报专访、电视台专题栏目集中宣传报道了陈建中、吴尚义等教学名师代表，鞠红梅、谭加博等优秀青年教师代表，侯宇星、赵丽等青年先锋代表及优良学风班、“物友递”创业团队等，形成了物院榜样先进师生群体。推荐杨洪璋老师参加北京市及北京市教育系统“道德楷模”评选，在北京市乃至全国形成了一定影响。

【校园文化建设】

视觉识别系统建设。2013 年，为进一步加强校园文化建设，提升校园标识的科学性和规范性，科学诠释北京物资学院三十多年来的办学理念，充分体现办学成就、办学特色及人文精神，实现学校内在精神与外在表现的相互融合，党委宣传部牵头，组织相关公司设计了“北京物资学院视觉识别系统”，在征求广大师生员工意见的基础上多次修订完善，经由学校审议后正式投入使用。党委宣传部着力开展了规范使用视觉标识系统的宣传教育、专题培训及管理服务，学校各单位高度重视并认真实施《北京物资学院视觉识别系统管理手册》。经过一段时间的运行实施，学校视觉标识系统作为校园文化建设的重要组成部分，在提升学校形象、扩大学校影响、打造核心竞争力、增强凝聚力的重要作用正逐步显现。

重大活动的校园氛围营造。围绕各类论坛、党代会、教师节、党风廉政宣传月、“十二五”规划实施等重大活动，做好校园文化氛围的布置营造工作。做好宣传橱窗、阅报栏、刀旗等内容更新与管理，营造健康向上的校园文化。2013 年，制作更新橱窗展板 10 期，共计 200 多块；刀旗 4 期，共 120 多面；保持了阅报栏的及时更新。编辑印刷《传媒物院 2012》400 册、《学校画册》1000 册、《学校英文画册》600 册、《学校宣传折页》500 份、《墨香物院》1000 册，全面展示了学校办学和建设发展的新成就，进一步提升了学校的形象，学校文化建设展现新成果。宣传部积极申报参加北京高校最美校园评选活动，最终被市委教育工委评为“美丽校园”。

【宣传队伍建设】

一方面加强兼职通讯员的业务培训。2013 年，继续推进全校宣传思想工作专兼职队伍的建设。以建设一支政治强、业务精、作风正、纪律严的专兼职队伍为目标，不断完善制度机制，加强队伍培训，提高宣传队伍素质和水平，形成合力。另一方面加强兼职通讯员队伍管理。为进一步加强二级单位兼职通讯员队伍管理，鼓励通讯员多投稿、投好稿，宣传部组织召开兼职通讯员工作会议，培训新闻写作技巧、新闻网使用方法、摄影技术等，提高兼职通讯员新闻素养。

大学生记者团的内部建设。建设有一支 400 余人包含广播、电视、网络、报纸四大传媒的大学生记者团队伍。2013年，一方面邀请《人民日报》资深记者、中国传媒大学播音专业教师等校内外专业人员对大学生记者团学生开展采、写、编、播、摄等全方位培训，提高了学生记者的工作水平和新闻采、写、编、播能力，逐渐承担起校园重大活动的采写任务，从不同角度、不同层次报道校园各项活动。另一方面加大记者团内部建设力度，通过开展记者团内部交流、拓展和暑期社会实践活动及举办学校第一届主持人大赛等活动，锻炼队伍、加强沟通、增强合力。

（撰稿人：陈霄英　孙杰）

纪检监察工作

【概况】

2013年，学校纪检监察工作以党的十八大和十八届中央纪委二次全会精神为指导，认真贯彻落实习近平总书记关于反腐倡廉的重要讲话精神，坚持围绕中心，服务大局，全面推进惩治和预防腐败体系建设，坚持不懈地落实党风廉政建设责任制，进一步加强廉政风险防控管理三个体系建设，深入开展以为民务实清廉为主要内容的党的群众路线教育实践活动，圆满完成了各项工作任务，切实履行了为学校各项事业发展保驾护航的职责，发挥了重要的政治保障作用。

【反腐倡廉教育】

组织党员领导干部认真学习十八大报告和习近平总书记在十八届中央纪委二次全会上的重要讲话精神，加强党员领导干部纪律教育、廉政教育和警示教育。全面传达中央、教育部和北京市关于推进党风廉政建设和反腐败斗争的一系列重要指示和工作部署。

3月20日，学校召开党风廉政建设工作会，纪委书记赵凤琴作了题为《深入学习贯彻党的十八大精神、大力加强党风廉政建设和反腐败工作》的报告，重点分析了学校党风廉政建设和规范化管理方面存在的问题，王旭东校长强调了贯彻落实八项规定的重要性和学校实施办法相关内容。

学校纪委于5月中旬至6月中旬在全校开展以“树良好作风，建廉洁物院”为主题的党风廉政建设宣传教育月活动。5月22日，党委书记李石柱为全体党员作“改进工作作风，建设高水平特色型大学”主题党课辅导报告，廉政党课重点强调了加强作风建设与建设高水平特色型大学的关系，指出了干部队伍在作风方面存在的突出问题，为下半年开展好党的群众路线教育实践活动创造了有利条件。6月6日，学校举办专项廉政工作培训会，邀请北京市审计局经济责任审计办公室副主任曾晓冬为学校正处级干部、教授、财政专项负责人和重点岗位工作人员作廉政培训，重点强调了加强财务资产管理，完善经济决策和履行好领导干部经济责任，收到良好效果。

6 月 14 日，学校举办“清风物院——廉政法规和作风建设知识竞赛”，学校各党总支（直属支部）组成 15 支代表队，每队 3 人参加竞赛，竞赛分为预赛和决赛两个阶段，经过激烈角逐，图书馆党总支代表队最终获得一等奖，研究生部党总支代表队、外国语言与文化学院党总支代表队获得二等奖；劳动科学与法律学院党总支代表队、信息学院党总支代表队、物流学院党总支代表队获得三等奖。

认真开展廉政谈话，其中二级单位党政主要负责人谈话 40 人次，领导干部任前廉政谈话 16 人次，强调党风廉政建设责任和各项廉政规定，明确告知领导干部经济责任。

【制度建设】

在 2011 年编制《北京物资学院惩防体系建设制度汇编》的基础上，纪委新编制了《北京物资学院制度汇编（新增修订版)》，共编入制度 86 项。其中编入 2012 年和 2013 年新制定修订的文件 36 个，主要包括二级院（部）议事决策制度、二级教职工（代表）大会制度及规范人事、财务、基建、教务等重要工作的相关制度。

【作风建设】

协助党委制定学校贯彻落实中央“八项规定”和北京市实施意见的实施办法，完善了学校领导联系基层、联系群众制度，对改进调查研究、精简会议活动、切实改进文风、精简文件简报、加强出访管理、厉行勤俭节约，制止奢侈浪费等方面作出规定。

组织开展作风建设规定执行情况的专项检查，全面了解二级单位落实工作责任和执行相关规定的情况。结合反映出的问题，对相关部门班子和干部进行了严肃认真的谈话，对个别干部进行了严肃批评和诫勉谈话，并在学校党总支书记例会和行政工作例会上通报情况。认真执行月报制度，按时、如实汇报情况。通过上级查处违纪问题情况通报，在全校领导干部中严明各项纪律要求，确保在落实中央八项规定精神和市委十五条意见专项检查中没有发现违规、违纪问题。

【党风廉政建设责任制检查考核】

对全校各单位落实党风廉政建设责任制的情况进行检查考核。11 月下旬，在学校党委领导下开展党风廉政建设责任制落实情况的自查和检查工作。重点监督和检查党政主要干部在部门经费运行管理、资产管理、财政专项执行、各类科研经费管理等方面落实党风廉政建设责任制的情况，并按照相关指标体系进行了工作考核。各党总支（直属支部）提交了自查报告和《2013 年执行党风廉政建设责任制情况考核细则表》。全体校领导按照集中检查工作分工，带队对各党总支（直属党支部）党风廉政建设责任制落实情况进行了检查。

12 月 24 日，市委教育工委、市教委检查组对学校 2013 年党风廉政建设责任制落实情况进行了专项检查。检查组对学校党风廉政建设工作充分肯定、高度评价。

【监督检查】

进一步加强重点领域廉政监督。认真做好干部选拔任用、各类评优评奖、经费预算、物资采购、固定资产处置等方面的监督工作，对科研经费使用管理情况进行专项调研。规范监督程序和要求，着力解决监督环节后置和各种违规操作、违规审批问题，及时纠正各种不规范现象。有效加强过程监督，完善事前、事中、事后监督措施嵌入方式，使监督介入权力运行全过程。调整充实了党风廉政监督员队伍，进一步拓宽了监督渠道。

认真开展招生监察。纪检监察工作人员先后参加了艺术特长生测试、继续教育学院招生、研究生招生、本科生招生工作，坚持全程参与，落实过程监督，确保了“六公开、六不准、十严禁”的规定执行到位，切实落实招生工作全过程监督。

加强对干部选拔任用工作的监督。纪监审办公室全程参与监督学校处级及以下岗位的聘任工作，在聘任过程中，没有接到投诉或不良反映。纪委在认真核实情况的基础上向组织部门提供干部廉洁自律情况函12份，涉及16人，使干部监督工作得到落实。

【廉政风险防控管理】

2013年9月，纪监审办公室成功申请财政专项，研发网络化信息管理系统。以廉政风险信息化防控体系建设为带动，促进廉政风险防控管理三个体系建设整体思路和推进方案的形成，年底前已完成信息系统的平台建设，为推进权力结构科学化配置体系和权力运行规范化监督体系建设搭建了信息平台，提供了系统支撑，有效提升了学校廉政风险防控管理的信息化、科学化水平。

【专项治理】

根据市治理教育乱收费局际会议办公室的要求，学校认真开展了2013年春季学期开学教育收费和2013年秋季教育收费自查自纠工作。学校相关部门严格按照北京市教育委员会等七部门下发的《通知》要求，认真开展自查自纠，9个院、部，28个职能部门均对照自查内容逐项进行检查，自查率达到100%。凡有收费项目的部门按要求填写《自查报表》。学校自查工作领导小组重点检查了财务处、物流学院、继续教育学院、教务处、国际学院和研究生部等单位。

按照上级有关要求，纪监审办公室协同有关部门组织开展“会员卡专项清退”“公款吃喝”“超标配备公车”“三公经费开支过大”“损害涉农利益行为”专项整治工作。

【信访和案件处理】

全年共接到群众信访和上级机关转来的群众信访12件，针对信访举报反映的问题，纪检工作人员认真开展调查核实，严格按照相关程序和规定做好工作，保障信访渠道畅通，所有信访件全部结案。

（撰稿人：张莹　傅强）

学生工作

【概况】

2013年，学校学生工作坚持以科学发展观为指导，积极贯彻落实中共北京市委教育工委、北京市教委的工作部署，紧密围绕培养中国特色社会主义合格建设者和可靠接班人这一中心目标，以践行社会主义核心价值观为核心，以党建工作为龙头，以班级建设、队伍建设为重点，以学风建设为突破口，以校园和谐稳定为基础，不断完善信息化手段，坚持倾听学生声音，促进学业成功，助力学生成长，扎实有效地开展大学生思想政治教育和服务学生工作。2013届本科毕业生1493人，年末在籍本科生5934人。

【制度建设】

根据实际工作中存在的问题，修订《北京物资学院本科生奖励办法》《北京物资学院优良学风班建设达标办法》《北京物资学院学生素质评价办法》《思想政治教育教师岗位设置管理实施细则》；制订《北京物资学院“家校合作”工作实施方案》《大学生思想政治教育工作实施方案》和《学生党员先锋工程实施方案》。

（撰稿人：方玉　丁健）

【学生管理】

坚持每月统计学生基本情况。办理学生保留入学资格、改名、休学、复学、转专业、留降级、退学等学籍变动累计105人次，其中，保留入学资格1人次、改名7人次、复学14人次、休学25人次、休学（续休）6人次、退学19人次、留降级3人次、转专业30人次、处分违纪学生59人次。在管理过程中，注重推进日常工作联动机制，与校医院合作组织475名师生参加献血，顺利完成结核筛查、疫苗接种、水痘防控工作；与保卫处、后勤管理处合作开展学生安全教育和宿舍卫生安全大检查工作，举办北京物资学院第七届宿舍文化节，加强学生宿舍管理，增强学生安全意识；与财务处、卡务中心共同完成新生校园一卡通、银行卡办理工作；与网络中心合作开展“学工系统”信息化建设工作；与团委合作完成多项学生活动。

（撰稿人：程杨　丁健）

【学风建设】

2013年，学生处以“中国梦”主题宣讲活动为契机，坚持体验式教育模式，强调融入，不断完善，以促进学生及早适应大学阶段学习生活为中心，以学风建设、养成教育为主线，紧紧依靠辅导员、班主任、学生班级辅导员三支队伍，牢牢把握入学前、入学第一周、入学第一月、入学第一学期四个关键阶段，取得了良好效果。

在工作中，多次组织开展新生班级辅导员培训工作。开设新生班级QQ群，帮助新生尽快熟悉学校情况。编印《新生导航工程》手册，为新生入校后将要开展的系列活动提前作出提示。制订详细帮扶方案，全力帮助家庭经济困难学生解决后顾之忧。在入学后，通过参观、体验、讲座，增强新生对于学校的归属感、荣誉感，培养学生知校情、爱校史、同努力、共进步的责任感与自豪感。迎新当天及入学后，校史馆随时开放，引导新生及家长进行参观，了解学校发展概况。在开学典礼上，为优秀新生发放奖学金，通过榜样教育，引领新生立足学业，刻苦努力。为了帮助新同学立长志、践行动，学校紧紧抓住“中国梦”宣讲活动这一契机，积极联系举办“我的梦·中国梦”首都大学生优秀事迹报告会，来自北京体育大学的奥运冠军杨伊琳等六名同学与新生们分享了自己在成长历程中的梦想、付出、心酸与收获，使大家更加坚定理想信念，为早日实现“中国梦”而努力奋斗。为了帮助新生适应宿舍集体生活，心理咨询中心邀请马喜亭、张静两名老师为全体新生开展人际关系调适讲座；教务处、保卫处、图书馆等职能部门也积极参与，结合本部门工作情况为新生提供各种指导。

学校制定并实施了《北京物资学院2013级新生体验式入学教育计划》，不断创新、完善新生入学教育的载体，强调学生的主动参与，亲身体验，自我感知，内化养成，将知校爱校教育、大学适应教育、理想信念教育、学业规划教育、职业规划教育和大学文化教育前移至暑假，贯穿于大一整个学年，开展通识读书、感恩教育、社会实践活动心得交流活动，坚持在新生中开展晚自习，开展“学长面对面”“校友讲坛”活动，充分发挥朋辈教育的重要作用，为新生答疑解惑、指点迷津。与学校校友工作办公室合作，组织开展“校友访谈”报告会，从校友角度为一年级新生答疑解惑、明确目标、坚定信念、刻苦奋进。继续开展新生晚自习活动，推行新生班级人生导师工作模式，帮助新生尽快形成良好学习习惯，做好学业、职业发展规划。

贯彻落实《关于进一步加强校风学风建设的若干意见》文件要求，依照《北京物资学院“优良学风班”建设达标办法》，2012—2013学年，学校成立学风建设领导小组，组织各学院积极开展学风建设工作及活动。一年来，在“优良学风班”建设系列活动的推动下，学校的班级建设得到加强，各学院在班级出勤率、课堂秩序、学风考风等方面都取得了明显的成效。考试违纪率大幅下降，绝大多数班级均顺利完成建设期的各项工作和考核。

各学院以班级为单位汇总申报材料，踊跃申报优良学风建设班级。经各学院“优良学风班建设评审小组”初评并在学院内予以公示，充分征求各方面意见；确定55个符合申报条件的班级为2012—2013学年“优良学风建设班级”（其中新生班20个），并将材料报学风建设领导小组办公室备案。

对参加“优良学风班”建设的班

级，由学校提供每班1000元的建设经费，并明确规定经费的学风建设用途，严禁在班级聚会、联欢、外出游览等方面占用建设经费。在“优良学风班”建设期间，由学风建设领导小组对班级建设情况进行检查督导，包括审核申请建设材料、任课教师课堂情况记录、督导随机听课记录、学年班级同学成绩汇总、期末考风巡视、达标评分等。学风建设领导小组以《致“优良学风建设班级”任课教师的一封信》的形式，征求各任课教师对班级学风建设的意见和建议，赋予任课教师对班级参评“优良学风班”的一票否决权，积极邀请各位任课教师参与到学校的“优良学风班”建设工作中来。

在2012—2013年度，由学生工作系统各位辅导员所组成的督导员队伍持续对所负责督查的班级进行课堂出勤率、课堂秩序、考风考纪等方面的巡查，并将巡查结果记入《“优良学风班”建设档案》。在全体师生的共同努力下，课堂秩序呈现出崭新的气象，考试违纪人数明显减少。

2013年9月，学校学风建设领导小组组织各学院开展“优良学风班”评选工作，依照《北京物资学院“优良学风班”建设达标办法》的要求，经各学院推荐，共有18个班级被评为2013年北京物资学院“优良学风班”。

（撰稿人：丁健）

【党建和思想政治教育】

扎实开展以理想信念为核心、以爱国主义为重点、以思想道德建设为基础、以学生全面发展为目标的大学生思想政治教育，践行社会主义核心价值观。2013年思想政治教育工作以新生入学教育为突破口，以“优良学风班”建设为载体，以服务社会为导向，强调学生在实践中反思与成长，保证了思想政治教育工作的实效性。

主要采取的方式包括以下几方面。

一是为深入贯彻落实党的十八大和十八届三中全会精神，学工部积极开展中国特色社会主义和中国梦宣传教育，成立各级宣讲团开展活动，坚持主题宣讲活动实现“三个融合”——将“我的梦·中国梦”主题宣讲活动与大学生思想政治教育工作相融合、与课堂教学活动相融合、与第二课堂活动开展相融合。将主题宣讲活动发展为学校思想政治教育工作的一项长效机制。

二是利用课堂主渠道发挥思想政治教育的作用。通过外聘学者、内请学校主要领导讲解形势政策课，集中对新生开展校情校史、国际国内形势、廉洁文化、就业形势、人生理想目标、学风校风等教育；同时，学生工作队伍抓住课堂主渠道，通过大学生心理健康教育、思想品德与法律基础课、大学生职业发展与就业指导等课程积极开展思想理论教育。

三是开展新生晚自习，积极开展大学适应性教育、理想信念教育、行为养成教育、专业认知教育、校园融入教育和社会认知教育。“体验式”入学教育结合学校实际，在实践中不断完善，是学校育人、工作的一个有益尝试，在学生们的成长成才中发挥了积极作用。

四是借助《德育素质档案》引导学生积极参与各种德育活动，并注重发挥《德育素质档案》的评价引导功能，将《德育素质档案》运用于学生的评优选先和党员发展过程中，极大地发挥了《德育素质档案》的育人功能。

五是通过学生校长助理团为载体，选拔优秀本科生担任校长助理，提升同学们的主人翁意识，锻炼学生沟通、协调能力，充分实现学生的自我教育、自我管理、自我服务，实现了学生思想政治教育工作载体与方式的又一次创新，让群众路线教育实践活动形成长效机制，真正落在实处。2013 年“学生校长助理平台构建大学生思想政治教育的新途径”获第三届首都大学生思政实效奖二等奖。

六是加强典礼文化建设，充分发挥典礼育人功能，利用开学典礼、毕业典礼、颁奖典礼三个重要典礼，教育与引导学生感恩学校、感恩老师，同时，组织好迎新与毕业活动，有效发挥其育人功能。

七是重视学生党员的教育、管理，发挥党员的先进模范作用，开展党员读书实践、到企业参观学习、党员“红色 1 + 1”等主题教育活动，整合社会资源，引导学生走入基层了解国情，积极引导学生积极参与各类专业实践与社会实践，引导学生服务社会、奉献社会、掌握本领、努力学习。

八是畅通沟通渠道，及时了解学生思想动态，有针对性地做好学生教育引导工作。召开系列主题座谈会，及时了解学生思想动态和实际需求，提高了解决问题的针对性。一年来，先后召开班主任助理座谈会、研究生辅导员座谈会、少数民族座谈会、国家奖学金获奖者座谈会、冷餐会——学生与校领导面对面、学生学业与成长成才座谈会、就业困难女生座谈会、学生党员座谈会、学生代表座谈会，及时发现解决学生的实际问题和困难。

（撰稿人：魏巍　丁健）

【学生助困】

我校学生资助工作分为校外资助和校内资助两大板块，其中校外资助又分为国家、北京市资助和社会资助。

2013 年，校内资助主要包括勤工助学、临时困难补助、减免学费、“五个一”关怀活动等项目。其中，为新生开辟了“绿色通道”，120 名新生办理了暂缓注册手续，共缓交学费、住宿费 403800 元，给绿色通道的学生发放爱心大礼包 170 份，价值 13600 元，中国移动资助爱心手机 170 部，外语学习用具 30 套、卧具 1 套。认定了 1020 名家庭经济困难的学生。设立了校内勤工助学岗 548 个，每人每月可有 300 元左右的助学金，全年发放金额共达 180 万元左右。发放临时困难补助 5500 元，减免 12 名孤儿、烈士子女学费 4.9525 万元。中秋节前举行“五个一”活动：为贫困生举办一次晚会，提供一次免费午餐，发一条祝福短信，免费发放一张爱心电话卡，免费观看一次文艺演出。元旦为贫困生发放一张 50 元的电话卡，共计 5.35 万元。

2013 年，新疆教育厅资助新疆籍少

数民族学生 76 人，一等助学金 24 人，每人 677 元，二等助学金 52 人，每人 620 元，共计 48480 元。2013 年，有 14 名学生获得国家奖学金，金额 11.2 万元；192 名学生获得国家励志奖学金，金额达 96 万元；北京市国家助学金资助学生共 901 名，一等名额 360 个、二等名额 541 个，金额共 124.43 万元；为 60 名毕业生办理国家助学贷款还款协议签约工作，办理 52 份助学贷款申请，生源地贷款 170 名。同时，收到北京市教委下拨资金，用于贫困学生生活补助，发放名额 905 个，每人 200 元，金额 18.1 万元。

广东校友会资助我校 10 名学生，每人 3000 元，共计 3 万元；校内“王永河奖学金”有 10 名学生获得，每人 1000 元，共计 1 万元。

2013 年对全校贫困生进行各项技能培训 3 次，分别是演讲与口才培训、西方礼仪培训、旅游与管理培训等。

（撰稿人：汤艳丽　丁健）

【心理健康教育】

教学科研：2013 年全校必修课“大学生心理健康与发展”课程（从 2 学分改革为 1 学分），全校选修课“心理行为拓展”“生活与健康”（各 16 学时 1 学分），研究生必修课“研究生心理健康”（1 学分）课程教学活动，共计 376 学时，覆盖学生达到 1800 余人。2013 年度心理中心教师廖冉主持了北京物资学院科研处青年基金项目“积极心理团体辅导实证研究”；廖冉出版著作一部——《大学生团体心理辅导方案集》。

咨询与辅导：2013 年全年，大学生心理健康教育与咨询中心个体咨询量为 310 人次，团体咨询量为 450 人次。完成对重点关注学生的随访追踪（6 人），基本做到每周电话或面谈联系，关注情况变化；对 2 例处于危急状态学生进行及时干预处理（危机当时和危机后与家长沟通交流）、陪护就医学生送诊等；12 月完成新生（本科生 1500 余人、研究生 200 余人）入学后的心理健康测评筛查工作。心理中心将测查结果及时回馈各院系；建立电子版新生心理档案；出版 1 期《心田》和 2013 年心理健康台历；制作发放新生入学宣传单页，普及心理健康知识；开设 24 小时学生心理咨询热线，随时应对学生需求。

心理健康教育宣传活动：“5·25”大学生心理健康宣传月开展一系列活动，主要包括：4 月 22 日斯坦福学者梅瑰举办两性关系工作坊，主题为“亲密关系中的暴力”；5 月 6 日高新平副教授做“大学生常见心理问题与应对”专题讲座，结合我校学生实际分析常见心理问题的识别与应对；5 月 6 日人事处副处长赵隽咏做“在学习中寻找欢喜”专题讲座，帮助大学生激发内在的学习动力；5 月 10 日心理中心组织宿管员、心理委员和哲心社代表 100 余人赴昌平生命教育馆参观学习；5 月 13 日北京师范大学刘翔平教授做“积极心理学与生活”讲座，帮助广大师生寻找自身积极的资源，用积极的视角看待生活；5 月 14 日舞动治疗师徐青林做心理委员的团体辅导基础培训；5 月 15 日，心理中心在我校大礼堂举办了第八届“心灵之声”校园情景剧大赛活动；4—5 月心理中心积极组织学生参加北京市大学生心理健康节系列活动，包括心理委员素质拓展、微电影、班级主题活动等。

培训交流：2013 年心理中心外请专家讲座 10 场，开展心理委员主题培训 7 场，心理中心师生参加培训 20 人次。

获奖情况：经济学院 2012 级 1 班原创的校园微电影《爱情禁忌法则》荣获 2013 年首都大学生心理健康节心理“微电影”比赛三等奖；商学院 2012 级注资一班荣获 2013 年首都大学生心理健康节“中国梦 校园情 快乐心”主题班级活动比赛三等奖；心理中心教师廖冉制作的《人际交往与沟通》PPT 课件荣获第十三届全国多媒体课件大赛优秀奖；心理中心教师廖冉荣获 2007—2012 年北京市高校学生心理素质教育工作“优秀标兵”；2013 年，心理中心荣获 2007—2012 年北京市高校学生心理素质教育工作“突出进步单位”。

其他重要工作：2013 年度通过了北京市财政局 2011 年专项实验室建设——心理健康教育教学基地建设的检查。

（撰稿人：廖冉　丁健）

【队伍建设】

2013 年，学校从硕士及以上应届毕业生中引进专职辅导员 3 人，进一步补充了学生工作队伍数量，同时，从在校研究生中选聘兼职辅导员 22 人，在一定程度上缓解了辅导员数量不足在工作上造成的困难。学生工作部注重学工系统整体素质与工作能力的不断提高，积极选派辅导员参加各项专题培训，全年参加各类培训共 105 人次，组织校外调研学习 23 人次，选派 1 名辅导员参加北京市首届辅导员技能大赛，组织开展 1 次优秀辅导员评选展示活动，既达到了学习兄弟院校先进经验为我所用的目的，同时，也促进了学校辅导员之间的相互学习与交流，实现了学工系统整体工作能力的不断提高。选派两名优秀辅导员分赴北京妇产医院、共青团通州区委员会挂职，有效促进了学校与相关单位的合作。同时，学生工作部注重辅导员理论研究与科研能力提升，组织开展东南片区高校辅导员科研能力提升专题研讨会，依托德育教研室积极开展科研课题立项申报，本年度获批首都大学生思想政治教育一般课题 1 项，支持课题 1 项，一线思政教师专项支持课题 4 项，校级德育研究课题 7 项。根据学校职称评定工作要求，组织开展思想政治教育系列职称晋升工作，晋升副教授 1 人、讲师 3 人，进一步提高了学生工作队伍专家化水平。

（撰稿人：丁健）

【国防教育】

积极响应国家号召，超额完成 2013 年度征兵计划，有 12 名在校生应征入伍，物流学院张思晨同学入伍辽宁武警 115 师，并积极报名参加抗震救灾，入围“第九届中国大学生年度人物”。有 7 名学生从部队复员返校继续学习深造。开展“献爱心、送温暖”活动，走访慰问服兵役学生家属 15 家。全年发放义务兵优待金 22 万元。退学费 5.78 万元。

军事定向越野队参加国防教育协会举办的“北京高校军事定向越野比赛”，获得优秀组织奖。国旗护卫队参加高校国防教育协会举办的“全民国防教育日系列活动”，包括北京高校国旗仪仗队检阅、“国旗在我心中”演讲和国防教育主题文艺汇演，取得优异成绩。

（撰稿人：张立柱　丁健）

【毕业教育】

1 月，组织“高新技术企业案例采写大赛”；3 月，组织“职业发展与就业指导”课程的集体备课和一对一咨询；4 月，组织企业宣讲会和校园双选会，有近 100 家企业参会；到中粮可口可乐饮料（山东）有限公司和青岛啤酒股份有限公司开拓就业市场；荣获“大学生 KAB 创业教育基地”称号，大学生职业发展与就业协会荣获“大学生 KAB 创业俱乐部”奖牌；召开 2013 届毕业生就业工作推进会；5 月，组织大学生职业发展协会（SECDA）五周年庆典暨首都高校职业类社团交流会；参加第一届“才子朝阳”校企对接洽谈会暨北京奥运功能区第二届招聘交流活动；组织 2013 届毕业生女生团体辅导；举办村官考试技巧培训讲座；召开 2013 年就业工作专题研讨会；组织第四届大学生职业生涯规划大赛；6 月，学校隆重召开 2013 届毕业生毕业典礼；7 月，组织“韵动之队”暑期社会实践团和“筑科技梦想之路，访杭州创业之星”暑期实践考察团；9 月，举办第二届高新企业案例采写大赛；10 月，召开“大学生职业生涯规划与就业指导”课程研讨会；对 2013 届新生开展职业价值观教育；召开专职就业辅导员培训暨经验交流会；举办中关村创业名家校园宣讲活动；11 月，组织 4 期“校友讲坛”；开展 4 次公务员考前辅导；进行二级学院 2013 届毕业生就业工作考评；组织冬季“校园双选会”和部分用人单位座谈会，有近 90 家企业参加双选会；全年通过就业信息网发布的招聘信息有 900 余条，岗位需求数超过 4000 个；12 月，中农华夏农业产品有限公司进行用人单位走访；召开 2013—2014 学年就业工作会议，北京市教委学生处处长沈聪伟到会，商学院、信息学院被评为 2013 年北京物资学院就业工作先进集体，物流学院、外国语言与文化学院、劳动科学与法律学院、经济学院荣获单项奖，李丽老师荣获就业工作先进个人奖；继续加大对就业工作人员的专业化培训，组织教师 50 人次参加各种就业相关方面培训与学习。

【就业工作】

2013 届我校共有本科毕业生 1493 人，其中，男生 619 人（占 41.46%），女生 874 人（占 58.54%），北京生源 1031 人（占 69.06%），京外生源 462 人（占 30.94%）。截至 12 月，本科生就业率为 96.5%，其中，升学 50 人，出国 72 人，支援西部 40 人，入伍服义务兵役 3 人，考取村官 66 人，自主创业 2 人。

（撰稿人：王红　丁健）

【环境建设】

“数字迎新系统”启用4年来，运行良好，实现对新生报到情况的实时监控，及时、有效地了解全校新生报到的详细情况，提高了工作效率；“学工系统”投入使用三年来，在学生工作管理中的功能日益凸显，并逐步探索资源整合，将辅导员测评和考核、资助工作和学生德育素质档案管理、网络调查等纳入学工系统管理平台。辅导员利用飞信、微信、QQ、微博、人人网等信息工具与学生开展沟通，实现学生思想政治教育的灵活性和即时性，大力推进了信息化平台在学生思想政治教育中的应用。

（撰稿人：方玉　丁健）

【附录】

北京物资学院2013年一次就业率统计表（截至2013年年底）

学　院	毕业生数（人）	各本科专业名称	就业率（%）
经济学院	288	经济学	96.61
		国际经济与贸易	95.83
		金融学	97.08
		金融学（期货与证券方向）	96.15
物流学院	300	物流管理	96.46
		采购管理	95.12
		采购管理（商品质量检验与管理）	96.43
		物流工程	95.31
		机械设计制造及其自动化（物流设备工程方向）	96.15
信息学院	271	信息管理与信息系统	98.75
		电子商务	98.46
		计算机科学与技术	100.00
		信息与计算科学	50.00
商学院	342	会计学（注册会计师方向）	94.68
		会计学（注册资产评估师方向）	95.95
		财务管理	97.01
		工商管理	98.21
		市场营销	98.04

续　表

学　院	毕业生数（人）	各本科专业名称	就业率（%）
劳法学院	200	人力资源管理	96.84
		劳动与社会保障	95.65
		法学（流通法方向）	94.92
外语学院	92	英语（国际商务、国际传播方向）	96.74
合计	1493	—	96.5

（撰稿人：王红　丁健）

保卫工作

【概况】

2013年，在校党委、校行政的领导下，按照上级部门关于安全稳定工作的总要求，紧紧围绕各类热点敏感事件和学校的重点工作，做好校园稳定形势研判和情报信息的收集工作，确保校园的政治稳定；依照“平安校园”创建工作方案和任务分解，深入推进各项任务的落实；认真落实安全防范措施，有效地提高校园的综合防控能力，确保校园良好的教学、科研、生活秩序；开展专项治理活动，净化校园周边环境。

【平安校园建设】

全面推进“平安校园”建设工作。固化工作机制。年初会议部署，学校和各职能部门、学院签订《安全稳定工作责任书》，每半年至少形成一次安全形势分析报告，每年制作一份工作手册，每季度编写一期工作简报，定期组织大后勤综合安全大检查；调研考察。5月王志鸣副校长带队到7个学院调研平安校园创建工作开展情况，11月、12月先后到首都经济贸易大学、北京理工大学等院校学习交流做法和经验；组织安全培训。聘请消防武警官兵及消防专家，上下半年分6批次对各学院消防志愿者、校卫队、学生公寓和饮食服务中心工作人员进行了消防安全知识培训及灭火逃生演练。

【综合治理】

一是规范校园秩序。重新修订《大门出入人员管理规定》，严格大门出入人员的管理，共办理出门卡215张，没收不合格证件118件；会同家委会一起，清理私占校园场所或公共绿地种菜区域7处；积极协调通州动物检验检疫部门，收容上缴流浪猫狗19只，校园环境得到明显改善。二是解决遗留问题。南院东小院公房被占、私建板房、人员混杂及南大门道路两侧私建摊点经商、道路被占、黑车扎堆等问题，一直是师生反映较多的问题，也是校园综合治理的重难点。10 月，通州区委副书记兼政法委书记李玉君到学校专题调研，对清理整治工作进行分工和部署，通州区政法委先后 5 次召开协调会，保卫处先后 5 次到南院东小院进行摸底排查，张贴通知、通告 10 余份，依法拆除南院东小院 38 间违建房，清理外来人员 157 人。学校组织拆除 53 间被少数职工侵占的公房。校园南大门外，通州区联合执法组清除占道经营摊点 6 个，交管部门施划了道路交通标志线，安装了 5 条交通隔离栏和 2 排道路隔离桩及交通标识牌等，把机动车道、非机动车道和人行横道清晰地分隔开来，校园门前黑车占道、流动摊点经营和违建等问题得到了较好的解决。三是加大安全宣传教育。敏感期及寒暑假放假之前，通过校园网、滚动屏等发布安全注意事项，提醒教职员工及同学们加强防范，注意自身安全。四是定期组织安全隐患排查。在重大节假日和寒暑假前后，由主管校长带队，组织安全综合检查 8 次，发现并处理安全隐患点 11 处。

（撰稿人：陈永超　丁树歧）

【治安工作】

一是多法加强治安防范。定期发布安全提示 12 次，在学生公寓、教学楼、家属区等重点区域张贴防盗、防丢、防诈骗等宣传资料数百份；坚持校园巡逻和重点部位的夜间蹲守；校园治安与管片民警、市文保总队主管民警定期会商校园安全防范措施，研究校园治安新情况、新问题，并有针对性地做好防范和打击违法犯罪工作；每年新生入校邀请民警讲授法律常识和防骗措施，教育学生提高自我防范意识；做好重点人的台账，特别关注少数民族学生的动态。同时为市公安局文保总队及属地派出所协查不安全人员 9 人次。

二是协助处理各类事（案）件。全年共接到各类警情 170 余起，有效处置 62 起，找回丢失的财物 22 件，给警方提供有价值线索 57 条，协助破案 6 起。特别是 12 月中旬组织保安队员守候抓获一盗窃团伙，并移交公安部门处理。在学校举行的各类活动中，校卫队员出勤 256 人次。

【校园 110】

调整优化保安员队伍，加强校卫队员业务训练和素质教育，提高他们的执勤能力和水平。规范学校中控室的管理，组建应急反应小分队，增强处突反应能力，出色完成全年校园内的各项固定执勤和重大活动的安保任务，学校没有出现任何影响安全稳定的问题。校卫队员积极完成新生入校、暑期招生、各类考试、入校检查、论坛等临时勤务，全年校卫队出勤 360 余人次。组织执勤训练 200 课时，增强体魄。为师生员工和家属提供延伸服务 30 余次，有力地促进校园的和谐稳定。

【交通安全】

升级改造车辆管理系统，实现扫描车牌，车辆出入更加便捷。全年共办理车辆登记 710 余辆。为了彻底根除大门口黑车隐患，学校积极申请加入“电动北京伙伴计划”项目。

（撰稿人：周黎明　丁树歧）

【消防安全】

组织学生公寓管理人员、食堂工作人员、学生消防志愿者队伍、校卫队进行了7次消防知识与技能培训讲座及灭火实战演练；聘请专业人员对学院的建筑电气设施、防雷设施、建筑消防设施进行了检测和维修；维修手提式干粉灭火器2100余具，安装更换应急灯及安全出口指示灯71只，更换消防水带8条；配套完成了新建综合楼的消防设施设备；新建了《北京物资学院消防档案》，补充完善了《学校消防安全应急预案》；上下半年两次对全校的消防安全状况进行了综合大检查，查出各种安全隐患20余处，特别是国交中心西侧消防泵房损坏，六号楼后消防泵房失修，电机无法工作及12号公寓内消防主机断电无法工作等严重消防隐患。对违规单位下达了“消防安全隐患整改通知单”，及时进行了整改复查和验收。针对消防设施损坏的问题，已列入2014年消防专项计划进行整改。

（撰稿人：韩文和 丁树歧）

【科技创安】

投资860余万元对视频监控系统进行了全面升级，配备24台55寸长虹液晶显示器组成的电视墙，可进行多路视频任意分割、合并显示，提供30天的存储时间；安装全高清（1080P、200万像素）网络摄像机417部，其中室外点位全部实现光纤传输数据；在1～6号学生公寓设置红外幕墙24个防区；设置20个巡更点位，在统一的数字监控平台上可全程追溯巡更记录；在学校周界点位设置移动侦测防区，实时监控图像弹出并伴有声响报警。投资70多万元总建筑面积180m^{2}的新中控室投入使用，二层复式建有25m^{2}的应急指挥中心，可与市教工委进行视频会议。

（撰稿人：申民宪 丁树歧）

【户籍管理】

全年办理新生迁出300余人，开具各类证明100余份，办理新生户口迁入441人，教职员工落户11人，会同有关业务部门帮助毕业学生解决了2起遗留的落户难问题。

（撰稿人：赵建国 丁树歧）

【家委会】

为辖区内住户开具各类证明材料47人次；配合市燃气集团有限责任公司逐户进行安全巡检和宣传工作；配合政府部门对2号、3号、4号家属楼进行热计量改造，张贴宣传材料12份，发放《致居民的一封信》168户；协助后勤管理处调查房屋的买卖情况和发放2号、3号、4号家属楼防盗门钥匙160余把；从居委会领取并张贴各类通知4类8份；解决邻里纠纷矛盾3起，制止因装修私挖地下室不良事件1起。

（撰稿人：贺玉英 丁树歧）

工会和教代会

【概况】

2013 年，学校工会、教代会工作在市教育工会和学校党政的领导和支持下，认真落实市教育工会和学校党委工作部署，围绕学校中心工作，服务学校大局。以创建市级“先进教职工之家”为契机，全面提高我校工会工作水平。在做好日常工作的同时，重点开展了提高教职工幸福感的系列活动，以突显“民力、美丽、帮扶、满意”为工作目标，各项工作获得积极推进，得到校党委和广大教职员工的充分肯定，受到上级主管部门的表彰。被北京市教育工会评为“北京市先进教职工之家”。

2013 年，学校工会、教代会顺利召开和完成第四届“双代会”三次会议工作，全面加强工会自身建设；以二级教代会建设工作为抓手，全面推进学校工会基层组织建设；积极维护教职工的各项合法权益，进一步发挥组织教职工民主参与、民主管理、民主监督学校发展的积极作用，为推动学校发展做出积极贡献。

教代会设有提案工作委员会、教学科研工作委员会、“三育人”工作委员会、干部评议工作委员会。校工会设有女教职工委员会、文体部、生活福利部、青年教工部。工会专职干部 4 名。校工会所属 13 个分工会，共有会员 660 名。

6 月 8 日，北京物资学院工会顺利通过“北京市先进教职工之家”验收。专家组认为：北京物资学院工会在学校党政的领导支持下，结合实际情况，在民主管理、民主参与、民主监督、维护教职工合法权益方面做了大量扎实有效的工作，起到了和谐校园、凝聚人心的作用。通过一系列建家举措，根据教职工特点和需求，营造和谐向上的工作氛围，有力推进学校各项工作向前发展。

【第四届“双代会”三次会议】

4 月 24 日，召开北京物资学院第四届教职工代表大会暨第四届工会会员代表大会第三次会议。80 名代表出席会议。大会听取和审议校长王旭东的工作报告，听取和审议工会主席赵凤琴的工作报告；审议北京物资学院财务工作报告、北京物资学院三个校园建设情况工作报告、北京物资学院提案工作报告、北京物资学院工会财务审计报告。

【提案工作】

第四届教职工代表大会暨第四届工会会员代表大会三次会议共收到有效提案 32 份。教代会提案工作委员会对提案进行审查立案，并报请教代会执委会审批，决定对其中 26 项提案予以立案，其余 6 份提案作为建议处理。校工会于 6 月 19 日举行第四届“双代会”三次会议提案承办签约仪式，于 10 月 6 日举行提案办理工作沟通协调会。

【民主管理与民主监督】

教代会参与民主管理和民主监督。11 月 14 日，学校工会委员会、教代会执委会召开专题会议，研讨《北京物资学院 2013 年岗位津贴调整办法》和《北京物资学院非在编职工入会暂行办法》，副校长刘丙午就《北京物资学院 2013 年岗位津贴调整办法》调整原则、调整对象及具体实施办法进行了说明。各位委员作了充分讨论，并提出建设性的意见和建议。

5 月 16 日，在学校人文楼 312 会议室召开专题汇报会，校工会就学校第四届“双代会”三次会议提案情况和会议分组讨论结果向学校党委书记李石柱，校长王旭东，纪委书记、工会主席赵凤琴进行汇报。

【社团建设】

10 月 30 日，北京物资学院职工文体协会工作交流会召开。校纪委书记、工会教代会主席赵凤琴出席会议并讲话。12 个协会负责人分别介绍了各自的特色活动并交流工作经验，校工会、教代会副主席，各分工会主席、各文体协会负责人，校工会干部参加了会议。

截至 2013 年年底，北京物资学院共有徒步协会、瑜伽协会、棋牌协会、书画摄影协会、美食协会、垒球协会、网球协会、羽毛球协会、乒乓球协会、交谊舞协会、音乐之声协会、读书协会 12 个教职工文体协会。涵盖体育健身、智力游戏、文化生活、饮食健康 4 个方面。

【文体活动】

3 月，北京物资学院各部门纷纷组织庆祝“三八”国际劳动妇女节系列活动。活动分为迎“三八”教师礼仪培训、快乐采摘、拖拉机大赛、乒乓球大赛、护肤彩妆系列讲座等。全校女教工共庆节日。

5 月 15 日，北京物资学院第九套广播操比赛在学校体育场隆重举行，来自 12 个分工会的 400 多名教职工参加了比赛。经过评委认真评选，机关分工会荣获一等奖；基础保障部分工会、物流学院分工会荣获二等奖；劳法学院分工会、商学院分工会、继续教育学院分工会荣获三等奖；外语学院分工会、研究生部分工会、信息学院分工会、图书馆分工会、经济学院分工会、思政部分工会获得优秀奖。

5 月 19 日，学校工会和党委宣传部联合组织学校青年教师开展“亲子科普之旅”一日行活动，前往农业展览新馆参加北京科技周开幕式，并参观中科院、鸟巢和水立方。学校 30 多位老师和家属参加活动，大家学习了科普知识，提高青年教师科普素养和幸福指数。此次活动由教工书画摄影协会承办。

5—10 月，校工会联合体育教学部对全校教职工及家属进行体质健康免费测试。

9 月 10 日下午，在学校大礼堂隆重举行北京物资学院 2013 年庆祝教师节表彰大会。此次庆祝大会以“感恩老师”为主题，校工会及各分工会精心组织了形式多样的文艺节目。校党委书记李石柱、校长王旭东、党委副书记沈小静、副校长王志鸣、副校长许晓革、纪委书记赵凤琴、副校长刘丙午、校长助理邬跃与全校400余名教职工及非在编职工代表共同参加表彰会并观看演出。

10月18日，举行北京物资学院教职工“1321爱健康”秋季徒步大会，活动起始点设在学校北门，经榆景苑南侧路向东到达通州区商务园西大堤路，往北直行至折返点后返回，全程约13km。全校教职工300余人参加活动。

10月15—30日，北京物资学院举行第二届教职工网球比赛。张家富、魏国辰分获男子单打组冠亚军，张怡、刘莉分获女子单打组冠亚军，张家富、刘宏组合获得混合双打冠军。

【服务会员】

办理女工安康保险367份；办理教职工家属医疗统筹卡609人次；办理京卡互助服务卡20张；办理重大疾病互助保障计划20份；办理住院津贴互助保障计划20份；办理住院津贴互助保障计划理赔2份；办理困难补助105人次。帮助教职工解决13名子女入学升学。表彰从事教育工作30年教职工28人。

8月29日，校工会组织召开生活福利委员会议，各委员会前大量调研，会上认真讨论，决议形成9件为民服务的实事。随后，学校党委书记李石柱，校长王旭东，校纪委书记、工会主席赵凤琴听取专题汇报。

11月8日，校工会组织召开非在编职工入会工作推进会，人事处、后勤管理处等相关职能部门负责人，部分分工会主席及工会工作人员参会。会议提出校工会将根据我校实际情况，按照“成熟一批、发展一批”的原则，有计划、有目标地逐步推进我校非在编职工入会工作。

11月29日，校工会举办非在编职工午茶会，学校纪委书记、工会主席赵凤琴介绍《北京物资学院非在编劳动合同制职工入会暂行办法》。随后经各分工会推荐，学校工会共批复25名非在编职工首批加入学校工会组织。此次非在编职工入会是在学校党政领导支持下，校工会具体实施的惠民工作，是切实实现和维护广大教职工根本利益的重要举措。非在编职工入会后，将在自身福利、权益维护、民主监督等方面得到更多实惠，发挥更大作用。

12月31日，校工会举办退休工会会员离会欢送会。校纪委书记、工会主席赵凤琴参加欢送会并讲话，十余名当年退休的工会会员和校工会人员参加欢送会。2013年是校工会第二次举办退休工会会员离会欢送会，共有11名教职工退休。在他们光荣退休之际举办欢送会，既体现了学校党政对退休教职工的关爱，也是校工会开展幸福工程、增强教职工幸福感的具体实践。

学校党委书记李石柱，校纪委书记、工会主席赵凤琴长年坚持每周一次看望离退休教职工及生病或家庭困难教职工，及时送去学校党政和工会的关爱。

【队伍建设】

2月28日，校工会组织部分党总支书记及全体工会干部到中国传媒大学调研学习。主要调研学习创建北京市高校“先进教职工之家”建设经验等。

6 月 18 日，校工会组织召开学期工会工作会议。参加会议的有学校党委书记李石柱，校长王旭东，校纪委书记、工会教代会主席赵凤琴，校工会教代会副主席、教代会两委委员、二级分工会主席、二级教代会主席、校工会专职干部等 40 余人。会议以“交流总结职工之家建设经验，提升工会工作整体水平”为主题，全面总结了本学期工会工作，明确了下一步工会工作方向。

10 月 29—30 日，校工会组织开展基层分工会工作调研。此次调研主要围绕对照北京市教育工会《关于进一步加强和创新职工之家建设的通知》（京教工〔2013〕9 号）的检查标准，以及调研学校非在编人员现状、提案工作落实进度、特困教职工情况等，同时征求二级工会对校工会工作的意见和建议。

11 月 1 日，校工会组织学校教职工文体协会负责人及部分分工会主席到北京化工大学调研。双方工会就职工文体协会建设、非在编职工入会、职工福利等问题进行了深入交流和探讨。

（撰稿人：韩莹莹　朱润辉）

共青团和学生会

【概况】

2013 年，校团委在学校党政和北京团市委的正确领导下，深入学习贯彻党的十八大精神，以党建带团建为指导，努力适应青年团员科学发展的新需求、新期待；着力深化青年学生思想引领，全面加强共青团干部队伍建设，带领全校青年团员科学求索、勤奋实践，为学校的建设和发展作出新贡献，为实现中华民族伟大复兴的中国梦而奋斗，开创我校共青团工作的新局面。

学校共青团设书记 1 名、学生副书记 1 名，分设办公室、组织部、宣传部。主任（部长）由学生担任，由团委老师直接负责指导。另设学生会、社团联合会、志愿者联合会和大学生艺术团，并外聘教师指导艺术团排练工作。

【思想政治理论学习与教育】

为深入学习贯彻党的十八大精神，引导青年积极培育和践行社会主义核心价值观，筑牢为推进中国特色社会主义事业、实现中国梦而奋斗的共同思想道德基础，进一步坚定中国特色社会主义道路的理想信念，开展灵活多样的学习活动，组织广大师生深入学习宣传贯彻党的十八大精神和 2013 年“两会”精神。开展形势政策教育、国情教育，引导学生正确认识国内外形势。开展“我的梦，中国梦”系列主题教育活动，包括“我的梦，中国梦”主题团日活动和主题社会实践活动。开办“为学”团校培训班，分别针对 2011 级团学干部、学生干部骨干及学生组织主要负责人进行了系统化培训。开展学雷锋活动，加强精神文明建设，构建和谐物院。

【新媒体应用】

2013 年，学校共青团工作积极适应媒体传播和青年生活方式的变化，坚持正确的思想引导方向，拓宽传播渠道，努力建设针对高校青年特点、符合青年信息获取规律、贴近青年生活习惯的媒体系统，有效进行思想引导和道德建设，提升新闻宣传和舆论引导水平，为学校实现又好又快发展营造良好的舆论氛围。

2013 年，校团委专门成立网络媒体管理小组，负责对新媒体平台进行开发应用与管理。对微信平台进行了整合运用，并合理设计了应用模块。引导学生更加热爱校园、热爱生活、积极向上，截至 2013 年年底，微信平台关注好友已达 4000 多人。充分发挥微博、微信、人人网公共主页等新媒体工具的作用，提高舆论引导能力，加强正面宣传，强化了我校大学生思想的网络引领。

【社会实践】

2013 年 7—9 月，为引导学生深入学习贯彻科学发展观，我校开展了 2013 年北京物资学院大学生暑期社会实践活动。最终 5 人获得首都大学生暑期社会实践先进个人，5 人获得首都大学生暑期社会实践先进工作者，11 个团队获得首都大学生暑期社会实践优秀团队，19 项成果获得首都大学生暑期社会实践优秀成果。

在社会实践常态化、长效化建设过程中，学校共青团进行积极尝试，2013 年全年组织大学生日常社会实践项目申报，立项 50 个日常社会实践项目，累计 500 名学生参与。

【学生会】

学生会工作坚持贯彻党的教育方针，发挥学校和广大同学的沟通纽带作用，促进学生素质全面提高。学生会设办公室、文艺部、体育部、学习部、宣传部、生活部、外联部、学生权益部、社会实践部、网络媒体部 10 个部门。

全年开展“雷锋教室”系列活动。

3 月 13 日，举办“百家讲坛”活动，韩国韩中文化青少年协会（未来林）创办者、韩国第一任驻华大使权丙铉做客我校，宣讲“未来林”植树公益活动。

4 月 17 日，北京物资学院第七届宿舍文化节启动仪式暨党员宿舍挂牌活动在国际交流中心二层举行。全校有 40 多个寝室参赛，共选出星级寝室 20 个。

4 月 26 日，北京物资学院“摩登联合体杯”第四届校园十佳歌手大赛决赛在大礼堂成功举办，最终连泽澜勇夺桂冠，金相勋、郝天依次夺得亚、季军。

5 月 15 日，北京物资学院以“中国梦，校园情，快乐心”为主题的“5·25 心理活动周”暨第八届“心灵之声”校园情景剧大赛在大礼堂成功举办。最终劳动科学与法律学院荣获冠军。

6 月 1 日，北京物资学院第十五次学生代表大会在大礼堂隆重召开。审议通过了《第十五次学生代表大会提案工作报告》《第十四届学生代表大会委员会工作报告》《北京物资学院学生会章程（修订案）》，选举了新一届学生代表大会委员会委员，邓淼等 19 名同学当选为新一届的学生会代表委员会委员。

10 月 13 日，北京物资学院“相约物院，情满校园”2013 级迎新晚会在大礼堂成功举办。

10 月 14 日—12 月 5 日，北京物资学院 2013 年体育文化节暨“腾龙—飞凤杯”篮球赛开幕式在校体育馆举行。最终物流学院、商学院、信息学院获得团体总分前三名。

12 月 8 日，北京物资学院第二十五届大学生辩论赛总决赛在我校大礼堂隆重举行。最终商学院获得冠军。

12 月 15 日，我校第四届“舞魅影，炫物院”舞蹈大赛在大礼堂火热开幕。最终外语学院的《心声》拔得头筹。

【学生社团】

2013 年学校各类社团开展丰富多彩的校园文化活动，目前正式注册学生社团 58 个，涵盖理论学习、社会公益、体育健身、文化艺术四大门类。部分社团在市内外各项竞赛和演出活动中都取得了优异的成绩。由各社团联合组成的社团联合会，以“全心全意为社团服务”为宗旨，整合全校社团资源，促进学生全面成长。社团联合会下设 6 个职能部门，分别为办公室、权益部、规划部、人事部、外事部和宣传部。

2013 年，注销健身协会、MJ 舞吧模仿社；新成立美术社、求思得书院社、冰雪文化社、物院起床协会等社团。

5 月，社团风采节如期举行，各大社团纷纷参与其中。

5 月 2 日，我校第四届人文知识竞赛暨北京市人文知识竞赛校内选拔赛成功举办。

5 月 18 日，BE EVER 街舞社举办街舞专场演出，以舞蹈的形式向物院师生展示了舞社的风采。

5 月 21 日，社团联合会在我校大礼堂举办了第六届社团风采节之社团风采晚会，吉他协会、BE EVER 街舞社等 10 余社团参加了此次晚会的演出。

10—12 月，开展“多彩周末”系列活动，假面舞会、音乐会、摄影比赛、考研讲座等各类社团活动相继举办，前后举办 10 场。

社团名单（58 个）：列举如下。

专业学术类社团：会计协会、计算机社、期货证券协会、数学协会、人力资源管理协会、企业经营模拟社、创业之心社、采购与供应链管理学习社、企业发展学研会、法律协会、劳动关系协会、电子商务协会、the league of echo、英文社、机器人协会、演讲与口才、公共关系协会、大学生创业协会、徐行社、联谊社、职业精英社、礼艺社、哲学心理研究社、西海文化交流协会、物流协会。

社会公益类社团：商业实践协会、物院起床协会。

文化艺术类社团：吉他协会、BE EVER 街舞社、电影艺术协会、魔艺社、摄影协会、拾艺堂书画社、向日葵文学社、美术协会、冰雪文化交流社、王朝相声社、国安球迷俱乐部、动漫社、CUBE 魔方社、北京物资学院桌游社、紫禁绿影、韩语社、求思得书院社。

体育类社团：“风急速”轮滑社、自行车社团、高尔夫球社、乒羽协会、台球协会、跆拳道、体育舞蹈、田径协会、网球协会、滑雪社、大学生排球社团、棒垒球协会、定向越野社、女足社团。

【志愿服务】

2013 年，我校志愿者联合会在学校团委的指导下，始终坚持“奉献、友爱、互助、进步”的志愿者准则，进一步全面整合全校志愿服务资源，依托“志愿北京”信息平台，承接校级、区级、国家级各类志愿活动，搭建志愿服务长效运行体系，取得了优异的成绩。

1 月 8 日，志愿者联合会学生干部代表我校全体师生将志愿者们捐赠的爱心衣物送往通州团区委指定的爱心捐助点——八通在线网络公司。

3 月 22 日，我校志愿者联合会带领招募的 40 名志愿者参与第八届中国草莓文化节志愿服务活动。

3 月 21 日，按照 2013 年团中央学校部的西部计划的工作部署和要求，志愿者联合会面向全校学生进行组织招募西部志愿者。

4 月 2 日，我校志愿者联合会为星星雨自闭症儿童活动中心的孩子们向全校师生筹集资金，并于当天中午在学生食堂门前进行了慈善义卖活动。

4 月 7 日，志愿者联合会组织北京园博会志愿者选拔工作，此次园博会我校共有 94 名志愿者报名，最终 18 名志愿者加入到北京园博会万人志愿者队伍中。

4 月 24 日，志愿者联合会在我校国际交流中心二层召开了 2012—2013 年度优秀项目评比大会，评议出本次评比的一、二、三等奖及优秀奖。

5 月 5 日，志愿者联合会组织我校 50 名志愿者前往园林博览会园区参与 2013 北京国际长走大会园博会专场活动。

5 月 12 日，志愿者联合会承接“国际仓联 2013 北京年会暨第八届中国仓储业大会”志愿者招募活动，我校有幸成为唯一一所承办本次大会志愿者招募工作的高校。

5 月 17—19 日，我校志愿者前往内蒙古库布其沙漠参加“未来林”植树造林活动。

5 月 20 日，我校志愿者联合会承接“2013 年全国科技周暨北京科技周主场”科普志愿者的组织活动，主要向公众宣传科技惠及民生与促进城市建设发展方面的相关科技成果。

5 月 22 日，我校协助通州区文明办联合大运通州网面向全社会公开征集“文明通州”标识（Logo）、卡通形象（运河娃）和宣传口号。

9 月 14 日，志愿者联合会进行我校校内 2013 级迎新工作。

9 月 20—21 日，志愿者联合会带领 20 名志愿者来到通州区马球场进行志愿服务活动，在比赛中协助进行挥旗、击球、道路指引、嘉宾陪同和布置晚宴现场等工作。

11 月 27 日，开展“温暖衣冬”微公益寄温暖活动校园志愿活动，动员我校志愿者捐赠闲置的御寒外套到社区青年汇，经消毒、包装后，赠给北京或外地贫困人员。

12 月 17 日，我校 30 名志愿者在丁健老师的带领下到驻华韩国文化馆参加时事漫评展览会开幕式。

【艺术教育】

2013 年，我校大学生艺术团不仅正式获得北京大学生艺术团的承办资格，同时在“第四届北京大学生艺术展演活动”中再创佳绩，合唱团更是获得世界比赛大奖，赢得外界一致好评。为提高学生艺术修养，学校邀请国内外专业艺术团体来学校开展艺术演出，以及举办学生高雅艺术专场演出十余场，大大丰富了学生文化艺术生活。

1 月 12 日，以“凝聚创新力量、激发创新活力、履行创新使命”为主题的中关村国家自主创新示范区——创新文化展演在北京奥体中心隆重举行。我校大学生艺术团舞蹈团参加此次演出。

1 月 18 日，2012 年北京大学生艺术团工作总结会在北京航空航天大学召开。我校正式获得北京大学生艺术团的承办资格。

5 月 13 日，我校特邀耶鲁大学混声合唱团与我校开展交流音乐会。

6 月 6 日，我校大学生艺术团戏剧团话剧作品《天堂的风铃》在大礼堂公演。

6 月 9 日，我校特邀美国皮拉德市高中交响乐团来我校进行艺术交流。

7 月 22—28 日，第五十九届 Habaners Y Polifonia（国际哈巴涅拉及复调合唱比赛）在西班牙托雷维耶哈隆重举行。我校大艺团合唱团参赛并荣获 Segundo Premio de Polifonia（复调亚军）及 Premio a la ‘Region de Origen’（最佳作品演唱奖）两项大奖。

10 月 14—27 日，“第四届北京大学生艺术展演活动”在首都各高校开展。我校艺术团共选送 6 个精品节目参加舞蹈、戏剧、大合唱、小合唱、管乐 5 个项目比赛。

10 月 27 日，“第四届北京大学生戏剧节闭幕式暨颁奖典礼”在中央戏剧学院实验剧场隆重举行。我校大学生艺术团戏剧团选送的独幕剧《天鹅之死》和多幕剧《天堂的风铃》提名入围本届戏剧节，并荣获本届戏剧节组织奖。

11 月 20 日，高雅艺术进校园——中国敦善铜管室内乐团专场音乐会在我校大礼堂成功举行。

11 月 21 日，第四届北京大学生艺术展演活动闭幕式在清华大学新学堂隆重举行。我校大学生艺术团管乐团、合唱团、舞蹈团和戏剧团在器乐、声乐、舞蹈和戏剧 4 个大项中报送的 6 个作品全部获得一等奖。

12 月 22 日，我校大艺团合唱团“北京物资学院青年合唱团建团五周年暨潘明合唱指挥硕士首场音乐会”，在中国音乐学院国音堂音乐厅顺利举行。

12 月 26 日，“青春梦　中国梦”2014 年北京大学生新年音乐会在中山音乐堂顺利举行。本次音乐会由中共北京市委教育工作委员会、北京市教育委员会主办，北京学生活动管理中心、首都师范大学、北京物资学院承办，2 所学校的管乐团、合唱团共 250 余名学生代表北京市大学生为大家带来了一场视听盛宴。出席本场音乐会的有北京市教委副主任郑萼、团市委大学部部长张秀峰及北京学生活动管理中心主任部世奇，我校党委书记李石柱、校长王旭东、党委副书记沈小静、副校长刘丙午与首都师范大学党委书记张雪、党委副书记廖劲翔也一同观看了本场演出。

【附录】

北京物资学院 2013 年学生干部一览表

机 构	机构主要领导	各部门负责人			
校团委	苗晓萌	办公室	崔韵琦	组织部	宋丹丹
		宣传部	王璐瑶		
学生会	卢宇欧 王雪凝 苏宇姣 王 承 刘伟强	办公室	夏 琳	宣传部	孙 楠
		外联部	赵嘉文	学生权益部	陈意文
		生活部	齐 祺	学习部	张益萌
		社会实践部	李博峰	文艺部	王梦煊
		体育部	刘昊然	网络媒体部	朱 聪
社团联合会	孙 迪 赵书艺	办公室	孟 宇	宣传部	张睿眸
		人事部	郭天红	外事部	徐晓萌
		权益部	姜婷婷	规划部	韩盛安
志愿者联合会	安 祺 郭新阳 武 凡	办公室	袁小哲	宣传部	刘晓萌
		外联部	李嘉睿	项目部	于 爽
		人事部	张 维		
大学生艺术团	鲁 鹏 耿赵霞 陈相杉	管乐团	李沅橙	合唱团	郝 天
		舞蹈团	白 蕊	戏剧团	邓怡婕
		化妆团	裴胜男	礼仪团	陈相杉
		宣传部	焦璐云	办公室	轩诗青
		组织部	彭靖喻		

（撰稿人：庞波）

第十篇 学院与教学部

经济学院

【概况】

2013年是实现“十二五”发展规划的关键年，经济学院秉承“开放融合、特色发展、追求卓越”的理念，紧密围绕“十二五”规划发展目标稳步推进各项工作：以重点学科建设为契机，深入推进学科专业建设和提高科研水平；以推进教学改革创新教学模式为抓手，不断探索提高教学质量的现实路径；以学风建设为中心，不断强化人才培养的综合素质和专业技能；以提高就业质量为导向，不断拓展就业渠道和提高专业美誉度；以团队合作为目标，不断加强师资队伍师德师风建设和教学科研水平提高；以科学发展和民主决策为目标，加强工作队伍建设，不断提高领导能力和科学发展水平；以先锋工程为核心，不断加强基层党组织建设，充分发挥党组织的政治核心作用和党员的先锋模范作用，党政齐抓共管，创先争优，推动学院各项工作不断取得新的进展。

学院设有经济学、国际经济与贸易、金融学3个本科专业和金融学期货与证券柔性专业方向；有应用经济学一级学科硕士点；有产业经济学北京市重点建设学科、金融学和国际经济与贸易校级重点学科；有经济学国家级特色专业建设点、经济学北京市特色专业建设点、期货与证券校级重点专业和特色专业；建有经济学实验教学与数据处理中心、模拟商业银行实务教学实验中心、国际贸易实务模拟实验室、金融衍生工具实验室4个实验室；有应用经济学研究基地、商品与金融期货科技创新平台、现代流通发展与创新研究科技创新平台；设有流通经济研究所、农业与食品物流研究所、期货研究所等研究机构；有经济学系列课程北京市优秀教学团队、国际经济与贸易北京市学术创新团队；有流通改革与流通现代化、国际经济与贸易研究、证券期货创新与应用研究、金融与证券研究、投资风险量化分析、现代流通发展与创新、金融风险管理技术创新7个校级科研创新团队。

2013年，经济学院1人荣获北京市优秀教师荣誉称号；2人分别入选教育部经济与贸易类专业教学指导委员会、北京市高校专业群专家委员会和北京市高校专业群教学协作委员会委员；获批教育部“国家级大学生校外实践教育基地”。

（撰稿人：赵娴）

【师资队伍】

经济学院坚持培养和引进相结合的原则，不断加强师资队伍建设，优化师资队伍结构。学院有教职工 56 人，其中专任教师 45 人。有教授 8 人、副教授 21 人、讲师 17 人，其中硕士生导师 18 人；具有博士学位 25 人（其中博士后 4 人），硕士学位 19 人；有北京市教学名师 1 人、北京市优秀教师 1 人、北京市中青年骨干教师 8 人、北京市师德先进 1 人、北京市育人标兵 1 人；新聘教授 1 人、副教授 1 人；引进博士后 1 人；调离 2 人。2013 年获得学校年度教学先进个人 1 人、优秀班主任 1 人。

（撰稿人：赵娴）

【教学工作】

高质量规范开展教学管理工作。始终坚持将提高教学质量作为首要工作，注重教学基本环节的规范化和常态化：学期开始，每位任课教师的教学大纲、教学日历等教学文件电子版，及时上传到经济学院网页，供老师和学生学习参考；外出调研学习的老师，要求写出调研学习简报并在院会上交流；严格控制调停课次数，有效保证教学秩序；持续开展学院听课周活动，安排学院领导、系主任及优秀教师开展针对青年教师的听课及相互听课活动，并对听课过程中发现的问题及时反馈沟通；组织教师开展教学方法和教学经验的座谈与交流，相互借鉴，提高课堂教学效果。

完成本科专业 2013 版培养方案的制订和论证工作。以“定制化、专业化、国际化”为核心理念，遵循“厚基础、宽口径、重应用、有特色”的原则，认真研究制订本科专业 2013 版培养方案，并对经济学和金融学（期货与证券方向）两个特色专业的培养方案进行了论证。2013 版培养方案增加了“特色化”课程模块，优化了学科基础课程，拓宽了专业课程拓展平台，加强了实践教学内涵建设，推进了多元化、个性化人才培养模式创新。4 月 9 日，组织召开了特色专业培养方案专家论证会，来自高校和行业的专家对经济学和金融学（期货与证券方向）特色专业 2013 版培养方案进行了论证。与会专家分别从专业培养目标及培养规格、专业特色、培养模式创新、专业课程设置，以及理论和实践如何对接等多个方面对特色专业培养方案进行了认真的论证，提出了许多建设性意见。

校企联合培养人才模式探索取得新进展。始于 2009 年的与一德期货有限公司的全面合作内容不断丰富，效果日益显著，在定制化、国际化和专业化人才培养方面取得了有效进展，“定制化、国际化、实战型期货人才培养基地”获批教育部“国家级大学生校外实践教育基地”，获得建设经费 200 万元。与行业协会拓展深度合作，借力行业资源成立期货专业建设专家指导委员会，聘请行业权威专家和企业高管为专家委员会委员和特聘教授，深度参与专业建设和课堂教学；与银河期货有限公司就期货数据库、硬件和仿真交易平台建设进行探讨等。

制定了经济学院2014—2016年实验室建设规划。在2014—2016年，经济学院将整合现有实验室资源，开始建设金融衍生综合创新实验室、国际贸易综合模拟实验室和信用评级分析实验室。开放实验室建设将有助于为应用型人才培养、课程综合改革和实践教学环节搭建良好的平台。

继续推进教学模式改革。进一步引导教师申报课程综合改革项目和教改立项，认真开展以学生为中心的教学模式改革。召开专门会议，鼓励教师踊跃申报课程综合改革项目，并将项目的申报与具体课程、课堂落实结合起来，采用任务驱动式学习、案例教学、探究性学习、自主学习与教师指导相结合等新教学模式，突出过程性考核，以此激发学生主动参与课堂、自主学习的积极性，培养学生自主学习和终身学习能力。2013年共承担9项课程模式改革项目，组织教师就课程模式改革进行交流，逐步加大课程模式改革的力度。积极组织教师申报2013年校级教育教学改革项目，获批6项。

实践教学工作稳步开展。探索实践周教学模式创新，在2012年实践周菜单式实践教学模式的基础上，除开设一些专业实验课程之外，将学生第二课堂活动有机融入实践周教学内容，如大学生科学研究与创新创业实践项目、“一德期货奖学金”项目、以期货专业20周年纪念为主题的暑期社会实践活动、期货后备人才培训班项目等，得到学生认可，收到较好效果。

举办期货专业20周年系列纪念活动。20年来，我校期货专业为行业输送了大批优秀人才，积累了丰厚的期货校友资源，也树立了物院期货专业的品牌。当前的期货行业正孕育着一场革命性变革，作为全国最早开办期货专业的高校，我们要积极应对这一挑战，高屋建瓴、提前谋划，瞄准高端人才培养的目标，制定人才培养战略，创新人才培养模式，抢占期货行业人才培养的制高点，再造期货专业的品牌辉煌。

（撰稿人：孟尚雄　赵娴）

【学科建设】

明确重点研究领域和优势研究方向。在明确框定学校科研指导目录的基础上，进一步明确了经济学院的重点研究领域和优势研究方向——流通经济研究和期货研究。依托商品与金融期货科技创新平台和流通经济研究所平台，加强团队合作，提升科研能力，积累科研成果，拓展对外合作研究，尤其在服务地方经济的横向项目方面取得了较大成效。

完成产业经济学北京市重点建设学科终期验收工作。学校产业经济学科于2008年获批北京市重点建设学科，建设期五年。根据《北京市重点学科建设任务书》的要求，本着历史传承与创新超越相结合的原则，紧密结合学校流通领域的传统研究优势和首都经济社会发展实践，凝练学科方向，突出学科优势和特色，汇集学术团队力量，聚焦标志性成果，创新人才培养模式，基本建成了以流通研究为特色的产业经济学学科体系。学科验收工作梳理了科研成果，总结了学科建设经验，为金融学和国际贸易学申报重点建设学科奠定了基础。

认真组织开展金融硕士专业学位授权点的申报工作。金融专业硕士项目是为了满足当前日益增长的专业化、国际化应用型金融人才的需要，进一步发挥我校金融期货领域的特色优势而申请设立。金融专业硕士学位，在已有产业经济学重点建设学科、金融学二级学科及期货与证券目录外二级学科硕士学位授权点的基础上，以培养期货与衍生品、金融风险管理领域特色型、实战型和应用型高层次人才为定位，以国家级实践教育基地、金融衍生创新实验室为依托，融合专业理论、实践教学、校企合作、产学研联合、国际化项目为一体，打造不可复制的专业人才培养的竞争力。

成立校级科研机构“农业与食品物流研究所”。1 月 8 日，依托经济学院的优势研究方向，校级科研机构“农业与食品物流研究所”成立。在揭牌仪式上，李石柱书记代表学校向外聘专家委员颁发了聘书，并与商务部流通产业促进中心副主任徐敏共同为“农业与食品物流研究所”揭牌。

成立校级研究机构“期货研究所”。9 月 25 日，北京物资学院期货研究所揭牌仪式暨研究所发展规划研讨会举行。期货研究所是依托经济学院建设的校级研究机构，充分利用北京物资学院期货专业的品牌优势和资源，致力于国内外期货及衍生品市场的专业理论研究、行业发展研究和预测、专业咨询与培训、衍生品相关数据收集与加工、实验实践教学研究等工作，搭建国内期货及衍生品领域研究咨询、培训及实验创新平台。期货研究所的成立标志着我校的学科建设迈上了一个新台阶。

（撰稿人：刘玉奇　赵娴）

【科研工作】

2013 年，经济学院教师共发表学术论文 80 篇，其中，B 级论文 11 篇、C 级以上（含 B 扩）论文 47 篇、D 级 22 篇；出版著作 12 部，其中学术专著 3 部、编著 6 部、教材 2 部、译著 1 部。

2013 年，经济学院教师共申请并获得批准科研项目 15 项，其中，省部级项目 1 项、市局级项目 3 项、横向项目 11 项、科技创新平台项目 1 项、横向课题实现较大突破，围绕商贸流通产业发展规划、市场网点布局、区域产业空间分布的优势研究方向，承接了十余项相关城市和县域的规划项目。特别是经济学院牵头负责的《洛阳市物流业发展规划》项目，签约经费 99 万元。项目在全校范围内整合青年骨干教师形成项目研究团队，研究了国家级物流中心城市发展、区域产业与物流发展的关系，以及供应链物流战略发展等物流业发展的重大背景，谋划了洛阳市物流业发展的战略定位、实现路径和工作任务。

2013 年获得市局级以上奖励 5 项。

设立并组织平台招标项目评审。为进一步加强期货与金融衍生品相关研究领域的科研工作，加快相关科研成果的形成，在全校范围内启动“商品与金融期货研究科技创新平台”项目招标工作，聘请行业内的专家学者进行评审，共8个项目获得立项，并给予相应额度的经费支持，以调动教师的科研积极性。

继续开展以“名家讲坛”为主题形式的学术月活动。积极搭建学术交流平台，组织“名家讲坛”系列讲座、教授讲座、学术创新团队经验交流、大学生科研与创业项目交流等系列学术活动，开展学科前沿理论探索与交流，营造科研氛围，激发教师和学生的研究热情。

（撰稿人：古今　赵娴）

【合作交流】

2013年，经济学院教师参加国内外进修学习2人次；参加国内外学术会议36人次；全年举办学术讲座19场，其中，本院教师讲座10场、外聘专家讲座9场。11月1—2日，李石柱书记率经济学院3名教师应邀出席中国高等教育学会高等财经教育分会年会并做论坛主题报告。

举办“第七届期货论坛”。10月26日，由经济学院、期货研究所和商品与金融期货研究科技创新平台主办，一德期货有限公司、银河期货有限公司和中物联大宗商品交易市场流通分会协办的“第七届期货论坛暨期货专业20年回顾与展望研讨会”顺利举行。论坛邀请了证券期货界专家学者及校友汇聚一堂，就共同关心的商品与金融期货热点问题进行了深入探讨和交流。本届论坛着力传承20年期货办学经验，挖掘校友资源潜力，助力期货人才培养，重塑期货专业品牌。为了深入探讨和研究经济转型中的期货市场发展问题，从2007年开始举办了七届期货论坛，搭建了一个开放的平台，追踪前沿热点、探索理论创新、谋划行业发展、凝练专业特色、培养高端人才，不断扩大学术影响力。

承办“2013年全国高校期货教学与人才培养研讨会”。10月27日，“2013年全国高校期货教学与人才培养研讨会”在北京物资学院举办，来自中国期货业协会、期货交易所、期货公司、地方协会的代表和全国高校的学者、学生代表共340人参加会议。会议由中国期货业协会主办，北京物资学院协办。中国期货业协会刘志超会长在致辞中提出三个研讨主题：进一步加强期货基础性、前瞻性研究；进一步加强与实践的结合，使基础人才在实践中加以磨炼；进一步加强协调与合作，整合资源，共同推进期货行业人才建设。会议旨在提供加强行业与高校合作和交流平台，为期货行业培养更多的人才，为行业发展做出应有贡献。

（撰稿人：古今　赵娴）

【社会服务】

社会合作全面开展。分别与山东省胶州市、高密市，辽宁省绥中县，河南省洛阳市，陕西省榆林市签订了合作协议，开展商业网点、物流业发展、服务业集聚区及经济转型等规划研究。在农产品流通、证券期货等研究领域，以企业为服务对象，开展横向合作研究，实现了经济学院“立地”研究的新突破。

加强产学研合作，探索建立研究基地和实践教育基地。4月，与中国物流与采购联合会大宗商品交易市场流通分会签署合作协议；8 月，与一德期货有限公司、知钱（北京）理财顾问有限公司签署投资者培训项目合作三方协议。这些合作充分发挥了校企双方的优势，为广大教师提供了专业理论应用的平台，为学生提供了实践实训基地，为创新型人才培养奠定了基础。此外，学院还与兰格钢铁、富远金融就“商品金融”合作研究等开展研讨；与长江期货有限公司、同舟棉业有限公司、《期货日报》、中国金属材料流通协会等单位就合作培训、学生实习与就业、教师挂职、合作研究等事项达成了共识。

（撰稿人：刘玉奇　赵娴）

【党建工作】

围绕学习贯彻党的十八大精神和十八届三中全会精神，认真开展师生思想政治理论学习，切实用中国特色社会主义理论体系武装师生头脑，不断提高师生思想政治理论水平。密切结合教学科研和人才培养中心工作，长效开展党建和思想政治教育各项工作。

按照学校总体部署，扎实开展好党的群众路线教育实践活动。认真做好“学习教育，听取意见；查摆问题，开展批评；整改落实，建章立制”等环节各项工作，确保活动取得实效。围绕贯彻落实中央八项规定、市委十五条意见和学校七条办法精神，学院党总支召开了党总支委员会扩大会议，专门传达学习有关文件，并对照文件精神认真梳理研讨学院贯彻落实情况。按照要求深入开展调查研究，广泛征求意见建议；精简会议活动，厉行勤俭节约，切实提高工作实效；抓好班子作风建设，注重班子团结和廉洁自律。同时，对照检查分析出的各项问题和意见建议，加以整改落实，提出制度建设项目，健全完善学院规章制度体系。

做好学校第二次党代会各项工作。按照学校《关于中共北京物资学院第二次代表大会代表选举工作的通知》要求，在充分发扬民主、广泛酝酿讨论的基础上，采取差额选举的方法，选举产生了经济学院中共北京物资学院第二次代表大会代表 9 名。严格按照提名酝酿程序要求，完成第二次党代会党委委员、纪委委员提名推荐工作。组织学院党代表积极参加提案工作，8 名党代表共提交本次党代会 5 个提案，内容涉及学校发展、干部队伍建设和基础设施建设等方面。

加强党总支工作制度建设，修订完善党政联席会议制度、中心组理论学习制度，建立党政班子碰头会制度。

加强工会教代会工作。加强教工之家建设的谋划，指导工会开展好各项教职工文体活动，丰富教职工文化生活。组织开展送温暖活动，组织倡议为重病中的顾声乐老师献爱心捐款活动。做好召开学院教代会的各项工作。

重视并加强师生互动，以教师党员带动学生党员，开展支部共建活动。申报并完成“树形象、作表率、比贡献、展风采”主题系列活动和“以生为本，深化人才培养模式改革”两项校级党建特色基金项目。

认真做好积极分子培养、党员发展

和教育管理工作。全年完成233名新入党申请人的初级党校培训，推荐61名入党积极分子参加学校高级党校培训。本年度发展教工党员1名，学生党员68名；批准77名学生预备党员如期转正。全体学生党员参与“1对1帮扶”。党员述责测评进一步完善，党员长效教育管理实现制度化，要求学生党支部每月开展一次理论学习和一次实践活动。继续在经济学院网页设立“理论园地”栏目，不断更新和完善理论学习内容。12月，以“学风建设和学生党员作用发挥”为主题召开党员座谈会，针对学生学习生活等方面的问题进行交流并提出改进建议，并将意见集中的问题形成党代会提案；明确提出学生党员要牢记党员身份，以身作则，建言献策，在学风建设中发挥先锋模范作用。

坚持开展“红色1+1”活动，不断探索活动内容创新和形式创新。在学校举行的“红色1+1”活动评选中，第三学生党支部获得校级二等奖。

（撰稿人：韩春丽　胡伟）

【学生工作】

学院坚持“以思想政治教育保障学风建设，以第二课堂活动推进学风建设，以优良学风试点班级建设匡正学风，以大学生科学研究与创业行动计划项目提升学风”的工作思路，大力推进学风校风建设。共有10个班级参与学校“优良学风试点班”建设，通过评比，2010210106班、112110003班和122110001班获得校级优良学风班，122110003班、122110004班获得经济学院优良学风班。2013年度，按照“过程管理，悉心培育，提升质量”的工作思路，共计收到大学生科学研究与创业行动计划项目申报67项（其中2010级和2011级56项、2012级11项），批准立项67项。历经系统的培训、指导和考核答辩，中期项目考核予以通过59项，结项答辩予以通过56项，其中评定优秀等级9项、良好等级17项、合格等级30项。申报立项、批准立项、参与学生人数、完成项目数等各项指标连续第三年居学校各学院前列。

2013年本科毕业生288人（含国际班24人），签约率为85%，就业率为97%。其中，考取村官7人、考取硕士研究生13人、出国31人。市级优秀毕业生14名、校级优秀毕业生15名。在就业管理和服务工作中坚持“强化质量，塑造品牌，提升社会美誉”导向，年终就业评比考核获得就业质量单项奖。

2人获得国家奖学金、32人获得国家励志奖学金、150人获得国家助学金、47人获“校级三好学生”、9人获“院系级三好学生”、43人获得“校级优秀学生干部”、182人获得其他单项奖。112110003班获得市级优秀班集体。

经济资助、励志教育与学风建设相互促进。2013年度，经济学院总计175名家庭经济困难学生，评定和提供国家励志奖学金名额32个、一等国家助学金名额60个、二等国家助学金90个、勤工助学岗位63个、“携手助飞奖学金”名额2个、“中储华通奖学金”名额2个、“爱心奖学金”名额2个、助学贷款名额14个。以论文大奖赛的形式，组织实施第二届“一德期货奖学金”项目，80 余组同学经预报名、开题答辩、中期指导、预答辩、终审答辩各个环节，最终 50 组同学完成项目论文，22 组同学进行终审答辩，6 组同学分享了一德期货有限公司提供的 3 万元奖学金；并组织 15 名同学暑期进入一德期货有限公司接受系统培训。

积极参加学校第 29 届田径运动会，经济学院荣获男子团体第二名、女子团体第四名和男女团体第三名的成绩；在球类比赛中，经济学院获得“卧虎阳光杯”足球赛冠军，“飞凤杯”女篮冠军，参加“5·25”心理小品比赛，获得三等奖。

积极开展学院内各类学生活动。3 月 24 日，举办第九届“经济文化节”，历时一个半月，内容包括经济学知识大赛、模拟交易大赛、青年经济论坛、“经英 Show”财经英语演讲比赛和走进企业等系列活动。继续对活动项目进行改革和创新，如为落实学生党员先锋工程要求，将青年经济论坛改变为党员先锋论坛；走出校园与校外企业加强合作，配合易汇网参与中国高校校园外汇大赛等。10 月 26 日，配合学院工作，在校大礼堂举办“期货二十周年”庆典晚会。10 月 30 日，举办第五届新生运动会（2013 级）。12 月 12 日，举办“魅力青春，young 帆起航”2013 级新生风采大赛暨年终颁奖晚会。还举办了 2013 级新生辩论赛、第三届“宿舍文化节”等学生活动。组织学生干部开展素质拓展活动，培养学生的团队协作精神及增强体魄。在学生团支部中组织开展“我的中国梦”主题团日活动。开展团支部推优工作，5 月，有 103 名学生通过推优；9 月，有 75 名学生通过推优。

积极开展志愿服务工作。响应团市委号召，与社区青年汇对接。9 月，团市委书记常宇视察了经济学院在通州区天时名苑社区的对接工作。学院青年志愿者协会加入新华街道社区社会组织联合会，积极拓展志愿服务项目。此外，还开展了荷花馆打工子弟学校志愿服务、河北省万全县支教等志愿活动。响应校团委倡议，积极开展“温暖衣冬”活动。在暑期社会实践活动方面，结合“期货二十周年”庆典，组建校友走访团队，分别赴广州、深圳、上海、杭州等地走访北京物资学院杰出校友，编撰《校友风采录》。该项目荣获北京市暑期社会实践优秀成果奖、校级暑期社会实践评比二等奖。

积极参加专业技能比赛并取得好成绩。在中国国际贸易学会和全国外经贸职业教育教学指导委员会举办的第二届“POCIB 全国大学生外贸从业能力大赛（2012—2013 赛季）”中，国际经济与贸易系团队获得团体三等奖，其中胡戈铭、陈斌和谢阳杰获得个人三等奖。在“2013 北京物资学院第十届数学竞赛暨第五届全国和第二十四届北京市大学生数学竞赛选拔赛”中，112110003 班陈奕获一等奖、2010210104 班张凯和 2010210105 班张天一获二等奖、122110004 班吴洋洋获三等奖。

（撰稿人：韩春丽　胡伟）

【附录】

经济学院 2013 年出版著作一览表

序　号	著作名称	第一作者	著作类别
1	经济学视角下的物流公共政策研究	顾声乐	学术专著
2	大学生综合创新训练——探索与实践	许春燕	编著
3	如何进行供应链财务管理	刘　荔	译著
4	人口、资源与环境经济学概论	朱群芳	编著
5	中国生产资料流通发展报告（2012—2013）	赵　娴	编著
6	我国大宗农产品国际竞争力研究	郝玉柱	编著
7	我国大宗工矿商品国际竞争力研究	郝玉柱	编著
8	商业经济专业知识与实务（初级）2013	赵　娴	普通教材
9	商业经济专业知识与实务（中级）2013	赵　娴	普通教材
10	流通经济研究动态——零售专题	赵　娴	编著
11	多金融资产的定价与风险测度——基于 Copula 理论的研究	战雪丽	学术专著
12	中国钢铁行业产业集中度研究	王可山	学术专著

经济学院 2013 年获奖成果一览表

序号	成果名称	获奖作者	奖励名称	获奖级别	获奖等级
1	基于流通视角的农产品价格传导机制实证研究	潘建伟 张立中（外校） 张保见	惠友杯 2013 年中国商业经济学会学术年会优秀论文	市局级	三等奖
2	新时期中国供应链金融发展的新特点	郝建彤	中国统计学会马克思主义统计理论专业委员会 2013 年度优秀论文三等奖	市局级	三等奖
3	京津冀低碳物流能力评价指标体系的构建	李　丽（外校） 潘建伟	第十二次中国物流学会学术年会优秀论文	国家一级协会	三等奖
4	我国内陆港运营及通关模式	郝玉柱 刘振峰（外校）	第十二次中国物流学术年会优秀论文奖	国家一级协会	三等奖
5	我国内陆港布局与选址问题研究	郝玉柱　孙前进 刘振峰（外校） 尹　海（外校） 霍再强　刘崇献 王明正（学生） 杨明辉（学生）	2013 年度中国物流学会课题优秀成果奖	市局级	一等奖

经济学院 2013 年发表论文一览表

序号	论文题目	第一作者	发表刊物/论文集	备注
1	国外供应链金融理论研究	冉　京	中国商贸	C 级
2	发展中国家科技政策的调整与技术进步——以印度和巴西为例	盛　浩	经济问题	C 级
3	基于 Copula 的金融变量边缘分布特征分析	战雪丽	中国商贸	C 级
4	转型期我国期货市场创新发展与功能定位的再思考	赵　娴	中国流通经济	B 级
5	知识溢出对零售企业规模经济的作用机制分析	周学勤	中国商贸	C 级
6	两广地区发展钢铁产业可行性分析	郝玉柱	生产力研究	B 扩
7	浅析商业担保公司无风险费率问题	王宝森	中国商贸	C 级
8	北京市对外贸易存在的问题及对策	原玲玲	生产力研究	B 扩
9	铜加工企业如何应对铜价波动风险	马　刚	时代经贸	D 级
10	马歇尔两难、商业集群与区域经济增长	尹德洪	改革与战略	C 级
11	中国国家中心城市经济辐射力分析与评价	赵　娴	经济与管理研究	B 级
12	北京城镇居民消费与收入关系的实证分析——基于协整分析和状态空间模型	褚晓琳	华东经济管理	B 扩
13	供应链质押融资理论研究综述	陈景同	中国商贸	C 级
14	我国商业银行碳金融创新的制约因素及对策	许春燕	中国流通经济	B 级
15	我国房地产业的 SCP 分析及优化对策	冯玉成	中国商贸	C 级
16	天津市国际竞争力分析	郝玉柱	中国商贸	C 级
17	供应链金融风险控制理论的发展研究	冉　京	中国商贸	C 级
18	跨国公司在转型国家的社会责任研究	张　妍	中国商贸	C 级
19	国际商贸中心建设与北京免税业发展	郝玉柱	北京社会科学	C 级
20	基于期货盯市制度的中小企业融资担保体系研究	王宝森	经济研究导刊	D 级
21	调整投资和消费与扩大内需研究	冯玉成	中国商贸	C 级
22	金融学专业（证券期货方向）订单式人才培养试点探索	马　刚	时代经贸	D 级
23	关于京津冀区域合作的思考	毛　艳	现代商业	D 级
24	产业政策“绿色化”：阻力及一种可能的共生关系	刘　荔	中国流通经济	B 级

续　表

序号	论文题目	第一作者	发表刊物/论文集	备注
25	论拍卖师与拍卖行业的发展	车卉淳	时代经贸	D级
26	全球金融危机对我国银行业监管的启示	赵　娜	现代经济信息	D级
27	京津冀区域经济发展对策研究	李　彤	中国商贸	C级
28	CPI权重的变化对通货膨胀率的影响	霍再强	中国商贸	C级
29	物流公共政策博弈——仲裁型博弈模型分析	顾声乐	中国商贸	C级
30	北京市平谷区桃园及其相关产业发展对策研究	李义福	中国商贸	C级
31	碳金融定价权分析	李亮亮	中国商贸	C级
32	以职业生涯规划指导促进高校学风建设研究	张建宝	中国大学生就业	D级
33	北京市国有资产重组整合研究	冯玉成	中国商贸	C级
34	物流公共政策博弈——规模与发展博弈模型分析	顾声乐	中国商贸	C级
35	我国新能源产业发展对策研究	李义福	中国商贸	C级
36	我国钢铁产业国际竞争力研究	郝玉柱	特区经济	C级
37	推进我国农业现代化的思考	潘建伟	中国流通经济	B级
38	北京构建现代物流中心的发展战略	张　琦	iBusiness	C级
39	货币银行学课程双语教学的研究与实践	牛瑞芳	中国电力教育	D级
40	食品安全问题的政治经济学释读	王可山	中国流通经济	B级
41	我国农村居民消费需求不足的原因及对策研究	冯玉成	中国商贸	C级
42	北京市通州区公共交通现状及其对策研究	李义福	时代经贸	D级
43	提升我国文化软实力的对策分析	牛瑞芳	山西高等学校社会科学学报	D级
44	我国小麦在国际竞争中存在问题及对策	郝玉柱	中国商贸	C级
45	京津冀小麦现货价格与期货价格的单位根分析	霍再强	中国商贸	C级
46	我国开展国际多式联运的现状及对策研究	刘崇献	时代经贸	D级
47	商业集群、分工与市场的共生	尹德洪	商业研究	B级
48	提高我国铜的国际竞争力	郝玉柱	现代商业	D级
49	我国港口集装箱的运输竞争力探讨	刘崇献	中国商贸	C级
50	制度环境、生产经营者利益选择与食品安全信息有效传递	王可山	宏观经济研究	B级

续 表

序号	论文题目	第一作者	发表刊物/论文集	备注
51	我国服务贸易存在的问题及对策	原玲玲	中国商贸	C 级
52	中国服务贸易对经济增长带动作用的实证研究	刘崇献	时代经贸	D 级
53	教育—管理—服务—发展视域下高校学生工作定位探析	张建宝	扬州大学学报（高教研究版）	D 级
54	从中国远洋巨亏看我国航运企业风险管理	刘崇献	时代经贸	D 级
55	自由与道德规律的循环？——从康德《道德形而上原理》到《实践理性批判》	张建宝	理论界	D 级
56	评价距离为随机条件下的集覆盖选址模型研究	孟尚雄	Journal of the Operational Research Society	B 级（SCI）
57	国际金融危机背景下我国产业结构调整和升级研究	冯玉成	中国商贸	C 级
58	Measures to Manage the Scale Risk and Structural Risk of Foreign Exchange Reserves	牛瑞芳	Proceedings of the 5th (2013) International Conference on Financial Risk and Corporate Finance Management	D 级
59	金融危机背景下加强外贸企业金融服务问题研究	刘崇献	时代经贸	D 级
60	北京市巨额外贸逆差的成因及影响研究	刘崇献	中国商贸	C 级
61	京津冀小麦现货价格与期货价格的协整关系分析	霍再强	中国商贸	C 级
62	北京市在京津冀都市圈的经济辐射能力研究	刘崇献	中国商贸	C 级
63	应对中美贸易摩擦的政策选择	原玲玲	中国商贸	C 级
64	京津冀小麦价格与期货价格相关性的实证研究	霍再强	中国商贸	C 级
65	我国内陆港运营及通关模式	郝玉柱	物流技术	C 级
66	浅谈提高我国原木国际竞争力的对策	原玲玲	中国商贸	C 级
67	我国钢铁电子商务运行模式的分析与评价	赵　娴	中国商贸	C 级
68	农产品价格波动与资本专用性	顾声乐	消费经济	C 级
69	市场经济改革背景下的产业政策调整——印度和巴西的实例	盛　浩	东南亚纵横	C 级

续　表

序号	论文题目	第一作者	发表刊物/论文集	备注
70	我国主导零售商并购策略的经济学分析	车卉淳	中国商贸	C级
71	特色引领的经济学专业建设与人才培养模式探究	车卉淳	经济研究导刊	D级
72	“代际公平”问题的经济学分析及其资源可持续性利用的路径选择	车卉淳	生产力研究	B扩
73	以学科特色和模式创新培养高素质流通领域专业人才	赵　娴	中国市场	D级
74	小额贷款公司风险探析及相关建议	杨　菁	农村经济	C级
75	Research on Establishing of National Accounting System Based on Sustainable Development	车卉淳	2013 International Conference on Social Science and Health (ICSSH 2013)	C级
76	Path Analyses of Sustainable Utilization of Resources Based on “Inter-Generation Equity” Idea	车卉淳	Progress in Environmental Protection and Processing of Resource	B级
77	股票价格与宏观经济复杂关系研究述评	霍再强	中国商贸	C级
78	我国商品期货市场国际地位研究	郝玉柱	中国商贸	C级
79	我国螺纹钢期货基差特征和套期保值比率分析	刘　宏	Advanced Materials Research	B级

经济学院2013年科研项目一览表

序号	项目名称	负责人	项目来源	项目性质
1	商品现货市场交易监管模式、体制与政策研究	赵　娴	中国物流与采购联合会	纵向
2	北京市商业集群体系研究	刘玉奇	北京市哲学社会科学规划办公室	纵向
3	转变流通方式理论、路径研究——以首都大力发展服务业为背景	童年成	北京市教委	纵向
4	我国上市公司股权融资偏好的博弈分析	褚晓琳	北京市教委	纵向

续 表

序号	项目名称	负责人	项目来源	项目性质
5	榆林市能源型经济产业转型发展研究	刘　旗	榆林市政协	横向
6	胶州市商业网点规划	赵　娴	胶州市商务局	横向
7	校企协同大学生创新创业教育模式研究	许春燕	北京方宇博业科技有限公司	横向
8	基于第三方物流的北京农产品流通模式研究	潘建伟	北京中食新华科技有限公司	横向
9	洛阳市现代物流业发展规划研究	赵　娴	洛阳市发展与改革委员会	横向
10	基于供应链的肉鸭质量安全可追溯体系研究	潘建伟	北京金星鸭业有限公司	横向
11	高密胶河疏港物流园区产业发展规划	刘玉奇	胶河疏港物流园区管委会	横向
12	绥中县万家服务业集聚区控制性详细规划	赵　娴	北京美臣保理投资管理公司	横向
13	绥中县服务业发展规划	赵　娴	北京美臣保理投资管理公司	横向
14	证券公司核心竞争力评价及管理咨询	王可山	国海证券	横向
15	期货投资分析研究——商品期货研究	马　刚	南开大学	横向

（撰稿人：古今　赵娴）

物流学院

【概况】

北京物资学院物流学院（Logistics School）成立于2006年7月，主要由管理科学与工程、工商管理、化学、物理、生物工程、机械工程、信息工程和交通运输工程等一级学科组成。2013年，学院设物流管理、物流工程、机械设计制造及其自动化、商品学、采购管理五个教研室。学院下属的实验室包括北京市物流系统与技术重点实验室、工程技术实验室、流通安全实验室3个专业实验室。学院下属的主要科研机构包括北京市物流系统与技术重点实验室、北京市商务委物流研究基地、中国物流学会——亚太物流研究交流合作部、北京物资学院——中国采购与供应链研究中心、中法百优采购研究中心等。学院设物流管理、物流工程、机械设计制造及其自动化（物流设备工程方向）、商品学、采购管理、质量管理工程专业（商品质量检验与管理）六个本科专业，其中质量管理工程专业（商品质量检验与管理）为本年度物流学院申报的新专业。学院拥有管理科学与工程、企业管理2个硕士学位授权点，拥有管理科学与工程北京市重点学科。物流学院建有国内第一家以物流为背景的专业博物馆——物流博物馆，并于2012年加入北京市高等院校博物馆联盟，并成为联盟理事单位。

截至12月底，教职工50人，贾美惠老师成为物流学院新成员，业务挂靠10人。其中专任教师50人（含思政教师和挂靠人员：沈小静、翁心刚、刘艳荣、张志勇、安久意、刘艳、徐广姝、丁健、常娥、梁晨）。专任教师中，硕士生导师20人；教授8人（含挂靠人员），副教授30人，具有博士学历的教师31人。

2013年毕业本科生308人，招收本科生297人。截至12月底，在校本科生1225人。

（撰稿人：王成林　张旭凤）

【学科建设】

2013年，物流学院共有管理科学与工程、工商管理2个一级学科，其中管理科学与工程为北京市重点学科。管理科学与工程学科下设物流工程方向，工商管理学科下设物流管理方向。

2013年，新晋升教授1人，王成林被评为教授职称；新晋升副教授3人，王晓平、梁雅琼、梁晨被评为副教授职称。

参加学校组织的北京市管理科学与工程重点学科验收工作，根据北京市教育委员会统一要求，对照建设方案进行了学科建设梳理工作，并取得了验收通过的成绩。

按照学校统一部署，对管理科学与工程学科开展深入的建设工作。学院学术委员会本年度召开讨论会2次，结合学院实际情况，在管理科学与工程一级学科目录下申报物流管理与工程、物流设备工程、流通安全工程3个二级学科点的基础上继续凝练优势研究方向。

在学科方向凝练的基础上，继续注重科研团队建设。强化包括“物流服务创新研究团队”“采购与供应链研究团队”“物流系统与技术创新团队”“商品流通安全学术创新团队”“集团型企业物流资源配置决策研究团队”和“基于理化理论和实验技术的商品质量监控研究团队”6个科研团队。

强化实验室建设。扩建工程技术实验室和物流系统与技术实验教学中心，购置“多功能存储系统”“全过程冷链模拟系统”“全球供应链与物流管理模拟实验平台”等实验设备，可以为物流管理、物流工程、物流设备工程等专业提供良好的科研和实践教学环境。截至2013年年末，物流学院实验室总资产超过4800万元。

（撰稿人：王成林　王晓平　张旭凤）

【教学工作】

2013年，教学工作的基本思路是继续落实物流学院培养具有国际化视野的实战型物流人才培养目标，以实战型人才培养模式改革带动师资队伍建设、带动课程改革、带动人才培养模式创新。目标是深化教学改革力度，提高教学质量。重点是围绕中都物流实验班建设、国际物流实验班建设，全面实施国际化实战型人才培养机制；深化培养国际化及实战型师资队伍、建设实习基地、鼓励教师参加国内外学术会议。与中都物流有限公司签署校企合作培养物流实验班协议，以此为基础推动了物流学院校企联动课程建设、师资队伍建设及教材建设。本年度物流学院获得学校本科教学质量与教学改革工程课程综合改革立项项目13项。

学院继续推动国际物流实验班项目，学生全面实施为期半年或一年的国外交流，合作院校包括德国、丹麦及韩国国家的4所大学，交流学生23人。为规范相关的出国学习行为，物流学院制定了《北京物资学院物流学院交换生管理规定》，对学生选课等方面进行了规范。

4月12日，物流学院召开国家级品牌专业培养方案专家论证会，来自高校和行业的专家对物流管理专业2013版培养方案进行了论证。物流学院全体领导、各系系主任及部分教师代表参加论证会，副校长许晓革、教务处处长许春燕、副处长顾煜也全程参加了论证会。论证会由物流学院副院长王成林主持。物流管理系主任刘俐详细介绍了2013版物流管理专业培养方案的制订思路，物流学院院长邬跃教授对此次培养方案修订的目标依据作了进一步的补充。来自北京大学、北京航空航天大学、北京交通大学、北京工商大学、首都经贸大学的专业教授和北京市物流协会会长、苏宁云商集团副总经理分别从理论与实践角度阐述了修改观点，特别是在国家级品牌专业的课程设置前瞻性、课程体系完整性、跨学科资源共享、校企联动培养措施等多方面提出了具体的建议。

5月9日，教务处邀请相关专家就“十二五”期间实验示范中心的相关政策，以及我校实验示范中心未来的建设及规划进行了深入的研讨。校外专家北京大学信息科学技术学院教授郝永胜博士，商务部全国服务外包岗位专业考试中心焦杨主任，综合开发研究院（中国深圳）物流与供应链管理研究所所长王国文博士，启秀科技（北京）有限公司技术总监朴睿先生莅临本次研讨会。副校长许晓革教授，校长助理、物流学院院长邬跃教授，教务处长许春燕教授，副处长顾煜教授，物流学院副院长王成林博士及相关人员参加了本次研讨会。郝永胜博士就国家“十一五”期间的实验示范中心建设情况，“十二五”期间的建设要求及其变化，以及我校如何深入打造物流特色等方面，进行了深入的介绍和分析，对我校实验示范中心的建设提出了中肯的建议。焦杨主任介绍了“十二五”期间国家在推动业务流程外包、促进复合型人才建设等方面的政策，对校企合作培养“新岗位人才”的实施及未来发展前景作了介绍，就校企合作、校内实训中心、实验基地建设和运作模式等提出了具体的建议。

5 月，学校公布北京物资学院 2012 年教学成果奖获奖项目，物流学院获得一等奖 3 项，二等奖 2 项。

在后续参加的北京市 2012 年高等教育教学成果奖评比中，邬跃、张旭凤、张耀荔、李彦萍、田雪等申报的“多方联动的实战型物流人才培养模式的构建和实施”获得一等奖，王成林、张旭凤、张耀荔、刘俐、李彦萍等和首都经济贸易大学赵艳合作申报的“产学研互动的立体化物流实验教学共享平台的构建与应用”获得二等奖。

8 月，王成林教授负责的物流管理继续教育团队被评为 2013 年北京高等学校继续教育优秀教学团队和重点建设教学团队。

9 月 10 日，德国巴登符腾堡州勒拉赫双元制大学乐哈克分校国际货代、运输与物流系主任、我校兼职教授阿明（Armin F. Schwolgin）和贝尔（Bayer G. Schmidt）来到物流学院，与物流学院副院长王成林、国际学院执行院长张旭凤、国际合作与交流处处长韩星等举行会谈，并达成继续进行国际学生交换等合作协议。

9 月 18 日，物流学院举行第二届中都物流经理班开班典礼。

9—11 月，物流学院组队参加北京市大学生物流设计大赛，2 支代表队均获得二等奖，唐秀丽和温卫娟老师获得最佳指导奖。

10 月 14 日，物流学院举行全国服务外包专业技术人才实训示范基地授牌仪式。副校长许晓革教授，校长助理、物流学院院长邬跃教授，教务处处长许春燕教授，物流学院副院长王成林教授，全国服务外包岗位专业考试中心焦杨主任，启秀科技（北京）有限公司产品总监朴睿等参加授牌仪式。

11 月，物流学院王成林负责的“多方联动的物流实验教学体系构建研究”被市教委批准立项。

12 月 1 日，物流学院会同信息学院、商学院共同申请建立北京市物流系统与技术实验教学示范中心，经专家组验收评审获得批准。

（撰稿人：王成林　姜旭　张旭凤）

【科研工作】

1. 科研项目

2013 年，包括科研基地建设在内的纵向项目 31 项，经费总计为 388.1694 万元。其中省部级及以上课题 22 项，经费金额为 108 万元。王成林副教授负责的“转子部件超高稳态加速度承载条件下动态特性优化研究”和梁雅琼老师负责的“磁性材料法研究激光驱动磁重联二维拓扑结构”均为国家自然科学青年基金项目。陈静副教授“生物智能传感技术在谷物农产品物流及流通中的应用研究”项目获北京市科委科技新星计划项目资助 35 万元。2013 年开展横向科研项目 17 项，经费合计 179.8443 万元。

2. 科研成果

物流学院教师在各种杂志以第一作者公开发表论文 105 篇，其中梁雅琼老师的“$La_{0.5}Ca_{0.5}FeO_3$ 中电荷歧化效应诱导交换偏置现象”被《中国科学》收录；B 级以上期刊发表论文 37 篇；以第一作者出版专著教材 19 部；28 项研究成果获奖，其中获得国家一级协会奖项 16 项、省部级奖项 4 项、市局级奖项 7 项；王成林老师被评为“2013 年度中国商业科技创新人物”。学院参与申请专利 26 项，其中发明专利 1 项，知识产权第一署名单位均为北京物资学院。

3. 科研基地建设

2013 年，物流学院以现有的科研资源为基础，以北京市物流系统与技术重点实验室、北京市商务委物流研究基地等为核心，大力开展科研基地基础建设。其中北京市物流系统与技术重点实验室资助经费 97 万元，主要用于重点实验室的基本设备购置和实验条件改善。在北京市教委组织的中期评审中，重点实验室获得通过。

4. 学术交流

物流学院广泛参加各种学术交流活动，积极参加国际国内学术会议，邀请专家学者来院讲学。

7 月 2 日，学院特邀中国商品学会副会长、中国人民大学傅绪哲教授为商品学专业 2011 级、2012 级学生作“关于商品学的思考”讲座。特邀中国物流与采购联合会副会长蔡进为采购管理专业师生作专题讲座。讲座介绍了中国采购发展的前景、采购人才的职业发展机遇、采购职业发展路径、采购职业人员必要的职业能力、如何提高采购职业人员的专业技能及采购职业人员的薪酬调研情况，并且提出了采购职业人员的 21 项关键能力，为采购专业建设指明了方向。

9 月 12—14 日，姜旭副教授应邀参加在日本东京海洋大学召开的第 30 届日本物流学会年会，并做了“从中国到日本的国内物流研究”主题演讲。

10 月 28—31 日，物流学院副院长王成林作为北京物资学院代表应邀参加在美国芝加哥和孟菲斯举办的第六届中美物流会议并发表主题演讲。本次会议是美国运输与物流协会联合相关机构举办的中美物流领域的高端论坛，已连续举办六届，具有较高的影响力。

12 月 18 日，物流学院和北京现代物流研究基地联合举办物流业发展专题学术报告会。特邀国务院发展研究中心研究员、我校兼职教授魏际刚做了“中国物流业中长期发展战略”学术报告。

5. 校企合作

物流学院不断加强与企业的交流与合作。4 月 18 日，校长助理兼物流学院院长邬跃、物流学院党总支书记张耀荔、副书记王晓平一行 3 人，应邀到北京弘帆物流有限公司洽谈合作事宜，双方初步达成进一步合作意向。

6 月 20 日，副院长王成林一行 5 人前往石河子大学商学院访问交流，与该院签订战略合作协议。双方商定在专业建设、实验室设计、教师培训等方面开展合作。

7 月 12 日，物流学院与瑞士 Bossard 中国分公司举行签约仪式。瑞士 Bossard 中国分公司华北区总经理陈宇翔、中国区人事经理范小娜、技术支持工程师主管朱悦、物流方案工程师刘长奇、物流学院副院长王成林、王晓平参加签约仪式。双方协议在人才培养等方面进行深度合作。Bossard 中国分公司向我校捐赠智能物流系统实验设备一套。

物流学院张涵老师与快行线食品物流有限公司签约科研项目“冷链物流产品确定方法及产品范例”，合同经费 25 万元。该项目的实施，将支持快行线（冷链物流企业）完成天猫（淘宝网店）的生鲜产品上线后的冷链宅配业务。

日本物流研究中心常务副主任姜旭副教授，受日本流通经济大学委托和经费资助，完成《关于中国向铁路运输方式转移可能性的调查研究（日文）》课题报告，经日本流通经济大学专家委员会严格审查后结项。

6. 大学生科研活动

学院大力支持学生开展科学研究与创业行动计划。全年院级立项 62 项，参与学生 50% 以上。

（撰稿人：王成林　王晓平　张旭凤）

【党建工作】

2013 年，物流学院党总支共有 6 个支部，其中教师党支部 2 个、学生党支部 3 个，临时学生党支部 1 个。党员 212 人，其中正式党员 134 人、预备党员 78 人；教工党员 35 人，学生党员 177 名（包括 2013 届毕业的 63 名党员）。入党积极分子 620 人，全年共发展党员 109 人。

张耀荔任党总支书记、毛文富任党总支副书记、何佳赢任组织委员兼安保委员、王晓平任宣传委员、宋玉卿任纪检委员、王成林任青年委员、邬跃任统战委员。

教工第一党支部书记张涵，组织委员杨雪，宣传委员田雪，党员共 16 人。教工第二党支部书记王成林，组织委员孙卫华，宣传委员赵坤，党员共 14 人。

学生第一党支部书记何佳赢，第二党支部书记孙涛，第三党支部书记鲁楠，珠海物流临时党支部书记郝向海，组织员王淑焕。

学院分工会委员会由 5 名同志组成，田雪任分工会主席兼女工委员，芮嘉明任分工会副主席，孙卫华任生活委员，史晓霞任文体委员，陆华任宣传委员。

学院党总支的工作理念：将党务工作的成效体现在推动学院的发展上，在教学、科研和社会服务中体现党员的先进性。党总支的工作主线：以科学发展观为指导，以领导班子、总支委员会、基层党支部、工会、学生工作队伍 5 支队伍为抓手，做好领导班子建设和师生思想政治工作，积极开拓创新，追求各项工作新的突破；教职工与学生思想政治教育的重点是学习科学发展观理论，促进教职工和学生对科学发展观内涵的理解，激发教职工贯彻党的教育方针、履行高校职责的自觉性，激发学生为社会主义现代化建设服务自觉性，努力使自己成为德、智、体、美全面发展的中国特色社会主义事业合格建设者和可靠接班人；基层党总支工作重点是党员先进性体现和组织发展；反腐倡廉工作重点以防为主，贯彻落实院务会、“三重一大”等制度；工会工作重点是发挥工会沟通桥梁作用，营造和谐氛围。

物流学院党总支大事记：

1月4日，召开物流学院一届二次教代会扩大会议，由党总支书记、教代会执委会主任张耀荔主持，邬跃院长代表学院领导班子作学院年度工作报告，张耀荔书记、王成林副院长、王晓平副书记分别作2012年工作总结。

1月9日，党总支召开座谈会，重点研究解决京外生源就业问题，党总支副书记王晓平主持会议。

1月17日，物流学院召开教代会第四次会议。邬跃院长对2012年学院工作报告作补充，对创收的收支情况作详细说明；工会主席田雪汇报2012年工会工作和工会经费使用情况；芮嘉明就二级教代会实施细则、选举办法、议事细则作说明；教代会代表原则通过三项议题。

3月17日，党总支组织全体学生党员集中学习十八大会议精神，张耀荔书记主讲，学生党支部书记和全体学生党员参加学习。

5月27日，物流学院3个学生党支部分别召开支部生活会。

6月4日，党总支召开毕业生党员大会，邀请组织部组织员张素珍老师对毕业生党员进行组织管理、组织关系转移等方面专题教育。

6月5日，物流学院党总支举办消防知识与技能培训。

9月11日，党总支召开开展党的群众路线教育实践活动动员部署大会。

9月12日，党总支开展党员教育实践活动，学习校党委书记李石柱的讲话精神，举办主题讲座，观看了革命传统教育影片。

9月22日，张耀荔书记为2013级新生做“信仰选择与境界追求”报告。

10月15日，党总支分别召开学生和教工党员大会，进行学校第二次党代会代表候选人提名。

10月26日，物流学院学生党支部与中国电影博物馆党支部开展“红色1+1”共建活动。

10月30日，党总支召开学校第二次党代会代表选举大会。116名党员参加会议，选举产生9名代表。

11月22日，党总支书记张耀荔一行8人到怀柔区雁栖镇范各庄村党支部进行调研。

12月11日，第二学生党支部书记孙涛老师带领8名学生党员前往怀柔雁栖镇范各庄村开展“红色1+1”系列活动，为当地党员、村干部和村民普及文化知识。

（撰稿人：张耀荔　刘艳荣）

【学生工作】

2013年，物流学院学生工作思路是：进一步规范工作流程，为学生工作提供制度保障；建设精干学生工作队伍，为开展工作提供组织保障；打造品牌活动，营造物流文化氛围；发挥党建龙头作用，引领团学工作；全程就业服务，提高就业质量。

1. 学生党建工作

物流学院学生党建工作，继续把好党员发展质量关，严格执行党员发展规定；注重对学生党员的再教育和再培训，不断提高整体素质，切实发挥学生党员的先锋模范作用。截至7月底，学生党员人数为121人，其中正式党员67人、预备党员54人；截至12月底，学生党员人数为126人，其中正式党员75人、预备党员51人。全年共发展党员42名、转正党员23人，现有正式党员56名、预备党员67名。

拓宽源头，为党员队伍培养“后备军”。党支部内部设有学生副书记和支委，同时各个班级设有入党联系人，方便在日常工作中深入观察，听取群众意见，发现入党积极分子。对入党积极分子进行党的基本路线和党的基本知识宣传教育，使积极分子了解党的性质、纲领、指导思想、宗旨等，引导积极分子积极向党组织靠拢。

支部活动，为党员队伍输入“新能量”。进一步加大“红色1+1”活动的力度和广度，通过与农村、企业、部队、高校党支部共建等多种形式，让学生党员深入基层，了解社会。学生党支部组织全校150余名学生党员、团员，参与2013中国电影学术年会志愿服务活动。学生代表还参与圆桌研讨，与业界嘉宾探讨观众对电影的需求问题。学院与电影博物馆达成长期合作关系并结为“红色1+1”活动对子，将长期开展共建活动。

2. 学生工作队伍

物流学院共有40个自然班，2个实验班，学生1228名，班主任26名。上半年，王晓平任党总支副书记，全面负责物流学院学生工作，负责大学生党建与思想工作，担任2009级年级辅导员。下半年，毛文富任党总支副书记，全面负责物流学院学生工作。何佳赢任团委书记，负责团学工作；何佳赢、吕亚鹏、鲁楠、孙涛分别任2010级、2011级、2012级、2013级辅导员。郝向海负责珠海物流学生管理工作，兼职组织员王淑焕负责学生党员发展和管理工作。

3. 团学工作

学院分团委在学院党总支和校团委的领导下，不断加强自身建设。完成全体团员志愿者注册工作、二级团校培训、团员发展、优良学风班建设、信息系统维护等工作。组织号召广大团员开展以中国梦为主题的两次团日活动。举办“物动我心、流光溢彩”为主题的“中都杯”第五届物流文化节。组织新一届团委学生会干部开展“齐聚烟台港，领悟物流魂；携手护生态，共筑中国梦”为主题的暑期实践活动，调研报告获校级和市级一等奖。

4. 就业工作

物流学院2013届毕业生共有300人，分别是物流管理、物流工程、采购管理、商品学、物流机械设备及其自动化共5个专业，共计9个班。其中，男生159人、女生141人；北京生源192人，外地生源108人。截至8月30日，就业率为82.33%。

5. 贫困生工作

2013年，物流学院实行资助活动公示、公开，增强资助工作透明度，严格按制度办事，经过申请、评选、公示、接受监督、审核确定等几个阶段，确保有限的资金发放到最需要的贫困学生手中。不断完善建立贫困生档案，如实记载贫困生家庭背景和个人情况。贫困生档案每年更新一次，力争做到不遗漏任何一个需要帮助的学生。2013年认定263名贫困生。主要资助项目：国家助学金，一等83人、二等126人；国家奖学金3人；国家励志奖学金44人；携手助飞奖学金1人；中集物流助学金15人；助学贷款12人；勤工俭学39人；爱心奖学金2人；新长城资助3人。临时困难补助2人。

6. 新生工作

物流学院2013级共有10个新生班，297人，5个专业。新生入学之后，学院对新生开展《学生手册》学习辅导、学业规划与选课指导、人际关系调试讲座、资助政策宣讲、青春榜样交流会、专业教育、消费教育、初级党课、篮球赛、运动会、风采晚会等丰富多彩的思想教育和文化体育活动。

7. 珠海学生工作

学院始终将珠海物流学院的学生视为本校学生，主要做好以下几个方面工作：邀请他们参加校院文体活动，学生干部加入物流学院学生会主席团；做好日常行政管理工作和教学管理工作；与珠海物流学院保持密切联系，及时沟通相关事宜；组织珠海学生参观实习活动；组建临时学生党支部，开展各项组织活动，加强对学生入党积极分子的培训教育，做好组织发展和预备党员转正工作。

（撰稿人：王晓平　毛文富　张旭凤）

【特色工作】

国内第一个国家级物流专业实验教学示范中心获批。北京物资学院集中学校优质资源，成立了我国唯一的以物流产业为背景的国家级“物流系统与技术实验教学示范中心”，建成国内领先的单体规模最大的物流实验教学平台。在创新人才培养模式和教学方法等方面进行了广泛的探索，获得了较为丰硕的建设成果。

实验教学示范中心在扩展实验教学内涵方面不断探索，在强调与企业无缝对接的基础上，提出“来源于企业，而又高于企业”的实验教学设计原则；建立了以“知识+技能+经历+经验+能力+素质”为核心的六位一体递进式能力培养方式，依托实景式教学环境，开展开放性的“与企业对接的情境式”教学活动，开展“实操+探讨+提炼+拓展”为基础的四段式探究式教学方法；并实施了包括校内教师、校外导师及海外导师等在内的、三元并行的教学团队构建策略，极大地扩展了师资力量的构建渠道；该中心基于虚拟现实的新理念，建立“学校+社会”的大实验教学平台，改变了传统的依赖学校单一主体的实验室建设模式，极大地扩展了传统教学实验室建设的外延。该体系中学校、企业、政府等共同参与实验教学平台建设，形成了规模较大、动态更新较快的实验教学资源池，并依托中关村开放实验室、实验室联盟等形成了开放式的教学平台，已经有包括清华大学、北京化工大学、首都经济贸易大学等10所院校来北京物资学院进行实验教学工作，发挥了很好的辐射示范作用。

该中心的未来建设目标是建成国内一流、世界知名的集教学、科研、社会服务及文化传承为一体的示范中心，成为学生创新创业培养和技术孵化、物流新产品新技术示范应用、物流文化传承和发展、面向国际的物流交流综合性平台。

（撰稿人：邬跃　张旭凤）

【附录】

物流学院2013年课程综合改革立项一览表

项目名称	负责人	项目类型
物流管理课程优化建设	邬　跃	核心及公共课课组建设类项目
“中都物流”经理班订单式汽车物流业务实操课程开发	李彦萍	订单式课程建设项目
校企联动型订单式课程建设——中都“物流规划”课程建设	温卫娟	订单式课程建设项目
基于问题式教学法的有机化学实验教学改革研究	芮嘉明	实践课程建设类项目
基于教学关系评价理论的课堂教学过程研究“采购绩效管理”	唐长虹	课程综合性改革类项目
基于问题驱动的“设备故障诊断”教学改革	陈志新	课程综合性改革类项目
“物流企业经营与运作”课程改革探索——专题教学与案例教学相结合模式	米　娜	课程综合性改革类项目
以任务驱动，面向素质、知识和能力协调发展的“物流系统建模与仿真”课程改革研究与实践	马向国	课程综合性改革类项目
结合“专题教学”与“任务驱动”的“测控技术”课程教学模式改革	姚志英	课程综合性改革类项目
“金属材料商品学”课堂讲授结合小组学习的探索与实践	王　超	课程综合性改革类项目
“物流运筹学”课程教学模式改革与建设	白晓娟	课程综合性改革类项目
理论力学教学改革探讨	孙卫华	课程综合性改革类项目
物流系统分析与设计专题教学与案例教学研究	周三元	课程综合性改革类项目

物流学院 2013 年教学成果获奖一览表

序号	推荐成果名称	主要完成人	所获奖项
1	多方联动物流实验班的创建和实施	邬　跃　田　雪 张耀荔　李彦萍	一等奖
2	国际物流人才多元化实践教学体系构建与实施	张旭凤　李彦萍 刘　俐　姜　旭　田　雪	一等奖
3	立体化、产学研互动的物流实验教学平台的构建与应用	王成林　张旭凤 张耀荔　刘　俐　孙卫华	一等奖
4	以打造工程能力为核心的物流工程人才培养模式的构建与实施	梁　晨　张志勇 徐广姝　王微怡　王晓平	二等奖
5	以就业为导向的多层次、递进式商品学专业实践教学系统的构建	陈红丽　张耀荔 刘　艳　芮嘉明　沈　丽	二等奖

物流学院 2013 年纵向项目统计表

项目名称	负责人	合同经费（万元）	立项日期	项目级别
磁性材料法研究激光驱动磁重联二维拓扑结构	梁雅琼	24	2013 年 1 月 1 日	国家级一般
转子部件超高稳态加速度承载条件下动态特性优化研究	王成林	25	2013 年 1 月 1 日	国家级一般
农产品流通信息管理技术通则	唐秀丽	10	2013 年 12 月 18 日	省部级一般
农产品购销质量信息筛选与组合研究	唐秀丽	13	2013 年 12 月 1 日	省部级一般
商品现货市场电子交易监管政策研究	姜　旭	1	2013 年 8 月 1 日	省部级一般
生物智能传感技术在谷物农产品物流及流通中的应用研究	陈　静	35	2013 年 7 月 1 日	省部级一般
中国大宗商品交易市场现代物流发展模式与对策研究	姜　旭	0	2013 年 6 月 18 日	省部级一般
城市农产品流通创新模式研究——以北京市为例	米　娜	0	2013 年 5 月 16 日	省部级一般
基于物联网的商品运输在线监测关键技术研究	姚志英	0	2013 年 5 月 3 日	省部级一般

续　表

项目名称	负责人	合同经费（万元）	立项日期	项目级别
自动化立体仓库轨道式循环搬运系统的优化	胡贵彦	0	2013年4月24日	省部级一般
网络嵌入性与物流企业服务创新绩效的关系研究	田　雪	0	2013年4月22日	省部级一般
基于FAHP冷链物流服务过程质量评价的研究	陈红丽	0	2013年4月15日	省部级一般
低碳经济下供应链合作与实施过程研究	马向国	0	2013年4月12日	省部级一般
培训证书与学历教育之间成果转换探索	田　雪	0	2013年4月4日	省部级一般
液态食品中邻苯二甲酸酯的测定	沈　丽	0	2013年3月28日	省部级一般
日用陶瓷中铅、镉溶出量的检测方法研究	王　超	0	2013年3月28日	省部级一般
基于食品安全的供应商合作激励机制研究	白晓娟	0	2013年3月28日	省部级一般
电气石的改性及功能高分子复合材料的制备及表征	杨　雪	0	2013年3月28日	省部级一般
废旧产品回收再生模型及协商机制研究	周三元	0	2013年3月28日	省部级一般
基于食品安全的信息追溯体系研究	王晓平	0	2013年3月28日	省部级一般
生活饮料中的重金属检测与分析仪设计研究	刘　艳	0	2013年3月18日	省部级一般
大数据时代的新产品开发模式研究	田　雪	0	2013年3月18日	省部级一般

物流学院2013年横向项目统计表

项目名称	负责人	合同经费（万元）	立项日期
神华集团大物流战略规划项目	沈小静	36	2013年1月1日
南通市通州区家纺城现代物流创新示范园规划	邬　跃	25	2013年8月30日
快行线冷链物流产品确定方法及产品范例	张　涵	25	2013年7月21日

续 表

项目名称	负责人	合同经费（万元）	立项日期
智能物流系统构建研究	王成林	20	2013 年 10 月 10 日
日通培训项目咨询	姜 旭	18.964	2013 年 4 月 10 日
易云云计算应用平台的研发	王成林	10	2013 年 10 月 8 日
全球国际货运代理有限（中国）公司项目课程开发	唐长虹	7	2013 年 1 月 8 日
电子商务物流服务系统研究	安久意	6	2013 年 7 月 11 日
绿谷商网电子商务平台研究	姜 旭	6	2013 年 5 月 20 日
北京市仓库资源利用率调查研究	郑进科	6	2013 年 4 月 10 日
中海国际旅行社管理信息化实施方案设计	王晓平	5	2013 年 10 月 8 日
铁路货物运输集散示范基地项目	姜 旭	5	2013 年 1 月 5 日
首都城市副中心现代物流业发展规划	张 涵	4	2013 年 9 月 28 日
日孚集团股份有限公司项目调研报告	田 雪	3	2013 年 5 月 26 日
关于中国向铁路运输方式转移可能性的调查研究	姜 旭	1.6303	2013 年 3 月 20 日
中都物流有限公司“汽车物流业务实操”课程开发研究	李彦萍	1	2013 年 7 月 18 日
仓储运输管理课程开发研究	刘 俐	0.25	2013 年 7 月 18 日

物流学院 2013 年以第一作者发表论文统计表

论文题目	刊物级别	第一作者	发表刊物/论文集	发表/出版时间
$La_{0.5}Ca_{0.5}FeO_3$ 中电荷歧化效应诱导交换偏置现象	A 级	梁雅琼	中国科学	2013 年 11 月 1 日
A Review on Some Significant Methods in Operations Management	B 级	张耀荔	Applied Mechanics and Materials	2013 年 1 月 6 日
Investigation and Analysis of Fruit Cultivation Base and Farmers	B 级	陈 静	Advances in Environmental Technologies	2013 年 3 月 16 日
The Basic Study of Plant Esterase in Pesticide Examination	B 级	陈 静	Advances in Environmental Technologies	2013 年 3 月 16 日
Analysis of the Post Transportation Problem Paradox Based on Adjustment Route	B 级	田 雪	Sustainable Cities Development and Environment Protection	2013 年 3 月 1 日

续 表

论文题目	刊物级别	第一作者	发表刊物/论文集	发表/出版时间
Research on the Influencing Factors of Raw Milk Quality and Control	B级	陈 静	Advances in Chemical Engineering	2013年4月30日
Quality Control Research and Analysis of Fruit and Vegetable in Beijing Supermarket	B级	陈 静	Advances in Chemical Engineering	2013年4月30日
球形二氧化硅/聚酰亚胺新型耐电晕薄膜的制备	B级	芮嘉明	Advanced Materials Research, Vol. 716 (2013), 172-176.	2013年7月15日
一种基于HHT谱的齿轮箱状态监测方法	B级	陈志新	Applied Mechanics and Materials	2013年7月1日
配送中心人工订单拣选路径优化模型研究	B级	梁 晨	Future Computer and Information Technology (ICFCIT2013)	2013年12月1日
中国网络购物现状与问题及发展趋势探究	B级	张耀荔	商业研究	2013年5月20日
大宗商品全程电子商务物流内涵与模型研究	B级	翁心刚	商业研究	2013年12月1日
脉冲噪声环境中基于FLOWVD的机械设备故障时频监测方法	B级(EI)	陈志新	振动与冲击	2013年5月15日
Research on Logistics Network System among Cities: A Literature Review	B级(EI)	张 涵	Journal of Applied Sciences	2013年12月22日
A New Distribution Path Selection Method for Biomedical Cold Chain: Bidirectional Dijkstra, Algorithm	B级(EI)	张耀荔	Sensors & Transducers	2013年12月1日
Choosing third-party Logistics for Biomedical Companies with Improved CAPM	B级(EI)	张耀荔	Sensors & Transducers	2013年12月1日
关于中国铁路货物运输的实证分析	B级	姜 旭	Ryutsuu Networking	2013年7月10日
关于中国铁路集装箱运输的实证分析	B级	姜 旭	Ryutsuu Networking	2013年9月10日

续 表

论文题目	刊物级别	第一作者	发表刊物/论文集	发表/出版时间
含逆向物流的电子易逝品库存控制及仿真	B级	马向国	中国流通经济	2013年1月8日
冷链物流服务过程的质量评价	B级	陈红丽	中国流通经济	2013年1月1日
对物流几个基本问题的认识	B级	张志勇	中国流通经济	2013年2月23日
基于供应链视角下农产品质量安全风险影响因素分析	B级	周三元	中国流通经济	2013年7月1日
我国物流产业发展特征研究	B级	王成林	中国流通经济	2013年11月1日
农产品可追溯制度下企业与农户行为的博弈研究	B级	王晓平	中国流通经济	2013年9月1日
基于质量安全的食品电子商务平台运行模式分析	B级	沈小静	中国流通经济	2013年12月8日
对第三方物流（3PL）特征及术语使用上的几点思考	B级	翁心刚	中国流通经济	2013年12月1日
微纳米标识物在防窜货实务中的应用	B扩	刘　红	中国物流与采购	2013年1月16日
基于产品差异化的旅行社和导游委托代理关系研究	B扩	杨　丽	生产力研究	2013年8月8日
物流企业在北京市产业结构升级过程中的发展路径	B扩	白晓娟	中国物流与采购	2013年8月1日
我国国际物流企业合作的利益分配和激励协调研究	B扩	杨　丽	中国物流与采购	2013年7月6日
货改为铁路运输注入活力	B扩	姜　旭	中国物流与采购	2013年7月2日
北京发展智慧物流产业的思路分析	B扩	王成林	中国物流与采购	2013年10月2日
大宗商品全程电子商务物流信息平台功能与构建研究	B扩	安久意	中国物流与采购	2013年12月1日
基于无标度网络理论的物流配送网络节点客户饱和度仿真	B扩	张旭凤	生产力研究	2013年11月26日
大数据时代的物流信息处理与“云物流”	B扩	贡祥林	中国物流与采购	2013年11月18日

续　表

论文题目	刊物级别	第一作者	发表刊物/论文集	发表/出版时间
城市物流中推进生活垃圾资源化机制探讨	B扩	刘　红	中国物流与采购	2013年11月15日
网络购物物流服务质量评价指标体系的构建	C级	张耀荔	安徽农业科学	2013年1月10日
一种基于投影算子的二值图像处理算法	C级	姚志英	计算机系统应用	2013年1月3日
物流企业综合评价指标体系研究	C级	白晓娟	物流技术	2013年1月1日
基于模式识别的超声波钢板缺陷检测结果自动分析	C级	姚志英	制造业自动化	2013年1月1日
自动化立体仓库出入库系统研究	C级	王成林	物流技术	2013年4月1日
我国流通环节食品安全监管问题与对策研究	C级	缪　瑞	中国商贸	2013年3月21日
基于调整路线的“后运输问题悖论”思考	C级	田　雪	物流技术	2013年3月1日
美国物流参观考察的思考	C级	王成林	物流技术	2013年3月1日
基于RSCF方法的订单特征分析研究	C级	王成林	物流技术	2013年2月1日
网络购物物流服务质量满意度的性别年龄差异分析	C级	张耀荔	安徽农业科学	2013年1月30日
网络购物物流服务质量评价指标权重研究	C级	张耀荔	安徽农业科学	2013年1月20日
使用Arena进行生鲜农产品超市购物时间模拟	C级	周三元	中国商贸	2013年6月30日
我国保税物流区域功能定位与政策比较	C级	李彦萍	物流技术	2013年6月1日
超市临期及过期食品管理体系框架构建研究	C级	沈　丽	中国商贸	2013年6月1日
基于ANSYS的高加速度旋转实验转子部件形状优化研究	C级	王成林	制造业自动化	2013年6月1日

续 表

论文题目	刊物级别	第一作者	发表刊物/论文集	发表/出版时间
过期食品逆向流动原因及解决方法探讨	C 级	沈　丽	安徽农业科学	2013 年 5 月 20 日
基于季节性指数平滑法的 MRO 物资预测	C 级	孙卫华	物流技术	2013 年 5 月 15 日
我国保税物流设立及发展概况研究	C 级	李彦萍	物流技术	2013 年 5 月 1 日
基于机器人的分拣系统设计研究	C 级	王成林	物流技术	2013 年 5 月 1 日
基于 HHT 谱的齿轮状态监测与识别方法	C 级	陈志新	轻工机械	2013 年 8 月 15 日
基于产业关联分析的广东省水运业经济贡献测算	C 级	周三元	中国商贸	2013 年 7 月 30 日
复色平面光波与复色发散球面光波干涉的光强度分的模拟	C 级	赵立强	物理实验	2013 年 7 月 20 日
农产品入库加工流程仿真优化	C 级	周三元	物流技术	2013 年 11 月 10 日
一类车辆路径问题建模及其时间惩罚系数研究	C 级	梁　晨	物流技术	2013 年 10 月 15 日
时间驱动作业成本法在农产品冷链物流企业中的应用	C 级	周三元	物流技术	2013 年 10 月 11 日
基于起重、运输技术的新型交通体系的构建	C 级	王成林	起重运输机械	2013 年 10 月 1 日
未来物流实验室功能扩展研究	C 级	王成林	物流技术	2013 年 10 月 1 日
国内外配送中心研究的比较分析	C 级	梁　晨	物流技术	2013 年 9 月 15 日
基于系统化思想的物流实验室构建研究	C 级	王成林	物流技术	2013 年 9 月 1 日
基于主成分分析的废旧家电回收影响因素研究	C 级	周三元	物流技术	2013 年 9 月 1 日
我国冷链物流运营水平分析	C 级	胡贵彦	物流技术	2013 年 12 月 15 日
政府与企业应急物资存储合作博弈分析	C 级	马向国	物流技术	2013 年 12 月 9 日
对 BJ311 型激光导引车的通信干扰研究	C 级	孙卫华	物流技术	2013 年 11 月 15 日

续　表

论文题目	刊物级别	第一作者	发表刊物/论文集	发表/出版时间
“学校＋社会”大实验室教学平台培养专业“实战”能力	C级	王成林	光明日报	2013年10月23日
一种基于DT－CWT、粗糙集和神经网络的滚动轴承故障诊断方法	C级	陈志新	2013 2nd International Conference on Computer Science and Electronics Engineering	2013年2月15日
北京市生鲜肉冷链物流配送过程质量调研分析	C级	陈红丽	A Quality Research Analysis of Logistics Distribution Process of Fresh Meat Cold Chain in Beijing	2013年8月21日
基于DT-CWT的钢板表面缺陷图像增强方法	C级	陈志新	Applied Mechanics and Materials Vols. 380－384（2013）pp 3686－3689/	2013年7月15日
从中国到日本的国内物流研究	C级	姜　旭	日本物流学会第30届全国大会研究报告集	2013年9月12日
Building Context Based Decision Services within SOA-enabled Enterprise Process	C级	王晓平	Asia-Pacific Computational Intelligence and Information Technology Conference	2013年12月28日
The Study of Raw Milk Quality Control	C级	张耀荔	Information Technology Applications in Industry Ⅱ	2013年12月1日
北京市仓储设施发展状况及趋势	D级	刘　俐	北京物流蓝皮书	2013年5月1日
北京市应急物流发展状况及趋势	D级	翁心刚	北京物流蓝皮书	2013年5月1日
从数据统计的连续性看日本物流的变化	D级	姜　旭	中国物流年鉴（2013年）	2013年10月1日
发展现代物流的几大法宝	D级	姜　旭	物流装备	2013年1月1日
用“中国梦”引领学生思想成长	D级	吕亚鹏	北京教育（德育）	2013年4月25日

续 表

论文题目	刊物级别	第一作者	发表刊物/论文集	发表/出版时间
我国现代物流发展特征研究	D级	王成林	物流工程与管理	2013年4月1日
我国物流业的转变与大宗商品交易市场的发展	D级	姜　旭	中国科技投资	2013年3月5日
凝练学校特色 推进高质量就业	D级	沈小静	北京教育（德育）	2013年3月1日
采购管理的关键绩效指标	D级	宋玉卿	全球采购	2013年2月2日
废旧电脑回收网络规划模型研究	D级	唐长虹	中国市场	2013年1月22日
物流管理与工程类专业培养计划制订关键问题研究	D级	王成林	物流工程与管理	2013年7月1日
基于区域关联度的储位规划方法研究	D级	王成林	物流工程与管理	2013年6月1日
深化教学改革，培养创新人才	D级	沈　丽	现代商贸工业	2013年5月1日
物流实验教学示范中心构建实证研究——以北京物资学院为例	D级	王成林	物流管理与工程	2013年5月1日
我国物流标准化问题挖掘及对策研究	D级	温卫娟	商品与质量	2013年8月15日
中国宏观经济政策对采购活动的影响	D级	宋玉卿	全球采购	2013年8月1日
我国冷链物流标准化问题挖掘及对策探讨	D级	温卫娟	中外食品工业	2013年7月25日
论高校实验室技术人员素质培养	D级	王　超	现代商贸工业	2013年7月15日
农产品流通渠道中突发事件对价格的影响	D级	周三元	中国集体经济	2013年7月6日
物流管理专业实践教学课程体系开发研究	D级	白晓娟	中国信息化	2013年7月1日
如何建立生鲜食品冷链物流服务质量评价指标体系	D级	陈红丽	物流科技	2013年7月1日
服务质量差距模型在专业课程设计与实施中的应用研究	D级	刘　俐	物流工程与管理	2013年10月10日
基于供需协同的大学生综合素质培养研究	D级	温卫娟	科教导刊	2013年10月1日

续　表

论文题目	刊物级别	第一作者	发表刊物/论文集	发表/出版时间
高校基层党组织多元共建创新模式研究	D级	王成林	中国电力教育	2013年9月2日
制造业物流外包发展状况与趋势	D级	王微怡	物流技术与应用	2013年12月10日
基于电子产品易逝性的逆向物流库存控制仿真研究	D级	马向国	中国市场	2013年12月9日
基于系统动力学的供应链利益分配模型研究	D级	杜志平	中国商贸	2013年11月15日
加拿大蔬菜冷链物流运行情况初探	内部	刘　红	第五届全国冷冻冷藏产业创新发展年会	2013年5月15日

物流学院2013年出版专著教材统计表

著作题目	著作类别	第一作者	出版单位	出版时间
Operations Management（如何进行运营管理）	译著	唐长虹	中国财富出版社	2013年11月1日
制造企业物流外包机理及价值网运作模式研究	学术专著	白晓娟	经济管理出版社	2013年3月1日
北京市物流发展蓝皮书	学术专著	刘　俐	中国财富出版社	2013年5月2日
物流园区规划	学术专著	梁　晨	中国财富出版社	2013年9月1日
配送中心柔性化构建方法与技术研究	学术专著	王成林	中国财富出版社	2013年10月8日
采购管理	普通教材	温卫娟	清华大学出版社	2013年1月5日
行业物流管理	普通教材	温卫娟	清华大学出版社	2013年1月5日
物流客户关系管理	普通教材	田　雪	中国财富出版社	2013年9月1日
物流实验实训教程	普通教材	王成林	中国财富出版社	2013年10月8日
配送中心规划与设计	普通教材	王成林	中国财富出版社	2013年10月10日
采购运作管理	普通教材	白晓娟	机械工业出版社	2013年12月3日
库存管理	编著	张旭凤	北京大学出版社	2013年5月1日
物流设备选型与集成	编著	王成林	中国财富出版社	2013年6月1日
配送中心规划与设计	编著	梁　晨	中国财富出版社	2013年8月1日
物流管理基础（第四版）	编著	翁心刚	中国财富出版社	2013年9月1日

续 表

著作题目	著作类别	第一作者	出版单位	出版时间
销售物流	编著	翁心刚	中国财富出版社	2013 年 9 月 3 日
日本流通相关法律解读	编著	翁心刚	中国财富出版社	2013 年 10 月 10 日
电子商务环境下的物流管理	编著	王晓平	北京大学出版社	2013 年 11 月 1 日
Matlab & Multisim 电工电子技术仿真应用	编著	马向国	清华大学出版社	2013 年 11 月 18 日

物流学院 2013 年科研获奖统计表

奖励名称	成果名称	获奖作者	发证机关	获奖级别	获奖等级
2013 年度中国商业科技创新人物	—	王成林	中国商业联合会	国家一级协会	一等奖
中国商业联合会科学技术奖	柔性配送中心构建技术方法研究及应用	王成林　张旭凤　张耀荔　孙卫华　姚志英	中国商业联合会	国家一级协会	二等奖
林安杯物流优秀论文	北京发展智慧物流产业的思路分析	王成林　花龙雪（学生）	中国物流与采购联合会	国家一级协会	三等奖
林安杯物流优秀论文	微纳米标识物在防窜货实物中的应用	刘红　邬跃	中国物流与采购联合会	国家一级协会	三等奖
2013 年宝供物流奖	农产品流通跟踪追溯系统研究与应用	王晓平	中国物流与采购联合会、中国光华科技基金会	国家一级协会	三等奖
第十二次中国物流学术年会优秀论文奖	冷链物流服务过程质量评价的研究	陈红丽　陆华　杜志平　栗巾瑛（学生）	中国物流与采购联合会、中国物流学会	国家一级协会	其他奖
第十二次中国物流学术年会优秀论文奖	冷链物流随机需求配送路径问题模型分析	马向国	中国物流与采购联合会	国家一级协会	二等奖

续　表

奖励名称	成果名称	获奖作者	发证机关	获奖级别	获奖等级
第十二次中国物流学术年会优秀论文奖	Game Analysis of Cooperation between Government and Enterprises on Storing Emergency Supplies	马向国　杨平哲	中国物流与采购联合会	国家一级协会	其他奖
第十二次中国物流学术年会优秀论文奖	日本第三方物流企业的实证研究	米　娜　邬　跃	中国物流学会、中国物流采购联合会	国家一级协会	其他奖
第十二次中国物流学术年会优秀论文奖	基于RSCF方法的订单特征分析研究	王成林 刘　崇（学生）	中国物流学会、中国物流与采购联合会	国家一级协会	其他奖
第十二次中国物流学术年会优秀论文优秀奖	河北省港口物流与区域经济协同发展研究	姜　旭 郭佟佟（学生）	中国物流学会	国家一级协会	其他奖
第十二次中国物流学术年会优秀论文优秀奖	河北省蔬菜物流与蔬菜生产价格、市场需求动态关系分析	郭佟佟（学生） 姜　旭	中国物流学会	国家一级协会	其他奖
第十二次中国物流学术年会优秀论文奖	北京市鲜活农产品物流系统优化方案——给予信息系统的断裂点理论及凯因模型的分析	田　雪 杨江龙（学生） 刘　康（学生）	中国物流学会、中国物流与采购联合会	国家一级协会	三等奖
2013年中国物流与采购联合会科技进步奖	柔性配送中心构建模式研究与应用	王成林　张旭凤 张耀荔　孙卫华 姚志英	中国物流与采购联合会	国家一级协会	二等奖
第十二届物流学术年会论文优秀奖	物流企业在北京市产业结构升级过程中的发展路径研究	白晓娟　刘　俐 李彦萍	中国物流学会	国家一级协会	其他奖

续 表

奖励名称	成果名称	获奖作者	发证机关	获奖级别	获奖等级
中国商品学会论文优秀奖	商品学实验室教师应具备的素质及培养措施	王 超	中国商品学会	国家一级协会	四等奖及其后
第七届北京市高等教育教学成果奖	多方联动的实战型物流人才培养模式的构建和实施	田 雪	北京市人民政府	省部级	一等奖
第七届“挑战杯”首都大学生课外学术科技作品竞赛	北京市鲜活农产品物流系统优化方案	田 雪	北京市教委	省部级	三等奖
第七届“挑战杯”首都大学生课外学术科技作品竞赛	安吉物流整车运输一体化优化设计	田 雪	北京市教委	省部级	一等奖
第七届“挑战杯”首都大学生课外学术科技作品竞赛	基于碳足迹安吉物流优化方案	田 雪	北京市教委	省部级	三等奖
2013 年度中国物流学会课题优秀成果奖	柔性配送中心机理及构建策略研究	王成林	中国物流学会	市局级	一等奖
2013 年度中国物流技术装备行业创新技术人物	—	王成林	中国交通运输协会	市局级	荣誉与称号
北京高等学校继续教育优秀教学团队	2013 年北京高等学校继续教育优秀教学团队	王成林	北京市教委	市局级	荣誉与称号

续　表

奖励名称	成果名称	获奖作者	发证机关	获奖级别	获奖等级
中国物流生产力促进中心、物流技术杂志社优秀论文	北京市鲜活农产品物流系统优化方案	田　雪 刘　康（学生）	中国物流生产力促进中心	市局级	二等奖
中国物流生产力促进中心、物流技术杂志社优秀论文	基于 RSCF 方法的订单特征分析研究	王成林 刘　崇（外校）	中国物流生产力促进中心	市局级	二等奖
第七届“挑战杯”首都大学生课外学术科技作品竞赛	颜色扫码器的研制及应用	刘　红　贡祥林 高　伟（学生）	北京市教委	市局级	三等奖
校级科研先进个人	2012 年度校级科研先进个人	王成林	北京物资学院	校内奖	荣誉与称号

物流学院 2013 年获得专利统计表

专利名称	专利发明人	专利类型	专利授权日期
碘量法检测奶及奶制品中的β-内酰胺酶	沈　丽　吴　蕾（外校） 张耀荔　陈红丽 芮嘉明　刘　艳	发明专利	2013 年 2 月 27 日
一种可逆感温变色标签	张　涵　刘　红　邬　跃	实用新型专利	2013 年 12 月 25 日
一种冷藏快递箱	张　涵　邬　跃　刘　红	实用新型专利	2013 年 12 月 25 日
一种不可逆感温变色标签	刘　红　张　涵　邬　跃	实用新型专利	2013 年 12 月 25 日
一种冷冻快递箱	刘　红　邬　跃　张　涵	实用新型专利	2013 年 12 月 25 日
一种行进障碍检测演示装置	王成林	实用新型专利	2013 年 11 月 27 日
一种货叉故障诊断实验台	王成林	实用新型专利	2013 年 11 月 27 日
一种车辆运行干涉检测装置	王成林	实用新型专利	2013 年 11 月 27 日

续 表

专利名称	专利发明人	专利类型	专利授权日期
一种自动移动路障设备	王成林 韩云霞（学生） 李晓杰（学生） 王 琦（学生） 李海洋（学生） 孙卫华 倪东生	实用新型专利	2013年11月13日
一种公路应急救援设备	王成林 韩云霞 李晓杰 王 琦 李海洋 孙卫华 倪东生	实用新型专利	2013年11月6日
一种流动收发室	邬 跃 张 涵 刘 红	实用新型专利	2013年10月16日
一种自动选位的储物柜	张 涵 刘 红 邬 跃	实用新型专利	2013年10月16日
一种标签破坏装置	刘 红 张 涵 邬 跃	实用新型专利	2013年10月16日
一种利用手机功能开取的储物箱	刘 红 张 涵 邬 跃 万 征（学生）	实用新型专利	2013年10月16日
一种基于匹配追踪的弱信号分析仪器	陈志新 刘 红	实用新型专利	2013年9月18日
一种辅助车辆掉头设备	王成林 韩云霞（学生） 李晓杰（学生） 王 琦（学生） 李海洋（学生） 孙卫华 倪东生	实用新型专利	2013年8月21日
一种轻便可充电型半导体制冷冷藏箱	张 涵 邬 跃 赵 琨 梁 晨 赵立强	实用新型专利	2013年7月24日
一种太阳能多功能快餐车	赵立强 郑进科 杜志平	实用新型专利	2013年6月5日
一种利用手机功能开取的冷藏箱	张 涵 邬 跃 刘 红	实用新型专利	2013年4月3日
一种气囊保鲜物流车	刘 红	实用新型专利	2013年4月3日
一种太阳能无线遥控智能保温冷藏箱	赵立强 柯 明 杜志平	实用新型专利	2013年3月20日
一种太阳能无线智能测温储存及显示装置	赵立强 柯 明 杜志平 张耀荔 郑进科 张 涵	实用新型专利	2013年3月20日
一种多功能防盗防火安全报警及无线监控装置	赵立强 杜志平 柯 明	实用新型专利	2013年2月27日

续　表

专利名称	专利发明人	专利类型	专利授权日期
一种防伪防窜货胶条	刘　红	实用新型专利	2013 年 2 月 13 日
一种多功能智能养鱼箱	赵立强　杜志平　郑进科	实用新型专利	2013 年 1 月 16 日
一种便携式仓库	刘　红　李　洋（学生） 杨　光（学生）	实用新型专利	2013 年 1 月 2 日

物流学院 2013 年学生活动获奖统计表

项目名称	获奖等级
物流学院第一学生党支部荣获 2013 年北京高校“红色 1＋1”示范活动优秀奖	市级
2013 年中国电影博物馆志愿者工作“优秀协作奖”	市级
北京市暑期社会实践优秀成果奖	市级
暑期社会实践一等奖	校级
北京物资学院“腾龙飞凤杯”篮球赛女篮亚军	校级
北京物资学院舞蹈大赛二等奖	校级

（撰稿人：王晓平　张旭凤）

信息学院

【概况】

信息学院（School of Information）成立于 2006 年 6 月，由原管理科学与工程系和数理系合并组建而成。信息学院现设 3 个系 7 个本科专业：计算机技术与物联网工程系（下设计算机科学与技术、信息工程、物联网工程三个专业）、计算科学与统计系（下设信息与计算科学、应用统计学专业）、信息管理与电子商务系（下设信息管理与信息系统、电子商务专业）。其中计算机科学与技术专业为北京物资学院特色专业，信息管理与信息系统专业为北京市特色专业；学院设有管理科学与工程、计算机科学技术 2 个一级学科硕士点；依托本学院建有智能物流系统北京市重点实验室。

6 月 15 日，在信息学院会议室，北京市科委主持召开了“智能物流系统北京市重点实验室 2013 年度科技创新基地培育与发展工程专项项目——智能物流柔性拣选系统关键技术研究项目”专家论证会，与会专家听取了汇报，审查了材料，认为项目设定研究范围及方向属于目前智能物流系统急需解决的关键核心技术问题，相关技术的突破能够为物流行业发展提供共性技术服务。经过质询、讨论，专家组一致同意项目通过立项。

学院共有教工 73 名，专任教师 67 名，享受政府特贴专家 1 名、北京市教学名师 3 名、北京市创新人才 2 名、北京市中青年骨干教师 10 名；教授 11 名，副教授 24 名；具有博士学位的教师 30 名、硕士生导师 21 名；外聘讲座教授 1 名，兼职教授 1 名；北京市优秀教学团队 2 个，科研创新团队 4 个。

信息学院现有 12 个实验室，占地面积达 2500 多平方米，实验室设备总价值到 5000 万元。已建成基础课实验室 2 个，专业实验室 10 个：数字媒体实验室、智能物流系统实验室、计算机原理实验室、计算机软件技术实验室、物联网工程技术实验室、电子商务应用实验室、信息系统实验室、网络技术实验室、数据分析与计算科学实验室、信息系统与软件工程实验室，其中智能物流系统实验室是获得北京市科学技术委员会认证的北京市重点实验室。

2013 年，信息学院毕业本科生 272 名，截至 2013 年年底，在校本科生 1162 名。

（撰稿人：陈征　朱杰）

【学科建设】

2013 年，信息学院拥有管理科学与工程和计算机科学与技术 2 个一级学科硕士学位授予点，其中管理科学与工程学科为北京市重点建设学科。

2 月，制订信息学院智能物流、优化理论与方法、商务智能 3 个优势领域的建设方案，初步组建了科研团队。3 月，完成北京市重点建设学科管理科学与工程的验收工作。9 月，完成重点建设学科“管理科学与工程”的基本情况数据采集。12 月，组织教师申报学校重大项目，并获批 7 个项目中的 3 个项目。完成计算机技术工程硕士学位点的申报工作。

2013 年，新晋升教授 2 名、副教授 2 名。邀请 18 位专家来院作学术报告。联系长江学者客座教授 1 名。

现代物流信息与控制技术研究基地设有“现代物流信息综合智能处理技术”“控制、仿真与系统优化”“最优化理论与应用”“物流统计理论与方法创新”4 个创新团队。积极开展横向课题的联系工作，组织教师参与中都物流、长久物流、千方科技集团的横向项目。

发表论文 117 篇，其中 A 级论文 1 篇、B 级论文 38 篇；承担各类课题 61 项；获得国家专利授权 54 项，其中，发明专利 2 项、实用新型专利 52 项；出版著作 11 部，其中，学术专著 3 部、编著 8 部。

（撰稿人：申贵成　朱杰）

【教学工作】

2013 年，信息学院教师谭加博获北京高校第八届青年教师教学基本功比赛理工类（B 组）一等奖、最佳演示奖、最受学生欢迎奖；1 名教师获首届全国高校微课教学比赛北京赛区优秀作品奖；1名教师获北京物资学院第十三届青年教师教学基本功比赛一等奖、最佳教学演示奖；1名教师获第十三届全国多媒体课件大赛高教理科组三等奖；1名教师获得北京物资学院“教学先进个人”称号。

2013年，信息学院有9名学生获第五届“蓝桥杯”全国软件和信息技术专业人才大赛个人赛省赛（软件类）奖励，其中7人获预赛三等奖、2人获预赛优秀奖；4组学生获中国机器人大赛暨Robo Cup公开赛奖励，其中二等奖2组、三等奖2组；1组学生获华北五省大学生机器人大赛（北京）三等奖；1组学生获北京市大学生机器人大赛（北京）三等奖；6名学生获全国第五届大学生数学竞赛暨北京市第二十四届大学生数学竞赛奖励，其中，2人获国家二等奖，4人获北京市三等奖；1组学生获全国大学生数学建模竞赛二等奖。

2013年，信息学院获批11项“本科教学质量与教学改革工程——课程综合改革”项目，其中实践课程建设类项目3项、课程综合性改革类项目8项；获批大学生科学研究与行动就业计划项目32项，其中1项优秀项目“舞蹈型机器人动作设计及其性能优化研究”参加第二届北京市大学生科学研究与创业行动计划成果展示与经验交流。

2013年，依据教育部《普通高等学校本科专业目录（2012年）》《普通高等学校本科专业设置管理规定》等文件精神，原统计学专业改为应用统计学专业。自2013年按应用统计学本科专业开始招生，在校生的培养和就业工作仍按原专业执行。

（撰稿人：周丽　朱杰）

【科研工作】

2013年，信息学院教师获批省部级以上项目12项，其他级别项目3项，横向项目7项，校级项目6项。

信息学院教师在国内外学术期刊和会议公开发表论文117篇，其中A级论文1篇，SCI检索论文8篇，EI期刊论文检索5篇，EI会议论文检索8篇，B级期刊论文16篇（其中国外期刊论文7篇，B扩级论文5篇），C级期刊论文33篇，C级外文会议论文20篇，D级论文26篇。出版专著3部，编著8部。

学院共获得国家专利54项。郭键教授等设计的“一种电压可调的直流稳压电源”和“一种充电装置及控制方法”分别获发明专利。

信息学院教师共获得市局级科研奖励3项、国家一级协会（国资委直管协会）所设立的奖项4项，2人获得2013年度校级科研先进个人。

智能物流柔性拣选系统关键技术研究项目，通过专家论证，市科委批准立项。现代物流信息与控制技术研究项目获得资助158.78万元。

【党建工作】

2013年，信息学院党总支共有6个党支部，其中教师党支部3个，学生党支部3个。全体党员162人，其中，教工党员47人、学生党员115人。全年发展党员65人。有入党积极分子672人。

2013年党建主要工作包括：组织全

体教职工学习十八大文件精神、习近平同志系列讲话和中央八项规定，组织开展“学习型党组织”建设活动，认真做好党代会代表选举、“两委”委员候选人推荐和提案工作，以及组织开展安全稳定教育工作。

3月，组织召开学院党建工作研讨会，部署全年党建工作，将学习十八大精神、贯彻习近平同志系列讲话和中央八项规定作为全年推进基层组织建设的工作主线。

4月，组织开展“学习型党组织”建设活动。深入组织学习习近平同志重要讲话和中央八项规定，统一思想、坚定信念、狠抓落实。领导带头作出表率，形成党员学习互动的长效工作机制。通过开展集中理论文件学习、读书心得交流、理论知识竞赛等方式进一步加强六个党支部的学习能力建设。

5月，组织全体党员认真学习《中国共产党党内法规制定条例》《中国共产党党内法规和规范性文件备案规定》等党内重要法规，强化宣传教育，加大执行力度，切实维护党内法规的权威性和严肃性，努力在全院各级党组织和广大共产党员中形成重视、学习、遵守党内法规的浓厚氛围。

6月，组织安全稳定教育活动，确保教学科研正常有序。组织教工和学生党员研讨新形势下少数民族学生思想政治教育与稳定工作，增强党员的安全稳定意识。加强教工党支部和学生党支部、学生党支部和各班级之间的联系。

7月，组织召开党建工作专题会，与教职工党员、学生党员、党外代表等不同层面群体开展座谈与交流。通过党建工作研讨，进一步总结经验，查找不足，同时积极探索夯实基层党建，推进党建工作创新的思路与举措。

10月、11月，选举信息学院出席北京物资学院第二次党代会代表，推选学校党委委员、纪委委员候选人，征求第二次党代会提案。完成学校党委安排的各项工作任务。

12月，做好年终总结工作，各支部通过整理材料、座谈交流和集中展示等形式，积极交流一年中党的基层组织建设经验和成果。

（撰稿人：刘军　朱杰）

【学生工作】

信息学院学生工作在“实”字上下功夫，努力做到明实情、兴实干、重实践、做实事、出实效；围绕学校和学院中心工作，努力摸索行之有效的大学生思想政治教育模式；坚持以学生为本的教育理念，把立德树人作为教育的根本任务，大力开展系列课外科技活动、文化建设及实践活动，实现教育为社会主义现代化建设服务，培养德智体美全面发展的社会主义建设者和接班人。

1. 队伍建设和制度建设

2013年，学院共有专职辅导员3人，兼职研究生辅导员3人。为2013级新生班配备班主任10名，兼职班主任助理10名，辅导员与班主任相互协调，分工明确，全面有序地开展各项学生管理工作。

制定《信息学院2013级班主任手册》，并带领新生班主任学习手册内容，重点学习强调《北京物资学院本科学生管理规定》《北京物资学院学生纪律处分条例》和《北京物资学院学士学位授予工作细则》。9 月，对 2013 级学生《学生手册》的掌握情况进行考察，强化对学生的教育和管理。

2. 就业工作

信息学院 2013 届毕业生 271 人，截至 8 月 30 日，升学 7 人，出国 5 人，参军 4 人，签署就业协议 188 人，占毕业生总数 74.91%，其中考取村官 18 人，自主创业 2 人。家庭经济困难学生就业率达 92.68%。全部毕业生中，信息管理与信息系统专业就业率 87.5%，信息管理与信息系统（计算机软件应用与开发）专业就业率 89.47%，电子商务专业就业率 90.77%，计算机科学与技术专业就业率 90.48%，信息与计算科学专业就业率 50%，统计学专业就业率 94.05%。签约率情况：全部毕业生中，信息管理与信息系统专业签约率 73.75%，信息管理与信息系统（计算机软件应用与开发）专业签约率 73.68%，电子商务专业签约率 61.54%，计算机科学与技术专业签约率 71.45%，信息与计算科学专业签约率 50%，统计学专业签约率 88.1%。

3. 学风建设

新生入学后，学院通过召开班会、参观校史馆、读书报告会、新生篮球赛、新生风采大赛、宿舍交换空间及素质拓展活动，使新生尽快了解和适应大学生活。聘请北京市教学名师、教授、系主任和校友为新生作专业教育，开展信息科技文化月活动，使新生了解专业内容。通过新生晚自习，让新生逐步适应高中到大学学习生活的过度。安排高年级同学为新生讲解专业及学习方法，举办四六级考试、出国留学咨询、数学课程答疑等讲座，帮助新生复习期末相关课程，协助新生制订学业规划。

4. 大学生党建

学院积极加强学生基层党组织建设，分团委与学生党支部联合举办 2013 年信息学院第 11 期初级党校。邀请校党委书记李石柱、学院党总支书记刘军、校学工部部长季靖、校党委组织部张素珍老师举办系列讲座。本年度信息学院申请入党 265 人，其中大一年级 247 人，完成入党积极分子培训 212 人。向学校党校输送学员 85 人。在积极分子和学生党员的培养中，注重日常教育和管理，开展关于党章、党史、十八大精神相关理论知识竞答活动。邀请校党委副书记沈小静和学工部部长季靖参加学生支部“如何更好发挥学生党员先锋模范作用”的专题组织生活会。

5. 学生科技获奖

信息学院举办北京物资学院第十届数学竞赛选拔赛和第七届数学建模竞赛选拔赛，以及第四届统计建模比赛。潘辰、方星伟等 13 名学生获得第十届数学竞赛的一、二、三等奖；赵旺等 17 名学生获得第七届数学建模竞赛的一、二、三等奖。张玮等 3 名学生荣获第七届“挑战杯”首都大学生课外学术科技作品竞赛三等奖；学院组队参加 2013 年中国机器人大赛暨 Robo Cup 公开赛，孙赫等 4 名学生获“舞蹈机器人大学组常规双足人形”项目二等奖；赵旺等 5

名学生获“双足竞步机器人大学组（狭窄足印）”项目二等奖；赵旺等 5 名学生获“双足竞步机器人大学组（交叉足印）”项目三等奖；曾曦等 4 名学生荣获“FIRA 仿真组（5vs. 5）”项目三等奖。

6. 学生组织

5 月和 10 月，信息学院举办两期“为学”团学骨干培训班，围绕“中国梦”主题，采取专题讲座、主题沙龙、参观国家博物馆、观看音乐会等多种形式，对从事学生管理工作的教师、分团委和学生会主要干部，以及 2012 级、2013 级班级主要干部400 余人进行了培训。

（撰稿人：梁可文　朱杰）

【对外交流】

10 月 16—18 日，信息学院与北京工业大学电子信息与控制工程学院联合举办国际会议“The Ninth International Conference on Intelligent Information Hiding and Multimedia Signal Processing”，参会人员包括 IEEE、高雄应用科大、北京工业大学、北京物资学院及国内外相关领域研究人员和高校师生，会议就智能信息处理与隐藏技术、多媒体信号处理技术及物联网相关技术问题进行了研讨。

11 月 1—3 日，信息学院与首都经济贸易大学联合举办“管理科学与工程学会 2013 年会暨第 11 届中国管理科学与工程论坛”，李京文院士、郊贺铨院士、刘源张院士、王众托院士及管理科学与工程学会、首都经济贸易大学、北京物资学院等机构的领导、专家学者和高校师生参加会议。会议围绕大数据研究、信息管理与信息系统、供应链管理与优化方法、工业工程与系统工程和管理复杂性与模式创新等议题展开深入探讨交流。

2013 年，信息学院教师参加国际学术会议 6 人次，发表国际学术会议论文 28 篇，学院邀请 18 位专家学者来院举办讲座，共有师生 545 人次参加交流活动。

【附录】

信息学院 2013 年科研项目一览表

序　号	项目来源	项目名称	负责人	项目经费（万元）	备　注
1	北京市科学技术委员会	智能物流柔性拣选系统关键技术研究	朱　杰	50	省部级重点
2	北京市哲学社会科学规划办公室	北京市电子商务物流发展对策研究	刘丙午	20	省部级重点
3	北京市科学技术委员会	用于电子商务物流的搬运机器人与多机器人现场控制系统研制及应用验证	李俊韬	88. 56	省部级重点

续　表

序　号	项目来源	项目名称	负责人	项目经费（万元）	备　注
4	北京市教育委员会	电商物流仓储拣选一体化系统关键技术研究与应用（提升计划项目）	李俊韬	300	省部级
5	北京市自然科学基金委	低碳物流碳足迹建模与分析	田志勇	5	省部级
6	北京市哲学社会科学规划办	物联网环境下新型物流业务体系研究	唐恒亮	3	省部级
7	北京市哲学社会科学规划办	北京绿色物流发展的统计测度与量化研究	周　丽	3	省部级
8	国家统计局	面向大数据的机器学习方法在统计数据缺失值填充以及统计数据质量评估中的应用研究	张海军	0	省部级
9	中国物流学会	基于物联网的北京市应急资源协同调度方法研究	刘同娟	0	省部级
10	中国物流学会	基于虚拟仪器的物流包装材料生产过程数据采集方法与系统研究	阎　芳	0	省部级
11	首都师范大学	有限群在组合结构上的作用（国家自然科学基金项目）	王福荣	0	国家级
12	北京交通大学	基于合作博弈的供应链合作理论与应用（国家自然科学基金项目）	刘洪伟	0	国家级
13	北京市教育委员会	基于无线传输的多功能仓储图像采集装置的开发	郭　键	12	市局级
14	北京市教育委员会	基于物联网的仓储监控管理系统关键技术研究	刘　军	15	市局级
15	北京市委组织部	基于物联网的仓储物品品质保障关键技术研究	阎　芳	3	市局级
16	北京蓝美视讯科技有限公司	电子商务交易平台大数据推送系统项目开发	周　鸿	20	横向

续 表

序 号	项目来源	项目名称	负责人	项目经费（万元）	备 注
17	北京同仁堂股份有限公司同仁堂药酒厂	药酒生产中间体计量控制系统研究与开发	王玉泉	19	横向
18	北京市世纪昊天科贸有限公司	某大学校园物联网智慧校园系统设计及实施支持	李俊韬	32.5	横向
19	普天物流技术有限公司	电子商务物流业务模式研究项目	李俊韬	4	横向
20	北京金山顶尖科技股份有限公司	物联网技术与智能物流系统应用开发	李俊韬	90	横向
21	北京汇学时代科技有限公司	基于数据挖掘技术的客户群及其行为研究	郭 风	16	横向
22	中国海洋石油总公司能源经济研究所	领先石油企业科技创新竞争力对标数据分析系统开发	袁瑞萍	2	横向

信息学院2013年期刊论文成果一览表（A级、B级）

序 号	论文题目	第一作者	发表刊物	备 注
1	结合活动区光球磁场参量和黑子参量的太阳耀斑预报模型	李 蓉	科学通报	A级
2	Discovering Link Communities in Complex Networks by An Integer Programming Model and A Genetic Algorithm	李珍萍	PLOS ONE	B级（SCI）
3	动力代谢系统中的复杂性分析和参数估计	田立平	Computational and Mathematical Methods in Medicine	B级（SCI）
4	基于序列黑子数据的太阳耀斑预报	李 蓉	Research in Astronomy and Astrophysics	B级（SCI）
5	3D Face Recognition Using Local Binary Patterns	唐恒亮	Signal Processing	B级（SCI）
6	New Travelling-Wave Solutions for Dodd-Bullough E quation	申贵成	Journal of Applied Mathematics	B级（SCI）

续　表

序　号	论文题目	第一作者	发表刊物	备　注
7	带有延时变量和噪声影响的基因调控网络的稳定条件的 M 矩阵	田立平	IET Systems Biology	B 级（SCI）
8	低温地幔楔底部的吸水脱水作用	陈　意（外校）叶　凯（外校）吴玉文等	International Geology Review	B 级（SCI）
9	生物信息中的矩阵分解方法	田立平	Current Bioinformatics	B 级（SCI）
10	Intelligent Warehousing Operation Management System Based on Safety Monitoring	刘　军	Journal of Applied Sciencies	B 级（EI）
11	Development of Integrated Data Acquisition System for Logistics	阎　芳	Applied Mechanics and Materials	B 级（EI）
12	Evolution Modeling of Degree Preference Supply Chain Network	张方风	Journal of Applied Sciences	B 级（EI）
13	面向供应链应用的物联网复杂事件情境感知处理框架研究	李俊韬	TELKOMNIKA	B 级（EI）
14	Data Storage Layout for Object-based De-duplication System	阎　芳	Applied Mechanics and Materials	B 级（EI）
15	基于扩展线性支出系统的休闲需求统计分析	郭　茜	统计与决策	B 级
16	基于 CPLD 的光电编码器的四倍频计数电路设计	郭　键	计算机测量与控制	B 级
17	带道路容量限制的多配送中心选址问题的数学模型与算法	李珍萍	统计与决策	B 级
18	物流产业增加值与碳排放之间的均衡研究	周　丽	Information Technology Journal	B 级
19	带一个外力的 Duffiing-van der Pol 方程周期解的分支与混沌	杨芝燕	Journal of Applied Analysis and Computation	B 级

续 表

序 号	论文题目	第一作者	发表刊物	备 注
20	基于物联网的供应链复杂事件决策支持研究	李俊韬	ICIC Express Letters，Part B：Applications	B级
21	基于物联网中间件的数据处理技术研究	刘丙午	International Journal of Digital Content Technology and Its Applications	B级
22	基于物联网的仿真平台的构建	李俊韬	International Journal of Digital Content Technology and Its Applications	B级
23	Application of ECC in RFID Authentication Protocol	申贵成	International Journal of Digital Content Technology and Its Applications	B级
24	随机抽样中应用的一套骰子组合	周 丽	Advanced in Mathematical and Computational Methods	B级
25	基于物联网技术的智能电网系统分析	刘丙午	中国流通经济	B级
26	应急物资物流方案的选择与优化	刘同娟	商业时代	B级
27	碳减排、消费与社会福利	田志勇	技术经济与管理研究	B级
28	我国物流业布局现状、问题与对策	郭 茜	中国物流与采购	B级
29	信息共享对供应链影响的经济学模型分析	田志勇	商业时代	B级
30	复杂网络模型及其供应链系统应用研究综述	张方风	商业时代	B级

信息学院2013年专著编著一览表

序 号	专著题目	所有作者	出版单位	备注
1	物流管控一体化技术与系统	刘 军 阎 芳 杨 玺	清华大学出版社	专著
2	我国物流业发展现状与景气分析统计研究	郭 茜 周 丽 韩 嵩	经济管理出版社	专著

续 表

序号	专著题目	所有作者	出版单位	备注
3	基于 DW 技术的管理信息系统分析设计实践	王 新	对外经济贸易大学出版社	专著
4	现代物流信息技术及应用	刘丙午 李俊韬 朱 杰 杨 玺	机械工业出版社	编著
5	Windows Server 2008 R2 网络配置与管理	张 博	人民邮电出版社	编著
6	智能物流系统实务	李俊韬 刘丙午 张 伦（外校） 李孟涛（外校）	机械工业出版社	编著
7	物联网技术	刘 军 阎 芳 杨 玺	机械工业出版社	编著
8	微积分典型例题与解法	尚书霞 杨芝燕	机械工业出版社	编著
9	管理信息系统——IT 管理导向的理论与实践	周 鸿 刘丙午	冶金工业出版社	编著
10	Access 2010 数据库基础及应用	董萍萍 刘俊娥 郭 风 周 鸿 朱韶红	上海交通大学出版社	编著
11	Access 2010 数据库应用及实践	朱韶红 郭 风 董萍萍 刘俊娥	上海交通大学出版社	编著

信息学院 2013 年获得专利一览表

序号	专利名称	类型	专利发明人	授权号	授权日期
1	一种电压可调的直流稳压电源	发明专利	郭 键 朱 杰 刘 军 郭奕崇 董萍萍	ZL 2011 1 0191261. 2	2013 年 9 月 25 日
2	一种充电装置及控制方法	发明专利	郭 键 刘丙午 周 丽 刘 军 申贵成	ZL 2011 10040574. 8	2013 年 3 月 06 日
3	一种分布式物流设备的联调系统	实用新型专利	刘 涛 刘 军 阎 芳 杨 玺 唐恒亮 郭 键 刘同娟	ZL 2013 2 0412875. 3	2013 年 11 月 27 日
4	一种堆场监控系统	实用新型专利	唐恒亮 刘 军 阎 芳 杨 玺 刘 涛	ZL 2013 2 0223799. 1	2013 年 11 月 27 日
5	一种物联网实训系统	实用新型专利	刘 军	ZL 2013 2 0352527. 1	2013 年 11 月 13 日

续 表

序 号	专利名称	类 型	专利发明人	授权号	授权日期
6	一种应变式传感器模拟器	实用新型专利	郭 键 朱 杰 周 丽 董萍萍 郭奕崇	ZL 2013 2 0362699.7	2013 年 11 月 13 日
7	一种货运汽车车载监控操作终端	实用新型专利	阎 芳 刘 军 刘同娟 杨 玺 郭 键 李俊韬	ZL 2013 2 0201601.X	2013 年 9 月 04 日
8	一种电阻应变式称重传感器模拟器	实用新型专利	郭 键 李 明（外校） 朱 杰 陈 蕾 郭奕崇	ZL 2013 2 0162913.4	2013 年 8 月 28 日
9	一种基于物联网的乳制品供应链信息追溯系统	实用新型专利	刘同娟 刘 军 刘丙午 阎 芳 冯晓莉	ZL 2012 2 0277284.5	2013 年 7 月 31 日
10	光线记录器	实用新型专利	李俊韬 刘丙午 陈星浩 邱双胜（外校）	ZL 2012 2 0667756.8	2013 年 6 月 26 日
11	一种智能盘点车	实用新型专利	李俊韬 陈星浩 刘丙午	ZL 2013 2 0024385.6	2013 年 6 月 26 日
12	一种无线 RFID 感知装置	实用新型专利	李俊韬 刘丙午 陈星浩	ZL 2013 2 0018085.7	2013 年 6 月 26 日
13	一种传感器装置	实用新型专利	霍灵瑜 王玉泉	2012 2052 6392.1	2013 年 5 月 29 日
14	一种传感器装置*	实用新型专利	霍灵瑜 王玉泉	ZL 2012 2052 6405.5	2013 年 5 月 15 日
15	一种气体加入装置	实用新型专利	郭奕崇 刘丙午 阎 芳 霍灵瑜 李俊韬	ZL 2012 2 0646329.1	2013 年 4 月 24 日
16	一种三螺杆挤出机的在线取料装置	实用新型专利	郭奕崇 阎 芳 郭 键 陈丽梅 李俊韬	ZL 2012 2 0646293.7	2013 年 4 月 24 日
17	一种用于观察注塑塑化过程的观察装置	实用新型专利	郭奕崇 刘 军 刘同娟 李俊韬 霍灵瑜	ZL 2012 2 0448426.X	2013 年 4 月 10 日
18	一种用于随机抽样的骰子及随机抽样装置	实用新型专利	周 丽 郭 键 朱 杰 鞠红梅	ZL 2012 2 0344707.0	2013 年 3 月 20 日
19	一种智能工作台	实用新型专利	李俊韬 刘丙午 陈星浩	ZL 2012 2 0348408.4	2013 年 3 月 06 日

续　表

序　号	专利名称	类　型	专利发明人	授权号	授权日期
20	一种托盘	实用新型专利	李俊韬　刘丙午　陈星浩	ZL 2012 2 0349581. 6	2013 年 3 月 06 日
21	一种 RFID 展示柜	实用新型专利	李俊韬　刘丙午　陈星浩	ZL 2012 2 0348406. 5	2013 年 3 月 06 日
22	一种教学交互终端	实用新型专利	李俊韬　刘丙午　陈星浩	ZL 2012 2 0362777. 9	2013 年 3 月 06 日
23	一种用于观察三螺杆挤出过程的观察装置	实用新型专利	郭奕崇　朱　杰　郭　键　刘同娟　霍灵瑜	ZL 2012 2 0447725. 1	2013 年 3 月 06 日
24	一种带接近式敏感装置的 RFID 标签、RFID 系统	实用新型专利	王玉泉　霍灵瑜　刘丙午	ZL 2012 2 0259731. 4	2013 年 2 月 23 日
25	一种带机械位移检测装置的 RFID 标签、RFID 系统	实用新型专利	王玉泉　霍灵瑜　刘丙午	ZL 2012 2 0259735. 2	2013 年 2 月 23 日
26	一种螺旋式定向接受的无线射频标签*	实用新型专利	霍灵瑜　刘丙午	ZL 2011 2 0490229. X	2013 年 2 月 20 日
27	一种测接近程度的 RFID 系统（1）	实用新型专利	刘丙午　霍灵瑜　王玉泉	ZL 2012 2 0259810. 5	2013 年 2 月 13 日
28	一种测烟浓度的 RFID 系统	实用新型专利	刘丙午　霍灵瑜　王玉泉	ZL 2012 2 0259792. 0	2013 年 2 月 13 日
29	一种测气体浓度的 RFID 系统	实用新型专利	刘丙午　霍灵瑜　王玉泉	ZL 2012 2 0258922. 9	2013 年 2 月 13 日
30	一种测气体浓度的 RFID 系统（1）	实用新型专利	刘丙午　霍灵瑜　王玉泉	ZL 2012 2 0259652. 3	2013 年 2 月 13 日
31	一种带流量流速检测装置的 RFID 标签、RFID 系统*	实用新型专利	郭奕崇　霍灵瑜　刘丙午　王玉泉	ZL 2012 2 0259752. 6	2013 年 2 月 13 日

续　表

序　号	专利名称	类　型	专利发明人	授权号	授权日期
32	一种带声敏装置的RFID标签、RFID系统	实用新型专利	王玉泉　霍灵瑜　刘丙午	ZL 2012 2 0259673. 5	2013年2月06日
33	一种测温度的RFID系统**	实用新型专利	霍灵瑜　刘丙午　王玉泉	ZL 2012 2 0258925. 2	2013年2月06日
34	一种带气敏装置的RFID标签、RFID系统*	实用新型专利	霍灵瑜　刘丙午　王玉泉　田志勇　李俊韬	ZL2012 2 0259480. X	2013年2月06日
35	一种带声敏装置的RFID标签、RFID系统	实用新型专利	王玉泉　霍灵瑜　刘丙午	ZL 2012 2 0259442. 4	2013年1月23日
36	一种带接近式敏感装置的RFID标签、RFID系统	实用新型专利	王玉泉　霍灵瑜　刘丙午	ZL 2012 2 0259459. X	2013年1月23日
37	一种带感烟装置的RFID标签、RFID系统	实用新型专利	王玉泉　霍灵瑜　刘丙午	ZL 2012 2 0259443. 9	2013年1月23日
38	一种带物位检测装置的RFID标签、RFID系统	实用新型专利	王玉泉　霍灵瑜　刘丙午	ZL 2012 2 0259457. 0	2013年1月23日
39	一种带机械位移检测装置的RFID标签、RFID系统*	实用新型专利	王玉泉　霍灵瑜　刘丙午	ZL 2012 2 0259476. 3	2013年1月23日
40	一种测流量流速的RFID系统*	实用新型专利	刘丙午　霍灵瑜　王玉泉	ZL 2012 2 0259498. X	2013年1月23日
41	一种测物位的RFID系统	实用新型专利	刘丙午　霍灵瑜　王玉泉	ZL 2012 2 0258897. 4	2013年1月23日
42	一种测物位的RFID系统（1）	实用新型专利	刘丙午　霍灵瑜　王玉泉	ZL 2012 2 0259794. X	2013年1月23日
43	一种测声音强度的RFID系统	实用新型专利	刘丙午　霍灵瑜　王玉泉	ZL 2012 2 0259782. 7	2013年1月23日

续　表

序　号	专利名称	类　型	专利发明人	授权号	授权日期
44	一种测转速的 RFID 系统	实用新型专利	刘丙午　霍灵瑜　王玉泉	ZL 2012 2 0259619. 0	2013 年 1 月 23 日
45	一种测受力情况的 RFID 系统（1）	实用新型专利	刘丙午　霍灵瑜　王玉泉	ZL 2012 2 0258857. X	2013 年 1 月 23 日
46	一种测机械位移的 RFID 系统（1）	实用新型专利	刘丙午　霍灵瑜　王玉泉	ZL 2012 2 0259824. 7	2013 年 1 月 23 日
47	一种测机械位移的 RFID 系统	实用新型专利	刘丙午　霍灵瑜　王玉泉	ZL 2012 2 0259496. 0	2013 年 1 月 23 日
48	一种测接近程度的 RFID 系统	实用新型专利	刘丙午　霍灵瑜　王玉泉	ZL 2012 2 0259484. 8	2013 年 1 月 23 日
49	一种测流量流速的 RFID 系统	实用新型专利	刘丙午　霍灵瑜　王玉泉	ZL 2012 2 0258899. 3	2013 年 1 月 23 日
50	一种带流量流速检测装置的 RFID 标签、RFID 系统	实用新型专利	郭奕崇　霍灵瑜　刘丙午　王玉泉	ZL 2012 2 0259477. 8	2013 年 1 月 23 日
51	一种测温度的 RFID 系统*	实用新型专利	霍灵瑜　刘丙午　王玉泉	ZL 20122 0258860. 1	2013 年 1 月 23 日
52	一种测光照的 RFID 系统*	实用新型专利	霍灵瑜　刘丙午　王玉泉	ZL2012 2 0259441. X	2013 年 1 月 23 日
53	一种箱门状态检测装置	实用新型专利	陈星浩　刘丙午　李俊韬	ZL 2012 2 0028573. 1	2013 年 1 月 16 日
54	一种农业信息技术实验装置	实用新型专利	李俊韬　陈星浩　刘丙午	ZL 2012 2 0346630. 0	2013 年 1 月 06 日

信息学院 2013 年获奖成果一览表

序　号	奖励名称	成果名称	获奖等级	获奖者	发证机关
1	中国物流与采购联合会科学技术奖	智能物流系统关键技术研究及应用	一等奖	朱　杰　翁心刚　李俊韬　郭奕崇　阎　芳　刘同娟　唐恒亮　刘　涛	中国物流与采购联合会
2	第十二次中国物流学术年会优秀论文奖	物流景气指标分类与景气指数编制实证研究	一等奖	郭　茜	中国物流采购联合会中国物流学会

续 表

序 号	奖励名称	成果名称	获奖等级	获奖者	发证机关
3	第十二次中国物流学术年会优秀论文奖	基于 EPC 物联网的乳制品供应链追溯平台研究	三等奖	刘同娟　马向国	中国物流与采购联合会
4	第十二次中国物流学术年会优秀论文奖	基于 LabVIEW 的物流包装材料无害化生产过程数据采集系统设计	其他奖	阎　芳　郭奕崇 李俊韬　霍灵瑜	中国物流学会
5	中国物流生产力促进中心、《物流技术》杂志社优秀论文	无线传感器网络信息处理研究进展	一等奖	刘　军　宋国平	中国物流生产力促进中心
6	中国统计学会马克思主义统计理论专业委员会 2013 年优秀论文	基于大数据背景下的物流统计分析	三等奖	高和鸿	中国统计学会马克思主义统计理论专业委员会
7	2013 年度中国物流学会课题优秀成果奖	基于虚拟仪器的物流包装材料生产过程数据采集方法与系统研究	三等奖	阎　芳　刘　军　郭奕崇 刘同娟　李俊韬	中国物流学会

信息学院邀请专家学者举办讲座一览表

序 号	讲座专家学者	讲座题目
1	北京邮电大学教授吴军	国际期刊论文选题、写作经验与体会
2	北京理工大学副教授张跃军	如何规范地开展研究工作　如何撰写实证论文　探讨管理科学研究的几个问题
3	北京金文天地信息咨询有限公司技术总监张立冬	基于物联网的食品安全追溯开发：智能物流系统开发
4	湖北大学教授刘慧清	Edge-disjoint Spanning Trees and Algebraic Connectivity of Graphs
5	北京交通大学副教授鞠彦兵	管理系统模拟案例
6	北京交通大学教授郑神州	Energy Quantization of Approximate Biharmonic Maps in 4D

续　表

序　号	讲座专家学者	讲座题目
7	北京理工大学教授张菊亮	Manage Supply Uncertainty Using Real Option and Dual Sourcing Strategy
8	中国科学院数学与系统科学研究院研究员章祥荪	复杂网络研究中的优化问题
9	中国科学院数学与系统科学研究院副研究员吴凌云	生物分子网络比较的数学模型与算法
10	北京思伟科技开发公司副总经理谢志浩	企业信息化的发展趋势
11	University of Applied Sciences Western Switzerlands 副教授 Antonio J. Jara	The Internet of Things through IPv6：An Analysis of Challenges，Solutions and Opportunities
12	Georgia State University 教授 Yingshu Li	Management of Big Sensory Data
13	The George Washington University 教授 Xiuzhen Cheng	Securing Body Area Networks：Key Management and Access Control
14	澳大利亚墨尔本大学教授 Peter Thomas	Business Model for the Internet of Things
15	北京科技大学教授张德政	基于认知的知识发现技术
16	中国中医药大学管理学院教授戴力辉	基于整数规划的手术室安排问题研究——我国与加拿大高等教育对比分析与思考
17	中国社会科学院数量经济与技术经济所高级经济师崔春生	基于集团序方法的推荐系统输出研究
18	北京理工大学副教授徐进	面向对象的软件工程

（撰稿人：阎芳　朱杰）

商学院

【概况】

商学院成立于2008年6月，由原会计系和物流学院的工商管理专业、市场营销专业组建而成。现有工商管理、市场营销、财务管理、会计学4个专业，设有工商管理、市场营销、财务管理、会计学4个教学系，建有用友U8实训实验室、JMS集团财务实验室、

Personal-Banking 体验式理财中心、企业经营与运作管理实验室、SAP 系统实验室、Apple 无线多媒体技术实验室、4S 营销实验室、超市（Super-Market）运作模拟实验室 8 个实验室。现有工商管理创新研究基地、商贸流通企业研究所、中国企业生产力研究中心等研究机构和商务运作与企业服务创新研究平台。

商学院现有教职工 64 人，其中，教授 8 人、副教授 26 人、讲师 19 人，博士 22 人。在校生 1300 余名，是本校规模较大的学院。在师资队伍中，有北京市教学名师 1 人，北京市青年骨干教师 5 人。

商学院的办学指导思想是：以思想创新、学术创新为先导，以围绕首都服务业现代化建设和完善工商管理学科为核心，坚持学术带学科、学科带专业的发展方针，树立全球化、信息化、专业化人才培养目标模式，进一步优化和明确人才培养方案，按照优势突出、特色鲜明、社会急需的原则，确立特色人才培养目标和规格，进一步明确各专业之间的关系和支撑，构筑以工商管理、市场营销、会计学、财务管理为核心的工商管理学科专业体系；坚持特色定位，依托服务行业，加强与政府部门、企业、其他高校的联系，强化教学管理，加强师资队伍建设，打造凝聚力工程，创造快乐工作的环境，营造一个相互欣赏、相互理解、相互合作的学术氛围，努力形成一批在工商管理领域有影响的科研成果，全方位提升办学层次和水平；构建学生教育管理和服务体系，努力培养具有全球化视野、现代商业理念、富有创新精神、具有现代企业管理理论和技能的工商管理类专门人才。

商学院发展目标：经过一定时期建设和发展，实现工商管理学科专业品质的全面提升，形成工商管理、市场营销、会计学、财务管理等专业相互支撑、协调发展的本科专业框架，形成本科专业教育和企业管理、会计学等专业硕士研究生教育相互促进和提升的良好发展态势；争取把工商管理一级学科建成北京市重点学科，争取把 1～2 个专业建设成北京市品牌专业或特色专业，全面提高人才培养质量；形成一支有影响的、水平高的学术队伍；形成高效运行机制和积极向上、和谐工作的环境平台。

根据学校总体部署和工作要求，认真贯彻落实商学院“十二五”发展规划及年度工作计划，不断创新开拓，不断创新工作机制，不断提升办学能力和水平。2013 年各项工作达到预定目标，取得了显著成效。

（撰稿人：魏国辰）

【学科建设】

在征求意见和建议的基础上，制定出台了《商学院促进科研暂行规定》。

组织完成会计学专业硕士申报工作。2013 年，商学院是北京物资学院工商管理一级学科牵头单位，围绕一级学科搭建学院发展平台、充分发挥自身资源优势，根据学校加强学科建设力度的要求，凝练学术研究方向，构建学术团队，开展学术研究，组织完成了会计学专业硕士申报工作。

（撰稿人：吕波　魏国辰）

【教学工作】

1. 实施本科生全员全程导师制

按照2013版教学计划，在实践学期开展“市场调查报告比赛”和“大学生创业计划项目书比赛”活动。为配合2013版教学计划的执行，从2013级开始，全面实行导师制，为每名学生配备1名导师，负责从专业介绍直至毕业论文整个四年教学过程。

2. 探索开展“企业家进课堂”活动

鼓励教师在理论课程教学中开展“企业家进课堂”活动，每学期每门相关课程邀请至少1位企业家完成2～4课时的讲授，开拓学生视野，使学生的学习能够更好地理论联系实际。

3. 校企合作从实习导向到就业导向

学院与航天信息软件技术有限公司、北京市中小会计师事务所联盟签订校外实习基地协议，集中安排学生到企业进行专业体验和实践，并选择就业。2013年，中瑞岳华会计师事务所首批面试学生通过108人，二次面试通过48人，这48名学生赴中瑞岳华会计师事务所实习4个月。

4. 专业核心课配备助教

学院为“基础会计”“中级财务会计”“财务管理”和“成本管理会计”4门专业核心课配备12名研究生助教，协助教师批改作业并进行答疑。要求教师每周布置一次作业，助教每周批改一次作业，每周答疑一次。

5. 会计学/财务管理辅修专业和会计学专业（国际注册会计师方向）开班

2013年，商学院招收会计学/财务管理辅修专业学生50余人，为学校应用型、复合型人才的培养定位服务。另外，商学院还开设了会计学（ACCA方向）专业实验班，培养国际化会计人才。

6. 教学指导委员会积极开展工作

根据《北京物资学院试卷检查要点》，重点在试卷批阅和试题质量检查方面发挥作用。针对本学期主讲课程，制定了《商学院试卷检查具体安排》。10月，教学指导委员会对试卷进行全面检查。对于发现的问题，要求教师限期改正。

7. 出台商学院实验室建设规划

从人才培养方案出发，对各个实验室软硬件进行梳理。完成商学院2014—2016年度的实验室建设规划。

8. 本科教学工程项目结项

商学院22个“本科教学工程”项目全部顺利结项。推荐三位老师的质量工程项目为优秀。王静老师把《财务报告分析合作式学习模式研究》的成果用于教学，取得显著效果。陈晓梅老师的《“企模”与“商道”的校园赛组织与指导培训》探索了从第一课堂到第二课堂培养学生的实践。许海晏老师《利用“创业之星”软件进行企业模拟经营的赛事组织与辅导研究》总结的“参赛宝典”颇为实用。

（撰稿人：魏国辰）

【科研工作】

1. 进一步开拓课题来源，重点课题与国家级课题得到突破

2013年，商学院获国家自然科学基

金项目1项，国家社科基金项目2项，这是学院历史上的突破；获北京市教委重点项目1项；引进课题经费407万元，基本完成学校下达的任务。共发表第一作者论文90多篇、专著5部、译著1部、编著5部、教材1部。

2. 搭建平台，强化特色，加强对外合作与交流

2013年，根据校党委《中共北京物资学院委员会关于强特色上水平的决定》，以及学校《关于开展第一批重点领域建设的实施意见》，商学院成立了会计学专业指导委员会，制订了会计学专业发展规划和商学院实验室发展规划，搭建了教学科研与对外交流平台，为学院特色发展奠定了基础。学院加大对外合作力度，与全国冷链物流联盟签订战略合作协议，并举办一期培训班；与航天信息软件技术有限公司、北京市中小会计师事务所联盟签订校外实习基地协议，集中安排学生到企业进行专业体验和实践；积极加强与瑞华会计师事务所、沃尔玛公司、中储华通商贸公司、时代集团、沧州综合物流园区等企业合作，为其提供调查与咨询方案；加强与多家杂志社、出版社合作，与中国网、中国发展门户网等网络媒体进行合作；联系多名博士生导师加入商学院的专家库，指导学院课题申报与学科建设工作。同时，借助学院学术平台和校友资源，不断挖掘合作空间，提升服务社会能力。召开研讨会8次，聘请有关专家对教师进行指导，提高教师科研能力与教学技能；派教师参加教学技能培训30人次，鼓励教师参加学术交流活动。

3. 协办第七届中国北京流通现代化分论坛

11月23日，商学院组织召开了第七届中国北京流通现代化论坛——流通企业发展指数研究分论坛。分论坛围绕商贸流通企业类型与特征，企业发展环境，企业发展现状、问题与趋势，企业发展指数指标选择，企业发展指数研究注意问题等展开讨论。中国工商大学洪涛教授、北京商业经济学会秘书长赖阳研究员、中商商业经济研究中心处长孟黎加研究员、北京工商大学穆林娟教授、中国人民大学张敏副教授及商学院师生40多人参加论坛。

4. 组织召开学术论坛

11月30日，商学院组织召开了第三届中国商贸流通企业发展论坛暨商贸流通企业融合重组高峰会。

5. 成立商贸流通企业研究所

7月10日，商贸流通企业研究所揭牌仪式暨“新形势下商贸流通企业发展”研讨会召开。北京工商大学副校长、中国商业经济学会秘书长、教育部工商管理学科指导委员会委员谢志华教授，中国人民大学、中国市场营销研究中心主任郭国庆教授，北京工商大学经济学院贸易经济系主任、商业经济研究所所长洪涛教授，兰格钢铁电子交易有限公司刘长庆董事长，中商商业经济研究中心孟黎加研究员，中国社会科学院财经战略研究院流通产业研究室主任依绍华博士，北京市通州区商务委员会果松海副主任，以及北京物资学院副校长刘丙午教授，科研处副处长王可山教授等参加了会议。

6. 成立中国企业生产力研究中心

11 月 20 日，商学院举办中国企业生产力研究中心成立仪式。中国生产力学会秘书长兼副会长陈胜昌教授，国务院发展研究中心研究员李泊溪教授，中国冶金科工集团公司原董事长杨长恒，《经济研究参考》杂志社社长兼总编高进水以及众多优秀企业家参加仪式。生产力学会副会长陈胜昌教授介绍了中国生产力学会发展概况；世界生产力科学联盟总裁 John Heap 和世界生产力科学院院长 Thomas Tuttle 分别发来致辞视频，对中国企业生产力研究中心的成立表示祝贺。魏国辰院长宣读关于成立研究中心的决定，并与陈胜昌会长共同为研究中心揭牌，向专家委员及特邀研究员颁发了聘书。

（撰稿人：吕波　魏国辰）

【党建工作】

1. 加强政治理论学习，认真开展群众路线教育实践活动

学院党总支按照学校党委部署，认真组织各党支部开展党的理论、政策学习。同时，按照中央和北京市委统一部署，以及学校党的群众路线教育实践活动总体安排，按照要求完成了各项任务，并在工作中不断改进工作作风。

2. 加强党组织建设，积极组织开展丰富多彩党建活动

通过教工党支部和教学系行政班子相融合，促使党建围绕教学系的中心工作展开；通过教工党支部与学生党支部共建，更好地发挥教工党支部在本专业人才培养当中的堡垒作用。按照学校要求，认真组织，完成了学校第二次党代会筹备各项工作。各学生党支部开展了形式多样的“红色 1 + 1”活动，达到支部、党员全覆盖，商学院党总支获得校最佳组织奖。财务管理学生党支部获得校“红色 1 + 1”示范活动第一名，及北京市“红色 1 + 1”示范活动二等奖，并被团市委推荐参加北京电视台主办的“青春的记录”环太平洋微纪录片比赛。

3. 加强廉政教育，营造学院风清气正的发展环境

组织党员、干部认真学习领会十八大报告和习近平总书记在十八届中央纪委二次全会上的重要讲话精神，加强党员、干部纪律教育、廉政教育和警示教育，牢记“反腐倡廉必须常抓不懈，拒腐防变必须警钟长鸣”。组织党员、干部积极参与学校党风廉政建设宣传教育月活动。同时，坚持学院党风廉政建设与党的建设、教学科研、人才培养、文化建设紧密结合，把学院行政管理权的规范运行、教育管理权的依法行使、学术自由权的准确把握作为日常监督、源头治理的重点，将加强师德和学术诚信建设，注重对权利行使的监督，提高管理水平与加强党风廉政建设相融合，将“三重一大”事项作为学院行政权监督的重点，以此带动和影响权利的正确运行，营造学院风清气正的发展环境。

4. 严格贯彻落实中央“八项规定”，切实加强作风建设

深刻领会中央“八项规定”的精神实质，坚决执行学校贯彻落实中央“八项规定”和北京市实施意见的实施办法，加强外出调研、开会的管理，厉行勤俭节约，杜绝奢侈浪费。严禁借开会、调研、考察、检查、培训等名义变相旅游，教育和引导党员、干部树立清正廉洁的良好形象，严格自律、率先垂范，确保中央规定和各项廉政要求落实到位。同时，结合学院实际，组织开展以为民、务实、清廉为主要内容的党的群众路线教育实践活动，密切联系群众，解决好群众关心的问题，促进领导干部转变作风，自觉接受广大党员和师生的监督，从根本上解决好立党为公、执政为民问题。

5. 充分发挥制度保证作用，落实好党风廉政建设责任制

在学校纪委指导下，建设好既与学院的发展进程相适应、又能抓住学院管理的重点部位和关键环节，既相互协调又相互制衡的学院管理制度体系。认真落实党风廉政建设责任制，确保班子成员切实承担起责任。规范党政联席会议制度，主要负责人带头执行民主集中制。落实好民主生活会、诫勉谈话等制度，把问题解决在萌芽状态。强化制度执行力，切实维护制度的严肃性和权威性。

6. 在做好重点工作上下功夫，努力取得党风廉政建设实效

在加强班子成员自身建设上下功夫。通过班子自身建设，把廉洁奉公、勤政兴校转化为自觉行动，自觉遵守《廉政准则》，认真履行岗位职责，增强纪律观念，自觉接受监督，按照“公、廉、勤、明、真”的要求，始终做到廉洁从政，勤于政事，勇于任事，善于干事。同时，在全面推行院务公开上下工夫，丰富公开的形式，扩大公开的内容，对学院改革与发展的决策和实施方案、财务情况、采购情况和涉及师生切身利益的事项都予以公开，并确保公开及时、全面、真实。

7. 围绕“健康、快乐、凝聚人心”主旋律开展多项工会活动

院分工会发挥纽带和桥梁作用，独自开展或参与校工会的活动达 10 项之多，涉及健身、亲子、慰问、比赛，增强了商学院教师的向心力。

（撰稿人：于冠华　魏国辰）

【学生工作】

1. 三位一体，加强学生工作队伍建设

商学院始终以提高人才培养质量为目标，不断加强三支学生工作队伍的建设。

辅导员队伍建设。坚持专业化、职业化原则，注重辅导员自身的成长。经过多年努力，在 2013 年，商学院 5 名辅导员，实现 1 位博士、3 位硕士和 1 位在读硕士的学历结构；同时实现 1 位副教授、3 位讲师的职称结构。同时鼓励所有辅导员将工作进一步深化，并形成一定研究成果，2013 年商学院辅导员公开发表论文 7 篇，其中核心 1 篇。

班主任队伍建设。商学院不断完善班主任考核制度和评优制度，坚持以专业教师为主的原则，使班主任在做好学生生活上的知心人的基础上，能够成为学生的道德楷模和学业指导老师。

学生干部队伍建设。进一步完善党

支部委员、团委学生会干部、班级干部和班主任助理的选拔、聘用和梯队建设制度，选拔了一批政治过硬、综合素质优异的学生充实到各级学生干部队伍当中。

通过这三支队伍的建设及一系列保障措施的完善，如辅导员、班主任的深度谈话，德育档案、贫困档案的建立和完善，学生干部的表率和及时反馈机制等，进一步完善了全员、全方位、全过程育人体系。

2. 落实新生引航工程，切实引领学生全面成才

继续坚持已经探索出的“新生导航初见效，初级党校重实效，班助工作显成效，读书报告变长效”的行之有效的经验做法，以班主任的专业引导、辅导员的思想教育及生活关心、同学间的朋辈教育构建的多对一全员育人体系为基础，以大一晚自习制度的实施为契机，以专业读书报告为平台，真正将大学生思想政治教育工作做到“深、广、活、实”，逐步搭建起了新生专业学习兴趣平台、助力学生成长成才。

3. 提升就业能力，推动充分就业，提高毕业生就业质量

就业工作以“保数量、提质量”为目标。在充分就业的基础上，通过优化人才培养方案、积极开拓就业市场、加强就业指导这三个维度共同作用的思路来提高就业质量。以签约率、就业率全校排名双第一的成绩，再一次荣获就业工作先进单位称号。

4. 深入开展学风建设，不断浓厚校园学习氛围

继续贯彻以学术带学风、以活动树学风、以奖励正学风的指导思想：以创业大赛、ERP 沙盘模拟大赛、GMC 国际企业挑战赛等比赛为依托，举行各类学术讲座，营造学术氛围。把国家奖学金等奖项的评选工作作为对学生引导的契机，充分发挥榜样的力量和朋辈教育的功能。

5. 开展丰富多彩的校园文化活动，拓展学生素质

围绕大学生素质拓展和人文素养的培养，继续成功举办第 21 届大学生电影节，组织学生参加舞蹈大赛、主题团日评选等活动；围绕大学生专业素养和实践能力的提高，指导学生社团如企研会、会计协会、市场营销协会等开展丰富多彩的活动。

（撰稿人：于冠华　魏国辰）

【附录】

商学院 2013 年出版著作一览表

著作题目	著作类别	所有作者	出版单位
网络背景下的物流商业模式创新理论与实证研究	学术专著	齐　严	中国财富出版社
企业成长路径：理论与案例	学术专著	吕　波　魏国辰	中国财富出版社

续 表

著作题目	著作类别	所有作者	出版单位
大数据改变世界	编著	李德伟（外校） 顾 煜 徐 立（外校）	电子工业出版社
工商管理类专业教学理论研究与实践探索	编著	贾炜莹 张 军 闫 甜 张 勤 陈 娟 齐 严 吴 非	中国质检出版社 中国标准出版社
历史时期京津地区城市体系演变研究	学术专著	陈喜波	台湾花木兰文化出版社
现代公共关系学（第五版）	编著	张荷英	首都经济贸易大学出版社
集群社会资本及其对企业成长的影响研究	学术专著	肖为群	北京大学出版社 中国农业大学出版社
物流企业绩效分析与评价	编著	殷裕品 兰凤云 刘 芳	北京大学出版社
北京市构建农产品封闭供应链物流体系研究	学术专著	魏国辰 徐建国 郭红莲 陈喜波 徐广姝 杨宝宏 肖为群 杜红平 赵 洁 冯 华 陈 霞（学生）	中国质检出版社
现代物流企业财务会计	编著	兰凤云 王春华 殷裕品	北京大学出版社
初级会计电算化（2013）	普通教材	李 斌	北京大学出版社
物流价值管理研究	编著	陈炜煜	北京大学出版社
财务管理基础（英文版第14版）	译著	王 静	中国人民大学出版社

商学院2013年发表论文一览表

题 目	级 别	作 者	期 刊
城建税欲“改弦更张”其未来何去何从	B扩	吴 非 葛慧侠（学生） 乔梦虎（外校）	会计之友
物流企业“营改增”后的税负变化及实施“营改增”的若干建议	B扩	邱 红 曹 键	会计之友
网络营销下的电影营销策略研究	D级	司亚静	青年科学

续　表

题　目	级　别	作　者	期　刊
团购网站营销模式及创新策略研究	D 级	司亚静	中小企业管理与科技
农产品冷链物流经营模式创新之路	B 扩	杨宝宏　宋茜茜（学生）	生产力研究
北京交通拥堵的市场化解决思路	D 级	朱博义	交通标准化
我国物流企业参与供应链管理模式分析	B 扩	吕　波　魏国辰	商业时代
公允价值会计的顺周期反馈机制研究	B 扩	闫　甜　李　峰（外校）	会计之友
国际收入准则的发展及其对我国的启示	B 扩	王秀荣　张　军 张克娜（学生）	生产力研究
事业单位财政补助支出退回的核算	C 级	吴利红	财会月刊·会计
美国五大养老服务类上市公司的财务分析	B 扩	闫　甜　贾笑颜（学生） 李　峰（外校）	生产力研究
创业板高管减持与公司业绩实证研究	B 级	顾　煜　程　丹	商业研究
基于扎根理论的创新型人才素质特征分析	B 扩	齐　严　刘佳佳（学生） 洪清玲（学生）	商业时代
我国审计市场集中度与审计质量关系的实证分析	D 级	詹志斌	经营管理者
北运河：古都漕运大动脉	D 级	陈喜波　韩书文（外校） 李旭春（外校）	中国水利报
借壳上市成本研究	B 级	顾　煜　高文秀（外校）	中国流通经济
不确定性对中国农村居民消费行为的影响研究	B 级	王克稳（外校）李敬强 徐会奇（外校）	经济科学
IASB/FASB 租赁准则修订进展及我国应对之策	B 扩	兰凤云　张　菁（学生） 朱艳玲（学生）　徐志成（学生）	生产力研究
企业绿色采购现状、障碍与对策研究	D 级	魏国辰　党一珺	中国采购发展报告
基于组织战略的财务管理在绩效管理中的功能性研究	D 级	詹志斌	现代经济信息

商学院 2013 年科研项目一览表

项目名称	负责人	经费（万元）	性质
国家审计反腐败路径研究	张　军	3	省部级一般
面向知识创新的企业知识利用行为研究	张　勤	18	省部级一般
国家审计的国家治理“免疫系统”功能实现路径研究	张　军	3	市局级一般
政府事业单位审计培训与咨询服务	刘德英	100	
历史时期京津地区运河水道变迁研究	陈喜波	60	国家级一般
天盛安泰公司全面预算项目实施方案	吴　非	10.1	
财务管理课程机考平台建设方案设计	吴　非	1	校内项目
天津港调研项目	魏国辰	3	
临沂市小商品市场运营模式	吕　波	3	
国际商贸中心下通州区商贸业创新发展研究	魏国辰	90	省部级一般
基于行为视角的食品供应链风险形成微观机理与防控机制研究	刘永胜	18	国家级一般
沧州综合物流园区发展战略规划研究	魏国辰	10	
财务管理专业实验课程标准化质量评价研究	吴　非	0.1	校内项目
政策审计对北京市物流业发展的影响研究	许海晏	2	校内项目
智能物流系统支持下的配送绩效评价研究	秦江萍	50	
冷链物流经营模式创新研究	魏国辰	1.6	企业委托
食品可追溯物流信息有效传递激励机制研究	魏国辰	0	省部级一般
仓储型物流企业服务能力评价研究	杨宝宏	0	省部级一般
国际会计 ACA 人才培养模式研究	魏国辰	10	企业委托
基于制造业上市公司资本结构对成长性影响实证研究	柯　明	0	省部级一般

（撰稿人：吕波　魏国辰）

劳动科学与法律学院

【概况】

2013 年，劳动科学与法律学院（以下简称“学院”）以“专业立院、人才强院、特色兴院”为办学方略，继续秉承“开放、发展、创新”工作理念，立足自身，有的放矢，抓住重点，积极拓展，夯实学科专业特色建设基础，提升学科水平，深入开展教育教学改革，激活内部组织活力，拓展对外交流合作，实现内涵、质量、特色三位一体、协调发展的局面。

2013 年，学院成功申报并增设了法学和劳动关系 2 个专业硕士点，现共有劳动经济学、企业管理人力资源管理方向、劳动关系和法律经济学 4 个硕士点。同时，设有法学、人力资源管理、劳动与社会保障、劳动关系 4 个本科专业，其中劳动关系专业由原来作为劳动与社会保障专业下设的专业方向正式被批准为本科专业，并于 2013 年正式招生。

2013 年，学院设有法学、人力资源管理、劳动与社会保障和劳动关系 4 个教研室；拥有 2 个科研创新团队、5 个研究机构、9 个专业实验室测评实验中心、近 30 个校外实习基地、2 个校外人才培养基地。

2013 年，学院获得多项荣誉：北京市优秀教师 1 人、北京拔尖人才 1 人、北京青年英才 1 人、学校教学先进个人 1 人；有两位老师晋升副教授；劳关专业的“模拟集体谈判大赛”荣获第二届高校模拟集体谈判大赛二等奖；法学专业“模拟法庭”大赛获得三等奖。

2013 年年末，在编在岗教职工 44 人，其中专任教师 36 人。专任教师中，硕士生导师 7 人、教授 4 人、副教授 16 人、讲师 17 人；具有副教授以上职称的教师 22 人，占教师总数的 61%，具有博士学位的教师 24 人，占教师总数的 64%；拥有北京市优秀教师 2 人，北京市中青年骨干教师 7 人，入选北京市青年英才计划 3 人。2013 年毕业学生 219 人，招收学生 208 人，在校本科生 783 人。

（撰稿人：赵志瑞　尚珂）

【学科建设】

学院结合《北京物资学院“十二五”时期事业发展规划》的战略部署，从促进教育教学创新，全面提升教学科研水平与人才培养质量的高度，积极推动人力资源管理特色专业、流通法优势研究方向的建设规划工作。在多方收集各种资料，认真听取不同意见，广泛研讨和交流的基础上，撰写《人力资源管理特色学科建设规划》和《流通法优势研究方向建设规划》，同时，邀请校外专家进行论证和指导，对建设规划的方向、目标、途径及措施等进行深入分析。广大教师对各专业的规划方向和建设重点已经达成初步共识，基本形成了差异化、特色化发展思路，一些校政、校企合作项目正在陆续开展。

强化专业实践特色，大力开展实践基础设施，实践平台建设，建设了一批实践基地。

学院完成法律、劳动关系 2 个专业硕士点申请材料的准备和论证工作，梳理相关学科学术成果，凝练专业特色，明确相关学科的发展方向和发展重点。

举办“劳动科学论坛 2013”“第八届中国经济—法律论坛暨第三届市场流通法治论坛”“中国人力资源开发研究

会适度劳动研究分会2013年学术研讨会”3个高规格、大规模学术会议，邀请的参会嘉宾百余人，60人次在会上发表演讲。

（撰稿人：唐华茂　尚珂）

【教学工作】

完成2013版培养方案的修订和论证工作。按照学校统一要求及进度安排，学院教学指导委员会经反复讨论和多次修改，并组织专家论证，确定了2013级4个本科专业的人才培养方案。2013版培养方案将最低总学分设计为160学分，课内总学时控制在2300学时。新修订的人才培养方案总体减少了课内学时，优化了学科基础课程体系，通过增加专业选修课数量，拓展了专业课程平台，拓宽了学生学习口径，更有利于学生按照自身设定的学业目标合理安排专业课程的学习，并通过充实和丰富实践教学内容，优化实践教学体系，加强实验类课程建设，使原有培养方案的一些优势课程和人才培养特色更加突出。

完成实验室建设规划，提升实验教学水平。2013年上半年开始，对现有8个实验室的软硬件资源及利用情况开展了摸底调查，并通过各种途径，广泛开展调研，了解京内外其他高校实验室建设情况，了解各高校在实验室管理、课程建设、实验人才队伍建设、平台服务等方面的宝贵经验，在此基础上，学院4个专业经过反复研讨和论证，共同完成了学院《人力资源与社会保障实验教学中心建设规划》和《法学与劳动关系实验教学中心建设规划》两个实验中心的建设规划工作，为学院未来3年实验室建设及运行机制设计明确了方向和目标。

同时，积极支持各实验室建设专项经费申报，共计238.81万元。其中，司法鉴定实验室申报建设经费80万元，教学专项申报实验室建设经费16.5万元（劳动关系案例分析系统软件）、科研专项申报实验室建设经费13万元（人力资源管理模拟沙盘），在2013年追加项目经费中，成功申报实验室建设专项经费共计129.31万元，包括：劳动与社会保障教学沙盘12.57万元，绩效考核教学系统18万元，公务员考试系统平台10万元，劳动关系管理教学系统28.5万元，劳动与社会保障知识库综合管理系统60.24万元。

加强实习实践基地建设，夯实校企校政合作平台。学院着力加强与现有人才培养基地、人才实习基地的交流与合作，完善校企沟通渠道和协调机制，密切合作关系，充实合作内容。同时，以培养具备高素质的应用性人才为目标，创建新的校外人才培养基地和人才实习基地，建设了一批“务实合作型”的校外人才实践实训基地。

4月23日，法学专业邀请支持学院学生实习与就业的10余家律师事务所联合召开“律所实践教学座谈会”；11月13日，人力资源与社会保障相关专业人才培养基地、实践基地企业到学院参加学生活动，并组织专业对口的小规模校园招聘会。2013年下半年，法学专业、人力资源与社会保障等专业的实习实践基地建设研讨会相继召开。经过研讨，各方对加强校企、校政合作平台建设展现了较高的参与度和积极性，并形成了许多具有普遍共识的观点。

不断完善实践教学体系，突出专业性、层次性和针对性。紧密围绕“厚基础，宽口径，重实践，强能力”的人才培养目标，确立各专业实践教学的原则和方向，系统总结实践教学工作中的经验与教训，针对实践教学过程中存在的实践教学形式单一、内容乏味，部分学生参与实践教学的积极性不高等，学院努力整合各种实践教学资源，规范教学内容及教学形式，同时，通过不断完善实践教学体系，设计多层次、针对性强的专业实践教学活动［如针对大一学生，开展包括企业（律所）参观、法院旁听、职业规划设计大赛、毕业生回校专题讲座、毕业生调查等系列活动，着力培养学生正确的职业观和良好的职业兴趣；针对大二学生，主要通过参加参与式、体验式的素质拓展活动和专业实务技能模拟，提升各项职业技能，例如：沟通能力、创新能力和团队合作能力等；针对大三学生，实践教学活动主要在人才实习基地、人才培养基地中完成，由指导教师设定实践教学任务和短期工作目标，由学生通过实习工作完成，指导教师定期进行指导和检查］，初步构建了较为系统的实践教学体系和多样化的实践平台。

探索校企联合培养，进一步推动人才培养模式创新。学院借助与北京外企人力资源服务有限公司（FESCO）、中国国际技术智力合作公司（中智）、中国四达国际经济技术合作公司（四达）、东方慧博、通州区司法局、通州区律协等多家人才实践基地、人才培养基地的合作平台，积极探索人才培养模式的创新。第一阶段，主要是聘请上述单位的优秀实战派人士担任讲师，实施面向学生的人力资源法律实务培训工作，旨在打造人力资源与法务双向复合型人才；第二阶段，针对大四学生尝试开设实验班，在大学四年级按照企业需求设计订单式人才培养方案，主要由企业实务人士完成授课任务，实行校内授课和企业实习相结合；第三阶段，针对大三学生尝试开设实验班，不仅加大实验课程开设力度，而且部分课程按照企业需求定制，以实务讲座和实习形式完成课程学分，将学生实习实践活动进一步前置，按照“实践—学习—再学习”的人才培养模式来培养学生。

从机制设计入手，改善工作方法。以培养合格人才为最终目标，从制度上和措施上将教学管理与学生管理等各方面工作有机结合起来，形成整体合力，坚持将教风、学风一起抓，以教风促学风，力求在人才培养和提高教学质量上达到事半功倍的效果。每学期期初，教学口与学工口联合召开“学生工作大会”，就本学期的教学工作和学生管理工作统一进行工作布置和活动安排。期中，针对大四级学生，联合召开毕业生工作会，分别就毕业实习、毕业论文、毕业生工作流程等事项进行布置。

注重发挥教学指导委员会、教学督导对教学工作的推动作用。通过教学指导委员会例会，及时传达校教学工作会议的总体安排，沟通信息，布置教学任务，协调教学安排，对各专业、各阶段的核心工作进行商议和安排，及时解决教学工作中存在的问题。此外，学院还十分注重聘请学院以外其他经验丰富、富有责任心的教学督导对劳法学院各项教学工作的完成情况进行指导、监督和检查。

（撰稿人：解进强　尚珂）

【科研工作】

加强制度建设，提高科研管理水平。学院制定了有关科研管理方面的规章制度，以提高学院科研管理的制度化、规范化水平，有利于促进学院科研发展，提高科研投入产出效益。为保证2014年科研工作的顺利开展，根据学校的统一部署，协助项目负责人完成了“科技创新平台——现代人力资源管理方法与技术”2014年预算的编制工作。

加强科研平台建设，推动协同创新。组织整合相关研究团队，进行集中突破，流通法研究被确立为学校优势研究方向，并获批一项校级重大科研项目；将学院科研投入向重点领域倾斜，开展了具有优势和发展潜力的院内科研培育项目计划；与东方慧博人力资源有限公司合作，成立了人力资源管理标准研究中心；与北京市人力资源和社会保障局科学研究所签署了战略合作协议，并开展了合作研究，取得了较好的研究成果。在社会服务方面，受学校委托，承担并完成了国家外文局相关培训的部分组织工作。

引导和鼓励教师开展科学研究。2013年，学院以科技创新平台为基础，采取激励措施，调动教师从事科研的积极性，并继续为教师联系学术论文发表渠道，引导教师围绕学科发展规划确定的研究方向开展学术研究。2013年，学院引进科研项目29项，其中省部级科研课题2项，北京市教委人文社科计划面上项目2项，校级青年基金项目3项，科研课题经费实现跨越式发展，全年累计引进经费超过100万元，超额完成学校下达的计划任务。学院教职工发表论文86篇，其中发表核心期刊论文30篇（B级期刊论文24篇），出版学术专著5部，其他书籍教材8部。

继续开展并实施研究生科研创新计划项目。2013年，累计立项2批24项研究生科研创新计划项目，为劳法学院相关学科研究生创造良好的科研机会与条件，对研究生从事科研进行系统训练，发挥创新优势，挖掘创新潜能，提高创新能力和实践能力。为提高研究生的学术兴趣，组织研究生举办研究生沙龙，积极参与首都经济贸易大学的研究生论坛，对于增强研究生自主学习能力，加强研究生学术交流具有积极作用。

（撰稿人：唐华茂　尚珂）

【党建工作】

学习贯彻十八大精神，保持学院稳定、开放、发展方向。深入开展十八大精神学习活动，以努力办好人民满意的教育为工作目标，及时传达学习党和国家的大政方针和重大决策，认真执行学校党委的重要指示和要求，用十八大精神统一全院师生员工的思想认识。确定

“专业立院、人才强院、特色兴院”为办学方略，进一步落实“十二五”发展规划；实施内涵、质量、特色三位一体、协调发展工作方针，夯实学科专业特色建设基础，狠抓教育教学质量，激活内部组织活力，拓展对外交流合作。

深入开展党的群众路线教育实践活动，切实加强领导班子和党员领导干部作风建设。2013 年学院党风廉政建设工作与学院中心工作同计划、同部署、同落实，明确年度党风廉政建设任务分工，并通过多种形式的廉政法规教育、警示教育，进一步增强了领导干部廉洁从政的主动性和自觉性。党政领导干部廉洁自律，没有出现任何违规违纪现象；参加党风廉政教育活动，获得“清风物院——廉政法规和作风建设知识竞赛”团体三等奖。严格贯彻落实“中央八项规定”和北京市实施意见，以及学校党委《关于贯彻中央八项规定实施细则》，认真自查，做到力行立改；以“为民务实清廉”为主题，制订并落实工作方案，做到深入学习、主动听取群众意见、认真查摆“四风”问题、深刻剖析、积极整改，使党的群众路线教育实践活动在学院扎实开展。

党政协同，积极推进内部管理机制的优化。通过深入调查研究，制定出台《关于加强和改进教研室工作的意见》，进一步明确教研室工作的职责职能，配强教研室工作班子，为教研室工作的有效开展给予积极的指导帮助和经费保障；继续实施教职工业绩奖励制度，制定鼓励教师积极投身教学科研的政策措施，调动教职工工作积极性；认真执行教代会民主管理制度。结合学院工作重点，定期召开了 3 次教代会，行使教代会职能，促进管理工作的民主化、科学化，有效地推进二级管理。

着力促进党建工作规范化、科学化，加强基层党组织建设。优化党支部设置。将教工党支部与学生党支部按照学科专业进行设置，加强教工党支部与学生党支部工作的有机联系，进一步推进党建工作与中心工作紧密结合；以进一步提高党员政治素质为重点，遵循“坚持标准、保证质量、改善结构、慎重发展”党员发展工作方针，做好发展党员工作。2013 年共发展新党员 60 名，转正 29 名；致力于党建工作的科学化，完成 2012 年 2 个党建基金项目的结项工作，并以“建设基层党支部服务中心工作机制”为主题申报 2013 年课题 1 项；配合学校党委筹备召开第二届党代会，发扬党内民主，严格执行各项工作程序，很好地完成了党代表选举和“两委委员”候选人推荐工作。

保障教职工切身利益，推进和谐文化构建和平安校园建设。关注师生思想动态，注重对教职工师德教育及以社会主义价值观为核心的大学生思想教育，不断加强意识形态领域工作；坚持公正、公开、公平原则，做好教职工评优、职称晋升工作；发挥工会作用，积极开展文体活动，参加校工会广播操比赛获得二等奖，教职工之家被学校评为“先进教工之家”；重视安全教育和管理，2013 年没有发生任何危害安全的事件。

（撰稿人：赵志瑞）

【学生工作】

扎实做好学生党建工作。学院三个学生党支部始终坚持高标准、严要求，将入党动机教育贯穿于党员培养过程始终，注重引导学生在思想上入党，争做学习、生活、工作方面的表率。2013年，学院三个学生党支部共有党员89人，本年发展党员60人，30名预备党员如期转正。推荐88名同学参加学校高级党课培训班学习，进一步接受党的理论知识培训。开办学院初级党校，组织入党积极分子206人参加学习。

学生党支部注重自身建设，把党支部规范建设、党性教育、发展党员和党员服务群众机制建设作为支部工作重点，做到各项工作有计划、有目标，各项活动有跟踪、有总结；根据支部党员构成，分设多个党小组，将党支部工作适当分解，突出党员群体分类教育针对性，增强党组织活力。在抓好学生党员理论学习的同时，不断丰富活动载体，如“红色1+1”、观看天安门升旗、社会实践、志愿服务等，全方位提升学生党员素质。同时，注重发挥党员主体作用，推进党内民主，集全体党员的智慧创新活动形式、内容和方法，使党员参加组织活动的主动性、积极性不断增强。着力打造和丰富党员受教育、党员服务群众的渠道，在实践探索的基础上，总结经验，形成特色亮点和服务长效机制。

党员先锋模范意识不断提高，90%以上均获得过学校、北京市各种荣誉，在班级、学院、学校各项活动开展中发挥了重要作用，群众对于支部党员评测满意度达到95%以上。

优化载体推进思想政治教育工作。分团委在面向团员青年学生开展日常教育、排查、摸底工作的基础上，注重通过志愿服务活动、暑期社会实践活动锻炼学生的团队意识、沟通组织能力与社会责任感，为学生们提供和创造直接接触社会、了解社会、体察民情、开阔视野的渠道和途径，取得良好效果。本年度，院分团委青年志愿者协会积极组织各团支部及志愿者，定期赶赴通州智障儿童关爱中心、百灵园听力康复中心、徐辛庄敬老院、中仓敬老院、国美小学5个志愿服务基地开展服务活动。

拓展就业渠道，提升就业质量。学院坚持把毕业生的思想教育始终贯穿于整个就业指导的全过程，引导学生明确形势、把握政策，树立正确的就业观；同时，积极与相关企业进行交流、沟通，探讨校外人才培养基地模式，力争为学生们提供更多实习就业的机会，通过实际工作锻炼，增强学生适应性，提高学生就业竞争力，促进人才培养质量提高和服务社会能力的提升。在就业信息服务上坚持全员覆盖，确保为有就业意愿的同学推荐至少一个工作岗位，及时准确地做好就业数据统计工作，定期了解掌握每位同学的就业意向与当前状况，保证工作岗位推荐的针对性。

2013年，学院顺利完成2013届毕业生就业工作各项任务。2013届200名毕业生，总体就业率95%，总体签约率79.5%（其中，人力资源管理专业85.26%，劳动与社会保障专业84.78%，法学专业66.1%）。

丰富第二课堂活动。继续坚持“突出精品”这一原则，着力组织好模拟招聘、六月情怀毕业生晚会和“青春船长，法治启航”普法宣传、第七届法律文化节活动，通过这些活动，既锻炼了学生们的各种能力，也使得他们在专业方面有所收获，收到了良好效果。

普法宣传工作开展过程中，学生志愿者自编自演的小品《消失的欠条》获得首都高校法制短剧作品征集评选活动二等奖。12 月 22 日在北京市司法局举办的北京市“青春船长，法治起航”活动推进会上，市教委、团市委、市司法局对包括 16 所高校所开展的活动进行了评比，最终我校获得一类表彰，并获得 1.2 万元活动经费奖励，5 名志愿者获得“优秀青春船长”称号。

（撰稿人：马立梅　赵志瑞）

【对外交流】

积极推进产学研合作，与实际部门的合作取得重大突破。2013 年，学院继续深化与东方慧博的合作，成立了人力资源管理标准研究中心；与北京市人力资源和社会保障局科学研究所签署了战略合作协议，开展合作研究，委派弓秀云、任吉 2 位老师，参与北京市人社局项目研究，该项目在人社部评比中获得一等奖。

与中国台湾辅仁大学的合作交流顺利展开，台湾辅仁大学法学院两位副院长来校访问，进行讲学和交流。与加拿大蒙特利尔大学、日本北海道大学开展交流访问活动，并初步形成合作意向。

专业实践基地建设取得重大推进。2013 年学院着力加强了与现有人才培养基地、实习基地的交流与合作，召开了 3 次实践基地建设研讨会，参与座谈交流的社会实践部门总计多达 50 余家，新签约 10 多个学生实习基地和人才培养基地。

请进来走出去，加强对外合作交流。2013 年，学院加强与学术界的学术交流，邀请加拿大、中国台湾等境外高校和国内知名高校、研究机构及实务人士 60 余人次来校举办各种形式的学术讲座。同时，派出 200 余人次参加国内相关学科专业学术会议。全年选派 6 名教师到企业挂职锻炼，全院到企业挂职锻炼的教师累计已有 17 名。挂职教师在挂职单位都做出了成绩，其中 7 名教师受到挂职单位和学校的好评。

（撰稿人：赵志瑞　尚珂）

【附录】

劳法学院暑期社会实践活动一览表

序　号	团队名称	服务地点	服务内容	所获奖项
1	物院步行者团队	山东	山东烟台养老调查	校级三等奖
2	“青春飞扬”暑期社会实践团队	上海	上海文艺体制改革	校级优秀奖
3	晋乡逐梦团队	山西	山西农民工调查	校级优秀奖

续　表

序　号	团队实践报告	所属团队	所获奖项
1	劳法学院赴山东烟台开展养老保障调研实践报告	物院步行者团队	校级优秀成果
2	关于新生代农民工生存现状的实证调查	晋乡逐梦团队	校级优秀成果
3	北京妇产医院就诊流程现状报告	妇产医院调查	校级优秀成果
4	国有文艺团改制过程中人员安置问题调研报告	“青春飞扬”暑期社会实践团队	校级优秀成果
序　号	姓　名	所属团队	所获奖项
1	吴彩霞	“关注校友足迹，传承物院精神”第二届暑期走访校友团	校级先进个人
2	吴倩倩	“青春飞扬”暑期社会实践团队	校级先进个人

劳法学院第二课堂活动一览表

序号	活动名称	开展时间	取得效果及奖励
1	模拟招聘系列活动	4—5月	通过人力资源知识竞赛、就业讲座、模拟面试、真实招聘等活动，将理论知识与实际工作相结合，将真实招聘场景搬进校园，让学生能够亲身参与其中，获得实际实习机会
2	“六月情怀”毕业生晚会	6月	学院最具特色和影响力的意向品牌活动，展现出了劳动科学与法律学院师生亲如一家的和谐氛围和强大的凝聚力，同时体现出学校对毕业生们的支持与鼓励，以及对毕业生在新的人生旅途上一路顺风、创造辉煌的美好祝福
3	“青春船长，法治起航”青少年普法宣传活动	全年	多次赴七彩打工子弟学校、国美家园小学、兴隆小学、陈经纶中学、官庄小学、史家小学等中小学开展普法讲座，被北京市司法局评为第一类表彰学校
4	“法系青春，蓄力未来”第八届法律文化节	11月 12月	邀请北京市教委、北京市司法局、通州区司法局领导参加开幕式，通过法律嘉年华、侦探推理大赛、模拟法庭、微电影征集等活动，寓教于乐，通过同学们喜闻乐见的形式，培养逻辑推理能力，了解法律案例，增强专业学习能力

续　表

序号	活动名称	开展时间	取得效果及奖励
5	首都高校法制短剧作品征集评选活动	12 月	学院报送的微电影《消失的欠条》荣获二等奖，舞台剧《桃李》荣获入围奖，北京物资学院被评为优秀组织奖
6	第八届校园情景剧大赛	5 月	反映大学生返回家乡支教，服务农村的短剧《桃李》荣获一等奖
7	第 25 届大学生辩论赛	12 月	亚军
8	校园第四届“舞魅影，炫物院”舞蹈大赛	12 月	二等奖
9	“腾龙杯”篮球赛	10 月	第四名
10	雷锋教室	全年（共 8 次）	学习优异的同学为学业困难的同学讲授四、六级考试、考研、求职、微积分、英语等科目辅导
11	社区青年汇志愿服务	10—12 月	通过接洽玉带路社区青年汇，组织学生参加社区活动，为乒乓球比赛、沙盘模拟比赛、电影博物馆参观提供志愿服务
12	“劳法杯”足球赛	10—11 月	首次邀请校教工足球队，学生与老师切磋球技，促进交流，共同增强体质
13	校际人力资源知识竞赛	5 月	邀请首都经济贸易大学、北京联合大学、劳动关系学院与物院学子针对人力资源管理知识展开比赛，促进校际间交流，加强学生专业学习动力
14	羽毛球比赛	5 月	乒羽协会组织全校爱好羽毛球的学生参加比赛，效果显著
15	新生读书报告展示交流会	12 月	两名同学获得校级三等奖
16	国美家园小学法律嘉年华	12 月 11 日	将法律知识蕴含在喜闻乐见的游戏之中，在游戏中学习法律常识，法律嘉年华吸引 200 多名小学生参加，活动得到国美家园小学师生一致好评
17	国美家园小学文艺表演	12 月 18 日	以文艺表演形式丰富小学生课余生活，《羚羊的外套》等节目为小学生送上保护环境、爱护动物的文化大餐

续 表

序号	活动名称	开展时间	取得效果及奖励
18	人生导师回访活动	6月19日 7月8日	引导和帮助新生在实践中成长成才，关注新生学业成长，扎实促进与专业人生导师互动学习交流
19	专业读书报告会	7月9日	提高专业素养，营造“读好书，好读书，读书好”的浓厚氛围，全面提高同学的科学人文素质和培养生活情趣，切实打造“书香校园”

外国语言与文化学院

【概况】

外国语言与文化学院（以下简称外语学院）的前身是始建于1996年的北京物资学院外语系。2011年3月，学校在外语系的基础上，组建外国语言与文化学院，简称外语学院。2011年3月外语系党总支更名为外国语言与文化学院党总支。

外语学院设有英语专业、大学英语、实用英语、文化传播4个系部和数字语言实验室、同声传译实验室、商务英语实验室3个实验室；设有英语语言文学1个本科专业，下设国际商务、国际传播2个专业方向。

截至12月底，外语学院有教职工72人（含合同制聘任人员3人），其中专任教师64人。专任教师中，教授2人，副教授18人，讲师41人，拥有博士学位的教师5人。

学院学位评定委员会，吴尚义院长任主任，成员有刘艳荣、王淑花、桂天寅、李华、顾越。

学院学术委员会，吴尚义院长任主任，成员有路文军、王淑花、桂天寅、李华、孙静波、黄春燕、左雁、何敢滨、张绍杰、孙艳青。

外语学院除承担英语专业的人才培养任务外，还承担全校大学英语、大学语文、应用写作等公共基础课及文学、文化、艺术类素质拓展课的教学任务。

2013年，毕业本科生92人，招生83人。截至12月底，在校生313人。

（撰稿人：吴尚义　刘艳荣）

【学科建设】

2013年，外语学院有一级学科1个：外国语言文学；有一级专业1个：英语语言文学，下设国际商务、国际传播2个方向。

外语学院有外国语言与文化研究基地1个，下设英语语言学及应用语言学科研团队（负责人吴尚义）、外国语言文学研究团队（负责人王淑花）、国际物流信息翻译研究团队（负责人韩星）、中外文化研究团队（负责人桂天寅）。

当年新晋升副教授 1 人。

（撰稿人：桂天寅　吴尚义）

【教学工作】

2013 年，学院完成本科教学课时 18402 学时，同时承担了国际学院双语教学和研究生英语教学。全年实验室实训课累计 116000 人课时。全院各系部开展 16 次教学研讨活动；完成 2012—2013 年度本科教学工程项目 25 项；2012—2013 年度教改项目结项 16 项，获学校二等奖 1 项，三等奖 1 项。申请获批 2013—2014 年度本科教学工程项目 11 项。

实验中心编撰完成了 2014—2016 年建设规划。获批北京市专项“同声传译实验室改造”1 项；获批“外语语言教学实验中心环境改造”1 项。申报中央支持地方专项“英语高级视听说节目录播与技能训练实训基地”1 项。

在大学英语重点领域建设工作中实施了小班责任制和实验班教学，建设实验班 2 个。

大学英语教师参加北京市大学生英语应用能力测试研究项目，10 名教师获口语能力考官资格，获北京市教委教育教学改革项目经费 20 万元。

通过学校搭建平台，与中国外文局培训中心合作，建立实践教学基地。学生实践周安排初步形成体系，低年级以学业发展为主，高年级以职业发展为主，90% 学生外出实习，深化与希尔顿、新东方、新奥特等公司的实践合作。组织了北京市人文知识竞赛、全国大学生英语竞赛、北京市大学生英语演讲比赛暨“外研社杯”全国大学生英语演讲比赛北京物资学院选拔赛。1 名学生在大学生英语竞赛中获全国一等奖，3 人获二等奖，6 人获三等奖。

2013 年度，外语学院吴尚义教授获北京市教学名师称号；李海英获北京物资学院本科教学先进个人；张丽丽被评为研究生教学先进个人；张春颖、张玲入选北京市青年英才计划项目；贾颖、裴淑娟获外教社杯大学英语教学比赛优秀奖；裴淑娟获全国微课比赛优秀奖；穆育枫获第十三届全国多媒体课件大赛高教文科组三等奖；柯希璐等人获第十三届全国多媒体课件大赛优秀奖三项；李华被评为校级 2013 年暑期实践先进工作者；鲁曼俐被评为校级优秀班主任。吴尚义、王淑花、任丽丽的《基于教育生态学的“四位一体”商务英语专业人才培养的改革成效》获中国财经院校外语教学研究会第十四届年会论文二等奖。

杨润芬、鲁曼俐、唐棠 3 人在北京外国语大学脱产研修，曲囡囡在加拿大参加英语教师培训，黄春燕在加拿大访学。

（撰稿人：王淑花　吴尚义）

【科研工作】

2013 年，落实学校及科研处下发的工作指令，做好基础科研管理工作；更新学院科研网站，面向全院教师提供科研信息、科研方法及数据统计服务；为教师职称评审和年终评优工作提供成果审核与数据统计、核对服务。组织各系部开展学术研讨会 3 场，重点解决如何相互借鉴科研工作经验、确定系部科研工作方向、健全内部科研合作机制问题。邀请校内外专家开展学术讲座及科研经验交流讲座 4 场。

继续加强“外国语言与文化研究基地”下属 4 个科研团队的建设：英语语言学及应用语言学科研团队、外国语言文学科研团队、国际物流信息翻译研究团队和中外文化研究团队，实现以科研教学相依相益，不断提高师资队伍学术水平和科研能力。在此基础上，重点建设国际物流信息翻译研究团队，成果显著。新成立的“非洲文化与中非比较文化研究团队”的建设在 2013 年度也已步入正轨。

学术刊物《语言与文化研究》《国际物流前沿研究译介》在栏目、内容和版面上做了适当调整。创新工作思路，实行争议稿件二次复审及执行编辑责任制。2 本学刊 2013 年度出版 4 期，收录论文 200 余篇。

全年引进横向课题 5 项，经费 31 万元；引进纵向课题 1 项，经费 5 万元；获批校内青年基金项目 3 项，获批经费 6 万元。

教师发表论文 172 篇，其中期刊论文 53 篇（含学校认定的 B 级核心期刊论文 7 篇，C 级核心期刊论文 27 篇，D 级普通期刊论文 19 篇），论文集论文 119 篇（含学校认定的 B 级 E 检索论文 5 篇，C 级外文学术会议论文集论文 19 篇，D 级普通学术论文集论文 95 篇）。出版著作 20 部，其中专著 4 部，编著 8 部，译著 7 部，教材 1 部。

【党建工作】

截至 2013 年 12 月，外语学院党总支共设有党支部 6 个，其中教工党支部 4 个、学生党支部 2 个。全院中共党员 57 人，其中教工党员 35 人，学生党员 22 人。

学院党总支认真落实学校党委提出的两项政治任务，学习并落实十八大精神、保持学院的安全稳定，根据《中共北京物资学院委员会深入开展党的群众路线教育实践活动实施方案》的相关要求，认真开展党的群众路线教育实践活动，加强干部队伍建设，转变工作作风，积极深入了解教职工的需求与困难，有效做好教职工的思想政治工作，关注教职工的职业发展，发挥二级教代会的参与和监督作用，为学院各项工作的开展起到引领和保障作用。

7—12 月，班子成员和全体党员，参加了党的群众路线教育实践活动。班子全体成员认真检查自己在“四风”方面的问题，通过个别访谈、组织民主测评、发放征求意见表、设置意见箱等“面对面”和“背靠背”方式广泛听取意见，撰写对照检查材料。全体党员以支部为单位召开了专题民主生活会。在学校党委组织部民主测评反馈意见的基础上，外语学院党总支紧扣作风建设，进一步深入基层、深入群众，采取多种形式征求广大党员群众对学院贯彻落实中央八项规定精神和市委十五条意见、反对“四风”问题和践行党的群众路线方面的意见建议。共征集意见21份。党总支书记代表学院领导班子做了对照检查，梳理了学校领导班子存在的“四风”问题13条，分析原因，提出了整改意见。班子4位党员领导干部自我批评深入，相互批评诚恳，自我分析和相互批评意见总计达80多条。

以学赛结合的方式，参加学校廉政法规和作风建设知识竞赛，外语学院代表队获得第二名。

充分做好中国共产党北京物资学院第二次代表大会的宣传教育工作，通过专栏、会议等形式宣传第二次代表大会的相关内容。根据学校要求，“三上三下”提名“两委”委员候选人初步人选，选举产生出外语学院参加中国共产党北京物资学院第二次代表大会的8名代表，选举过程规范、有序，支部参与率和党员参与率都达到了100%。

贯彻落实周二党政联席会制度。凡是院内重大事情通过院党政联席会集体商议研究解决，实施民主管理。本年度共召开党政联席会10次，加强对本院中层干部队伍的教育管理和考察，全面提高干部队伍的思想政治水平。

落实二级教代会制度。通过选举产生二级教代会的代表和教代会执委会。在日常运行中，形成了工会主席列席党政联席会的机制，部分教代会执委会成员也成为院务会成员或职称、岗位聘任委员会成员，为工会教代会行使民主管理和民主监督职能创造了条件。党政联席会定期研究工会工作和二级教代会工作，从多个角度多个途径落实教代会、分工会的职能。

积极推进教育引导青年教师加入党组织。针对外语学院年轻教师多的特点，通过组织活动和个别谈话，发现青年教师中的优秀分子，通过支部做好培养工作，发展1名青年教师加入党组织。

依托活动提升教职工的思想境界。外语学院有29名教职工为芦山县地震灾区捐款共3100元。19名中共党员参加献爱心活动，捐款1070元。还有22位教职工自愿参加捐资助学活动，表现出教职工良好的道德素养和精神风貌。

学院党政班子关心教职工生活，凡有教职工生育、教职工或家属生病住院的，学院领导均能够做到及时关心，送去组织的温暖。两节前，学院党政班子成员共同看望了已经退休的刘亦索等4位老同志，同时邀请老同志参加学院的新年联欢会，让他们感受到组织的温暖。

（撰稿人：刘艳荣　吴尚义）

【学生工作】

截至2013年12月，外语学院共有学生工作专职辅导员1人，兼职班主任9人。分管学生工作的党总支副书记李华领导并指导学工办开展工作。

以学工队伍建设为抓手，以学工制度建设为基础，促进学生工作规范化。辅导员完成中高级职业指导师、辅导员心理培训等一系列培训。班主任承担班级学生思想教育、课业辅导心理辅导、评优审议、就业指导等各项工作，班级管理有序开展。

以党建为龙头，结合“中国梦”主

题教育活动、促进大学生思想政治教育。开设初级党校，培养学生入党积极分子；与通州宋庄国中美术馆开展“红色1+1”共建活动，助力通州文化产业国际化发展，此项活动被评为校级三等奖；开展“同心共筑中国梦、青春梦想我先行”主题团日活动，学生党员组成“中国梦”宣讲团赴各团支部宣讲。结合校团委“基层行、乡土情”主题活动，组织学生围绕“青年人正在实现什么样的中国梦”和“青年人怎样实现中国梦”进行讨论。

抓学风建设，全面促进学生成长成才。合理安排早晚自习，做好新生读书报告和专业规划指导，2名同学分别荣获新生通识读书报告一等奖、二等奖；以雷锋教室为阵地，举办包括四级与六级考试交流辅导、考研经验交流、出国经验交流、村官经验交流等活动近30场；做好贫困生帮扶工作，安排勤工助学岗位；完成国家奖学金、励志奖学金的评选工作。

团学工作特色鲜明，第二课堂蓬勃开展。开展了“红旗宣讲团”“新生辩论赛”“希望马拉松”“新生趣味运动会”新生季系列活动。承办了“2013北京物资学院英语嘉年华”品牌系列活动；组织学生参加“2013中法文化之春”“第五届美术馆之夜——拉丁美洲文化展”等系列活动，培养学生的国际文化视野。学院舞蹈队获2013年全校舞蹈大赛冠军，辩论队获全校第四名，戏剧团获全校心理小品大赛第三名。新成立的英语社团Echo，举办了新年“英语角”活动。

学院成立就业工作领导小组，辅导员、班主任、论文指导教师协力推进就业工作。引进新东方教育集团、天下智慧教育集团等单位举办校园招聘会共7场。选送120余名学生分别在德国阿赫玛集团主办的化学器材展会、国际仓联仓储业年会、北京新东方教育集团、新奥特公司、希尔顿酒店等开展实习与实践。

2013年度通过评审结项的2012—2013学年大学生科研与创业行动计划项目16个。获批2013—2014学年大学生科研与创业行动计划项目7个，其中国家级项目2个，北京市级项目5个，获批经费支持4.5万元。

2013届毕业生签约率82.6%，居全校第2名，完成2013年度就业指标工作任务，并获得就业单项奖。

（撰稿人：李华　刘艳荣）

【对外交流】

2013年，学院派出教师参加国内学术会议11人次；派出5人参加大学卓越教学系列——大学教学法培训；6人次参加外研社组织的教学科研培训班；3人参加教学技能培训；1人在加拿大参加外语教师培训；暑期参加外研社教学培训11人次；参加外文局翻译培训3人次，参加学校人事处组织的教师培训3人次。本年度3人在国内访学。教师参加各类教学技能培训30多人次。其中大学英语教研部老师参加了“大学英语应用能力口语测试”考官培训会及北京高校大学英语口语教学与测试研讨会。

（撰稿人：桂天寅　吴尚义）

【附录】

外语学院 2013 年出版著作一览表

著作题目	所有作者	出版单位	著作类别
物流英语教师专业化发展	左 雁 吴尚义	知识产权出版社	编著
考研英语（二）历年真题精解	张 宇（外校） 顾 越	机械工业出版社	编著
语言与文化研究（第十二辑）	吴尚义 张春颖 王淑花 路文军 柯希璐 赵明明 范凌云	知识产权出版社	编著
国际物流前沿研究译介（第五辑）	吴尚义 李军伟 张春颖 吴丽颖（外校）	知识产权出版社	译著
新视野大学英语形成性评价（第 4 册）	李海英 贾 颖 杨润芬	北京交通大学出版社	编著
新视野大学英语形成性评价第 3 册	张 玲 潘爱琳 俞 莹	北京交通大学出版社	编著
思维要出圈 行动要到位	陈 珊	中国经济出版社	编著
国际商业谈判	王 茹	知识产权出版社	学术专著
培养职场良好习惯	王 茹	知识产权出版社	学术专著
英美文化博览	王淑花 李海英 贾 颖 张 娜	科学出版社	编著
全新版 21 世纪大学英语教师参考书	张 玲	复旦大学出版社	编著
国际物流前沿研究译介（第四辑）	吴尚义 李军伟 张春颖 张 娜	知识产权出版社	译著
88 种美国中小学经典课堂教学活动	田 丽 王淑花 张黎黎（外校）	中国青年出版社	译著
中国产业循环经济	周 杰 周宏大（外校）	中国质检出版社	学术专著
英语专业四级经典范文 200 篇	韦美璇 韩 红 张雪丹 黄 娟（外校） 马晓燕（外校）	外文出版社	译著
英语专业八级经典范文 200 篇	韦美璇 曲囡囡 葛 欣（外校）	外文出版社	译著
大学英语六级经典范文 200 篇	韦美璇 潘爱琳 李海英 马晓燕（外校）	外文出版社	译著
语言与文化研究（第十一辑）	吴尚义 张春颖 路文军 王淑花 张 娜 柯希璐 赵明明 范凌云	知识产权出版社	编著

续 表

著作题目	所有作者	出版单位	著作类别
老师怎么说学生才会听	魏　蓝（外校） 沈冰洁（外校）　田　丽	中国青年出版社	译著
信息管理专业英语教程	吴尚义　蒋春生 胡咏梅（外校） 万静静　张立奇	知识产权出版社	编著

外语学院2013年发表核心期刊论文一览表

论文题目	所有作者	发表刊物/论文集	刊物级别
经济全球化中物流英语的定位与发展	左　雁	中国商贸	C级
双语教师信息技术能力及培训策略	王淑花	Journal of Applied Mechanics and Materials Vol. 380	B级
欧洲物流迎接新的挑战	吴尚义	中国流通经济	B级
民工荒问题的破解	王淑花	技术经济与管理研究	B扩
《罗马热》中的女性语言特色——一个个案研究	穆育枫	时代文学	C级
英语语言多元化与商贸英语听力技能研究	何畝滨	中国商贸	C级
《阿基拉和拼字比赛》：美国中小学教育面面观	田　丽	时代文学	C级
多媒体技术在国际贸易实务课程中的应用	田　丽	3th International Conference on Consumer Electronics, Communications and Networks	B级
新媒体——促进高校校园文化建设的新工具	董晓红	前沿	C级
网络环境下大学生语言应用能力研究	何畝滨	中国商贸	C级
全球化视角下商务英语语用能力研究	何畝滨	中国商贸	C级
网络环境下大学英语实训课程整合研究	何畝滨	时代文学	C级

续　表

论文题目	所有作者	发表刊物/论文集	刊物级别
论教师在外语教学中对现代技术的认知和运用	张丽丽	2013 International Conference on Advanced Information Engineering and Education Science	C级
以内容为依托的英语教学和多媒体技术的融合研究	谢桂梅	2013 International Conference on Mechatronics and Information Technology	B级
企业 Logo 的语言学阐释	左　雁	中国商贸	C级
《哥达纲领批判》关于社会主义的创新	张春颖	当代世界与社会主义	B级
流淌的运河文化	周　杰	时代文学	C级
基于计算机与网络的大学英语听说实践教学研究	何敢滨	时代文学	C级
英语课堂上移动信息技术的应用	张丽丽	Proceedings of the 2013 International Conference on Software Engineering and Computer Science	C级
案例分析法在 ESBP 教学中的运用	张丽丽	教育与职业	B扩
京杭大运河沿岸的古典文学现象管窥	周　杰	名作欣赏	C级
信息时代高校学生语言应用能力研究	何敢滨	前沿	C级
《少年派的奇幻漂流》中老虎的隐喻意义	张　娜	电影文学	C级
乌台诗案前与被贬黄州后苏轼诗歌创作情志的比较分析	桂天寅	名作欣赏	C级
论中国大学英语教与学	顾　越	2013 International Conference on Educational Research and Sports Education	C级
商务英语学科建设研究	路文军	2013 International Conference on Educational Research and Sports Education	C级

续 表

论文题目	所有作者	发表刊物/论文集	刊物级别
多媒体环境下的商务英语翻译研究	路文军	2013 International Conference on Educational Research and Sports Education	C 级
多模态商务英语的网络模拟	左　雁	2013 International Conference on Educational Research and Sports Education	B 级
试论国际商务谈判教学中多媒体技术的应用	王　茹	2013 International Conference on Educational Research and Sports Education	C 级
信息技术能力框架及英语教师信息技术能力调查	王淑花	2013 International Confenrence on Educational Research and Sports Education	C 级
《少年派的奇幻漂流》象征符号解析	张　娜	电影文学	C 级
乌台诗案前苏轼诗歌创作情志的基本特征分析	桂天寅	名作欣赏	C 级
从中美家长择校倾向的差异看教育改革路向	窦卫霖（外校） 田　丽	比较教育研究	C 级
二语习得自主学习中的学习者动机研究	张　玲	ERSE 2013 国际会议论文集	C 级
功能语言学中的语域理论及其在教学中的应用	张　玲	ERSE 2013 国际会议论文集	C 级
科技英语中隐喻词汇的使用	张　娜	2013 International Conference on Educational Research and Sports Education	C 级
科技语言中隐喻词汇的认知视角解读	张　娜	2013 International Conference on Educational Research and Sports Education	C 级
语言教学中的语篇和实用语言学分析	唐　棠	2013 International Conference on Educational Research and Sports Education	C 级

续　表

论文题目	所有作者	发表刊物/论文集	刊物级别
《菊次郎的夏天》中笑的艺术的把握	孙艳青	电影文学	C级
多媒体技术在阅读教学中的应用	张　娜	Chemical and Mechanical Engineering, Information Technologies	C级
网络团购商品质量监管现状及存在的问题分析	刘艳荣 张耀荔 张燕燕	中国商贸	C级
Investigation of the Current Situation of Transport Packaging in Network	刘艳荣 陈　静 潘　安（学生）	Information Technology Applications in Industry Ⅱ	B级
在网络条件下寻找最佳英语案例分析的方法	唐　棠	International Conference on Educational Research and Sports Education	C级
乌台诗案前苏轼诗歌中的归隐心态分析	桂天寅	名作欣赏	C级
基于网络的英语阅读课程混合式教学设计	鲁曼俐	2013 International Conference on Applied Social Science Research	C级
论如何用网络多媒体技术提高商务英语学习的效率	王　茹	Journal of Convergence Information Technology	B级
网络学习环境下自主学习的开发	张丽丽	Journal of Convergence Information Technology	B级
通过网络技术提高二语学习者的听力技能	张　娜	Advanced Information and Computer Technology in Engineering and Manufacturing, Environmental Engineering	C级
《指环王》中文化符号的跨文化分析	孙静波	电影文学	C级
国际供应链物流与贸易便利化的宏观政策	张　玲	中国流通经济	B级
计算机辅助下的EAP课程设计	唐　棠	Journal of Theoretical and Applied Information Technology	C级

续 表

论文题目	所有作者	发表刊物/论文集	刊物级别
把网络新闻英语引入大学英语课堂	田 丽	时代文学	C 级
商务英语翻译的常见问题及应对策略分析	王 茹	教育研究与实验	C 级
利用多媒体创造人机交互的科学的英语教学模式	张卫红（外校） 张春颖	2013 2nd International Conference on Computer Science and Electronics Engineering	C 级
《霍乱时期的爱情》中的爱的虚幻与现实	王淑花	时代文学	C 级
如何改善工作环境中的学院职工健康	李 华	Progress in Environmental Protection and Processing of Resource	C 级
苏轼谪居黄州期间的诗歌创作情志分析	桂天寅	时代文学	C 级
从魔幻文学《指环王》解读托尔金的幸福观	孙静波	时代文学	C 级

外语学院 2013 年科研项目一览表

项目名称	负责人	项目性质	项目分类	经费（万元）
电子行业科技英语实用翻译研究	孙静波	横向	企事业单位委托项目	6. 8
英语培训课件开发与研究	张 玲	横向	企事业单位委托项目	10. 0
民营企业员工英语能力提升现状与对策研究	张丽丽	横向	企事业单位委托项目	5. 0
英语教育咨询与信息翻译研究	吴尚义	横向	企事业单位委托项目	4. 2
英语培训课件开发与应用语言学研究	张丽丽	横向	企事业单位委托项目	5. 0
经管类双语教师职业能力评价体系的构建及验证研究	王淑花	纵向	北京市教委人文社科计划面上项目	5. 0

（撰稿人：桂天寅　吴尚义）

思想政治理论课教学与研究部

【概况】

2013年，思政部在校党委和主管书记的领导下，围绕学校中心工作，认真履行部门工作职责，在党组织建设、师资队伍建设、教学改革、科学研究、合作交流等方面取得了新进展。

思政部设有思想道德修养与法律基础、马克思主义基本原理、毛泽东思想和中国特色社会主义理论体系概论、中国近现代史纲要4个教研室和大学生思想政治教育、马克思主义中国化2个研究中心。承担全校硕士研究生、本科生和成人教育专科生的思想政治理论课的教研任务及若干人文社科选修课的教研工作。截至2013年年末，思政部共有教职工18人，其中，专任教师16人，办公室主任兼教学秘书1人，科研秘书兼资料管理员1人。

【学科建设】

根据《中共中央宣传部教育部关于进一步加强和改进高等学校思想政治理论课的意见》（简称“05方案”），思政部在全校本科生中开设“思想道德修养与法律基础”“马克思主义基本原理”“毛泽东思想和中国特色社会主义理论体系概论”“中国近现代史纲要”4门课程，在研究生中开设“中国特色社会主义理论与实践研究”“自然辩证法概论”“马克思主义与社会科学方法论”3门课程。所有课时、学分，均按教育部课改方案执行。在课程建设中，一方面通过教研活动，集体备课，加大听课、评课力度，不断改进教学方法，提高教学质量，促进课程建设。另一方面，对所开设课程进行合格评估。

思政部共有专任教师16人，其中，副教授8人；获博士学位教师6人，博士后1人，在读博士后1人，在读博士2人。教师具有多样化的学科背景，涵盖马克思主义理论、哲学、法学、政治学、历史学、经济学等。

【党建工作】

思政直属党支部设支部书记1名，组织委员1名，宣传委员1名。2013年，思政部发展两名新党员，现有中共党员15名，其中正式党员13名，预备党员2名，申请入党积极分子1名，党员占教职工比例94%。

1. 自觉践行群众路线，加强党支部建设

党支部和党员积极参加党的群众路线教育实践活动。按照学校党的群众路线教育实践活动总体安排，完成各阶段工作任务，领导班子（直属党支部）召开专题民主生活会，征求和梳理各方意见建议12条。12月，思政部召开全系大会，向全体党员及群众代表通报情况。思政部领导班子专题研究，撰写整改方案，迅速付诸实施。

2. 积极开展“送温暖”工程，拉近干群关系

立足于思政部基层党组织的自身特点和不足，着力解决基层组织建设中的突出问题，开展了以“创先争优送温暖”为主题的一系列活动，着力增强基层党组织的创造力、凝聚力、战斗力，充分发挥基层党组织推动发展、服务群众、凝聚人心的作用。

3. 重视理论学习，进一步提高党员和教职工的政治思想素质

党支部根据学校党委工作部署和本部实际，以十八大精神和科学发展观为重点，狠抓理论学习。组织观看十八大影像资料，学习高等教育相关政策法规，学习教师职业道德规范，学习新党章和《为人民服务》等经典著作，加强世界观、人生观、价值观教育，全面提高教职工的思想政治素质。

思政部分工会发挥自身优势，积极配合党政做好教学科研和教职工思想政治工作。按校工会统一部署，组织教职工参加了新春团拜会、乒乓球赛、“三八”国际劳动妇女节纪念活动、春游、广播操比赛、秋季徒步大会、文艺汇演、网球赛等系列活动。其中，纪念教师节活动中，思政部的情景剧“井冈山精神代代传”赢得好评；张怡老师获学校第二届网球赛冠军。

【教学工作】

思政部以提高教学质量为中心，开展日常教学管理，加强教学改革，探索出思想政治理论课“一二三四”教学新模式：一个转变，即由“以教为主”向以“教师为主导，学生为主体”的教学理念转变；两个衔接，即高中与大学课程的衔接，思政课课程之间的衔接；三位一体，即专题化教学、网络教学、实践教学三位一体的教学模式；四个环节，即课前准备、课上教师精讲、课后实践中运用、期末学习成果化，做到精心设置、翻转课堂。

思政部积极探索大学生思想政治理论课实践教学改革，经两年摸索，初步形成四门思想政治理论课的实践教学模式。“中国近现代史纲要”课程举办“历史剧创作表演大赛”；“思想道德修养与法律基础”课程举行“中国梦，青春梦”戏剧展演；“毛泽东思想与中国特色社会主义理论体系概论”课程指导学生制作电子报，调研北京郊区居民选举、就业、社保等情况，掌握第一手数据、撰写调研报告；“马克思主义基本原理概论”课程开展马列主义经典著作阅读、研讨活动。

2013 年，思政部完成校级“本科教学质量与教学改革工程”项目 1 项，李淑文老师获得北京物资学院 2012—2013 年度教学先进个人，高亚春老师获得学校第十三届青年教师教学基本功比赛三等奖。

【科研工作】

2013 年，思政部成立“大学生思想政治教育”和“马克思主义中国化”研究中心，以加强科学研究，凝练科研方向。思政部教师发表论文 50 篇，出版学术著作 3 部，编著 3 部。在发表的学术论文中，B 级论文 7 篇，B 扩 3 篇，C 级 12 篇。王旭东教授“构建促进北京市义务教育均衡发展的教育财政体制”论文获北京市第六届教育科学研究优秀成果三等奖。陶琳老师“让中国梦内化于心、外显于行——‘思想道德修养与法律基础’课实效性提升方略”获得科研立项。

【合作交流】

2013 年，思政部邀请清华大学蔡乐苏、艾四林、邹广文，北京大学康沛竹，中国人民大学郭湛，中央党校高中华，北京师范大学张曙光、张海荣，北京农学院于桂兰 9 位教授进行学术讲座。

思政部组织部分教师赴贵州考察调研；李邢西主任带队到天津参加 2013 全国和谐德育年会并作交流发言。

【附录】

思政部 2013 年发表论文一览表

序　号	中文论文题目	第一作者	发表刊物/论文集	刊物级别
1	厘清“特色办学”内涵	王旭东	光明日报	B 级
2	我国企业文化建设的误区及其对策	胡占君	中国流通经济	B 级
3	环境正义理论的梳理与探讨	李淑文	生产力研究	B 级
4	高校思想政治教育方法创新探究——基于教育生态学的视角	张震环	教育探索	B 级
5	高校思想政治理论教育课堂的生态学思考	张震环	继续教育研究	B 级
6	生态危机、制度批判与生态社会主义的构建——和谐社会视域下的生态学马克思主义研究	高亚春	前沿	B 级
7	以利益机制为内在激励推动企业社会责任建设	宋洪云	中国流通经济	B 级
8	井冈山斗争时期党组织发展建设经验研究	刘建宁	探索·实践·发展	B 扩
9	马克思主义基本原理实践教学探讨	刘景燕	探索实践发展	B 扩
10	企业诚信失范之社会成本分析	陶　琳	中国流通经济	B 扩
11	高校教学团队虚化现象研究	高书文	探索·实践·发展	C 级
12	井冈山斗争时期红军道德建设初探	刘建宁	探索·实践·发展	C 级
13	加强教师专业素养 提升思政课课程魅力	张震环	探索·实践·发展	C 级
14	马克思主义大众化与思想政治理论课教学实现路径研究	张震环	探索·实践·发展	C 级
15	由“艺”而“仁”而“德”而“道”——孔子成德思想逻辑进路之推定	高书文	孔子研究	C 级

续 表

序 号	中文论文题目	第一作者	发表刊物/论文集	刊物级别
16	生态文明：中国共产党执政理念的新发展	高亚春	探索·实践·发展	C级
17	马克思的“第二图式”与消费社会的兴起——马克思对贝尔和波德里亚的影响	高亚春	探索·实践·发展	C级
18	影响我校思想政治理论课教学效果的因素与对策研究——以“毛泽东思想和中国特色社会主义理论体系概论”课为例	冯凡彦	探索·实践·发展	C级
19	以特色发展为目标 构建大德育教育体系	李兰芳	探索·实践·发展	C级
20	“思想道德修养与法律基础”课程视频案例教学优化方案	李淑文	探索·实践·发展	C级
21	创新型人才培养体制的建构	李淑文	探索·实践·发展	C级
22	从法制到法治——新中国对社会主义法治的追求	李淑文	探索·实践·发展	C级
23	创新考核评价机制 破解思想政治理论课实践教学瓶颈难题	高书文	探索·实践·发展	C级
24	高等院校教研室建设问题刍议	高书文	探索·实践·发展	C级
25	1928—1949年国共两党关系策略互动分析	田湘红	探索·实践·发展	D级
26	“士”在中国传统政治结构中的地位	田湘红	探索·实践·发展	D级
27	以人为本的理论与实践	宋洪云	探索·实践·发展	D级
28	专题化教学与实践教学改革中思想道德修养与法律基础课程专兼职教师同师共教特色之路	陶 琳	探索·实践·发展	D级
29	试论陈云对决策价值论的理论贡献	刘耀京	学理论	D级
30	区域经济发展水平对人口流动的影响	李邢西	中国流通经济	D级
31	风险防控机制在高校管理中的应用	赵凤琴	中国流通经济	D级
32	“东南互保”研究的回顾与展望	郭继武	华人时刊	D级
33	毛泽东与父亲关系的新解读	刘建宁	前沿	D级
34	中国哲学的基本精神与孔子学说的本质属性	高书文	前沿	D级
35	实现“真我”：孔子成德思想的哲学阐释	高书文	哲学动态	D级
36	太平天国忠王李秀成刍议	郭继武	前沿	D级

续　表

序　号	中文论文题目	第一作者	发表刊物/论文集	刊物级别
37	农民环境权受损现状和利益格局分析	李淑文	商业时代	D 级
38	略论陈云的决策价值取向思想	刘耀京	前沿	D 级
39	以信用制度建设为优选路径培育企业诚信文化	宋洪云	中国流通经济	D 级
40	孔子的义利观与商业交换思想探悉	高书文	商业时代	D 级
41	章程建设与大学发展	王旭东	中国教育报	D 级
42	基于价值秩序理论的现代性反思与批判——舍勒价值秩序理论浅析	冯凡彦	前沿	D 级
43	仁德的成就——“孔子之道一以贯之”命题的阐释	高书文	儒学的现代价值	D 级
44	社会服务：地方高校的边界在哪里	王旭东	光明日报	D 级
45	环境正义视角下“农民环境权”概念体系的创建	李淑文	农村经济	D 级
46	当代大学生群体价值观状况调查与分析	胡占君	思想教育研究	D 级
47	马克思主义中国化理论创新的实现路径探析	张震环	前沿	D 级
48	高校宗教渗透对策研究	王志利	探索·实践·发展	D 级
49	论大学生思想道德素质培养	李邢西	探索·实践·发展	D 级
50	哲学教学中培养学生创新能力的机制	宋洪云	探索·实践·发展	D 级

思政部 2013 年出版著作一览表

序　号	著作题目	作　者	出版社	性　质
1	北京物流——现状与趋势	王旭东	北京大学出版社	学术专著
2	马克思主义基本原理教学中的中国传统哲学传承	李兰芳	中国书籍出版社	学术专著
3	马克思主义基本原理概论教学设计	李兰芳	中国书籍出版社	学术专著
4	北京物资学院年鉴（2011 年）	赵凤琴	中国财富出版社	编著
5	探索·实践·发展——北京物资学院思想政治理论课教育教学与理论研究论文集	李邢西	中国财富出版社	编著
6	聘任制下高校教职工权益保障体系研究与实践	赵凤琴	北京工业大学出版社	编著

（撰稿人：王彬彬　李邢西）

体育教学部

【概况】

北京物资学院体育教学部成立于1986年，主要负责学校的学生体育教学、课外体育活动及体质健康测试等工作。2013年，体育教学部设教学教研室、群体教研室、体质健康测试中心及体质健康研究实验室。

教职工23人，其中专任教师18人。专任教师中，教授2人，副教授8人，讲师9人，具有博士学历的教师2人。2013年，1名教师的职称由副教授晋升为教授。

【教学工作】

2013年，体育教学工作秉承“健康第一”的指导思想，培养学生终身健身意识和健身习惯。主要表现在以下几个方面。

1. 教学管理制度的制定及实施

在教学日常运行管理方面，严格对教师的考勤、授课、课余训练情况登记，作为期末考核和评优的依据。在青年教师的培养方面，结合学校青年教师基本功大赛，体育部加强对青年教师的指导，在青年教师间开展教学评比活动，加强青年教师的教学培训。

2. 科学设计体育课程

第一、二学期课程设计实行分类培养，选课平等。新生入校第一周进行身体素质测试（男生立定跳远，女生实心球），根据测试结果，身体素质相对较弱的学生，安排上健身课，有针对性地提高学生身体素质。针对大一新生开设男子篮球、女子篮球、男子足球、女子足球、女子垒球、跆拳道、有氧健身操和健身课。健身课包括男子健身课和女子健身课。第三、四学期的课程设计强调尊重个性，学有所长。鼓励学生根据个人兴趣在现有项目范围内任意选课。必修课包括轮滑、男子篮球、健美操、健美、女子排球、网球、女子篮球、男子足球、羽毛球、垒球、有氧健身操、男子健身、女子健身、女子足球。选修课包括羽毛球、网球、健美操、交谊舞、高尔夫、垒球、男子篮球、女子篮球、足球裁判与理论。

3. 开展教学改革

体育教学部对学校的运动队进行分级管理，分为长期队和集训队，为各队配备教练1～3名。应学校体育社团邀请配备指导教师。

在教学研究方面，体育教学部方配素老师“完形法则在女排教学中的应用研究”和徐淑斐教授“健美操课程体系建设与实践研究”两项校级教改项目结项。

张秋艳老师“有氧健身操专项课课堂教学模式改革研究”和杨金鹏老师“比赛模式在我校篮球必修课程中的运用”2项教学质量工程项目结项。

体育教学部吴强老师获得学校2012—2013学年教学先进个人称号。

【科研工作】

2013 年，徐淑斐教授在“全国高校女子体育研究会暨首都高校第四届女子体育论坛”上作“提高女大学生体育兴趣的思考与实践——以健美操教学为例”演讲，获得市局级三等奖。

体育教学部发表学术论文 C 级及以上 3 篇。时锋老师编著《新时期高校体育文化发展探索》在中国时代经济出版社出版发行。孙风林老师的国家级纵向项目“社会转型背景下村落体育生态变迁研究”获批立项，引进经费 18 万元。

【群体工作】

体育教学部积极贯彻落实《全民健身计划纲要》，和校工会、学生处、校团委、学生会等单位合作，组织召开运动会、举办体育节、球类联赛等丰富多彩的群众体育活动。

【党建工作】

体育教学部直属党支部设支部书记 1 名，组织委员 1 名，宣传委员 1 名。2013 年，有中共党员 16 名。

自觉践行群众路线，加强党支部建设。党支部和党员积极参加党的群众路线教育实践活动。按照学校党的群众路线教育实践活动总体安排，完成各阶段工作任务。以学赛结合的方式，参加学校廉政法规和作风建设知识竞赛。充分做好中国共产党北京物资学院第二次代表大会的宣传教育工作，通过专栏、会议等形式宣传第二次代表大会的相关内容。根据学校要求，“三上三下”提名“两委”委员候选人初步人选，选举产生出体育教学部参加中国共产党北京物资学院第二次代表大会的代表，选举过程规范、有序，党员参与率都达到 100%。重视理论学习，进一步提高党员和教职工的政治思想素质。

【体测工作】

学生体质健康测试中心（简称“体测中心”）成立于 2003 年，占地 800m²，测试器械价值 300 多万元。

2013 年，体育教学部利用体测中心和田径场，对全校 4 个年级 6000 余名本科生进行测试，顺利完成教育部规定的高校大学生体质健康测试工作。

【附录】

校级代表队学生社团教练指导教师一览表

校级代表队长期队		校级代表队集训队		学生社团	
代表队	教　练	代表队	教　练	社　团	指导教师
垒　球	吴　强	体育舞蹈	张秋艳	BE EVER 街舞社团	张秋艳
女　篮	张晓静	轮　滑	罗慧坚	体育舞蹈社团	张秋艳
男　篮	常　征	高尔夫	张　力	学生田径协会	王彦英　杨金鹏

续 表

校级代表队长期队		校级代表队集训队		学生社团	
代表队	教 练	代表队	教 练	社 团	指导教师
田 径	杨金鹏 时 锋 练 丽	乒乓球	方配素	轮滑社团	罗慧坚
男 足	张洪成			跆拳道社团	蔡 斌
网球	衣锦光			排球社团	方配素

体育教学部2013年发表C级以上论文一览表

中文论文题目	第一作者	发表刊物/论文集	刊物级别	发表/出版时间
体育营销与我国体育用品的品牌策略研究	张晓静	商业时代	B扩	2013年1月20日
村落体育的社会生态学分析——以河北沧州郭村为例	孙风林	体育科学	A级	2013年3月1日
强竞技对抗是职业篮球比赛的观赏性核心要素	孙风林	体育学刊	B级	2013年5月28日

北京物资学院2013年群体工作一览表

编 号	项 目	时 间	主办单位	参加院部	地 点
1	“卧虎杯”足球联赛	3月底	体育部 团 委	全院8个院部教工	足球场
2	拔河比赛	5月初	体育部	全院	田径场
3	第一届体育节	10月	体育部 团 委	全院	体育馆 足球场
4	“腾龙飞凤杯”篮球赛	10月	体育部 团 委	各院部代表队	篮球场 体育馆
5	学生体质健康测试	10—11月	体育教学部	全院1~4年级学生	田径场 体育馆

北京物资学院2013年体育比赛成绩一览表

序号	时　间	地　点	竞赛名称	比赛结果
1	4月6—27日	清华大学	2013年首都高校大学生篮球联赛	第五名
2	4月11—27日	清华大学	2013年STAR首都高校篮球联赛（女子）	第二名
3	4月14—5月18日	清华大学	2013年第十八届首都高校棒垒球锦标赛	第一名
4	4月13—5月5日	北京印刷学院	2013年首都大学生足球乙级联赛	第七名
5	5月8日	北京朝阳区	北京大学生高尔夫技能赛	单项5人进入前八名
6	5月5—14日	清华大学	2013年北京市高校大学生网球团体赛	团体第五
7	5月16—19日	北京建筑大学	第五十一届首都高校田径运动会	男女团体第十七名
8	7月22—27日	天津体育学院	2013年第九届中国大学生棒垒球总决赛	垒球队第三名
9	6月13日	对外经贸大学	北京市第四届大学生轮滑比赛	女子团体第一名
10	5月25—26日	北京大学	2013年首都高校乒乓球锦标赛	男子团体第二名
11	10月12—30日	北京邮电大学	第十六届CUBA中国大学生篮球联赛	第三名
12	10月27日	鹫峰国家森林公园	2013年第十届鹫峰越野攀登赛	乙组第七名
13	12月7日	北京林业大学	2013年首都高校体育舞蹈大赛	单项第四名
14	10月19—20日	对外经济贸易大学	首都高校第五届秋季学生田径运动会	单项第二名

（撰稿人：方配素　张鸣）

继续教育学院

【概况】

继续教育学院成立于 2008 年 11 月，前身是 1983 年 10 月成立的国家物资局电大教育办公室。学院办公教学地点在北京市通州区新华南路 190 号。2013 年，学院开设有会计学、物流管理、人力资源管理 3 个专科起点本科专业和会计学、物流管理、人力资源管理、商务英语 4 个高中起点专科专业。分别在北京、广西、甘肃 3 个省（市、自治区）招收业余及函授学习形式的成人高等教育学生。

截至 2013 年 12 月 31 日，学院有教职工 15 人，其中，干部 11 人，工人 4 人。

2013 年，成人高等教育毕业学生 612 人，其中，专科起点本科生 208 人，高中起点专科生 404 人。获得成人高等教育学士学位 65 人。招收成人高等教育学生 734 人，其中，专科起点本科生 344 人，高中起点专科生 390 人。在校生 2228 人，其中，专科起点本科生 908 人，高中起点专科生 1320 人。

2013 年，自考助学班招生 229 人，在校生 650 人。

【师资队伍】

继续教育学院师资队伍建设依旧遵循“根据成人学历教育开设专业需要，逐步建立相对稳定的教师队伍”的原则组织教师聘任工作，共聘请教师 156 人（包括各函授站、教学点聘任的教师），其中，教授 7 人，副教授 67 人，具有高级职称的教师比例为 47.4%；具有硕士及以上学历的教师 121 人，占教师总数的 77.6%。

【教学工作】

继续教育学院教学工作的重点是规范相关制度建设，加强日常教学运行管理，增强教职员工服务意识，努力提高教育教学质量及管理工作水平。

进一步组织开展社会调研，走访京东商城、中国移动下属的物资部门、中国十二冶集团等企业，了解社会需求，调整专业培养方案，并计划增设采购管理、社会保障专科专业。

继续深化教育教学改革，针对成人学历教育需要业余时间组织教学的特点，坚持领导带班、班主任值班、干部值班制度，加强日常教学运行管理，强化教职员工服务意识，增加师生沟通渠道。

加强教学团队建设，继续教育学院的“物流管理专业教学团队”被评为 2013 年北京高等学校继续教育优秀教学团队，同时也被评为重点建设教学团队，并获得了市教委戴帽下达的重点教学团队专项建设资金 10 万元，继续教育学院也获得了市教委戴帽下达的教育教学改革专项研究资金 10 万元。

进一步加强对京外函授站的管理和

监督，努力减少办学风险。2013 年 6 月撤销了在京的朝阳区教学站（住总集团党校）、顺义区教学站（北京市农业广播电视大学顺义区分校）和大兴区教学站（北京翻译研修学院）。

参加市教委组织的成人大学生英语竞赛，英语专业专科参赛队获团体总分第七名，非英语专业专科参赛队获团体优秀奖，1 名学生获参赛选手优秀奖，1 名教师获优秀指导教师奖，1 名带队老师获竞赛贡献奖，北京物资学院（继续教育学院）获竞赛组织奖。

参加中国高等教育学会继续教育分会 2013 年度学术交流年会，递交的论文“基于校企深度融合的继续教育发展对策研究”获得了优秀论文三等奖。

组织学生毕业实习 609 人次。组织北京市成人本科学士学位英语考试 553 人次。

【招生工作】

2013 年，继续教育学院成人高等教育在北京、广西、甘肃 3 个省（市、自治区）招生，共录取新生 734 人，完成招生计划的 100%。其中，北京录取业余学生 683 人，广西录取函授学生 8 人，甘肃录取函授学生 43 人。录取新生中业余学生占新生总数的 93.1%，函授学生占新生总数的 6.9%。

自考助学班招生 229 人，在校生 650 人。

【党建工作】

2013 年，继续教育学院党总支有教工党支部和大兴教学部党支部两个支部。党员 18 人，其中，教工党员 12 人，合同制员工党员 1 人，学生党员 5 人；入党积极分子 42 人；发展学生党员 2 人，2 名预备党员转正。

按照中央和北京市委统一部署及北京物资学院党的群众路线教育实践活动总体要求，9 月 2 日，学院成立“党的群众路线教育实践活动领导小组”，积极推进党的群众路线教育实践活动，9 月 13 日，组织召开党的群众路线教育实践活动工作部署会，对开展党的群众路线教育实践活动做了全体动员。在党的群众路线教育实践活动中，学院领导班子成员积极筹备并于 12 月 11 日召开了专题民主生活会，认真查找学院及个人在“四风”方面存在的主要问题，对产生“四风”问题的原因进行分析，明确了今后工作的努力方向和改进措施。

按照学校党委《关于筹备召开中国共产党北京物资学院第二次代表大会的通知》的总体安排，完成学校党委委员、纪委委员候选人预备人选推荐工作，经全体党员选举，向学校推荐党代表 2 人，认真做好学校第二次党代会的提案准备。

进一步明确党总支及支部建设的重点工作，全面协调好党建工作与学院发展的辩证关系，认真落实学校和学院“十二五”规划中的各项目标任务，充分发挥党组织的政治优势和组织优势，切实解决发展中出现的现实问题。

党总支进一步建立健全党建工作管理制度，完善监督机制，夯实党建工作基础，提高基层党建和思想政治工作整体水平，努力提升党组织的工作效率，全面提高党员干部的责任意识、创新意识、服务意识和大局意识，充分发挥党组织战斗堡垒作用和党员先锋模范作用。加强思想政治理论学习和作风建设。党总支积极组织中层干部、党员、群众参加学校组织的各类政治理论学习，教职工党员100%完成网上学习考核。

严格执行学校的规章制度，认真落实“三重一大”制度，凡涉及学院的重大事项，都经学院党政联席会讨论研究决定后执行。坚持贯彻和执行民主集中制原则，结合学院实际工作需要，全年召开5次教职工大会，征求教职工意见和建议，提高教职工民主管理、民主监督、民主参与的意识，保障学院的良性发展。

结合学院的中心工作，进一步加强“先进教职工之家”建设，充分发挥“教职工之家”的职能；建立健全分工会规章制度及有关办事规则、工作职责与工作流程，实现分工会组织精细化管理；建立教职工基本情况档案，深入开展送温暖活动。

【学生工作】

2013年，继续教育学院学生工作的重点是强化成人学历教育学生不同学习形式的区分，强化服务意识，努力做好业余、函授学生的日常管理和自考助学班学生的思想政治教育及管理工作。

针对学院本部的业余学生，继续深化周六日班主任值班、干部值班和领导带班制度，通过班主任、授课教师和教学部门的协同配合，采取课堂集中、飞信群、QQ群等方式，保证与学生的密切沟通，保障了学院日常教学工作的正常运行。

对于校外各教学站、函授站的学生，继续加强对校外各教学站、函授站的管理和监督，督促教学站、函授站保障良好的教学运行，维护学生权益。对于自考助学班的学生，加强与合作学校的沟通渠道，采取定期检查和不定期抽查相结合的方式，大力推进学生思想政治教育工作，完善学生党团组织，建立健全规章制度，保障教学运行和学生合法权益。

组织推荐学生到首都大酒店协助完成国家“两会”代表的接待服务。学生们严格遵守职业管理要求，以高度的政治责任感，认真完成礼宾接待任务，得到了与会代表的高度评价。

组织自考助学班学生自主开展学生宿舍文化节、创业大赛、班级篮球赛、乒乓球个人赛、年级拔河比赛、新生才艺比赛和英语演讲比赛等传统活动，组织学生走进社区参加青年志愿者活动。

【职业培训】

2013年，继续教育学院把维护学校的声誉放在首位，加强对培训合作单位的鉴别，注重培训工作的规范运行，努力提高培训质量，不断扩大学校在培训领域的知名度。

加强对大兴教学部的管理和监督，注重相互协作，实现双赢目标，航空服务专业培训稳步发展，在业内创出品牌，已小有名气，目前在校生人数650人，2013届毕业生的就业率为100%。

密切与通州区人力资源与社会保障局的业务联系，新增一级建造师报名确认、考试的项目，同步启动一级建造师的培训业务。

继续开展与ATA公司合作的注册会计师考试，双方的合作与组考安排已日趋成熟，全年共组考2585人（科）次。

圆满完成2013年度“会计从业资格证书”上机考试和“会计专业技术中级职称考试”的笔试工作，共完成8416人次的考试任务。

与人力资源与社会保障部中国职业技能开发交流中心北京出国研修培训中心合办的日语培训班，全年培训200人，取得了一定的社会效益与经济效益。

为中国十二冶集团和中国移动所属的物资部门中层干部举办了两期企业内训，得到合作企业的认可。

组织各级各类职业证书培训、考试300多人次。

【财务工作】

2013年，继续教育学院财务工作以学院教学工作为中心，建章立制规范财务行为，财务收支平稳运行。

继续教育学院的中央账户顺利地通过了国资委的财务审计，这是近十年来第一次接受的全面财务审计。在审计报告中，国资委审计人员对学院财务管理制度和内部控制制度的健全性及有效性给予了极高的肯定，相关账务处理无一例违反财务制度规定。

全面清理学院资产。由于涉及学校资产和国内贸易部物资干部培训中心2个账户，且资产形成时间长达30年，多年来没有进行过系统的财产清查。在历时2个多月的清理核查中，清理核实资产共计5022件，做到了账上资产账实相符，多年累计的账外资产也已全部登记造册，资产均准确定位。

【后勤保障】

2013年，学院后勤管理工作围绕和服务于学院教学工作中心，强化自身建设，加强管理能力，增强服务意识，后勤管理水平、保障能力和服务质量得到进一步提升。

1. 继续强化制度建设，并着力落实

在2012年规范、细化多项规章制度的基础上，后勤各方面工作，包括物料采购、班车发送、食堂餐饮、校园管理等业务都能做到严格按制度运转，实现后勤保障的高效与协调，有力地保障了学院中心工作的顺利开展。

2. 本着理性管理的原则，开展“平安校园”创建活动

一是按照所在管辖区域地方政府的工作布置，8月接受了玉桥办事处的安全工作大检查，并按照要求进行及时整改；二是按照通州区人力资源与社会保障局出具的安全自查报告，10月认真整改消防安全设施，保障师生的安全；三是接受后勤主管校长关于平安校园创建的工作布置，在东院存在大量违法出租房的前提下，尽全力做好消防安全防范工作，严防死守，没有出现过任何安全事故；四是整顿校区的停车秩序，取得了有目共睹的实效。

3. 协助学校保卫后勤部门清除东院的私搭乱建

一是为学校保卫后勤部门绘制东院私搭乱建房屋占用草图，为东院的清理整顿做好基础调研工作；二是多次协助保卫后勤部门到东院进行实地勘查工作，为东院的清理整顿提供信息资源，并做好基础保障；三是派员协同学校保卫后勤部门及公安部门到东院进行入户调查，以核准基础信息。

4. 为物流创新园顺利入驻本校区做好前期准备工作

积极提供条件为举行物流创新园揭牌仪式提供物资准备与人力支持；认真做好继续教育学院搬迁的各项基础准备工作，同时为新的接任单位能够顺利入驻提供各种实质上的帮助。

（撰稿人：王守新　罗新东）

珠海物流学院

【概况】

珠海物流学院（以下简称“学院”）成立于2003年4月，是在北京物资学院深化办学体制改革，探索公办学校多种办学形式的过程中诞生的，如今已发展成为在珠三角地区规模最大，特色鲜明，在海内外有一定影响的物流学院；成为北京师范大学珠海分校唯一一所高校与高校联合创办，以培养物流经营管理和物流系统设计应用型高级专门人才为目标的专业学院。2013年7月，北京师范大学珠海分校与北京物资学院签署第二期合作协议，该协议2014年1月14日开始生效。

学院2013年毕业生307名，其中物流工程专业85名，物流管理专业222名。学院已有7届共2274名毕业生。2013年招生410名，其中物流工程专业140名，物流管理专业270名。在校生1419名。

学院有教师21名，其中教授5名，副教授4名，讲师12人。有博士学位教师3名。

【领导班子建设】

2013年8月，北京物资学院党委委派杨蓉教授担任北京师范大学珠海分校物流学院党总支书记，免去张惠颖党总支书记职务。学院建立了办公会制度，定期召开办公会，讨论决策重要事项。

【教学工作】

（1）完成2013版物流管理和物流工程两个专业的人才培养方案。

（2）完成2014年插班生招生计划的论证方案，获批10名招生指标。

（3）根据广东省教育厅《关于制定“民办高校质量工程”建设规划的通知》精神及北京师范大学珠海分校的具体要求，于7月初完成并提交了物流学院2014—2015年质量工程建设规划。

（4）学院教师申报省级并获批立项本科教学质量工程项目建设1项；申报校级质量工程项目3项，批准立项1项；1项校级质量工程项目建设中期检查获批通过；结项验收项目4项，2项获批结项，2项因故延期。

（5）顺利完成教学状态评估工作。

（6）建设了4个较为完善的物流专业实验室，建立了60个稳定的实践教学基地（产学研基地），形成了实验实训、社会实践、专业实践和综合实践四位一体、四年不断线的实践教学体系。

（7）安排了丰富多彩的小学期实践教学活动，组织学生参加了实训操练、境外实习、国内考察、金工实习、参观企业等活动，234名同学参加了小学期企业家论坛和专业学术讲堂。

（8）由加拿大圣玛丽大学完成访学任务返校青年教师1名，赴澳大利亚科廷大学作为访问学者青年教师1名，引进具有海外学习背景讲师1名。

（9）4月，组织学院教师开展教学比赛，推选教师参加学校比赛活动，林兆花老师获校级教学比赛二等奖。

（10）组织教师积极参加教育部物流类教学指导委员会和中国物流学会的各项学术活动，共有10人次分别参加了第十二次中国物流学术年会和教指委第十二届全国高校物流专业教学研讨会。

（11）召开"3+1"赴北京物资学院学习同学座谈会，研究并解决同学们反映的问题。从2013年9月1日开始，"3+1"教学班不再实行独立管理模式，全部统一纳入学校管理系统，其教学活动处于学校督导组重点督导范围。

（12）顺利完成2010级毕业生的论文评审和答辩工作。

（13）12月19日，世界贸易组织（WTO）上诉机构大法官张月娇教授应邀为物流学院师生作"WTO争议解决近况"学术报告。

（14）经北京师范大学珠海分校批准，在2012级物流工程专业学生中招收冷链物流实验班，作为学校的质量工程项目进行试点，培养珠三角地区急需的冷链物流人才。

【科研工作】

（1）建成科研团队5个，研究领域涉及交通、港口、物流、学生工作等诸多方面。

（2）完成科研项目14项，在研项目6项，项目经费合计87.1万元。

（3）学工团队成功申请并获批广东省高等学校思想政治教育重点资助课题。

（4）进一步加强与中外运长航设计院的合作，6位教师在设计院备案，独立承接设计院分包的港航规划项目。

（5）与广东省物流行业协会冷链专业委员会合作，初步磋商共同推动清真食材物流园区的调研与项目论证工作。

【学生工作】

（1）2013年，学院有1人荣获校级"优秀班主任"荣誉称号，有1个班级荣获"优秀班集体"荣誉称号。

（2）每周召开团学干部例会、每月召开班长、团支书例会，传达学校相关指示，部署重点工作，培养学生干部工作能力。

（3）定期召开班主任工作会议，严肃考风考纪、开展诚信教育，促进学风建设。先后召开了英语四、六级经验交流会，考研经验交流会和招聘就业咨询会等。

（4）引导学生参加各类学术竞赛。先后组织学生参加了校级物流设计大赛、模拟商战、创业大赛、全国大学生物流设计大赛、广东省挑战杯学术科技作品大赛。学院组队参加“安吉杯”第四届全国大学生物流设计大赛，获得二等奖。

（5）完成国家奖学金、国家励志奖学金及专业特等奖学金、一、二、三等奖学金的评定工作；完成社会工作奖、优秀学生干部的评定工作。其中获国家奖学金 1 人，国家励志奖学金 17 人，专业特等奖学金 33 人。

（6）发放国家助学金、爱心接力助学金、临时困难补助，安排勤工助学岗位，共资助学生 175 人。

（7）组织学生参加校园歌手大赛，30 余名同学参加初赛，10 名同学参加复赛，2 名同学进入学校决赛。

（8）10 月，学院组织 130 多名师生参加第 8 届中国（深圳）国际物流与交通运输博览会，其中 100 多名应届毕业生现场投递简历并接受面试，部分同学获得了实习和工作机会。

（9）举办元旦晚会。

（10）组织学生参加学校阳光体育嘉年华活动，获得“新生杯”足球赛第一名，定向越野第二名，健美操比赛第二名，迷你马拉松第三名，多人多足团体第四名，男子排球赛第八名。

（11）顺利完成毕业生就业工作。物流管理专业就业率为 98.6%，物流工程专业就业率 100%，学院总体签约率为 44.59%。

（12）学院学务工作办公室获得学校学生工作优秀团队称号。

（13）获得学校组织的“一二·九”大合唱二等奖。

（14）“红歌军装创意大赛”获得学校 2012—2013 学年学生党支部特色主题活动奖。

（15）9 月 26 日，组织召开“3 + 1”返校学生座谈会，将同学们的意见和建议向北京物资学院领导作了书面汇报。

（16）及时了解物流学院学风现状。10 月，对入党积极分子和学生干部进行学习成绩摸查。11 月，对学生参加社团活动情况进行摸底调查。

（17）11 月，物流学院青协心理剧“爱心雨伞”被中央电视台少儿频道录用并于翌年播出。

（18）物流学院学生工作教师参加广东省高校思想政治教育科研能力培训。

【党建工作】

（1）12 月 5 日，党总支书记杨蓉主持召开总支会议，集体学习党的十八届三中全会作出的《中共中央关于全面深化改革若干重大问题的决定》中有关文化教育的论述。在会上提出了党总支委员先学一步的要求，7 名总支委员结合本职工作和学习体会，分别承担了宣讲交流学习《决定》心得体会的任务。

（2）重点抓好学生党支部和学生党员的理论学习、思想教育工作，学习党的十八届三中全会精神，学习党的工作制度和党员发展工作制度。对学生党员进行“新党章测试”，组织学生党员观看电影《忠诚与背叛》。

（3）继续举办物流学院业余党校，邀请党建专家上党课；组织党校学员观看电影视频《一号档案守护神》，开展社会调查，召开培训汇报会。第七期业余党校培训共有 199 名入党积极分子参加，118 人毕业，38 人被评为优秀学员。

（4）10 月，学院党总支对委员的分工进行了微调。

（5）重点抓学生党支部的组织建设，成立了 2011 级党支部和 2012 级党支部。

（6）11 月，开展团组织推优工作，确定入党积极分子 210 名。

（7）2013 年，预备党员转正 23 名，新发展党员 31 名。

【对外交流】

（1）北京师范大学珠海分校与新加坡南洋现代管理学院正式签署了国际合作办学协议。

（2）2011 级 14 名国际课程班的同学到新加坡南洋现代管理学院学习。

（3）2013 级国际课程班招生 15 名。

（4）学院领导孟浩出访新加坡南洋现代管理学院和马来西亚。

（撰稿人：姚永松　张惠颖）

第十一篇　人物

学校领导简介

李石柱　校党委书记

1963年3月出生于河南洛阳，中共党员，工学博士，副研究员。

1984年毕业于清华大学水力机械专业，获学士学位。1986年毕业于清华大学经管学院技术经济专业，获硕士学位。2003年毕业于北京理工大学经济管理学院管理科学与工程专业，获博士学位。

1986—1990年在北京理工大学经管学院从事技术经济学科教学工作。

1990—2000年在国家科技部（原国家科委）工作，任研究中心助理研究员、发展计划司副处长、调研员。

2000—2006年在北京市科委任发展计划处处长兼市科学技术奖励工作办公室主任，北京市科委委员（副局级，2003年9月起）。

2006—2012年任中关村科技园区管理委员会副主任，党组副书记、副主任。

2012年3月任北京物资学院党委书记。

分管工作：全面主持学校党委工作；负责组织、干部工作，分管党委办公室、组织部（统战部）、离退休工作处。

联系院部：信息学院。

王旭东　校党委委员　院长

1967年10月出生于江苏南通，中共党员，教育学博士，教授。

1989年7月本科毕业于南京师范大学，1992年7月硕士毕业于北京师范大学，2007年6月获北京大学博士学位。

曾任北京语言大学党委办公室秘书、高教研究室副主任、学生处处长、学工部部长。

2003年10月任北京市教育委员会专职委员。

2005年8月任北京物资学院党委副书记，2006年12月任副院长。

2010年5月任北京物资学院院长。

主要社会兼职：教育部物流类专业教学指导委员会副主任委员，中国物流与采购联合会副会长，中国市场学会副会长。

分管工作：全面主持学校行政工作；负责规划、审计工作，分管院长办公室、发展规划办。

联系院部：物流学院。

沈小静　校党委副书记

1962 年 7 月出生于上海市，中共党员，经济学博士，教授。

1984 年 7 月毕业于北京经济学院物资管理系，获工学学士学位，1996 年 7 月毕业于中国社会科学院研究生院，获经济学博士学位。

曾任北京物资学院企业管理系副主任、营销系主任、工商管理系主任、研究生部主任。

2006 年 10 月任北京物资学院院长助理。

2006 年 12 月任北京物资学院党委副书记。

分管工作：负责宣传理论工作、学生工作、校友工作，配合负责稳定工作；分管宣传部（新闻中心）、学生工作部（学生处、武装部）、团委和校友工作办公室，协助分管组织部（统战部）。

联系院部：思政部、体育教学部。

翁心刚　校党委委员　副院长

1961 年 10 月出生于北京市，中共党员，经济学博士，教授。

1983 年 7 月本科毕业于北京经济学院物资管理系，1989—1992 年、1996—1999 年赴日本流通经济大学攻读硕士和博士学位。

曾任团总支书记、院长办公室科长、企业管理系副主任、研究生部副主任、研究生部主任。

2006 年 4 月任北京物资学院院长助理。

2006 年 12 月任北京物资学院副院长。

主要社会兼职：中国物流学会副会长，中国物流技术协会副理事长，中物联物流规划研究院特邀研究员。

分管工作：负责财务和国有资产管理工作、外事工作，分管财务处、资产管理处、国际合作与交流处、国际学院、杂志社、档案馆。

联系院部：经济学院。

王志鸣　校党委委员　副院长

1957 年 4 月出生于山东文登。1974 年参加工作，1975 年 12 月加入中国共产党，1976 年 2 月参军入伍。

曾在医学科研单位工作近 20 年，从事过组织工作、行政工作和管理工作。先后担任协理员、政治部主任和政治委员等职务。

2008 年 8 月任北京物资学院副院长。

分管工作：负责安全稳定、后勤、基建、图书馆和创新园筹建工作；分管保卫部（处）、后勤管理处、基建办公室、图书馆和现代物流创新园筹建办公室。

联系院部：商学院。

许晓革　副院长

1966 年 6 月出生，中共党员，博士，教授。

1988 年 8 月参加工作，曾任北京信息工程学院基础部副主任、教务处副处长、处长。

2004 年 9 月至 2008 年 11 月任北京信息科技大学教务处长、校长助理兼教务处长。

2008 年 11 月起任北京信息科技大学副校长。

2013 年 2 月任北京物资学院副

院长。

主要社会兼职：教育部大学数学课程教学指导委员会副主任委员。

分管工作：负责本科教学、学科建设与研究生教育、继续教育及信息化工作，分管教务处、研究生部、信息中心和继续教育学院。

联系院部：外国语言与文化学院。

赵凤琴　校党委委员　纪委书记

1955 年 2 月出生于北京，中共党员，教授。

1974 年 1 月参加工作，历任北京师范学院分院团委副书记、书记、党委宣传部副部长兼业余党校常务副校长、学生工作部（处）副部（处）长；北京工业大学党委宣传部副部长、部长，北京工业大学党委常委、校两办（党委办公室和校长办公室）主任兼机关党委书记。

2009 年 11 月任中共北京物资学院纪律检查委员会书记。

分管工作：负责纪检、监察、工会、教代会工作，协助负责离退休工作；分管纪监审办公室、工会，协助分管离退休工作处。

联系院部：机关党总支。

刘丙午　副院长

1956 年 4 月出生于北京，中共党员，教授。

1982 年 1 月北京理工大学机械制造及设备自动化专业大学毕业。

1975 年 3 月参加工作，曾任北京物资学院计算中心副主任，信息管理系副主任、主任，成人教育学院副院长，职业技术学院副院长，管理科学与工程系主任，信息学院院长。

2009 年 3 月任北京物资学院院长助理。

2011 年 7 月任研究生部主任（兼）。

2013 年 2 月任北京物资学院副院长。

分管工作：负责人事、科研和产学研合作工作，分管人事处、科研处。

联系院部：劳动科学与法律学院。

邬跃　院长助理

1957 年 12 月出生于北京，中共党员，教授。

1983 年 7 月本科毕业于北京经济学院物资管理系，1988—1991 年、1993—1996 年赴日本流通经济大学攻读硕士和博士学位。

1977 年 3 月参加工作，曾任北京经济学院物资管理系教师、北京物资学院管理工程系教师、管理系主任、物流研究中心主任、物流系主任。

2006 年 7 月任北京物资学院物流学院院长。

2012 年 6 月任北京物资学院物流学院院长、现代物流产业研究院常务副院长。

2013 年 1 月任北京物资学院院长助理、物流学院院长、现代物流产业研究院院长。

分管工作：协助负责科研和产学研工作，主持产业研究院工作。

（撰稿人：续杨　刘世波）

享受国务院政府特殊津贴专家

序　号	姓　名	所在院部	获得时间（年）
1	陈建中	思政部	1993
2	王玉泉	信息中心	1993

北京市教学名师名单

序　号	姓　名	所在院部	获得时间（年）
1	崔介何	物流学院	2005
2	邬　跃	物流学院	2007
3	刘丙午	信息学院	2008
4	李珍萍	信息学院	2009
5	赵　娴	经济学院	2010
6	刘永胜	商学院	2011
7	田立平	信息学院	2012
8	吴尚义	外语学院	2013

北京物资学院正教授名单

所在院部	姓　名
经济学院	王宝森　车卉淳　刘　宏　许春燕　张　琦　赵　娴　郝玉柱 潘建伟　霍再强　洪　岚　王可山
物流学院	邬　跃　张志勇　张耀荔　翁心刚　张旭凤　杜志平　王成林　沈小静
信息学院	许晓革　田立平　申贵成　朱　杰　刘　军　刘丙午　刘俊娥 李珍萍　吴海建　郭奕崇　郭　键　李俊韬
商学院	王春华　刘永胜　齐　严　秦江萍　贾炜莹　顾　煜　倪东生 魏国辰　陈炜煜
劳法学院	刘家珉　李广义　尚　珂　邹晓美
外语学院	吴尚义　路文军
思政部	王旭东　赵凤琴　胡占君　刘耀京
体育教学部	杨建平　徐淑斐

（撰稿人：樊娅楠　赵隽咏）

北京物资学院硕士研究生导师一览表

序　号	姓　名	专业技术职务	所属部门	学科专业
1	陈建中	教授	经济学院	产业经济学
2	潘建伟	教授	经济学院	产业经济学
3	高鸿鹰	副教授	经济学院	产业经济学
4	孟尚雄	副教授	经济学院	产业经济学
5	赵　娴	教授	经济学院	产业经济学、物流工程
6	车卉淳	教授	经济学院	产业经济学、物流工程
7	洪　岚	副教授	经济学院	产业经济学
8	王可山	教授	经济学院	产业经济学、物流工程
9	盛　浩	副教授	经济学院	国际贸易学
10	刘崇献	副教授	经济学院	国际贸易学
11	张　琦	教授	经济学院	国际贸易学
12	原玲玲	副教授	经济学院	国际贸易学
13	许春燕	教授	经济学院	金融学
14	冯玉成	副教授	经济学院	金融学
15	陶　冶	副教授	经济学院	金融学
16	于　亦	副教授	经济学院	金融学
17	顾声乐	副教授	经济学院	金融学
18	霍再强	教授	经济学院	金融学、物流工程
19	刘　宏	教授	经济学院	金融学、物流工程
20	王宝森	教授	经济学院	金融学、物流工程
21	单　磊	副教授	经济学院	金融学、物流工程
22	刘　荔	副教授	经济学院	金融学、物流工程
23	童年成	副教授	经济学院	金融学、物流工程
24	杨　菁	副教授	经济学院	金融学、物流工程
25	刘　江	副教授	经济学院	金融学
26	郝玉柱	教授	经济学院	金融学、国际贸易学、物流工程
27	杨　蓉	教授	劳法学院	劳动经济学
28	李燕荣	副教授	劳法学院	劳动经济学
29	李广义	教授	劳法学院	劳动经济学、MBA
30	刘萍萍	副教授	劳法学院	企业管理、MBA
31	任　吉	副教授	劳法学院	企业管理、MBA

续　表

序　号	姓　名	专业技术职务	所属部门	学科专业
32	尚　珂	教授	劳法学院	劳动经济学、产业经济学、MBA
33	王旭东	教授	劳法学院	企业管理
34	邹晓美	教授	劳法学院	劳动经济学
35	曾捷英	副教授	劳法学院	企业管理
36	李惠阳	副教授	劳法学院	企业管理
37	刘家珉	教授	劳法学院	企业管理、MBA
38	唐华茂	副教授	劳法学院	企业管理、MBA
39	解进强	副教授	劳法学院	企业管理、MBA
40	郭红莲	副教授	商学院	管理科学与工程、物流工程
41	秦江萍	教授	商学院	会计学
42	王春华	教授	商学院	会计学
43	闫　甜	讲师	商学院	会计学
44	曹　键	副教授	商学院	会计学
45	兰凤云	副教授	商学院	会计学
46	李德恒	副教授	商学院	会计学
47	王　丹	副教授	商学院	会计学
48	王丹惠	副教授	商学院	会计学
49	殷裕品	副教授	商学院	会计学
50	郑可人	副教授	商学院	会计学
51	吴　非	讲师	商学院	会计学、MBA
52	陈炜煜	教授	商学院	会计学、MBA
53	顾　煜	教授	商学院	会计学、MBA
54	贾炜莹	教授	商学院	会计学、MBA
55	柯　明	副教授	商学院	会计学、MBA
56	杜红平	副教授	商学院	企业管理
57	金海水	副教授	商学院	企业管理、旅游管理
58	刘　华	副教授	商学院	企业管理
59	齐　严	教授	商学院	企业管理、MBA
60	宋晓欣	副教授	商学院	企业管理、MBA
61	吕　波	副教授	商学院	企业管理、MBA
62	陈喜波	副教授	商学院	企业管理、MBA、旅游管理

续 表

序 号	姓 名	专业技术职务	所属部门	学科专业
63	刘永胜	教授	商学院	管理科学与工程、企业管理、物流工程
64	倪东生	教授	商学院	企业管理、物流工程、技术经济及管理
65	魏国辰	教授	商学院	企业管理、物流工程
66	徐建国	讲师	商学院	物流工程
67	张 勤	副教授	商学院	物流工程
68	孙前进	教授	物流学院	管理科学与工程、物流工程
69	翁心刚	教授	物流学院	管理科学与工程、物流工程
70	邬 跃	教授	物流学院	管理科学与工程、物流工程
71	张耀荔	教授	物流学院	管理科学与工程、物流工程
72	张志勇	教授	物流学院	管理科学与工程、物流工程
73	王 燕	副教授	物流学院	管理科学与工程、物流工程
74	陈红丽	副教授	物流学院	管理科学与工程、物流工程
75	杜志平	副教授	物流学院	管理科学与工程、物流工程
76	姜 旭	副教授	物流学院	管理科学与工程、物流工程
77	刘 俐	副教授	物流学院	管理科学与工程、物流工程
78	马向国	副教授	物流学院	管理科学与工程、物流工程
79	唐长虹	副教授	物流学院	管理科学与工程、物流工程
80	王成林	教授	物流学院	管理科学与工程、物流工程
81	张旭凤	副教授	物流学院	管理科学与工程、物流工程
82	周三元	副教授	物流学院	管理科学与工程、物流工程
83	岳思红	副教授	物流学院	企业管理、MBA
84	沈小静	教授	物流学院	企业管理、MBA、物流工程
85	宋玉卿	副教授	物流学院	企业管理、物流工程
86	田 雪	副教授	物流学院	企业管理、物流工程
87	白晓娟	讲师	物流学院	物流工程
88	陈 静	副教授	物流学院	物流工程
89	陈志新	讲师	物流学院	物流工程
90	胡贵彦	副教授	物流学院	物流工程
91	刘 艳	讲师	物流学院	物流工程
92	孙卫华	副教授	物流学院	物流工程
93	唐秀丽	讲师	物流学院	物流工程

续　表

序　号	姓　名	专业技术职务	所属部门	学科专业
94	徐广姝	副教授	物流学院	物流工程
95	赵立强	副教授	物流学院	物流工程
96	刘丙午	教授	信息学院	管理科学与工程、物流工程
97	田立平	教授	信息学院	管理科学与工程、物流工程
98	刘俊娥	教授	信息学院	管理科学与工程、物流工程
99	郭　键	教授	信息学院	管理科学与工程、物流工程
100	鞠红梅	副教授	信息学院	管理科学与工程、物流工程
101	李俊韬	教授	信息学院	管理科学与工程、物流工程
102	张　博	副教授	信息学院	管理科学与工程、物流工程
103	周　丽	副教授	信息学院	管理科学与工程、物流工程
104	李珍萍	教授	信息学院	管理科学与工程、物流工程
105	朱　杰	教授	信息学院	计算机软件与理论、 管理科学与工程、物流工程
106	李　蓉	副教授	信息学院	计算机软件与理论、物流工程
107	王莲花	副教授	信息学院	管理科学与工程、物流工程
108	王玉泉	副教授	信息学院	计算机应用技术
109	郭奕崇	教授	信息学院	计算机应用技术、物流工程
110	刘　军	教授	信息学院	计算机应用技术、物流工程
111	申贵成	教授	信息学院	计算机应用技术、物流工程
112	丁连红	副教授	信息学院	计算机软件与理论、物流工程
113	刘同娟	副教授	信息学院	计算机应用技术、物流工程
114	庄　菁	副教授	信息学院	统计学
115	吴海建	教授	信息学院	统计学、物流工程
116	周　鸿	讲师	信息学院	物流工程

（撰稿人：张华玲　李彩丽）

北京物资学院副教授名单

所在院部	姓 名
经济学院	褚晓琳 单 磊 冯玉成 高鸿鹰 顾声乐 郝建彤 李 彤 李义福 刘崇献 刘 荔 孟尚雄 盛 浩 陶 冶 童年成 杨 菁 尹德洪 于 亦 原玲玲 朱才斌 朱群芳 刘 江
物流学院	王晓平 陈红丽 陈 静 贡祥林 胡贵彦 姜 旭 梁 晨 梁雅琼 刘 红 刘 俐 马向国 缪 瑞 沈 丽 宋玉卿 孙卫华 唐长虹 唐秀丽 田 雪 岳思红 赵立强 周三元 刘 艳 徐广姝
信息学院	王玉泉 陈丽梅 成晓红 丁连红 董萍萍 郭 风 郭 茜 韩 嵩 蒋维梁 鞠红梅 李念伟 李 蓉 梁志新 刘同娟 秦惠林 师鸣若 霍灵瑜 王福荣 王莲花 阎 芳 张 博 张凤玲 周 丽 朱韶红 庄 菁 王 新
商学院	宋晓欣 吕 波 曹 键 陈喜波 陈晓梅 杜红平 冯 华 郭红莲 金海水 柯 明 兰凤云 李德恒 刘德英 刘 华 马文杰 王 丹 王丹惠 王 静 王秀荣 肖为群 杨宝宏 殷裕品 张和英 张 勤 赵 洁 郑可人 朱博义
劳法学院	李惠阳 唐华茂 高 泉 弓秀云 顾国爱 解进强 李爱华 李晓晖 李燕荣 林 原 刘萍萍 刘 茵 任 吉 王少波 闫仁河 曾捷英
外语学院	韩 星 桂天寅 王淑花 何啟滨 黄春燕 李 华 李瑞清 刘建华 任丽丽 孙静波 孙丽华 孙艳青 王 茹 魏丽卿 张春颖 张绍杰 周 杰 左 雁
思政部	李邢西 王志利 冯凡彦 高书文 高亚春 李淑文 宋洪云 陶 琳 张震环
体育教学部	方配素 孙风林 王 旭 王彦英 吴 强 衣锦光 张 力 张秋燕 张晓静

（撰稿人：樊娅楠　赵隽咏）

人大代表、政协委员、民主党派负责人一览表

组织名称	职 务	姓 名
第十二届北京市政协	委 员	尚 珂
第五届通州区人大	代 表	张旭凤
政协通州区第五届委员会	委 员	翁心刚 李珍萍 祝映莲 尚 珂 杨 狄 邹晓美

续　表

组织名称	职　务	姓　名
中国国民党革命委员会北京物资学院小组	组　长	刘　俐
中国民主同盟通州区工委	副主委	祝映莲
	委　员	郝玉柱
	副秘书长	贡祥林
中国民主同盟北京物资学院支部	主　委	郝玉柱
	委　员	祝映莲　游振强
中国民主建国会通州区工委	副主委	邹晓美
	委　员	齐　严　洪　岚
中国民主建国会北京物资学院支部	主　委	邹晓美
	委　员	王　丹　唐华茂
中国民主促进会北京物资学院小组	组　长	杨　狄
中国致公党北京市委法律工作委员会	副主任	尚　珂
中国致公党通州支部	副主委	尚　珂
中国致公党北京物资学院支部	主　委	尚　珂
	副主委	李　玲
	委　员	李爱华
九三学社北京物资学院小组	组　长	杜红平

（撰稿人：荀萍　宋晓欣）

第十二篇　表彰与奖励

北京物资学院获市级以上奖项一览表

<table>
<tr><th>获奖项目</th><th>获奖单位或个人</th><th>颁奖部门</th></tr>
<tr><td>北京高校青年教师思想政治工作优秀项目</td><td>北京物资学院</td><td>北京市委教育工委</td></tr>
<tr><td>第三届首都大学生思想政治教育工作实效奖二等奖</td><td>北京物资学院</td><td>北京市委教育工委</td></tr>
<tr><td>北京市高等学校教学名师</td><td>吴尚义</td><td>北京市教育委员会</td></tr>
<tr><td>北京市优秀教师</td><td>赵　娴</td><td rowspan="3">北京市教育委员会</td></tr>
<tr><td>北京市优秀教师</td><td>尚　珂</td></tr>
<tr><td>北京市优秀教育工作者</td><td>许春燕</td></tr>
<tr><td>第八届北京青年教师教学基本功比赛（高校）优秀组织单位</td><td>北京物资学院</td><td rowspan="6">北京市教育工会</td></tr>
<tr><td>第八届北京青年教师教学基本功比赛最佳指导教师奖</td><td>田立平</td></tr>
<tr><td>第八届北京青年教师教学基本功比赛理科 B 组一等奖、最佳现场演示奖和最受学生欢迎奖</td><td>谭加博</td></tr>
<tr><td>北京市教育工会先进教职工之家</td><td>北京物资学院工会</td></tr>
<tr><td>北京市教育工会先进教职工小家</td><td>物流学院分工会</td></tr>
<tr><td>北京市教育工会优秀工会工作者</td><td>朱润辉</td></tr>
<tr><td>2012—2013 年度本科招生先进集体</td><td>招生办公室</td><td rowspan="2">北京市高教学会招生考试研究会</td></tr>
<tr><td>2012—2013 年度本科招生先进工作者</td><td>孙　静</td></tr>
<tr><td>北京离退休干部健康之星</td><td>汪中一</td><td rowspan="3">北京市委教育工委</td></tr>
<tr><td>北京离退休干部乐为之星</td><td>杨洪璋</td></tr>
<tr><td>北京离退休干部学习标兵</td><td>刘子平</td></tr>
</table>

（撰稿人：艾洁　胡瑞旺）

北京物资学院教师节表彰先进个人名单

项　目	获奖人
教学先进个人	王丹惠　吴　强　李晓晖　李海英　李淑文 杨　菁　芮嘉明　梁志新　张丽丽　单　磊
科研先进个人	李俊韬　赵　娴　唐秀丽　王成林　张　勤
优秀辅导员、班主任	何佳赢　徐小娟　赵　文　鲁曼俐　赵志瑞
优秀教育工作者	毕丽荣　樊娅楠　韩莹莹　鲁珺瑛　李耀辉 孙　琳　唐玉平　荀　萍　张　涵　张家富
从事教育工作30年	郝玉柱　陈　逊　郝建忠　黄宝珠　罗新东　吴海建　邓日雄 果永生　林立全　张殿良　王永松　孙秀玲　古　今　孙丽华 樊秋霞　陈丽莉　师占罗　徐文福　张家富　岑燕英　宋志安 李　凌　沈小静　胡占君　许春燕

（撰稿人：樊娅楠　赵隽咏）

北京物资学院年终考核优秀一览表

分　类	单位或姓名
优秀处级单位	信息学院、商学院、党委组织部（统战部）、纪监审办公室、教务处、研究生部、学生工作部（学生处）、财务处、后勤管理处、产业研究院
优秀处级干部	丁树歧　于冠华　尹德洪　王春华　刘世波　刘永胜　朱　杰　许春燕 宋晓欣　季　靖　罗新东　赵　娴　徐必忠　贾炜莹　崔明男　傅　强 通报表扬：尚　珂　张耀荔
优秀职工	刘玉奇　原玲玲　战雪丽　孟繁军　熊湘敏　刘　旗　孙卫华　宋玉卿 刘　俐　郑进科　何佳赢　李　洁　唐恒亮　秦惠林　陈　蕾　刘洪伟 谭加博　李　蓉　陈　娟　陈喜波　李　媛　闫　甜　张　军　张　勤 徐小娟　吴长军　白　硕　林　原　张　玲　张春颖　张　娜　赵明明 田　丽　韦美璇　唐　棠　柯希璐　刘京燕　郭继武　杨金鹏　张　斌 王守新　邓日雄　牛莉萍　徐锋利　陈霄英　叶　伟　王鹭飞　宋学军 宋东莉　廖　冉　金　伟　王　蕾　杨　昀　王秋影　李耀辉　卢长永 邓颖松　贾荣国　王华平　田玉明　张家富　杨连喜　陆　宁　陈永超 张玉芬　游振强　张　婷　侯　茹　马添翼　范媛静　赵秋实　陈　静 王军其　童年成

北京物资学院教育教学项目获奖一览表

所获奖励	奖励级别	项目名称	项目授奖单位	项目负责人	项目完成人
2013 年北京高等教育精品教材		《供应链管理》	北京市教委	刘永胜	
		《微积分》	北京市教委	田立平	
第十三届全国多媒体课件大赛	三等奖	《Elements of Novels 小说的元素》	教育部教育管理信息中心	穆育枫	
	三等奖	《图与网络分析在物流系统中的应用》		白晓娟	刘 俐 贺云飞
	三等奖	《微积分》		张嘉斌	
国家级实验教学示范中心		物流系统与技术实验教学中心	教育部	邬 跃	
国家级大学生校外实践教育基地		一德期货有限公司经济学实践教育基地	教育部	赵 娴	
北京市优秀教学团队		北京高等学校继续教育优秀教学团队	北京市教委	王成林	
北京市教学名师			北京市教委	吴尚义	
2012 年北京市高等教育教学成果奖	一等奖	多方联动的实战型物流人才培养模式的构建和实施	北京市教委	邬 跃	张旭凤 张耀荔 李彦萍 田 雪
	一等奖	拓展时空课堂构建多维育人体系培养高素质应用型人才	北京市教委	王旭东	沈小静 许春燕 赵隽咏 白学波
	二等奖	特色融合，实践贯穿，国际化视野，研究性学习，全方位培养流通经济领域专业人才	北京市教委	赵 娴	车卉淳 尹德洪 褚晓琳 王晓芳
	二等奖	行业特色鲜明知识能力复合实践创新并举的证券期货人才培养探索与实践	北京市教委	许春燕	刘 宏 单 磊 战雪丽 马 刚

续　表

所获奖励	奖励级别	项目名称	项目授奖单位	项目负责人	项目完成人
2012 年北京市高等教育教学成果奖	二等奖	“两轴、两赛、一中心”的立体化数学教学模式的构建与实施	北京市教委	田立平	李珍萍　李念伟 王莲花　鞠红梅
	二等奖	产学研互动的立体化物流实验教学共享平台的构建与应用	北京市教委	王成林	赵　艳　张旭凤 张耀荔　刘　俐 李彦萍

（撰稿人：白学波　郭键）

北京物资学院学科竞赛获奖一览表

<table>
<tr><th>竞赛项目名称</th><th>主办单位</th><th>参赛学生姓名</th><th>获奖等级</th><th>指导教师</th><th>单　位</th></tr>
<tr><td>第三届全国国际贸易职业能力竞赛</td><td>中国对外贸易经济合作企业协会等</td><td>谢阳杰　胡戈铭
何京明</td><td>综合技能三等</td><td>原玲玲
李　彤</td><td>经济学院</td></tr>
<tr><td>第二届全国高校模拟集体谈判大赛</td><td>中国人力资源开发研究会劳动关系分会高校模拟集体谈判大赛组委会</td><td>薛超文　郑文迪
石竹溪　崔　婧
高　悦　孙伟天
许学文　王　闯</td><td>二等奖</td><td>左春玲
李晓晖</td><td>劳法学院</td></tr>
<tr><td>北京市大学生模拟法庭竞赛</td><td>北京市教委</td><td>晏　宁　陈博明
孙卫芳　徐璐漪
罗媛媛　白雪鹏</td><td>三等奖</td><td>李爱华
白　硕</td><td>劳法学院</td></tr>
<tr><td rowspan="4">国际企业管理挑战赛（GMC）</td><td rowspan="4">国际企业管理挑战赛中国组委会</td><td>陈　刚　梁艺凡
袁鑫泉　周一凡
张小将</td><td rowspan="2">二等奖</td><td>杨宝宏</td><td rowspan="4">商学院</td></tr>
<tr><td>韦初映　张　睿
王　海　丁　斌
贺小东</td><td>冯　华</td></tr>
<tr><td>张天宇　孙迎春
陈月仙　胡嘉桐</td><td rowspan="2">三等奖</td><td>孟　浩</td></tr>
<tr><td>吴梓媛　朱　聪
陈思佳　赵　旭</td><td>杨宝宏</td></tr>
</table>

续 表

竞赛项目名称	主办单位	参赛学生姓名	获奖等级	指导教师	单 位
国际企业管理挑战赛(GMC)	国际企业管理挑战赛中国组委会	吴 敏 康啸宇 李鹏程 崔世强	三等奖	冯 华	商学院
		晁 倩 邸月兰 崔 然 李 硕		孟 浩	
		姜晓芳 马文吉 顾欣悦 刘 洋 孙佩庚		杨宝宏	
全国高等院校企业竞争模拟大赛	高等学校国家级实验教学示范中心联席会等	袁鑫泉 章伟聪 陈 刚	全国一等奖	陈晓梅	商学院
		杨赜宇 袁学勇	全国二等奖		
		李佳忆 李振华			
全国工商管理硕士（MBA）培养院校企业竞争模拟大赛	全国工商管理硕士教育指导委员会	张小将 袁鑫泉 张天宇 陈月仙	全国一等奖	陈晓梅	商学院
全国大学生管理决策模拟大赛	高等学校国家级实验教学示范中心联席会	顾欣悦 李 荷 雨 婷 张天真	全国半决赛一等奖	陈晓梅	商学院
		章伟聪 陈英歌 赵雨佳			
		唐百城 曹 霞 吴翰聪			
		张天宇 陈思佳 赵 旭	全国半决赛二等奖		
		晁 倩 姜晓芳 陈 刚			
		陈月仙 袁鑫泉 孔令曼			
		肖 洛 李 金 李 豪			
		李 威 刘怀科 陈慧敏			

续　表

竞赛项目名称	主办单位	参赛学生姓名	获奖等级	指导教师	单　位
第七届“挑战杯”首都大学生课外学术科技作品竞赛	团市委/市教委/市科委/市学联	隗　巍　马　丽 齐姗姗　宋妤婷	三等奖	刘艳荣 左　雁	外语学院
北京市大学生创业大赛	北京市教委	高　伟	三等奖	刘　红 贡祥林	物流学院
第三十届全国部分地区大学生物理竞赛文科经管类	北京物理学会	弓　达	三等奖	刘　红 贡祥林	物流学院
第七届“挑战杯”首都大学生课外学术科技作品竞赛	共青团北京市委员会 北京市教育委员会 北京市科学技术委员会 北京市科学技术协会 北京市学生联合会	朱　聪　赵书艺 刘　康　朱鑫洁 邢　玥　陈霈霖 程　凯	一等奖	刘　俐 田　雪	物流学院
		曾哲之　赵雨辰 刘婷婷	二等奖	宋玉卿 唐长虹	
		赵书艺　朱　聪 刘　康　朱鑫洁 邢　玥　蓝雅颖 邝云娟	三等奖	刘　俐 田　雪	
		李晓快　李婷婷 赵多娇　周　琼	三等奖	赵立强	
全国大学生物流设计大赛	教育部高校物流类专业教学指导委员会 中国物流与采购联合会	刘　康　陈霈霖 朱鑫洁　邢　玥 程　凯	三等奖	刘　俐	物流学院
		池华远　钟　豪 郝江栋　何　蕾 公旭鹏	一等奖	李彦萍	
第三届北京市大学生物流设计大赛	北京市教委	刘　爽　陈　双 张明明　王晓东 梁　爽	二等奖	唐秀丽	物流学院
		杨方闻　王　旭 梁宇婧　黄培培 姜　乾			

续 表

竞赛项目名称	主办单位	参赛学生姓名	获奖等级	指导教师	单 位
第四届“蓝桥杯”全国软件专业人才设计与创业大赛	工信部人才交流中心 全国高校学生信息咨询与就业指导中心	陈其政 刘 钊	北京赛区二等奖	杨 洋	信息学院
		周陈安 陈万东 冯雅琳	北京赛区三等奖	杨 洋	
		王昌明 苏立阳		陈 蕾	
		张晓明	全国总决赛三等奖	杨 洋	
		乌仁苏都		陈 蕾	
2013 中国机器人大赛暨 Robo Cup 公开赛——FIRA 仿真 5v5	中国自动化学会 科技部高技术研究发展中心	曾 曦 孙 赫 鞠东梦 周冰玉	三等奖	唐恒亮 张嘉斌 （领队）	信息学院
2013 中国机器人大赛暨 Robo Cup 公开赛——双足竞步机器人大学组（交叉足印）		赵 旺 叶 盛 孙兴达 杨沁源 王 沾	三等奖		
2013 中国机器人大赛暨 Robo Cup 公开赛——双足竞步机器人大学组（狭窄足印）		赵 旺 叶 盛 孙兴达 杨沁源 张 琪	二等奖		
2013 中国机器人大赛暨 Robo Cup 公开赛——舞蹈机器人大学组常规双足人形		孙 赫 张 玮 雷建辉 张 琪	二等奖		
2013 华北五省大学生机器人大赛——舞蹈机器人组（个人赛）	北京市教委	孙 赫 张 玮	三等奖	唐恒亮	信息学院
2013 年北京市大学生机器人大赛——舞蹈机器人项目	北京市教委	孙 赫 张 玮	三等奖		

续　表

竞赛项目名称	主办单位	参赛学生姓名	获奖等级	指导教师	单　位
全国第五届大学生数学竞赛 暨北京市第二十四届大学生数学竞赛	北京数学会大学委员会 北京高教学会数学研究会	方星伟　李宇飞	预赛二等奖	信息与计算科学教研室	信息学院
		符　冰　赵　琼 张　凯　曹　霞	北京市三等奖		
全国大学生数学建模竞赛北京赛区	北京市教委 中国工业与应用数学学会	韩　静　李玮薇 张弘昊	北京市二等奖	刘洪伟	信息学院

（撰稿人：白学波　郭键）

北京物资学院共青团系统市、区级获奖一览表

奖　项		获奖单位或个人
2013 年度北京市优秀学生干部		包　娜　耿际淳　郭新阳
2013 年度北京市三好学生		邓　淼　贺　莹　常　靓　范　峥　金鑫丽 苗冬丽　王铭一　王天丽　王同涛　张瑞桓
2013 年度北京市先进班集体名单		112161101 班　112123002 班　112141202 班
2013 年度首都大学“先锋杯”	优秀基层团干部	金鑫丽　崔文悦　李姣姣　李　静　刘彦志 吴太翠　辛　楠　张　婷　钟文琦
	优秀团员	邓　淼　黄靖净　李　亭　刘　洋　夏立敏 张瑞桓　张天亮　章伟聪　刘宇飞
	优秀团支部	112121003 团支部　112132004 团支部 112141202 团支部　112142002 团支部 112153101 团支部　112161101 团支部 2010210107 团支部　研究生 1111 团支部 教工直属团支部

北京物资学院共青团表彰名单（一）

奖　项	院　部	单位或个人
北京物资学院“青春榜样”		公益先锋：韩　傲　耿云飞 科研先锋：赵陈怡　刘伟强 体育先锋：梁曼丽　刘　杰 自强先锋：毛　宁　物友递集体 文艺先锋：王　舸　王梦煊
优秀团支部	经济学院	122110002 团支部　122110003 团支部
	物流学院	122121001 团支部　122121002 团支部
	信息学院	112133004 团支部　112132002 团支部
	商 学 院	112141201 团支部　112142002 团支部
	劳法学院	122151002 团支部
	外语学院	122161102 团支部
优秀团干部	经济学院	辛　楠　郑　元　李　娜　乔　丹　刘　颖 张凤莉　郭　宇　郭子芊　陈丹阳　覃　婧 黄　华　田明露　韦　晨　白　迪
	物流学院	穆　超　宋丹丹　高　倩　党婧怡　骆涉宇 张少龙　王思涵　宋　琦　王　承　肖静璇 王　超　刘昊然　李静慧　李振华　刘亚婷 张　雪　胡雪雅　苗冬丽　任少伟
	信息学院	蒋碧菡　毛　宁　李梦茹　许天玮　古颜琦 吴太翠　王月娟　张　希　沈楷程　马宇璇 张　妍　肖媛媛　吴　红　朱　虹　陶李溪溪
	商学院	雷　阳　刘玲文　卢　安　曾凡星　朱　越 章晓琳　李　冬　牟　蕾　付梦嘉　张思思 茹　忆　王妍语　尹君钰　时天尧　解莹丽 刘云志　陈月仙　李英吉　孙霞飞　郑智睿 张　睿
	劳法学院	李姣姣　郭筱彤　杨雨菡　张志瑞　陈雅玲 郑惠文　姬　敏　袁小哲　彭　忱　高志扬
	外语学院	李　静　张瑞桓　刘伟强　纪东方　苗晓萌

北京物资学院共青团表彰名单（二）

院　部	优秀团员
经济学院	施超男 张宏宇 罗娜 田文晴 史纯嘉 李静美 李芳芳 马文 刘振巍 赵陈怡 周红 庄仰佳 马秋磊 金颖 崔文悦 苏庆捷 吴佳 邱双 王云芳 赵宇茜 杜苒 陈圆圆 周迪精 王乙如 刘杰 李佳美 金鑫丽 刘熙雁 张孟雅 王京 杨京桦 刘盈汛 王雪凝 崔金香 苏宇姣 张京尧 何芳 李璠 龚鑫 陆峣 高菁
物流学院	陈凤姣 李霞 贾唯暄 付晗 弓达 涂晓羽 冉建锋 张琳冰 卓桂斌 张波 李丽娜 张雨桐 李铮 曹淇 刘宝辉 李香霞 岳媛 王君彦 李俊晓 雷美怡 李平平 张景璇 张濛 张浩瀚 丁斌 刘凯捷 罗林林 崔健尧 王卫 田泽轩 王悦 吴燃 张丽丽 范宇健 王晓东 安家玮 黄莎莎 魏继冰 任圆 孙佳兴 杜丽芳 钟文琦 孟晓荣 原璐 马思迪 杜思颖 马茹玉 马昌钰 丁雅岚 张博悦 耿赵霞 王泽 赵雨佳 连泽澜
信息学院	李全星 李哲 谢东 傅婧 陈翔 李圆心 马瑞南 郭东泽 王一舟 肖媛媛 万海 李源博 许梦青 任春华 张姗姗 高海岩 王燕桐 卢聪 陈星亮 岳江楠 费清 胡三平 曹琬玉 赵飞飞 刘彧 孙兴达 武司杰 赵赛 李筠茹 聂玉婷 赵泳钢 金永花 袁梅 刘嘉楠 刘美连 曾丽欣 龚凌芳 郭浩然 王凯娜 马静 王佳卉 付晓宇 云晴
商学院	刘前 柏万 韩笑 阮炀超 郑雅 段丽平 李佳辉 高晓卉 殷蕾 杜艳 李艳 韩笑 袁晓彤 吴可凡 默红叶 张爽 姜婷婷 王若楠 刘媛 黄慧 朱慧颖 朴美儒 钱怡菲 张晓东 章梦 孙雨丝 范峥 韩丹 姜珊 崔然 韩雨初 隋蕾 李佳 王少岑 杨海岳 葛晓光 勾静琳 冼玥琪 崔玥莹 彭荟蓉 赵菁 王楠 周雪 孙嘉诚 叶哲玥 苏亚轩 马超翼 孟新卓 鲍歆 黄嘉伦 景慧 姬心怡 马冉 陈相杉 吕思源 曹屾 杨迎 王宝英
劳法学院	王子璇 马晴 李海艳 孙瑛楠 王雅晴 刘谱 张琪 刘雪梅 郭晓霜 朱海月 库佳 孙宝成 文雯 任梦慈 曾强强 杨雨涵 牛跃 石瑀 陈晓玥 耿云飞 李彤琳 刘晓萌 鲁鹏 刘若尧 骆依帆 鞠震谭 刘海煜 迪丽努尔·买买提依明
外语学院	傅薇薇 李慧 杨梦颖 张玥 郑可心 倪彩霞 吴晶晶 林娟 杨婷 詹凤颖 刘若尧

北京物资学院共青团表彰名单（三）

奖　项	获奖人员或社团
十佳志愿者	郭新阳　程　婧　张　维　王　闯　毛旭方　王凯娜　张　睿　于　爽 袁小哲　郭天红
透明爱——阳光工程支教助学十佳志愿者	苏梦蕊　高珂月　马昌钰　周晨阳　马　琳　袁小哲　严庆伟　王宇婷 王雅晴　张立志
星级志愿者	郭新阳　刘婉婷　于　爽　王　闯　毛旭方　缪冬芳　高尚萱　安　祺 李子豪　崔韵琦　刘　婧　吴彩霞　张　维　张家祥　严庆伟　郭　迎 王　晔　王博洋　宋曼迪　崔　婧　杨　思　崔　然　岳江楠　刘卓佳 岳晶晶　付世伟　平　灿　翟翔宇　张美荣　龚岚芳　刘雅娴　刘晓萌 叶　盛　于茜蔓　郭欢欢　轩诗青　芦戌元　白雪鹏　夏　琳　张晓楠 李　爽　杨宇康　王炜杰　张　睿　濮红梅　羊珏亭
志愿者联合会会员单位优秀项目	一等奖　物流学院：阳光爱自闭症儿童关爱中心项目 二等奖　商学院：兴顺打工子弟实验小学项目 商学院：培智学校项目 三等奖　经济学院：荷花开处公益文化馆项目 信息学院：星星雨教育研究所项目 商学院：晨光脑瘫康复中心项目 优秀单项奖　最佳宣传奖：绿风环保协会绿色兑换项目 最佳设计奖：绿风环保协会乐水行项目 最具潜力奖　物流学院：中国电影博物馆项目 最佳奉献奖　绿风环保协会爱心猫粮项目
星级社团	五星级社团：人力资源协会　期货证券协会　街舞社　数学协会　哲心社
	四星级社团：拾艺堂书法社　桌游社　乒羽协会　向日葵文学社　吉他协会 韩语社　王朝相声社　田径协会　滑雪社
	三星级社团：公关协会　动漫社　英文社　轮滑社　跆拳道社
社团之星	张贵敏　柏　万　李　晋　王　冰　张学雷　张尚武　段博闻　赵陈怡 李海艳　王寅滋

北京物资学院文体比赛获奖名单

<table>
<tr><th colspan="2">项　目</th><th>获奖单位或个人</th></tr>
<tr><td rowspan="2">第59届西班牙哈巴涅拉式复调国际合唱比赛</td><td>复调亚军</td><td>大学生合唱团</td></tr>
<tr><td>最佳作品演唱奖</td><td>大学生合唱团</td></tr>
<tr><td rowspan="5">北京市首都大学生第四届轮滑比赛</td><td>500m学院男子组第三名</td><td>刘俊博</td></tr>
<tr><td>300m学院女子组第三名</td><td>李蓉蓉</td></tr>
<tr><td>速度过桩学院女子组第一名</td><td>孙雪纯</td></tr>
<tr><td>速度过桩学院女子组第二名</td><td>李蓉蓉</td></tr>
<tr><td>速度过桩学院女子组第三名</td><td>张　馨</td></tr>
<tr><td rowspan="3">第五届首都高等学校体育舞蹈比赛</td><td>平四 第六名</td><td>石　宇/关子兰</td></tr>
<tr><td>慢三 第八名</td><td>石　宇/王雪凝</td></tr>
<tr><td>交谊舞C组第七名</td><td>关子兰/石　宇</td></tr>
<tr><td rowspan="2">第四届首都高校大学生网球精英赛</td><td>女子项目</td><td>女双冠军：杨新桐/任春华
女双亚军：刘佳/吴彩霞
女双第三名：倪雪雪/管秋芳
女单亚军：刘娜
女单季军：李婷婷</td></tr>
<tr><td>男子项目</td><td>男单亚军：贾绅获
男双第四名：李贺鹏/毛旭方</td></tr>
<tr><td>第四届北京大学生艺术展演活动</td><td>器乐、声乐、舞蹈和戏剧4个大项</td><td>6个作品全部获得一等奖</td></tr>
<tr><td colspan="2">北京物资学院第二十四届大学生辩论赛</td><td>第一名：商学院
第二名：劳法学院</td></tr>
<tr><td colspan="2">北京物资学院“腾龙飞凤杯”篮球赛</td><td>男子冠军：商学院
男子亚军：信息学院
女子冠军：经济学院
女子亚军：物流学院</td></tr>
<tr><td colspan="2">北京物资学院第四届“舞魅影，炫物院”舞蹈大赛</td><td>一等奖：外语学院
二等奖：信息学院、劳法学院
三等奖：物流学院、经济学院
商学院</td></tr>
</table>

北京物资学院首都大学生暑期社会实践获奖名单

奖　项	获奖人员、团队、项目
先进个人	张瑞桓　卢梦醒　苗冬丽　史纯嘉　吴彩霞　吴倩倩　张凤莉
先进工作者	李　华　刘　旗　吕亚鹏　魏　巍　詹志斌
优秀团队	①财务管理党支部 ②“关注校友足迹，传递物院精神”第二届暑期走访校友团 ③践行践知团队 ④“期货二十年，校友走访继辉煌”经济学院暑期实践团队 ⑤劳动科学与法律学院“青春飞扬”暑期社会实践团队 ⑥“齐聚锦州港，领悟物流魂；携手护生态，共助中国梦”物流学院暑期实践团队 ⑦物院步行者团队 ⑧知行合一，笃行致远团队 ⑨众志实践团队 ⑩外语学院——“寻梦千年，圆梦当下”西安暑期社会实践团队
优秀成果	①北京地区会计就业前景调查 ②关于北京高校大学生生态文明建设基本情况的调研报告 ③大学毕业生在京租房现状调研 ④北京妇产医院产科就诊流程现状分析 ⑤关于红色旅游的调研——以广西为例 ⑥践行得知小组暑期调研报告 ⑦临汾物流基地现状调研报告 ⑧“绿色生态，大美中国”生态文明建设实践调研行动 ⑨商学院暑期社会实践报告——企业创新管理内涵 ⑩外语学院“寻梦千年，圆梦当下”西安暑期社会实践论文 ⑪万全项目在全北京市的推广（侧重军服发放）实践项目报告 ⑫“我有我的 young”小组暑期社会实践报告 ⑬暑期社会实践报告——延庆龙庄峡生态文明建设考察 ⑭阳光行动，驱散心灵的灰暗 ⑮劳法学院山东烟台养老保障调研实践报告

（撰稿人：庞波）

北京物资学院优秀毕业生名单

学　院	北京市优秀毕业生	校级优秀毕业生
经济学院	林　佩　孙翠翠　唐文文　吉克何梅 王晓颖　武　剑　丁　娜　张　姝 胡　鸣　陈娅妮　夏呈姿　欧阳静宜 孙璐昕　傅　强	周　丹　刘坤玲　薛　辰　王　彦　夏　睿 蔡　柯　马凤娇　林　卉　董　宁　王丽源 于　哲　肖　纯　王　慧　沈枫薇　郑海洋

续　表

学　院	北京市优秀毕业生	校级优秀毕业生
物流学院	印　华　刘　康　朱晓宇　蓝雅颖　刘雅慧　蔡永娟　蒲海军　郝江栋　包　坤　高　超　祝亚亭　殷小涵　张天娇　王飞跃　姚婷婷	初倩倩　林建明　姜文哲　桑冰峰　池华远　李洋洋　邝云娟　王　雪　李振僖　鲁　阳　姚丽莉　李晓露　杨天羽　李阿蒙　孙　骞
信息学院	黄丽莉　柯雅雅　彭怡瑶　刘山萌　魏　婷　余　谦　苏　祥　谭欣欣　刘苗苗　徐　丹　张　彤　吴　俣　孙金秀　刘一凡	杨雨青
商学院	李敬楠　张　琼　郭　贞　苏　梦　郭文凯　王立静　张珂莹　吴伯文　鲁　育　陈岱荣　张　希　李经纬　刘玉婷　刘　赫　胥紫菁　黄　硕　潘秋利	刘敏强　陈　珺　张　莉　王　迪　李　杰　沈丽丹　杨　爽　王　静　闫　硕　吕　娜　范泽钰　潘静思　郝微英　王　梓　白　宇　朱维宇　王　婷
劳法学院	何　鹏　蒋　冲　陈　碧　周立霞　焦　鑫　李雪丽　梁　甜　傅　熙　许思思　刘　媛	孙明月　韩阳阳　丁　晨　王颖萍　李杏超　王　蕊　董　鉴　张　艳　马晓云　李玲玉
外语学院	赵芸萱　肖盼盼　陈　兰　程　楠　高　莉	刘冬冬　黄　悦　陈立书　李晓琳　骆　丹

北京物资学院国家奖学金、励志奖学金名单

学　院	国家奖学金	励志奖学金（共192名）
经济学院	武慧慧　王云芳	魏倩雨　李岱莲　李芳芳　余　晴　付　玲　靳晓坤　龚　鑫　夏　君　石月燕　熊海珍　杨智玲　仲　波　何晓东　李珊珊　李文君　刘　平　吴　佳　许海杰　张　超　张天一　周　红　宋寒业　文任丽　王　薇　王宝英　冉红艳　贺　玲　王　琨　杨宇瑞　罗仁秀　吕肖婷　张　伟
物流学院	张　濛　丁　斌　王　珀	梁　芳　咸心心　杨志玲　陈意文　钱叶凤　于莉华　王璐璐　周千婷　葛焕焕　彭凌云　王　冰　李迎春　高　泰　张家祥　季明明　孔丹慧　卓桂斌　罗林林　王　卫　陈茜妍　李　娜　卢怀宇　王荣谭　余玉梅　谭晓霞　任晨曦　李　洋　李瑞瑞　王君彦　于　振　王俊强　黄莎莎　刘　静　姜　乾　薛　莹　苗冬丽　马显锋　初秀媛　陈　禾　赵　娇　余俊文　黄剑基　刘宝辉　皇甫遥遥

续表

学院	国家奖学金	励志奖学金（共192名）
信息学院	乌仁苏都 杜贵玲	董文学 李晓俊 吴海飞 孙赫 任凤娥 高岩 刘美连 张云 马崇琳 黄雅娟 周慧倩 钱婷婷 刘伟洁 李梦茹 曹丹 曾曦 李丽佳 张庆梅 刘浩迪 张雪超 张睿萌 马晓敏 李明 陈萌 马海霞 张蕾 王立娟 吴太翠 许婧 常海涛 刘娜 勾慧慧 张敏 袁雪 李璐聪 何小玲 孙茹 张媛媛 金永花 周雄 张蕊 何旻 陶李溪溪
商学院	陈月仙 李雅虹 孔令曼	郝俊霞 邵一特 孙霞飞 王一丁 吴树芬 李莉琰 杨红艳 陈丹 付少博 李学 苑欣 柏万 陈彩玉 邵小玲 方金玲 张宁 杨红倩 谭韵雯 周家华 付宏阳 马文吉 晁倩 段丽平 周静 王涛 毛文琴 刘一 蒋婷婷 李艳 吴徐琨 韩笑 徐珂 严兰 刘娟娟 祁婷婷 葛晓光 邸月兰 张荣 崔聪珊 周正 张众
劳法学院	郑惠文 武雅桐	王朋飞 张琳 陈博明 钱娟 毕静静 张维 张蓉 劳燕春 闫丰宇 种亚林 杨新桐 张靖荣 陈永强 朱雨蒙 戴伟 郭实 胡清霞 焦伟强 姬敏 王蓉 付雪薇 王琪 杨宇康 杨思 古再力阿
外语学院	吴琪	齐姗姗 萨日娜 宋蕊 高宏伟 刘娜 倪彩霞 王娟

北京物资学院企业奖学金名单

奖学金名称	获奖学生姓名
北京中集物流奖学金	丁雅岚 秦宇旋 黄培培 张新芹 谢文华 陈思佳 刁碧莹 李烜 阳幸宇 郭灿灿 王晓东 李香霞 李莹 肖雪 毛旭方
北京中储华通商贸奖学金	李丽莉 李佳 姬心怡 姜婷婷 魏薇 崔然 隋蕾 黄嘉伦 何京 刘依涵
携手助飞奖学金	白露 张志瑞 崔兰欣 张凤莉 汪雯羽 张凯 贺晴 衡欢乐 路婷婷 张山山

北京物资学院一等奖学金（三好生）名单（231 名）

学　院	姓　名
经济学院	吕　航　龚　鑫　张　希　黄惊龙　王　婕　何京明　张　凯 王子韬　刘　平　金鑫丽　田　芸　付　玲　朱　玲　何晓东 彭　瑛　许烊宁　徐婷慧　胡洋洋　吴梦妮　郑钊文　陶斯然 罗　娜　汪雯羽　倪艺宁　陈　奕　罗晓婕　郭　迎　徐佩伟 王　松　武慧慧　仲　波　张　伟　夏　君　余　晴　王　玥 闫小寒　王玉珏　周　思　周孜孜　吴洋洋　刘　洋　王　琨 马秋磊　夏润龙　王宝英　金　颖　杨　琪
物流学院	马显锋　刘俊博　赵　娇　张　旭　黄剑基　杨寓婷　姜　红 李晓快　周　琼　季明明　于世军　于莉华　葛焕焕　贾晓娜 乔　宇　陀玉婷　陈茜妍　白玉良　田焕楠　丁雅岚　尚　旭 毛超群　赵书艺　任婧纯　苗冬丽　严淑瑞　冯　潇　叶燕敏 张家祥　丁　斌　雷美怡　阙江俊　张　濛　陈意文　杨　莹 张宁馨　刘　金　李瑞瑞　郭灿灿　周　到　王思涵　杨红梅 徐　可　肖　雪　吴　杨　彭凌云　弓　达　黄淑怡　毛旭方 胡尚仁　边婧怡　苏　邈
信息学院	任凤娥　曹　丹　袁科学　许　婧　王铭一　鲍洪华　蔡志军 韩　敬　张嘉欢　晁　曦　赵　蒙　吴太翠　路婷婷　孙凤超 张　蕾　闻　卓　何小玲　胡雅琴　邢　建　张　敏　袁　雪 杜贵玲　刘　娜　杜灵钰　章伟聪　刘伟洁　张会可　李梦茹 闻　聪　张媛媛　郭欢欢　张姗姗　许梦青　赵　旺　张思宇 古颜琦　杨晨晨　陈婧雯　聂玉婷　高　岩　周　雄　杨　芳 程　婧　范雨童　乌仁苏都
商学院	张　荣　隋　蕾　张明睿　牛彦纯　邓颖媛　范　峥　何小月 康啸宇　王一丁　王弼童　崔聪珊　陈月仙　夏　琳　祁婷婷 郝俊霞　杨兰英　刘　媛　单　莉　劳新权　符　冰　蒋雪娇 杨红倩　白　露　章　梦　于茜蔓　胡娅男　侯宇星　宋　睿 纪　元　朴美儒　李　萍　李雅虹　邸月兰　吕海群　周　正 赵　菁　张建琴　孔令曼　于　慧　李丽利　付宏阳　李丝笛 石　彤　马　钰　胡馨玥　庞海松　杨红艳　徐敏赛　李　娜 朱慧颖
劳法学院	黄萍萍　张　琪　郑惠文　姬　敏　梁　娜　贺　莹　武雅彤 袁小哲　徐璐漪　白雪鹏　刘旸赫　杨宇康　王　蓉　赵一枭 韩　希　邱　月　黎柱峰　陈永强　钱玮莹　吕佳佳　邵孟楠 陈　昱　劳燕春　薛超文　杨绍艳　蒋　蔚　修竹清　陈鸿雁
外语学院	王　娟　蒋思情　张瑞桓　李晓棠　路　梦　康旭华　杨　茜 贾　烨　李笑天

北京物资学院二等奖学金名单（85名）

学　院	姓　名
经济学院	赵　炜　万晗兵　王云松　陈圆圆　张　超　吴　佳　郭子芊 苏宇姣　刘博文
物流学院	王晓晓　张新宇　任晨曦　李　菲　杜丽芳　李　洋　李婷婷 林　楠　曾哲之　高冬瑶　张　弛　姜水菊　李　畅　杨成慧 王晓东　陈思佳　王　静　吴　燃　李　烜　李静慧　王晓东 黄莹莹　陈　洁　冯　铎　周　润　骆涉宇
信息学院	李玮薇　马瑞南　丛　珊　童宇琴　郭凯丽　张　婧　王　杰 陈富民　简凌峰　岳江楠　赵梦婷　刘　雨　刘　翔　邓年云 胡三平
商学院	陈百里　李鹏程　贺　祯　杨　爽　付少博　阮炀超　吴徐琨 吴雨薇　王　婕　郑　勇　陈　思　张秋霞　李　艳　柏　万 娄晶晶　金海瞳
劳法学院	杨新桐　段晨悦　王宇婷　李　昌　王　明　朱雪萍　刘　丹
外语学院	齐姗姗　郭天红　张　博　何　欣　余浩然　倪彩霞　张冰阳 张文婧　刘若尧　李　慧　管秋芳　魏子歆

（撰稿人：方玉　丁健）

第十三篇　毕业生名单

北京物资学院 2013 届毕业研究生名单

专业名称	姓　名
产业经济学（43 人）	闫　超　杨静思　陆水竹　倪健淳　于浩然　赵　微　王　蕊　马潇珺　张　敬　田　玥　杨明辉　曹志伟　郑康平　原庆宇　李春艳　陈一慧　林　楠　尹　青　赵　颖　缪中文　吴姗姗　吴月琴　姜秋宇　尚　洁　石　桥　温小玲　王　文　于　鑫　尹晋男　罗潇妤　缪振旭　霍春光　赵殿君　郑方园　曾友志　郭　露　张　静　刘燕燕　徐漫漫　陈　翔　张保见　闫英英　裴正国
劳动经济学（4 人）	周建梅　钟奕鑫　梁　娜　代全宗
管理科学与工程（60 人）	王海斌　耿兆欣　孙　振　许　飞　袁松宝　马晓丽　黄金山　胡　彬　张凤济　孙洋洋　吕莎莎　冯晓莉　吴　声　程　鑫　曹　佳　杨欢欢　陈德选　钱　妍　王　闪　韩雅菘　王子元　张名磊　刘雪峰　郭红丽　李婷婷　黄晓冬　陈思远　薛　华　陈田静　于亚弟　杨明荣　申文娟　谢建华　安亚文　王传洋　杨　莉　刘　崇　栗巾瑛　张成强　杨　扬　何　政　铁蒙托　秦　冲　吴玉娟　耿　辛　范姗姗　田丽华　王晓芬　蒋金晟　林　钢　曹雪丽　黄秋爱　孙大尉　李　佳　曹　琦　金　哲　许国强　李艳艳　欧阳凯　欧阳卓灵
企业管理（53 人）	唐自来　徐雅楠　叶佩华　王晓琨　王　佳　席得让　彭明鸣　郑筱涵　詹小俊　耿丽娟　赵　阳　侯育红　魏国峰　陈利平　王庭剑　赵少颖　李　敏　贾西猛　赵建芳　康　怡　白婷婷　李海艳　王莎莎　王　静　董　丹　彭春秋　王聪聪　吴文金　张　浩　陈　琪　管晓薇　兰轶群　于成豪　陈晶晶　李莎莎　王娟娟　李丽莉　崔苗苗　于青峰　谷孝菊　王　辉　全文成　赵　鸿　曲　倍　崔　俊　高文秀　曹纪坤　董萌萌　禹琼峰　刘莹莹　吴　迪　句晓菲　李秉桀

续 表

专业名称	姓 名
全日制物流工程专业学位（56人）	秦 昊 边红梅 郑 颖 李 帅 吴美玲 崔艳梅 史高文 董 晶 靳阳飞 杨飞飞 李 颖 原文涛 孙玉萍 宗萌萌 李碧云 朱月瑞 曲涛涛 孟庆蕾 刘 惠 睢力铭 陈 青 蔚晓琴 黄速成 王 艳 黄 坤 薛立立 马 蕾 刘 鹏 毕晓静 孙孟丹 章立伟 赵 绘 刘田青 王 瑞 宋艳莎 肖凤仙 李 季 张朝霞 孙 亮 贾紫慧 赵 静 杜 彬 卜祥龙 周 扬 孙江斌 韩云霞 李 岩 赵珊珊 岳跃真 杨新凤 张振林 贾 莹 任晓翠 魏光伟 周丹丹 崔 倩
全日制工商管理专业学位（1人）	喻 婷

北京物资学院2013届毕业研究生获硕士学位名单

专业名称	姓 名
产业经济学（43人）	闫 超 杨静思 陆水竹 倪健淳 于浩然 赵 微 王 蕊 马潇珺 张 敬 田 玥 杨明辉 曹志伟 郑康平 原庆宇 李春艳 陈一慧 林 楠 尹 青 赵 颖 缪中文 吴姗姗 吴月琴 姜秋宇 尚 洁 石 桥 温小玲 王 文 于 鑫 尹晋男 罗潇妤 缪振旭 霍春光 赵殿君 郑方园 曾友志 郭 露 张 静 刘燕燕 徐漫漫 陈 翔 张保见 闫英英 裴正国
劳动经济学（4人）	周建梅 钟奕鑫 梁 娜 代全宗
管理科学与工程（60人）	王海斌 耿兆欣 孙 振 许 飞 袁松宝 马晓丽 黄金山 胡 彬 张凤济 孙洋洋 吕莎莎 冯晓莉 吴 声 程 鑫 曹 佳 杨欢欢 陈德选 钱 妍 王 闪 韩雅菘 王子元 张名磊 刘雪峰 郭红丽 李婷婷 黄晓冬 陈思远 薛 华 陈田静 于亚弟 杨明荣 申文娟 谢建华 安亚文 王传洋 杨 莉 刘 崇 栗巾瑛 张成强 杨 扬 何 政 铁蒙托 秦 冲 吴玉娟 耿 辛 范姗姗 田丽华 王晓芬 蒋金晟 林 钢 曹雪丽 黄秋爱 孙大尉 李 佳 曹 琦 金 哲 许国强 李艳艳 欧阳凯 欧阳卓灵
企业管理（53人）	唐自来 徐雅楠 叶佩华 王晓琨 王 佳 席得让 彭明鸣 郑筱涵 詹小俊 耿丽娟 赵 阳 侯育红 魏国峰 陈利平 王庭剑 赵少颖 李 敏 贾西猛 赵建芳 康 怡 白婷婷 李海艳 王莎莎 王 静 董 丹 彭春秋 王聪聪 吴文金 张 浩 陈 琪 管晓薇 兰轶群 于成豪 陈晶晶 李莎莎 王娟娟 李丽莉 崔苗苗 于青峰 谷孝菊 王 辉 全文成 赵 鸿 曲 倍 崔 俊 高文秀 曹纪坤 董萌萌 禹琼峰 刘莹莹 吴 迪 句晓菲 李秉桀

续　表

专业名称	姓　名
全日制物流工程专业学位（56人）	秦　昊　边红梅　郑　颖　李　帅　吴美玲　崔艳梅　史高文　董　晶　靳阳飞　杨飞飞　李　颖　原文涛　孙玉萍　宗萌萌　李碧云　朱月瑞　曲涛涛　孟庆蕾　刘　惠　睢力铭　陈　青　蔚晓琴　黄速成　王　艳　黄　坤　薛立立　马　蕾　刘　鹏　毕晓静　孙孟丹　章立伟　赵　绘　刘田青　王　瑞　宋艳莎　肖凤仙　李　季　张朝霞　孙　亮　贾紫慧　赵　静　杜　彬　卜祥龙　周　扬　孙江斌　韩云霞　李　岩　赵珊珊　岳跃真　杨新凤　张振林　贾　莹　任晓翠　魏光伟　周丹丹　崔　倩
全日制工商管理专业学位（1人）	喻　婷
非全日制物流工程专业学位（9人）	张若冰　赵明明　朱春彬　温　和　姚丽凤　王　伟　张　婷　周文峰　王　鹏

（撰稿人：张华玲　李彩丽）

北京物资学院2013届本科毕业生名单

学　院	专业名称	姓　名
经济学院	经济学	09940111班 褚文菁　刘　喆　郑晓姗　张高硕　马艳蛟　焦凌洁　杨　峥　张　杰　李继伟　吴宇伦　张玉龙　陈　睿　王佳祺　张宇翔　郑果晶　张　辰　周晶晶　赵怡然　闵　悦　程维妙　梁晓迪　孙　训　陈立晶　王禹棋　赵　笛　尤笑薇　武　岳　杨玮琦　夏　彬　胡　鸣
		09940112班 王　斑　王　亮　刘　维　高亦强　张宗跃　赵　洋　林　卉　魏思冉　王　浩　赵红帅　郑嘉雨　吴碧君　秦浩驰　汪雨晴　韩平阔　应旭东　赵振宇　闫婧婧　赵阳光　王　珅　王尚奇　孙爱华　张烨洲　冉　艳　刘　奕　冯　帆
	金融学（期货证券方向）	09940121班 胡敬雅　王　鹤　严　旭　高树青　褚悦辰　王　珏　何　勤　吴　杨　宋美钰　王丽源　张云平　陈　思　尹　彤　忽锦峰　薛　辰　沈枫薇　张倩倩　邹晓刚　于　洋　肖　贺　肖朴楠　隗　睿　田建霞　殷　然　关景云　夏　睿　姚　晔　吴　楠　赵方禹　闻　雯　王　阔　王海峰　李新焕　赵　玥　张曼曼　刘牧乔　曹　通　王帅尧
		09940122班 刘毅彬　季文武　郑海洋　叶兆文　吴凯华　尤　槟　刘晓辰　杨雪杉　王彦琪　邓　菲　王嘉腾　吴　晗　刘煜桦　马凤娇　魏　莉　聂　鹏　崔　静　桂　寅　何之琳　曹雪竹　武　剑　梁淑茵　夏　瑜　田庆阳　程　姣　梁婧姚　田　洁　陈　晨　陈晶晶　张　跃　谢　憬　张　姝　张　敏　高　扬　李骅阳　李鹰华　马玉洁　欧阳静宜

续 表

学 院	专业名称	姓 名
经济学院	国际经济与贸易	09940131 班 季 阳 高 帅 宛 安 黄焯荣 黄永清 陈懿筱 王 昭 何琨宇 付狄雯 李 硕 王 学 陈娅妮 张恩宁 龙 奕 李兰佳 钱佳军 高飞鹏 杨 光 张骐璠 刘 凯 施爱惠
		09940132 班 余芳芳 谭亚星 刘 晨 吕彦蓉 郭一方 李 艳 王冠桦 刘冬鹏 王群皓 董 宁 张奕宾 段龙飞 陈嘉奕 崔秀娟 满 阳 惠 蕾 韩 杨 雷曦子 洪 瀚 王 彦 孟祥宇
	金融学	09940141 班 侯梦洁 胡可欣 周 丹 聂 鑫 张灵嘉 王佳培 魏 爽 孙翠翠 金 童 齐 跃 李京云 喻海娥 刘锦宇 赵乐祥 周怡君 许 艳 陈 龙 闫孟娇 王关敏 杨梦瑶 王晓颖 王欣妍 刘 磊 孟德跃 孙 路 计娇娇 李 毅 张 强 鲁 岩 张 逊 薛德敏 夏呈姿 潘春光 吴止境 马 容 刘 俊 许 彤 伍 曼 刘翼嘉 吉克何梅
		09940142 班 刘叶舟 许天贻 王 惠 沈 宁 林 佩 康汝馨 王 慧 李媛媛 范 嘉 王向君 勾春梅 刘烨龄 刘坤玲 陈 溪 赵佳蕊 唐文文 沈雨欣 孙璐昕 肖 纯 傅 强 王 蕾 吕建英 李 庚 张梦然 朱 琳 王含章 贾耀东 杨月鑫 姜思莹 何月华 丁 娜 彭静璇 龚 月 张旭男 刘海龙 王江华 于 哲 牛 琛
物流学院	物流管理	09940711 班 黄荣初 姜文哲 刘 康 陈德光 印 华 陈 卓 刘天问 赵锴鑫 田 楠 史伯勋 张思雅 田 园 任 哲 何 蕾 王 东 吕正然 杨 爽 付 晨 张佳星 赵 璐 杨 帆 黄宝红 李琼余 汤云瀚 盛 洋 邵 璞 秦豪杰 石 俊 初倩倩 张庆春 石瑷瑄 杨佳宁 林建明 所 萌 刘家平 桂 岩 赵明颖 刘睿潇 哈力木拉提
		09940712 班 洒 雨 赵 骁 高九洋 桑冰峰 李 健 钟 豪 管珍宁 田 阳 杨 逸 闫 昊 回建宇 吴晓彤 朱晓宇 李亚楠 董迪聪 龚博然 杨玉超 陈 谱 李长海 卢 佳 池华远 王 赛 张 佳 龙钊伟 梁 晓 李 贝 肖银妮 李洋洋 张俊恺 姚 南 邢 玥 董育宁 苏 然 张 璋 朱鑫洁 蓝雅颖 苏比·艾尔肯
		09940713 班 蔡永娟 王 梓 温 鑫 李 天 杨海琳 燕 洋 回天祥 刘 坤 张 蕾 丁硕鑫 赵 峥 刘泰然 杨 旭 崔东瑞 王 健 孙 岳 李娇娇 杨 茜 饶 星 钟远翔 周真霖 于文骐 刘雅慧 王续达 胡志文 邝云娟 李 晗 董心歌 郑晓琨 王 翔 窦雪梅 刘广明 邓炜杰 王 洁 欧阳仁泽

续　表

学　院	专业名称	姓　名
物流学院	物流工程	09940721 班 马　强　李骏奇　黄继朋　王　喆　齐　蕊　刘　淼　黄　俊　陈麒妃 段　昊　王秋雪　车　珺　王　雪　王　跃　张　军　寇翠娜　娄学彬 刘宏彬　闫钰超　任艳丽　蒲海军　黄小丽　杨　华　赵洋洋　张清楠 关天鸿　郝江栋　陈宇腾　向劲松　乌　迪　唐继武　袁默飞　肖　海
		09940722 班 赵思蕊　陈霈霖　包　坤　高　超　韩昱璇　袁学勇　孙凤岩　吕梦清 高亚轩　张沛然　左洁琦　艾　伦　黎丹丹　朱晓月　李振僖　张海鹏 洪　伟　张海敬　江婉婷　商建楠　杨　蕊　宋　微　白　洁　贾凯强 李　逸　吴俊杰　刘晓敏　薛明杰　公旭鹏
	物流管理（国际采购与供应链管理）	09940761 班 叶嘉卉　程　凯　龚旭君　刘海艳　朱　淼　芦　巍　杨　柳　侯可心 王祎玥　殷小涵　张　鑫　方雨濛　莽御旻　郭泽宁　李蒙蒙　莽宇坤 吴占雷　祁　浩　李美娇　朱　莉　刘倩颖　李　颖　王　钰　张天娇 杜建松　马玥馨　李晓露　邓万杰　蒙雨薇　孙文佳　廖新宇　黄增杰 杨天羽　左延龙　刘馨桧　刘建峰　于洪洲　张　闽　韩　麟　李玄机
	机械设计制造及其自动化（物流设备工程）	09940731 班 符　友　张天旭　孙　正　李东东　吴　畏　芦平升　刘凯新　何　长 代秋颖　王　硕　杜月腾　张　帆　祝亚亭　蒋建航　刘宗南　岳　斌 刘　伟　徐金涛　夏明阳　鲁　阳　赵俊童　赵　帅　姚丽莉　杨　杰 徐仁洪
	商品学（商品质量检验与管理）	09940771 班 孙奕晨　郭　异　卢　博　齐　静　崔　男　代　莹　贾雪菲　于晓琪 郑　熠　张丽莹　姜旭雷　李阿蒙　姚月娟　张　可　黄旭阳　杨　丹 贾旭阳　郭晓丽　王飞跃　孟维俊　王梦迪　朱　颖　林静柔　刘　磊 胡　亚　孟金广　陈　健　张　宇　刘洋秋月
		09940772 班 王仲振　李泽伦　孙　淼　桑　迪　孙　骞　吴　迪　郭骐铴　赵怡然 王晓哲　欧京京　汤小璐　魏　利　张　宇　魏亚节　王璐璐　陶晓宇 张春莲　田洪磊　杨　晓　郑　凯　靳满红　颜兆红　王椿宇　黄克文 赵　颖　姚婷婷

续 表

学院	专业名称	姓名
信息学院	信息管理与信息系统	09940500 班 余谦 王丹 张力伟 许海涛 谭欣欣 苏祥 楼聪 徐丹 杨雨青 郭子艳 白雅楠 怀晓婧 唐百城 刘佳星 左泽剑 赵艳伟
		09940501 班 夏海波 聂琨 曹亮 王学良 刘丹 王日骁 刘苗苗 高翰林 郭磊 李佳星 张洋 魏婷 李晨 孙杰 兰旭 刘蕊 邢晨 张媛媛 刘占清 郭文文 关阳 王帅 田甜 胥娇 张磊 宾晓萌 甘佳铭 高言 谭一哲
		09940502 班 高颖 王石佳 任俊佳 刘凯 安翔云 李梦 夏添添 刘博雄 张薇 杨芳琨 王鑫 王田 黎明 毛森 周人杰 张怡 张久强 谷鑫 倪星慧 马腾跃 牛仲阳 王文琦 杜敬鑫 赵萌 马艳 郑帅 邢彦京 张硕 姚祖辉 张昴 曹童 张久玲 于鹏飞
	信息管理与信息系统（计算机软件应用与开发）	09940503 班 耿斌 乔艳丽 徐宁 张跃 侯斌 王明明 宋小翠 傅煜博 张超 梅葆瑞 韩帆 张彤 李思 王金龙 石祺 孙鸿羽 刘智渊
	电子商务	09940504 班 关敏 王志民 范国良 杨波 赵哲 陶红宇 高跃伟 郭超 张学斌 曾雪文 刘志超 王高峰 付萌 孙岳 金佳兴 高圆 董彬 徐坤 申林 王青 卢婷婷 郭鑫 彭瑞丽 徐聿丰 张辰 王翔宇 王思达 贾澍泽 李壹 赵凯 张赫 李汉祥
		09940505 班 李超 陈强 李义军 郑天宇 李悦宁 宋越 张百万 王琳 廉旭成 董阳 林童 鲍宏凯 刘鸣飞 杨志宇 胡全 任杰 金庸 王乐章 马原野 张自强 夏鹏飞 刘一凡 李晓鲤 王楚涵 支妍 张然 马飞超 张伍 艾科拜尔·麦麦提江
	计算机科学与技术	09940500 班 刘志昆 张莹 孙金秀 范亚赫 吴俣
		09940506 班 王旭晨 李驰飞 陶汉 郑辅桐 宋键 张楠 刘国琛 樊超 杨斯阳 张祎河 任霏 苏立阳 权雨农 吴妙生

续　表

学　院	专业名称	姓　名
信息学院	信息与计算科学	09940507 班 魏一卓
信息学院	统计学	09940507 班 张帅　宋佳　赵卫东　黄丽莉　王丹清　何丹　张婷婷　王佳 廖叙霖　于彤昆　郭雪晴　李骏驰　安琪　李杨　张伶玉　李冉 苏晓萌　孙玮奇　孟丹　邓丽娟　彭怡瑶　刘颖超　王东黎　佟琳 王亚超　赵敏　王蕊
信息学院	统计学	09940508 班 陈静　李娜　柯雅雅　王静怡　任意　刘晓君　李佳丽　张昊 刘昱喆　牛洪斌　张彤　刘彬　狄润衍　梁震　高悦　冯诗轩 陈晨　李泽豪　徐晓　葛子豪　桂路平　杨帅　吴璠　冯光宇
信息学院	统计学	09940509 班 陈燕　耿卫强　吴秋果　陈文鹃　朱慧　于月　孙悦　康蓉 王璐莎　蒋天胤　张贺　姜仕奇　申丽雪　刘晓丹　张卫　汤畔 王晓楠　杨朗　王雅薇　顾亮　张榕芳　袁鑫泉　刘淼　刘慧眸 刘山萌
商学院	会计学（注册会计师方向）	09940421 班 屈辉　胡婧　马静　王迪　白思晗　吕思圆　乔琦　孟琳 刘丹　李芸　陈珺　王然　周爽　杨博娇　曹莹　刘慧彬 王佳　恽含　王小燕　郭婷　梁嘉琪　张梦瑾　谢雨伶　刘敏强 李敬楠　周佩嘉　白雨鑫　曾萝娜　张婷婷　郭安然　刘晨　张妍 王静　王俐萌　王昊天　宋亚斌　杜楷杰　刘钟凌　钟俊丹　万星泽 张琼　孙嘉鸿　金海霞　王意　张慧娟
商学院	会计学（注册会计师方向）	09940422 班 张露月　邵琳瑢　杨燕华　郝玉婷　段琳洁　赵昶　陈博雅　苏梦 苗冠南　李丹　张怡　封菲　王燕　张东伟　于也　尹未珅 张帆　王俊峰　王姗姗　李石月　杨丽娜　李杰　潘芳勤　李亦雷 王黎　闫婧宜　张静雅　田野　吴惠丹　蒋弈敏　郭贞　刘艺鹏 尹玲慧　秦柳枫　陈慧　孟繁竹　付瑶　张岩　黄雨倩　侍雨菡 刘信均　王迪　李晓洁　张莉　孙舒　朱艳玲　高雅

续 表

学 院	专业名称	姓 名
商学院	会计学（注册资产评估师方向）	09940431 班 于 洪 冯 川 于 喆 郑媛媛 耿小强 孙 越 沈菁菁 邵 暄 贾晓蕾 王 端 李 晶 张彦君 刘月明 王怡鲆 修昊原 王 坤 郭文凯 彭兴雪 张 阳 李 斌 王意涵 丛 骁 侯 宇 李晨曦 巩步升 何金蓉 秦 鹏 江海燕 赵 磊 韩欣洋 赵 彬 刘宇飞 王立静 陈建平 沈丽丹 韩曲陈歌 木合塔尔亚森
		09940432 班 王奇南 施 文 赵宛婷 杨 爽 吴伯文 刘 畅 刘艳婷 冉 禛 陈欣悦 方名扬 隗似月 郭 洁 李 淼 庞立维 崔亚楠 杨 擎 王 莹 杨彤彤 于 雅 朱贵俊 戴朋霖 王宇弦 何婧一 练慧敏 刘 洋 于 德 贾艳玲 张珂莹 杨 乔 蒲梦璇 王琼瑛 孙 博 王 静 解华楠 崔晶晶 卢春燕 格亚斯·阿卜力米提
	财务管理	09940441 班 杨梦寒 李东霖 马 征 吕文佳 戎想蓉 孙 畅 宗光未 邹蕴怡 张颖璘 孟晢昀 郑 丹 李艳洁 杨婉婧 杜 丹 朱京海 鲁 育 陈荣鑫 谢康婷 李海新 姜晶晶 高丽静 薛 迪 苏丹丹 王志佳 郭婧菲 张 鹏 吕 娜 梁 雨 陈岱荣 闫 硕
		09940442 班 宛 然 赵茜茜 王志钧 张 希 彭 湃 冯思远 张晓熙 姜玥迪 范泽钰 赵雁南 冉北居 谢一鸣 杨晓婉 李宇轩 王 萌 石 瑶 王 晗 马金梁 刘 洁 李经纬 唐 倩 王馨漪 姜秋红 刘久会 朱倩珉 蔡 猛 丁宇农 龙丹妮 郑雪梅 王 丽 张 薇 李杨洁
	工商管理	09940411 班 邓 帅 梁 帅 贾 邈 李卓然 乔梦骄 武亚杰 王光远 刘鹏远 严弘历 吴绪北 刘玉婷 郭硕利 王 婉 李 畅 于 征 张俊爽 刘家骥 杨 飞 展建垒 徐莹洁 段兴玉 王 乾 张 雯 郭泽英 郝微英
		09940412 班 何玉娟 刘 莹 罗 旭 张 亮 蔡 雨 赵雨辰 王 梓 谢晨雨 刁斯栩 朱孟琦 王秋实 王 超 李宇爽 张 杰 张熠舟 刘 赫 白 宇 徐俊楠 张 余 冯 雪 席敬存 侯 菲 彭 也 潘静思 刘 宪 王乔阳 马逸斌 胥紫菁

续 表

学 院	专业名称	姓 名
商学院	市场营销	09940451 班 聂晓敏 周萍 黄硕 胡靖 李丹妮 宗钰丰 房盈莹 杨赜宇 赵伟华 任跃婷 杜萌 杨雷 裴桐 朱维宇 李丹 侯雪松 张传聪 王妍 李成诚 徐灿涛 万云龙 张国彬
		09940452 班 严萌 郭雅然 杨傲雪 张辛未 郭延峥 王晶 王琪岩 田萍 韩文静 杨旭 高阔 李悦源 贾文琪 郭贺 王卓颖 林初晓 林嘉杰 龙云 辛思玥 孙婷婷 肖文轩 高翔 王婷 司马鑫 梁楠 潘秋利
劳法学院	人力资源管理	09940611 班 钱乾 查瑞琪 刘婷婷 袁毅 李婧 李蕊 邢运华 任敬 王怡 张蕊 常筱萌 谢春鑫 朱静怡 崔亚立 陈倩 赵宇 刘梓萱 刘菁 王靖淇 王雪 梁钊浩 田春辉 孙明月 郭羽婷 韩阳阳 何鹏 贾雪菲 蒋冲 宋璟冉 杨伟娇 陈碧
		09940612 班 杨富深 崔博文 吴芳菲 徐帅 周畅 张雯 张文婷 许珺 周宏婕 芦郢雪 耿路力 邢晨晨 翁会杰 王浩亦 王新蕾 李帅 任小婉 刘晴 马红燕 杨翠 程思琪 郝秀梅 蒋丽水 李家冀 王博蕊 苏妍婷 丁晨 黄栎颖 阿提开姆·图尔迪 张美慧子
		09940613 班 周立霞 王雪 赵函雍 崔雨涵 郑莹 张婧奇 张晗 季雨洁 程艳 焦鑫 徐杨 刘梓航 王博 付利晴 邓亚楠 张晨 刘桂彤 索菲 赵冉 郭银平 于芳芳 刘伟 张迪心 吕彦达 姜凌宇 袁小新 罗燕清 罗韵 王颖萍 李杏超
	劳动与社会保障	09940621 班 李涵雯 王蕊 张帆 李梦宸 张建赜 刘鑫 田爽 李雪青 郭雪燕 王颖 解丹莹 李雪陈 张悦 孟宪薇 杜佶阳 刘日新 申军正 卫征 牛康欣 李明子 徐婷 阿依努尔·麦提图尔荪
		09940622 班 张洪 陈璇 李玥 何文强 李雪丽 王杨 张成 甄圆圆 李飞 陈锐 孙乐 张海洋 董鉴 张蕊 张朋 徐晨阳 罗永峰 叶通 梁甜 仇少峰 依帕尔古·开赛尔

续 表

学 院	专业名称	姓 名
劳法学院	法学（流通法方向）	09940811 班 傅 熙 黄亚妹 陶安然 李欣欣 苏 里 蔡维笑 关宏雅 刘 伟 赵 璐 唐菲菲 张灵吉 屈丽丽 张陈燕 李明洋 黄 毅 刘 娜 田朋越 吴向升 徐 扬 赵丽娜 李胜男 周文俊 韩春雨 方 迪 朱琳琳 张 艳 黄 婧 李玲玉
		09940812 班 陈子君 徐茂纯 包圣营 谷雨晨 吴 晓 姜雨新 许思奇 郭芳芳 倪琮惟 韩佳林 陈 敬 聂晓芙 杜妍雯 苏 晨 金正峻 范瑞琪 孙冰薪 崔 丹 李 璐 安宜男 卢 笛 赵健凯 王晓冬 裘杭程 许思思 马晓云 李岩磊 刘 媛 范 媛
外语学院	英语（国际传播方向）	徐秋曦 石 锐 邱波霓 金永洁 于 超 陶明珠 徐朝阳 郑香君 周述祥 高 璇 郑易非 刘 鑫 李德意
	英语（国际商务方向）	高 阳 郭 棣 黄耀黎 陈 兰 杨丽福 姜可望 王 达 孟雅婧 任玥娇 康兴晨 武梦阳 王 帅 贺美娟 张秉楠 高 莉 李 琦 黄 悦 王 颖 李晓琳 钟丽娟 耿舒予 赵 晨 杨 薇 王润溪 刘冬迪 沙 伟 张 雪 刘 佳 刘永杰 李 頔 刘姝君 郭 新 孙 晨 曹靖华 陈立书 马 丽 吴婷婷 谢宇轩 曾 佳 刘梦楠 孟宪智 魏秋雅 孙 莉 苑梦琪 赵芸萱 刘 蓓 肖盼盼 刘冬冬 蒋雅鑫 董佩霞 周蔓香 郑玉梁 张 烁 曹长胜 龚浩添 杨骏武 崔雪娟 梁 雯 许誉龄 智 洋 张 梦 刘梦雅 张 蕾 秦 勤 骆 丹 王小溪 张腾跃 田 园 张 晴 黄晓婷 张伟一 程 楠 吴淑瑶 周 芸
国交中心	金融学	G0801 班 赵 浒 王 聃 王新星 杨冠珩 王 浩 强 萌 田芳茗 贺 进 王 楠 张健宁 韩 旭 马晓畅 马 欣 张志斌 李 然 韩鹰俊 林 铮 蔡 冉 王佳莹 段梦琳 朱雁飞 李 雅 魏晓楠 袁晓桐

北京物资学院2013年往届学生获毕业证书名单

学 院	姓 名
经济学院	赵天彪 王文丽 张高硕 陈懿筱
物流学院	贾占平 孟靖昀 金 鑫 王 超 祝朝宇 徐 博 吴 昊 程莉丽 耿旭亮 杨天一 陈鹏飞 郑 泰 王 东 杨玉超 陈 谱 李长海 徐金涛 刘 磊 张 宇 苏比·艾尔肯

续　表

学　院	姓　名
信息学院	王雯敏　李　昂　刘之洋　张　稳　陶宝辉　李亚明　吴志惠　舒婷婷　潘　安　谷　鑫　郑　帅　刘志超　王乐章　杨斯阳　吴　璠
商学院	梁倍滔　马　瑞　张　帅　李　超　冉平戈　高建锋　彭　锐　邓　帅　刘鹏远　严弘历　李宇爽　刘月明
劳法学院	刘　超　何增赟　齐　君　赵晓月　陈　璇
外语学院	贺　鸣　陈雨霏　甘效鸣　康兴晨
国际学院	刘章玲

北京物资学院2013届本科毕业生获学士学位名单

学　院	专业名称	姓　名
经济学院	经济学	09940111 褚文菁　刘　喆　郑晓姗　张高硕　马艳蛟　焦凌洁　杨　峥　张　杰　李继伟　吴宇伦　张玉龙　陈　睿　王佳祺　张宇翔　郑果晶　张　辰　周晶晶　赵怡然　闵　悦　程维妙　梁晓迪　孙　训　陈立晶　王禹棋　赵　笛　尤笑薇　武　岳　杨玮琦　夏　彬　胡　鸣
		09940112 王　斑　王　亮　刘　维　高亦强　张宗跃　赵　洋　林　卉　魏思冉　王　浩　赵红帅　郑嘉雨　吴碧君　秦浩驰　汪雨晴　韩平阔　应旭东　赵振宇　闰婧婧　赵阳光　王　珅　王尚奇　孙爱华　张烨洲　冉　艳　刘　奕　冯　帆
	金融学（期货证券方向）	09940121 胡敬雅　王　鹤　严　旭　高树青　褚悦辰　王　珏　何　勤　吴　杨　宋美钰　王丽源　张云平　陈　思　尹　彤　忽锦峰　薛　辰　沈枫薇　张倩倩　邹晓刚　于　洋　肖　贺　肖朴楠　隗　睿　田建霞　殷　然　关景云　夏　睿　姚　晔　吴　楠　赵方禹　闻　雯　王　阔　王海峰　李新焕　赵　玥　张曼曼　刘牧乔　曹　通　王帅尧
		09940122 季文武　郑海洋　叶兆文　吴凯华　尤　槟　刘晓辰　杨雪杉　王彦琪　邓　菲　王嘉腾　吴　晗　刘煜桦　马凤娇　魏　莉　聂　鹏　崔　静　桂　寅　何之琳　曹雪竹　武　剑　梁淑茵　夏　瑜　田庆阳　程　姣　梁婧姚　田　洁　陈　晨　陈晶晶　张　跃　谢　憬　张　姝　张　敏　高　扬　李骅阳　李鹰华　马玉洁　欧阳静宜

续　表

学　院	专业名称	姓　名
经济学院	国际经济与贸易	09940131 季　阳　高　帅　宛　安　李　堃　黄焯荣　黄永清　陈懿筱　王　昭 何琨宇　付狄雯　李　硕　王　学　陈娅妮　张恩宁　龙　奕　李兰佳 钱佳军　高飞鹏　杨　光　张骐璠　刘凯　施爱惠
		09940132 余芳芳　谭亚星　刘　晨　吕彦蓉　郭一方　李　艳　王冠桦　刘冬鹏 王群皓　董　宁　张奕宾　段龙飞　陈嘉奕　崔秀娟　满　阳　惠　蔷 韩　杨　雷曦子　洪　瀚　王　彦　孟祥宇
	金融学	09940141 侯梦洁　胡可欣　周　丹　聂　鑫　张灵嘉　王佳培　魏　爽　孙翠翠 金　童　齐　跃　李京云　喻海娥　刘锦宇　赵乐祥　周怡君　许　艳 陈　龙　闫孟娇　王关敏　杨梦瑶　王晓颖　王欣妍　刘　磊　孟德跃 孙　路　计娇娇　李　毅　张　强　鲁　岩　张　逊　薛德敏　夏呈姿 潘春光　吴止境　马　容　刘　俊　许　彤　伍　曼　刘翼嘉　吉克何梅
		09940142 刘叶舟　许天贻　王　惠　沈　宁　林　佩　康汝馨　王　慧　李媛媛 范　嘉　王向君　勾春梅　刘烨龄　刘坤玲　陈　溪　赵佳蕊　唐文文 沈雨欣　孙璐昕　肖　纯　傅　强　王　蕾　吕建英　李　庚　张梦然 朱　琳　王含章　贾耀东　杨月鑫　姜思莹　何月华　丁　娜　彭静璇 龚　月　张旭男　刘海龙　王江华　于　哲　牛　琛　蔡　柯
物流学院	物流管理	09940711 黄荣初　姜文哲　刘　康　陈德光　印　华　陈　卓　刘天问　赵锴鑫 田　楠　史伯勋　张思雅　田　园　任　哲　王　东　吕正然　杨　爽 付　晨　张佳星　赵　璐　杨　帆　黄宝红　李琼余　汤云瀚　盛　洋 邵　璞　秦豪杰　石　俊　初倩倩　张庆春　石瑷瑄　杨佳宁　林建明 所　萌　刘家平　桂　岩　赵明颖　刘睿潇　何　蕾　哈力木拉提
		09940712 洒　雨　赵　骁　高九洋　桑冰峰　李　健　钟　豪　管珍宁　田　阳 杨　逸　闫　昊　回建宇　吴晓彤　李亚楠　董迪聪　龚博然　杨玉超 陈　谱　李长海　卢　佳　池华远　王　赛　张　佳　龙钊伟　梁　晓 李　贝　肖银妮　李洋洋　张俊恺　姚　南　邢　玥　董育宁　苏　然 张　璋　朱鑫洁　蓝雅颖　朱晓宇　苏比·艾尔肯

续　表

学　院	专业名称	姓　名
物流学院	物流管理	09940713 蔡永娟　王　梓　温　鑫　李　天　杨海琳　燕　洋　回天祥　刘　坤 张　蔷　丁硕鑫　赵　峥　刘泰然　杨　旭　崔东瑞　王　健　孙　岳 李娇娇　杨　茜　饶　星　钟远翔　周真霖　于文骐　刘雅慧　王续达 胡志文　邝云娟　李　晗　董心歌　郑晓琨　王　翔　窦雪梅　刘广明 邓炜杰　王　洁　欧阳仁泽
	物流工程	09940721 马　强　李骏奇　黄继朋　王　喆　齐　蕊　刘　淼　黄　俊　陈麒妃 段　昊　王秋雪　车　珺　王　雪　王　跃　张　军　寇翠娜　娄学彬 刘宏彬　闫钰超　任艳丽　蒲海军　黄小丽　杨　华　赵洋洋　张清楠 关天鸿　郝江栋　陈宇腾　乌　迪　唐继武　袁默飞　肖　海
		09940722 赵思蕊　陈霈霖　包　坤　高　超　韩昱璇　袁学勇　孙凤岩　吕梦清 高亚轩　张沛然　左洁琦　艾　伦　黎丹丹　朱晓月　张海鹏　洪　伟 张海敬　江婉婷　商建楠　杨　蕊　宋　微　白　洁　贾凯强　李　逸 吴俊杰　刘晓敏　薛明杰　公旭鹏　李振僖
	物流管理（国际采购与供应链管理）	叶嘉卉　程　凯　龚旭君　刘海艳　朱　淼　芦　巍　杨　柳　侯可心 王祎玥　殷小涵　张　鑫　方雨濛　莽御旻　郭泽宁　李蒙蒙　莽宇坤 吴占雷　祁　浩　李美娇　朱　莉　刘倩颖　李　颖　王　钰　杜建松 马玥馨　李晓露　邓万杰　蒙雨薇　孙文佳　廖新宇　黄增杰　杨天羽 左延龙　刘馨桧　刘建峰　于洪洲　张　闽　韩　麟　李玄机　张天娇
	机械设计制造及其自动化（物流设备工程）	符　友　张天旭　孙　正　李东东　吴　畏　芦平升　刘凯新　何　长 代秋颖　王　硕　杜月腾　张　帆　祝亚亭　蒋建航　岳　斌　刘　伟 徐金涛　夏明阳　鲁　阳　赵俊童　赵　帅　姚丽莉　杨　杰　徐仁洪
	商品学（商品质量检验与管理）	09940771 孙奕晨　郭　异　卢　博　齐　静　崔　男　代　莹　贾雪菲　于晓琪 张丽莹　姜旭雷　李阿蒙　姚月娟　张　可　黄旭阳　杨　丹　贾旭阳 郭晓丽　王飞跃　孟维俊　王梦迪　朱　颖　林静柔　刘　磊　胡　亚 孟金广　陈　健　张　宇　刘洋秋月
		09940772 李泽伦　孙　淼　桑　迪　孙　骞　吴　迪　郭骐锡　赵怡然　王晓哲 欧京京　汤小璐　魏　利　张　宇　魏亚节　王璐璐　陶晓宇　张春莲 田洪磊　杨　晓　郑　凯　颜兆红　王椿宇　黄克文　赵　颖　姚婷婷 王仲振

续 表

学 院	专业名称	姓 名
信息学院	信息管理与信息系统	09940500 余 谦 王 丹 张力伟 许海涛 谭欣欣 苏 祥 楼 聪 徐 丹 杨雨青 郭子艳 白雅楠 怀晓婧 唐百城 刘佳星 左泽剑 赵艳伟
		09940501 夏海波 聂 琨 曹 亮 王学良 刘 丹 王日骁 刘苗苗 高翰林 郭 磊 李佳星 张 洋 魏 婷 李 晨 孙 杰 兰 旭 刘 蕊 邢 晨 张媛媛 刘占清 郭文文 关 阳 王 帅 田 甜 胥 娇 张 磊 宾晓萌 甘佳铭 高 言 谭一哲
		09940502 高 颖 王石佳 任俊佳 刘 凯 安翔云 李 梦 夏添添 刘博雄 张 薇 杨芳琨 王 鑫 王 田 黎 明 毛 森 周人杰 张 怡 张久强 谷 鑫 倪星慧 马腾跃 牛仲阳 杜敬鑫 赵 萌 马 艳 郑 帅 邢彦京 张 硕 姚祖辉 张 昴 曹 童 张久玲 于鹏飞
	信息管理与信息系统（计算机软件应用与开发）	09940503 傅煜博 耿 斌 乔艳丽 徐 宁 张 跃 侯 斌 王明明 宋小翠 张 超 梅葆瑞 韩 帆 张 彤 李 思 王金龙 石 祺 孙鸿羽 刘智渊
	电子商务	09940504 关 敏 王志民 范国良 杨 波 赵 哲 陶红宇 高跃伟 郭 超 张学斌 曾雪文 刘志超 王高峰 付 萌 孙 岳 金佳兴 高 圆 董 彬 徐 坤 申 林 王 青 卢婷婷 郭 鑫 彭瑞丽 徐聿丰 张 辰 王翔宇 王思达 贾澍泽 李 壹 赵 凯 张 赫 李汉祥
		09940504 李 超 李义军 郑天宇 李悦宁 宋 越 张百万 王 琳 廉旭成 董 阳 林 童 鲍宏凯 刘鸣飞 杨志宇 胡 全 任 杰 金 庸 王乐章 夏鹏飞 刘一凡 李晓鲤 王楚涵 支 妍 张 然 马飞超 张 伍 马原野 张自强 陈 强 艾科拜尔·麦麦提江
	计算机科学与技术	09940506 刘志昆 张 莹 孙金秀 范亚赫 吴 俣 王旭晨 李驰飞 陶 汉 郑辅桐 宋 键 张 楠 刘国琛 樊 超 杨斯阳 张祎河 任 霏 苏立阳 权雨农 吴妙生

续　表

学　院	专业名称	姓　名
信息学院	信息与计算科学	09940507 魏一卓
	统计学	09940507 张帅 宋佳 赵卫东 黄丽莉 王丹清 何丹 张婷婷 王佳 廖叙霖 于彤昆 李骏驰 安琪 李杨 张伶玉 李冉 苏晓萌 孙玮奇 孟丹 彭怡瑶 刘颖超 王东黎 佟琳 王亚超 王蕊 郭雪晴 赵敏
		09940508 陈静 李娜 柯雅雅 任意 刘晓君 李佳丽 张昊 刘昱喆 牛洪斌 张彤 刘彬 梁震 高悦 冯诗轩 陈晨 李泽豪 徐晓 葛子豪 桂路平 杨帅 吴璠 冯光宇 狄润衍 邓晶晶 齐菁
		09940509 陈燕 耿卫强 吴秋果 陈文鹃 朱慧 孙悦 康蓉 王璐莎 张贺 姜仕奇 申丽雪 刘晓丹 张卫 汤畔 王晓楠 杨朗 王雅薇 顾亮 张榕芳 袁鑫泉 刘淼 刘慧眸 刘山萌 于月 蒋天胤 段维康
商学院	会计学（注册会计师方向）	09940421 屈辉 胡婧 马静 王迪 白思晗 吕思圆 乔琦 孟琳 刘丹 李芸 陈珺 王然 周爽 杨博娇 曹莹 刘慧彬 王佳 王小燕 郭婷 梁嘉琪 张梦瑾 刘敏强 李敬楠 周佩嘉 白雨鑫 曾萝娜 张婷婷 郭安然 刘晨 张妍 王静 王俐萌 王昊天 宋亚斌 杜楷杰 刘钟凌 钟俊丹 万星泽 张琼 孙嘉鸿 金海霞 王意 张慧娟 谢雨伶 恽含
		09940422 张露月 邵琳瑢 杨燕华 郝玉婷 段琳洁 赵昶 陈博雅 苏梦 苗冠南 李丹 张怡 封菲 王燕 张东伟 于也 尹未珅 张帆 王俊峰 王姗姗 李石月 杨丽娜 李杰 潘芳勤 李亦雷 王黎 闫婧宜 张静雅 田野 吴惠丹 蒋弈敏 郭贞 刘艺鹏 尹玲慧 秦柳枫 陈慧 孟繁竹 付瑶 张岩 黄雨倩 侍雨菡 刘信均 王迪 李晓洁 张莉 孙舒 朱艳玲 高雅

续 表

<table>
<tr><th>学 院</th><th>专业名称</th><th>姓 名</th></tr>
<tr><td rowspan="6">商学院</td><td rowspan="2">会计学（注册资产评估师方向）</td><td>09940431
于 洪 冯 川 于 喆 郑媛媛 耿小强 孙 越 沈菁菁 邵 暄
贾晓蕾 王 端 李 晶 张彦君 刘月明 王怡鲆 修昊原 王 坤
郭文凯 彭兴雪 张 阳 李 斌 王意涵 丛 骁 侯 宇 李晨曦
巩步升 何金蓉 秦 鹏 江海燕 赵 磊 韩欣洋 赵 彬 刘宇飞
王立静 沈丽丹 韩曲陈歌 木合塔尔亚森</td></tr>
<tr><td>09940432
王奇南 施 文 赵宛婷 杨 爽 吴伯文 刘 畅 刘艳婷 冉 禛
陈欣悦 方名扬 隗似月 郭 洁 李 淼 庞立维 崔亚楠 杨 擎
王 莹 杨彤彤 于 雅 朱贵俊 戴朋霖 王宇弦 何婧一 练慧敏
刘 洋 于 德 贾艳玲 张珂莹 杨 乔 蒲梦璇 王琼瑛 孙 博
王 静 解华楠 崔晶晶 卢春燕 格亚斯·阿卜力米提</td></tr>
<tr><td rowspan="2">财务管理</td><td>09940441
杨梦寒 李东霖 马 征 吕文佳 戎想蓉 孙 畅 宗光未 孟皙昀
郑 丹 李艳洁 杨婉婧 杜 丹 朱京海 鲁 育 陈荣鑫 李海新
姜晶晶 高丽静 薛 迪 苏丹丹 王志佳 郭婧菲 张 鹏 梁 雨
陈岱荣 闫 硕 吕 娜 谢康婷 邹蕴怡 张颖璘</td></tr>
<tr><td>09940442
宛 然 赵茜茜 王志钧 张 希 彭 湃 冯思远 张晓熙 姜玥迪
范泽钰 赵雁南 谢一鸣 杨晓婉 李宇轩 王 萌 石 瑶 王 晗
马金梁 刘 洁 李经纬 唐 倩 王馨漪 姜秋红 刘久会 朱倩珉
蔡 猛 丁宇农 龙丹妮 郑雪梅 王 丽 张 薇 李杨洁 冉北居</td></tr>
<tr><td rowspan="2">工商管理</td><td>09940411
邓 帅 梁 帅 贾 邈 乔梦骄 武亚杰 王光远 刘鹏远 严弘历
吴绪北 刘玉婷 郭硕利 王 婉 李 畅 于 征 张俊爽 刘家骥
杨 飞 展建垒 徐莹洁 段兴玉 张 雯 郭泽英 郝微英 王 乾
李卓然</td></tr>
<tr><td>09940412
何玉娟 刘 莹 罗 旭 张 亮 蔡 雨 赵雨辰 王 梓 谢晨雨
刁斯栩 朱孟琦 王秋实 王 超 李宇爽 张熠舟 刘 赫 白 宇
徐俊楠 张 余 冯 雪 席敬存 侯 菲 彭 也 潘静思 刘 宪
王乔阳 马逸斌 胥紫菁 张 杰</td></tr>
</table>

续　表

学　院	专业名称	姓　名
商学院	市场营销	09940451 聂晓敏　周　萍　黄　硕　胡　靖　李丹妮　宗钰丰　房盈莹　杨赜宇 赵伟华　任跃婷　杜　萌　杨　雷　裴　桐　朱维宇　李　丹　侯雪松 张传聪　王　妍　李成诚　徐灿涛　万云龙　张国彬
		09940452 严　萌　郭雅然　杨傲雪　张辛未　郭延峥　王　晶　王琪岩　韩文静 杨　旭　高　阔　李悦源　贾文琪　郭　贺　王卓颖　林初晓　林嘉杰 龙　云　辛思玥　孙婷婷　肖文轩　高　翔　王　婷　司马鑫　梁　楠 潘秋利　田　萍
劳法学院	人力资源管理	09940611 钱　乾　查瑞琪　刘婷婷　袁　毅　李　婧　李　蕊　邢运华　任　敬 王　怡　张　蕊　常筱萌　谢春鑫　朱静怡　崔亚立　陈　倩　赵　宇 刘梓萱　刘　菁　王靖淇　王　雪　田春辉　孙明月　郭羽婷　韩阳阳 何　鹏　贾雪菲　蒋　冲　宋璟冉　杨伟娇　陈　碧　梁钊浩
		09940612 杨富深　崔博文　吴芳菲　徐　帅　周　畅　张　雯　张文婷　许　珺 周宏婕　芦郢雪　耿路力　邢晨晨　翁会杰　王浩亦　李　帅　任小婉 刘　晴　马红燕　杨　翠　程思琪　郝秀梅　蒋丽水　李家冀　王博蕊 苏妍婷　丁　晨　黄栎颖　王新蕾　阿提开姆·图尔迪　张美慧子
		09940613 周立霞　王　雪　赵函雍　崔雨涵　郑　莹　张婧奇　张　晗　焦　鑫 徐　杨　刘梓航　王　博　付利晴　邓亚楠　张　晨　刘桂彤　索　菲 赵　冉　郭银平　于芳芳　刘　伟　张迪心　吕彦达　姜凌宇　袁小新 罗燕清　罗　韵　王颖萍　李杏超　季雨洁　程　艳
	劳动与社会保障	09940621 李涵雯　王　蕊　张　帆　李梦宸　张建赜　刘　鑫　田　爽　王　颖 解丹莹　李雪陈　张　悦　孟宪薇　杜佶阳　刘日新　申军正　卫　征 牛康欣　李明子　徐　婷　郭雪燕　李雪青　阿依努尔·麦提图尔荪
		09940622 张　洪　陈　璇　李　玥　何文强　李雪丽　王　杨　张　成　甄圆圆 李　飞　陈　锐　孙　乐　张海洋　董　鉴　张　蕊　张　朋　徐晨阳 叶　通　梁　甜　仇少峰　罗永峰　依帕尔古·开赛尔

续 表

学 院	专业名称	姓 名
劳法学院	法学（流通法方向）	09940811 傅 熙 黄亚妹 陶安然 李欣欣 苏 里 蔡维笑 关宏雅 刘 伟 赵 璐 唐菲菲 张灵吉 屈丽丽 张陈燕 李明洋 黄 毅 刘 娜 田朋越 徐 扬 赵丽娜 李胜男 周文俊 韩春雨 方 迪 朱琳琳 张 艳 黄 婧 李玲玉 吴向升
		09940812 陈子君 徐茂纯 包圣营 谷雨晨 吴 晓 许思奇 郭芳芳 倪琮惟 韩佳林 陈 敬 聂晓芙 杜妍雯 苏 晨 金正峻 范瑞琪 孙冰薪 崔 丹 李 璐 安宜男 卢 笛 赵健凯 王晓冬 裘杭程 许思思 马晓云 李岩磊 刘 媛 范 媛 姜雨新
外语学院	英语（国际传播方向）	徐秋曦 石 锐 邱波霓 金永洁 于 超 陶明珠 徐朝阳 郑香君 周述祥 高 璇 郑易非 刘 鑫 李德意
	英语（国际商务方向）	黄耀黎 陈 兰 杨丽福 姜可望 王 达 孟雅婧 任玥娇 康兴晨 武梦阳 王 帅 贺美娟 张秉楠 高 莉 李 琦 黄 悦 王 颖 李晓琳 钟丽娟 耿舒予 郭 棣 赵 晨 杨 薇 王润溪 刘冬迪 沙 伟 张 雪 刘 佳 刘永杰 李 頔 刘姝君 郭 新 孙 晨 曹靖华 陈立书 马 丽 吴婷婷 谢宇轩 曾 佳 刘梦楠 孟宪智 魏秋雅 孙 莉 苑梦琪 赵芸萱 刘 蓓 肖盼盼 刘冬冬 蒋雅鑫 董佩霞 周蔓香 高 阳 郑玉梁 张 烁 曹长胜 龚浩添 杨骏武 崔雪娟 梁 雯 许誉龄 智 洋 张 梦 刘梦雅 张 蕾 秦 勤 骆 丹 王小溪 张腾跃 田 园 张 晴 黄晓婷 张伟一 程 楠 吴淑瑶 周 芸
国交中心	金融学	G0801 赵 浒 杨冠珩 王 浩 强 萌 田芳茗 贺 进 王 楠 张健宁 韩 旭 马晓畅 张志斌 李 然 韩鹰俊 林 铮 蔡 冉 王佳莹 段梦琳 朱雁飞 李 雅 魏晓楠 袁晓桐

北京物资学院2013年往届毕业生获学士学位名单

学 院	姓 名
经济学院	李木子 牛 津 王文丽 夏 冬 赵天彪
物流学院	陈鹏飞 程莉丽 段 磊 耿旭亮 贾占平 金 鑫 李 钊 孟靖昀 王 超 王世杰 吴 昊 徐 博 杨 晶 杨天一 杨 义 张炜煜 张依一 郑 泰 祝朝宇

续　表

学　院	姓　名
信息学院	陈　政　李　昂　李　昊　李　硕　李亚明　刘晶生　刘之洋　孟小强　潘　安 庞　阳　邳靖雯　舒婷婷　陶宝辉　王雯敏　吴志惠　张　稳　周东宇
商学院	邓益铎　高建锋　胡凡凡　黄晓丰　梁倍滔　马　瑞　彭　锐　皮亚楠　冉平戈 吴　瑶　张　帅
劳法学院	陈蔚平　陈雅馨　何增赟　霍晶晶　马煜明　齐　君　王晓菲　熊宇炎　闫新乐 姚　鹏　赵晓月
外语学院	贺　鸣　陈雨霏　甘效鸣
国际学院	刘章玲　白岸宁

（撰稿人：常静　郭键）

北京物资学院2013届成人高等教育毕业生名单

专业名称	姓　名
物流管理	专升本（业余）： 于付龙　于艾双　马小川　孔小芳　毛嘉丽　王　力　王大伟　王　飞　王天宝 王　冰　王丽丽　王建新　王金玺　王秋苑　王　跃　王　童　王　聪　王　蕊 王　震　邓　超　付子薛　宁　洁　白小雨　乔　争　刘　伟　刘绵绵　刘新生 孙　叶　朱宝明　朱晓萌　许鹏飞　何广锋　吴君平　囤承璞　宋华楠　宋宝征 宋　超　张　宁　张　宁　张　宇　张秀丽　张　沫　张　健　张　娣　张　睿 李　军　李　华　李　炜　李　娜　李　倩　李艳春　李雪中　沈　闯　肖子良 肖　远　陈　洋　陈　婷　周　洋　岳冠男　房淑丽　武亚文　罗霄鹏　祝明娟 种新媛　赵伯亚　赵学伟　赵　娜　赵晓娩　赵　薇　党国明　徐　艳　聂征楠 袁宜华　崔宇微　崔志新　崔艳明　曹苏莉　黄方来　葛　娜　董　鹏　谢　建 廖　凯　廖　然　臧超群　阚　威　樊　申　霍金凤　霍晓鹏
	专升本（函授）： 田雪琪　周鸿生　潘培志
	专科（业余）： 马　辰　孔丹丹　孔令迪　王万鑫　王文财　王守明　王岚岚　王坤林　王　拓 王　昆　王　峰　王晓楠　王海峰　王　翔　王瑞兴　王龄庆　冯　晨　包崇科 卢林红　田承春　白园园　刘少雯　刘长根　刘兴佳　刘梓漪　朱美儒　朱　磊 江美娟　汤凯博　吴金亮　宋海明　张卫凤　张　飞　张方圆　张　旭　张　妍 张志高　张国霞　张泽凌　张　寒　张寒雪　李一丁　李　冰　李京城　李武明 李　娜　李　洁　李　洋　李　虹　李　博　李　楠　李　楠　李鹏举　李德欢 杜礼园　杨思聪　杨晓凯　杨　清　陆金远　陈民月　陈玉亭　陈俊杰　陈　娜 陈　娥　单　利　周玉洁　周艳霞　周　盛　周　雪　房伟号　林日红　果玉连 姚亚东　姜　南　段　鹏　胡淑红　赵海青　郝　亮　郝婉婷　徐　英　徐晓旭 秦光威　郭　庆　郭红强　郭　涛　高　尚　曹　爽　彭宇跃　彭　阳　景　斌 董　杰　虞婷媛　解晓威　管　帅　滕伟鹏　潘　旭　潘　新

续　表

专业名称	姓　名
物流管理	专科（函授）： 马小霞 马冯琴 马　丽 马苏红 马国龙 马银巧 牛沐然 王子文 王子渝 王　飞 王艺东 王艺超 王东宁 王杰鹏 王　松 王泽治 王　炫 王　琦 王谢芳 王满生 王　靖 韦　微 卢柏全 史晓雷 甘巧妮 田　泽 申振波 白居洋 石涵宇 乔富英 刘小杰 刘好杰 刘治华 刘法军 刘泽强 刘艳红 刘艳萍 刘高琪 刘德伟 刘慧姣 刘　藏 吕兴中 孙碧莲 孙翠珍 朱少文 纪威杨 许译方 达晓婷 达朝珍 阳　鹏 何健福 吴昊天 吴奕达 吴梦莹 宋振乾 张广强 张亚平 张伯伦 张国雄 张　剑 张　娇 张　荣 张晓雲 张　浩 张　雯 李龙龙 李吉龙 李晓彤 李菊霞 李雪娇 李雪菁 李雪燕 李婷婷 李　强 杜艳霞 杨新海 陆丽梅 陆美蓉 陈世林 陈立辉 陈肖鹏 陈国华 陈　艳 陈艳艳 陈艳媚 陈梦宇 陈富娟 周文杰 周红叶 周　静 岳　英 庞艳芳 林芳芳 林　婧 武志强 罗云燕 罗厚厅 苗长春 范世红 范艳萍 范新红 范瑞凤 郑玉霞 侯壮壮 姚惠琴 胡靖羚 赵朋朋 赵彦霞 赵鹏程 郝嘉欣 凌　琳 袁　方 贾伟玲 贾晓虎 贾　琪 钱宇涵 高宗兰 高　玮 高　榕 寇明晶 寇德伟 崔林林 梁冬萍 梁家辉 梁家鑫 梁海鹏 梁艳素 梁静丝 黄文英 黄艺容 黄　圳 黄　雄 彭海敏 温　斌 董敬民 韩小霞 韩宇星 韩卷宏 韩金笑 简永富 蓝　凯 雍志祥 谭碧娴 滕家虹 黎宗元
会计学	专升本（业余）： 于　涛 马月娥 马利国 马志远 马宗甫 马　赛 牛晓雯 王月红 王玉茹 王利新 王　佳 王林芳 王秋梅 王　雪 付寒蕾 冯　明 田　齐 刘小燕 刘立俊 刘　征 刘秋露 刘　旋 刘梦楠 刘　跃 朱凤华 汤雪飞 许　媛 邢　丹 邢爱立 严　峰 吴志红 吴　娜 吴　晶 囤旭颖 宋迎新 宋　洋 宋蕊宇 张　丹 张玉娟 张立建 张立娇 张　杨 张国伟 张　贤 张　娈 张爱芬 张　莹 张　萌 张雪丽 张雪蕊 张　瑜 张　翠 张　磊 李宁宁 李亚玲 李　阳 李　欣 李　娜 李思萌 李春艳 李晓雨 李　婧 李　薇 杜吉刚 杨　沫 杨　雪 杨　超 杨　静 苏　妍 邱　静 陆　莹 孟　娜 宗文海 武晓林 郑景然 金梦婷 姜　娜 柳　博 胡宗臣 赵玉平 赵　莹 赵雅莉 郝　明 钟宜茜 徐雨辰 翁乃燃 耿珊珊 袁　展 郭伟亮 郭利利 郭　静 高　潞 商学仿 崔晓蕾 康　明 曹　爽 曹　菊 曹　颖 梁孟艳 梁　辉 梅雪利 梅　智 龚雪楠 彭　晶 彭　蕊 谢思芸 韩　波 路　丹 路　碌 靖　婧 臧宏伟 蔡昕怡 蔺瑞明 裴二园 樊一敏 薛京京 魏　然
	专科（业余）： 仇　丽 孔燕红 王　凤 王凤磊 王　龙 王　欢 王金秋 王星星 王　娟 王　聪 丛珊珊 冯春龙 冯维博 卢　萍 史晓伟 左璐明 申绿亚 刘志燕 刘金霞 刘春海 刘艳茹 刘添笑 刘　新 吕金梅 吕晓琳 孙继英 许　凯 何海双 宋建超 张力英 张　丽 张丽玲 张丽莉 张　志 张　娜 张晓然 张艳杰 张　朝 张增双 李长政 李玉娟 李欢欢 李明磊 李春玉 李　倩 李　倪 杨　磊 杨耀辉 沈飞鸳 邵　南 周迎春 周贵玉 孟庆玲 季　婷 林　宇 林来琴 郑　勇 胡新蕊 赵　宇 赵素平 徐国英 袁　萌 贾湘军 郭　晨 高竹萌 高　越 常永娟 曹　华 戢　丹 戢　艳 曾佳丽 韩　颖 詹丽英 潘鑫月 魏　楠

续　表

专业名称	姓　名
市场营销	专科（函授）： 王子宁　张　龙　朱鹏辉
人力资源管理	专科（业余）： 于海月　马军喆　马金凤　马雪莲　马　琤　毛超华　王丹妮　王云凤　王　天 王少博　王立波　王志文　王怀庆　王　凯　王国庆　王　娜　王春齐　王　寅 宁佳珊　刘子龙　刘　哲　刘崇博　刘颖娟　刘　瑶　孙　蕾　安佳增　汤晓东 张发展　张　亚　张伟伟　张　宇　张　丽　张洪涛　张　雪　李　丹　李凤杰 李天宇　李冬利　李　阳　李学海　李　茜　李晨溪　杨　斌　沈　月　肖　桐 花海燕　陈　郑　陈艳姣　陈福静　单亚男　周亚茹　尚珊珊　林　雪　武静玉 郑万功　郑　君　金　曼　侯超颖　段志敏　胡　月　赵　云　赵倚天　郝梦娇 闻　靖　党　心　徐　越　聂连丽　贾依莎　郭书华　崔学伟　常　嘉　曹晓兰 梁喜梅　黄　蓉　景一峰　焦伟明　程　星　蒋克冀　谢周兵　谢春霞　廖萌萌 穆瑞超　衡　颖　魏英军

北京物资学院2013届成人高等教育毕业生获学士学位名单

专业名称	姓　名
物流管理	专升本（业余）： 王　冰　王金玺　田雪琪　乔　争　刘新生　吴君平　张　健　李　娜　李艳春 李雪中　沈　闯　武亚文　赵晓娩　赵　薇　徐　艳　崔宇微
	专升本（往届，业余）： 胡艳凤
会计学	专升本（业余）： 王林芳　王秋梅　刘小燕　刘秋露　严　峰　宋　洋　张　丹　张立娇　张雪蕊 李　阳　李思萌　李　薇　苏　妍　姜　娜　翁乃燃　耿珊珊　郭利利　商学仿 彭　蕊　路　碌　靖　婧　蔡昕怡
	专升本（往届，业余）： 王　怡　张嘉民　李园园　李　洋　杨金凤　邴玉平　陈　晖　寇丽洁　葛　军

（撰稿人：王守信　罗新东）

第十四篇 媒体报道选辑

中国教育新闻网

中国教育报 CHINA EDUCATION DAILY

2013年07月04日 星期四

北京物资学院——

书记担任班主任 管理跟到第一线

本报记者 [illegible]

“对我们这些想考研的学生，学校能不能在暑假开放图书馆？”“学校三食堂伙食很好，能不能扩大面积让更多的同学去用餐？”日前，在北京物资学院物流学院一间教室里，大三物流专业的36名学生在班会上向班主任李石柱提意见。李石柱一边听，一边认真地在本子上记着。这个场景是学院党委书记李石柱担任班主任的班会课现场。

自2012年3月到北京物资学院就任党委书记以来，李石柱先后担任了学校6个班的班主任。这6个班分属学校6所学院，涵盖了大一到大四所有年级。每个月，李石柱都会抽出专门的时间，为一个班召开主题班会。

只要是有关学习、思想和校园生活的事，学生都可以当面跟李石柱反映，而李石柱也是当场回应并安排落实，让学生感觉学校真的在乎他们的感受。

然而，对学校管理团队来说，书记担任班主任，意味着监督跟到了一线。学校后勤处处长说：“李书记直接跟同学面对面，学校管理的各个方面有什么问题当时就能知道，感觉多了好多双眼睛在监督我们的工作。”

实际上，担任班主任并不是北京物资学院校领导将管理跟到一线的唯一渠道。在北京物资学院还有一个“校长助理团”，所有成员都是在校学生，每个团员担任一位校级领导的助理，收集同学对学校教学管理的意见，直接向校领导反映。他们还可以接受校领导委托，向学校各职能部门询问改进的进展。

李石柱说：“学校应以学生为中心。校领导如果只听职能部门的汇报，不知道学生的所思所想，是无法高效推动学校建设的。担任班主任后，学校了解学

第04版：新闻·综合

第01版：要闻

第02版：新闻·热点

第03版：新闻·深度

第04版：新闻·综合

第05版：区域周刊

第06版：教育展台

北京物资学院书记担任班主任 管理跟到第一线

“对我们这些想考研的学生，学校能不能在暑假开放图书馆？”“学校三食堂伙食很好，能不能扩大面积让更多的同学去用餐？”日前，在北京物资学院物流学院一间教室里，大三物流专业的36名学生在班会上向班主任李石柱提意见。李石柱一边听，一边认真地在本子上记着。这个场景是学院党委书记李石

柱担任班主任的班会课现场。

自 2012 年 3 月到北京物资学院就任党委书记以来，李石柱先后担任了学校 6 个班的班主任。这 6 个班分属学校 6 所学院，涵盖了大一到大四所有年级。每个月，李石柱都会抽出专门的时间为一个班召开主题班会。

只要是有关学习、思想和校园生活的事，学生都可以当面跟李石柱反映，而李石柱也是当场回应并安排落实，让学生感觉学校真的在乎他们的感受。

然而，对学校管理团队来说，书记担任班主任，意味着监督跟到了一线。学校后勤处崔处长说："李书记直接跟同学面对面，学校管理的各个方面有什么问题当时就能知道，感觉多了好多双眼睛在监督我们的工作。"

实际上，担任班主任并不是北京物资学院校领导将管理跟到一线的唯一渠道。在北京物资学院还有一个"校长助理团"，所有成员都是在校学生，每个团员担任一位校级领导的助理，收集同学对学校教学管理的意见，直接向校领导反映。他们还可以接受校领导委托，向学校各职能部门询问改进的进展。

李石柱说："学校应以学生为中心。校领导如果只听职能部门的汇报，不知道学生的所思所想，是无法高效推动学校建设的。担任班主任后，学校了解学情、校情的窗口设在了学生身边，从学校管理的角度，抓住了学生的需求就抓住了提升职能部门效能的龙头。让职能部门参加班会也是一种督促，否则干部太舒服了，服务对象就不会舒服。"

然而，这还不是李石柱坚持担任班主任的全部用意。他认为，让学生在班会上学会表达自己的观点，思考实际需要解决的问题，本身也是一种教育过程。

李石柱在班会上非常注重学生表达意见的细节。他要求每名学生在表达意见前能用简短的自我介绍给对方留下深刻印象，学生不仅要对学校管理提意见，还要思考解决问题的建议。

一件小事证明了让学生参与学校管理的价值。在第一轮班会上，李石柱听到不同班级的学生都反映一段时间以来学校操场的照明不好，一些学生还担心安全，不敢在晚间锻炼。他将这个问题交给"校长助理团"调研，发现操场照明不好是因为学校设施改造而受到影响，短期内无法解决。随后，李石柱建议学校采用临时措施。最终后勤部门通过安装应急照明解决了问题。

（记者：施剑松）

（来源：《中国教育报》2013 年 7 月 4 日第 4 版，http：//paper. jyb. cn/zgjyb/html/2013 - 07/04/content _ 116666. htm？ div = -1）

力避“趋同化”探索高水平特色大学新路径

近年来，在高等教育大发展的背景下，许多高校竞相朝着“高大全”建设目标迈进，“趋同化”越来越严重，已成为中国高等教育发展的困局。为打破这一格局，北京物资学院以中央关于加强教育改革的精神为指导，在实践中积极探索行业性特色型大学的发展路径，使学校呈现了崭新的局面。

行业性高校应突出特色

行业性大学是建国后工业化发展的产物，经过半个多世纪的发展，这类高校已成为我国各类产业发展和壮大的重要支撑力量。就综合实力而言，这类高校虽然与一流综合性大学相比有一定的差距，但在相关行业和学科领域却具有明显优势，是推动行业发展的中坚力量，能够切实担负起相关行业发展的人才培养、知识创新和社会服务的重任，在国内外得到广泛认可，在中国高等教育布局中占有重要位置。

作为行业性高校在流通领域的代表，全国物流管理学科的开拓者、奠基者，北京物资学院创新型办学特点主要体现在：一是初步形成了以物流和流通为特色的专业体系和学科群，教学体系相对完善；二是三十年来培养了6万多名行业毕业生，他们成为学校与行业紧密联系的基础，大部分在物流与流通领域及相关领域（如商贸、期货、金融等）工作，一部分已经成长为行业内的精英骨干，为学校赢得了较高的社会赞誉；三是在物流与流通及相关领域取得了一批科研成果，为行业发展起到了重要支撑作用；四是初步形成了一支以物流和流通相关学科为特色的教学科研人才队伍。

随着我国工业化、城镇化的推进，物流和流通行业获得了重要的发展机遇。特别是电子商务的发展，正在引起物流和流通领域的一场革命。2009年前后，国家先后出台包括物流业在内的十大产业振兴规划，2011年国家出台促进物流业健康发展政策措施的“国九条”。行业的快速发展，需要多层次的专门人才。这为以物流与流通为特色的北京物资学院提供了难得的发展机遇，学校也为建设高水平特色型大学的发展战略定位明确了方向。

高水平特色型大学的高水平和特色是统一的，即高水平要体现在特色上。北京物资学院的特色是围绕特色行业的需求，以特色的人才队伍建设为基础，打造特色的学科体系、特色的专业体系和特色的优势研究方向。高水平特色型大学建设是在这些特色上实现高水平。作为国内唯一的以物流和流通为特色的高等学校，这种高水平就应该是国内领先甚至是国内一流。当然，特色发展必须处理好特色与一般的关系，努力做到一般对特色有效支撑和协调发展。

如何建设高水平特色型大学？在上述认识基础上，北京物资学院确立了“立地”“顶天”两步走的发展战略。第一步“立地”，即用一到两年的时间，建立起产学研用的合作机制，通过开放合作强化与相关行业的结合；第二步“顶天”，即通过国际合作、校际合作、人才引进等途径，重点围绕特色学科、特色专业、特色优势研究方向，大幅提升办学水平，使教学、科研、社会服务达到一个新高度。再用五到十年的时间，使学校在国际上有一定影响。

依靠制度创新强化产学研结合

在“立地”方面，北京物资学院以对外开放合作为导向，以建立产学研合作新机制为核心，结合学校优势学科与特色专业，合理布局、拓宽领域，开展了一系列探索实践。

第一，扎实推进“五大合作”。与中关村科技园区的合作迈出坚实步伐，与通州区政府、中国物流与采购联合会及全国商务系统和证券期货系统的合作已全面启动。

第二，成立并有效运作现代物流产业研究院。研究院下设若干研究所，将项目申请职能并入研究院。先后成立南方物流研究院、工程技术研究中心等机构，整合集中优势资源，突显学科专业特色，开拓对外合作空间。

第三，通过五种形式大力推进产学研结合。

①“一来二去”，聘请优秀企业家担任研究生导师，组织青年教师和学生到中关村企业挂职锻炼或学习创业。

②与校外单位共建校级协同创新中心。

③围绕重点专业和研究所邀请校外专家成立指导委员会。

④建立产业联盟，学校作为秘书处承担日常运作事务。

⑤召开系列学术研讨活动，邀请校外专家介绍产业情况。学校先后邀请100名中关村企业家来校交流座谈，成立以科技金融、流通秩序管理、智能交通与现代物流、物联网技术为主题的4个协同创新中心；围绕新成立的物流统计研究所、农业与食品物流研究所，重组物流技术工程中心，并邀请一批企业、高校、科研院所及政府部门专家成立专家指导委员会；联合中关村30余家企业组成中关村电子商务与现代物流产业联盟；举办中国·北京流通现代化论坛、劳动科学论坛、期货论坛、商贸论坛、流通法论坛等学术研讨会。这五种形式有力推进了产学研用交流合作。

抓住重点学科上水平

在“顶天”方面，北京物资学院紧紧围绕重点学科做文章，学校先后组织物流规划、采购与供应链、物流信息化、农业物流、物流统计等重点领域的相关人员进行研讨，凝练科研方向，梳理科研成果，整合优势资源。以重点领域为龙头，带动其他相关专业协同发展。

上水平将主要通过五大措施：每一个特色学科专业和方向都要制订建设方案；每一个特色学科专业和方向都要与业界结合，做到“落地”；加强人才引进，特别是学科带头人；大力推进国际合作；深化内部体制机制改革。主要包括人事管理、专业技术职务评聘、科研管理、教师考核评价等方面，都要向重点学科倾斜，加快重点学科建设步伐。

经过初步实践，学院已走出了较为封闭的办学状态，增强了师生员工的自信心，激发了教师提高科研能力和水平的热情，为学校实现健康快速发展注入了新的活力。我们坚信，只要学院在服务地方经济社会发展的过程中不断彰显特色，树立品牌，凸显优势，核心竞争力必将得到有效提高，建设高水平特色型大学的目标必将得以实现，高校“同质化”的问题也将得到较好的解决。

（北京物资学院党委书记　李石柱）

（来源：《决策与信息》2013 年 5 月（总第 342 期）43 ~ 44 页）

王旭东：厘清“特色办学”内涵

近年来我国高等教育界研究和讨论比较多的涉及“特色”的关键词有“办学特色”（“大学特色”）、“特色（型）大学”“特色办学”（“特色发展”）等，对各概念的解释莫衷一是。

要克服同质化倾向，实现在不同层次、不同领域办出优质高校的战略目标，从理论上厘清“特色办学”内涵，对于在实践中积极探索特色办学尤为重要。

什么是特色办学

“大学的特色办学”是指一所大学在发展历程中形成的比较持久稳定的发展方式和被社会公认的、独特的、优良的办学特征。这是2002年中外大学校长论坛课题组在报告中给出的定义。而在本科教学工作水平评估中将“办学特色”定义为：“在长期办学过程中积淀形成的，本校特有的，优于其他学校的独特优质风貌”。

可见，办学特色体现在两个方面：一个是个性，即特别之处；一个是优势，即出色之处。“特色型大学”在一般意义上应该是指富有显著特色的大学，但在中国高等教育界，它似乎已成为一个专有名词：“特色型大学”与“行业院校”紧密联系在了一起。有人定义为“特色型大学是指高等教育管理体制改革以前隶属于国务院某个部门，具有显著行业办学特色与突出学科优势的高水平研究型大学。”也有人定义为，所谓特色型大学，是指以行业为依托，围绕行业需求，针对行业特点，为特定行业培养高素质专门人才的大学或学院。也有学者认为，专才培养模式、行业背景等特征，并不是特色型大学的本质属性，特色型大学作为一种类型，区别于其他大学类群的特质，主要体现在学科专业的类型和结构特征方面。

“特色办学”概念与“特色型大学”又不同。所谓特色办学，是高校主动地追求自身特色、发展自身特色、强化自身特色，以特色促办学质量提高，以特色促学校竞争力提高，以特色求得自身更大发展的一种办学战略、办学思路和办学行为选择。“特色办学”体现了办学行为的主动性，更契合《规划纲要》中“办出特色”的精神和要求。

大学发展的必然路径

伯顿·克拉克在《高等教育系统》一书中所讲：“当普遍的不景气发生时，没有特色的院校除在经费预算中的固定位置外，对资源没有特殊的权利。作为一个可与其他院校相互代替的院校，可能被负责削减预算的官员选作多余的单位行大手术或破产拍卖。各种各样的公共当局更可能试图褒奖那些想办出特色的院校，而不是安于故常的院校。”实质上，特色办学不应仅仅是大学的生存战略，更重要的是大学的发展战略。在社会教育资源有限的情况下，推进高校特色化发展，优化高等教育资源配置，发挥有限资源的最大效用是实现高等教育可持续发展的必然要求。

进入21世纪以来，高等学校“办出特色”的呼声越来越高，这种呼声有很强的现实针对性。受计划经济体制影响，长期以来我国高等教育办学模式单一，“精英化”教育观念根深蒂固。随着高等教育的快速发展，旧有的模式、观念已完全不适应“大众化”高等教育的发展。而社会舆论、政府对高校的管理方式和评价标准仍引导着高校盲目攀比，追求高、大、全。千校一面、办学同质化成为高等教育发展的严重弊病。

一批行业院校在倡导高校特色办学中起到积极推动作用。20世纪50年代起我国组建了一批行业院校，以行业为依托，有鲜明的学科独特性，为特定行业培养高素质专门人才。随着高等教育宏观管理体制的改革，这些院校绝大多数脱离了原来的行业主管部门，在探索自身发展路径的过程中，走上“建设高水平行业特色型大学”之路，有力地推动了“促进高校办出特色”相关政策的制定。

特色办学既是高校的战略选择，也是我国高等教育面临的形势任务及高等教育发展规律决定的。随着经济社会及科技的发展，高等教育与社会的关系日益密切，经济社会发展对高等教育提出更高的、多样化的需求，高等教育只有克服千校一面、缺乏个性的趋同化倾向，高等学校只有真正办出特色、办出水平才能适应多元化的社会需要。人民群众对高等教育的需求也日益多样化。一方面，高等教育要促进人的全面发展，要为受教育者的终身发展奠定基础，而人的自然禀赋、成长特质和发展取向是多样化、差异化和特色化的，只有多样化、差异化、特色化的教育才能真正满足人的全面发展的需求；另一方面，高等教育要满足受教育者获得职业生存和发展能力的需求，多层次、多类型、富有特色的高等教育才能使受教育者适应多样化的职场需求。

特色办学必须因校而异

芝加哥大学自 1891 年创立至 20 世纪初，在短短十几年内发展成为一所高水平大学，正是缘于首任校长哈珀（W. R. Harper）确定了富有特色的发展之路，他将英国式的本科文理学院与德国式的研究型大学结合起来，同时遵循美国所特有的进步主义传统，明确大学为社会服务职能，大刀阔斧改革创新。香港科技大学也是如此，有效实施了“小而精”特色战略，在创建后短短的二十多年时间里一跃而成为国际知名的研究型大学。

任何一所高校的生存和发展都受历史和现实、客观和主观各种因素的影响和制约，因此，高校的风貌、特征都是不一样的。不同高校，不仅办学特色的表征不一样，其形成过程也是不一样的。许多世界历史名校，其鲜明特色的形成是长期办学传统的积淀，在一定意义上，这些办学特色是办学者们在追求提升办学质量的过程中凝练形成并传承坚持优秀办学理念、形成优秀办学传统的“副产品”——办学者们未必刻意追求办学特色，但在长期办学过程中形成了办学特色。这其中，既有注重优秀办学传统的继承，也有“敢为天下先”的教育创新精神。

办好一所大学不容易，办出一所有特色的大学更不容易，涉及办学理念、办学体制、管理机制；学科专业结构、人才培养模式、社会服务面向；师资队伍、校风学风、校园文化……任何一所高校不可能在所有方面都形成鲜明特色。实施特色办学战略，就是要结合学校自身实际，在遵循教育规律的前提下，找准方向，在一些甚至是一个方面做精做强，形成优势，打造品牌，从而促进办学整体质量水平的提高。

在遵循教育规律前提下办出“特色”

高等学校要办出特色，但是在追求特色、发展特色的过程中也必须遵循教育客观规律。

高等教育有其自身的客观规律，特色办学是要彰显学校个性，但必须以遵循教育规律为前提。不能为了追求所谓“特色”而违背客观规律。在共性的基本原则面前没有“特例”，那些置普遍规律于不顾的所谓“个性”“特色”是没有生命力的。举例而言，人才培养是高校的首要职能，任何一所高水平大学，即使是顶尖的研究型大学也无一例外高度重视人才培养，如果一所高校为了追求“独特性”，不重视人才培养的职能，片面强调科学研究或社会服务，那么，它能形成特色吗？能持续发展吗？再如，国内有个别地方本科院校不在构建学生全面的知识能力体系、促进学生全面发展、为地方经济社会服务上下功夫，把工作重心放在“考研”课程教学、“考研”辅导与准备上，片面追求毕业生“考研率”，这样的“特色办学”是我们要倡导的吗？

特色办学决不能“为特色而特色”。基于对我国高等教育现状、形势任务的分析，国家提出要“促进高校办出特色”，但我们不能据此把特色办学作为一种“赶时髦”之举，人云亦云，一哄而上，为了特色而特色。我们必须从高等教育规律出发，结合学校实际作认真的理性思考和分析。实施特色办学战略，需要高校主动地追求自身特色、发展自身特色、强化自身特色，但其目的是以特色促使办学质量提高，以特色促使学校竞争力提高，以特色求得自身更大发展。

必须正确认识“办学特色”与“办学质量”的关系。特色是手段，是路径，质量才是目的；特色必须服务于质量的提高。正如有的学者所言：水平比特色更重要，质量比特色更重要。这样，“人无我有”作为特色的标准看来是不够的，还必须看看，我们所拥有的东西水平、质量、效率、合理性与先进性如何，没有质量或者说价值的特色是没有意义的。

（来源：《光明日报》2013 年 1 月 2 日，http：//www. gmw. cn/xueshu/2013 – 01/02/content_ 6220242. htm）

王旭东：社会服务　地方高校的边界在哪里

编者按： 19 世纪末到 20 世纪初，美国的大学以威斯康星大学为代表，倡导“踩在牛粪上的教授才是最好的教授”，提出了大学的社会服务职能。现在，社会服务通常和人才培养、科学研究、文化传承创新并列为现代大学的主要职能。但是有人认为我国大学的社会服务职能相对其他职能来说，在认识上存在缺失和庸俗化、工具化倾向。也有人认为大学教授注重“横向”课题，忙着赚钱，误人子弟。本版约请北京物资学院院长王旭东就大学的社会服务职能以及我国大学，特别是地方大学社会服务职能的发展状况与困境进行深入探讨。

威斯康星思想　大学走出“象牙塔”的缘由

“大学应成为灯塔，积极促进社会发展，使全州的人民都能与这所大学的人才和知识发生联系，使每一户人家从这种联系中得到益处。”——范·海斯

“威斯康星思想”源于美国威斯康星大学的教育实践及办学理念。范·海斯任威斯康星大学校长期间（1903—1918），“社会服务”作为大学的第三项职能被明确和大力倡导。范·海斯提出的“服务应该是大学唯一的理想”“学校的边界就是州的边界”等观点被总结概括为影响深远的“威斯康星思想”。

近代大学肇始于中世纪的欧洲，最初的大学设有文、法、医、神四个学院，只有医学与生活密切相关，神学院却是四个学院的核心。人们将此时的大学称为“象牙塔”，一方面因为大学是研究学问的圣殿，另一方面也反映出当时大学远离社会生产和经济生活的状况。

高等学校清晰的、普遍的社会服务观念始于美国“赠地学院”创办时代。19 世纪中叶，工业化的发展要求高等学校培养工业和农业技术型人才。1862 年，美国出台《莫里尔法案》，该法案规定，各州凡有议员一名，联邦政府便拨给土地 3 万英亩，可将其收入作为建立农业和机械工程学院的基金，用以为地方发展工农业培养人才。这就是美国历史上的“赠地学院”。威斯康星大学即是美国最早的“赠地学院”之一，该校为社区普及农业科学知识，也提供许多有关卫生、经济、管理与教育等方面的咨询，成为其所在州的智囊。这标志着高等学校第三职能——社会服务职能的正式产生，也是美国对世界高等教育发展的一个重要贡献。威斯康星大学因此成为继中世纪大学、柏林大学之后，世界高等教育史上的第三个里程碑。

经济发展的需要是“威斯康星思想”成功的首要社会背景。20 世纪 50 年代，美国高校社会服务职能获得了长足发展。高校通过服务帮助美国创造了农业奇迹，促进了工业化迅速实现。随着大学走向社会生活的中心，发挥高校的科研优势，将科研成果转化为生产力，从而促进经济的发展已成为世界各国的共识。大学被认为是社会经济发展的“轴心”“杠杆”“成为周围社会的源泉”。

前景与困境　我国地方高等学校社会服务发展的现状

我国高等学校可分为部委院校和地方院校。地方高校是指由省级或以下地方政府财政拨付经费，以服务区域经济社会发展为主的高等院校。两千多所高校中，部委院校仅一百多所，其余都属地方院校。根据社会发展现状、高等教育发展现状及地方大学的办学特点，积极拓展社会服务职能是地方大学准确定位、形成核心竞争力的明智选择。

更好地为本区域经济发展、社会进步服务是地方大学存在的价值所在，是其自身发展的动力来源，也是其获得地方政府、企业、社区各方面支持的保证。大众化教育与精英化教育的一个根

本区别即高等学校与社会的联系日益密切。实施大众化教育和普及化教育，主要任务是由为数众多的地方大学来承担的，地方大学必须加强与社会的联系，增强社会服务意识。目前，我国高等教育已进入以内涵发展为主的阶段，在人才培养职能方面，高校很难有规模上大的拓展，这也为地方大学面向本区域加强各类技术培训、文化培训提供的条件提出了要求。多数地方大学在科学研究方面受人才、条件限制，难以承担基础性、前沿性重大课题研究，要拓展其科学研究的职能，唯有与地方社会经济发展紧密结合，在为区域解决实际问题的过程中取得更具现实意义的科研成果。可见，地方大学必须进一步明确自身的职能定位，把积极拓展社会服务职能作为发展的重要选择。

但就现状而言，许多地方大学还远未认识到拓展社会服务职能对自身发展的重要性，仍按照原有的办学模式，在人才培养上追求规模、层次，在学科专业设置上追求大而全，在科学研究上不面向实际、不联系实际，只关注课题数量、论文数量，学校与区域社会互动很少。当前一些地方高等学校开展的社会服务，包括教育拓展服务、科研服务、产学研联合体、高校资源服务等，也多呈现服务半径小、科技含量低、经济效益低等特点。

究其原因，地方高校对发展社会服务的认识还不足，没有建立起相应的体制机制。我国大部分大学设置的职能机构中没有针对、协调社会服务的部门，目前所进行的社会服务工作多数是院系或者教授直接与服务对象之间的联系，沟通渠道往往还得通过人际关系。教育部门制定的评价考核标准仍然是以文章为重，对于社会服务没有具体的指标。

有的地方高校对开展社会服务存在不正确的或肤浅的认识，不怎么赞成开展社会服务；有的地方高校虽然认识到地方高校需要开展社会服务，但由于办学观念、指导思想、思想境界、开拓精神及实际措施等方面还存在问题，在一定程度上制约了地方高校社会服务的开展。部分高校强调为社会服务，往往过分注重“有偿”而遮盖了其本来面目，贬损了它的真实意义。导致高校内外相当一部分人以狭隘的、功利主义的观点来看待高校的社会服务，把主要精力集中在“有偿”与“创收”上，这也是导致高校乃至整个社会对高校服务功能的误解。

尽管地方高校在本地方社会服务方面具有一定的品牌优势和“亲缘”优势，但人们对其服务能力、水平层次方面的信赖感还不够。要把这种理论上的、潜在的优势转化为实践的、现实的优势，既要付出艰苦的努力，又需要一个较长时期的过程。

“反哺”与“多赢”社会服务和教学科研的关系

开展社会服务活动有利于高等学校师生的全面发展。通过社会服务活动，教师可以了解本专业最新科技信息和动态，从而使教学内容更具时代感和实用性，最终增强人才培养的社会适应性。学生可以将所学知识应用到社会中去并锻炼实际工作能力。从这个意义上说，社会服务是当前中国地方高校寻求突围的有效途径。单以学生就业来说，地方普通大学毕业生是大学生就业市场的“弱势群体”，而同时社会又急需应用型人才却招不到。如果地方大学通过社会服务的平台，加强学生应用能力培养，不失为走向“多赢”的一种方式。

人才培养是大学的最根本的职能。强调重视大学的社会服务职能，是要在人才培养、科学研究的基础上拓展大学社会职能，提高大学对社会的贡献率，同时要在服务社会的过程中对人才培养和科学研究产生积极的促进作用。

大学的社会服务必须以人才培养和科学研究为基础，只有人才培养质量提高了，科学研究水平提高了，大学服务社会的能力才能提高。社会服务也能有效促进人才培养和科学研究。大学在为社会提供服务的同时，获得了更多的社会资源和社会支持，可以“反哺”人才培养和科学研究，改善人才培养和科学研究的条件；同时，社会服务打开了学校大门，帮助学校更好地了解社会需求，使人才培养和科学研究更具现实基础、更有针对性，因而促进了人才培养质量和科学研究水平的提高。可见，大学三项社会职能是相互促进的。当然，具体到一所学校、具体到一位教师，在人才培养、科学研究和社会服务上有一个时间精力合理分配的问题，协调不好会顾此失彼。

不只把社会服务作为大学要履行的一项独立的社会职能，也把它作为提高人才培养质量和科学研究水平的重要途径和手段，这是我们应当追求的目标。

高校并不是由一堵围墙包裹起来与世隔绝的深院，它是社会发展到一定阶段，受到政治、经济、文化等多种因素影响的产物，社会的需要是高校存在和发展的唯一理由。

地方大学如何有效服务社会？可以有多种模式来实现。诸如结合地方社会经济发展，开展科学研究和技术创新，成为区域内重要的人才培训中心，开展多种形式的信息服务和咨询服务等。其中重要的一条是向社会开放，从理念上摆脱“围墙”“边界”的束缚，与社会共享资源，成为区域资源中心。传统的大学是高墙深院，与墙外的世界泾渭分明，不相交融；而现代大学，特别是以服务区域为职责的地方院校应当向社会开放，与社会融为一体。大学的许多资源都可以适当向社会开放，如图书馆、实验室、测试中心、电教中心、计算中心、体育馆等。

在发展社会服务的过程中，大学领导者们面临的一项艰巨任务：怎样使大学以尊重各方利益的方式对重要的社会问题作出反应？并且防止不合理的干涉行为，维护学校学术自由和学术自治。大学在与政府、企业合作开展社会服务的过程中，需协调好与各合作主体的关系。比如，大学在与企业的合作过程中，也可能会走入由于经费依赖而追求功利的误区，大学不能只是被动地按照政府机构、公司等确定的议程来为社会服务。同时要协调教学、科研和社会服务三者的关系。大学在增加有用的课程计划和服务项目时，还必须防止服务冲击教学。

（北京物资学院院长　王旭东）

（来源：《光明日报》2013 年 9 月 18 日第 14 版，http://epaper.gmw.cn/gmrb/html/2013-09/18/nw.D110000gmrb_20130918_1-14.htm?div=-1）

王旭东：章程建设与大学发展

大学本质上是自主性组织，大学必须有章程。也正是基于对大学自主性的认识，《中华人民共和国高等教育法》（以下简称《高等教育法》）规定：高校应当面向社会依法自主办学。《高等教育法》同时明确要求：申请设立高等学校，应当向审批机关提交章程。

“无章程”的根本原因在于大学自主性的缺失

从本质上讲，大学章程是大学的“宪法”，大学各项活动都应以章程为依据，没有章程大学活动、大学发展就“无以为据”。然而，在我国高等教育发展规模已居世界第一的今天，在努力建设高等教育强国的背景下，我国大学基本上还处于“无章程”状态。这似乎是一个悖论。

我国大学“无章程”的根本原因在于大学自主性的缺失。为什么会如此？有的学者认为，在计划经济体制之下，中国的大学成为了政府的下属事业机构，大学参照国家行政机构的等级权力模式建立了严格的科层式治理结构。国家包揽教育，政府控制着学校教学、科研、财务、后勤等所有方面，按照层级拨付进行资源分配，使得每一个层次都依赖于上一层次，资源的获得渠道单一。政府集举办者、管理者、办学者三者为一体，权力过于集中、统得过多、管得过严，大学处于一种非自主的地位。也就是说，大学的发展不是由自己而是由政府主导和决定的，大学无须也不能对自己的组织体系、组织行为作出设计和规定，大学章程失去了它存在的意义和价值。在计划经济向市场经济转轨的过程中，高等教育管理体制改革在不断推进，但大学面向社会依法自主办学的局面远未形成，大学的自主性远未真正确立，这是我国大学时至今日依然基本处于“无章程”状态的原因所在。

章程建设是对大学自主发展的肯定和强化

随着改革开放的不断推进，社会经济的日益发展和高等教育自身的发展，对大学的高度集权化管理越来越受到批评，落实和扩大高校办学自主权的呼声日益高涨，政府也不断调整高校管理法规和政策。

1985 年《中共中央关于教育体制改革的决定》中明确提出扩大高校办学自主权，1993 年中共中央、国务院发布的《中国教育改革与发展纲要》正式提出“要使高等学校真正成为面向社会自主办学的法人实体”，1995年《中华人民共和国教育法》（以下简称《教育法》）首次在法律上明确了学校的“法人资格”，1998年《中华人民共和国高等教育法》规定“高等学校自批准之日起取得法人资格”，并明确了高校7个方面的办学自主权。在认可和强调学校“自主权”的同时，《教育法》和《高等教育法》对章程也提出明确要求。然而，《高等教育法》颁布十多年，大学“自主权”的落实、大学章程建设并不尽如人意。《国家中长期教育改革和发展规划纲要（2010—2020年）》再次明确提出：“各类高校应依法制定章程，依照章程规定管理学校。”2011年11月教育部发布《高等学校章程制定暂行办法》，使高校章程制定进入实质性操作阶段。章程建设成为我国现代大学制度建设的重要切入点。教育部明确提出，制定大学章程的过程就是大学“立宪”的过程，是大学落实和扩大办学自主权的重要机会；章程一旦制定公布，就必须确定其在大学办学中的核心地位，大学必须严格按照章程管理、依法自主办学。大学章程建设能起到强化大学自主发展的作用。

大学章程建设是对大学自主发展的肯定和强化，大学自主发展是章程有效实施的前提和保证。我们固然要重视章程文本的制定，但更为关键的，必须高度重视章程实施的本质前提的建设——努力促进大学自主发展。

真正落实大学独立法人的主体地位

努力改善大学自主发展的客观条件。有的学者不赞成“政府要扩大高校办学自主权”的说法，主张“政府要还权于高校”，因为自主性是大学的本质属性，办学自主权是大学的固有权力。大学自主性的缺失，主要不是大学不想自主，而是客观条件制约了大学自主发展。计划经济条件下集权管理的理念至今影响深远，加上中国高等教育的主体是政府投资举办的公办学校，所以在大学与政府的关系中，政府处于主动和强势的一面，建立符合高等教育发展规律的高校与政府的关系，关键在政府。《规划纲要》要求进一步落实和扩大高校办学自主权，教育部明确要着力推进行政、依法治教，通过法律、政策指导、标准、拨款等多种手段加强管理服务，继续清理、减少和规范教育行政审批事项，整合和减少专项，减少各类评审。笔者认为，目前制约大学自主办学的一个瓶颈是政府把高校作为其下属机构的习惯管理思维和管理模式没有从根本上得到改变，高等学校从属于政府部门的地位没有得到根本改变，大学独立法人的主体地位没有得到落实。

努力提升大学自身自主发展的能力。大学能否真正面向社会依法自主办学，改善客观条件是前提，提升自身自主发展的能力是关键。在长期非自主状态下，我国大学自主发展的能力明显不足，主要表现在内部发展动力不足、科学的大学内部治理结构尚未形成、获取社会资源的能力不足和自我约束机制不健全等方面。章程建设和大学自主发展是相互促进的，要充分利用制定和完善章程的契机，推进现代大学制度建设，形成科学决策、权力制衡、学术治校、民主参与、有效监督的大学治理结构。

（北京物资学院院长　王旭东）

（来源：《中国教育报》2013 年 10 月 14 日，http：//www. qstheory. cn/kj/jyll/201310/t20131014_ 278655. htm）

北京物资学院真心真意听取意见

北京物资学院认真贯彻中央、市委精神，采取有力措施，扎实推进教育实践活动，真心真意听意见，即知即改见实效。

一、领导干部带头示范

“喊破嗓子，不如甩开膀子”，学校领导班子坚持“把自己摆进去”，先行示范作表率，带动全校党员干部积极参与教育实践活动。学校领导班子利用假期先学一步，读书思考，研讨交流，力争学精学深学透。开学伊始，学校党委书记结合学习成果带头为全体党员讲党课。学校领导班子成员带着学习成果，第一时间深入二级单位联系点与党员群众交流互动；与校内督导组成员一起参加二级单位联系点的教育实践活动启动会和专题研讨会；全程参加处级干部培训班，提前就座、认真记录、提问交流，带头参加参观北京市反腐倡廉法制教育基地等活动，为党员干部端正学风作出表率。处级以上领导干部积极参加两个专题研讨会，一是以支部为单位召开的专题研讨会，二是打破所在学院、单位，以工作内容纵向分组召开的专题研讨会，全方位进行思想剖析、查找问题。领导干部率先垂范，真学真查，使广大党员干部和群众打消了顾虑，积极参与到活动中来，为活动取得实效奠定良好基础。

二、多种方式征求意见

学校领导干部走出机关、走进基层、走近师生，通过调研走访、座谈访谈、发放征求意见表、设立专门邮箱等形式广泛征求有关部门、用人单位、校友、党外人士、党员、干部和师生对学校领导班子和领导干部在“四风”方面的意见建议，真正敞开大门找问题，悉心听取意见建议。学校精心设计适合二级单位使用的民主评议调查表，针对二级单位领导班子及成员的“四风”情况开展民主评议，由校内督导组和选派的工作人员到二级单位分发和收集调查表，汇总整理反馈意见，把二级单位征求意见工作做实做细。学校将征求到的意见建议原汁原味梳理，不加修饰地反馈，推动领导干部对照查、画好像，认真查找问题根源，逐条加以改正。

三、边查边改确保实效

学校领导班子带头执行“即知即

改”要求，直面问题，积极行动，及时整改，做到群众有反映就有回应、群众有期盼就有改进。座谈中，有人建议学校领导中午到人多的食堂大厅就餐。第二天中午，校长就坐到了普通师生中间。调研中，有人提出普通群众因不了解校领导每日安排、不清楚校领导办公电话等信息，不方便联系校领导，感觉与领导有距离感。对此，学校领导班子立即决定，公告校领导办公室电话，发通知告知可以下载“校领导一周安排”的网页，消除领导“神秘感”。访谈中，有人指出学校专项经费的支出存在浪费现象。学校立即加大力度落实专项经费管理办法，严格控制经费使用，包括暑期的干部培训、学生工作研讨等会议都在学校召开，在学校食堂安排工作餐。针对师生反映比较多的干部队伍“跟”“拖”“粗”问题，学校党委书记专门以“转变工作作风”为主题为中层干部上党课，分析产生问题的根源，明确提出反对“跟”，要在自己的特色领域引领潮流；反对“拖”，要敢于直面问题，不回避，用改革创新办法来解决问题；反对“粗”，要精细管理，着力提升干部队伍的工作能力和工作效率。

（来源：北京市教育委员会北京市属高校党的群众路线教育实践活动专题网，发布时间：2013 年 9 月 25 日，http：//www. bjedu. gov. cn/publish/portal28/tab1624/info28742. htm）

北京物资学院念好“三字经”扎实推进教育实践活动

党的群众路线教育实践活动部署以来，北京物资学院党委认真贯彻中央及北京市委精神，加强组织领导，采取有力措施，念好“三字经”，扎实做好学习教育、听取意见环节各项工作。

作表率带风气，念好一个“严”字

领导班子严于律己。“喊破嗓子，不如甩开膀子”，领导班子在教育实践活动中的表现，群众最为关注，是影响活动成效的关键因素。校领导班子坚持“把自己摆进去”开展教育实践活动，每一步都由领导班子先行示范作表率，带动全校党员干部积极参与教育实践活动的良好风气。领导班子利用假期先学一步，读书思考、研讨交流，力争学精学深学透；党委书记李石柱认真整理学习成果，开学伊始就带头讲党课；其他班子成员也带着学习成果，第一时间深入联系点与党员群众交流互动。领导班子全程参加处级干部培训班，提前就座、认真记录、提问交流，为处级干部端正学风作出示范。党委副书记沈小静、副校长翁心刚主动调整出差的火车班次，在参加了学校组织的参观北京市反腐倡廉法制教育基地活动后，从活动现场匆匆赶往火车站。

二级单位严格落实。校党委在活动中“严”字当头，贯彻从严要求、严格管理的方针，体现整风精神，过硬的措施、管用的办法推进了二级单位活动的顺利开展。二级单位及时成立领导小组，研究制订活动方案；认真召开活动启动仪式和领导班子专题研讨会，并邀请联系校领导、校督导参加；党组织负责人亲自讲党课；采用各种方式搜集关于“四风”问题的意见建议。学校精心设计了适合二级单位使用的民主评议调查表，针对二级单位领导班子及成员的作风情况开展民主评议，由校督导组和选派的工作人员到二级单位分发和收集调查表，收集整理反馈意见，并监督二级单位领导干部即知即改。通过“一级说给一级听”“一级做给一级看”“一级带着一级改”，确保二级单位高标准、高质量地落实好各项工作任务。

集中学受教育，念好一个“精”字

精心设计，形式丰富。学校按照教育实践活动的学习内容要求，暑假期间汇编电子版学习手册、发放学习用书，供党员干部安排自学。与中共中央党校合作举办北京物资学院处级干部培训班，开展教育实践活动集中学习，主办单位培训层级高、培训教师业务水平高、授课内容立场视野高，集中学习取得良好实效。各单位适当集中时间，领导干部带头参加，党员干部一起坐下，原原本本研读，集体交流研讨，确保学习教育入心入脑。组织党员领导干部前往北京市人民检察院参观北京市反腐倡廉法制教育基地“把权力关进制度的笼子里，让权力在阳光下运行”主题展览，图文并茂、声影并容、游戏互动，生动的现场学习使党员领导干部坚定了扫除“四风”的决心。组织党员领导干部观看电影《周恩来的四个昼夜》，学习伟人优秀品质，增添改进作风动力。开办学习实践活动专题网页，及时准确传达中央和北京市开展活动的精神、要求，全方位、立体式报道学校开展活动的进展和动态，方便党员群众对教育实践活动全面学习，及时了解并积极参与。

精心组织，工学双促。校党委把开展教育实践活动同推动中心工作结合起来，坚持一手抓活动、一手抓发展，两不误、两促进。提前开学，安排处级干部培训班，使处级干部能放下事务静心学习。处级干部须参加两个专题研讨会，一是以支部为单位召开的专题研讨会，一是打破所在学院、单位以工作内容纵向分组召开的座谈会，分别结合学校、本单位发展和本职工作开展研讨，带着实际问题对照学习。设计培训课堂笔记PPT模版，方便党员干部使用；为因事请假缺课的党员干部补课，不让一名干部掉队。学生党员提前返校集中学习，并把迎接新生作为贯彻群众路线的生动实践，获得新生及家长的一致好评。

敞开门听民意，念好一个“实”字

实情收集勤接地气。校领导班子在市委督导组组织民主评议征求意见的基础上，带头走出机关、走进基层、走近群众，在通下情、接地气中转作风、听民意，努力找准靶子、对准焦距。通过校内外调研专访、国内外出差走访、各类代表集体座谈、各界人士个别访谈、发放征求意见表、设立专门邮箱等形式，广泛征求有关部门、用人单位、校友、党外人士、党员、干部和师生对学校领导班子和领导干部在转变“四风”方面的意见建议，原汁原味梳理，不加修饰反馈，推动领导干部对照查、画好像。校领导班子利用暑假集体奔赴帮扶了十几年的河北省张家口市万全县，深入全面了解受援地区情况，看望慰问高庙堡小学的教师和学生，面对面交流，一对一沟通，了解民情，听取意见。在对学校各机关领导班子和领导干部的“四风”问题意见征求中，征求意见表不限于在本部门发送，而是发送到了学校的各个单位、各个角落，真正敞开大门找问题。

实招见效，群策群力。校党委班子成员带头执行“即知即改”要求。座谈中，有人建议校领导中午就餐时多在人多的食堂大厅就座。第二天中午，校长王旭东就坐在了普通教师中间。调研中，有人提出普通群众因不了解校领导每日安排、不清楚校领导办公电话等信息，不方便联系校领导，感觉与领导很有距离感。对此，学校领导班子立即决定，公告校领导办公室电话，再次发通知告知可以下载“校领导一周安排”的网页，消除领导“神秘感”。访谈中，有人指出学校专项经费的支出存在浪费现象。学校立即加大力度落实专项经费管理办法，严格控制经费使用，包括暑期的干部培训、学生工作研讨等会议都在学校召开，都在学校食堂安排工作餐。针对前期调研的部分结果，党委书记李石柱专门以“转变工作作风”为主题为中层干部上党课，指出学校干部队伍作风中比较常见的、影响学校发展的、群众反映强烈的“跟”“拖”“粗”问题，并分析了产生这些问题的原因，提出反对“跟”，要在自己的特色领域引领潮流；反对“拖”，敢于直面问题，不回避，用改革创新办法来解决问题；反对“粗”，要精细管理，着力提升干部队伍的工作能力和工作效率。学校各学院、各部门、各中层干部积极行动，直面问题，及时整改，做到群众有反映就有回应，群众有期盼就有改进。

（来源：北京市教育委员会北京市属高校党的群众路线教育实践活动专题网，发布时间：2013 年 9 月 18 日，http：//www. bjedu. gov. cn/publish/portal28/tab1624/info28705. htm）

北京物资学院现代物流产业（华东）研究院在南通成立

南通网讯 13 日，北京物资学院现代物流产业（华东）研究院在我市成立。这意味着南通与北京中关村更加紧密地联系在了一起，对南通打造省级区域性物流枢纽城市产生重要推动作用。副市长黄爱军、陈一星参加成立大会。

面对经济发展的新形势和区域发展的新要求，南通与北京物资学院合作，充分发挥双方比较优势，组建了现代物流产业（华东）研究院。8 月底，市政府与北京物资学院签订合作协议。北京物资学院是一所以物流和流通为特色的普通高等院校，在物流技术推广方面颇具实力，并形成以物流规划与设计、物流技术集成与开发等为核心的社会服务能力。研究院成立后，双方将加强政产学研合作，协同创新，共谋发展。

（记者　赵勇进）

（来源：南通网，发布时间：2013 年 12 月 19 日，http：//www. zgnt. net/content/2013 - 12/19/content_ 2268851. htm）

洛阳市与北京物资学院签订战略合作协议共谋洛阳物流产业发展

10 月 29 日洛阳市政府与北京物资学院签订战略合作协议。双方将充分发挥洛阳市的工业产业基础、要素资源优势和北京物资学院的教育科技、人才培养优势，通过政、产、学、研合作，在城市及园区物流产业布局规划、企业诊断与产业升级、专业人才培养与实践基地建设、技术成果推广等领域相互合作、共谋发展。

洛阳市委书记陈雪枫会见了来洛签约的北京物资学院党委书记李石柱，以及一同来洛阳的部分中关村企业负责人。在向客人简要介绍洛阳市市情后，陈雪枫说，洛阳将物流产业作为下一步发展的支柱产业和先导产业，北京物资学院在物流规划与设计等领域处于全国领先水平，希望双方不断深化合作，发展大物流，促进大产业，带动洛阳经济社会持续健康发展。中关村被誉为“中国的硅谷”，人才荟萃，真诚期盼中关村的企业家多到洛阳观光考察、寻找商机、投资兴业，洛阳市委、市政府将竭力提供一流服务，创造最优投资环境。

洛阳市委副书记、市长李柳身在签约洽谈会上致辞。他说，洛阳是重要的交通枢纽城市，发展现代物流优势明显。希望北京物资学院与洛阳市政府加强合作，在整体布局、业态规划、人才培养等方面为洛阳物流产业发展给予更加专业的指导，也希望以此次签约洽谈为契机，吸引更多企业家来洛阳投资发展，实现互利共赢。

李石柱表示，北京物资学院是一所以物流和流通为特色的综合类高等院校，在物流规划发展领域经验丰富。北京物资学院将不断深化与洛阳的合作，积极帮助洛阳谋划物流产业发展，培训更多物流人才，为洛阳物流大发展做出积极贡献，并积极搭建平台，介绍更多企业家来洛阳投资发展。

根据协议，北京物资学院将承担洛阳市物流产业的发展战略和规划研究，分析产业布局，并提出相应的政策建议。在人才培养方面，北京物资学院将建设洛阳市物流人才培养与实践基地，为洛阳提供物流领域高层次、复合型、应用型科技和管理人才。在产业对接方面，北京物资学院将积极推动其参与的中关村电子商务与现代物流产业联盟企业和洛阳市对接。双方还将共同构建大型电子商务平台，全面提升洛阳电子商务发展水平。

洛阳市领导尚朝阳、王敬林、魏险峰参加相关活动。

（来源：《洛阳日报》；人民网，发布时间：2013 年 10 月 31 日，http：//henan. people. com. cn/news/2013/10/31/702881. html）

第七届中国·北京流通现代化论坛在京召开

11 月 23 日，由中国市场学会、中国物流与采购联合会、北京物流协会、北京物资学院共同举办的第七届中国·北京流通现代化论坛在北京物资学院国际交流中心举行。

中国物流与采购联合会副会长蔡进，中国市场学会常务副会长兼秘书长、中国社会科学院财经战略研究院副院长荆林波，商务部流通业发展司副巡视员王选庆，北京物流协会副会长兼秘书长林有来，北京物资学院党委书记李石柱，院长王旭东等中外流通、物流流域相关部门负责人及理论界、实业界的专家、学者、企业家出席。论坛围绕推动流通模式创新、加快流通产业发展的热点问题进行了积极探讨。

与会者认为，流通模式创新是推动我国流通产业发展的主要动力和战略取向。电子商务、连锁经营、统一配送等正在成为重要的商品流通方式，物联网、云计算等新一代信息技术的应用，将进一步加快流通模式创新。而新的流通模式必须加强流通领域信息化、自动化、标准化技术的研发和应用，加快发展物流配送，积极发展绿色低碳流通。市场管理部门一方面要积极推动流通模式创新；另一方面，要尽快掌握新的流通业态运作方式，采取有利于促进流通业健康发展的管理方式和方法，更好地规范流通市场秩序，营造和谐的市场环境，推动我国流通现代化建设，促进流通产业跨越式发展，“十二五”期间基本建立起统一开放、竞争有序、安全高效、城乡一体的现代流通体系。

与会者提出，物流业已成为我国经济持续稳定快速发展的重要支撑，但整体上还没有摆脱粗放发展的模式。城市物流既是发展最快、技术含量最高的物流，也是物流运营和管理最为复杂、问题最多的物流，降低城市物流费用是降低整个物流成本的关键所在。一要通过兼并重组、组建物流联盟、发展商贸功能区等措施，增强第三方物流企业的市场控制力和影响力，加快培育专业化、规模化的物流龙头企业；二要大力支持物流信息平台发展，搭建政府信息共享平台，做好物流信息分析应用，提高物流信息化水平；三要努力改善和提升城市物流管理能力，创新物流组织方式，构建高效的，由分拨中心、配送中心、末端网点等构成的城市配送服务体系，提高城市配送服务能力，解决城市物流“最后一公里”问题。四要抓紧制定一批物流装备、技术和建设标准，加快推进信息系统和平台标准化、技术装备标准化和物流编码标准化。

与会者提出，随着 O2O（Online To Offline）这一商业模式的应用和全渠道时代的到来，电子商务已经成为一种全新的生产力，电子商务服务业也应该成为中国经济转型的战略性支柱产业。政府应做好顶层设计和顶层构架，与企业、行业协会共同建立健全电子商务诚信体系、诚信环境、诚信评价及其服务机制，积极营造诚信为本、守信激励和失信惩戒的社会信用环境。

（责编：谢磊　赵娟）

（来源：人民网，http：//theory.people. com. cn/n/2013/1126/c40534 – 23661300. html）

【BTV 在线】第七届中国·北京流通现代化论坛在京召开

由中国市场学会、中国物流与采购联合会、北京物流协会、北京物资学院

共同举办的第七届中国·北京流通现代化论坛于2013年11月23日在北京物资学院国际交流中心举行。

中国物流与采购联合会副会长蔡进，中国市场学会常务副会长兼秘书长、中国社会科学院财经战略研究院副院长荆林波，商务部流通业发展司副巡视员王选庆，北京物流协会副会长兼秘书长林有来，北京电子商务协会副会长兼秘书长林亚，日本流通经济大学原校长野尻俊明教授、研究生院物流信息研究科科长矢野裕儿教授，丹麦VIA大学学院价值链管理专业负责人阿格涅斯卡教授，韩国中央大学大学院（研究生院）特聘教授、韩国东北亚物流流通研究所研究员、北京瑞博物流有限公司董事长申仁光，北京物资学院党委书记李石柱，院长王旭东，副书记沈小静，副院长翁心刚、王志鸣、许晓革，纪委书记赵凤琴，副院长刘丙午，院长助理邬跃等中外流通、物流流域相关部门负责人及理论界、实业界的专家、学者、企业家出席。论坛围绕推动流通模式创新、加快流通产业发展的热点问题进行了积极探讨。

与会者认为，十八届三中全会通过的《中共中央关于全面深化改革若干重大问题的决定》指出，经济体制改革是全面深化改革的重点，核心问题是处理好政府和市场的关系，使市场在资源配置中起决定性作用和更好地发挥政府的作用。加快形成企业自主经营、公平竞争，消费者自由选择、自主消费，商品和要素自由流动、平等交换的现代市场体系。流通模式创新是推动我国流通产业发展的主要动力和战略取向。电子商务、连锁经营、统一配送等正在成为重要的商品流通方式，物联网、云计算等新一代信息技术的应用，将进一步加快流通模式创新。而新的流通模式必须加强流通领域信息化、自动化、标准化技术的研发和应用，加快发展物流配送，积极发展绿色低碳流通。市场管理部门一方面要积极推动流通模式创新；另一方面，要尽快掌握新的流通业态运作方式，采取有利于促进流通业健康发展的管理方式和方法，更好地规范流通市场秩序，营造和谐的市场环境，推动我国流通现代化建设，促进流通产业跨越式发展，“十二五”期间基本建立起统一开放、竞争有序、安全高效、城乡一体的现代流通体系。

与会者提出，物流业已成为我国经济持续稳定快速发展的重要支撑，但整体上还没有摆脱粗放发展的模式。城市物流既是发展最快、技术含量最高的物流，也是物流运营和管理最为复杂、问题最多的物流，降低城市物流费用是降低整个物流成本的关键所在。一要通过兼并重组、组建物流联盟、发展商贸功能区等措施，增强第三方物流企业的市场控制力和影响力，加快培育专业化、规模化的物流龙头企业；二要大力支持物流信息平台发展，搭建政府信息共享平台，做好物流信息分析应用，提高物流信息化水平；三要努力改善和提升城市物流管理能力，创新物流组织方式，构建高效的，由分拨中心、配送中心、末端网点等构成的城市配送服务体系，提高城市配送服务能力，解决城市物流“最后一公里”问题；四要抓紧制定一批物流装备、技术和建设标准，加快推进信息系统和平台标准化、技术装备标准化和物流编码标准化。

与会者提出，随着O2O（Online To Offline）这一商业模式的应用和全渠道时代的到来，电子商务已经成为一种全新的生产力，电子商务服务业也应该成为中国经济转型的战略性支柱产业。我国电子商务发展迅速，2013年将超过美国成为全球第一大网上交易市场。但电子商务在中国发展也面临着认识误区、网络安全、内部信息化、一把手工程、电子支付、物流配送、复合型人才、法律、基础设施和信誉体系方面的障碍。政府应做好顶层设计和顶层构架，与企业、行业协会共同建立健全电子商务诚信体系、诚信环境、诚信评价及其服务机制，积极营造诚信为本、守信激励和失信惩戒的社会信用环境。

北京物资学院党委书记李石柱在致辞中表示，物资学院立足流通领域，“走特色发展之路，建高水平特色型大学”，以培养富于创新精神、适应能力强的高素质专业人才为目标，人才培养质量、科学研究水平、社会服务能力不断提高。尤其是2012年以来，实施“立地”“顶天”两步走战略，对外开放合作，对内凝聚人心，全面启动了与中关村、通州区、商务系统、证券期货系统、中国物流与采购联合会的五大合作，被北京市科委、教委、中关村管委会认定为北京市大学科技园。今后将紧紧抓住首都及全国在流通模式创新、物流服务体系、产业优化、供应链协同、融资服务、物流信息化等方面的迫切需求，发挥主体学科领域具有的突出优势，引领学科发展方向，在流通理论研究、物流技术应用研究等方面有新的突破，为中国流通现代化提供智力支持。

（责编：韩忠强）

（来源：北京电视台，http：//www.btv.org/20131130/ARTI1385794297301645.shtml）

中美物流教育合作论坛举办

由中国国际人才交流基金会、美国运输与物流协会、北京物资学院联合主办的中美物流教育与研究合作论坛日前在京举行。

本次论坛以物流人才的国际化为主题，会集中美两国物流高校、行业协会、知名培训机构、研究机构的物流专家，共同探讨两国在物流人才培养和物流供应链研究领域亟须合作的现实。

作为世界上最大的两个经济体，中美贸易稳定发展对于推动全球经济持续增长有重要意义。物流业是中美巨大贸易量背后的承载体和推动器，经济全球化为中美物流业、供应链合作提供了广阔的空间，同时，中美物流业也面临共同的挑战，那就是国际化、创新型的物流人才培养。与会专家就物流人才培养的课程、实践、教学手段、行业认证等问题提出诸多观点和看法。

中美物流教育与合作论坛至今已经成功举办6届，是中美物流界的一个定期高层对话平台。

（记者：鲁珺瑛）

（来源：《光明日报》，2013年7月10日第14版，http：//epaper. gmw. cn/gmrb/html/2013 – 07/10/nw. D110000gmrb_ 20130710_ 4 – 14. htm）

国内期货业的“黄埔军校”

——记北京物资学院期货专业创新人才培养模式

举办第六届期货论坛

北京物资学院期货研究所揭牌仪式暨研究所发展规划研讨会

北京物资学院是国内首个开办期货本科专业的高校。从 1993 年创建期货专业到 2013 年，期货专业已经走过了 20 年历程。

20 年的时间，期货专业与中国期货市场共同成长，见证了中国期货业从无到有、从量变到质变的发展历程，经历了期货行业跌宕起伏与创新发展的历史性变迁。20 年的时间，期货专业建设取得了历史性的发展，人才定位日渐清晰，课程体系不断完善，培养模式不断创新，教学科研成果丰硕；20 年的时间，19 届近 1600 名毕业生遍布期货相关领域，血脉传承，谱写辉煌；20 年的时间，市场几多沉浮，期货专业的教师执著坚守，默默耕耘，为期货专业的发展和人才培养做出了贡献……

目前，期货专业拥有北京市级科技创新平台，拥有专业的研究机构，拥有国家级大学生校外实习实践教育基地，拥有优秀的教师团队。

北京物资学院期货专业特色鲜明，被业界誉为期货人才培养的“黄埔军校”。

这是一所普通的高校，但吸引着许多高分考生报考。

这所高校，拥有全国首家期货本科专业；

这所高校，拥有一支特色鲜明的优秀专业教学团队。

这所学校在全国高校创造了多个第一：

国内首家创办期货本科专业；

培养了国内第一批期货专业人才；

创建了国内第一个期货模拟交易实验室；

举办了第一个衍生品领域全国性专业学术论坛——期货论坛。

这就是北京物资学院。

北京物资学院 1993 年创建期货专业，20 年来，为我国期货市场培养了大量的优秀人才。

从这里走出了 19 届毕业生，他们活跃在期货、证券及相关行业，成为期货市场骨干力量和行业领军人物，他们在国内期货与证券市场叱咤风云。

创办国内首家期货本科专业

20 世纪 90 年代初，时值国内经济向市场转轨阶段，期货市场应运而生。在期货市场发展初期，专业人才短缺成为制约市场发展的瓶颈。

1993 年年初，时任北京物资学院院长张声书教授和物资管理工程系主任王之泰教授以其敏锐的市场洞察力，抓住机遇，以高效的投入和创新的思路，筹备并创办国内首家期货本科专业。

北京物资学院期货本科专业创建，首开全国高校期货专业建设的先河。“我们率先占领了国内期货业专业人才培养的处女地”，说起当年创建专业的经历，老院长张声书显得很兴奋，当时国内主流媒体和路透社对期货专业的设立给予了高度关注和大篇幅报道，对专业的建设和发展寄予厚望。

在师资队伍建设方面，学校选派 9 名优秀中青年骨干教师进行专业学习和培训，并到期货交易所和期货公司进行挂职实践；集中全校优秀教师作专业基础课的师资；聘请国内外期货专家、学者及在华尔街有过实战经验的专业外教为讲座教师和专职教师。专业教材全部采用美国期货市场教材，课堂采用双语授课。

为了快出人才出高质量人才，学校在招生方面进行了大胆创新，第一届（1994 届）期货专业学生从全校三年级本科学生中根据综合成绩、英语、心理等多方面因素择优选拔，生源质量得以保障。第二届之后从全校二年级本科学生中择优选拔。自 1999 年起，期货专业正式面向全国统一招生。

创建国内第一个期货实验室——物通期货交易所

期货人才培养的一个重要环节是实践与实战演练。经与路透社多次磋商，路透社免费赠送学校全球实时资讯和行情分析系统，当时需 30 万美元/年的费用。

以路透实时数据、资讯为支持，学院投资建立了期货实验室——物通期货交易所，师生自主研发建立仿真交易和结算平台，提供实时的交易结算环境，学生可以在实验室模拟操盘演练。物通期货交易所成为我国高校第一个期货模拟交易实验室，在当时发挥了巨大的示范性效应。

很快，期货人才培养模式得到验证。1994 年 5 月，北京物资学院期货专业作为唯一一家学术团体参展国内首届期货博览会，取得了轰动的效果，吸引了与会专家学者、业内机构及媒体的广泛关注。

优秀特色的专业教师团队

北京物资学院期货专业有一支优秀的教师团队。期货专业现有专职教师 11 人，其中教授、副教授 5 人，博士 5 人，平均年龄 41 岁，是一支年富力强、专业素质高、教学与科研经验丰富的高素质队伍。专业老师大部分有期货、证券及金融行业工作背景，教学和科研工作紧密联系行业。专业课程设置紧贴市场、贴近行业，形成了特色鲜明的课程体系。

专业教师中有两人是国内首期国际期货经纪人培训班学员；两人是中国期货业协会特聘专家，参与《期货市场教程》《期货投资分析》的编著和相关研究工作，是中国期货业协会金融衍生品系列教材的特聘主编；一人是证券业知名分析专家，是电视台证券栏目特聘嘉宾，现在鲁证期货负责研究工作；多人多次被评为北京物资学院十佳教师、优秀教师。教学团队曾荣获北京市优秀教学成果二等奖和北京市青年教师教学基本功比赛二等奖。

期货精英　群星闪耀

期货专业文化的形成可以溯源至北京经济学院物管系，血脉传承至今。在期货和证券业界，北京经济学院物管系、北京物资学院及物资学院期货专业走出的毕业生，相互支撑，形成了一条亮丽的风景线。

在证监会、期货业协会、期货交易所、路透社、央视证券频道、期货公司、证券公司、基金管理公司、商业银行、期货私募基金公司、投资公司等，都有期货专业毕业生的身影，许多人已成为国内期货和证券市场的风云人物。

从期货专业走出的毕业生可追溯到20世纪60年代经济学院物管系的汪文贤（63届），到80年代的吴利军、赵健、常建良、谈志琦等，物资学院早期的毕业生（含老师）和弄潮人刘景德、顾铭荀、冯玉成、丁德辉、黄慧、赵樾、于钧、颜毅，到曹胜、韩继志、雷学军、水向东、富饶、丁新辉、吴本农、朱佩荣、郭士英、毛雨虹、鲍明、陈凯、田慧敏、赵和斌、赵瑛等，他们在期货、证券及相关行业的贡献为期货专业品牌塑造奠定了坚实的基础。

期货专业创建后，物资学院成梯队涌现出了一批又一批行业领军人物和精英人才。

他们有证监会的王之言，期货交易所的梅云波、李强，中投的许诺，路透的汪湧，汇丰的宋跃升，华泰长城的潘文盛、莫志远、罗辉华，浙商期货的田联丰，中期的黄常春、吴斌、吕强，国泰君安的李勇才，中粮期货的刘军、张辉，经易期货的林海，广永期货的宋晓虹，申银万国期货的陈栩，广发期货的符春旭，银河期货的姚广，一德期货的吕拥华、陈亮、郭铁铮，永安期货的刘胜喜，东兴期货的顾哲，银河证券的康冰、许伟峰，中金的孙冬青，首创期货的黄晓、刘旭、黄振光，中证期货的王乐，瑞银的赵琳，金汇期货的蒋东林，东证期货的闫新兵等。

这里诞生了知名期货与证券业投资人蒋士波、韩朝东、刘勇飞、刘强、钱三平、严伟刚、吴鹏、倪健、林广茂、刘强（逍遥刘强）等人。

这里也诞生了诸多国内固定收益证券领域知名人物。

这里走出了国内第一个期货博士曹胜，境内外两栖经历高端专业交易员刘强，走出了被授予2012年度国内财富管理领域十大领军人物姚广（期货）和孙冬青（证券），期货行业第一个80后的营业部经理沈健，行业最年轻的女营业部经理赵溪，走出了行业知名研究专家董双伟、梁丽娟、肖静、来绮文等人。

这里也走出了央视专业媒体人孙斌、李阳，新浪财经专业媒体人蔺会杰等。

在新生代中，从事量化交易研究的张亚东、冯恩彪也已崭露头角。

长江后浪推前浪，期货专业生生不息，人才辈出……

期货专业品牌影响力

北京物资学院期货专业经过 20 年的发展，已经积淀和形成了期货专业学习的氛围，已经自然而然地形成期货专业品牌意识和品牌文化，为专业发展奠定了持续的动力和永恒的基础。

从行业用人需求竞争力来看，北京物资学院期货毕业生的综合优势明显。

北京物资学院经济学院院长赵娴教授这样总结，“期货专业的品牌优势在于，我们抢先占领和坚守住了期货人才培养的前沿阵地，形成了自己鲜明的人才培养的特色，其中实战型、交易型人才尤为突出。我们不但有老一辈的领军人物、有中坚力量的生力军，更有新生代后备力量的不断加盟。期货专业血脉相承，人才辈出。期货专业是团队作战，友爱互助，共同支撑。经过物资学院 30 多年的沉淀，期货专业 20 年的积累，我们已经形成了一种不可复制的期货专业的精神和文化，这已然成为期货专业品牌的核心竞争力!”

经过 20 年的发展，北京物资学院在期货教学、科研及人才培养等方面为国内期货业做出较大贡献，在期货行业享有相当的专业美誉度和影响力。

期货专业的品牌影响力，同样体现在高考招生上，期货本科专业每年都有高分考生报考。2013 年，期货专业录取了一名北京考生，高考分数达 591 分，其分数能够顺利考入“985”和“211”大学。但该生受物资学院期货专业品牌的感召和家庭影响，只填报了北京物资学院期货专业一个志愿。

创办“期货论坛”提升学术水平

为提升品牌实力和科研水平，更好地促进期货专业的发展，北京物资学院采取多项举措提升专业教学团队科研和学术水平。

自 2007 年起，学院每年举办一次全国性的期货学术论坛，邀请期货与证券业专家学者、成功校友来校共同探讨市场前沿问题，研究期货专业创新发展大计。

期货论坛已经连续举办六届，在业内形成了较高的影响力和知名度，论坛有效地促进教师的科研能力和教学水平的提升。同时，在论坛上在校生可与成功校友面对面互动交流，成为最直接受益者。

2013 年，为了进一步提高理论研究的社会影响力，促进产学研一体化，学院成立了期货研究所。研究所将利用期货专业已有的品牌优势和资源，致力于国内外期货及衍生品市场的专业理论研究、行业发展研究与预测、专业咨询与培训、衍生品相关数据收集与加工、实践教学研究等相关领域的工作。

业内专家认为，期货研究所成立标志着物资学院期货专业学科建设又迈上一个新的台阶，将有效推动期货专业的品牌再造和跨越式发展。

（记者：夏燕）

（来源：《科技日报》2013 年 10 月 24 日，http：//digitalpaper. stdaily. com/http _ www. kjrb. com/kjrb/html/2013 - 10/24/content_ 230024. htm？ div = 0）

北京物资学院产学研打造现代物流新模式

科技日报北京5月16日电　今天，北京物资学院现代物流创新园揭牌。创新园将按照“产学研一体化”的发展模式，以电子商务与现代物流产业集聚为外在表现的产业发展推动方式，依托北京通州区交通与产业优势，以及北京物资学院在物流领域内教学科研的领军优势，吸引现代物流产业链上的企业集聚，建设成为产业集中、发展集约、资源共享、功能互补的公共服务平台。

据了解，该校通过建设创新园，借助北京市、通州区、中关村科技园区管委会的各项优惠政策，推动产业发展集聚化、产业结构高端化，通过进一步孵化一批拥有自主知识产权、有良好的产业发展潜力的高新技术企业，形成“产业聚集”“企业孵化”“创新创业”“产业化”四位一体的发展格局，以促进科技创新，推动北京及周边地区的经济发展。

据介绍，该校将在创新园园区培育电子商务与现代物流创新型特色产业集群。将以园区为载体，以中关村电子商务与现代物流产业联盟为龙头，以该校在政产学研用上的优势资源为媒介，构建物流产业咨询规划、电子商务与物流技术研发、物流金融、物流信息化、物流专业人才派遣、物流会展等公共服务平台，带动周边区域经济发展，扩大国际新城区域服务中心的规模。对具有产业化价值和具备产业化转化条件及自主孵化能力的研发成果，进行项目孵化和企业孵育，推动物流产业研究成果的知识转移、产业技术的产业化与产业复合型人才的培养。还将以电子商务与现代物流产业集聚为外在表现的产业发展推动方式，促进教学、科研和科技产业的紧密结合，培育科技产业新的经济增长点，使创新园成为大学对外产业化合作的窗口，加速科技成果向现实生产力的转化，推动区域内相关产业发展，进而推动行业发展。

（记者：吴忠华　鲁珺瑛）

（来源：《科技日报》2013年5月18日第3版，http：//digitalpaper. stdaily. com/http _ www. kjrb. com/kjrb/html/2013 - 05/18/content_ 203938. htm? div = -1）

中国商贸流通企业发展重在融合重组

科技日报北京11月30日电　今天，第三届中国商贸流通企业发展论坛暨商贸流通企业融合重组高峰会在北京召开。本次会议由北京物资学院商贸流通企业研究所、北京物资学院校友会、北京物资学院商学院主办，兰格钢铁网、北京中储华通商贸有限公司协办，由《中国流通经济》杂志、中国网、中国发展门户网支持。

当前，中国商贸流通企业融合数量和融合金额快速增长，融合重组空前活跃。融合重组是企业做大做强的重要手段，成长中的中国中小型商贸流通企业，其发展路径面临两种选择：一是继续延续小而全的传统，靠单打独斗不断抢占市场、扩大销售、加强管理、引进人才，虽然这类商贸流通企业在发展过程中会保持独立性，但是会受到发展速度、规模效应的制约，遭遇难以逾越的发展瓶颈，缺乏承受各类系统风险的能力；二是充分发挥自身的核心竞争力，走融合重组之路，在市场、资金、渠道和人才等方面，选择融合重组方式进行优势互补、合作共赢，形成互利互惠的合作模式，往往更易实现跨越式发展。

本届论坛邀请国内专家与会，共同就中小商贸流通企业融合重组核心议题进行探讨，探求商贸流通产业未来发展之道，促进商贸流通企业持续健康发展。

（记者：张克）

（来源：《科技日报》2013 年 12 月 1 日，http：//digitalpaper. stdaily. com/）

北京物资学院物流管理专业成为本科改革试点

近日，从教育部《关于公布“本科教学工程”地方高校第一批本科专业综合改革试点的通知》获悉，北京物资学院物流管理专业被批准为教育部第一批本科专业综合改革试点。

此次教育部实施“本科专业综合改革试点”项目，旨在充分发挥高校的积极性、主动性和创造性，结合办学定位、学科特色和服务面向等，明确专业培养目标和建设重点，优化人才培养方案。通过对专业发展重要环节的改革，促进人才培养水平的整体提升，形成一批教育观念先进、改革成效显著、特色更加鲜明的专业点，引领示范本校其他专业或其他同类高校相关专业的改革建设。

据介绍，1994 年，北京物资学院开设了国内高校第一个物流管理专业，随后该专业陆续被评为北京市特色专业和品牌专业。2010 年，该校物流管理专业被评为国家级特色专业。作为以物流和流通为特色的高校，物流管理专业是该校的王牌专业之一，此次被批准为教育部首批本科专业综合改革试点，其改革尝试将继续成为同类专业首创，引领示范本校其他专业或其他同类高校相关专业的改革建设。

（记者：鲁珺瑛）

（来源：人民网 2013 年 10 月 10 日（原刊登于科技日报），http：//scitech. people. com. cn/n/2013/1010/c1057 –23142519. html）

北京物资学院举办流通法制论坛

由北京物资学院、中国商业法研究会共同主办，北京物资学院劳动科学与法律学院、中国商业法研究会流通法专委会承办的第三届市场流通法制论坛日前举行。来自高等院校、科研机构、行业协会、企业界、法律实务界等相关领域的专家学者参加了论坛。

论坛围绕加强市场流通立法，促进流通产业创新展开讨论。除了就市场流通基本法立法必要性、可行性及市场流通法律体系建设进行探讨外，还有针对性地就连锁经营、直销管理、政府采购、电子商务、药品流通、食品流通等领域的法律规制研究各抒己见。

（记者：李玉兰）

（来源：《光明日报》2013 年 10 月 21 日第 16 版，http：//epaper. gmw. cn/gmrb/html/2013 - 10/21/nw. D110000gmrb _ 20131021_ 5 - 16. htm）

中国企业生产力研究中心在京成立

［导读］今天，北京物资学院“中国企业生产力研究中心”成立大会在北京开幕。

科技日报北京 11 月 20 日电　今天，北京物资学院“中国企业生产力研究中心”成立大会在北京开幕。北京物资学院商学院院长魏国辰教授、中国生产力学会副会长陈胜昌、国务院发展研究中心研究员李泊溪教授、北京物资学院商学院副院长贾炜莹教授、北京物资学院商学院副院长吕波及众多优秀企业家出席了成立大会。

“中国企业生产力研究中心”是以北京物资学院和中国生产力学会为依托所设立的，以高校及科研院所的研究人员和企业及事业单位的实战专家为研究主体的开放式科学研究机构。中心作为中国生产力学会的一个团体会员单位，旨在研究企业生产力的组成要素、组合形式、关联结构和发展规律，探索其在国民经济管理系统、科学技术创新系统、教育与信息发展系统中的作用。在向企业界和学术界提供各类专项数据、典型管理案例、竞争力和绩效排行榜等信息的同时，组织本领域的专题研讨会和相关培训、咨询，实现科学研究、信息支持、专题研讨和咨询服务的有机结合，搭建一个良好的理论与实务相互交流的高端平台，切实推进我国企业生产力研究和实践水平的提升。

（记者：张克）

（来源：《科技日报》2013 年 11 月 21 日第 3 版，http：//www. wokeji. com/jbsj/sb/201311/t20131121_ 588271. shtml）

北京物资学院成立期货研究所

北京物资学院期货研究所日前成立。

据介绍，北京物资学院于 1993 年开办了国内高校第一个期货专业，20 年来，已有近 2000 名毕业生从该专业走向期货、证券、银行、保险及相关领域，从监管层、自律机构、中介机构到各类投资主体，已经成为国内期货和证券市场的中坚力量，在国内享有较高的知名度和影响力。

据悉，该期货研究所计划用 3 ~ 5 年的时间，建设成为国内期货及衍生品领域研究咨询、培训及实验创新的高端专业研究机构，成为具有综合研究能力、数据分析能力及高端人才孵化能力的开放性平台。

（记者：李玉兰）

（来源：《 光明日报》2013 年 10 月 14 日第 16 版，http：//epaper. gmw. cn/gmrb/html/2013 – 10/14/nw. D110000gmrb _ 20131014_ 3 – 16. htm？ div = – 1）

国内首家商贸流通企业研究所成立

科技日报讯　近日，北京物资学院商贸流通企业研究所揭牌成立。作为一所以物流和流通为特色的高校，北京物资学院期待通过该研究所拓展对外合作，与商贸流通企业建立合作关系，促进科研成果的转化，并发挥自身人才和智力资源优势，为商贸流通企业提供更好的咨询服务。其最终目标是，能把该研究所建成为北京市及周边区域的商贸流通企业研究中心、决策咨询中心和高级专业人才培训中心，建成为商贸流通企业的理论研究与社会应用实践相结合的科研示范基地，建成为在环渤海区域乃至在全国具有一定影响力的商贸流通企业研究创新基地。

目前，商贸流通企业研究所已聘请了来自中国商业经济学会、教育部工商管理学科指导委员会、中国市场营销研究中心、中商商业经济研究中心、中国社会科学院财经战略研究院等相关研究机构、企业和政府部门的专家学者担任该研究所的专家委员会委员。研究所承担的任务，包括掌握国内外商贸流通企业的发展前沿情况，积极进行国内外的学术交流；开展与流通产业相关课题的调查研究，提出政策建议；举办商贸流通企业发展论坛，开展产学研合作；组织相关专题培训和科研教学研讨活动；制订商贸流通所发展计划等。

（记者：鲁珺瑛）

（来源：《科技日报》2013 年 9 月 27 日，http：//digitalpaper. stdaily. com/http_ www. kjrb. com/kjrb/html/2013 – 09/27/content_ 226228. htm）

北京物资学院举办第五届劳动科学论坛

本报讯　近日，由北京物资学院和中国劳动学会主办，北京物资学院劳动科学与法律学院承办，首都经济贸易大学劳动经济学院及东方慧博人力资源有限公司协办的第五届劳动科学论坛在京举行。

本次论坛以“就业质量和收入分配”为主题，论坛邀请了来自中国劳动学会、人力资源和社会保障部、北京物资学院劳法学院等多家研究院所和高校的知名专家、新锐学者担任主讲嘉宾。与会嘉宾结合十八届三中全会发布的《中共中央关于全面深化改革若干重大问题的决定》的相关内容，分别针对就业质量和收入分配领域的重要话题进行了深度解读。

在讲演中，学者们从崭新的视角贡献了许多前瞻性的观点，以及创建性的研究思路和方法。中国就业促进会副会长陈宇在发言中表示，在当今社会，我们不缺少发明家、创造者，但我们缺少像乔布斯那样，将创造与创意整合成为产品，并有能力推向社会，甚至有能力创造新产业的人。“然而，要培养出这样的人才，需要我们从小培养学生的好奇心、想象力、独立思考能力，乃至独立的批判精神。但遗憾的是，这些正是我们的教育所缺少的。”陈宇说。

（记者：陈彬）

（来源：《中国科学报》2013 年 11 月 21 日第 6 版，http：//news. sciencenet. cn/sbhtmlnews/2013/11/280339. shtm? id = 280339）

数字润桃李　厚德沃新花

——访北京物资学院市级教学名师田立平

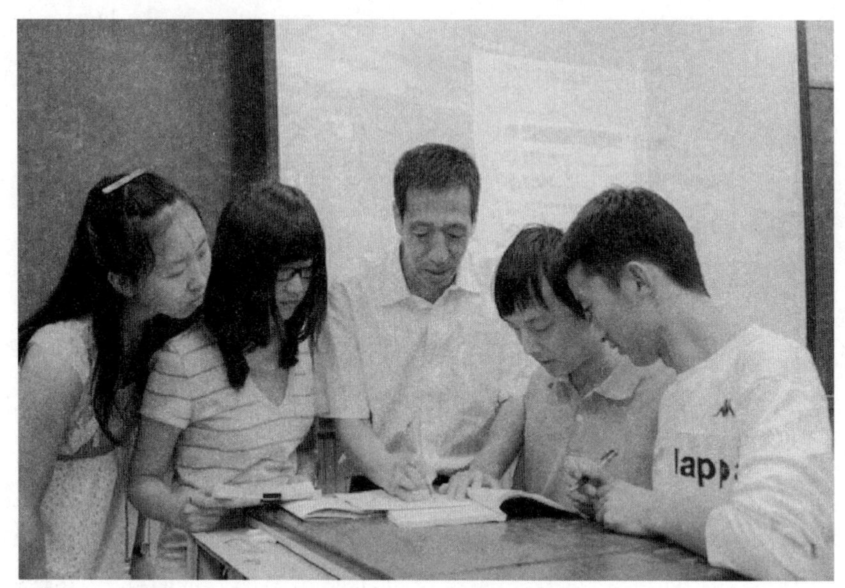

图中右三为田立平老师

初次见到田立平老师，是在 2012 年北京物资学院的教师节表彰大会上，荣获第八届北京市高等学校教学名师奖的他站在舞台上，清瘦、儒雅，给大家留下了很深的印象，随后近距离与田老师交流，他乐观、豁达的为师心态更让笔者记忆深刻。

数字教学　乐在其中

2012 年 10 月，笔者在田立平老师课堂上做了多次旁听生。在笔者印象中，高高瘦瘦的田老师看起来不像严师，更像慈父。讲课的时候他表情认真，而和学生们聊天时却又是那么和蔼亲切。课堂上，学生积极踊跃发言，课堂气氛很活跃，大家总是愿意把自己在听课中不明白的地方直接告诉田老师。当学生们遇到问题时，田老师总是给予充分的时间让学生自己思考，在思考过程中他会对大多数学生容易犯的错误进行剖析。下课后，田老师并不急于离开，他会像长辈一样，和学生们谈心，关心学生们的日常生活琐事。田老师告诉笔者，高等数学是一个枯燥的东西，作为老师最大的职责就是激发学生的学习兴趣，让学生在轻松的环境中掌握它。田老师说：“只要同学们兴趣上来了，方法掌握了，在老师的启迪与自己的努力下，完全可以学好数学，不再为数学头疼，不再害怕数学考试。”

田老师上课很少点名，出勤率却出

奇的高。他的课上，很少有学生缺课。很多其他专业的学生，还会自发地来田老师班上旁听。物流学院一位大一学生说：“田老师的课贴近生活，容易理解，老师本人和蔼幽默，大家都喜欢上他的课。”他还自豪地对我们表示：“有些同学听说是田立平老师给我讲高数，都特别羡慕，吵着要来蹭课。”田老师的课堂上不时笑声朗朗，他总能够结合生活中的实际问题，通过一些数学史话或典故等来揭示数学原理。信息学院一位大二的女生说：“田老师总是会举一些生动的例子和比喻把抽象的数学变成学生抓得到的东西，他的 PPT 课件简单明了，让大家很容易就能抓住上课的重点与难点，知道学习的侧重点。”在这种轻松环境下愉快地学习，学生们的思维更加开阔，懂得了举一反三，不再视高数为“心中永远的痛”了。

俗话说，课上十分钟，课下十年功。田老师告诉笔者，让学生喜欢上自己的课是要煞费苦心的。首先要对课程吃透、了解、掌握每个知识点的先后关系与在实际中的运用，做到有的放矢，而且要善于用通俗的语言、生活实际问题来启发学生去寻找解题方法，把数学问题转化为生活中的例子。此外，田老师还把多年积累的经验、历届学生中容易出错的问题作为案例，让学生们发现错误，从而能够更加深入地领悟、理解和掌握所学内容。

田老师每次都会提前半小时进入教室。学生们有困难或疑问都愿意去找田老师请教，而田老师从来都是面带微笑，耐心地帮助同学寻找解决问题的方法。在工作之余，田老师还在默默资助着家庭经济困难学生，定时为他们购买教科用书，随时关注他们的学习生活情况。田老师说，只有你真心对待学生，学生才会与你交心，爱你敬你。

田老师的课堂上经常会有许多慕名而来的学生。这些学生大多数是准备考研的，在平时的复习中积累了很多问题，来寻求田老师的指导。尽管这些学生不是自己所教班级的学生，但田老师依然很有耐心地为他们解答问题，为此牺牲了许多休息的时间。

数字殿堂　钻之弥坚

田立平老师至今已在高校任教 27 年。27 年里，田老师一直致力于“高等数学”的教学改革和科研，在略显枯燥的数字钻研中寻找最优的教学模式和方法。

根据北京物资学院学生的实际情况，田老师组织北京市优秀教学团队的骨干成员编写了《高等数学》《微积分》等适合学院特点的本科生教材及相应的教辅材料，于 2010 年投入使用。

根据北京物资学院院系专业的调整及教学计划的修订，田老师对数学教学内容也做了相应更新：物流学院和信息学院大一期间学习“高等数学”，而其他各个学院则学习“微积分”。在前期分级教学的基础上，结合北京市 2008 年教改立项，田老师构建了“两轴、两赛、一中心”的立体化教学模式，自 2007 级学生开始实施，取得了良好的效果。“两轴”：纵轴为时间轴，即坚持大学四年数学教育不断线，前两年基础培养，后两年拓展训练；横轴为含课堂内、外两个层面的教学环节轴，且采取“两手抓两手都要硬”的策略。“两赛”：以校内外的大学生数学竞赛和数学建模竞赛为契机，推动、促进、检验教学效果和实践教学的开展。“一中心”：以培养学生运用知识的能力和创新能力为中心。田老师独创的这一教学模式深受师生好评，曾获校级教学成果一等奖。

田老师在教学中推行“兴趣、问题、启发、解决”教学方法，以让学生们更好、更快地吸收知识。田老师通过列举生活中的数学问题，引起学生们的兴趣，让他们感受到数学在生活中的存在性。之后，田老师再从生活实例中提炼问题，启发学生们将其与数学内容结合、思考。最后，对回答问题正确的学生给予鼓励，并帮助回答不正确的学生分析错误原因。

除了不断创新课堂上的教学方法外，田老师还把自己的教学方法和理念传授给了很多“徒弟”。他把指导和培养青年教师视为自己的义务和责任。近几年，田老师先后指导了 9 名青年教师。这些青年教师会持续半年的时间去听田老师的课，之后，田老师为他们创造讲课机会，让他们得到更多的锻炼。经他指导的青年教师不仅都顺利通过了教学关，而且很快成为在教学一线上受师生好评的教学骨干。田老师在指导青年教师搞好教学的同时，也积极引导并带领他们申报校内外的教学、科研项目，且帮助他们解决生活中的困难，使他们能够全身心投入教学科研中。

谈及北京物资学院青年教师的成长话题，田立平老师期望深远：“青年教师们年轻有朝气、素质高、潜力大，我希望他们可以结合自身的特质，并根据教学环境的不同，安排更加合理化的授课方案，制订更加适合学生的教学方法，促进学校教学和科研的创新发展。”

数字荣耀　笃行日新

田立平老师其实还承担着一项特殊而重要的任务，即指导北京物资学院学生参加各类数学竞赛。

从 2006 年至今，田老师指导学校大学生数学竞赛，学生获国家和市级奖项共 50 多个，为学校赢得了荣誉，也为学生能力的提升搭建了平台。每次比赛前，田老师都会为学生们量身定做一套复习计划。由于每次参赛准备时间紧，田老师便利用自己的寒暑假期为参赛学生们辅导。夏天，教室外边炎热似火，紧张备赛的学生们难免懈怠、心情烦闷，他便会在复习中穿插讲一些数学史，为学生们减压；同时，不断鼓励他们，努力为大家创造一个轻松的学习环境。其实，田老师自己也是忍受着酷暑，依然坚持以饱满的精神状态为学生们准备比赛的课件，讲解着每个考点。田老师认为，数学是学习其他各门学科的工具与基础，而参加数学竞赛可以调动学生学习数学的兴趣，促进学生的全面发展。

物流学院大二的张家祥同学参加了 2012 年的数学竞赛。他说：“很庆幸能够遇到田老师这样一位真正教给学生很多东西的老师。”他告诉笔者，每周三的下午，他都会去参加田老师的竞赛辅导。田老师会根据不同学生的不同情况设定相应的学习策略以帮助大家更好地发挥。另外，田老师更注重培养学生独立思考和解题的能力。他会收集近年的竞赛题给学生们独立完成，让学生自己去发现、思考问题。之后，对于学生的疑难之处，田老师会耐心讲解，认真书写板书，举一反三。“田老师还会把数学与生活融会贯通，让我觉得学习数学并不是那么伤脑筋的一件事，甚至觉得这门课是对生活中的很多事情都有帮助的。”

“只要尽心做好本职工作，把每件小事都当作一件伟大的事来完成，三尺讲台勤培桃李，蜡炬成灰无怨无悔，用心、用情对得起教师这一称号，那么你就是一个名师。”在说到一个名师标准时，田老师感触颇深。这也是他孜孜以求的目标。

（文/鲁珺瑛　学生记者：龚鑫、张妍　实习记者：钱慧、王琨）

（来源：《北京教育》高教版，2013年7月8日，“名师风采”栏目第141～142页）

北京物资学院开展优良学风班事迹展示活动

11月7日中午，和煦的阳光和舒适的温度丝毫让人感觉不到初冬的临近，北京物资学院2012—2013学年优良学风班获奖班级在三食堂门前进行班级风采、班级事迹展示活动。

18个入围班级均以展板宣传的形式进行了展示。我校师生们被各班级同学精心设计和制作的宣传内容所深深吸引，不时地驻足观看，大家对我校近年来的学风班风建设所取得的成效予以充分的肯定。

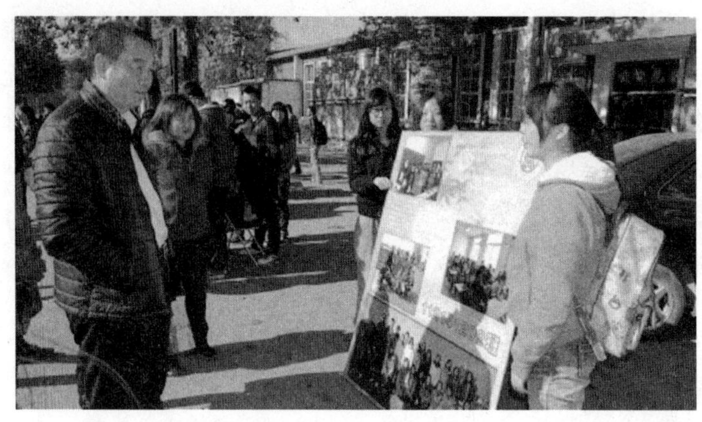

校党委书记李石柱、党委副书记沈小静等领导来到学生中，亲切询问各班级开展学风建设工作和活动中所遇到的问题，了解同学们的感受及体会，并对同学们今后的学习提出了更高的要求，同学们纷纷表示，一定不辜负全校师生的期望。

（来源：首都教育新闻网，http：//xjc. bjedu. gov. cn/publish/portal0/tab40/info8931. htm）

第七届期货论坛在北京召开　聚焦期货市场创新

为了深入探讨和研究经济转型中的国内期货市场发展问题，“第七届期货论坛暨北京物资学院期货专业二十周年回顾与展望研讨会”近日在北京召开，来自国内外证券期货界知名专家学者、企业界高级管理人员等就共同关心的期货市场创新发展等热点问题，以及期货专业建设问题进行深入的交流和探讨。

2013 年 7 月，国务院办公厅发布《关于金融支持经济结构调整和转型升级的指导意见》，提出继续执行稳健的货币政策，合理保持货币信贷总量，引导、推动重点领域与行业转型和调整等10 条指导意见。要求在加快完善期货市场建设，稳步推进期货市场品种创新，进一步发挥期货市场的定价、分散风险、套期保值和推进经济转型升级的作用。

参与期货论坛的多名专家学者指出，在国内经济增长速度放缓和经济转型双重背景下，期货市场如何创新发展已经成为业界共同关注的问题。随着国内期货品种不断增加，期货市场服务实体经济的职能和作用日渐明显。在我国转变经济发展方式与实现经济可持续发展的过程中，作为多层次资本市场的重要组成，我国期货市场的创新发展不可或缺。

据介绍，本届论坛由北京物资学院主办，一德期货有限公司、银河期货有限公司和中物联大宗商品交易市场流通分会协办。北京物资学院是全国最早开办期货本科专业的高校，20 年来，期货专业为行业输送了大批优秀人才，并自 2007 年起举办期货论坛。

对于期货业将来的发展，北京物资学院校友、银河期货总经理姚广在论坛上表示，未来 2～3 年，中国期货业将面临关键性的抉择，将从狭义期货品种进入到广义衍生品时代。目前标准化的合约设计在服务实体经济上有不全面的地方，参与者不能使用标准化的合约对冲各种层面的风险。而参与者的需求正是期货公司未来业务创新的机会所在，期货公司的发展空间将更加广阔。

（来源：财经国家新闻网，http：//www. ennweekly. com/2013/1113/12411. html）

北物经济学院获批“国家级大学生校外实践教育基地”项目

日前，北京物资学院经济学院被教育部授予“国家级大学生校外实践教育基地”，该项目同时获得地方财政 200 万元经费支持。

2009 年 3 月，北京物资学院与一德期货公司签订战略合作协议，成立“北京物资学院——德期货”校外人才培养基地，基地建设目标是打造“定制化、国际化、实战型期货人才培养基地”，为北京物资学院人才培养和满足国内期货行业发展对专业人才的需求服务。

“基地旨在探索和建立校企联合人才培养的模式和机制，将企业需求、行业发展和国际市场前沿融入人才培养方案中，采用校企联合授课、合作研讨等丰富多样的教学模式，实施‘定制化、国际化、实战型期货人才培养’方案，实现建立高端后备人才库的目标和设想。”基地负责人介绍。

（记者：古今）

（来源：新华网 2013 年 11 月 12 日，http：//news. xinhuanet. com/futures/ 2013－11/12/c_ 125691244. htm）

北京物资学院举行会议回顾和展望期货专业二十周年

日前，第七届期货论坛暨期货专业二十周年回顾与展望研讨会在北京物资学院召开。该论坛由北京物资学院经济学院、北京物资学院期货研究所、商品与金融期货研究科技创新平台主办，大批由北京物资学院“走出去”的我国期货业精英赶回母校参加会议。

北京物资学院院长王旭东在致辞时表示，作为国内首个开办期货本科专业的高校，北京物资学院期货专业自1993年以来为中国期货业培养了近1600名期货专业人才，遍布中国期货行业相关领域。20年的时间，期货专业课程体系不断完善，培养模式不断创新，教学科研成果丰硕。

20世纪90年代初，中国证券、期货交易所在中国诞生并逐步发展，市场急需证券、期货人才。1993年年初，北京物资学院时任院长张声书教授和物资管理工程系主任王之泰教授市场经济嗅觉敏锐，抓住历史机遇创办了国内首家期货本科专业。

先行优势让北京物资学院期货专业不断创下业内多个第一：首家期货本科专业，培养了第一批期货专业人才，创建国内第一个期货模拟交易实验室，举办第一个衍生品领域全国性专业学术论坛——期货论坛，培养出第一个国内期货博士——曹胜。

20年间，北京物资学院期货专业的优秀校友遍布全国各期货公司、期货交易所、证券公司、中国证监会等机构。

对于期货业将来的发展，北京物资学院校友、银河期货总经理姚广则在展望前景时预测，未来2～3年，中国期货业将面临关键性的抉择，将从狭义期货品种进入到广义衍生品时代。目前标准化的合约设计在服务实体经济上有不全面的地方，参与者不能使用标准化的合约对冲各种层面的风险。而参与者的需求正是期货公司未来业务创新的机会所在，期货公司的发展空间更加广阔。

姚广表示，今后期货市场需要更多产品设计、产品销售、风险控制和运营方面的优秀人才，期货公司要在引进更高素质优秀人才的同时，加大对现有人才团队的后续培训，尤其要加强国际交流学习。

在与纪念活动同时召开的第七届期货论坛上，北京物资学院校长王旭东表示，作为国内第一个开办期货专业的高校，创新期货人才培养是本次论坛的主题之一，论坛就期货市场热点问题及期货专业建设问题进行交流探讨，将对期货理论研究和人才发展起到推动作用。

论坛期间，北京物资学院举行了国家级、北京市级校外实践基地揭牌仪式、一德期货奖学金颁奖仪式，多名专家学者获聘特聘专家、客座教授。

（来源：新华网，http：//news. xinhuanet. com/fortune/2013 － 11/04/c _ 125647036. htm）

我市牵手北京物资学院　共建现代物流产业研究院

南通网讯　昨天，市政府与北京物资学院签订合作协议，在我市共同建设“现代物流产业（华东）研究院”，在政策研究、人才培养、技术创新、产业对接、平台建设等方面进行深度合作。

物流业是我市发展生产性服务业的第一大领域。2012 年，全市实现社会物流总量 4.5 亿吨，物流业增加值 290 亿元，社会物流总额 15000 亿元，物流总费用占比率 15.4%。

北京物资学院是一所北京市属的主要为流通领域培养高素质专门人才的高等院校。此次合作，双方将通过有效资源整合，建设好研究院，并根据运营情况和产业需求变化，进一步拓展业务领域，使研究院成为推进南通现代物流业发展的重要力量。

副市长黄爱军参加会议并讲话。

（记者：刘璐）

（来源：南通网，2013 年 8 月 30 日，　http：//www. nantong. gov. cn/art/2013/8/30/art_ 24_ 1495138. html）

“学校 + 社会”大实验教学平台培养专业“实战”能力

随着社会发展对应用型人才的需求加剧，提升学生的实践水平，让各专业的学生具有与专业和学位相称的“实战能力”成为当前高校人才培养的共识。但是什么是有效的、高质量的实践教学？一般而言，校内实践便于提炼科研问题，易于仿真模拟训练，有利于提升科研能力。企业实践有利于感受行业氛围，更有真枪实弹的感觉。北京物资学院物流系统与技术实验教学示范中心将校内实践和企业实践结合起来，形成了富有特色的实践教学体系，对物流专业实践教学发展起到了极大的促进作用。

物流产业已经成为我国经济发展的战略性支柱产业，是国家重点发展的现代服务业的重要组成部分，物流人才已经成为国家重点培养的紧缺型人才之一。但是由于我国物流专业教学起步较晚，人才培养体系建设还在不断完善，特别是物流实验教学工作相对较为滞后。突出表现为实验教学资源的局限性与阶跃式增长的人才培养需求之间、单一化的教学方法与多元化学生培养能力要求之间、校内专职师资力量与社会教学资源缺乏有机融合的矛盾。

北京物资学院集中学校优质资源，成立了我国唯一的以物流产业为背景的国家级“物流系统与技术实验教学示范中心”，建成国内领先的单体规模最大的物流实验教学平台。在创新人才培养模式和教学方法等方面进行了广泛的探索，获得了较为丰硕的建设成果。

实验教学示范中心在扩展实验教学内涵方面不断探索，强调与企业的无缝对接的基础上，提出“来源于企业，而又高于企业”的实验教学设计原则；建立了以“知识＋技能＋经历＋经验＋能力＋素质”为核心的六位一体递进式能力培养方式，依托实景式教学环境，开展开放性的“与企业对接的情境式”教学活动，开展“实操＋探讨＋提炼＋拓展”为基础的四段式探究式教学方法；并实施了包括校内教师、校外导师及海外导师等在内的、三元并行的教学团队构建策略，极大地扩展了师资力量的构建渠道；该中心基于虚拟现实的新理念，建立“学校＋社会”的大实验教学平台，改变了传统的依赖学校单一主体的实验室建设模式，极大地扩展了传统教学实验室建设的外延。该体系中学校、企业、政府等共同参与实验教学平台建设，形成了规模较大、动态更新较快的实验教学资源池，并依托中关村开放实验室、实验室联盟等形成了开放式的教学平台，已经有包括清华大学、北京化工大学、首都经济贸易大学等10所院校来北京物资学院进行实验教学工作，发挥了很好的辐射示范作用。

该中心的未来建设目标是建成国内一流、世界知名的集教学、科研、社会服务及文化传承为一体的示范中心，成为学生创新创业培养和技术孵化、物流新产品新技术示范应用、物流文化传承和发展、面向国际的物流交流综合性平台。

（北京物资学院　王成林）

（来源：《光明日报》2013年10月23日第13版，http：//epaper. gmw. cn/gmrb/html/2013－）

今起学生军训服装可回收

编者按：6月8日，北京教育系统关工委在我校举行北京高校关工委捐赠军训服工作启动仪式。中国教育电视台作了报道。

自2002年起，北京物资学院已连续十多年开展大学生军训服装的回收和捐赠活动，累计捐赠军服4000多套，受益学生4000多人。校关工委副主任杨洪璋老师多年参与军训服装捐赠活动和帮扶工作，坚持17年在张家口市万全县帮困助学，2000 年至今已去过 120 多次，组织师生 2000 多人。其中，帮扶的顾家沟小学有史以来没出过大学生，而现在已有 8 名大学生、1 名硕士生。

（来源：中国教育电视台）

大学生闲置“军装”将捐贫困地区

本报讯　昨天，北京高校关工委捐赠军训服装活动启动。今后，大学生参加军训后闲置不用的服装，可自愿上交有关部门，回收到的“军装”将捐赠给贫困地区的学生。

按照教育部、总参谋部、总政治部印发的《学生军事训练工作规定》，普通高等学校、高中阶段学校具有中国内地户籍的学生，需要接受学校统一安排的军事训练，军训情况将记入学生学籍档案。每年，本市大学新生数量都在 16 万人以上。为保证军训质量，提升军训效果，高校会统一为学生购置军训服装。然而，大部分服装用过之后会被闲置或丢弃，造成资源浪费。

为减少浪费，北京教育系统关工委积极组织高校关工委开展军训服装捐赠活动。去年，北京物资学院与北京大学“爱心社”联合在京 15 所高校共同举办了“添衣贵州”活动，共回收 6000 余套军训服装，全部无偿捐赠给贵州贫困地区。

据悉，今年的捐赠活动启动后，学生捐赠来的所有服装将进行清洗和消毒，然后捐赠给河北省张家口市和承德市贫困地区的学生。

（记者：贾晓燕）

（来源：《北京日报》2013 年 6 月 9 日，http://news.hexun.com/2013-06-09/155014070.html）

候选最美慈善团体：北京物资学院信息学院“一对一”科技助残志愿服务队

北京物资学院信息学院组建“一对一”科技助残志愿服务队。为响应信息产业部电子人才交流中心、北京市残疾人联合会的号召，将志愿服务落到实处，以更好地满足社会残疾人对信息技术知识应用的需求。

国家信息产业部电子人才交流中心处长李建伟、北京市残疾人社会公益事业促进会副会长梁田、秘书长娄际川、北京物资学院党委副书记沈小静和学院宣传部、学生处、团委、信息学院、区残联负责同志参加了“一对一”科技助残志愿服务队成立仪式。

北京市残疾人社会公益事业促进会副会长梁田、国家信息产业部电子人才交流中心处长李建伟、北京物资学院党委副书记沈小静在讲话中对进一步搞好“一对一”科技助残志愿活动提出了明确要求。

在启动仪式上，北京市残疾人社会公益事业促进会秘书长娄际川为北京物资学院信息学院青年志愿者服务队授旗；信息产业部人才交流中心李建伟处长为北京物资学院信息学院颁发了铜牌；通州区残联负责同志与信息学院青年志愿者协会签订协议，建立了长期合作关系。

信息产业部人才交流中心、市残联向通州区十大杰出青年、中国残疾人作家联谊会会员、重度残疾人李延芳赠送了电脑和书籍。北京物资学院信息学院青年志愿者将为李延芳提供为期一年的义务上门服务，传授电脑操作技术。

据悉，北京物资学院信息学院的志愿者们将充分发挥自身的优势，利用自己的专业特长，与更多的残疾人结成互助对子，并根据其实际情况制订切实可行的教学计划。通过深入家庭辅导这样“一对一”的学习指导形式，定期了解残疾人在学习上存在的困难和问题，为残疾人朋友们提供一些力所能及的服务，帮助他们实现自己的梦想，鼓励他们克服自身的缺陷，提高他们的文化素质。同时也能唤起社会各界对残疾人事业投入更多的关爱，真正地将志愿者们的热情和爱心落到实处，让残疾人朋友从中得到实惠。通过开展志愿服务，也能在科技助残活动中向残疾人学习自强不息、乐观进取、奋发向上的精神。

多年以来，北京物资学院经常组织大学生志愿者深入到通州区乡镇、街道，广泛开展了多种形式的扶残助残活动，同时还在学院成立了“手语社”，增强了为残疾人服务的能力，为弘扬中华民族的传统美德，为发展残疾人事业做出了突出贡献，赢得了社会各界的赞扬。

（来源：新浪公益 2013 年 10 月 22 日，http：//gongyi. sina. com. cn/2013－10－22/154246049. html）

北京物资学院学生合唱团荣获国际大奖

2013 年 7 月 22—28 日，第五十九届 Habaners Y Polifonia（国际哈巴涅拉及复调合唱比赛）在西班牙托雷维耶哈隆重举行。北京物资学院学生合唱团与来自欧洲、美洲、亚洲等 10 个国家的 16 支高水平合唱团同台竞技，一举荣获 Segundo Premio de Polifonia（复调亚军）及 Premio a la“Region de Origen”（最

佳作品演唱奖）两项大奖。自 1996 年，近 10 支我国顶级高校学生合唱团参加该赛事以来，北京物资学院学生合唱团是唯一同时获得两项团体大奖的合唱团队。

哈巴涅拉及复调合唱节极具专业性和鲜明特色，是被业内视为复调合唱试金石式的国际性大赛之一。哈巴涅拉源于古巴，盛行于西班牙，作为欧美音乐代表之一，是当下风靡全球的一个重要音乐体裁。每届大赛初赛都会收到来自全球各大州的近百支参赛队的小样，经过大赛组委会严格的评审及选拔，今年共有来自 10 个国家的 16 支优秀合唱队伍入围本届合唱节。

比赛中，北京物资学院学生合唱团的表演不仅继承了哈巴涅拉音乐的传统风格，更融入了本民族的特色，以东方人特有的细腻精致和音色的通透唯美打动了评委和观众。在曲目“*A tu lado*”“*el ausent*”《蒙古靴》等作品的演绎中，北京物资学院学生合唱团不仅得到了评委会及观众的赞誉，必唱曲目“*El Ausente*”的曲作者——作曲家 Jorge López 也专程找到北京物资学院学生合唱团并感谢合唱团将他的作品演绎得如此甜美。

北京物资学院学生合唱团建团仅 5 年，是该项赛事中所有获奖中国合唱团中最年轻的一支队伍，能取得这样的成绩源自北京物资学院对艺术教育的重视，以及合唱团长期坚持科学训练和对多元文化的不懈探索。

获奖后合唱团指挥潘明激动地说：作为一支年轻的中国大学生合唱团队，我们在不很熟悉西班牙本土文化和语言的情况下，对 Habaneras（哈巴涅拉）风格和西班牙文化进行了认真地研究学习，融合了本民族文化的精髓，通过对音乐的深刻理解以新的角度精细诠释了三首西班牙 Habaneras（哈巴涅拉）风格作品，获得了评委和观众的一致好评。

此前，北京物资学院学生合唱团曾在第八届中国音乐“金钟奖”合唱比赛上获得展演优秀奖，在第三届北京大学生艺术展演活动中获得二等奖。此次献唱世界舞台并获奖，更预示着中国高校合唱团在高度、广度方面，正在向世界一流团队迈进。

合唱节期间，北京物资学院学生合唱团还与各国参赛团队进行了文化交流并应邀在瓦伦西亚音乐厅举行了专场音乐会。

（地方供稿）

（来源：人民网 2013 年 8 月 2 日，http：//leaders. people. com. cn/n/2013/0802/c356819 - 22422763. html）

北京物资学院学生合唱团获国际大奖

北京物资学院学生合唱团在西班牙托雷维耶哈举行的第五十九届国际哈巴涅拉及复调合唱比赛中获得“复调亚军”和“最佳作品演唱奖”两个奖项。图为比赛现场。

哈巴涅拉及复调合唱节是合唱领域

极具专业性和鲜明特色的国际性大赛，被业内视为“复调合唱试金石”。今年共有来自10个国家的16支优秀合唱队伍入围。

我国部分高校的合唱团自1996年开始参加该项赛事，北京物资学院学生合唱团是迄今唯一同时获得两项团体大奖的团队。

（记者：林鑫　鲁珺瑛）

（来源：《光明日报》2013年8月7日，http：//edu. gmw. cn/2013－08/07/content_ 8537595. htm）

北京物资学院物流学院赴范各庄村开展“红色1＋1”共建活动

2013年12月11日下午，北京物资学院物流学院学生党员一行8人在第二学生党支部书记孙涛老师的带领下前往怀柔雁栖镇范各庄村开展“红色1＋1”系列活动，为当地党员、村干部普及文化知识，为2014年APEC会议的召开做准备。雁栖镇相关领导、范各庄村村干部、党员及村民代表共50余人参加了此次活动。

学生党员们为到场的学员发放了学生整理并设计的学习手册。雁栖镇党建办公室主任安娜作了开幕讲话，对此次共建活动寄予厚望，鼓励并要求范各庄村民党员要认真学习，掌握APEC会议知识、英语口语及二十四孝图的相关背景知识，充分为2014年的APEC峰会做准备。与此同时，也衷心表达了对物流学院党总支的谢意，感谢为此付出的学生和老师。值得一提的是，此次共建活动以其形式之新吸引了怀柔电视台的记者前来采访，为此次共建增添了一份惬意的色彩，也再一次证明了共建活动意义重大。

活动正式开始后，首先由学生党员支嘉同志为大家带来 APEC 会议相关知识的介绍。分别从 APEC 的含义、APEC 会标的含义、选址在北京的原因，以及雁栖湖的设计蓝图四个方面展开生动的讲解，与村民进行了互动，使村民们第一次清晰彻底地了解了 APEC 的真正含义及会议的简单知识。接着，学生党员廖木栋同志为大家普及了简单的英语口语。对于英语基础几乎为零的村民而言，这无疑是一个巨大的挑战。英语普及分为两部分，分别是十字箴言和问候语。廖木栋同志热情地与村民们沟通互动，用幽默的言语带领村民们进行学习，村民们较快地掌握了所学内容，英语学习在轻松愉快的气氛中度过。紧接着学生党员杨莹同志为大家带来二十四孝图的讲解。极大地丰富了村民们对二十四孝图的文化底蕴。杨莹同志运用范各庄村文化墙上的“老吾老，以及人之老；幼吾幼，以及人之幼”和《游子吟》这首诗来引入正题，带领大家深情朗诵并讲解含义。然后通过视频，生动形象地将“百里负米，亲尝汤药”的典故介绍给在场的每一位，升华了孝道在每个人心中的位置。一个半小时的知识普及在轻松的氛围中落下帷幕，取得圆满成功。

活动最后，雁栖镇领导、范各庄村干部和广大参加活动的村民均表示此次活动形式新颖、生动、活泼，学到不少知识，对物流学院老师、同学们的精心准备表示感谢，并期待下一次活动尽快开展。孙涛老师对活动作出总结，征求村民们对活动的意见，并表示与范各庄村的共建为学生党员提供了一个很好的参加社会实践、为新农村建设服务的平台，物流学院党总支会将共建活动持续开展下去。

（来源：中国青年网，http：//www. ccyl. org. cn/place/news/beijing/201312/t20131218_ 672115. htm）

北京物资学院学子获第四届全国大学生物流设计大赛一等奖

日前结束的“安吉杯”第四届全国大学生物流设计大赛上，北京物资学院学生代表队凭借专业理论方面的应用与创新实力夺得1项一等奖和1项三等奖。

据介绍，比赛在上海海事大学举行，全国460多所院校、4000多名专业教师、38000多名学生参与。“全国大学生物流设计大赛”是由教育部高等学校物流专业教学委员会和中国物流采购联合会共同举办的面向全国大学生的大型物流教学实践竞赛，是教育部实施“质量工程”的专业设计大赛之一，也是目前国内最具专业性、权威性、实用性的大学生物流大赛。

此次比赛以一家汽车物流公司的真实经营状况和业务数据作为案例，要求参赛者进行方案设计，内容涉及服务网点布局、选址战略及路由优化设计等。北京物资学院的两支获奖队伍成员均来自该校与中都物流有限公司联合培养的“中都经理班”学生。

（记者：鲁珺瑛）

（来源：《光明日报》2013年5月16日第13版，http：//epaper. gmw. cn/gmrb/html/2013 – 05/16/nw. D110000 gmrb_ 20130516_ 3 – 13. htm ）

北京物资学院招办主任详解高招政策

北京时间5月7日下午，北京物资学院招生办主任孙静做客新华网，为广大高考考生解读2013年高招政策。下面是本次访谈的精彩内容。

访谈现场（新华网　郭小天　摄）

北京物资学院文化底蕴深厚 面向全国28个省、自治区、直辖市招生

北京物资学院前身是国家物资部门1963年成立的北京经济学院物资管理系，1980年独立建校。先后隶属于国家物资总局、物资部、国内贸易部，1998年划归北京市管理，是北京唯一一所以物流和流通为特色，以经济学科为基础，以管理学科为主干，理、工、文、法等多学科协调发展的公办普通高等院校。

北京物资学院校园占地近600亩，位于北京市朝阳北路东段，地处古老的京杭大运河源头，文化底蕴深厚，环境优美宜人，是北京市授予的“文明校园”和“花园式单位”。学校现有教职工近700人，有本科生、硕士研究生、留学生等各类在校生近8000人，设有经济学院、物流学院、信息学院、商学院、劳动科学与法律学院、外国语言与文化学院6个学院，26个本科专业及方向，面向全国28个省、自治区、直辖市招生。

北京物资学院以培养物流和流通人才为特色兼具综合性

我们学校是我国物流教育的奠基者、开拓者和引领者。在这里给大家介绍我们学校的三个“第一”：1993年我们学校开办国内高校第一个期货专业。1994年开办国内高校第一个物流管理专业。2010年开办国内高校第一个采购管理专业。目前我们拥有一些国家级特色专业、北京市特色专业、北京市品牌专业。比如说经济学、物流管理、信息管理、人力资源管理等这些专业都是刚才所说的国家级特色专业，北京市特色专业、北京市品牌专业的代表。

另外，我们学校的物流管理专业，拥有“国家级人才培养模式创新试验区”。学校还建有物流领域的北京市重点实验室、北京市高等学校实验教学示范中心、北京市哲学社会科学研究基地、北京高校工程研究中心等，是学习和科研的良好场所。我们物流学院的毕业生将来有机会进入由企业提供奖学金和就业、实习机会的“中都物流管理班”。建校几十年来，我们为国家培养了大批优秀的专业人才，尤其在物流和期货这个行业当中，我们毕业生是享有较高社会声誉的。现在我们学校正成为首都乃至全国高素质物流人才培养基地，物流理论研究中心、物流政策决策咨询中心以及物流技术的应用研究中心，这是物流一个大概的情况。

很多家长和考生对物流有一个误区，实际上我们学校是培养物流管理者的摇篮，我们的毕业生毕业后有去医院的，有的家长不理解，实际上医院有一些药品的配送。我们物流专业的毕业生毕业后有去公安局的，因为牵扯到车辆的配送。咱们吃的、穿的、用的、行的从生产出来以后到中间的仓储、库存、配送、规划再到进入咱们消费者手中都需要物流。而且国家在 2009 年的时候，把物流业作为国家十大振兴产业之一，我们作为北京唯一一所以培养物流和流通人才为特色的学校，应该说我们的毕业生在将来有广阔的空间。这是我们的一个物流特色。

另外，实际上我们又是一个综合性非常强的院校。刚才提到的一些国家级特色专业、北京市特色专业还有北京市品牌专业之外，像物流管理、采购管理、物流工程这些物流类的优势和特色专业之外，我们的经管类专业也非常的有特色，比如说国际经济与贸易、金融学、金融学（期货与证券方向）、会计学（注册会计学方向）、会计学（注册资产评估师方向）、财务管理、工商管理等，这些专业都得到了社会的广泛认可。就比如说，刚才跟您提到的 1993 年我们是全国第一家开设期货专业的，现在北京、上海、广州、深圳等各大期货公司的老总，有很多都是我们北京物资学院毕业的。还有法学专业是目前全国唯一一家以流通法为方向的专业，也是与学校特色紧密结合。正如很多考生和家长所反映的那样，我们学校的专业应该来说普遍设置都比较好，没有什么特别冷门的专业。

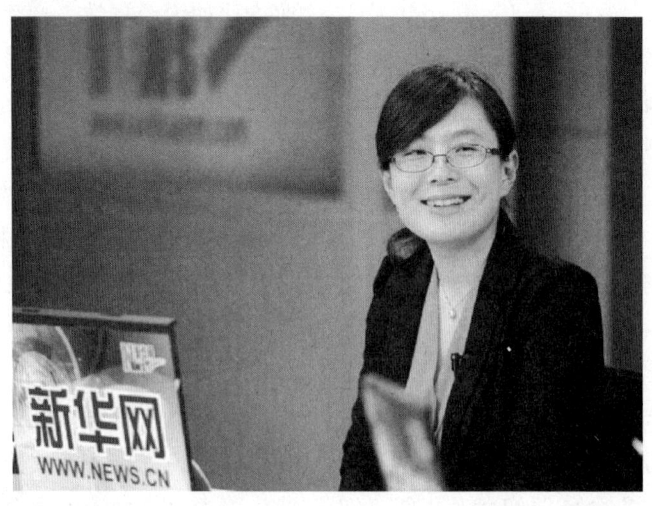

北京物资学院今年在招收外地生源和北京生源比例上有调整

我们学校在全国 28 个省招收本科生 1522 人，这个跟去年完全持平。但是在外地生源和北京生源比例上有一些调整，北京是 805 人，其中文科 160 人，理科 645 人；北京市艺术特长生计划 25 人，外地生源计划 644 人，还有 2012 级少数民族预科生转入计划 25 人。此外，内地西藏班、内地新疆高中班计划是 23 人。

在招生录取特点方面，信息学院的招生方式需要各位考生注意一下。我们信息学院共有 3 个系、7 个专业，计算机技术与信息工程系下设计算机科学与技术、信息工程、物联网工程 3 个专业；计算科学与统计系下设信息与计算科学、应用统计学 2 个专业；信息管理与电子商务系下设信息管理与信息系统、电子商务 2 个专业，实行“按系招生”的培养模式。学生在报考时看到的是信息学院的 7 个专业，但入学时在系内不分专业，也就是说考生通知书上写的是被我校信息学院某某系录取，学生完成基础课程学习后，再根据自身学习情况、专业志愿及学校专业发展规划在系内确定所学专业。信息学院还有一定比例跨系的情况，那是另外一种政策。

在外地我们有些省是按照一本招生，这个也请各位考生以当地省级招生主管部门公布批次为准。有些省我们是按照二本招生，但是分数是比较高的。比如说 2012 年，我们学校在 16 个省的最低录取分都在当地一本线上。

在北京的情况全部专业放在二本招生。虽然我们在招生章程里承诺第一志愿不满的时候，我们会录取第二志愿的考生，但是从这么多年的情况来看，我们一志愿上线考生是充足的，在北京第一志愿录取率是 100%，没有录取过第二志愿，所以在北京，还是建议考生最好是二批一志愿报考北京物资学院。我们录取的原则是分数优先，专业志愿之间没有级差，只要一个孩子的分比另外一个孩子的分高一分，高一分的孩子哪怕把某一个专业填在了第 5 个专业，也比那个把它填在第一专业的低一分的孩子先录取。

我们认可教育部和各个省市的加分政策，一加到底，在提档、录取、分专业的时候我们都认可这些加分。

我们从学生的角度出发，在北京我们基本上是按照 100% 调档。外地我们会按照当年当地的生源情况确定投档比例，一般不会超过 110%，尤其是平行志愿的地区，我们调档时也会特别慎重，所以一般来说如果进档后服从专业志愿调剂，被退档的可能性不太大。

学生入校后有很多国际交流机会毕业生就业率很高

我们学校有跟英国、美国合作的“3＋1”“2＋2＋”“3＋2”的项目，我们有本科双学位项目，也有本硕连读双学位项目等，无论是哪些项目考生在报考的时候不需要填报，进校后他们可以选择自愿参加，另外还有其他国际交流的机会，比如说国际交换生的项目、短期文化交流项目、北京市高等学校学生公派境外学生奖学金项目等。

我想特别提出来的是学校物流学院

设有“国际物流实验班”，推行“课堂教学+企业实践”的双轨制教育方式。进入这个班的话，今后有机会到德国、丹麦、韩国进行为期一年的学习，包括语言类、专业方面、实践方面的，所以说是一个非常好的机会。而且交换一年是免收国外学费的。

我们学校近三年的就业率是96%以上。刚才我也介绍了，我校专业在设置上是贴近市场的，而且也注重办学质量，强调学校综合素质和实践能力的培养。我们学生一个很明显的特点就是知识面广、基础比较扎实，在就业市场上有很强的竞争力，这个是每年就业单位都会给我们的一个反馈。应该说我们毕业生就业率包括就业质量、就业前景都不错。

只要是你进校一年或者是两年之后，达到学校和当年你想转过去的那个学院公布的一个接收标准，可以提出全校范围内转专业申请。以前我们规定在班级10%，也就是排前三名或者是前四名的学生才能转专业，即使前三名或者是前四名都不转，你也没有机会，但是我们现在放开了，我们也是想给学生提供更多的机会。

北京物资学院设置了较完善的资助、帮扶体系助学生顺利完成学业

学校设置了比较完善的资助、帮扶体系，其中包括“绿色通道”制度、国家助学贷款制度、勤工助学制度、国家励志奖学金、北京市国家助学金、临时困难补助、减免学费制度等，以帮助家庭经济困难而又努力学习的学生能够顺利完成学业，请考生放心。

我们严格执行北京市物价部门的规定，学校大部分的专业，也就是授予经济学、管理学、法学学士学位的专业，学费是每年4200元；授予理学、工学学士学位的专业学费是每年4600元；英语专业是5000元。住宿费有750元、1200元、1300元和1500元四档。这个是根据当年具体的情况来定，看是分到什么样标准的宿舍。

我们的录取原则比较简单，即分数优先，而且没有专业志愿级差，考生和家长填报的时候，可以把自己喜欢的专业排排序，把最喜欢的放在最前面，建议填上服从专业志愿调剂。另外对于单科的限制，我们是只有报考英语（国际商务、国际传播）这个专业的考生是原则上要求英语单科成绩不低于100分，英语口试成绩达到良好。其他任何专业都没有单科成绩要求。学校没有男女生比例、应届生、往届生限制，对考生的身体情况也没有特别的限制。

北京物资学院今年招生录取方面有三个变化

2013年学校招生录取方面有三个变化：一是今年新增了物联网工程和劳动关系这两个本科专业，物联网工程专业只招收理科的考生。劳动关系是文理都招生的。二是经济学院招生模式改变，2011年和2012年的时候，实行的是按照“经济学大类”招生，现在改回分专业招生。在2013年经济学院4个专业——经济学、国际经济与贸易、金融学、金融学（期货与证券方向）实行“分专业招生”。三是学校有三个本科专业名称发生变化：金融学（证券期货方向）改为金融学（期货与证券方向）；商品学（商品质量检验与管理方向）改为采购管理（商品质量检验与管理方向）；统计学改为应用统计学。

学校从1986年开始招收硕士研究生，目前除了英语专业和法学专业不能在本校继续读研之外，其他的都可以。

学校重视学生综合素质特别是实践创新能力的培养，多年来，学校逐渐形成了培养科学精神与人文精神、发展共性与突出个性相结合，面向未来、与时俱进、丰富多彩、健康向上，既充满活力，又有底蕴的校园文化。近三年来，我们学生在国际大学生数学建模竞赛、全国大学生数学建模竞赛、全国大学生创业计划竞赛、全国大学生物流设计大赛、全国大学生英语竞赛、“挑战杯”系列大赛、全国大学生管理决策模拟大赛等竞赛中取得骄人的成绩。在2012年国际大学生数学建模竞赛中，学校6支参赛队中有4支队伍分别获得一等奖和二等奖，获奖率在全国高校中名列前茅。

学校有很多优势的学科，同时，学校也提供了很多竞赛的机会。另外我们非常注重培养学生的素质，我们有各种社团50多个。同学们可以在物院尽情展现自己的才华，我们每年会邀请一些著名的像中国科学院院士、中国工程院院士，还有著名的节目主持人、名人来学校跟学生们一起分享他们的经历，我们邀请过著名的演员六小龄童、王珞丹，著名节目主持人水均益等。学校希望学生在跟他们的交流当中来品味人生。

（来源：新华教育2013年5月10日，　http：//news. xinhuanet. com/edu/2013－05/10/c_ 124687478. htm）

“雷锋教室”朋辈互助乐盈校园

2003年3月5日晚，是北京物资学院新学期“雷锋教室”活动开班的第一天，吸引了1000余名学生的踊跃参与。当晚，10间“雷锋教室”在该校第二教学楼同时开放，近200名成绩优异的学生自愿担任“学业帮扶志愿者”，为其他同学提供学业及其他方面的帮助。

“雷锋教室”活动是由北京物资学院团委指导、校学生会具体搭建的一个学生朋辈互助平台，旨在引导学生相互帮助、推动学风建设、弘扬雷锋精神。“雷锋教室”活动自2012年3月起在北京物资学院开启，至今已坚持了3个学期。活动组织方表示，在这种互帮互助的氛围中，不仅参加“雷锋教室”学习的学生收获了很多知识，而且学业帮扶志愿者们也锻炼了自己的讲演能力，培养了乐于助人的品质。更重要的是，此活动所倡导的学生朋辈互助、学生相互帮助理念逐步内化在学生的日常学习和习惯中。

活动中，成绩优异的学生自愿报名

担任“学业帮扶志愿者”，在每周固定的晚自习时间里，志愿者们将结合自己的专业特长，与其他同学分享学习经验，为大家解决学习困难。除了在学习方面的交流指导外，志愿者们还积极聆听同学们生活中的点滴琐碎，积极疏导，让大家无论是在学习上，还是在生活上都能一同进步。

在大家心目中，“雷锋教室”教授的不仅是考试的知识，传达的更是爱与分享。组织方说：“这项活动将一直继续下去，后面还将开展英语四、六级和证书考试等辅导。”

（来源：《北京教育》杂志高教版 2013年4月）

北京物资学院“雷锋教室”朋辈互助乐盈校园

2013年3月5日晚，初春的夜晚乍暖还寒，北京物资学院的自习教室却人潮涌动，刚刚从家返校的学子们聚在一起热火朝天地交流学习经验、心得体会。这是北京物资学院新学期“雷锋教室”活动开班的第一天，吸引了1000余名学生踊跃参与。

“雷锋教室”活动自去年3月起在该校开启以来，至今已坚持了3个学期，其所倡导的学生朋辈互助、学生相互帮助理念让雷锋精神不再是“三月来，四月走”，而是内化在学生的日常学习和习惯中。期间，“雷锋教室”活动以二级学院为单位，由成绩优异的学生自愿报名担任“学业帮扶志愿者”，在每周固定的晚自习时间为其他同学提供学业帮扶和指导。

本学期，“雷锋教室”活动在内容和形式上均有了较大拓展。根据本学期的教学安排和学生们的个人发展需求，“雷锋教室”活动本学期将陆续开展课程帮扶，考研和考公务员等就业经验分享，出国留学经验介绍，英语四、六级考试，会计从业资格证书考试和采购师资格证书考试辅导等一系列有利于在校学生职业规划的活动。目前，该活动依然坚持在每周的晚自习时间开展一次，一次开设10个固定的“雷锋教室”，根据预定指导科目和志愿者的特长采取分区域小范围指导交流的模式开展帮扶活动。

参加本学期“雷锋教室”活动的学生志愿者目前有近200名，校团委还将根据活动实际需求邀请毕业校友加盟。其中，“课程帮扶”模块的活动则延续了前两个学期的学业帮扶环节的内容，但帮扶的课程范畴则大大增加，基本囊括了全校所有开设的专业课程。

据介绍，“雷锋教室”活动是物院学生会在校团委指导下搭建的一个学生朋辈互助平台，旨在引导学生相互帮助、推动学风建设、弘扬雷锋精神。在这种互帮互助的氛围中，参加“雷锋教室”学习的学生收获了很多知识，学业帮扶志愿者们也锻炼了自己的讲演能力，培养了乐于助人的品质。

（记者：鲁珺瑛）

（来源：人民网 2013 年 3 月 11 日，http：//unn. people. com. cn/n/2013/0311/c14748 - 20745031. html）

北京高校国际人才培养项目精英分享会走进北京物资学院

（中国商业电讯）4 月 9 日晚，由北京市国际教育交流中心主办，东森校园协办的“2013 国际理解教育系列工程——北京高校国际人才培养项目精英分享会”第六站来到了北京物资学院。

马腾国际执行董事张铭显先生为在场的同学们带来了一场以“找到自己兴趣点”为主题的报告。来自台湾的张铭显先生出身在普通家庭，某夜大新闻专业毕业。读书期间，他白天在报社上班，晚上到夜大听课，放学后到五星级酒店兼职做服务员。经过努力，大学时代他就买了人生第一台车。此后他还做过保险销售，最终投身 KTV 娱乐行业。他用 6 年的时间成为公司高管，在他和团队的努力下，公司成为台湾第一家上市的娱乐公司。之后，他到大陆发展做 KTV 管理顾问业务，最多的时候他同时管理着全国 70 多家 KTV 和咖啡厅。张铭显先生在餐饮娱乐业的连锁经营、托管与管理咨询等方面拥有丰富的行业经验，目前他受聘为南京秦淮河区域商圈规划顾问。

张铭显先生给同学提了很多的建议：学会做一个不让人讨厌的人，积累好信用及人脉存折，找到自己的兴趣点，罗列这辈子一定要做的 30 件事，多看商业杂志等。张铭显先生的讲座引起了现场同学的热烈反响，纷纷争相提问。活动后同学们向记者表示希望主办方之后能够组织更多类似的交流活动。

据了解，本场活动是北京高校国际人才培养项目精英分享会的第六站，之后活动将走进北京石油化工学院、北京联合大学、中央民族大学、首都经济贸易大学 4 所院校。

（来源：凤凰网　财经频道，2013 年 4 月 10 日，http：//finance. ifeng. com/roll/20130410/7885894. shtml）

校园快驿站

——破解快递配送最后 100 米难题

在北京物资学院，有一家名为“物院快驿站”的校园快递代收发点，别看它门脸不大看着并不起眼，里面的工作人员也不多，但它在物院却无人不知，无人不晓。虽然刚成立不过一个多月，但凭借切合师生需求的特色运行模式在物院声名鹊起。据说，这家快递代收发点目前派送包裹的日最大量已达到 186 件，平均日派件量也都在 100 件以上。更让人意想不到的是，“物院快驿站”的创办者姚雪松、向韬和宋继尧都是该校采购管理专业的大三学生。

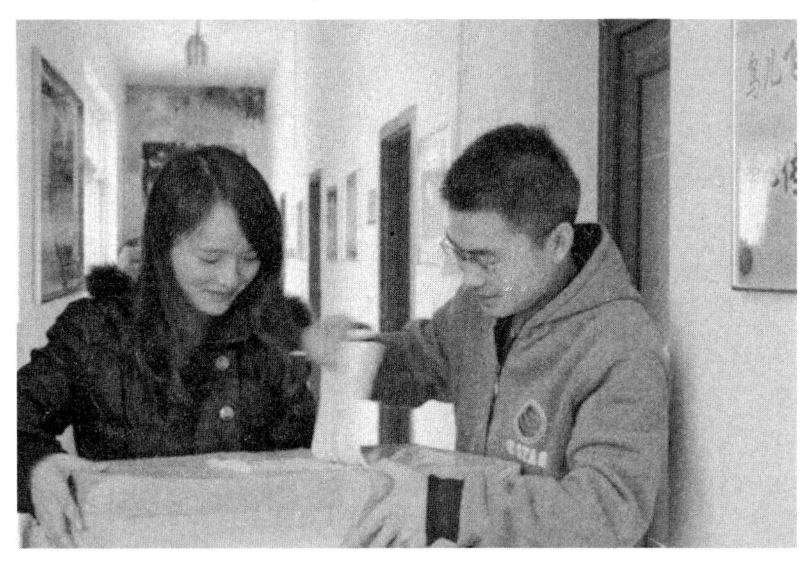

7 区分件妙法

一个北京冬日的周末，记者来到“物院快驿站”亲身体验了一把派件员的生活。

上午十点左右，全峰快递和圆通快递公司的包裹陆续送到，“物院快驿站”马上先对往日包裹进行处理，将尚未取走的包裹分到7区。再对刚刚接收到的包裹进行分区摆放，并将有快递单的一面朝上整齐摆放。

何为7区？宋继尧同学介绍，在前期调研中，他们发现一般快递代收发点都是将所有的包裹堆放在一起，这样寻找起来很不方便，浪费了大量时间和人力。于是他们自创了一套独特的分件妙法：将所有包裹分为7个区域，1、3、5区和2、4、6区分别依次使用，摆放当天的包裹，7区为往日包裹区，未能及时取走的包裹就会被移动到7区。这样既便于顾客快速查找到自己的包裹，也方便了快驿站区别包裹收发日期，提高了工作效率。“包裹分好之后就可以发短信通知客户，等客户取件了。”宋继尧说。

在接下来近一个小时的时间中，宋继尧几乎没有休息过，一直蹲在包裹区发通知短信。发到第4区时，手机突然出了点故障，无法群发短信，宋继尧立即又一条条挨个重新发短信，确保通知到每一位客户。

因为三位创办者都是在校生，有学业要兼顾，因此，“物院快驿站”白天的开放时间为每天中午12:00—13:00，考虑到有些老师、同学未必能及时取件，宋继尧他们每天会将时间再往后延一小时，等待陆续前来取件的老师同学们。

“请问您收到的短信中告知您的快件在几区?”“请您来这边取件”“您是自取还是代取”“麻烦您报一下手机号”“请您在这边签字确认收件”……一句句个性化的服务语言透露出细心和

贴心。在核对手机号码无误后，取件人签字确认收件将快递取走。

记者观察到，在当天两小时的取件时间中，高峰时同时有 8 人取件。但现场仍井然有序。可见标准化的服务、独特的分区方法，让取件变得更简单快捷。

宋继尧说，在每天的派件时间中也会遇到很多“奇人”。有把包裹签完寄存在快驿站的人，事隔多天后也未把包裹及时取走，打电话给收件人，却很惊奇地告诉他们：“哦！还有一个包裹啊，我都忘了！”还有到快驿站取包裹时非得要在快驿站面见寄件人的老爷爷……

在当天中午的派件时间中，共派送当日包裹 61 件、往日包裹 14 件，收到寄送包裹业务 5 件。取件结束后，宋继尧将已签收的快递单整理完成，又将取件信息录入终端设备。每天派件时间结束后，他们需要记录未领取的快递，然后将信息及时反馈到快递公司。另外，每天下午，需要对滞留在快递站已达到 2 天的快递进行处理，将滞留件送返快递公司，而在此期间不向收件人收取任何费用。

下午四点左右，快驿站的负责同学自己骑小三轮车前往快递公司自行取件。包裹取回后，“物院快驿站”继续按照“分类整理—短信通知—等候取件—整理已签收的快递单—记录未及时取走的包裹—送返快递公司”这一系列程序有序运转。

一个创业项目引发的金点子

“物院快驿站”的创办源于姚雪松、向韬、宋继尧这个三人小组所申报的大学生科研与创业行动项目。项目中，他们致力于对快递共同配送模式的研究，项目前期调查时，“快递配送‘最后 100 米’难”这个问题引发了他们极大的关注。

三人发现很多同学都曾经有过不愉快的取件经历，诸如包裹丢失、包裹送达不及时、包裹破损等各种问题，于是，宋继尧他们就设想如果创立一个校园快递中转站，校内的包裹都可以通过他们的中转站来派送，就可以减少破损件、不能及时取件等问题。为了更好地对课题进行研究，他们决定通过实践来探索解决快递配送中出现的这些问题。很快他们决定创办快递代收发中转站，并起名为“物院快驿站”。

“物院快驿站”筹备阶段是一个很艰难的过程。姚雪松、向韬、宋继尧首先面临的是校内选址的难题。在多次考察选址后，他们与校关工委（关心下一代工作委员会）的杨老师取得了联系，在杨老师的帮助下，学校将爱心捐助站借给他们作为场地，还为他们提供了运输工具。

“物院快驿站”遇到的另一大难题是与快递公司洽谈合作。目前与“物院快驿站”进行合作的快递公司有全峰快递和圆通快递两家。全峰快递的合作洽谈比较顺利，很快便谈下来了，并于 2012 年 10 月中旬就开始了全峰快递的校内配送。但是与圆通合作关系的建立却非常不容易。由于快驿站刚刚筹建，运营模式还不成熟，圆通对这种模式持怀疑态度。三个人反复洽谈、协商都无果。最终还是宋继尧提出先给圆通快递公司提供体验式服务，让他们了解自己具体的运作流程，然后再进一步洽谈合作，这个方案得到圆通的支持。11 月 1 日，“物院快驿站”实现了在校内派送圆通快递。

在与快递公司成功合作快递投送业务的同时，“物院快驿站”还开通了快递寄送业务。快递寄送有全峰快递和圆通快递的快递面单及相应包装，不需花费成本。需要寄件的老师、同学可以在开放时间前往快驿站，在条件允许的情况下，“物院快驿站”还可以上门取件。现场称重、包装，然后让寄件的老师、同学填写面单，按照快递公司的报价单进行收费，最后再向快递公司转送已签收面单，及时将需要寄发的快递及所收取的费用转交给快递公司。

谈到快驿站迅速蹿红的原因，宋继尧直言“物院快驿站”在校园内有着其他社会快递公司不可比拟的优势：它承担着桥梁作用，同时连接了快递公司和校园师生；它比社会快递公司更加了解校园快递的需求情况；为适应老师同学的作息习惯，他们做了合理的调整，将派件时间定在 12：00—13：00 和 17：30—18：30，这样既不会耽误快驿站负责同学自己的学习时间，也不会影响老师和同学们正常的学习生活时间；学校快递量大，他们采取了独特的分区方法，这样既减少了大家去取快递时的查找时间，也使大家在签收快递时更加有秩序。

学习和实践，螺旋式上升

凭借着集体的力量，物院快驿站的三人小组在实践的这条路上一步一步向前推进。“我们是一个团结的团队！”这一点，让宋继尧很是骄傲。他认为可以将这个项目做好的关键性因素是团队，大家彼此默契、互相支持，一起克服了很多困难。

“勇气和坚持在我们的创业路上是最最重要的。”从项目立项到真正去实践，期间经历了大半年，起初只是进行理论化的讨论，后来并不满足于纸上谈兵，于是拿出勇气去尝试，才发现实际情况跟想象中的完全不一样。在将理论与实践结合的过程中大家得到了不少收获。在项目实际运作的初期，遇到过种种困难，很多快递公司都不愿意理睬他们，但通过不断坚持，反复洽谈，最后实现了零的突破。

作为在校学生，组建了“物院快驿站”的姚雪松、向韬和宋继尧还面临着学习和创业必须同时兼顾的问题。“学生的天职当然是学习！”他们异口同声地说道。“物院快驿站”并没有影响到三人的学习。他们通过合理分配时间，专时专用，提高学习效率来确保学习的进行。快驿站所有的活动基本都集中在课后，不占用任何上课时间。虽然快递站的工作占用了一定的个人时间，但这使得他们更加珍惜时间，将有限的时间发挥出了无限的作用。

北京物资学院以物流为特色的教学环境让很多的学生在考虑问题的时候带上了物流的特色。“物院快驿站”的同学也不例外。每个专业或多或少对物流知识的渗透，让学生们的思维模式、看问题的角度都受到了潜移默化的影响。他们三个人本专业学习的是采购管理，但在申报科研项目的时候不约而同地想到了研究快递的共同配送模式。

姚雪松同学坦言，专业课程的开设给了他们很大的帮助。举例说，《商品学》课程中有一章是专门针对服务质量进行的分析，这给予了他们很大的启发，让他们开始着手研究、设计如何提高快驿站的服务质量，更加方便物院师生快速找到自己的包裹，提高快驿站的服务效率，也因此创立了他们独特的分区法。学校很多的竞赛活动，如物流设计大赛等，也促使他们翻阅更多的资料，咨询更多专业的老师，以更加专业的“物流人”角度去思考问题。姚雪松同学将专业和实践的关系精辟地总结为“螺旋式上升”：在学习中发现问题，明确在实践中需要解决的问题；在实践中发现不足，更加明确需要学习的方向，交替上升，不断进步。

一个创业项目能够继续下去，必然会遇到很多问题，“物院快驿站”也不例外。谈到快递配送环节中“最后100米”的难题。他们坦言真正解决还有待进一步研究。实践中他们发现，快递业务市场尚未达到饱和状态，各快递公司的竞争点仍集中在价格上，尚不需要通过提升服务质量来扩大市场份额，“最后100米”的问题在实践中未能得到足够重视。配送链利益分配结构的不成熟、行业技术水平限制、行业准则执行层面亟待改善、行业标准化程度较低都在一定程度上限制了“最后100米”配送问题的真正解决。

三人期望接下来能够更好地整合快递资源，完善配送链条，成功架起快递公司和寄发件人之间的桥梁，创出一片属于自己的天地。

（《北京物资学院学报》
记者：侯宇星　赵御彤）
（责任编辑：陈思）

（来源：《大学生》2013年2月第2期，总第186期60~61页）

第十五篇　大事记

1月

6日　北京物资学院第十三届青年教师教学基本功比赛圆满落幕。鲁曼俐、谭加博获一等奖；许海晏、曲囡囡、郭亚丽、孙风林获二等奖；高亚春、刘玉奇、白硕、孟浩、芮嘉明、战雪丽获三等奖。鲁曼俐、弓秀云、贾颖、谭加博分获单项奖。外语学院获团体一等奖和特别组织奖，思政部获二等奖，经济学院、商学院获三等奖。

6—10日　学校区政协委员翁心刚、李珍萍、祝映莲、尚珂、杨狄、邹晓美6名同志参加政协通州区第五届委员会第二次会议。邹晓美、杨狄委员《关于加强通州国际新城节约用水、循环用水》等3项提案被评为优秀提案，杨狄委员执笔的《关于加大通州旅游文化宣传力度，促进“北方水城”繁荣》提案被评为“2012年度优秀党派团体界别提案”。

8日　学校举行农业与食品物流研究所揭牌仪式暨农产品流通发展形势研讨会。李石柱书记向外聘专家颁发聘书，并和商务部徐敏副司长为“北京物资学院农业与食品物流研究所”揭牌。王旭东校长致辞，对研究所今后工作提出期望和要求。

10日　学校图书馆项目主体结构顺利封顶。校长王旭东，副校长王志鸣与学校基建办、施工单位、设计单位、监理单位、跟踪审计单位、参建人员共40余人参加封顶仪式。

11日　学校大学生心理健康教育与咨询中心被评为北京高校学生心理素质教育工作 突出进步单位，心理教师廖冉荣获北京市高校学生心理素质教育工作优秀标兵称号。

11日　学校举行新春团拜会，校领导同全校师生员工400多人欢聚一堂，共贺新春佳节。校党委书记李石柱、校长王旭东向全体教职工拜年，团拜会上播放“2012年度北京物资学院十大新闻回顾”视频，全面展示2012年取得的进步和成就。团拜会分为文艺演出、集体游戏、抽奖3个篇章。

2月

26日 学校召开干部任免宣布大会。市委组织部闫成副部长宣布市委市政府决定，许晓革和刘丙午任北京物资学院副校长，并颁发市政府任命书。市委教育工委常务副书记刘建作重要讲话。校党委书记李石柱主持会议。

3月

7日 由著名制片人陈祉希、学校关工委副主任杨洪璋等共同发起的“透明爱公益助学平台”宣讲活动在学校举行。

8日 学校申报的“物联网信息处理与智能物流系统北京市重点实验室”现场评审工作圆满结束。

9日 学校法律顾问侯小晶校友设立“仁和奖学金”。奖学金总额人民币12万元，分4年投入，每年3万元，用于奖励商学院和校友志愿团表现突出、成绩良好、宿舍卫生整洁的学生。

13日 校党委副书记沈小静会见韩国韩中文化青少年协会（未来林）创办者、韩国第一任驻华大使权丙铉。双方签署“未来林”合作协议书。

20日 学校召开2013年党风廉政建设工作会议，纪委书记赵凤琴全面总结2012年学校党风廉政建设和反腐败工作情况，对做好2013年党风廉政建设工作进行部署。校长王旭东代表学校党委强调：一是严明政治纪律，加强党的纪律执行情况的监督检查；二是严格贯彻落实中央“八项规定”，切实加强作风建设；三是切实加强对主要领导干部和重点领域的监督；四是全面贯彻落实党风廉政建设责任制。

27日 学校召开挂职锻炼教师座谈会，校党委副书记沈小静、副校长刘丙午听取第一批入企业挂职锻炼教师的挂职感想、遇到的困难及对教师挂职工作的意见和建议。

4月

2日 学校印发《中共北京物资学院委员会关于贯彻落实改进工作作风、

密切联系群众规定的实施办法》，从认真开展调研、精简会议活动、改进文风会风、加强出访考察管理等七个方面对各级领导干部改进工作作风作出具体要求。

2—3 日　校长王旭东带队对南通市滨海园区、南通经信委和南通市通州区进行调研考察，推动对外合作项目。

3 日　学校邀请国务院发展中心宏观经济部研究员张立群作题为“当前宏观经济形势与政策分析与两会精神解读”专题报告。校院两级理论学习中心组成员、中层干部、教职工党员、第 27 期党校学员、形势政策课学员参加报告会。

3 日　中国高校传媒联盟公布获得三星级会员媒体名单。《北京物资学院校报》荣获“三星级会员媒体”称号。

7 日　学校举行 2013 届毕业生春季校园双选会。太平人寿保险、北京福田物流有限公司等 70 余家用人单位来校招聘，提供约 1450 个职位。

8 日　新疆库车县努尔阿里木·买买提副县长一行 5 人到校考察交流，党委副书记沈小静、校长助理邬跃等会见努尔副县长一行。

9 日　北京市教委校办产业管理中心主任翟士良一行 3 人来校考察。王旭东校长、王志鸣副校长介绍学校校办产业现状及运营发展思路。双方就如何规范校办产业、科研成果转化、后勤社会化服务、促进物流产业研究院发展等问题进行了沟通交流。

13 日　校工会组织教职工及其家属 300 余人，到大兴万亩梨园和南海子公园春游踏青。

16 日　校纪委书记赵凤琴主持召开高安屯垃圾场相关事宜专家咨询座谈会。北京市科委滕树龙处长等 5 位专家出席会议。副校长王志鸣及劳法学院、校办、校工会、教代会等部门同志参加座谈会。会后各位专家在赵书记带领下到高安屯垃圾场实地考察。

16 日　离退休工作处、老教协和关工委举办春季趣味运动会，162 名离退休老同志参加比赛。纪委书记赵凤琴参加运动会，与老同志亲切交流。

16 日　学校校园文化建设领导小组召开会议，听取北京意优创意科技有限公司董事长武沂女士解读学校视觉识别系统设计方案并原则上通过该设计方案。

16 日　学校举行国际学院院长签约聘任仪式。王旭东校长代表学校与吴浩然教授签订《北京物资学院国际学院院长聘任合同》，为吴教授颁发了聘书。

16 日　学校举行 2013 届硕士研究生毕业典礼。副校长许晓革教授宣读获奖名单，沈小静教授、翁心刚教授、刘丙午教授分别向国家奖学金得主，市、校两级优秀毕业生颁发获奖证书。学位委员会主任王旭东教授为 166 位身着学位服的毕业生扶正流苏并颁发学位证书。

17 日　党委书记李石柱在《光明日报》发表文章《行业院校：让“特色”成为“不可替代”》。文章指出：行业性高校也可以成为“顶天立地”的一流大学；立地：让行业“根系”扎得更深；顶天：让“特色”成为“不可替代”。

18 日 现代物流研究基地召开《北京物流——分析与前瞻》编写组全体会议。

22 日 翁心刚副校长会见来校进行工作访问的美国阿卡迪亚大学副校长迈克尔教授。迈克尔教授对学校参加“3 + 2”本硕连读项目学生进行了面试。

23 日 现代物流研究基地邀请美国知名冷链物流服务和冷库运营商普菲斯亿达中国区总裁 Tim McLellan 和美国运输与物流协会大中华区首席代表谭润忠先生作“中美冷链对比研究”学术讲座。

24 日 北京物资学院第四届职工代表大会暨第四届工会会员代表大会三次会议隆重召开。140 余名会议代表及特邀代表参加会议。会议听取并审议王旭东校长《聚焦重点，深化改革，加快推进高水平特色型大学建设》工作报告，教代会、工会主席赵凤琴作《围绕中心，凝心聚力，为加快高水平特色型大学跨越发展贡献力量》工作报告，翁心刚副校长作财务工作报告、刘丙午副校长作学校对外合作工作报告、王志鸣副校长作“三个校园”建设情况工作报告，陈红丽主任作提案工作报告。会议表彰了获得校级模范教职工之家、先进教职工之家、提案承办先进单位、优秀提案奖的单位和个人。会后，与会代表及教职员工向四川芦山地震灾区群众进行了捐款。

25 日 学校召开 2013 年度安全稳定工作部署会。王志鸣副校长总结 2012 年度安全稳定工作，部署 2013 年度安全稳定工作。王旭东校长作总结讲话。学校主要领导与各单位签订了 2013 年度安全稳定任务书。

26—27 日 学校荣获团中央等单位授予的“大学生 KAB 创业教育基地”和“大学生 KAB 创业俱乐部”奖牌，学生处魏巍老师荣获“创业教育讲师”资质证书。

28 日 学校代表队参加第四届全国大学生物流设计大赛载誉归来。李彦萍老师指导的池华远、郝江栋、何蕾、钟豪、公旭鹏小组获得一等奖；刘俐老师指导的刘康、陈沛霖、邢玥、朱鑫洁、程凯小组获得三等奖。

5 月

2 日 机关党总支召开换届选举大会选举产生新一届总支委员会。

3 日 校工会召开座谈会学习贯彻习近平主席同全国劳动模范代表座谈时的重要讲话精神。校党委书记李石柱、校工会教代会主席赵凤琴出席会议并讲话，两委委员、分工会主席和工会专职干部参加座谈会。

4 日 学校召开区域经济与城市发展研究中心建设研讨会。赤峰市委常委、副市长刘春成、科技部信息中心王学勤副司长等专家学者出席会议。李石柱书记致辞并为特聘教授刘春成颁发聘书。刘丙午副校长宣读《关于成立区域经济与城市发展研究中心、电子商务研究所的决定》。与会专家、师生围绕区域经济与城市发展研究中心建设进行了充分研讨。

5日　第十届北京物资学院大学生电影节闭幕式暨“透明爱”公益助学平台志愿者服务站授牌仪式在学校礼堂隆重举行。

6日　2013年北京物资学院英语嘉年华正式开幕。

7日　学校举行青年教师座谈会，学习贯彻习近平总书记五四讲话精神。校党委书记李石柱、副书记沈小静与获奖青年教师、挂职教师、青年中层干部和辅导员代表一起开展座谈和学习。

8日　学校特邀国防大学吴玉琪教授为2012级同学作“国际战略环境与国家安全”专题报告。

8—11日　“国际仓联2013北京年会暨第八届中国仓储业大会”在京举行。商务部相关领导，英、美、法、印等国仓储物流协会和国内外企业300余名代表与会，就物流业动态与发展趋势，中国物流产业发展等进行交流。副校长翁心刚出席会议并主持首日大会。学校为大会提供了行业发展报告编制、志愿者、英文翻译陪同等多项服务。

10日　校党委书记李石柱会见来校访问和举办学术讲座的加拿大蒙特利尔大学国际劳动关系研究所主任Gregor Murry教授。

13日　美国耶鲁大学混声合唱团与北京物资学院大学生艺术团联袂举办交流音乐会。

15日　学校举行第九套广播操比赛，来自12个分工会的400多名教职工参加比赛。机关分工会荣获一等奖，基础保障部分工会、物流学院分工会荣获二等奖。

16日　学校举行现代物流创新园揭牌仪式。通州区副区长洪波、市教委校办产业管理中心主任翟士良、校党委书记李石柱、校长王旭东、副校长王志鸣等领导出席揭牌仪式。校长助理邬跃主持仪式。

19日　学校女子垒球队出征MLB第十八届首都棒垒球锦标赛蝉联垒球乙组冠军，首次参赛的男子棒球队夺得乙组季军，为学校赢得了荣誉。校党委副书记沈小静参加闭幕式。

21—28日　纪委书记赵凤琴一行3人对澳大利亚南澳大学、斯威本科技大学及新西兰维特利亚理工学院进行工作访问。

22日　学校举行“我的梦，中国梦”2013年北京物资学院共青团颁奖晚会。晚会分为“寻梦、释梦、逐梦、圆梦”四个篇章，以时间为线索，通过配乐诗朗诵的形式相衔接。校党委书记李石柱、党委副书记沈小静、副校长翁心刚观看晚会并为获奖师生颁奖。

25—29日　中国香港著名教授吴惠群、邓惠忠应学校邀请进行“采购与供应链”专题讲学。

27日　校长王旭东等入选教育部高等学校教学指导委员会委员。王旭东教授任物流管理与工程类专业教学指导委员会副主任委员，许晓革教授任大学数学课程教学指导委员会副主任委员，赵娴教授任经济与贸易类专业教学指导委员会委员。

29 日 学校举行党风廉政监督员聘任仪式和座谈会。纪委书记赵凤琴向 15 位党风廉政监督员颁发聘书。

30 日 《中国流通经济》获得中国人民大学人文社会科学学术成果评价研究中心、中国人民大学书报资料中心颁发的荣誉证书，入选“复印报刊资料”重要转载来源期刊（2012 年版）。

30 日 中国期货业协会副会长李强一行 4 人到经济学院就“全国高校期货教学与人才培养研讨会”及期货分析师培训基地筹备事宜进行调研。经济学院院长赵娴教授及部分教师参加协商与研讨。

31 日 学校申报的“智能物流系统北京市重点实验室”获北京市科委认定。

31 日 中关村电子商务与现代物流产业联盟召开联盟大会，校党委书记、联盟名誉理事长李石柱，副校长、联盟秘书长刘丙午，市科委，中关村管委会，联盟理事单位及专家学者 40 余人出席会议。副校长刘丙午当选联盟第一届专家委员会主任。联盟理事会表决通过专家委员会章程及组成方案。

6 月

1 日 《中国流通经济》获得中国社会科学院调查与数据信息中心颁发的荣誉证书，首批进入国家哲学社会科学学术期刊数据库。

1 日 学校召开第十五次学生代表大会。校党委副书记沈小静出席会议并讲话，学生处处长季靖致开幕词，市学联、校团委、兄弟院校代表及学生代表出席会议。学生会主席邓森作《第十四届学生代表大会委员会工作报告》，学生会副主席沈峰作《北京物资学院第十五次学生代表大会提案工作报告》。大会审议通过上述报告及《北京物资学院学生会章程（修订案）》，选举邓森等 19 名同学为新一届学生委员会委员。

4 日 劳法学院与东方慧博公司联合成立“人力资源管理标准研究中心”。双方决定，由孙大元董事长和尚珂院长担任研究中心联席主任，慧博研究院胡爽雨院长和劳法学院任吉副教授担任研究中心执行主任。

5 日 刘永胜教授申报的“基于行为视角的食品供应链风险形成微观机理与防控机制研究”获得国家社科基金立项；张勤申报的“面向知识创新的企业知识利用行为分析”、孙凤林申报的“社会转型背景下村落体育生态变迁研究”获得国家社科基金青年项目立项。

5 日 党校举行第 27 期入党积极分子培训班结业典礼。校党委副书记沈小静出席典礼并向 388 名学员颁发党校结业证书。

5日　学校教师发展促进中心邀请华东师范大学韩映雄教授举办“以学习者为中心设计和实施课程”讲座，以帮助教师更好地理解和开展课程综合改革。许晓革副校长主持讲座，王旭东校长听取讲座并与韩教授进行交流。

6日　学校邀请北京大学心理中心主任徐凯文博士作“精神卫生法下的大学生心理健康教育”专题讲座，心理中心教师、各院部辅导员、班主任听取讲座。

6日　美国知名学者 Richard Glunk 来校就“中美物流及运输发展及思考”进行交流。美国运输与物流协会大中华区首席代表谭润忠及李茜总监、学校副校长翁心刚教授等参加交流活动。

7日　北京物流协会王国丰会长一行来校交流访问，校党委书记李石柱、副校长刘丙午等参加会谈交流。北京市商委申金升副主任莅临会议。

8日　北京高校关工委捐赠军训服工作启动仪式在学校举行。教育部、北京市、河北省教育厅关工委领导孙成华、范伯元、籍之伟、马平、线长久、张再兴、付忠和、赵淑香，学校党委书记李石柱、副书记沈小静、关工委副主任张希平、杨洪璋及全市高校关工委负责同志出席启动仪式。

8日　北京市教育工会史利国主席率专家组，对学校职工之家建设进行检查验收。在深入细致地听、看、走、访、议、评后，专家组一致同意：北京物资学院通过验收。史利国主席向学校授予“北京市先进教职工之家”牌匾，校工会主席赵凤琴代表学校接受牌匾。

9日　校学位评定委员会召开2013届毕业生学位评定会议。经过投票表决，1388名应届本科生和61名往届本科生通过学位资格审核，授予学士学位。会议还审议表决了研究生硕士学位和成人教育学士学位。学位评定委员会主席王旭东教授宣读《北京物资学院2013届毕业生学位授予决议》。

9日　市教委专家组对学校2011年两个财政专项“实验室建设——物流系统与技术实验教学示范中心”和“实验室建设——心理健康教育教学基地建设”进行绩效评价。

13日　北京市经信委副主任童腾飞一行来校调研指导工作。校党委书记李石柱、校长王旭东接待来访领导。许晓革副校长介绍“智慧校园”建设情况。童副主任对学校取得的成绩给予充分肯定，并对“智慧校园”建设项目进行了具体指导。

14日　学校纪委举办“清风物院——廉政法规和作风建设知识竞赛”，15支代表队参加竞赛。经过激烈角逐，图书馆获一等奖，研究生部、外语学院获二等奖；劳法学院、信息学院、物流学院获三等奖。

15日　市科委在学校召开“智能物流系统北京市重点实验室2013年度科技创新基地培育与发展工程专项项目——智能物流柔性拣选系统关键技术研究项目”专家论证会，经过质询、讨论，专家组一致同意该项目立项。

16日　中国市场学会第五届会员代表大会在京召开，王旭东校长当选副会长。与会期间，王校长与新当选的中国市场学会会长卢中原、常务副会长兼秘书长荆林波等进行了深入交流。

19 日 韩国大真大学总长李根永一行 4 人来校访问，校长王旭东、副校长翁心刚接待来访客人。两校签署了合作协议。

19 日 学校举行 2013 届本科毕业论文答辩会，各学院推荐的 11 名同学参加了优秀毕业论文答辩。

20 日 物流学院副院长王成林一行 5 人访问新疆石河子大学商学院，并与该院签订战略合作协议。

21—23 日 商学院与中国冷链物流联盟共同举办“中国冷链专业技能与经营管理培训班”，来自全国冷链企业、高校教师近 40 人参加培训。

24 日 学校举行 2013 届毕业典礼。典礼由“致青春 · 我们的那些年”“致大学 · 梦开始的地方”“致梦想 · 起航 2013”三个篇章组成。毕业生们按学院身着橙红绿青蓝紫各色学院衫，象征着青春热情与活力。全体校领导及各院部、职能部门领导、教师、用人单位、家长代表和 2013 届全体毕业生出席毕业典礼。

25 日 北京市高校第八届青年教师教学基本功比赛各类奖项揭晓。学校荣获教学基本功比赛优秀组织奖；谭加博老师荣获理工类 B 组一等奖、最受学生欢迎奖和最佳演示奖；田立平教授荣获优秀指导教师奖。

25 日 物流学院教工第二党支部《多元参与共建，创新高等院校基层党组织新模式》、经济学院学生第一党支部《“模拟两会”掠影》获得北京高校基层党支部活动创新案例三等奖。

26 日 副校长翁心刚会见来校考察的美国高中教师访问团。

26 日 商学院与中国冷链物流联盟签署战略合作协议。中国冷链物流联盟秘书长刘军、副校长许晓革出席签约仪式。

26 日 学校校友总会召开秘书处第一次扩大会议，党委副书记沈小静、副校长王志鸣出席会议。会议围绕如何建立北京地区校友工作机制、如何建立联系校友与促进毕业生就业工作双向互动机制等议题进行了讨论。

27 日 党委书记李石柱出席北京高校青年教师思想政治工作座谈会，并作《实施“一来二去”，引导青年教师在实践中成长成才》交流发言。学校申报的《创建“一来二去”新模式，助力青年教师成长成才》荣获优秀项目。

28 日 校长助理邬跃会见来访的新疆库车县常务副县长汤人俊一行。

30 日 华人学者管理科学与工程协会（CSAMSE）第六次国际年会在北京大学举办。学校作为协办单位，派出 10 余名教师参与了制订议题、会议组织、分论坛主持等工作。

7月

1日 《北京物资学院》报选送的新闻作品《慈善是心更是行》（作者：龚鑫）、《挑战500元的“增值”效应》（作者：刘婧雯、席阳、吕思源）分别获得“2012年度中国高校校报好新闻”通讯类二等奖。

2日 物流学院特邀中国商品学会副会长、中国人民大学傅绪哲教授为商品学专业2011级、2012级学生作“关于商品学的思考”讲座。

2日 物流学院与北京福田物流有限公司签署战略合作协议。

2日 中国物流与采购联合会副会长蔡进为采购管理专业师生进行专题讲座，讲座包括两方面主题，一是采购人员职业发展路径，二是采购经理人指数。

4日 学校聘任美国加州州立大学终身教授Harold Dyck和美国威斯康星大学苏比略分校教授Mei Cao为特聘教授。

5日 由北京物资学院、中国国际人才交流基金会、美国运输与物流协会共同主办的中美物流教育与研究合作论坛在京开幕。来自美国物流业界精英、中国物流企业和物流院校近百名代表参加论坛。

9日 离退休教师汪中一、杨洪璋、刘子平分别被评为北京离退休干部健康之星、乐为之星、学习标兵。

10日 北京工业大学党委书记郑吉春、校长郭广生一行11位领导来校进行交流访问，校党委书记李石柱、校长王旭东等全体校领导接待来访嘉宾。此次交流探讨了深入合作事宜，同时也增进了两校友谊。

10日 学校举行商贸流通企业研究所揭牌仪式暨“新形势下商贸流通企业发展”研讨会。刘丙午副校长与北京工商大学副校长、中国商业经济学会秘书长、教育部工商管理学科指导委员会委员谢志华教授为研究所揭牌。

19日 中国商品学会第五届年会在中国人民大学召开。学校商品学专业教师参加会议，物流学院张耀荔教授继续当选为副会长。

20—27日 校党委副书记沈小静率大学生合唱团参加第59届西班牙哈巴涅拉式复调国际合唱比赛并顺访德国巴登符腾堡州勒拉赫大学。大学生合唱团夺得复调亚军和最佳作品演唱奖，是自1996年中国合唱团参加该赛事以来，唯一同时获得两项团体大奖的合唱团队。

23日 南通市副市长黄爱军一行来学校交流访问。校党委书记李石柱、副校长刘丙午接待黄市长一行，双方就南通市物流产业规划、企业升级、物流专业人才培养等进行了交流座谈。

27日 学校与北京师范大学珠海分校签署二期合作协议。

29 日 学校与首都医科大学附属北京妇产医院签署技术咨询合作协议。

31 日 校党委书记李石柱受中物华商国际物流股份有限公司董事长刘景福盛邀，赴该企业洽谈校企合作。

31 日 学校与北京注册会计师协会中小会计师事务所联盟签订合作办学及捐资助学协议。

8 月

5—11 日 副校长刘丙午带队出访法国巴黎行政管理学院及摩洛哥分院 eHECT/IEAM。刘副校长与两所高校签署了战略合作备忘录。

5—30 日 应韩国平泽大学邀请，曾文慧等 6 名同学参加了由韩国平泽大学举办的为期 26 天的韩国语言与文化交流体验研修项目。

12—17 日 学校开展统一战线培训班赴延安教育培训和社会考察活动，培训班由党委委员、研究生部主任刘永胜带队，各党总支书记、统战委员、党外代表人士 18 人参加考察活动。

17—18 日 北京物资学院河南校友会召开第三届年会。

19 日 学校召开党的群众路线教育实践活动动员部署大会。党委书记李石柱作《改进作风 凝心聚力 推进高水平特色型大学建设》动员报告。市委第 33 督导组曲德森组长讲话，充分肯定学校教育实践活动前期准备工作。校长王旭东主持会议。学校领导班子成员、老领导、中层干部、教授、党外人士、工会教代会代表等 100 余人参加动员部署会。

27—31 日 党委书记李石柱带队出访丹麦 VIA 大学学院，双方签署战略合作备忘录。李书记聘请 VIA 大学科学技术学院院长康斯坦丁为学校兼职教授。李书记一行还考察了丹麦哥本哈根大学和马士基物流公司及 DFDS 港口。

29—30 日 校长王旭东带队赴南通市考察。王校长与南通市副市长黄爱军签署“现代物流产业（华东）研究院”合作协议，与南通市通州区经信委签署“南通家纺城现代物流创新示范园规划”技术咨询协议。

9 月

3—6 日 学校与中共中央党校联合举办“北京物资学院处级干部培训班”。

4 日 外语学院吴尚义教授获第九届北京市高等学校教学名师奖。

6日　赵婀教授、尚珂教授被评为北京市优秀教师，许春燕教授被评为北京市优秀教育工作者。

8日　朱杰教授“物流配送中的人工拣选作业随机过程模型分析与研究”和陈喜波“历史时期京津地区运河水道变迁研究”课题获国家自然科学基金资助立项。

8日　刘丙午教授“北京市电子商务物流发展对策研究”、周丽“北京绿色物流发展的统计测度与量化研究”、刘玉奇“北京市商业集群体系研究”和唐恒亮“物联网环境下新型物流业务体系研究”获北京市哲学社会科学基金资助立项。

10日　学校隆重举行以“感恩老师”为主题的2013年庆祝教师节表彰大会。会上表彰了教学先进个人、科研先进个人、优秀辅导员、优秀教育工作者和从教30年教职工。党委书记李石柱、校长王旭东为获奖教师颁发证书。教职工表演了精心准备的歌舞节目。

11日　全体处级干部分三批前往北京市人民检察院，参观北京市反腐倡廉法制教育基地“把权力关进制度的笼子里，让权力在阳光下运行”主题展览。

12日　许晓革副校长带队访问北京联合大学继续教育学院。

12—14日　姜旭副教授应日本物流学会邀请，参加第30届日本物流学会年会并作“从中国到日本的国内物流研究”主题演讲。

14—15日　北京物资学院广东校友会第十四届年会在北京师范大学珠海校区召开。副校长刘丙午应邀出席会议并讲话。

15日　学校举行2013级研究生开学典礼。

15日　学校举行2013级学生开学典礼。党委书记李石柱、校长王旭东、副校长王志鸣、副校长许晓革、校长助理兼物流学院院长邬跃、各学院负责人、校友代表出席典礼。2013级全体新生、各学院辅导员、部分教师代表及学生家长参加典礼。

17日　学校离退休爱乐小乐队11名老同志，参加市委教育工委、市教委主办的“共筑中国梦 欢歌乐晚年”东北片高校文艺演出。

18日　王旭东校长在《光明日报》发表《社会服务 地方高校的边界在哪里?》，就大学的社会服务职能，以及我国大学特别是地方大学社会服务职能的发展状况与困境进行深入探讨，倡导建立“反哺”与“多赢”的社会服务和教学科研关系。

18日　学校在体育馆举办“北京月，物院情”中秋晚会。党委副书记沈小静和学生工作教师与300多名在校学生共度中秋。

23日　第十六届全国和谐德育年会及中国伦理学会德育专业委员会第九届学术研讨会在天津召开，思政部李邢西主任带队参加并作《问题与思考——大学思政课与高中文综课有效衔接初探》交流发言。

25日　“我的梦·中国梦”首都大学生优秀事迹报告会在学校礼堂举行。来自北京体育大学的2008年奥运会体操冠军杨伊琳、北京外国语大学努尔比耶·克里木、首都体育学院林一丹、北京工业大学何莹、北京联合大学杨子和北京理工大学硕士研究生何平凡讲述自己和身边人的追梦历程。来自中国传媒大学等5所高校的800余名师生参加报告会。

25日 学校举行北京物资学院期货研究所揭牌仪式暨研究所发展规划研讨会。北京市证监局陆倩副局长与校党委书记李石柱共同为期货研究所揭牌。副校长刘丙午和经济学院院长赵娴为期货研究所特聘顾问和专家颁发聘书。

27日 沈小静副书记应邀参加平谷区2013年人才工作会议，代表学校与平谷区马坊物流基地管委会签订《人才战略合作框架协议书》。

29日 共青团北京市委书记常宇视察经济学院天时名苑志愿服务基地。

30日 学校物流管理专业获批教育部第一批本科专业综合改革试点。

10月

8日 信息学院李俊韬副教授申报的“电商物流仓储拣选一体化系统关键技术研究与应用”、商学院魏国辰教授申报的“国际商贸中心下通州区商贸业创新发展研究”项目，被市属高校创新能力提升计划批准立项。

9日 北京物资学院与中国民生银行电子银行部签署校企合作协议。

10日 学校与丹麦VIA大学学院首次举行远程视频会议，党委书记李石柱与丹麦VIA大学经济与技术学院执行院长Konstantin Lassithiotakis，就进一步开展教师和专业交流、推进孵化器设施合作、双学位项目、学生交换培训等进行了深入交流。

10—17日 翁心刚副校长率团出访瑞士洛桑联邦理工大学、瑞士易云科技公司、荷兰鹿特丹大学。与瑞士易云科技公司签署《合作共建物流人才培养海外实践基地合作协议书》，并聘请张继勇博士、占海博士为北京物资学院兼职教授。与鹿特丹大学商学院就交换生事宜签署合作意向书。

11日 离退休工作处为年满70岁、80岁、90岁的薛英等15位离退休老同志举办集体祝寿会。

13日 学校隆重举行物资管理系成立50周年座谈会。各级领导和物资管理系校友及师生代表400余人出席大会。党委书记李石柱，中国物流与采购联合会会长何黎明，原物资管理系主任、老校长张声书，中国工程院院士、物资管理系首批教师李京文，63级校友董春元等历届校友代表，校长王旭东等先后致辞并讲话。会后还举行了合影留念、校友班级交流、书画笔会和参观红庙老校区等活动。

13日 学校举行“相约物院，情满校园”迎新晚会。

14日 学校举行全国服务外包专业

技术人才实训示范基地授牌仪式。全国服务外包岗位专业考试中心焦杨主任为物流学院授牌。

14 日　北京市教委高校审计检查组来校检查内部审计工作。

14 日　王旭东校长在《中国教育报》发表《章程建设与大学发展》。文章指出“无章程”的根本原因在于大学自主性的缺失，章程建设是对大学自主发展的肯定和强化。建议真正落实大学独立法人的主体地位。

15 日　学校网球队参加首都高校大学生网球秋季个人赛，周巧获得亚军，刘娜进入半决赛，贾绅闯入八强，殷霄/许永伟组合闯入男子双打半决赛，女双进入八强。

15—30 日　学校举行第二届教职工网球比赛。张家富与魏国辰分获男单冠亚军，张怡与刘莉分获女单冠亚军。张家富/刘宏获混双冠军。

17 日　学校特邀中关村科技企业家协会会长、绿创集团董事局主席姜鹏明作“创业与成才”主题演讲。

18 日　学校举行 2013 年秋季徒步大会。徒步大会是“1321”活动计划之一，起点设在学校北门，经榆景苑南侧路向东到达温榆河西大堤路，往北直行至折返点，原路返回学校北门，全程约 13km。程杨以 55 分的速度率先到达终点。

19 日　学校和中国商业法研究会联合举办第八届中国经济—法律论坛。来自政府、法院、高校的 40 多位专家学者出席论坛。学校党委书记李石柱，中国商业法研究会会长、北京大学法学院刘瑞复教授，商务部条法司唐文弘副司长，陕西省高级法院黄河副院长等多位专家先后致辞或发表演讲。

19 日　王旭东校长参加第二届中国商科教育高层论坛。王校长就新形势下如何提升人才培养质量、强化实践教学、深化教学体制改革等问题与其他高校代表深入交换了意见。

19—20 日　学校代表队参加首都高校第五届秋季学生田径运动会，获趣味项目“齐心协力”第五名和“旋风跑”第七名；男子 4 × 100m 第七名和 4 × 400m 第六名，女子 4 × 100m 第八名。仲波获男子 800m 第四名和 400m 第七名，陈茜妍获女子 800m 第五名和 400m 第六名，吴恩萌获女子 100m 第五名。

21 日　学校召开第二次党代会筹备会，通报党代会工作安排。党委副书记沈小静听取筹备工作汇报，对党代会秘书组、宣传组、会务组的筹备工作提出要求。

22 日　王旭东校长出席河北经贸大学 60 周年校庆纪念活动，在校长论坛作“走特色发展之路，培养高素质应用型人才”主题报告。

24 日　党委宣传部召开视觉识别系统管理培训会。意优创意有限公司执行董事长武沂对“北京物资学院视觉识别系统”进行说明及使用介绍。

25 日　商学院学生贺小东、韩笑、牟新颖、叶哲玥团队荣获 2013 挑战杯“网络虚拟运营”专项竞赛全国三等奖。

26 日　经济学院举办第七届期货论坛暨期货专业 20 年回顾与展望研讨会。校长王旭东，老领导张声书、王之泰，中关村管委会副主任王汝芳，经济学院院长赵娴等分别致辞和发表演讲。当日下午举办了“运河源·物院人·期货情”——期货专业成立二十周年庆典活动。

26日 学校党委副书记沈小静应邀出席江西财经大学90周年校庆纪念活动，并作“质量为本、特色立校，创新人才培养”主题报告。

26日 劳法学院承办的“中国人力资源开发研究会适度劳动分会2013年学术研讨会”在京举行。来自政府、高校、研究机构及企业代表，围绕“适度劳动”主题进行广泛深入交流。

26日 劳法学院师生参加第二届高校模拟集体谈判大赛获得二等奖。

26日—11月2日 许晓革副校长一行4人应邀到马来西亚林登大学、马来亚大学、新加坡南洋理工大学、新加坡理工学院和新加坡专业教育培训中心进行交流访问，达成多项合作意向，进一步拓展了我校国际合作领域。

27日 由中国期货业协会主办，北京物资学院协办的全国高校期货教学与人才培养研讨会在学校召开，中国期货业协会、期货交易所、期货公司、地方协会代表、学者和学生代表340余人参加会议。中期协会会长刘志超、学校党委书记李石柱出席会议并致辞。当日还举办了高校期货教学经验论坛，期货公司与高校“产学研”合作经验交流会。

27日 学校大学生艺术团戏剧团选送的独幕剧《天鹅之死》和多幕剧《天堂的风铃》入围第四届北京大学生戏剧节，并获得戏剧节组织奖。

27日 王旭东校长带队赴南通滨海园区进行项目考察，并正式与园区管委会签署战略合作框架协议。

28—30日 校党委书记李石柱带队前往洛阳考察，与洛阳市政府签署市校战略合作协议。

28—31日 物流学院副院长王成林作为学校代表应邀参加在美国芝加哥和孟菲斯举办的第六届中美物流会议，并发表“中国物流产业发展分析与物流人才培养对策”主题演讲。

29日 教育部关心下一代工作委员会召开全国高校关工委工作经验交流会。我校“帮困助学”品牌工作，作为北京教育系统关工委品牌工作受到表彰。

30日 经济学院与一德期货有限公司共建的“定制化、国际化、实战型期货人才培养基地”，被教育部批准为“国家级大学生校外实践教育基地”，项目经费200万元。

30日 学校女篮参加第十六届CUBA中国大学生篮球联赛，取得北京赛区第三名。

31日—11月7日 校长王旭东一行5人应邀到韩国平泽大学、日本流通经济大学和北海道大学进行访问交流。王校长与平泽大学赵基兴校长续签两校合作协议，代表学校聘请日本流通经济大学野尻俊明教授、矢野裕児教授为名誉教授。

11 月

1 日　党委书记李石柱应邀出席中国高等教育学会高等财经教育分会年会，并当选副理事长。李书记在年会论坛作“行业院校，让‘特色’成为‘不可替代’”主题演讲。

6 日　北京市校办产业管理中心主任翟士良一行 3 人来校，就校办产业发展、内控审计评价等工作进行调研。校党委书记李石柱与翟主任一行进行了交流。

8 日　校工会召开非在编人员入会工作推进会。

9 日　继续教育学院组队参加 2013 年北京高校成人高等学历教育英语口语竞赛专科组比赛，获非英语专业队总分第 12 名、英语专业队总分第 7 名。

9—10 日　学校日本物流研究中心教师参加第十二次中国物流学术年会，并主办“日本物流业的发展状况及对我国的启示”专题论坛。学校与会 4 位教师分别作专业学术报告。

12 日　学校选送 11 个课件参加第十三届全国多媒体课件大赛。张嘉斌、穆育枫和白晓娟老师的 3 个作品分获高教三等奖。其他 8 个课件获得优秀奖，学校获得最佳组织奖。

13 日　学校召开 2013 年度晋升高级教师职务学科组述职答辩会和教师职务聘任工作会议。经述职答辩和会议表决，6 名教师晋升教授职务、15 名教师晋升副教授职务、9 名教师晋升中级职务。

14 日　刘永胜教授主编的《供应链管理》和田立平教授主编的《微积分》被评为 2013 年北京高等教育精品教材。

14 日　学校网球队参加第四届首都高校大学生网球精英赛，杨新桐/任春华、刘佳/吴彩霞分获女双冠亚军，倪雪雪/管秋芳获女双第三名；刘娜、李婷婷分获女单亚季军。贾绅获男单亚军，殷霄/张煜杰闯入男子双打半决赛，李贺鹏/毛旭方获男双第四名。

16 日　校广播台学生获第五届“声声入影・首都高校配音盛典”三等奖。

17 日　商学院张军博士申报的“国家审计反腐败路径研究”获批立项。

20 日　中国人寿保险集团卫新江研究员应邀作《大时代、大机遇、大人生——宏观经济热点问题分析》专题报告。

20 日　商学院举行中国企业生产力研究中心成立仪式。魏国辰院长宣读关于成立研究中心的决定，并与中国生产力学会秘书长兼副会长陈胜昌教授共同为研究中心揭牌。

20 日　学校举行中国敦善铜管室内乐团专场音乐会。

20 日　商学院与丹顿（北京）会

计师事务所有限公司签订“政府事业单位审计培训与税务咨询服务”合作协议，获合同经费100万元。

21日 学校电子商务研究所周鸿承担的中关村国家自主创新示范区重大应用示范项目“智能仓储配送系统在电商物流中的应用示范”获批经费300万元，学校经费115万元。

21日 学校大学生艺术团参加第四届北京大学生艺术展演活动，选送的器乐、声乐、舞蹈和戏剧4个大项6个作品全部获得一等奖，取得2003年建团以来历史最好成绩。

22日 校党委书记李石柱一行9人赴中国外文局教育培训中心考察交流，就“校外人才培养实践基地建设”达成共识并签署战略合作协议。根据合作协议，双方在教学资源、人才培养、教学与科研、师资培训等多个方面开展合作。

23日 由中国市场学会、中国物流与采购联合会、北京物资学院、北京物流协会主办的第七届中国·北京流通现代化论坛暨“推动流通模式创新，加快流通产业发展”高层峰会在学校召开。副校长翁心刚主持开幕式，党委书记李石柱致开幕辞，国内外物流专家发表主题演讲。当日，还举办了商贸流通企业发展指数，电子商务环境下物流体系发展与技术前沿，流通行业应用型人才科研能力培养，城市物流配送体系建设四个分论坛。

26日 党委宣传部邀请《中国日报》社事业发展部主任王晔为大学生记者团举办讲座。

28日 智能物流系统北京市重点实验室联合北京中交兴路供应链管理有限公司，申请并获批2013年北京市科技计划项目“用于电子商务物流的搬运机器人与多机器人现场控制系统研制及应用验证”。课题执行周期为2年，项目经费295.18万元。

29日 校工会举办非在编职工午茶会，通报《北京物资学院非在编劳动合同制职工入会暂行办法》。工会、教代会主席赵凤琴介绍了推动非在编职工入会的意义和整体规划。

30日 商学院举办第三届商贸流通企业发展论坛暨商贸流通企业融合重组高峰会。校党委书记李石柱致辞，著名经济专家黄国雄教授等专家学者、企业代表、高校师生80余人参加论坛。

30日 原国家物资局电大教育办公室在继续教育学院召开“忆往昔燃情岁月难忘却，看今朝多彩人生感悟多——三十年重聚故事会”。原电大主任张国忠等42名电大干部职工与会。

30日 上海校友会第六届年会暨换届大会在浦东举行。校党委副书记沈小静、老校长张声书教授、上海及各地校友代表70余人出席会议。理事会推选顾哲为新一届上海校友会会长、张婷婷为常务副会长、黄艳为秘书长。

12 月

4 日　物流技术工程中心签约“大型立体板材库仓储工程技术”项目。

5 日　北京物资学院大学生体育文化节举行闭幕式。本届体育文化节历时两个月，先后举办 5 项比赛，共 300 人次参与。物流学院、商学院、信息学院获团体总分前三名。劳法学院、经济学院、外语学院获精神文明奖。

7 日　北京市大学生体育协会棒垒球分会 2013 年会在学校召开。中国棒垒球之父——李敏宽、中国垒协秘书长杨旭、北京市大体协棒垒球分会副主席徐勇、台湾著名棒球教练江仲豪及首都高校 20 余名棒垒球教练出席会议。

7 日　第十二届全国高校物流专业教学研讨会在厦门举行。教育部高教司、教指委和中物联领导及全国高校和企业界 300 余名代表出席会议。王旭东校长以教育部高等学校物流管理与工程类专业教学指导委员会副主任身份主持大会。物流学院刘俐副教授、宋玉卿副教授应邀作主题发言。

7 日　学校教师交谊舞协会、学生交谊舞协会师生参加首都高校第五届体育舞蹈比赛取得优异成绩。

7 日　广西校友会第二届年会在柳州市举行。学校校友总会常务理事、原工商管理系主任张锡成教授、校友工作办公室主任余茜及广西地区校友代表 40 余人出席会议。

9 日　党委书记李石柱和校长王旭东与来访的山东省科技厅刘为民厅长一行举行交流洽谈，双方签署《北京物资学院与山东省科技厅战略合作协议》。

10 日　清华大学吴潜涛教授应邀来校作“社会主义核心价值观的科学含义”专题报告，全体一年级研究生、部分本科生和思政课教师聆听报告。

11 日　校产业研究院副院长、经济学院院长赵娴教授与洛阳市发改委签署“洛阳市现代物流业发展规划”项目。

11 日　赵娴教授当选北京高校经济与贸易类专业群专家委员会委员，张琦教授当选经济与贸易类专业群教学协作委员会委员，陈娟老师当选会计类专业群教学协作委员会委员。

12 日　第三期“校友讲坛”邀请 2005 级校友、通州区法院法官雷小云与大家分享心路历程。

13 日　现代物流产业（华东）研究院成立大会在南通市通州区召开。中国物流与采购联合会常务副会长任豪祥、中关村管委会副主任王汝芳、北京物资学院王旭东校长分别致辞，南通市副市长黄爱军、学校党委书记李石柱共同为华东研究院揭牌。随后，中关村电子商务与现代物流产业联盟召开年会。

16 日　北京市高教学会招生考试研究会授予学校本科招生办公室 2012—2013 年度先进集体荣誉称号，招生办主任孙静被评为优秀工作者。

18日　党委书记李石柱主持召开党的群众路线教育实践活动领导班子专题交流会，市委第33督导组组长曲德森出席。

18日　劳法学院顾国爱副教授受北京市对口支援和经济合作工作领导小组西藏拉萨指挥部和拉萨市发展和改革委员会委托，开展“北京对口援藏二十年实践与探索”课题研究。

18日　学校邀请国务院发展研究中心研究员、我校兼职教授魏际刚作“中国物流业中长期发展战略”学术报告。

20日　学校召开学科建设与研究生教育工作会议。市教委副主任叶茂林出席会议并讲话，全体校领导、处级干部、教授、研究生导师、教研室主任等出席会议。许晓革副校长作“加强学科建设创新人才培养模式”主题报告。研究生部刘永胜主任就学科建设与研究生教育工作制度修订和起草事宜作了说明。

21日　学校选派研究生参加第十届“华为杯”全国研究生数学建模竞赛，冀朝旭/刘晨/朴长龙获得二等奖，孟静静/王海英/王明正、贾昕为/马莹/吴子敏获得三等奖，竞赛成绩在北京市属高校名列前茅。

22日　学校召开地区校友会负责人工作会议。校领导王旭东、沈小静、王志鸣、赵风琴和广东、江苏、上海、福建、河南、四川、广西、重庆、河北、浙江、辽宁、安徽和北京地区校友会40余名代表出席会议。

22日　学校在中国音乐学院国音堂举办北京物资学院青年合唱团建团五周年暨潘明合唱指挥硕士首场音乐会。

22日　学校召开北京物资学院教育基金会第一届理事会第一次会议。审议通过《北京物资学院教育基金会章程》《教育基金会接受社会捐赠管理办法（试行）》等文件，就未来三年工作思路及2014年拟开展的捐赠活动进行了讨论。

24日　市委教育工委、市教委检查组对学校2013年党风廉政建设责任制落实情况进行专项检查。李石柱书记代表学校党委作汇报。检查组组长、市教委副主任何劲松对学校党风廉政建设工作给予充分肯定，高度评价。

24日　学校邀请教育部教育发展中心主任张力作“贯彻党的十八届三中全会精神深化教育领域综合改革”报告。校院两级理论中心组成员、全体教职工、学生党员和积极分子参加报告会。

24日　教育部高教司司长张大良莅临学校调研指导工作，先后听取学校事业发展汇报、走访参观智能物流系统北京市重点实验室和国家级物流系统与技术实验教学示范中心。张司长充分肯定学校特色发展的办学思路和做法。全体校领导出席座谈会并陪同走访参观。

26日　“青春梦 中国梦”2014年北京大学生新年音乐会在中山音乐堂举行。北京物资学院和首都师范大学作为音乐会承办学校，派出管乐团、合唱团为大家带来一场视听盛宴。

27日　北京市委教育工委联合大学生杂志社、首都互联网协会开展北京高校“美丽校园”推选展示活动，北京物资学院荣获“美丽校园”称号。

31 日　学校《我的校园我当家，我的青春我做主——“学生校长助理团”机制运行经验总结》荣获第三届首都大学生思想政治教育工作实效奖二等奖。

31 日　校工会举办退休工会会员离会欢送会。校纪委书记、工会主席赵凤琴代表校领导和工会向退休工会会员们表示亲切慰问。

（撰稿人：艾洁　胡瑞旺）

Chapter 15 Chronicle of Events

January

6th The 13th Beijing Wuzi University Teaching Skills Contest for Young Teachers ended successfully in the university. Teachers Lu Manli, Tan Jiabo won the first prize; Xu Haiyan Qu Nannan, Guo Yali, Sun Fenglin took the second prize; Gao Yachun, Liu Yuqi, Bai Shuo, Meng Hao, Rui Jiaming, Zhan Xueli received the third prize of the contest. Lu Manli, Gong Xiuyun, Jiaying, Tan Jiabo won Individual Awards respectively. School of Foreign Languages and Cultures achieved the first Team Prize and Special Prize of Organization, Ideological and Political Theory Course Teaching and Research Department took the second Team Prize, School of Economics, and School of Business received the third.

6th－10th Six Beijing Wuzi University (BWU) Chinese People's Political Consultative Conference (CPPCC) members of Tongzhou district, Weng Xingang, Li Zhenping, Zhu Yinglian, Shang Ke, Yang Di and Zou Xiaomei attended the second meeting of the Fifth Committee of the CPPCC of Tongzhou District. The members Zou Xiaomei and Yang Di's "On the Strengthening of Water Conservation, Water Recycling in International New City of Tongzhou" and other three proposals were rated as excellent proposals, Yang Di authored "About Increasing Tourism and Cultural Propaganda of Tongzhou, Promotion of 'North Water City' Prosperity" was named one of the "2012 Outstanding Proposals from the constituency of Partisans, Groups and Sectors."

8th The opening Ceremony of the Agriculture and Food Logistics Institute and the Seminar on the Situation of Agricultural Circulation Development were held at the university. BWU Secretary of the Party Committee Li Shizhu presented letters of appointment to the external experts and inaugurated "Agricultural and Food Logistics Institute of Beijing Wuzi University" with Xu Min, the deputy director of Ministry of Commerce of China. BWU President Wang Xudong put forward the expectations and requirements for the future work of the institute.

10th The main building of the school library was successfully capped. BWU President Wang Xudong, Vice President Wang Zhiming and the staffs from Capital Construction Office of the university, delegates from Construction Units, Design Units, Supervision Units, Tracking Audit Unit, and other participators more than 40 people attended the capping ceremony.

11th BWU Mental Health Education and Counseling Center was named "Outstanding Progress Working Unit of Beijing University Students Psychological Quality Education", psychological teacher Liao Ran was awarded with the title of "Outstanding Pacesetter of Beijing University Students Psychological Quality Education".

11th Chinese New Year Gathering was held at the university, university leaders and more than 400 school staffs and students gathered and celebrated the New Year. BWU Secretary of the Party Committee, Li Shizhu, President Wang Xudong said Happy New Year to all faculties. The video of "Top Ten News Review in 2012 of Beijing Wuzi University" was shown in the gathering. This video comprehensively displayed the progress and achievements of BWU of the year of 2012. The Gathering was divided into three chapters of Theatrical Performances, Group Games, and Lottery.

February

26th The Announcing Assembly of the Appointment and Removal of the Cadre of the University was held. Yan Cheng, the Deputy Minister of Municipal Organization Department announced that the Municipal Government decided Xu Xiaoge and Liu Bing wu served as vice president of Beijing Wuzi University, and he issued the letters of appointment from the Municipal Government. Liu Jian, Deputy Secretary of Municipal Education Committee made an important speech. BWU Secretary of the Party Committee Li Shizhu chaired the meeting.

March

7th A preaching event of the "Platform of Transparent Love Commonweal Helping Students to Study" was held at the university by the famous producer Chen Zhixi, Yang

Hongzhang, Deputy Director of the Working Committee for the Care of the Next Generation of the university, and other co-sponsored people.

8th The on-site assessment of "Beijing Key Laboratory of Internet of Things Information Processing and Intelligent Logistics System" of the university ended successfully.

9th The Counsel and alumna of BWU Hou Xiaojing established "Renhe scholarships". Scholarships total 120000 yuan, invest over four years and 3 million per year for students who have good grades, clean and tidy dormitories and have had outstanding performances of the School of Business and Alumni Volunteer Corps of the university.

13th BWU Deputy Secretary of the Party Committee Shen Xiaojing Met with the founder of ROK China Cultural Youth Association (future forest) Quan Bingxuan, Mr. Quan was the first ambassador of ROK to China. The two sides signed the "future forest" cooperation agreement.

20th The Work Meeting of Building an Honest and Incorrupt Government of the Year of 2013 was held at the university. BWU Secretary of Discipline Inspection Committee, Zhao Fengqin delivered a comprehensive summary of the Discipline Committee Section of 2012 and the anti-corruption work of the university, and deployed the coming work of 2013. BWU president Wang Xudong emphasized on behalf of the BWU Party Committee: First, we should have strict political discipline, strengthen supervision and inspection of the Party discipline implementation; second, strictly implement the central "Eight Provisions", strengthen wording style construction; the third is to strengthen the oversight of the main leading cadres and the key areas; Fourth is a comprehensive implementation of the honest and incorrupt wording style.

27th The forum for the teachers who had a temporary post in enterprises to learn was held at the university. BWU Deputy Secretary of the Party Committee Shen Xiaojing, Vice President Liu Bingwu, listened to the feelings, encountered difficulties and the comments and suggestions of the first batch of the testing and training teachers who temporarily entered into the enterprises.

April

2nd Document "The Communist Party of China (CPC) Beijing Wuzi University Committee on the Implementation of the Measures of Improving their Working Style, Closely Keeping Ties with the Masses" was issued. It had specific requests in seven areas for improving our working style which range from earnestly carrying out research, streamlining the conference activities, to improving the style of writing and meeting, strengthening management, inspection visits for leaders at all levels.

2nd –3rd In order to promote external cooperation projects, the BWU President Wang Xudong led to the District of Nantong Binhai Park, Nantong Economic and Information Technology Commission, and Tongzhou District in Nantong to conduct research study.

3rd Zhang Liqun, a researcher of the State Council Development Center of Macroeconomic was invited to give a special report which entitled "Current Macroeconomic Situation and Policy Analysis and Interpretation of the Spirit of the Annual Session of the National People's Congress (NPC) and the Chinese People's Political Consultative Conference (CPPCC)". The members of central theoretical study group from the two levels of University and Schools, middle-level cadres, faculty members, the student members in the 27th class of the Party School, and the Situation and Policy lesson participants listened to this report.

3rd List of "'Three Stars' Media Members" was published by the China University Media Union. "Beijing Wuzi University Newspaper" achieved the honorary title of "the 'three-star' member of the media".

7th The Spring Job Fair at the Campus for Graduates of 2013 was held. Taiping Life Insurance, Beijing Foton Logistics Co. and other more than 70 employers came to the university to recruit graduates, providing about 1450 jobs.

8th Mohammad Noor Alim, the Deputy County Chief of Kucha County of Xinjiang Province, visited the university with accompany of a group of 5 people. BWU Deputy Secretary of the Party Committee Shen Xiaojing and Assistant President Wu Yue met them at the meeting.

9th Zhai Shiliang, the Director of the School-run Industry Management Center of Beijing Municipal Education Commission visited the university with accompany of 3 people. BWU President Wang Xudong, Vice President Wang Zhiming introduced the status of the school-run industry and the ideas of the operational development. The two sides discussed and communicated on the issues of how to run industry normatively, how to carry out scientific research and its conduct socialization of logistics services, and how to promote the development of Logistics Industry Institute.

13th The BWU Labor Union organized the staffs and their families, more than 300 people, to the pear orchard and Nanhaizi park of Daxing district of Beijing to go outing.

16th A forum of Expert Advice on Gaoantun landfill and related issues was chaired by Zhao Fengqin, BWU Secretary of Discipline Inspection Committee. Teng Shulong , the Director of the Beijing Municipal Science and Technology Commission and other five experts attended the meeting. BWU Vice President Wang Zhiming, and other comrades from the School of Labor Science and Law, School Office, Labor Union, the Teachers' Congress and other delegates of departments attended the forum. After the meeting, the experts visited Gaoantun landfill site led by Secretary Zhao.

16th Spring Fun Games was organized by the Retired Adaption Office, Retired Teachers Association, and the BWU Working Committee for the Care of the Next Generation. 162 retired veteran comrades joined the race. BWU Secretary of Discipline Inspection Committee Zhao Fengqin participated in the Games. She exchanged with these old comrades cordially.

16th University Campus Culture Construction Leading Group had a meeting to hear Ms. Wu Yi's interpretation of the school's visual recognition system design and the design principle. Ms. Wu is the chairman of the board of Beijing EU-innovation Design Technology Ltd.

16th The President Appointment Ceremony of the BWU International Academy schools was held at the campus. BWU President Wang Xudong signed "The Employment Contract of Dean of International School of Beijing Wuzi University" on behalf of the university with Professor Wu Haoran and issued the appointment letter to him.

16th 2013 Graduation Ceremony of the Graduate was held. BWU Vice President Professor Xu Xiaoge read the list of winners, Professor Shen Xiaojing, Professor Weng Xingang, Professor Liu Bingwu awarded certificates to the winners of the National Scholarship, the outstanding graduates of the city of Beijing and BWU. The Director of the Academic Degrees Committee, Professor Wang Xudong awarded diplomas to 166 graduates who were wearing their gowns.

17th BWU Secretary of the Party Committee Li Shizhu published an article "Industry

Institutions: Let the 'Characteristics' to become 'Irreplaceable' in the 'Guangming Daily'". The article points out: industry-university can also become a top university with indomitable spirit which stands upright on one's two legs between heaven and earth. "To the earth" means we should let our industry root a little deeper into the earth; "to the heaven" means we should let our characteristics become irreplaceable in the fields.

18th The "Beijing Logistics—Analysis and Outlook" Writing Group Plenary was held at the Modern Logistics Base.

22nd BWU Vice President Weng Xingang met the Vice President of Acadia University Professor Michael who was having a working visit to the university. Professor Michael interviewed the students who applied for the "3 +2 Accelerated Degree Program" of the university.

23rd Modern Logistics Base invited Tim McLellan and Mr. Tan Runzhong to have an academic lecture on "A Comparative Study of the Sino-US Cold Chain". Tim McLellan is the CEO in Chinese District of the US famous cold chain logistics services and cold storage operators PFS-YiDA; and Mr. Tan Runzhong, is the chief representative of the US Transportation and Logistics Association of Chinese District.

24th The Fourth Conference of BWU Staff Representatives and the Fourth Congress of the Third Session of Labor Union Members was held grandly. More than 140 delegates and invited representatives attended the meeting. The meeting heard and discussed the work report delivered by the BWU President Wang Xudong "Focus on the key, Deepen Reform, Accelerate the Construction of High-level Characteristic University". The chairman of the Teachers' Congress and the BWU Lavor Union Zhao Fengqin delivered a work report "Keep around the Center, Unite the Human Resources, and Contribute to Accelerate the Development of High-level Characteristic Universities". BWU Vice President Weng Xingang delivered the financial work report, Vice President Liu Bingwu, delivered the external cooperation of university work report, Vice President Wang Zhiming, delivered the " Three Campus" Construction work report, the director Chen Hongli, delivered the proposals work report. The meeting awarded units and individuals who received the title of "Modal University Staff Family" "Advanced University Staff Family" "Contractor Proposal Advanced Units", and "Excellent Proposal". After the meeting, delegates and staff donated to the earthquake-stricken areas of Sichuan Lushan.

25th Annual Work Plan on Safety and Stability was held. BWU Vice President Wang

Zhiming, summarized the security and stability work of the year of 2012, and deployed the work of the year of 2013. BWU President Wang Xudong gave the concluding remarks. University principal leaders signed the 2013 Annual Mission Statement on Security and Stability with various units of the university.

26th – 27th The Central Commission of China Communist Youth League and some other units awarded BWU the medals of "College Students KAB Entrepreneurship Education Base" and "College Students KAB Entrepreneurship Club". Teacher Wei Wei from the BWU Students' Affairs Division received the qualification certificate of "Entrepreneurship Education Lecturers".

28th The school team participated in the Fourth National Undergraduate Logistics Design Contest and returned victoriously. Instructor Li Yanping and her students Chi Huayuan, Hao Jiangdong, He Lei, Zhong Hao, Gong xupeng had won the first prize; Instructor Liu Li and her students Liu Kang, Chen Peilin, Xing Yue, Zhu Xinjie, Cheng Kai had took the third prize.

May

2nd BWU Office Branch of the Party convened a general election to elect the new committee of the branch.

3rd BWU Labor Union held a forum to study and implement the important speech delivered by Chinese President Xi Jinping of the forum with representatives of the National Model Workers. BWU Secretary of the Party Committee Li Shizhu and the chairman of the Labor Union and Teachers' Congress Zhao Fengqin attended the meeting and gave important speeches. "Two Committee" Members, Chairmen of the Divisions of Labor Union and the Union' s cadres participated in full–time forum.

4th The Conference on Regional Economy and the Building of Urban Development Research Center was held. Chifeng Municipal Standing Committee Member, Vice Mayor Liu Chuncheng, Deputy Director of Science and Technology Information Center Wang Xueqin attended the meeting. BWU Secretary of the Party Committee Li Shizhu offered a welcome speech and presented the letter of appointment to Professor Liu Chuncheng. BWU

Vice President Liu Bingwu declared the file "Decision on the Establishment of a Regional Economy and Urban Development Research Center and the Institute of E-commerce." The experts, teachers and students conducted a full discussion around the regional economy and urban construction and development of the research center.

5th Closing ceremony of the 10th Beijing College Student Film Festival and the Awarding Ceremony of Platform of Transparent Love Commonweal Helping Students to Study was held in the auditorium of the university.

6th The 2013 English Carnival of BWU was kicked off.

7th The forum for the young teachers to study and implement the speech of Chinese President Xi Jinping delivered on May 4th was held. BWU Secretary of the Party Committee Li Shizhu, Deputy Secretary Shen Xiaojing and award-winning young teachers, teachers who was sent to enterprises to learn temporarily, middle-level young cadres and the delegates of counselors conducted seminars and learned together.

8th Professor Wu Yuqi from National Defense University was invited to deliver a special report on "International Strategic Environment and National Security" for the freshman at the university.

8th –11th "2013 Beijing Annual Meeting of International Federation of Warehousing and Logistics Associations and the 8th China Warehousing and Storage Conference" was held. The relevant leaders of Commerce Department, and more than 300 delegates from the Warehouse Logistics Associations in Britain, United States, France, India and other domestic and foreign enterprises participated in the conference. They communicated with each other on the logistics industry dynamics and trends, China's logistics industry and other issues. BWU Vice President Weng Xingang attended and presided over the first day of the conference. The university provided industry reporting, volunteers, English translation and many other services for the conference.

10th BWU Secretary of the Party Committee Li Shizhu visited Professor Gregor Murry, the director of the Institute of International Labor Relations of the University in Montreal, Canada who was holding academic lectures at the university.

13th The Exchange Concert was jointly organized by Yale University Mixed Choir and BWU Students Art Troupe.

15th The Ninth set of Broadcast Gymnastics Competition was held at the university, more than 400 faculty members from 12 divisions of the Labor Union participated in the competition. The Branch of Office awarded the first prize, the Division of the Department of Basic Support and logistics Division took the second.

16th Opening Ceremony of the Modern Logistics Innovation Park was held. The Vice Mayor of Tongzhou District Hong Bo, Director of the School–run Industry Management Center of Beijing Municipal Education Commission Zhai Shiliang, BWU Secretary of the Party Committee Li Shizhu, President Wang Xudong, Vice President Wang Zhiming and other leaders attended the ceremony. BWU Assistant President Wu Yue presided over the ceremony.

19th BWU Women's Softball Team won the perennial champion of Group B of the Eighteenth Capital MLB Baseball and Softball Tournament. The men's baseball team which participated in the competition for the first time took the third prize of Group B. All of them won great honor for the university. BWU Deputy Secretary of the Party Committee Shen Xiaojing attended the closing ceremony.

21st –28th BWU Secretary of Discipline Inspection Committee Zhao Fengqin visited the University of Southern Australia, Swinburne University of Technology and Whitireia Polytechnic New Zealand with the accompany of 3 people.

22nd The 2013 BWU League Award Party "My Dream, Chinese Dream" was held. The party was divided into four chapters of "Looking for Dream; Dream Interpretation, Running for a Dream; Dreams Coming True". The four chapters were connected with time for clues, in the form of music poetry recitation. BWU Secretary of the Party Committee Li Shizhu, Deputy Secretary of the Party Committee Shen Xiaojing, Vice President Weng Xingang watched the party and awarded for the winning students and teachers.

25th –29th Renowned Professor Wu Huiqun and Professor Deng Huizhong from Hong Kong were invited to have special lectures on "Purchasing and Supply Chain".

27th BWU President Wang Xudong and other people were elected as committee members of the College Teaching Guidance Commission of Ministry of Education. Professor Wang Xudong was appointed as the Vice Chairman of the Logistics Management and Engineering Specialty Teaching Guidance Committee; Professor Xu Xiaoge was appointed as the Vice Chairman of Mathematics at the University Steering Committee; Professor Zhao Xian was appointed as a committee member of the Economic and Trade Specialty Teaching Guidance Committee.

29th The Appointment Ceremony of the University Supervisors and forum of University Supervisors for the Clean and Honest Government was held. BWU Secretary of Discipline Inspection Committee Zhao Fengqin issued letters of appointment to 15 discipline inspectors.

30th The journal of "China Business and Market" which is hosted by the university received the certificate of honor issued by Renmin University Research Center of the Evaluation of China Academic Achievements of Humanities and Social Sciences, China Books and Information Center of Renmin University. And the journal was chosen as the important source journal reprint of "copy data" (2012 edition).

30th Vice President of the China Futures Association Li Qiang conducted a research in the School of Economics with accompany of 4 people on the "National Seminar on Teaching and Training in college Futures" and the preparations for the training base of futures analyst. Dean of the School of Economics Professor Zhao Xian and some teachers participated in the consultations and discussions.

31st The project which was applied by BWU "Beijing Key Laboratory of Intelligent Logistics System" was recognized by the Beijing Municipal Science and Technology Commission.

31st The Union Assembly was convened by Zhongguancun E-commerce and Modern Logistics Industry Alliance. BWU Secretary of the Party Committee and the Honorary Chairman of the Alliance Li Shizhu, Vice President and the Secretary-General of the alliance Liu Bingwu, attended the meeting with experts and scholars more than 40 people from the Municipal Science and Technology, Zhongguancun Administrative Committee, the governing coalition units. BWU Vice President Liu Bingwu was elected the first Director of the Expert Committee of the alliance. Members of Union Council voted the regulations and composition of the program of Experts Committee.

June

1st *China Business and Market* was awarded the certificate of honor issued by the Investigation and Data Center of Chinese Academy of Social Sciences, thus joining the data base of the National Philosophy and Social Science Journal as one of the first group of qualified journals.

1st The Fifteenth Student Congress was held. Deputy secretary of the party committee of BWU Shen Xiaojing delivered a speech. Head of the student affairs office Jijing gave the opening remark. Student delegates from Beijing Student Federation, Committee of Youth League of BWU, peer universities as well as BWU attended the meeting. Chairman of the BWU Student Union Deng Miao made the Report on the Work of the Committee of the Fourteenth Student Congress. Vice Chairman of Student Union Shen Feng presented the Report on the Proposal of the Fifteenth Student Congress of BWU. The meeting deliberated on and approved the above two reports and the Regulations of the Student Union of BWU (draft). Deng Miao, together with other 18 students became newly approved members of the Student Union.

4th Research Center of the Hui Bo Human Resource Management Criteria, as co-sponsored by School of Labor Science and Law and Oriental Human Resource, was founded. The board-of-director Sun Dayuan of Oriental Human Resource and Ms. Shang Ke, dean of the school, co-chaired the center. Mr. Hu Shuangyu, president of Hui Bo Research Insititute and associate professor Ren Ji of the school were nominated as the executive director of the research center.

5th The project entitled Research on Micro Formation Mechanism of Food Supply Chain Security Risk and the Prevention and Control Mechanism from the Perspective of Behavioral Economics, applied by Professor Liu Yongsheng, was approved by National Social Science Fund. Two other projects, Zhang Qin's A Behavioral Study on the Knowledge Utilization of the Knowledge-innovated Enterprises and Sun Fenglin's Study on the Eco-transformation of the Village-based Physical Culture against the Background of Social Transformation, were approved as the youth project under the guidance of National Social Science Fund.

5th The graduation ceremony for the 27th Training Course for the Candidate Member of the Communist Party was held. Ms Shen Xiaojing, the deputy secretary of the party committee of BWU, attended the ceremony and issued the certificate to 388 candidates.

5th Professor Han Yingxiong from East China Normal University, who was invited by the Development Center for the Teaching Staff of BWU, held a lecture on the topic of

Student-centered Course Design and Implementation, briefing the teachers on the concept of student-centered teaching which would be helpful in the comprehensive reform on curriculum. Vice president Xu Xiaoge hosted the lecture while president Wang Xudong exchanged views with Professor Han.

6th At the invitation of BWU, Doctor Xu Kaiwen, dean of the Psychology Center of Beijing University held a lecture entitled The Psychological Health Education for University Students under the Guidance of Mental Health Law. Teachers from the university psychological center, student instructors as well as class advisers attended the lecture.

6th The celebrated American Scholar Richard Glunk visited BWU and delivered a speech entitled Reflection on the Development of Sino-US Logistics and Transportation. Mr. Tan Runzhong, chief representative of the Greater China Region of America Transportation and Logistic Association, and Ms. Li Qian, the chief officer, together with Professor Weng Xingang, vice president of BWU, attended the lecture.

7th President of Beijing Logistics Association, Mr. Wang Guofeng visited BWU and was welcomed by the secretary of the party committee of BWU Li Shizhu and vice president Liu Bingwu. Vice dean of Beijing Commerce Committee Shen Jinsheng was also present.

8th The opening ceremony for the donation of the military uniforms for campus military training as donated by Beijing Working Committee for Care of Next Generation. Leaders from Ministry of Education and the Working Committee in Beijing and Hebei province attended the ceremony, including Sun Chenghua, Fan Boyuan, Ji Zhiwei, Ma Ping, Xian Changjiu, Zhang Zaixing, Fu Zhonghe and Zhao Shuxiang. Secretary of the party committee of BWU Li Shizhu, deputy secretary of the party committee of BWU Shen Xiaojing, Zhang Xiping, vice director of university working committee, Yang Hongzhang and leaders of working committees of other universities in Beijing attended the ceremony.

8th Chairman of Beijing Education Union Shi Liguo, with the working panel, inspected and checked upon the work of University Staff Family. After an in-depth investigation and evaluation, the panel awarded BWU with the title of Beijing Advanced Staff Family. Chairwoman of university education union Zhao Fengqin took the honor on behalf of the university.

9th The Committee of Diploma Appraisal of BWU held the meeting for appraisal of the undergraduate and graduate of 2013. According to the vote, 1388 undergraduates of

2013 and 61 undergraduates of previous years were awarded the bachelor degree. Committee members also voted on the qualification of graduates and undergraduates who have received the adult education. The chairman of the committee Wang Xudong announced The Resolution on the Conferment of the Diploma for Students of 2013.

9th The panel from the Beijing Education Committee conducted performance appraisal on two projects which had been supported by the special financial fund in 2011. One was Laboratory Construction—the Municipal Exemplary Teaching Center of Logistic System and Technology Experiments; the other was Laboratory Construction—Teaching Base for Psychological Health Education.

13th Vice Director of Committee on Economics and Information Technology of Beijing Municipality Tong Tengfei, together with several other staff members of the committee, conducted a field survey and provided the university with instructions. They were received by the secretary of the party committee of BWU Li Shizhu and president Wang Xudong. Vice president Xu Xiaoge briefed them on the construction of Wisdom Campus. Mr. Tong spoke highly of the achievement made by the university in this aspect and offered his advice.

14th The Contest of Clean Governance and Anti-bureaucratic Regulations hosted by Disciplinary Committee of BWU was held. Among the 15 teams coming from different schools and organizations, the University Library won the first, while The Graduate School and School of Foreign Languages and Cultures won the second prize. School of Labor science and Law, School of Information and School of Logistics got the third prize.

15th Experts from the Municipal Commission of Science and Technology held the project argumentation on campus. The project is a special program for the incubation and development of technology innovation base which is a part of the construction of municipal key laboratories in the field of intelligence logistics system in 2013, a research project dealing with the key technology in the intelligent logistic picking system. After the argumentation and discussion, the project was approved unanimously by the panel.

16th The Fifth Membership Congress of the China Association of Market was opened in Beijing. President of BWU Wang Xudong was elected vice chairman of the association. During the meeting, President Wang exchanged views with the newly elected chairman of the association Lu Zhongyuan, the standing vice chairman and secretary general Jing Linbo and some other delegates.

19th President of Dae Jin University of South Korea, accompanied by three other staff members of this university, visited BWU and was welcomed by President Wang Xudong and Vice President Weng Xingang. The two sides signed agreement on cooperation.

19th The oral defense of the undergraduate of 2013 was held and altogether 11 students recommended by each school attended the oral defense for excellent thesis.

20th Vice dean of the School of Logistics Wang Chenglin, as accompanied by other four staff members of the school, visited the Business School of Xin Jiang Shihezi University and the two sides signed the agreement on strategic cooperation.

21st –23rd The Training Class for Specialized Skills and Operating Management of China Cold Chain Technology as co–hosted by the School of Business of BWU and National Cold Chain Logistics Union was opened. 40 university teachers and staff members from nationwide cold chain enterprises attended the class.

24th The 2013 Commencement was held and was composed of the following three parts: To Youth—To Those Years on Campus, To University—the Birth Place of Our Dream, and To Dream—Get Start from 2013. The undergraduates dressed in different colors. Leaders of the university as well as schools and departments, teachers, representatives of employers and parents, and all of the 2013 undergraduates attended the ceremony.

25th The Eighth Teaching Competition for Young Teachers of Universities and Colleges in Beijing announced the rewards. BWU was awarded the Excellent Organization. Tan Jiabo was awarded the first prize of the Science and Technology Group B as well as the Most Loved Teacher and the Best Presentation. Professor Tian Liping got the prize of Excellent Tutor.

25th The Second Staff Member' s Branch of the Communist Party of the School of the Logistics and the First Student' s Branch of the Communist Party of the School of Economics were awarded the third prize in the Municipal Colleges and Universities Innovation Action Cases Contest for the Grass–root Party Branch. The two winning cases are: Multi–participation in the Innovation of the Organization of the Grass–root Party Branch in Universities and Colleges, A Brief Look at the "Simulated Two Sessions".

26th Vice President Weng Xingang received the American High School Teachers' Delegation.

26th The School of Business signed strategic cooperative agreement with the China Cold Chain Logistics Alliance. The general secretary of the alliance and vice president of BWU Xu Xiaoge attended the signing ceremony.

26th The first outreach session of the BWU Alumni Association was held. Deputy secretary of the party committee Shen Xiaojing and Vice President Wang Zhiming attended the meeting. Discussions are focused on the issue of the construction of the alumni mechanism in Beijing and the construction of an inter–active mechanism between the alumni and the (under) graduates in employment.

27th Secretary of the party committee Li Shizhu attended the symposium on ideological and political education of the young teacher in municipal universities and colleges and delivered a speech on the topic of the Cultivation of Young Teachers with Practice. The project which was applied by BWU and which was entitled as The Construction of "One In and Two Out" Model in the Cultivation of Young Teachers was awarded the outstanding prize.

28th Assistant to the President Wu Yue received the visiting guests from Ku Che county in Xin Jiang Province as headed by the standing deputy head of the county Tang Renjun.

30th The Sixth International Annual Meeting of the CSAMSE was opened in Beijing University. Being one of the co–hosting universities, BWU sent more than ten teachers to help with the issue–designing, conference organization and forum–hosting.

July

1st Two pieces of news as submitted by the university newspaper was awarded the second prize in the 2012 Excellent News report Competition for China Universities and Colleges. One is written by Gong Xin with the title of Action Goes before Heart in Charity, the other is authored by Liu Jingwen, Xi Yang and Lv Siyuan with the title of Challenging the "Added Value" of 500 Yuan.

2nd As invited by the School of Logistics, vice chairman of China Society of Commodity Science and professor of Ren Min University Fu Xuzhe gave a lecture to students of 2011 and 2012 majored in commodity. The topic of the lecture is Reflection on the

Commodity Science.

2nd The School of Logistics and Beijing Futian Logistics Limited Corporation signed agreements on strategic cooperation.

2nd Vice chairman of China Federation of Logistics & Purchasing Cai Jin gave a lecture to teachers and students majored in Purchasing Management. The lecture was focused on the following two issues: one is the career development of the purchasing staff, the other is the purchasing manager index.

4th Lifetime tenured professor of The University of California and professor of The University of Wisconsin–Superior Mei Cao was appointed special professor by BWU.

5th Sino–US Logistics Education and Research Cooperation Forum was opened in Beijing, co–hosted by BWU, CITEF and AST&L. About 100 elites and delegates from American logistic circle, Chinese logistic enterprises and logistics–centered universities attended the forum.

9th Retired teacher Wang Zhongyi, Yang Hongzhang and Liu Ziping were awarded the title of Star of Health, Star of Good Deeds and Star of Study among the retired cadres respectively.

10th Secretary of the party committee of Beijing University of Technology Zheng Jichun and president Guo Guangsheng, together with 9 other leaders of this university, visited BWU. Secretary of the party committee of BWU Li Shizhu and president Wang Xudong, as accompanied by the group of leaders, received the guests. The two sides held an in–depth discussion on future cooperation and enhanced the friendship.

10th The inauguration ceremony of The Commerce and Trade Distribution Enterprises Research Institute and the forum of The Development of Commerce and Trade Distribution Enterprises in the New Situation was held. Vice president Liu Bingwu of BWU, vice president of BTBU, secretary of China Association for Business Economics and committee member of Commerce and Business Management Discipline Steering Committee and professor Xie Zhihua attended the ceremony.

19th The fifth annual meeting of China Society of Commodity Science was held in Renmin University of China. Teachers engaged in this specialty attended the meeting. Professor Zhang Yaoli of The School of the Logistics was elected vice chairwoman.

20th – 27th BWU students' chorus, headed by deputy secretary of party committee Shen Xiaojing, took part in the 59th International A Coppella Choral Contest and visited DHBW. The group won the second prize in the polyphony chorus contest and the Best Performance Prize. It is the first time for Chinese choruses to win two prizes at the same time ever since 1996.

23rd A group headed by deputy mayor of Nantong City Huang Aijun visited BWU and were received by secretary of the party committee Li Shizhu and vice president Liu Bingwu. The two sides exchanged views on logistic industry programming, enterprises upgrading and cultivation of logistic talents.

27th BWU and Beijing Normal University-Zhuhai signed the agreement on second term cooperation.

29th BWU and Beijing Obstetrics and Gynaecology Hospital Affiliated to Capital Medical University signed the agreement on technical consultation cooperation.

31th Secretary of the party committee Li Shizhu, as invited by the board of director of China Commerce and Logistics International Co., Ltd Liu Jingfu, visited the company and had discussion with the latter on future cooperation.

31st BWU and Beijing Institute of Certified Public Accountants Small and Medium-sized Accounting Firm Alliance signed agreement on cooperative training program and donation project.

August

5th – 11th Vice President Liu Bingwu, together with several other staff members of BWU, visited Institut des Études d'Administration et de Management and eHECT/IEAM. Liu and the leaders of these two institutes signed a memorandum on strategic cooperation.

5th – 30th At the invitation of Pyongtaek University, Zeng Wenhui and other 5 students took part in the Korean Language and Culture Exchange and Research Project which was held by Pyongtaek University and lasted 26 days.

12th – 17th BWU's unified front organized a training and research class in Yanan.

The program was headed by committee member and dean of graduate school Liu Yongsheng. A group of 18 people, including secretaries coming from all branches, committee members of the unified front and representative non-communists joined the training class.

17th – 18th BWU Henan Alumni Association held the third annual meeting.

19th The mobilization meeting for mass line education and practice was held. Secretary of the party committee Li Shizhu made the report on Improve Working Style, Unite all Members, Push forward the Construction of High-level and Characteristic University. The leader of 33rd supervisory group of municipal party committee Qu Desen gave a speech in the meeting. He highly approved the preparation made for this activity. President Wang Xudong hosted the meeting and about 100 person including all the leaders, retired leaders, middle-level cadres, professors, non-communists and representatives of the Staff Member's Union attended the meeting.

27th – 31st Secretary of the party committee Li Shizhu led a group to visit Denmark VIA University College. The two sides signed the memorandum on strategic cooperation. Li invited the dean of The School of Science Technology of VIA Konstantin to be the part-time professor of BWU. The group also visited University of Copenhagen, Mearsk Logistics and DFDS port.

29th – 30th President Wang Xudong led a group to visit Nantong city. Wang and the vice mayor Huang Aijun signed the agreement on cooperation in the Modern Logistics Industry (North-east) Research Institute project. Wang also signed an agreement with Nantong Tongzhou District Commission of Economy and Information Technology on technical consultation in Nantong Textile City Modern Logistics Innovation Exemplary Garden Programming.

September

3rd – 6th BWU and the Party School of the CPC Central Committee co-hosted BWU Mid-level Management Staff Training Class.

4th Professor Wu Shangyi of The School of Foreign Languages and Cultures was awarded the 9th Municipal Higher Education Celebrated Teacher Prize.

6th Professor Zhaoxian and Professor Shangke were elected as the Municipal Excellent Teacher. Professor Xu Chunyan was nominated as the Municipal Excellent Teaching Staff.

8th Two projects applied by BWU teachers were approved by National Natural Science Foundation for China. One is professor Zhu Jie' s Analysis and Study on Manual Picking Random Process Model in Logistics Distribution. The other is Chen Xibo' s Research on the Historical Development of Beijing-Tianjin area Canal Waterway.

8th Two projects applied by BWU teachers were approved by Municipal Philosophy and Social Science Foundation. They are: Professor Liu Bingwu's Research on the Corresponding Strategy in Municipal E-commerce Logistics, Zhou Li' s Statistical Measurement and Quantitative Study of Municipal Green Logistics, Liu Yuqi's Systematic Study on Municipal Business Groups and Tang Hengliang' s Systematic Study on New Type of Logistics Business in the Internet of Things.

10th BWU held a meeting to celebrate 2013 Teacher's Day and to award prize to excellent teachers. The theme of this year's meeting is Gratitude to Teachers. During the meeting, excellent teachers, excellent teachers in academic research, excellent tutors, excellent teaching staffs as well as teachers with more 30 years of school age were awarded the prize. Secretary of the party committee Li Shizhu, president Wang Xudong awarded the prize to the above mentioned winners. After the awarding ceremony, there is a show presented by staff members.

11th The mid-level administrative management staff went to visit Municipal People's Procuratorate and watched an exhibition which was organized by Municipal Anti-corruption and Clean Governance Legal Education Base. The theme of this exhibition was Put into Institutional Prison of the Power, Bring into Sunshine the Power.

12th Vice president Xu Xiaoge led a group to visit the School of Adult Education of Beijing Union University.

12th -14th At the invitation of Japan Logistics Association, associate professor Jiangxu, attended the 30th Japan Logistics Annual Meeting and delivered the keynote speech entitled as The Logistics Research from China to Japan.

14th -15th The 14th annual meeting of Guangdong Alumni Association of BWU was held in Beijing Normal University Zhuhai Branch. Vice president Liu Bingwu attended the meeting and gave a speech.

15th BWU held the opening ceremony for the graduates of 2013.

15th BWU held the opening ceremony for the undergraduates of 2013. Secretary of party committee Li Shizhu, president Wang Xudong, vice president Wang Zhiming, vice president Xu Xiaoge, the assistant to president and dean of The School of Logistics Wu Yue, leaders of all schools and representative alumni attended the ceremony. The newly-enrolled students of 2013, tutors from all schools and representative teachers and parents also attended the ceremony.

17th BWU Retired Philharmonic which was composed of 11 retired staff members, took part in an show organized by Beijing Education Union and Beijing Municipal Commission of Education. The theme of this show was Construction of A Chinese Dream, Celebration of a Happy Old Age and all the participants came from the universities and colleges from northeast part of China.

18th President Wang Xudong' s got one article entitled as Social Service, Where is the Boundary of Local Universities? published in Guang Ming Daily. The article focused on issues such as the social service responsibility of universities, the development and predicament of social service in state universities and in particular the local universities. According to this article, there should be an interactive relation between social service and academic research featured by feedback and multi-win.

18th BWU held the Mid-Autumn Party in school gymnasium. The theme of the party was The Moon of Beijing, The Love of BWU. Deputy secretary Shen Xiaojing and teachers from the students' affair office joined the party and celebrated the festival with about 300 students on campus.

23rd The 16th National Harmonious Moral Education Annual Meeting and the 9th workshop of National Ethnic Association Moral Education Special Commission was held in Tianjin. Dean of the School of Ideology and Politics Li Xingxi, as the leader of BWU group, attended the meeting and delivered a speech on the topic of Problems and Reflection—A Brief Discussion on the Effective Connection of Ideological and Political Education in University and High School.

25th The report on student' s good deeds was held in BWU stadium. The theme of the report was My Dream, Chinese Dream. 2008 gymnastics champion of Olympic Games Yang Yilin from Beijing Sport University, Krym from Beijing Foreign Studies University,

Lin Yidan from Capital Sport University, He Ying from Beijing University of Technology, Yangzi from Beijing Union University and graduate student He Ping from Beijing Institute of Technology made reports on their personal experience and the pursuit of dream of their friends. Altogether 800 teachers and students from 5 universities including Communication University of China attended the meeting.

25th The inauguration ceremony and workshop on the development and programming of BWU Futures Research Institute was held. Vice head of Beijing Municipal Security Regulatory Bureau Lu Qing and secretary of party committee Li Shizhu co-launched the ceremony. Vice president Liu Bingwu and dean of The School of Economics Zhao Xian awarded the letter of appointment to special consultants and experts of the institute.

27th Deputy secretary Shen Xiaojing was invited to the Conference on Talent Work of 2013 held in Ping Gu District and signed the Framework Agreement on Strategic Cooperation of Talents with the Management Commission of the Ma Fang Logistic Base in Ping Gu District.

29th Secretary of Municipal Youth League Chang Yu inspected the work of Tian Shi Ming Yuan Volunteer Service Base organized by the School of Economics.

30th Logistics Management was approved by the Ministry of Education as one of the first group of pilot programs for comprehensive reform on undergraduate specialties.

October

8th Two projects were approved by Municipal University Innovation Ability Enhancement Plan. One is from Associate Professor Li Juntao on logistics technologies; the other is from Professor Wei Guochen on trade innovation.

9th Beijing Wuzi University and the Electronic Banking Department of China Minsheng Bank signed a cooperation agreement.

10th The first remote video conference with VIA University of Denmark was held. Li Shizhu, the secretary of Party committee of university and Konstantin Lassithiotakis, the executive director in the Economic and Technical College of VIA had the deep discussion on the items as teachers and professional exchanges, the cooperation on the incubator facilities, the double degree program, and the students exchange training project.

10th –17th Weng Xingang, the Vice President, led a delegation to visit the Lausanne Federal Polytechnic University and the Yi Cloud Technology Company in Switzerland, the Rotterdam University in Holland. "The overseas practice based cooperation agreement" was signed to build the logistics personnel training cooperation with the Yi Cloud Company. Dr. Zhang Jiyong and Dr. Zhanhai were introduced as adjunct professors at Beijing Wuzi University. The cooperation letter of intent on exchanging students was signed with the Business School of Rotterdam University.

11th The collective birthday party was held for the 15 retired ones at the age of 70, 80, and 90 by the Retired Office.

13th The forum of the 50 anniversary for the establishment of the Material Management Department was held. More than 400 representatives of the leaders, alumni, teachers and students attended the meeting. Li Shizhu, Party secretary, Heliming, Chairman of China Federation of logistics and purchasing, Zhangshengshu, director of the original Material Management Department, and the former president, Lijingwen, the academician of Academy of engineering, one of the first teachers in the Material Management Department, Dong Chunyuan from Grade 63 and other alumni representatives, and President Wang Xudong delivered speeches. After the meeting, photos, alumni class exchanges and other activities were held.

13th The welcoming party for the freshmen was held.

14th The award ceremony was held for a national service outsourcing of professional and technical personnel training and demonstration base. The director Jiaoyang awarded it.

14th The University Audit Inspection Team from Beijing Board of Education inspected the internal audit work.

14th President Wang Xudong published his article "the construction of regulations and the development of University" on *China Education Daily*. He points out "the fundamental reason for the lack of charter lies in the missing of university autonomy". The construction of regulations is the strengthening of university autonomy development.

15th The tennis team participated in the Capital College Students Tennis Fall Individual Competition. Zhou Qiao won the runner up. Liu Na entered the semi–finals. Jia Kun barged into the quarter finals. Yin Xiao / Xu Yongwei fought into the men' s doubles semi–finals, and the women' s doubles entered the quarter finals.

15th –30th The second session of the staff tennis match was held. Zhang Jiafu and Wei Guochen won the men' s singles championship. Zhang Yi won the women' s singles champion and runner up with Liu Li. Zhang Jiafu / Liu Hong won the mixed doubles champion.

17th The president of Zhongguancun Science and Technology Entrepreneurs Association and chairman of the board of directors from Lvchuang Group, Jiang Pengming was invited to deliver the speech entitled "entrepreneurship and success" .

18th The Autumn Hiking of 2013 was held. It is one of the "1321" plan of activities, with the starting point of the North Gate of the university, along the south road of Yujingyuan to Wenyuhe West Levee Road, with the turning to the north till the turning point, back to school from the original route. The distance is approximate 13 kilometers. Cheng Yang arrived first with the record of 55 minutes.

19th The eighth session of Chinese Economy—Law forum was jointly held with Chinese Commercial Law Research Association. More than 40 experts and scholars from the government, court, and university attended the forum. The party secretary Li Shizhu, professor Liu Ruifu from the Law School of Peking University and the president of China Commercial Law Research Association, Director Tang Wenhong from Department of Treaty and Law Department of Commerce Deputy, the vice president Huanghe of shaanxi province high court, and a number of other experts delivered speech.

19th President Wang Xudong attended the Second Session of China Business Education Forum. He had an in–depth exchange of views with other university representatives on the issues of talent training, practice teaching, and teaching reform.

19th –20th Participated in the fifth Autumn Sports Meet of capital colleges and universities. Fun project won the "make concerted efforts" fifth and "cyclone running" seventh; the men' s 4 ×100 won seventh and 4 ×400 sixth, women 4 ×100 eighth. Zhong Bo won the men' s 800 meter fourth and 400 meters seventh. Chen Qianyan won the women' s 800 meter fifth and 400 meters sixth. Wu Enmeng won the women' s 100 meters fifth.

21st The second party congress preparatory meeting was held to inform congress work arrangement. Deputy party secretary Shen Xiaojing listened to the preparatory work report to the congress, delivered the preparatory work requirements to the secretary of the group, advocacy groups and business groups.

22nd President Wang Xudong attended the 60 anniversary commemorative activities of Hebei University of Economics and Business. The report entitled "characteristics development for the high-quality applied talents" was delivered in the principal forum.

24th The visual recognition system management training was held. The executive chairman Wu Yi of Yiyou Company introduced "Beijing Wuzi University visual recognition system".

25th Students team of He Xiaodong, Han Xiao, Mou Xinying, Ye Zheyue from Business School won the national competition third prize in 2013 Challenge Cup "virtual network operation" .

26th School of economics hosted the seventh session of the forum in professional futures and had a 20 year review and outlook on futures. President Wang Xudong, the elder leader Zhang shengshu, Wang Zhitai, vice chairman of Zhongguancun CMC Wang Rufang, dean of the School of Economics Zhao Xian respectively delivered speech. In the afternoon, the twenty anniversary of the founding was celebrated.

26th The deputy secretary of party committee Shen Xiaojing attended the 90 anniversary commemorative activities of Jiangxi University of Finance and Economics. She made the theme report on quality, characteristics, and innovation cultivation.

26th The 2013 Academic Seminar of Chinese Human Resource Development Research was hosted by Labor law school in Beijing. Representatives from government, universities, research institutions and business carried out extensive in-depth exchanges around the "moderate labor" theme.

26th Labor law school won the second prize in the second session of the college simulation collective negotiation competition.

26th - Nov. 2nd Vice President Xu Xiaoji was invited with 3 other people to visit Linton University College Malaysia, University of Malaya, Nanyang Technology University of Singapore, and Professional Education and Training Center of Singapore. A number of cooperation intentions were reached to further expand international cooperation.

27th Sponsored by China Futures Association, one seminar was held on teaching and talents training in colleges and universities in the field of futures. More than 340 people from China Futures Association, the futures exchange, the futures company, the local association and universities attended the meeting. The medium-term association president Liu Zhichao, the party secretary Li Shizhu attended the meeting and delivered a speech. On the same day the university teaching experience in futures forum was also held.

27th The one act play "Death of Swan" and a full-length drama "The Windbell in Heaven" from our College Students Art Troupe shortlisted for the Fourth Beijing Student Drama Festival, and won the drama festival organization award.

27th President Wang Xudong led to Nantong Binhai Park for the project inspect. The strategic cooperation framework agreement was signed with the Park Administrative Committee.

28th -30th School party secretary Li Shizhu led a team to visit Luoyang, a strategic cooperation agreement was signed with Luoyang City government.

28th -31st The vice dean of the Logistics School Wang Chenglin was invited as a representative of the university to attend the sixth session of the Sino American Logistics Conference in Chicago and Memphis of the US. He published the "China Logistics Industry Development Analysis and Logistics Personnel Training Strategy" theme speech.

29th The committee for youth wellbeing in the Education Ministry held a national meeting on the exchanges of college working experiences. The "Needy Student" brand from our university was awarded.

30th The Futures Personnel Training Base built by School of Economics and Yide Futures Co. Ltd. was approved by the Ministry of Education as the "base" for National college off-campus practice education. The project funds 2000000 yuan.

30th Women's basketball team won the third in Beijing area of sixteenth CUBA contest.

31st - Nov. 7th President Wang Xudong and other 4 people were invited to visit Pyongtaek University in South Korea, Ryutsu Keizai University and Hokkaido University. Principal Wang and President of Pyongtaek University Zhao Jixing renewed the cooperation agreements. On behalf of the school, president Wang hired professor Nojiri Jung and professor Yano Yusa as emeritus professors from Ryutsu Keizai University.

November

1st Party secretary Li Shizhu was invited to attend annual meeting of higher education of Finance and economics in Chinese Higher Education Society and was elected vice chairman. Secretary Li made the theme speech "Industry college in years, let 'characteristic' become 'irreplaceable'".

6th The director of Beijing School-run Industry Management Center Zhai Shiliang led a group of 3 people to investigate our university on the development of school-run industries and the internal control audit evaluation work. Li Shizhu the secretary of school Party committee exchanged ideas with them.

8th The promotion meeting for the non-union personnel in the membership was held.

9th College of continuing education participated in the 2013 Beijing Adult Education College Oral English contest with the rank of twelfth in non English majors and seventh in English majors teams.

9th – 10th Teachers from Japanese Logistics Research Center participated in the twelfth Chinese logistics academic annual meeting, and hosted the "Forum of Development of Japan' s Logistics Industry and Its Enlightenment to China". The 4 teachers delivered professional academic reports.

12th 11 courseware was selected to participate the Thirteenth National Contest of Multimedia Courseware. The works from Zhang Jiabin, Mu Yufeng and Bai Xiaojuan won the third prize. The other 8 courseware received award of excellence. The best organization award was given to our university.

13th The 2013 annual teacher engagement work conference was held. 6 teachers were promoted to professor positions, 15 teachers promoted to associate professor positions, and 9 teachers promoted to mid-level positions.

14th Professor Liu Yongsheng, *Supply Chain Management* and Professor Tian Liping' s *calculus* were both ranked as the excellent textbooks in 2013 Beijing higher education teaching materials.

14th The tennis team attended the fourth session of the Capital College Students Tennis Classic. Yang Xintong/Ren Chunhua, Liu Jia /Wu Caixia won the women's Doubles championship and runner-up respectively. Ni Xuexue/Guan Qiufang won the third of the women's Doubles. Liu Na and Li Tingting won the second and third of women's singles. Jia Shen won the men's singles runner up. Yin Xiao/Zhang Yujie broke into the men's doubles semi-finals. Li Hepeng / Mao Xufang won the fourth in men's doubles.

16th The radio station students won the third prize in the fifth capital college dubbing contest.

17th The project "National Audit Anti-corruption Path Research" from Dr. Zhang Jun of Business School was approved.

20th Wei Xinjiang from China Life Insurance Group was invited to make a report on macro economic hot issues.

20th The founding ceremony of China Enterprise Productivity Research Center was held in Business School. The dean Wei Guochen read on the decision of the establishment of research center, and opened the ceremony with professor Chen Shengchang, the secretary general and vice president of China Association of productivity.

20th Chinese Dunshan brass ensemble concert was held in the university.

20th The Business School signed the cooperation agreement "Government Institutions Audit Training and Tax Advisory Services" with Denton (Beijing) accounting firm company limited, won the contract funds 1000000 yuan.

21st The project "Application and Demonstration of Intelligent Warehousing Distribution System in Business Logistics from Zhouhong in Electronic Commerce Research Institute" won the approved funds 3000000 yuan and school funds 1150000 yuan.

21st The College Students Art Troupe participated in the Fourth Beijing College Students Art Festival. The 6 works in the instrumental music, vocal music, dance and drama all won the first prize. This is the best achievement since the foundation in 2003.

22nd The party secretary Li Shizhu led to a visit to China Foreign Administration Education and Training Center and reached a consensus and signed a strategic cooperation agreement on the off-campus practice base construction. According to the cooperation agreement, the two sides will develop cooperation on the teaching resources, personnel training, and the training of teachers in teaching and scientific research and other aspects.

23rd Organized By China market society, China Federation of Logistics and Purchasing, Beijing Wuzi University, and Beijing Logistics Association, the seventh session of Chinese Circulation Modernization Forum in Beijing was held and the Summit "To promote the circulation mode innovation. To speed up the development of Circulation Industry" was also held. Vice President Weng Xingang presided over the opening ceremony. Party secretary Li Shizhu addressed the opening speech. Domestic and international logistics experts have made keynote speech. On the same day, four sub forum was also organized on trade circulation enterprises development index, the development and technology of logistics system in the forefront of the electronic commerce environment, training scientific research ability of circulation industry talents, and the construction of the city logistics distribution system.

26th The director of China Daily Cause Development Department Wang Ye was invited by propaganda department to host a seminar for college press corps.

28th Beijing Key Laboratory of Intelligent Logistics System, combined with Beijing Ranwiseway Supply Chain Management Co. , Ltd, applied for and approved in 2013 in Beijing science and technology project of "handling robot and multi robot field control system design and application verification for electronic commerce logistics". The project implementation period is 2 years with project funds 2951800 yuan.

29th The school union held the temporary employee's afternoon tea party. The interim measures of Beijing Wuzi University unofficial staff labor contract system membership were announced. The chairman of the union, Zhao Fengqin introduced the significance and overall planning of the promotion.

30th Business school hosted the third session of the trade circulation enterprise development forum and summit of trade circulation enterprises fusion recombinant. Party secretary Li Shizhu delivered a speech. The famous economic expert Professor Huang Guoxiong and other experts and scholars, business representatives, university teachers and students attended the forum.

30th The RTVU education office of the former State Bureau of Materials held a "thirty year reunion stories" in the College of Continuing Education. The original director Zhang Guozhong and 42 cadres and workers attended.

30th The sixth annual conference of Shanghai Alumni Association was held in Pudong. The party committee deputy secretary Shen Xiaojing, former president Zhang Shengshu, more than 70 alumni representatives from Shanghai and other places attended the meeting. The council elected Gu zhe as the new president of Shanghai Alumni Association, Zhang Tingting the vice president, Huang Yan the general secretary.

December

4th Logistics Engineering Technology Center signed the project "large three-dimensional sheet storage engineering technology".

5th The closing ceremony was held for Beijing Wuzi University Students' Sports Culture Festival. The festival lasted two months with 5 competitions and 300 people participating in. Logistics School, Business School, School of Information received the top three. Labor Law School, School of Economics, Foreign Language Schools receive spiritual civilization award.

7th Beijing Baseball and Softball Association of the University Sports Federation was held in our university. Li Minkuan, the father of Chinese Baseball and Softball, Association Secretary General Yang Xu, Beijing general association of baseball and softball vice chairman Xu Yong, the famous baseball coach from Taiwan Jiang Zhonghao and more than 20 baseball and softball coaches attended the meeting.

7th The twelfth Teaching seminar of national university logistics professional was held in Xiamen. Leaders from higher education department, education guidance committee and Chinese logistics and more than 300 representative from universities and enterprises attended the meeting. Principal Wang Xudong, deputy director of the Ministry of education in higher school logistics management and Engineering Teaching Guidance Committee presided over the conference. Associate professor Song Yuqing and associate professor Liu Li were invited to make a keynote speech.

7th Teachers and students from the Teacher Dance Association and Student Dance

Association participated in the Fifth Capital College Sports Dance Competition and achieved excellent results.

7th The second annual meeting of Guangxi Alumni Association was held in Liuzhou city. Executive director, professor Zhang Xicheng, dean of the office Yu Qian and about 40 alumni in Guangxi area attended the meeting.

9th Li Shizhu the secretary of party committee and president Wang Xudong held a negotiation with the visiting director Liu Weimin of the science and technology department in Shandong province. The two sides signed cooperation agreement.

10th Professor Wu Qiantao from Tsinghua University was invited to give a report "scientific connotation of socialist core values". All of the first grade post-graduate, some undergraduate and ideological and political teachers listened to the report.

11th Professor Zhao Xian, Vice president of the Industry Research Institute and president of Economics School signed the project "Development Planning of Modern Logistics Industry in Luoyang City" with Luoyang Municipal Development and Reform Commission.

11th Professor Zhao Xian was elected a member of the Expert Committee of Beijing University Economy and Trade Specialty Group. Professor Zhang Qi was elected a member of Economy and Trade Specialty Group Teaching Cooperation Committee. Chen Juan was elected as committee member in the Accounting Specialty Group Teaching Cooperation Committee.

12th The Third "Alumni Forum" invited Leixiaoyun, Grade 2005 alumni, Tongzhou District court judge to share with the life journey.

13th The Conference of Establishment of Modern Logistics Industry (East China) Institute was held in Tongzhou District, Nantong City. The Executive Vice President of China Federation of Logistics and Purchasing Ren haoxiang, Deputy Director of the Administrative Committee of Zhongguancun Wang Rufang, BWU President Wang Xudong delivered speeches respectively. Eeputy mayor of the city of Nantong Huang Aijun, and BWU Secretary of the Party Committee Li Shizhu inaugurated together for East China Institute. Subsequently, the annual meeting was held jointly by the Alliance of Zhongguancun Electronic Commerce and Modern Logistics Industry.

16th The Recruiting and Testing Institute of Beijing Higher Education Society awarded BWU Undergraduate Admissions Office with the honorary title of 2012—2013 Advanced Collective. Sun Jing, Director of the BWU Admissions Office was rated as one of the excellent workers.

18th BWU Secretary of the Party Committee Li Shizhu chaired the Thematic Seminar of the Leading Group on Party's Mass Line Educational Practice. Qu Desen, the leader of the Steering Group No. 33 of the Municipal Party Committee attended the seminar.

18th Associate Professor Gu Guoai of the School of Labor Science and Law carried out the research of the project "Two Decades of Practice and Exploration of Beijing Counterparts in Tibet" which was commissioned by the Assistance and Economic Cooperation of Beijing Leading Group Headquarters in Lhasa, Tibet and Lhasa Municipal Development and Reform Commission.

18th Wei Jigang, a researcher of the State Council Development Research Center and a BWU Adjunct Professor delivered an academic report on "Long-term Development Strategy of China's Logistics Industry".

20th The conference on discipline construction and graduate education was held. Ye Maolin, deputy director of Beijing Municipal Commission of Education attended the meeting and made a speech, with the leaders of the university and all its departments, professor, postgraduate supervisors, directors of the teaching and research offices present. Xu Xiaoge, Vice Principal made a report themed with "to strengthen discipline construction, to innovate patterns of talents cultivation". Liu Yongsheng, director of the graduate school introduced their efforts on amending and drafting the system paperwork on discipline construction and graduate education.

21st Several graduate students were selected and sent to attend the tenth session of the "Huawei Cup" National Mathematical Modeling Contest. Ji Zhaoxu / Liu Chen / Piao Changlong won the second prize, Meng Jingjing / Wang Haiying / Wang Mingzheng, Jia Xin / Ma Ying / Wu Zimin won the third prize, our university's performance was among the best in municipal the colleges and universities.

22nd Heads of regional alumni associations were convened. University leaders Wang Xudong, Shen Xiaojing, Wang Zhiming, Zhao Fengqin and more than 40 delegates of regional alumni associations from Guangdong, Jiangsu, Shanghai, Fujian, Henan, Sichuan, Guangxi, Chongqing, Hebei, Zhejiang, Liaoning, Anhui and Beijing attended the meeting.

22nd　The fifth anniversary of the establishment of Beijing Wuzi University Youth Choir as well as the first concert of Pan Ming, a Master choral conductor was at China Yin Tang, China Conservatory of Music.

22nd　The first plenary meeting of the first council of Beijing Wuzi University education foundation was held. Documents such as "Beijing Wuzi University Education Foundation Charter" and "The Management on the Reception of Social Donation to Beijing Wuzi University Education Foundation (Trial)" were examined and discussed, and the work over the next three years as well as the projected donations of 2014 were discussed.

24th　An inspection team from the Education Committee of Beijing Municipal Party Committee and Beijing Municipal Commission of Education made an special inspection to the implementation of the accountability system in the construction of an honest and clean administration. Li Shizhu, Party secretary of the university gave a report on behalf of the university Party committee. He Jinsong, the head of the inspection team and deputy director of Beijing Municipal Commission of Education sang a high praise on the work of the university.

24th　Zhang Li, director of the Education Development Center of the Ministry of Education gave a report themed with "To Thoroughly Study the Spirit of the Third Plenary Session of the Eighteenth National Congress of CPC, to Deepen the Reform in Education" at the university's invitation. The members of the theory learning centers from both the university and departments, the teaching staff, student party members and activists all attended the meeting.

24th　Zhang Daliang, director of the Higher Education Department of the Ministry of Education, visited our university and made some reasearches and investigations. He firstly heard the university's development report, then was shown the Beijing Key Laboratory of Intelligent Logistics System and the National Demonstration Center of Experimental Teaching on Logistics System and Technology. He fully affirmed the idea and practice of running our university with our specific characteristics. All the university leaders were present at the meeting.

26th　2014 "Youth dream, Chinese dream" New Year Concert of Beijing College Students was held in Zhongshan Music Hall. Beijing Wuzi University and Capital Normal

University undertook the concert by giving an audio and visual feast with their university orchestra and choir.

27th Beijing Wuzi University won the "Beautiful Campus" title in the demonstration activity organized by the Education Committee of Beijing Municipal Party Committee in association with the College Students magazine and the Capital Internet Association aiming at displaying the "beautiful campuses" of Beijing universities.

31st "My campus, My youth—Experiences on the Implementation of the System of Student Assistant of Principal" won the second prize in the third session of Capital Ideological and Political Education Competition.

31st A farewell party to the retired union members was held by the university workers' union. Secretary of the Discipline Inspection Committee of the University, Zhao Fengqin, also Chairwoman of the union, gave her condolences to the retired members on behalf of the leadership and the Union.

第十六篇　学校事业发展统计数据

北京物资学院2013年学生情况

学生类别	毕业生数（人）	招生数（人）	在校生数（人）
一、硕士研究生	220	234	616
1. 学术型学位硕士	160	145	454
2. 专业学位硕士	60	89	162
二、普通本科生	1408	1498	6004
1. 高中起点本科	1408	1498	6004
2. 专科起点本科	0	0	0
三、成人本专科生	659	828	1672
1. 本科生	217	347	608
①函授本科	3	9	10
②业余本科	214	339	598
2. 专科生	442	481	1064
①函授专科	167	81	219
②业余专科	275	400	845

北京物资学院2013年教职工情况

教职工总数	658 人
其中：专任教师	401 人
行政人员	150 人
教辅人员	47 人
工勤人员	57 人
校办企业职工	3 人
聘请校外教师	50 人

北京物资学院2013年办学条件

项　目	计算单位	数　据		说　明
学校占地面积	平方米（m^2）	397016	287317	学校产权
			109699	非学校产权
图书馆藏书	万册	102.53		纸质
	GB	7332		电子
固定资产总值	万元	41272.68		
其中：教学、科研仪器设备资产值	万元	26271.09		

（撰稿人：牛莉萍　刘世波）

索　引

使用说明

一、本索引采用主题分析索引法编制。除“特载与专文”“大事记”“重要报道选辑”外，有检索意义的重点内容均予以标引，以供检索之用。

二、本索引基本上按汉语拼音音序排列。具体排列方法如下：以数字开头的标目，排在最前面；以英文字母打头的标目，列于其次；汉字的标目则按音序、音调依次排列。首字相同时则以第二字排序，以此类推。

三、为反映索引款目逻辑关系并避免重复，在对篇目、分目进行索引后，条目按目录顺序，缩 1 字符列于相应分目之后。

四、索引标目后的数字，表示检索内容所在的年鉴正文页码，数字后面的英文字母 a、b，表示年鉴正文的栏别，合在一起表示该页码及所在的版面区域。

B

C

D

F

G

Z